APOLLO 13

Jim Lovell & Jeffrey Kluger

APOLLO 13

Houston... we have a problem

Bosch & Keuning

Oorspronkelijke titel
Lost Moon – The Perilous Voyage of Apollo 13
Uitgave
Houghton Mifflin Company, Boston/New York
Copyright © 1994 by Jim Lovell and Jeffrey Kluger

Vertaling
Gerrit-Jan van den Berg
Omslagontwerp
Sjef Nix
Omslagdia
United International Pictures

All rights reserved.
Niets uit deze uitgave mag worden verveelvoudigd en/of openbaar gemaakt door middel van druk, fotokopie, microfilm of op welke andere wijze ook, zonder voorafgaande schriftelijke toestemming van de uitgever.

ISBN 90 246 0254 8   CIP   NUGI 380

Dit waar gebeurde avontuur draag ik op aan de volgende 'astronauten' die op aarde moesten achterblijven:
mijn vrouw Marilyn en mijn kinderen Barbara, Jay, Susan en Jeffrey, die tijdens die vier dagen in april 1970 alle angsten en bezorgdheid met mij deelden.

— JIM LOVELL

Liefdevol opgedragen aan mijn familie – zowel de kern als de uitgebreide versie ervan, in het verleden èn in het heden – als dank voor het feit dat ze altijd voor een stabiele baan heeft gezorgd.

— JEFFREY KLUGER

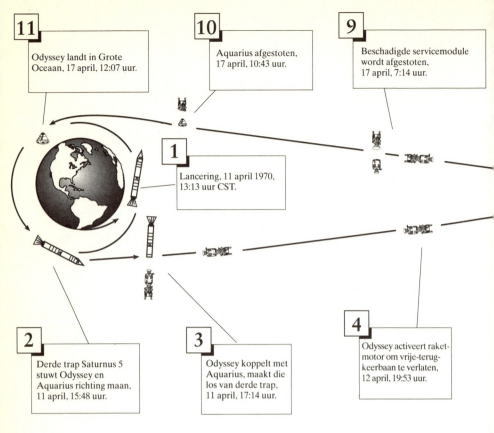

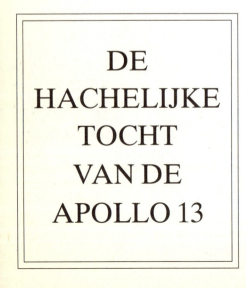

DE HACHELIJKE TOCHT VAN DE APOLLO 13

MAANMODULE AQUARIUS

STIJG
DAALTRAP

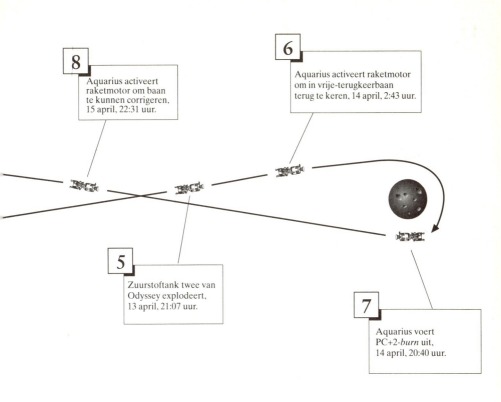

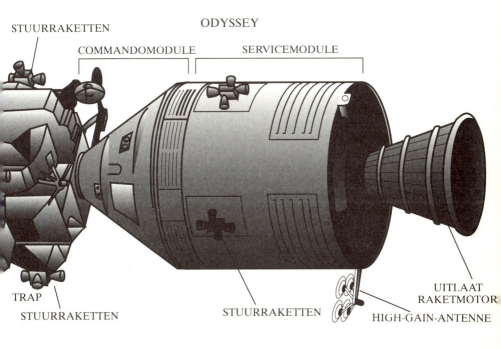

Proloog

Maandag 13 april 1970, 10:00 uur Houston-tijd

Niemand weet hoe de verhalen over de gifpillen in de wereld zijn gekomen. De meeste mensen hadden er wel van gehoord; en de meeste mensen geloofden ze zelfs. Dat gold in elk geval voor de pers en het publiek; zelfs sommige mensen bij de NASA hechtten er geloof aan. Een nieuwe Agency-medewerker kwam voor het eerst op zijn werk, ontmoette zijn eerste bemanningslid, en zodra hij weer achter zijn bureau zat zou hij zich naar de man naast hem omdraaien en wilde hij weten: Heb jij misschien over die gifpillen gehoord?

Die verhalen over gifpillen zorgden er altijd voor dat Jim Lovell moest lachen. Gifpillen? Wat een onzin! Er deden zich absoluut geen gelegenheden voor waarin je ook maar overwóóg om, laten we zeggen, er wat eerder uit te stappen. En zelfs als die zich wèl voordeden, dan waren er heel wat makkelijker manieren dan het innemen van gifpillen. De commandomodule beschikte per slot van rekening over een zwengel voor de cabinedruk. Eén enkele draai aan die zwengel en de driehonderdvijftig gram per vierkante centimeter aangename binnendruk in de capsule zou direct veranderen in nul gram uiterst onplezierige buitendruk per vierkante centimeter. Terwijl de atmosferische druk die binnen had geheerst naar buiten ontsnapte en het luchtledige razendsnel naar binnen stroomde, zou de lucht die zich nog in je longen bevond op uiterst explosieve wijze een uitweg zoeken, je bloed zou onmiddellijk – en letterlijk – gaan koken, je hersen- en lichaamsweefsel zouden schreeuwen om zuurstof, en je getraumatiseerde systeem zou simpelweg ophouden te functioneren. En alles zou binnen een paar seconden achter de rug zijn. In elk geval niet langzamer dat met behulp van de een of andere dwaze gifpil, en het was een stuk achtenswaardiger.

Het was natuurlijk niet zo dat Lovell, of wie dan ook, ook maar één ogenblik had nagedacht over de schade die de cabine-inlaat had kunnen aanrichten. Niemand van de bemanningsleden aan boord van de tweeëntwintig ruimteschepen die reeds eerder waren gelanceerd, was ooit ook maar in de búúrt gekomen van het punt waarop ze het gebruik ervan ook maar hadden overwógen. Lovell zelf was aan boord van drie van deze ruimtecapsules geweest, en de enige keer dat hij de lucht uit de cockpit had laten ontsnappen, was op het moment dat hij geacht werd dat te doen:

aan het eind van een vlucht, wanneer het ruimteschip op de golven dobberde en de parachutes op het water dreven en de kikvorsmannen de met gekleurde rook gemarkeerde plek naderden en de helikopter het reddingsnet liet zakken, en aan boord van het vliegdekschip de militaire band zijn instrumenten stemde en hij het korte toespraakje nog een keertje oefende dat hij misschien zou moeten uitspreken vóór hij naar binnen zou verdwijnen voor een medisch onderzoek, een evaluatiegesprek en een douche.

Tot vandaag had hij naar deze trip gekeken alsof hij net zo routinematig zou verlopen als alle eerdere. En dat was ook zo, tot *vanavond*, als je je aan de Houston-tijd hield – hoewel op deze plek, bijna 370.000 kilometer van thuis verwijderd en na vijf zesde van de afstand tot de maan te hebben afgelegd, de tijd in Zuid-Texas volkomen onbelangrijk leek. Maar hoe laat het ook mocht zijn, deze trip in het onaangename luchtledige was plotseling helemaal verkeerd aan het uitpakken. Op dit moment gebeurde er zoveel tegelijk binnen de cabine dat Lovell en zijn twee collega-bemanningsleden het nauwelijks bij konden benen, maar de zaken die vooral hun aandacht opeisten waren hun zuurstof, die bijna op was, hun voortstuwingsvermogen, waar ze bijna doorheen waren, en hun hoofdraket, die naar alle waarschijnlijkheid – hoewel dat nog niet zeker was – nooit meer zou functioneren.

Het was een beroerde situatie waarin ze verkeerden, precies het soort situatie waarmee de pers, het publiek en de nieuwe mensen van de Agency op de proppen zouden komen als ze in de stemming verkeerden om naar de gifpillen te vragen. Wat hun betrof dachten Lovell en zijn collega-bemanningsleden niet aan pillen of cabine-inlaten of wat dan ook. Ze dachten eraan hoe ze het motorvermogen konden herstellen, hoe ze de zuurstoftoevoer in orde konden brengen of wat dan ook wat niet naar behoren functioneerde aan boord van het ruimteschip. Of ze daartoe in staat zouden zijn was nog maar de vraag; tot nu toe was er nog niet eerder een ruimtecapsule zo ver van huis in zulke ernstige problemen geraakt. De mensen in Houston voelden zich echt rot door dit alles, en kwamen aan de lijn om daar uitdrukking aan te geven.

'Apollo 13, we hebben tientallen mensen op die problemen gezet,' zei een stem uit Mission Control, de Vluchtleiding. 'Zodra we de oplossing hebben gevonden geven we die aan jullie door. Jullie zijn de eersten die het te horen krijgen.'

'O,' antwoordde Lovell, terwijl in zijn stem meer irritatie doorklonk dan de bedoeling was. 'Hartstikke bedankt.'

De reden voor Lovells ergernis was het feit dat – volgens ieders berekeningen – Houston slechts circa één uur en vierenvijftig minuten de tijd had om met goede ideeën op de proppen te komen. Meer zuurstof zat er niet in de tanks die in de cabine waren ingebouwd, daarna kon de bemanning alleen nog maar traag voor de tweede keer hun eigen kooldioxyde inademen, wat snel happen naar adem en transpireren ten gevolge zou hebben, waarbij de ogen wijd opengesperd zouden worden, terwijl ze in deze afgesloten ruimte ter grootte van een forse personenauto door hun eigen afvalgassen gewurgd zouden worden. Als dat gebeurde, zou het nu niet meer bestuurde ruimtevaartuig zijn weg richting maan blijven vervolgen, rond de achterzijde schieten om vervolgens met een snelheid die ergens in de buurt van 46.000 km per uur moest liggen in de richting van de aarde te koersen. Het zou echter niet precies op de aarde gericht zijn, maar in plaats daarvan op circa 74.000 km langs de thuisplaneet schieten, om vervolgens een enorme, absurde eivormige baan te gaan beschrijven die het schip weer zo'n 445.000 km terug de ruimte in zou sturen, dan weer terug richting aarde, en dan weer terug de ruimte in, dan weer terug richting aarde, dan weer terug de ruimte in, en dat zou dan zo doorgaan in afschuwelijk zinloze, eindeloos durende rondjes die de lieden die het ruimteschip hadden gelanceerd naar alle waarschijnlijkheid verre zouden overleven. Met Lovell en zijn medebemanningsleden erin opgesloten, zou de rondcirkelende capsule duizenden jaren lang voor de mensen op aarde zichtbaar blijven en voor eeuwig een fonkelend, honend monument voor de twintigste-eeuwse technologie vormen.

En dat was voldoende om mensen weer over gifpillen te laten beginnen.

Maandag 13 april, 11:30 uur Eastern Standard Time

Jules Bergman knoopte zijn grijze blazer dicht, trok de knoop van zijn blauw-zwart gestreepte stropdas wat steviger aan en keek in de camera terwijl de laatste tien seconden vóór de uitzending de lucht in ging werden afgeteld. Het rumoer om hem heen begon te verstommen, zoals dat altijd het geval was in de laatste seconden voor een uitzending. Bergman zou maar één enkele minuut de tijd krijgen voor zijn verslag, en, zoals altijd bij dit soort meldingen van probleemsituaties, wist hij dat hij in uiterst korte tijd een hoop informatie moest zien over te brengen.

Vanaf het moment dat Bergman er was aangekomen, mocht de sfeer in de studio geladen worden genoemd. Niemand die zich hier met ruimtevaart bezighield had verwacht hier nog zo laat te zullen zijn, maar toen de persbureaus vanuit Houston nieuws begonnen te versturen en de ABC-correspondenten allerlei stukjes losse informatie begonnen door te bellen, leken de mensen van overal binnen te stromen. Een nieuweling zou onder de indruk geraakt kunnen zijn van de opgewektheid waarmee de reusachtige nieuwsmachines van de diverse televisiemaatschappijen in beweging kwamen om binnen de kortste keren op volle toeren te draaien, maar Bergman was geen nieuweling. Maar waarom een grote nieuwsorganisatie ook maar zou overwegen de camera's uit te schakelen en er voor die avond een punt achter te zetten, terwijl zich op 370.000 km van huis een ruimtevaartuig met drie astronauten aan boord bevond, was een gigantisch raadsel.

Bergman versloeg de bemande ruimtevaart al sinds Alan Shepards ruimtesprongetje in 1961, en hij had reeds lang geleden begrepen dat de zekerste manier om bij het ruimtereisgebeuren de mist in te gaan, was te veronderstellen dat een soepel verlopende vlucht soepel zou blijven verlopen. Als geen andere verslaggever vóór hem had Bergman ervoor gezorgd dat hij zich zoveel mogelijk had ingeleefd in alle mogelijke facetten van de ruimtevaart: hij had zich snel rond laten draaien in centrifuges, had ondervonden hoe het was om eventjes gewichtloos te zijn en had zich met rubberbootje en al uit het water laten hijsen, dit alles met het doel om meer begrip en inzicht te krijgen in het strakke koord dat de vliegers moesten bewandelen, zodat hij alles beter aan het publiek – dat per slot van rekening de rekeningen betaalde – uit kon leggen.

Het probleem was alleen dat dat publiek vandaag de dag helemaal geen zin leek te hebben in zo'n uitleg. Dit was Shepards Freedom 7 niet, noch de Friendship 7 van Glenn, laat staan de Apollo 11 van Neil Armstrong, Michael Collins en Buzz Aldrin – die majestueuze missie die nog maar negen maanden geleden had geresulteerd in de eerste landing op het maanoppervlak. Dit was de Apollo 13, die alweer de derde landing zou moeten uitvoeren, en in het voorjaar van 1970 begon het zowel de televisiemaatschappijen als de natie aan wie ze verslag deden allemaal een beetje te vervelen.

Wat ABC op de televisie liet zien in plaats van het laatste nieuws omtrent de maan was *The Dick Cavett Show*. Cavett zou vanavond Susannah York en James Whitmore als gasten hebben, alsmede een paar leden van de New York Mets, die net wereldkampioen waren geworden, maar de eerste paar minuten van de show van die avond liet hij zijn kijkers in elk geval even dènken aan de maan.

'Het is vandaag een prachtige dag in New York,' schertste Cavett tegen zijn orkest en publiek voor zijn gasten werden geïntroduceerd. 'Het is weer om naar de meisjes te kijken. En nu we het toch over naar meisjes kijken hebben, wist u dat momenteel onze eerste vrijgezelle astronaut op weg is naar de maan? Dat is Swigert, niet? Hij is het soort knaap waarover wordt gezegd dat-ie in elke haven een ander schatje heeft. Nou, dat mag dan zo zijn, maar ik vind het wel èrg optimistisch van hem om nylons en Hershey-repen mee naar de maan te nemen.' Het publiek moest er hartelijk om lachen. 'En heeft u gelezen dat deze lancering door drie miljoen kijkers mìnder werd gevolgd dan de vorige? Gisteren was kolonel Borman onze gast en hij erkende dat ruimtelanceringen nogal wat van hun glans hebben verloren. Maar om eerlijk te zijn, de reden waarom er minder mensen hebben gekeken kan natuurlijk deels gelegen zijn in het feit dat het erg mooi weer was en dat een hoop mensen naar buiten zijn getrokken, en deels te wijten zijn geweest aan het feit dat een hoop mensen in de veronderstelling hebben verkeerd dat het een herhaling van vorig jaar was.' Ook daar moest het publiek erg om lachen.

Terwijl Cavett zijn praatje hield, telde Jules Bergmans regisseur in de nieuwsstudio van ABC af van tien tot een, en maakte het televisiebeeld van de talkshow-gastheer plaats voor de felrode woorden 'Apollo 13' met daaronder de felblauwe woorden 'Extra uitzending'. Een seconde later werd de tekst vervangen door Bergmans gezicht.

'Het Apollo 13 ruimtevaartuig heeft te kampen met een ernstige storing in het elektrisch systeem,' begon hij, 'waardoor de astronauten weliswaar niet in direct gevaar zijn komen te verkeren, maar de kans op een maanlanding uitgesloten moet worden geacht. Enkele seconden nadat Jim Lovell en Fred Haise de Aquarius maanmodule – ook wel maansloep genoemd – hadden geïnspecteerd en weer terug naar de commandomodule – het moederschip – waren gekropen, hoorden ze een harde knal, waarna onmiddellijk twee van hun drie brandstofcellen geen elektriciteit meer leverden. Ook meldden ze dat ze zagen dat er brandstof, kennelijk zuurstof en waterstof, uit het ruimteschip ontsnapte en dat de meters voor beide gassen nul aangaven. Mission Control beval de astronauten zoveel mogelijk apparatuur uit te schakelen, waardoor het elektriciteitsverbruik zo gering mogelijk zou zijn, terwijl de troubleshooters op zoek zouden gaan naar oplossingen voor alle problemen. Als alle drie de brandstofcellen het zouden laten afweten, wordt het een probleem om voldoende vermogen op te wekken om de raketmotor te starten die het ruimteschip aan boord heeft en die nodig is om hen naar de aarde terug te brengen. Een ander probleem dat nog moet worden onderzocht is het klaarblijkelijke verlies aan in te ademen zuurstof in de commandomodule. Mission Control bevestigt de ernst van het probleem. Ik herhaal het nog eens, de Apollo 13-astronauten zijn niet in direct gevaar, maar de vlucht zelf loopt het gevaar vroegtijdig te worden afgebroken.'

Zo snel als hij was verschenen, verdween Bergman weer van het scherm, om direct te worden vervangen door de opgewekte Dick Cavett. In de nieuwsstudio werd het op het moment dat de camera was uitgeschakeld weer rumoerig. De ervaren ruimtejongens hadden reden om allesbehalve tevreden te zijn met het nieuws dat ze zojuist hadden uitgezonden. De astronauten bevonden zich 'niet in direct gevaar'? Was die tekst van de NASA afkomstig? Hoe kon je niet in direct gevaar verkeren als je bijna 450.000 km van huis was en je niet wist hoeveel zuurstof je nog overhad? Het was meer dan waarschijnlijk dat de Agency zijn prognose op heel korte termijn zou moeten bijstellen. NASA-mensen waren nooit bepaald genegen het woord 'noodgeval' te gebruiken als ze zich er met het woord 'probleempje' af konden maken, maar zodra ze zeker wisten dat ze met een levensgrote crisis te maken hadden, kwamen ze meestal met de waarheid op de proppen. In de studio in New York had men reeds telefonisch verbinding met correspondent David Snell in Houston, om van de Agency het laatste nieuws te vernemen. En op dit tijdstip werden ook al adviseurs van North American Rockwell, het voormalige North American Aviation, de bouwers van de Apollo-ruimtecapsules, gevraagd naar de studio te komen om live de problemen uit te leggen.

Overal in de studio begonnen telefoons te rinkelen en gaven de correspondenten het laatste nieuws uit Houston door, gristen de nieuwsredacteuren horens op, luisterden naar de meldingen en gaven dan de laatste feiten razendsnel aan Bergman door. Al een paar minuten na de uitzending waarin hij zijn redelijk optimistische verslag had geleverd, realiseerde de nieuwsman zich dat de prognose inderdaad was bijgesteld – en zeker niet in positieve zin. De commandomodule van de Apollo 13, gaf het laatste bijgewerkte communiqué nu toe, zat momenteel compleet zonder lucht en elektrische stroom; gebleken was dat de astronauten het moederschip zouden moeten verlaten en zich naar de maanmodule zouden moeten begeven; en hun levens, gaf de Agency thans toe, waren inderdaad in gevaar.

Vlak in de buurt van Bergman bereidde de regisseur zijn cameraman erop voor dat hij snel weer in de lucht zou zijn. Het was duidelijk dat er vanavond geen Dick Cavett meer zou worden uitgezonden.

1

27 januari 1967

Jim Lovell zat aan aan een diner in het Witte Huis toen zijn vriend Ed White levend verbrandde.

In feite was het geen diner waaraan Lovell aanzat, maar werden er op met linnen bedekte tafeltjes in de Groene Zaal sandwiches, sinaasappelsap en een niet bepaald gedenkwaardige wijn geserveerd. Maar aangezien de zon al onder was en er die dag blijkbaar geen ander tijdstip voor een maaltijd op het programma stond, kwam dit voor Lovell het dichtst in de buurt van een diner.

En ook moet worden gezegd dat Ed White niet echt levend verbrandde. De verstikkende dampen hadden hem al bereikt vóór de vlammen daarin waren geslaagd. Volgens de meeste schattingen duurde het maar vijftien seconden voor hij – samen met zijn commandant, Gus Grissom, en het jongere bemanningslid Roger Chaffee – bezweek door de giftige gassen die ze inademden. Uiteindelijk was dat misschien ook maar het beste. Niemand weet precies hoe heet het in de cockpit is geworden, maar in een vlammen-voedende atmosfeer die uit honderd procent pure zuurstof bestond, is de kans erg groot dat de thermometer tot boven de 750 °C steeg. En bij die temperatuur begint koper te gloeien, aluminium te smelten en kan zink spontaan in brand vliegen. Gus Grissom, Ed White en Roger Chaffee – kwetsbare samenklonteringen van huid en haar en weefsel en beenderen – zouden geen enkele kans hebben gehad.

Jim Lovell kon op het moment dat het gebeurde onmogelijk hebben geweten wat de drie mannen overkwam. Hij zou het nieuws snel te horen krijgen, maar op dat tijdstip wist hij nog van niets. Op dat moment werd Lovell in beslag genomen door de taak die voor hem lag, en die taak was wat rond te lopen, kennis te maken en wat handen te schudden. Er liepen tientallen hoogwaardigheidsbekleders rond om de door het Witte Huis geleverde snacks en drankjes naar binnen te werken, en het was Lovells zaak om zoveel mogelijk van hen gedag te zeggen. De gastenpas die Lovell per post had ontvangen was over dat onderdeel van zijn taak maar al te duidelijk geweest:

'Groene en Blauwe Zaal voor individuele foto met ambassadeurs en handdruk,' stond er. Er stond niet: 'U bent uitgenodigd voor het eten'; er stond niet: 'U bent uitgenodigd voor de leut'. Er stond, in evenzovele woorden: 'U bent uitgenodigd – als u het dan per se wilt weten – om uw gezicht te laten zien aan de mensen.'

Lovell was natuurlijk wel gewend aan dit soort avonden, en de eerlijkheid van de uitnodiging kwam niet als een verrassing. Dit was gewoon weer meer van wat hij en de andere leden van het astronautenkorps hun 'tijd in de afvalton' noemden: die gelegenheden waarbij een of ander staatshoofd of een directeur van een Kamer van Koophandel weer eens een show-ruimteman nodig had om een receptie op te luisteren. En de NASA stuurde dan een mannetje of twee om het partijtje op te luisteren, om samen met de gastheer voor foto's te poseren, en in het algemeen goodwill te verspreiden. Alle astronauten waren goed in dit soort optredens, maar Lovell was er héél erg goed in. Met zijn lengte van een meter tachtig, een gewicht van zevenenzeventig kilo en met zijn typische Midden-Westen-uiterlijk kon hij bijna het archetype van een astronaut worden genoemd, perfect voor een VIP die de juiste foto wilde om een muur van zijn kantoor mee te completeren. Maar vanavond zou er minder gelegenheid voor het maken van dit soort foto's zijn dan gewoonlijk. Volgens de invitatie diende de avond om precies 5:14 uur te beginnen – er stond ècht 5:14 uur op het kaartje – terwijl het niet later dan 6:45 uur afgelopen diende te zijn. Wat het Witte Huis hoopte te bereiken met die extra zestig seconden aan het begin van de avond was onduidelijk, maar het enige dat Lovell en de vier andere bemanningsleden vanavond hoefden te doen was hun gezichten te laten zien tijdens de 91 minuten dat ze opgeroepen waren, daarna hadden ze de vrijheid om Washington in te gaan.

En om eerlijk te zijn, als Lovell dan tòch anderhalf uur in een afvalton moest rondschuimen, dan waren er aanzienlijk beroerdere plekken om te vertoeven dan het Witte Huis. Lyndon Johnson was er, die altijd op z'n best was tijdens dit soort knabbel-en-babbelpartijtjes, en Lovell verheugde zich erop straks even hallo tegen de president te kunnen zeggen. Ze hadden elkaar één keer eerder ontmoet, nog maar zo'n maand geleden, toen Lovell en zijn co-piloot Buzz Aldrin op Johnsons ranch waren uitgenodigd om een medaille in ontvangst te nemen en op een toespraak te worden vergast nadat hun Gemini 12-ruimtecapsule in de Atlantische Oceaan was geland en de tiende vlucht van deze nietige capsule uiterst succesvol was geëindigd.

Diep in zijn hart was Lovell van mening dat een medaille misschien niet helemaal gerechtvaardigd was geweest. Het was niet beleefd om zoiets hardop te zeggen, maar hij was die mening nog steeds toegedaan. Niet dat de vlucht geen gigantische prestatie was geweest, want dat was wel degelijk het geval. Niet dat tijdens de vlucht niet alle doelen waren bereikt die de vluchtplanners voor ogen hadden gestaan, want dat was wel degelijk gebeurd – en meer. Maar de negen eerdere vluchten hadden de meeste van die doeleinden ook gehaald, en als de astronautische expertise die tijdens de Gemini's 3 tot en met 11 bijeen was gebracht er niet was geweest, zou Gemini 12 misschien helemaal niet mogelijk zijn geweest. Johnson echter had een voorkeur voor dramatiek, en terwijl deze laatste Gemini-vlucht zich ontvouwde – waarbij Lovell zijn tweepersoons ruimtecapsule even moeiteloos aan het Agena ruimtevaartuig koppelde alsof hij een Pontiac op een parkeerplaats instak, en Buzz naar buiten klom om wijdbeens op de Agena te gaan zitten en daarbij op een loodsvogeltje op de rug van een neushoorn leek – raakte de president steeds enthousiaster voor het vele miljarden kostende ruimteprogramma. Lovell en Aldrin waren nog maar nauwelijks in de oceaan geplonsd of Johnson liet de fotografen en tekstschrijvers opdraven en nodigde de helden uit voor een met Texaanse gastvrijheid gelardeerde ceremonie.

Daarna had Lovell een zwak plekje voor de president ontwikkeld en rekende hij zichzelf tot Johnsons meest enthousiaste bewonderaars. Maar zelfs als er vandaag géén staatshoofd aanwezig zou zijn, was deze receptie er toch eentje die het waard was om bezocht te worden. De aanleiding tot de avond was het vieren van de ondertekening van de veelbesproken en van een zeer prozaïsche naam voorziene 'Overeenkomst betreffende de Grondbeginselen die Bepalend zijn voor de Activiteiten van Staten bij de Exploratie en het Benutten van de Ruimte'. En zoals wel vaker met overeenkomsten het geval was, realiseerde Lovell zich maar al te goed dat het weinig om het lijf had; het was geen Versailles, het was geen Appomattox, het was geen verbod op kernproeven. Het was een van die overeenkomsten die er was gekomen omdat, zoals diplomaten zeggen, 'er nu eenmaal iets op papier moest staan'.

Dat 'iets' had met de ruimte te maken – en met name de te definiëren grenzen van die ruimte. Sinds de eerste primitieve natie de eerste streep in de grond van de eerste bewoonde savanne trok, hadden landen gestaag en gretig geprobeerd hun grenzen uit te breiden. Het begon met een cirkel rond een kampvuur, daarna werd het een zone van het kampvuur naar de kust, en daarna was het een driemijlszone vanuit de kust de zee op. In de afgelopen tien jaar, sinds het begin van het ruimtetijdperk, was die driemijlszone veranderd in een zone van tweehonderd mijl, de richting was veranderd van horizontaal naar *omhoog*, en de landen van de wereld hadden zich al suf gepiekerd of en hoe die lijnen van deze meest exotische van nieuwe grenzen verder getrokken dienden te worden.

Het verdrag dat vandaag door meer dan zestig landen ondertekend zou worden, zou ervoor moeten zorgen dat er helemaal geen lijnen wáren. Onder de voorwaarden bevonden zich garanties dat het heelal voor altijd gevrijwaard tegen militair gebruik zou blijven, dat geen enkel land aanspraak zou doen op welke sector rond de aarde dan ook, en dat er nooit aanspraak gemaakt zou kunnen worden op de maan, Mars of welke plaats 's mensen raketten ooit mochten weten te bereiken. Maar wat voor Lovell en de andere astronauten die vanavond aanwezig waren nog veel belangrijker was, was artikel 5 van het document – de clausule die de veilige terugkeer van ruimtereizigers behelsde. Deze bepaling garandeerde dat elke astronaut of kosmonaut die uit de koers raakte en in een vijandige oceaan plonsde of in een vijandig tarweveld terechtkwam, niet gevangen zou worden genomen en niet door de veiligheidstroepen van het ten onrechte betreden land afgevoerd zou worden. In plaats daarvan zouden ze worden behandeld als een 'afgezant van de mensheid', om vervolgens 'veilig en snel naar het land waar het ruimtevaartuig staat ingeschreven terug te worden gezonden'.

Bij het samenstellen van de delegatie astronauten was de NASA erg zorgvuldig geweest. Naast Lovell, die tijdens het Gemini-programma twee vluchten had uitgevoerd, was er ook Neil Armstrong, een ervaren NASA-testvlieger wiens enige Gemini-vlucht, Gemini 8, tien maanden eerder bijna op een ramp was uitgelopen toen een van de stuurraketten plotseling op hol sloeg waardoor zijn ruimtecapsule snel om zijn as begon te draaien – met een misselijk-makende snelheid van vijfhonderd toeren per minuut – zodat de vluchtleiders gedwongen waren de vlucht te onderbreken en de capsule in de eerste de beste zee of eendenvijver neer te laten komen. Eveneens aanwezig was Scott Carpenter, wiens Mercury-vlucht vijf jaar eerder ook bijna in het honderd was gelopen, toen hij tijdens zijn laatste omwenteling te veel tijd nodig had voor een astronomie-experiment aan boord. Tijdens die werkzaamheden activeerde hij zijn remraketten niet gelijktijdig en kwam hij 460 km van zijn bergingsploeg verwijderd in de Atlantische Oceaan terecht. Terwijl de Amerikaanse marine haastig haar operatiegebied verlegde, dobberde de tweede Amerikaan die rond de aarde zou cirkelen in zijn rubberbootje, at wat crackers uit zijn noodrantsoen en zocht hij de horizon af naar een schip waarvan hij vurig hoopte dat er een Stars and Stripes van de achterplecht wapperde.

Zowel Armstrong als Carpenter hadden tijdens hun vlucht de bescherming die het verdrag zou gaan bieden kunnen gebruiken, en dat moet ongetwijfeld ook voor de NASA een drijfveer zijn geweest om hen hier vanavond naar toe af te vaardigen. De twee andere leden van de delegatie, Gordon Cooper en Dick Gordon, waren moeilijker te verklaren, hoewel de kans groot was dat de NASA gewoon aan het wiel van fortuin had gedraaid en de eerste twee namen die boven waren gekomen had geselecteerd.

Lovell werd kort begroet door Johnson, bijna onmiddellijk na de aanvang van de receptie – héél erg kort, niets vergeleken met de presidentiële kruiperijen van pas een maand geleden – en liep op zijn gemak naar het buffet om daar een sandwich te pakken en het mijnenveld van door elkaar krioelende hoogwaardigheidsbekleders eens te overzien. De zaal vormde deze keer een wel zeer uitgebreid werkterrein. Uit Oostenrijk was Kurt Waldheim er; ambassadeur Patrick Dean was speciaal uit Groot-Brittannië overgekomen; Anatoly Dobrynin was vanuit de Sovjet-ambassade komen wandelen; Dean Rusk, Averell Harriman en Arthur Goldberg waren als vertegenwoordigers van de Verenigde Staten aanwezig. De aanwezigheid van zovele geopolitieke giganten vormde ook een grote aantrekkingskracht voor leden van de wetgevende vergadering op Capitol Hill. De leider van de minderheid in de Senaat, Everett Dirksen, senator Albert Gore sr. van Tennessee en de senatoren Eugene McCarthy en Walter Mondale uit Minnesota waren aanwezig, evenals andere zwaargewichten uit Washington die voor zichzelf kaartjes hadden weten te ritselen.

Lovell stond op het punt zich in de menigte te begeven, toen hij rechts van hem Dobrynin zag staan. De Russische ambassadeur had onder de astronauten die hem eerder hadden ontmoet een ijzersterke reputatie. Er werd van hem gezegd dat hij uitstekend op de hoogte was van zowel de Amerikaanse als de Sovjetrussische ruimtevaartprogramma's, dat hij gevoel voor humor had en heel goed Engels sprak, kortom een man die niet helemaal aan het beeld voldeed van een vertegenwoordiger van de socialistische superstaat. Lovell stak de ambassadeur zijn hand toe.

'Meneer de ambassadeur?' zei hij. 'Ik ben Jim Lovell.'

Er verscheen een brede grijns op het gezicht van Dobrynin. 'Ah, Jim Lovell,' reageerde hij. 'Leuk eens kennis met u te maken. U bent de, eh...'

Het verwachtingsvolle wegsterven van zijn stem aan het eind van Dobrynins zin, was voor Lovell natuurlijk het moment om 'astronaut' te zeggen, waarna Dobrynin hevig zou knikken en zijn glimlach steeds breder zou worden, alsof hij wilde zeggen: Ja, ja, ik weet wie je bent, ik was alleen even het Engelse woord ervoor vergeten. Lovell had het vermoeden dat hij evengoed 'korte stop' of 'beeldhouwer' of 'beroepsworstelaar' had kunnen antwoorden, dan nog zou Dobrynin op dezelfde manier hebben gereageerd.

'Astronaut, meneer de ambassadeur.'

Dobrynin reageerde direct. 'Ja, u bent degene die net is teruggekeerd. Een prachtige vlucht, een fraaie prestatie.'

Lovell glimlachte en was onder de indruk. 'Ach, we doen onze uiterste best om uw mensen bij te houden.'

'Misschien dat er ooit een tijd komt dat we elkaar niet meer zo hoeven te beconcurreren,' zei Dobrynin. 'Misschien dat dit verdrag de eerste stap is naar een wereld die in vrede met elkaar samenwerkt.'

'Dat hopen we van ganser harte. Het zou fijn zijn als ooit op een dag de mensheid bij het maanonderzoek samen zou kunnen werken.'

'Ik weet niet of ik daar ooit zal komen,' zei de diplomaat. 'Maar het zou me niet verbazen als jullie daarin zouden slagen.'

'Daar werk ik momenteel naar toe,' zei Lovell.

'Veel succes daarmee.' En met die woorden schudde de ambassadeur Lovells hand en verdween toen in de menigte om zich met iemand anders te onderhouden.

Lovell draaide zich naar de andere kant om en ontdekte Hubert Humphrey, die diep in gesprek was met Carpenter en Gordon. Toen hij naar hen toe liep, hoorde hij het karakteristieke nasale stemgeluid van de vicepresident met zijn karakteristieke innemende manier van spreken.

'Dit verdrag is een mijlpaal,' zei Humphrey toen Lovell het groepje bereikte. 'Iedereen wint erbij, zelfs landen die niet eens een ruimtevaartprogramma hebben, want nu weten ze dat de grote mogendheden geen wapens in de ruimte zullen stationeren.'

'De astronauten hebben dat altijd een erg goed idee gevonden,' zei Carpenter, daarmee een richtlijn van de NASA verwoordend, maar dan wel eentje waar hij helemaal in geloofde. 'Er is al lange tijd een speciale kameraadschap tussen Amerikaanse en Russische bemanningsleden. We zijn altijd al van mening geweest dat een vredige exploratie van de ruimte belangrijker is dan de belangen van welk land dan ook.'

'Véél belangrijker,' was Humphrey het met hem eens.

'Maar waar de astronauten zich vooral zorgen over maken,' merkte Lovell op nadat hij zich had voorgesteld, 'is het veiligheidsvraagstuk. Het zou prettig zijn om te weten dat we over elk land kunnen vliegen, zelfs vijandelijke landen, en zeker weten dat we vriendelijk worden ontvangen als we onze vlucht onverhoopt moeten afbreken.'

'Dat is een van de belangrijkste doeleinden van dit verdrag,' antwoordde de vice-president. 'De veiligheid van de astronauten.'

De bemanningsleden praatten nog een paar minuten over koetjes en kalfjes met Humphrey, net lang genoeg om de regering duidelijk te laten zien dat de goodwill-ambassadeurs van de NASA hun werk deden, net kort genoeg om andere gasten de gelegenheid te geven met de vice-president te praten. De drie mannen stonden op het punt uit elkaar te gaan teneinde nog meer gasten te begroeten, toen Lovell zich plotseling zorgen begon te maken. Door het ter sprake komen van de veiligheid – en dan vooral die van de bemanning – moest hij weer denken aan de zorgen die hij al een tijdje had geprobeerd weg te drukken.

'Hoe laat begonnen ze vandaag op de Cape eigenlijk aan het aftellen?' vroeg Lovell aan Gordon toen ze wegliepen.

'Vroeg in de middag,' antwoordde Gordon.

Lovell keek op zijn horloge: het was even na zessen. 'Dan moeten ze bijna klaar zijn,' zei hij. 'Goed.'

De test waar Lovell zich zorgen over maakte was niet zomaar een kleinigheidje. Vandaag had de NASA een volledige generale repetitie gepland van het aftellen van de eerste Apollo-missie, die over drie weken zou plaatsvinden. Als alles volgens plan verlopen was, zou de driekoppige bemanning momenteel in hun drukpakken geritst en ingesnoerd achter het gesloten luik van de commandomodule op hun plaatsen liggen, omgeven door een atmosfeer van pure zuurstof met een druk van 1,12 kilo per cm². Lovell zelf had dat soort testen al talloze malen moeten ondergaan ter voorbereiding van zijn Gemini 12-vlucht, zijn twee weken durende Gemini 7-vlucht, èn de twee andere Gemini-missies waarvoor hij als reservebemanningslid had gefungeerd. Er was niets inherent gevaarlijks aan een afteltest, maar toch, als je er iemand bij de Agency naar vroeg, zouden ze je zeggen dat ze nauwelijks konden wachten tot die achter de rug was.

Zijn zorgen hadden uiteraard geen betrekking op de bemanning. De commandant, Gus Grissom, had zowel vluchten binnen het Mercury- als het Gemini-programma uitgevoerd en had dit soort gesimuleerde aftelprocedures al tientallen malen meegemaakt. De piloot, Ed White, had ook aan boord van Gemini-capsules gevlogen en hij bezat een ruime mate van lanceerplatform-training. Zelfs het minst ervaren bemanningslid, Roger Chaffee, die nog nooit de ruimte in was geweest, was grondig onderwezen in de kunst van het repeteren van een vlucht. Nee, bij deze oefening golden zijn zorgen de ruimtecapsule.

Het Apollo-ruimtevaartuig bleek, zelfs bij de meest welwillende berekeningen, een Edsel te zijn. Erger nog, de astronauten zelf beschouwden de capsule als nog onbetrouwbaarder dan een Edsel, een mislukt model van Ford uit het begin van de jaren zestig. Een Edsel was een rammelkast, maar een in principe ongevaarlijke rammelkast. De Apollo was zonder meer gevaarlijk. In een eerdere fase van de ontwikkeling en het testen van de capsule, spatte de straalpijp van de reusachtige motor – de raketmotor die perfect zou moeten functioneren om het maanschip in een baan om de maan te brengen en het vervolgens weer terug naar huis te brengen – als een theekopje uit elkaar toen technici hem probeerden in te schakelen. Tijdens een splash-down test in het water was het hitteschild opengespleten, waardoor de commandomodule als een aanbeeld van 35 miljoen dollar naar de bodem van een testreservoir op het fabrieksterrein zonk. In het controlesysteem dat de binnenatmosfeer moest regelen werden tweehonderd individuele gebreken gevonden; het ruimteschip in z'n geheel kende er in totaal circa 20.000. Tijdens een eindcontrole bij de fabrikant liep een zich verbijtende Gus Grissom bij de commandomodule vandaan nadat hij er een citroen bovenop had gezet.

Gistermiddag, zo ging het gerucht, had dit alles een climax bereikt. Een groot deel van de dag was Wally Schirra – een veteraan die zowel aan het Mercury- als Gemini-project had deelgenomen, en commandant van de reservebemanning die Grissom, White en Chaffee zou vervangen als er iets met hen zou gebeuren – bezig geweest met een identieke aftelltest, samen met de rest van zijn bemanning, Walt Cunningham en Donn Eisele. Toen het trio uit de capsule klom, zweterig en vermoeid na zes lange uren, maakte Schirra onmiskenbaar duidelijk dat hij niet blij was met dat wat hij had gezien.

'Ik weet het niet, Gus,' zei Schirra toen hij later in het bemanningsonderkomen op de Cape een ontmoeting had met Grissom en de programmamanager Joe Shea, 'er is niets mis aan de capsule waar ik zo een-twee-drie de hand op zou kunnen leggen, maar ik voel me erin gewoon niet op mijn gemak. Er is iets aan dit apparaat dat niet lekker klinkt.'

De opmerking dat een toestel 'niet lekker klinkt' is een van de meest onrustbarende meldingen die een testvlieger tegen een collega kan doen. De term tovert het beeld te voorschijn van een klok die nauwelijks waarneembaar gebarsten is en op het eerste gezicht in orde lijkt, en die, wanneer de klepel ertegenaan slaat, dan ook een vlakke tik ten gehore brengt in plaats van een mooi, nagalmend gonggeluid. Het zou een stuk beter zijn als de ruimtecapsule, wanneer men ermee probeerde te vliegen, uit elkaar spatte – als de straalpijp van de raketmotor losraakte, of als een van de stuurraketten afbrak; in die gevallen zou je tenminste weten wàt je moest repareren. Maar een ruimtecapsule die niet lekker klinkt zou je misschien wel op duizend verraderlijke manieren naar de andere wereld kunnen helpen. 'Als je ook maar één enkel probleem hebt,' zei Schirra tegen zijn collega, 'kom er dan onmiddellijk uit.'

Grissom moet door deze mededeling bijna zeker zo zijn twijfels hebben gehad, maar hij reageerde op Schirra's waarschuwing met een verrassende nonchalance: 'Ik zal het in de gaten blijven houden,' zei hij.

Het probleem was, zoals veel mensen wisten, dat Gus door de 'gaankoorts' was bevangen: hij hunkerde ernaar deze ruimtecapsule de lucht in te brengen. Natuurlijk kende de capsule nog wat technische problempjes, maar daar waren testvliegers nu eenmaal voor, om die problempjes op te sporen en er vervolgens een oplossing voor te vinden. En zelfs als er sprake van een probleem zou zijn – zoals Schirra had gesuggereerd – dan was het niet bepaald makkelijk om eruit te komen. Het luik van de Apollo bestond uit een uit drie lagen bestaande constructie die niet zozeer was ontworpen om snel te kunnen ontsnappen, maar om het geheel van het ruimteschip in stand te houden. In de binnenste laag zat een luchtdicht gemonteerd draaiwiel waarmee een tandreep kon worden verschoven die op zijn beurt weer met zes borgstangen in verbinding stond, die in uitgedraaide toestand in de wand van de module klemden. De volgende afdeklaag was nog gecompliceerder en was voorzien van zwengels, rollers, balansstangen, in het midden een slot en ook nog eens tweeëntwintig sluitnokken. Voor de lancering werd het hele ruimtevaartuig ook nog eens omgeven door een precies passende *boost protective cover*, een gepantserde laag die de capsule zou beschermen tegen de aërodynamische krachten die tijdens de start zouden optreden. Het was de bedoeling dat dit omhulsel ruim voor het ruimtevaartuig in zijn baan zou komen werd afgeworpen, maar tot dat tijdstip vormde het nòg een laag tussen de bemanning in de capsule en een reddingsteam erbuiten. Onder de best mogelijke omstandigheden zouden de astronauten en de reddingsploeg – als ze met elkaar samenwerkten – de drie verschillende luiken in anderhalve minuut kunnen verwijderen. En onder ongunstige condities zou het wel eens veel langer kunnen duren.

Staande in de Groene Zaal van het Witte Huis wierp Lovell een blik op zijn horloge. Over circa een half uur zou de test zijn afgelopen. Het zou een hele opluchting voor hem zijn als hij had gehoord dat zijn vrienden weer uit die capsule waren.

Langs de Atlantische kust van Florida, zo'n zestienhonderd kilometer zuidelijker, verliep het aftellen op Cape Kennedy niet zonder problemen. Vanaf het moment dat de bemanningsleden in hun stoelen waren gegord, rond een uur 's middags, begon het Apollo-ruimtevaartuig de slechtst mogelijke verwachtingen van zijn critici waar te maken. Toen Grissom om te beginnen zijn pak aansloot op de zuurstofvoorraad, meldde hij een 'zure geur' die zijn helm kwam binnendrijven. De geur verspreidde zich snel en het controleteam dat verantwoordelijk was voor de leefomstandigheden binnen de capsule, beloofde dat ze ernaar zouden kijken. Kort daarna stuitten de bemanningsleden ook nog eens op irriterende problemen met het verbindingssysteem naar de grond, problemen die de hele dag zouden blijven spelen. Chaffee's woorden kwamen tamelijk luid en duidelijk door, die van White waren onregelmatig, terwijl die van Grissom kraakten en sisten als een goedkope walkie-talkie tijdens een onweer.

'Hoe verwachten jullie dat we vanaf de maan met jullie praten,' snauwde de commandant tussen het geruis door, 'als we niet eens vanuit de lanceertoren met de commandobunker kunnen communiceren?' De technici beloofden ook hier naar te kijken.

Om 6:20 uur Florida-tijd bereikte het aftellen T minus 10 minuten, en werd de klok tijdelijk stilgezet om de technici in staat te stellen zich over het communicatieprobleem en nog wat moeilijkheden te buigen. Net als bij een echte lancering, werd ook deze simulatie op de voet gevolgd en gecontroleerd door zowel het controlecentrum op de Cape als dat van het Manned Spacecraft Center in Houston. Volgens het protocol had vanaf het aftellen totdat de straalpijpen van de hoofdraketten vrij zouden komen van de lanceertoren, het Florida-team de leiding; daarna zouden zij het estafettestokje aan Houston overhandigen.

Twee mannen die in Florida hielpen de show te runnen waren Chuck Gay, chef van de afdeling die de grond-simulaties begeleidde, en Deke Slayton, een van de oorspronkelijke zeven Mercury-astronauten. Voor hij ook maar de kans kreeg om een reis door de ruimte te maken kreeg Slayton te horen dat hij aan de grond gehouden zou worden vanwege een onregelmatige hartslag, maar hij had kans gezien om van deze citroen toch nog limonade te maken door zichzelf te laten benoemen tot directeur Flight Crew Operations – in wezen chef-astronaut – terwijl hij tegelijkertijd kalm en volhardend door bleef gaan met lobbyen voor terugkeer naar de status van operationeel astronaut. Slayton was zo'n onvervalste astronaut, dat hij eerder vandaag, toen de communicatie vanuit het ruimteschip echt problematisch begon te worden, had aangeboden om aan boord van de capsule te klimmen, zich op te vouwen zodat hij in de apparatuurruimte aan de voeten van de astronauten paste, en daar tijdens het aftellen te blijven om te kijken of hij het ruisprobleem niet zelf kon oplossen. De testdirectors wezen het aanbod echter af en Slayton kwam in plaats daarvan achter een console naast Stu Roosa terecht, de *capsule communicator* of Capcom, de man die in verbinding met de capsule stond. De man die in Houston de leiding had – zoals meestal – was Chris Kraft, adjunct-directeur van het Manned Spacecraft Center, en de man die tijdens alle zes Mercury- en alle tien Gemini-vluchten als vluchtleider – *flight director* – had gefungeerd.

Kraft, Slayton, Roosa en Gay waren erop gebrand deze oefening zo snel mogelijk achter de rug te hebben. De bemanning lag nu al langer dan een halve dag plat op haar rug, en ze voelden niet alleen het gewicht van hun eigen lichaam, maar ook nog eens dat van hun zware ruimtepak, en ze lagen op banken die niet waren ontworpen voor de drukkende lading van een één g-omgeving, maar voor het veel prettiger 'zweven' in een gewichtloze ruimte. Over een paar minuten zouden ze weer verder gaan met aftellen, de gesimuleerde lancering afronden en die mannen er vervolgens zo snel mogelijk uithalen.

Maar het zou anders lopen. De eerste aanwijzing dat er iets helemaal fout zat kwam enkele seconden voordat de klok opnieuw zou gaan lopen, om 6:31 uur in de middag, toen technici die naar de videomonitor van de commandomodule keken door het luikvenster een plotselinge beweging waarnamen, een schaduw die snel over het scherm bewoog. Controllers, gewend aan de beheerste, weloverwogen bewegingen van uitstekend geoefende bemanningsleden die een vertrouwde aftelprocedure ondergingen, bogen zich onmiddellijk dichter naar hun schermen toe. Iedereen die niet een scherm direct voor zich had of die zich op de steigervormige stellage rond de Apollo-capsule en haar bijna zeventig meter hoge stuwraket bevond, zou niets hebben gemerkt. Een ogenblik later klonk vanuit het hoogste punt van de raket krakend een stem.

'Brand in de capsule!' Het was Roger Chaffee, de nieuweling, die de melding deed.

Op de lanceertoren draaide James Gleaves, een monteur die door middel van een koptelefoon meeluisterde, zich met een ruk om en begon in de richting van de zogenaamde Witte Kamer te rennen, die van de bovenste etage van de lanceertoren naar de ruimtecapsule leidde. In de commandobunker keek Gary Propst, een technicus die voor de communicatie met de capsule verantwoordelijk was, onmiddellijk naar de monitor links boven hem, de monitor die verbonden was met de camera in de Witte Kamer, en dacht – *dacht* – door de patrijspoort in het luik een of andere felle gloed te zien. Achter de Capsom-console op de Cape keken Deke Slayton en Stu Roosa, die vluchtplannen door aan het nemen waren, naar hun monitor en meenden iets te zien dat op een vlam leek die rond de rand van het luik speelde.

Bij een console in de buurt keek assistent-test supervisor William Schick, die verantwoordelijk was voor het bijhouden van het logboek waarin tijdens het aftellen alle belangrijke gebeurtenissen dienden te worden aangetekend, direct naar zijn vluchtklok en noteerde plichtsgetrouw: '1831: Brand in de cockpit.'

Bij de rij verbindingsconsoles echoden uit de ruimtecapsule dezelfde woorden neer. 'Brand in de cockpit!' schreeuwde Ed White door zijn haperende radio. De vluchtarts wierp een snelle blik op zijn console en zag dat Whites hartslag dramatisch was versneld. Mensen die de leefomstandigheden binnen de capsule in de gaten moesten houden keken naar hun aflezingen en merkten dat de bewegingsdetectoren in de ruimtecapsule woeste bewegingen binnen die capsule registreerden. Op de lanceertoren hoorde Gleaves plotseling een *woesj* uit de commandomodule komen, alsof Grissom het O$_2$-ventiel had geopend om de atmosferische druk binnen de capsule te lozen – precies wat je zou willen doen als je een brand probeerde te verstikken. Vlak in de buurt zag systeemtechnicus Bruce Davis naast de 'navelstreng' waarmee de capsule aan de grondsystemen was bevestigd vlammen uit het ruimteschip schieten. Een seconde later begonnen de vlammen langs de navelstreng zelf te dansen. Op zijn monitor in de commandobunker kon Propst achter de patrijspoort vlammen zien; en door die vlammen heen kon hij een stel armen waarnemen – uit de positie viel op te maken dat het de armen van White moesten zijn – die in de richting van de console reikten om ergens aan te morrelen.

'We staan in brand! Haal ons eruit!' schreeuwde Chaffee, wiens stem via het enige goed functionerende radiokanaal duidelijk was te horen. Op Propsts scherm verscheen nu van links een tweede stel armen – dat van Grissom moest zijn – voor de patrijspoort. Donald Babbitt, de *pad leader* – de chef-lanceerplaats – wiens bureau slechts vier meter van de ruimtecapsule was verwijderd, op de bovenste etage van de lanceertoren – niveau 8 – schreeuwde naar Gleaves: 'Haal ze eruit!' Terwijl Gleaves naar het luik snelde, draaide Babbitt zich razendsnel om teneinde de intercom tussen lanceertoren en commandobunker te pakken. Precies op dat moment schoot er een enorme rookpluim uit de zijkant van de capsule. Pal eronder kwamen uit een pijp die geacht werd stoom te lozen enorme vuurtongen zetten.

Vanuit de commandobunker riep Gay, de testdirector, met een gedisciplineerde stem de astronauten op: 'Bemanning naar buiten.' Er kwam geen antwoord. 'Bemanning, ziet u kans naar buiten te komen?'

'Laat het luik springen!' schreeuwde Propst tegen niemand in het bijzonder. 'Waarom laten ze het luik niet springen?'

Door de rook op de lanceertoren heen riep iemand: 'Ze spat straks uit elkaar!'

'Ontruim de etage,' beval iemand anders.

Davis draaide zich om en rende naar de zuidwestelijke deur van de toren. Creed Journey, een andere technicus, liet zich op de grond vallen. Gleaves schuifelde angstig bij de capsule vandaan. Babbitt bleef achter zijn bureau zitten, erop gespinsd de commandobunker via zijn intercom te pakken te krijgen. Op de grond gaf de console waarop de gegevens omtrent de leefomstandigheden binnen de capsule – de *environmental control console* – waren af te lezen, een cabinedruk van 2,04 kg per cm^2 aan, twee keer zoveel als op zeeniveau, terwijl de temperatuur zo hoog was dat zij niet eens meer van de schaal af te lezen was. Op dat moment, met een knetterend gekraak en een gebulder en een uitbarsting van afgrijselijke hitte, capituleerde het Apollo 1 ruimtevaartuig – het vlaggeschip onder de Amerikaanse ruimteschepen – voor het inferno dat binnenin woedde, en spleet als een versleten autoband langs de naad open. Sinds de eerste noodkreet van Chaffee waren er veertien seconden verlopen.

Vier meter van de Apollo commandomodule verwijderd voelde Donald Babbitt de volle kracht van de explosie over zich heen komen. De schokgolf wierp hem achterover en de hittegolf trof hem alsof iemand zojuist de deur van een gigantische oven open had gegooid. Kleverige, gesmolten druppels werden door de capsule in het rond geslingerd, spetterden tegen zijn witte laboratoriumjas en brandden dwars door het overhemd dat hij eronder droeg. De papieren op zijn bureau verschroeiden en trokken krom. Niet ver daarvandaan voelde Gleaves hoe hij achteruit tegen een oranje nooduitgang werd geslagen – een nooduitgang waarvan hij nu pas ontdekte dat hij naar binnen opende, niet naar buiten. Davis, die zich van de capsule afwendde, voelde hoe een verschroeiende bries langs zijn rug streek.

Bij de Capcom-post in de commandobunker probeerde Stu Roosa verwoed via de radio de bemanning op te roepen, terwijl Deke Slayton de ziekenbroeders die in de bunker waren gestationeerd in de kraag greep. 'Naar de lanceerplaats,' beval hij hen. 'Daar zullen ze jullie hard nodig hebben.' In Houston zag en hoorde een hulpeloze Chris Kraft de chaos in de lanceertoren en merkte dat hij in de uiterst ongebruikelijke positie ver-

keerde dat hij geen flauw idee had wat er aan boord van een van zijn capsules gebeurde.
'Waarom kunnen ze hen er niet uit krijgen?' zei hij tegen zijn controllers en technici. 'Waarom kan niemand bij hen komen?'
Achter de console van de assistent-test supervisor schreef Schick in zijn logboek: '1832: leider lanceerplatform beveelt bemanning naar buiten te komen.'
Op niveau 8 van de lanceertoren krabbelde Babbitt achter zijn bureau overeind, rende naar de lift en klampte een verbindingstechnicus aan. 'Geef aan de test supervisor door dat we in brand staan!' schreeuwde hij. 'Ik heb brandweerlieden, ambulances en apparatuur nodig.' Vervolgens rende Babbitt terug naar binnen en trok Gleaves en de systeemtechnici Jerry Hawkins en Stephen Clemmons mee naar buiten. Als de capsule open was gespleten, dan was dat in elk geval voor de opzichter van het lanceerplatform, de *pad leader*, niet zichtbaar, wat inhield dat de opening geen toegang tot de mannen in de cockpit bood. Daaruit volgde weer dat er maar één manier was om bij hen te komen. 'Maak dat luik open,' schreeuwde hij tegen zijn assistenten. 'We moeten ze eruit halen.'
De vier mannen gristen brandblusapparaten uit hun houders en doken in de zwarte rookwolken die door de ruimtecapsule werden uitgebraakt. Ze richtten blindelings met de brandblusapparaten in de rook, en heel even leken ze de vlammen naar achteren te dringen, maar de inktzwarte smook en de dichte wolken met giftige dampen bleken een dodelijke combinatie en de mannen moesten zich al snel terugtrekken. Een eindje achter hen vond systeemtechnicus L.D. Reece in een materiaalkast een stuk of wat gasmaskers en gaf die aan de kokhalzende lanceertorenploeg. Gleaves probeerde de strook tape weg te halen waarmee het masker geactiveerd moest worden en merkte met ongerijmde helderheid dat de tape dezelfde kleur had als het materiaal van het masker en dus met al die rook om hem heen nauwelijks te onderscheiden was. *(Vergeet dat niet te melden voor een volgende keer. Ja, je moet niet vergeten dat te melden.)* Babbitt slaagde erin zijn masker te activeren en het op zijn plaats te krijgen, maar merkte toen dat het een vacuüm rond zijn gezicht vormde, waardoor het rubber uiterst oncomfortabel tegen zijn wangen en kin werd gedrukt en hij geen adem meer kon halen. Hij trok het masker ruw van zijn hoofd, smeet het weg en probeerde een ander, maar ontdekte toen dat dat nauwelijks beter functioneerde.
De torenploeg dook de rook weer in en worstelde met de vergrendeling van het luik zo lang de hitte en de dampen en hun slecht functionerende gasmaskers dat toelieten. Toen wankelden ze weer achteruit, happend naar adem en zoveel iets schonere lucht in zich opzuigend totdat ze genoeg lucht hadden voor een nieuwe poging. Op de lager gelegen niveaus was rond dit tijdstip het nieuws doorgedrongen dat er zich boven hen een vurig pandemonium afspeelde. Op niveau 6 hoorde technicus William Schneider boven zich het geloei van de brand en holde naar de lift die hem naar niveau 8 kon brengen. De cabine was echter net weg en Schneider zette koers richting trap. Terwijl hij onderweg naar boven was, merkte hij

dat de vlammen zich aan het verspreiden waren naar niveau 6 en 7, en de servicemodule van het ruimteschip bereikten. Hij greep een brandblusapparaat en begon nogal onbeholpen koolzuur te spuiten in de deuren die toegang gaven tot de raketuitlaat van de module. Weer iets verder naar beneden, op niveau 4, hoorde monteur William Medcalf het hulpgeroep en sprong in een andere liftcabine die hem naar niveau 8 zou brengen. Toen hij de Witte Kamer bereikte en de deur opende, was hij absoluut niet voorbereid op de muur van hitte en rook en het groepje naar adem happende mannen dat hem daar wachtte. Vervolgens nam hij de trap naar een lager gelegen niveau en keerde terug met zijn armen vol gasmaskers. Toen hij terugkwam werd hij begroet door Babbitt, wiens ogen wijd open waren gesperd en die onder het roet zat, die tegen hem schreeuwde: 'Ik heb nú twee brandweerlieden nodig! Er zitten drie man in, en die wil ik *eruit* hebben!'

Medcalf gaf het alarm door aan de brandweerpost op de Cape, en meldde dat er brandweerwagens nodig waren op lanceercomplex 34; vrijwel onmiddellijk kwam het antwoord dat er reeds drie wagens onderweg waren. Toen Medcalf behoedzaam de Witte Kamer binnenging, struikelde hij bijna over de torenploeg, de *pad crew*, die hun slechte, poreuze gasmaskers hadden afgedaan en nu onder de dikste rook door op handen en voeten naar en van de capsule kropen, alle mogelijke moeite doend het luik open te krijgen tot ze het niet langer uithielden. Gleaves had bijna het bewustzijn verloren, en Babbitt gaf hem opdracht bij de commandomodule weg te gaan. Hawkins en Clemmons waren er nauwelijks beter aan toe. Babbitt keek achterom naar de Witte Kamer, zag de twee andere, pas aangekomen technici en gebaarde dat ze de rook in moesten.

Het duurde nog een aantal minuten voor het luik open was, en dan nog maar gedeeltelijk – een opening van nog geen vijftien centimeter breed aan de bovenkant. Dit was echter voldoende om nog een laatste verzengende stoot zwarte rook uit het binnenste van de capsule te laten ontsnappen, waardoor tegelijkertijd te zien was dat de brand zelf gedoofd was. Na nog wat gewrik en getrek slaagde Babbitt er uiteindelijk in om het luik los te krijgen, waarna het in de cockpit viel, tussen de hoofdeinden van de banken voor de astronauten en de buitenwand in. Daarna moest Babbitt uitgeput loslaten en tuimelde achterover.

Systeemtechnicus Reece was de eerste die in de muil van de gecremeerde Apollo tuurde. Hij stak zijn hoofd nerveus naar binnen en zag door het halfduister op het instrumentenpaneel een paar waarschuwingslampjes knipperen, terwijl aan de kant van de commandant een zwakke lamp brandde. Afgezien hiervan zag hij niets – ook de bemanning niet. Maar hij hoorde wel wat; Reece was er zeker van dat hij iets hoorde. Hij boog zich wat verder naar binnen en tastte naar de middelste bank, waar Ed White zich had moeten bevinden, maar hij voelde alleen maar verbrande stof. Hij deed zijn masker af en schreeuwde in de leegte: 'Is daar iemand?' Geen antwoord. 'Is daar iemand?'

Reece werd opzij geduwd door Clemmons, Hawkins en Medcalf, die zaklantaarns bij zich hadden. De drie mannen lieten hun lichtbundels door het interieur van de cockpit glijden, maar hun door rook aangetaste ogen konden niets onderscheiden – alleen maar iets dat leek op een deken van as die nu over de drie bemanningsposities verspreid lag. Medcalf deed een paar stappen achteruit en botste tegen Babbitt aan. Hij moest een paar keer diep slikken.

'Er is binnen helemaal niets meer over,' zei hij tegen de opzichter.

Babbitt was met een paar snelle passen bij het ruimtevaartuig. Steeds meer mensen dromden om de capsule en steeds meer lampen werden op het interieur gericht. Terwijl zijn ogen zich langzaam herstelden, zag Babbitt dat er – vast en zeker – binnen iets wàs. Pal voor hem bevond zich Ed White – liggend op zijn rug met zijn armen boven zijn hoofd, reikend naar de plaats waar het luik had gezeten. Links was Grissom zichtbaar, die zich enigszins naar White toe had gedraaid en tussen de armen van het jongere bemanningslid door naar hetzelfde afwezige luik reikte. Roger Chaffee was in de schemer nog niet te zien, en Babbitt vermoedde dat hij nog steeds op zijn bank ingegord lag. Volgens de noodprocedure dienden de commandant en de piloot zich met het luik bezig te houden, terwijl het derde bemanningslid op zijn plaats bleef liggen. Chaffee zou er ongetwijfeld nòg geduldig liggen wachten – nu voor eeuwig – tot zijn collega's klaar waren met hun taak.

Op dat moment baande James Burch van de brandweer van Cape Kennedy zich een weg tussen de mensen door en bereikte de capsule. Burch had dit soort taferelen eerder gezien. De andere mannen niet. De technici, die hun brood verdienden met het onderhoud aan de beste machines die de wetenschap had weten te ontwikkelen, maakten nu vol respect de weg vrij voor de man die de leiding op zich neemt wanneer er in een van die machines iets vreselijk fout gaat.

Burch kroop door het luik de cockpit binnen en stapte, zonder het zich bewust te zijn, boven op White. Hij liet zijn lichtbundel over het geblakerde instrumentenpaneel en het spinneweb van de eruit hangende verschroeide bekabeling glijden. Vlak onder zich ontdekte hij een laars. Omdat hij niet wist of de bemanning dood was of nog leefde, en omdat hij niet in de gelegenheid was daar op een zachtzinnige manier achter te komen, pakte hij de laars beet en gaf er een harde ruk aan. De nog steeds hete massa gesmolten rubber en kleding kwam los en hield hij in zijn hand, waardoor de voet van White zichtbaar werd. Vervolgens tastte Burch wat verder omhoog, en voelde een enkel, scheenbeen en knie. Het uniform was gedeeltelijk weggebrand, maar de huid eronder was niet aangetast. Burch trok een paar keer aan de huid om te zien of die van het weefsel los zou laten – een consequentie van traumatische verbrandingen die, wist hij, ervoor konden zorgen dat een slachtoffer zijn opperhuid als een tropische gekko af zou werpen. Maar deze huid was echter nog intact; het hele lichaam leek intact te zijn. De brand had buitengewoon veel hitte ontwikkeld, maar had ook buitengewoon snel om zich heen gegrepen. Deze man was door de vrijgekomen gassen om het leven gekomen, niet door de vlammen. Burch trok zo hard hij kon aan Whites benen, maar het lichaam kwam maar een centimeter of vijftien van z'n plaats, dus liet hij het op de bank terugvallen. De brandweerman kroop achteruit naar de rand van het luik en keek nog eens om zich heen in de oven waarin de cockpit was veranderd. De twee lichamen die het middelste flankeerden zagen er hetzelfde uit als dat van White, en Burch wist dat welk leven er veertien minuten geleden ook in deze capsule mocht hebben geheerst, dat nu onmiskenbaar was gedoofd. Hij klom naar buiten.

'Ze zijn allemaal dood,' meldde Burch kalm. 'Het vuur is gedoofd.'

De volgende paar uur arriveerden de fotografen en technici om het tafereel vast te leggen, inclusief de positie van elke schakelaar in de cockpit, ten behoeve van het uiterst gedetailleerde onderzoek dat ongetwijfeld zou volgen. Het was al ver na twee uur 's nachts, meer dan dertien uur nadat het fatale aftellen was begonnen, vóór de bemanning van de Apollo 1 voorzichtig uit de capsule werd getild en naar een aan de voet van de lanceertoren gereedstaande ambulance werd overgebracht.

De receptie in het Witte Huis ter ere van het ondertekenen van het ruimteverdrag eindigde, zoals gepland, om precies kwart voor zeven. De bijeenkomst liep, zoals alle bijeenkomsten van deze aard in het Witte Huis, bijna onopgemerkt af. De president verliet zonder enige ophef de zaal. Het voedsel en de drankjes verdwenen op bijna dezelfde manier. Daarna begon de menigte langzaam, gelijkmatig en zonder daartoe instructies te hebben gekregen in de richting van de uitgang te stromen, alsof een steeds toenemende luchtdruk aan één kant van de zaal ervoor zorgde dat alle aanwezigen naar de andere kant werden geduwd. Even voor zevenen stond het vijftal astronauten dat vanavond had moeten opdraven op Pennsylvania Avenue, en moesten ze met toeristen wedijveren om een van de weinige taxi's te pakken te krijgen die rond dit tijdstip beschikbaar waren. Scott Carpenter wist als eerste een taxi aan te houden en zette koers naar het vliegveld voor een afspraak in een andere stad. Lovell, Armstrong, Cooper en Gordon, die allemaal met NASA-toestellen hiernaar toe waren komen vliegen en die pas de volgende dag in Houston terug hoefden te zijn, hadden kamers geboekt in de Georgetown Inn aan Wisconsin Avenue.

Al sinds 1962, toen Wally Schirra naar de stad was gekomen om een medaille en een handdruk van president Kennedy in ontvangst te nemen naar aanleiding van zijn succesvolle negen uur durende Mercury-vlucht, fungeerde de Inn als het officieuze gastenverblijf voor NASA-kopstukken die in de hoofdstad op bezoek moesten. Het gebouw lag voldoende uit de loop om de rust en privacy te bieden waarnaar de ruimtepioniers van het land verlangden, en was voldoende nieuw om van het comfort te kunnen genieten waaraan ze gewend waren geraakt. Collins Bird, de eerste en enige eigenaar van het hotel, had zijn luxeherberg in een beheerste koloniale stijl ingericht, compleet met hemelbedden, rotan schommelstoelen en bijpassende stoffering en gordijnen. De vijf etages die voor de gasten bestemd waren, kenden allemaal een eigen kleurenschema: boven de hal, de eerste etage, was blauw, de tweede was goudkleurig, de derde rood, de vierde turkoois, de vijfde zwart, wit en grijs. De astronauten waren ondergebracht op de turkooizen etage – niet Birds eerste keus voor de ontdekkingsreizigers van het einde van de twintigste eeuw, maar er was erg laat gereserveerd en het management had zijn uiterste best gedaan.

Al voordat Lovell, Armstrong, Cooper en Gordon 's avonds waren teruggekeerd, wist Bird dat er problemen waren. Bob Gilruth, de directeur van het Manned Spacecraft Center en vanavond eveneens gast op het Witte Huis, kwam geschokt en somber het hotel binnen; zonder iets te zeggen beende hij langs de balie waarachter de eigenaar aan het werk was. Gilruth had Houston aan de telefoon gehad en had te horen gekregen wat er op lanceerplatform 34 gebeurd was.

'Is er iets, meneer Gilruth?' vroeg Bird.

'We hebben problemen, Collins,' antwoordde Gilruth toonloos. 'Grote problemen.'

'Iets waar we hier wat aan kunnen doen?'

Gilruth zei niets en liep door.

Toen de astronauten binnenkwamen en op hun kamers arriveerden, zagen ze op hun respectieve telefoons het rode boodschappenlichtje knipperen. Lovell belde de balie en kreeg simpelweg te horen dat hij het Manned Spacecraft Center moest bellen, en dat hij dat onmiddellijk diende te doen. Hij belde het nummer dat hij had gekregen en er werd opgenomen door een stem die hij niet herkende – een of andere beambte of een medewerker van de afdeling voorlichting van het Apollo-programma. Lovell hoorde rinkelende telefoons en lawaaiige stemmen op de achtergrond.

'De details zijn nog schaars,' zei de man aan de andere kant van de lijn, 'maar er is vanavond brand geweest op lanceerplatform 34. Een ernstige brand. Het is mogelijk dat de bemanning het niet heeft overleefd.'

'Wat bedoel je met "mogelijk"?' vroeg Lovell. 'Hebben ze het overleefd of hebben ze het níet overleefd?'

De man zweeg even. 'Het is mogelijk dat de bemanning het niet heeft overleefd.'

Lovell sloot zijn ogen. 'Weet iemand hier al van?'

'De mensen die het moeten weten zijn op de hoogte gebracht. Het duurt niet lang meer voor de pers wordt ingelicht. En als het zover is zullen ze zich op iedereen storten die ook maar iets met de Agency te maken heeft. Er wordt jullie vieren dringend aangeraden tot nader order te verdwijnen.'

'Wat bedoel je met "verdwijnen"?' wilde Lovell weten.

'Blijf vanavond in het hotel. Verlaat zelfs jullie kamers niet. Als je iets nodig hebt bel je de balie maar. Als je wat wilt eten, bel room-service. We willen niet dat men jullie lastig gaat vallen.'

Lovell legde verbijsterd neer. Hij kende Grissom, White en Chaffee al jaren en stond met allemaal op vriendschappelijke voet, maar het was White die hij het best kende. Vijftien jaar geleden, toen Lovell adelborst op Annapolis was en in Philadelphia aan de Army-Navy-spelen had deelgenomen, had hij 's avonds in het hotel tijdens een druk feest een gelijkgestemde West Point-cadet ontmoet wiens naam hij niet goed had verstaan. Zoals de traditie vereiste wisselden de vriendschappelijke tegenstanders dan altijd geïmproviseerde cadeautjes uit die als herinnering aan de spelen en het daaropvolgende feest moesten dienen. Omdat hij niets anders ter beschikking had, maakte Lovell een van zijn Navy-manchetknopen los en gaf die aan de West Pointer; de West Pointer reageerde op dezelfde manier en gaf Lovell een Army-manchetknoop, en de twee jongemannen namen afscheid van elkaar.

Meer dan tien jaar later, toen Lovell tot het astronautenkorps was toegetreden, vertelde hij het verhaal aan mede-astronaut Ed White. Whites mond viel van verbazing open. Híj was die West Pointer geweest; hij had, net als Lovell, het verhaal de afgelopen jaren talloze malen verteld; en hij was, net als Lovell, nog steeds in het bezit van de betreffende manchetknoop. De twee astronauten werden al snel vrienden. Grissom kende Lovell niet erg goed, maar de uitstekende reputatie van de veteraan Mercury-piloot was in het hele astronautenkorps bekend; net als iedereen die Grissom kende, had Lovell een groot respect voor de prestaties van de man en bewonderde hij diens vliegerkwaliteiten. Chaffee was de onbekende van het drietal. Als lid van de derde astronautenklas was de jonge piloot nog maar nauwelijks in de gelegenheid geweest om samen te werken met de mannen die aan het Gemini-programma hadden deelgenomen. Maar de NASA had Chaffee uitgekozen voor de eerste Apollo-missie, en dat zei voldoende. En wat belangrijker was, Grissom had zijn Apollo-leerling ooit eens 'een echt grandioze knaap' genoemd, en dat zei nog veel meer.

Lovell liep in gedachten verzonken de gang van de turkooizen etage op, precies op het moment dat de andere astronauten uit hun kamers kwamen. Gordon en Armstrong hadden ook met Houston gesproken. Cooper, als het oudste lid van de groep en een van de zeven oorspronkelijke Mercury-astronauten, was gebeld door Congreslid Jerry Ford, het belangrijkste Republikeinse lid van het ruimtevaartcomité van het Huis van Afgevaardigden.

'Heb je het gehoord?' vroeg Lovell.

De andere drie knikten.

'Wat is er verdomme gebeurd?'

'Wat er is gebeurd?' zei Gordon. 'Die ruimtecapsule is geëxplodeerd, dàt is er gebeurd. Ze hadden dat ding al lang geleden tot zinken moeten brengen.'

'Weten de vrouwen het al?' vroeg Lovell.

'Daar heb ik nog niemand over gehoord,' antwoordde Cooper.

'Wie kunnen het hun eventueel gaan vertellen?' vroeg Armstrong.

'Mike Collins is in de buurt,' zei Lovell. 'Pete Conrad en Al Bean zouden er ook moeten zijn. Deke is op de Cape, maar zijn vrouw is thuis; woont vlak bij Gus in de buurt.' Hij zweeg even. 'Maakt het eigenlijk iets uit wie het hun vertelt?'

Beneden in de hal werd Collins Bird eindelijk door Houston op de hoogte gebracht van de ramp die zich op de Cape had voltrokken. De onofficiële gastheer van de NASA wist wat de astronauten op de vierde etage vanavond nodig zouden hebben, en gaf zijn staf opdracht kamer 403 open te maken, een suite met een zitkamer waar de piloten ongestoord konden praten met elkaar. Lovell en de anderen begaven zich naar de kamer; hij belde de keuken en bestelde eten, en, belangrijker nog, scotch. Morgen werd er van hen verwacht dat ze naar Houston zouden vliegen voor nabesprekingen en te bepalen wat er nu verder moest gebeuren. Maar vanavond konden ze zèlf bepalen wat ze zouden doen, en ze zouden datgene doen dat vliegers traditioneel altíjd deden wanneer er iemand uit hun eigen, kleine kringetje omkwam. Ze zouden praten over het hoe en waarom en langzaam maar zeker dronken worden.

Het gesprek duurde tot vroeg in de ochtend, waarbij de astronauten niet alleen hun zorgen betreffende de toekomst van het ruimteprogramma uitten, maar zich ook waagden aan voorspellingen of het al dan niet mogelijk was om nog vóór het einde van het decennium de maan te bereiken, en de NASA bekritiseerden voor het feit dat die wat het programma betrof veel te veel druk op de ketel hield, enkel en alleen om een kunstmatig vastgestelde deadline te halen, en ten slotte woedend naar de NASA uit te halen voor het feit dat ze om te beginnen al zo'n kloteruimtecapsule hadden laten bouwen en daarbij niet naar de astronauten hadden geluisterd, die de Agency-bazen duidelijk te verstaan hadden gegeven dat er geld moest worden uitgetrokken om een nieuwe capsule te bouwen, maar dan een goede.

Het was onontkoombaar, terwijl de drank achterover werd geslagen en de zon opkwam, dat het gesprek op de dood kwam, en de astronauten kwamen kalm tot de slotsom dat, hoewel Grissom, White en Chaffee inderdaad een heldendood waren gestorven, een brand op de lanceerplaats in een niet-geactiveerde en niet van brandstof voorziene raket, niet de juiste manier was om aan je eind te komen. Als je dan toch de pijp uit moest, dan kon dat beter in een woest om zijn as draaiende raket hoog in de atmosfeer gebeuren, of terwijl je een op hol geslagen ruimteschip richting aarde probeerde te sturen, of vast bleef zitten in een baan om de aarde met een kapotte stuurraket, of geen kans meer zag van het maanoppervlak op te stijgen. Misschien was het oneerbiedig om het toe te geven, vooral vanavond, maar hoewel je niet bepaald jaloers hoefde te zijn op een gewelddadige dood, wisten de astronauten donders goed dat je op sneuvelen op aarde nog het minst jaloers hoefde te zijn.

Gus Grissom, Ed White en Roger Chaffee werden vier dagen later, op 31 januari 1967, begraven. Grissom en Chaffee zouden met militaire eer op de nationale begraafplaats Arlington ter aarde worden besteld. White zou, zoals hij al eerder te kennen had gegeven, worden begraven op de plek die zijn vader al voor zichzelf als begraafplaats had geselecteerd, namelijk op het terrein van hun alma mater, de militaire academie te West Point. De nog resterende leden van Grissoms eerste klas van astronauten en Chaffees derde klas woonden de plechtigheid op Arlington bij, samen met tientallen andere hoogwaardigheidsbekleders, waaronder Lyndon Johnson. Jim Lovell en de rest van de tweede astronautenklas, in gezelschap van Lady Bird Johnson en Hubert Humphrey, gingen naar West

Point. Lovell vloog naar de academie in een T-38 straaltoestel, samen met Frank Borman, zijn commandant tijdens de Gemini 7-missie. Nadat ze veertien dagen samen in het sardineblikje van de Gemini-capsule in elkaars gezelschap hadden doorgebracht, kostte het geen van beiden enige moeite gespreksstof te vinden, maar tijdens de vlucht hielden ze voornamelijk hun mond. Borman haalde wat herinneringen aan de dode bemanningsleden op, Lovell vertelde zijn manchetknopen-verhaal; verder vervielen ze voornamelijk in diep gepeins.

Van de twee plechtigheden die dag was die van White duidelijk de soberste. De begrafenisdienst, die in de Old Cadet Chapel werd gehouden, werd bijgewoond door negenhonderd toeschouwers. Na de dienst droegen Lovell, Borman, Armstrong, Conrad, Aldrin en Tom Stafford de kist met nogal wat moeite naar een hoog gelegen plateau met uitzicht over de bevroren Hudsonrivier, waar nog enkele woorden werden gesproken en men White in de keiharde grond liet zakken.

Op Arlington ging het er heel wat minder sober aan toe. In het bijzijn van de president, terwijl Phantom-jagers in formatie overvlogen, met op de grond muziekkorpsen, hoornblazers, een peloton geweerschutters voor de saluutschoten en een erewacht die rond de graven stond opgesteld, werd van Grissom en Chaffee afscheid genomen alsof het om overleden staatshoofden ging. Schirra, Slayton, Cooper, Carpenter, Alan Shepard en John Glenn fungeerden als slippedragers voor hun mede-Mercury-veteraan Grissom. Chaffee werd ten grave gedragen door marinemensen en leden van zijn eigen astronautenklas. President Johnson mompelde meelevende woorden tegen de treurende familieleden. Als een van de mensen die de afgelopen jaren had meegeholpen het ruimtevaartprogramma tot een (roekeloos?) adembenemend tempo op te jagen, merkte Johnson wel degelijk dat zijn condoléances koeltjes werden ontvangen. Chaffees vader reageerde nauwelijks op de president toen ze elkaar naast het graf ontmoetten; hij keek Johnson heel even aan en knikte even voor hij zijn hoofd weer afwendde. Grissoms ouders keken de Texaan niet eens áán.

In de toespraken werden de prestaties van de astronauten uiteraard uitgebreid geprezen. Grissom werd omschreven als een 'pionier' en 'een van de grote helden van het ruimtetijdperk'. Soortgelijke lof werd uitgesproken over White op West Point. Alleen in Chaffees grafrede klonk de bijval enigszins geforceerd. De aspirant-astronaut had nog nooit hoger gevlogen dan waar een gewoon marinevliegtuig een gewone piloot kon brengen, en de odes aan de overleden ontdekkingsreiziger konden dus onmogelijk gewag maken van de prachtige dingen die hij had gedaan, maar enkel van de prachtige dingen die hij misschien nog gedaan zou hebben.

Minstens één persoon op Arlington wist dat Chaffee al meer bereikt had dan talloze mensen ooit voor elkaar zouden krijgen. Staande tussen de treurenden moest Wally Schirra terugdenken aan die week in oktober 1962, toen hij op het Witte Huis zijn medaille in ontvangst moest nemen. De plechtigheid die dag ging duidelijk plichtmatiger in z'n werk dan eerdere astronauten-welkoms, niet alleen omdat de nieuwigheid van het

Mercury-programma begon te slijten, maar ook omdat president Kennedy heel andere dingen aan zijn hoofd had. Recentelijk hadden verkenningsvliegtuigen vluchten boven Cuba uitgevoerd en was de aanwezigheid van silo's en lanceerapparatuur aangetoond, terwijl er – en mocht bijzonder veelzeggend worden genoemd – op terreinen waar eerder nog suikerriet was verbouwd nu intercontinentale raketten waar te nemen waren. Hoewel Schirra het op dat moment niet wist, steeg op hetzelfde tijdstip dat hij en zijn vrouw en dochter in het Oval Office stonden, een andere piloot in een ander verkenningsvliegtuig op om een vlucht boven Castro's tegendraadse eiland te maken om daar nieuw bewijsmateriaal voor zijn president te vergaren. De piloot van dat toestel was de marinevlieger Roger Chaffee.

Schirra sprak een zwijgend vaarwel uit naar de ruimtevaarder die nooit een ruimtevlucht zou maken. Inderdaad een echt grandioze knaap.

2

21 december 1968

Frank Borman, Jim Lovell en Bill Anders werden op de zaterdag voor Kerstmis om even na drie uur 's ochtends in het bemanningsverblijf van Kennedy Space Center wakker gemaakt. Het zou nog uren duren voor de zon op zou komen, maar het tl-schijnsel dat onder de deur door scheen zette de kamer in net voldoende licht om de bemanning te herinneren aan waar ze zich bevonden.

Vergeleken met andere overheidsbarakken mocht dit oord niet onaangenaam worden genoemd. De NASA bezuinigde duidelijk niet op de onderkomens voor de mannen die zij van plan waren de ruimte in te slingeren; slaapkamers waren voorzien van nieuwe vloerbedekking, verrassend stijlvol meubilair en reprodukties van schilderijen met dure lijsten eromheen. Het verblijf was ook uitgerust met een vergaderzaal, een sauna en een compleet ingerichte keuken met een eigen kok. Alle overdaad was niet zozeer het gevolg van spilzucht van de kant van de Agency, als wel een slimme voorzorgsmaatregel. Vluchtplanners wisten maar al te goed dat het isoleren van de bemanning tijdens de laatste dagen voor een lancering de enige manier was om ze op de komende missie geconcentreerd te houden, terwijl het tevens voorkwam dat verdwaalde bacillen ervoor zouden zorgen dat er vanwege een verkoudheid of een griepje een lancering moest worden uitgesteld. Maar ze wisten ook dat mannen in quarantaine in het algemeen niet bepaald gelukkige mannen waren, en ongelukkige mannen zijn in het algemeen geen goede vliegers. En om de stemming van de bemanningsleden zo goed mogelijk te houden, besloot de Agency dan ook dat hun onderkomen zo luxueus mogelijk moest worden. En op deze dag, meer nog dan op andere, was dat belangrijker dan ooit.

Lovell hoorde hoe er op zijn deur werd geklopt, deed één oog open en zag hoe het gezicht van Deke Slayton om de hoek van de deur naar binnen tuurde; hij begroette de chef van het astronautenbureau grommend, met een halfslachtig opsteken van de hand en tegelijkertijd in het geheim de wens uitsprekend dat hij zou verdwijnen. Meer nog dan zijn twee medebemanningsleden was Lovell vertrouwd met dit ochtend-van-de-lancering-ritueel. Er zou een lange hete douche worden genomen, de laatste van de komende acht dagen; een laatste medische keuring; het traditionele uit biefstuk en eieren bestaande ontbijt in gezelschap van Slayton en de reservebemanning; daarna de gladiatorachtige ceremonie van het aantrekken van het logge, opblaasbare drukpak met de vissekomhelm; het glimlachen, het zwaaien, gevolgd door het stijve loopje naar het busje met airconditioning; de gehaaste rit naar het lanceerplatform; de rammelende rit omhoog van de lift; het moeizaam op je plaats kruipen in de cockpit; en ten slotte het dichtslaan en het hermetisch afsluiten van het capsuleluik.

Lovell had dit al twee keer eerder meegemaakt, en de NASA had het al zeventien keer meegemaakt. Er was dus helemaal geen reden zich vandaag anders te voelen. Maar het was een feit dat vandaag wel degelijk heel anders was. Na al die ceremoniële douches, al die aankleedpartijen, al die ontbijten en al die lanceringen, was het vandaag de eerste keer dat de bestemming van de bemanning niet een baan rond de aarde gold. Dit was de dag waarop de NASA Apollo 8 wilde lanceren, en de bestemming was deze keer de maan.

Het was nog net geen twee jaar geleden dat Gus Grissom, Ed White en Roger Chaffee tijdens een brand in de cockpit om het leven waren gekomen, en de herinneringen aan die dag begonnen net een beetje te slijten. Borman, Lovell en Anders waren niet de eerste Amerikaanse bemanningsleden die in de afgelopen drieëntwintig maanden in de ruimte hadden vertoefd; de eersten waren Wally Schirra, Donn Eisele en Walt Cunningham geweest, een kleine acht weken geleden, en op die dag waren de herinneringen aan de omgekomen bemanning alomtegenwoordig geweest. Hoewel Schirra, Eisele en Cunningham de eerste mannen waren die ooit met een Apollo-ruimtecapsule hadden gevlogen, stond hun missie officieel te boek als Apollo 7. Er hadden eerder vijf onbemande Apollo-vluchten plaatsgevonden, en deze werden Apollo 2 tot en met 6 genoemd. Vóór de brand hadden Grissom, White en Chaffee informeel om toestemming gevraagd hun capsule de Apollo 1 te mogen noemen, maar de NASA-officials hadden geweigerd daar hun goedkeuring aan te hechten. Twee van de onbemande vluchten hadden reeds dezelfde missie uitgevoerd als die voor de omgekomen bemanning was gepland, en het beste waar de astronauten technisch op hadden kunnen hopen was Apollo 3. Maar na de brand veranderde de NASA van opvatting en de Agency besloot alsnog postuum aan de wensen van de bemanning te voldoen, en nam de benaming Apollo 1 voorgoed uit de circulatie.

Wat ook bijdroeg aan de donkere wolk die op die ochtend, nu acht weken geleden, boven het gebruikelijke ritueel-vóór-de-start hing, was het feit dat Wally Schirra het ruimteschip waarover hij het commando zou voeren nog steeds niet helemaal vertrouwde, en het interesseerde hem geen barst wie daarvan op de hoogte was. In die dagen, inderdaad, pal na de brand in de Apollo 1, deed de NASA wat de meeste overheidsinstellingen doen wanneer ze door de gebeurtenissen worden ingehaald: ze benoemen een commissie die erachter moet zien te komen wat er verkeerd is gegaan en vervolgens met aanbevelingen moet komen zodat het de volgende keer niet opnieuw zal gebeuren. Het uit zeven man bestaande forum bestond uit zes hoogwaardigheidsbekleders van de NASA en de ruimtevaartindustrie, en één astronaut, Frank Borman. Borman en zijn collega's, zich zeer wel bewust van het feit dat ze niet in staat waren om elk systeem en onderdeel van de capsule zelf te doorgronden, riepen vervolgens op hun buurt zelf ook nog eens eenentwintig panels in het leven, waarvan elk net zolang een bepaald deel van de Apollo-ruimtecapsule zou analyseren tot de oorzaak van de brand gevonden zou zijn en het euvel zou zijn verholpen.

Van de eenentwintig panels was dat met de meest duidelijke opdracht panel twintig, de groep die de noodprocedures tijdens een brand aan boord moest onderzoeken. Onder de leden van de groep bevonden zich de beginnende astronauten Ron Evans en Jack Swigert, en de veteraan van twee ruimtereizen Jim Lovell. Terwijl Borman en de NASA-toplieden die de brand onderzochten zo'n beetje de lievelingetjes van de media werden, deden Lovell, Swigert, Evans en de andere mensen in de resterende panels hun werk in het bijna-duister.

Dit zat een aantal mannen van het astronautenkorps behoorlijk dwars. Wie was Borman dan wel dat-ie de uitverkozen astronaut zou moeten zijn die de Agency door zijn somberste periode heen zou moeten helpen? Voor Lovell was die plek buiten de schijnwerpers juist prettig. Het doen van een onderzoek naar een missie die mensenlevens had gekost kon een weerzinwekkende aangelegenheid zijn, iets dat men niet graag een tweede keer wenste mee te maken. Het was niet de eerste keer dat het astronautenkorps van de NASA met een tragedie werd geconfronteerd. De eerste keer was net twee jaar eerder geweest, en het was Lovells taak geweest om de nasleep ervan te regelen.

Het was oktober 1964, en Lovell, die nog niet eens twee jaar astronaut was, kwam net terug van een dagje ganzejacht met Pete Conrad, een klasgenoot uit de astronautenklas van '62. Toen ze de luchtmachtbasis Ellington in de buurt van het Manned Spacecraft Center in Houston passeerden, zagen Lovell en Conrad hoe zich een groep mensen had verzameld rond de trieste resten van een T-38 straaltrainer, die in een veld aan het eind van de startbaan was neergestort. Lovell trapte op de rem en de twee mannen renden naar het groepje en vroegen aan een van de mensen wat er gebeurd was.

'Die jongen maakte een routinevlucht,' antwoordde de ooggetuige. 'Hij maakte juist een ruime bocht om weer voor de baan uit te komen. Maar plotseling, op een hoogte van zo'n 1500 voet, begon het toestel razendsnel hoogte te verliezen. De knaap probeerde nog van zijn schietstoel gebruik te maken, maar het was al te laat – hij schoot er bijna horizontaal uit en sloeg tegen de grond nog voordat de parachute zich fatsoenlijk had kunnen openen.'

'Weet je wie hij was?' vroeg Lovell.

'Ja,' zei de man. 'Ted Freeman.'

Lovell en Conrad keken elkaar geschrokken aan. Ted Freeman was een leerling-astronaut die ongeveer een jaar na hen tot het programma was toegetreden. Ze kenden hem niet zó goed, maar ze kenden zijn reputatie, en hij werd beschouwd als een formidabele kanshebber voor het beperkte aantal plaatsen binnen de Gemini-missies die nog moesten worden aangekondigd. Tot dat tijdstip was er nog niet een Amerikaanse astronaut in de ruimte om het leven gekomen, en nu was de arme Freeman omgekomen nog voor hij de kans had gehad in een ruimtecapsule te klimmen.

Lovell baande zich een weg door de mensenmenigte, op de voet gevolgd door Conrad. In zijn tijd als vlieginstructeur bij de marine had Lovell aan de universiteit van Southern California vliegveiligheid gestudeerd, en was hij bij zijn squadron tot vliegveiligheidsofficier benoemd. De eerste stelregel die hij tijdens zijn training had geleerd, was dat er geen betere methode was om de oorzaak van het verongelukken van een toestel vast te stellen, dan ter plekke de boel in ogenschouw te nemen. Voor de onervaren waarnemer is een gekraakte kist niet meer dan een gekraakte kist, maar voor iemand die weet waar hij naar moet kijken, kan de precieze toestand waarin het wrak verkeert erg veel vertellen over waarom het uit de lucht is komen vallen.

Wat Lovell echter zag toen hij de T-38 van Freeman bereikte, maakte de geheimzinnigheid rond de crash alleen maar groter. Met uitzondering van de geplette neus was het toestel niet zwaar beschadigd. Het voorste cockpitdak – eigenlijk niet veel meer dan een metalen frame met een uit één stuk bestaande druppel van Plexiglas – had zich van de rest van het toestel losgemaakt, zoals het had móeten doen wanneer Freeman van zijn schietstoel gebruik had gemaakt. Het werd een kleine honderd meter achter het vliegtuig in het gras gevonden en leek de crash eveneens redelijk doorstaan te hebben, hoewel vreemd genoeg het grootste deel van het Plexiglas ontbrak. Lovell zag dat in de achterste cockpit van de T-38, die tijdens de vlucht leeg was geweest, wat bloedspetters zaten, terwijl het achterste cockpitdak, dat nog steeds op het toestel vastzat, ook het grootste deel van het Plexiglas miste.

Toen de NASA-beambten arriveerden en getuigenverklaringen begonnen op te nemen, vertelden Lovell en Conrad wat ze hadden ontdekt. Later die dag nam Deke Slayton contact met Lovell op, bedankte hem voor zijn hulp en vertelde hem dat, gezien de snelheid waarmee hij op de plaats van het ongeluk was aangekomen en zijn ervaring op vliegveiligheidsgebied, hij de leiding zou krijgen bij het uitgebreide onderzoek dat nog zou volgen.

Lovell begon vol gretigheid aan zijn nieuwe taak, maar veel aanwijzingen waren er niet. Een uitgebreid onderzoek aan het toestel wees uit dat motorstoring de oorzaak was van de crash; enige tijd voordat Freeman van zijn schietstoel gebruik maakte hielden de twee straalmotoren – aan beide kanten van de romp éé́n – ermee op, waardoor hij geen enkel vermogen meer had en in een dodelijk stille daalvlucht terechtkwam. Maar waarom waren die motoren er eigenlijk mee opgehouden? En aangezien het toestel zelf ook geen aanwijzing naar de oorzaak prijsgaf, wenste Lovell vurig dat hij het enige dat men nog niet terug had weten te vinden zou kunnen opsporen: het Plexiglas uit de twee cockpitdaken. Aangezien de doorzichtige stukken daarvan in een gebied met een doorsnede van meerdere kilometers rond het vliegveld terecht zouden kunnen zijn gekomen, realiseerde hij zich heel goed dat zijn kansen om die terug te vinden heel klein waren.

Er was één mogelijke oplossing. Lovell wist dat als de motoren van de T-38 werden uitgeschakeld, de generatoren die voor de elektriciteit voor het instrumentenpaneel moesten zorgen er ook mee ophielden. Dit betekende dat op het precieze moment dat de generator geen vermogen meer leverde, alle navigatie-instrumenten onbeweeglijk stil zouden zijn blijven staan – inclusief de TACAN-tracker, het instrument dat voortdurend de richting en de afstand van het vliegtuig ten opzichte van het volgstation op het vliegveld vastlegt. Door dit instrument af te lezen kon Lovell, in theorie althans, het precieze punt vaststellen waar de motoren ermee waren opgehouden. Onder dat punt, op de grond, diende het Plexiglas te liggen.

Lovell noteerde de stand van de instrumenten, vond een kaart van de omgeving en de TACAN leidde hem naar een terrein dat op ongeveer zes kilometer van het vliegveld verwijderd lag. Conrad was bereid met een helikopter naar het betreffende terrein te vliegen en daar te gaan zoeken. Na de landing in het hoge Texaanse gras begon de astronaut er doorheen te waden, maar zag vrijwel onmiddellijk in de verte iets glinsteren. Toen hij dichterbij kwam zag hij dat het voorwerp inderdaad een deel van Ted Freemans verdwenen Plexiglas was, maar zodanig verbrijzeld dat het onherkenbaar was. En anderhalve meter verderop lagen de resten van een behoorlijk gehavende Canadese sneeuwgans.

De conclusie was duidelijk: vliegend met een snelheid van 400 knopen moest Freeman vol zijn geraakt door de veel langzamer vliegende gans, die dwars door het cockpitdak werd geslagen en het Plexiglas verbrijzelde. De gans verliet het toestel weer door het achterste cockpitdak – vandaar het bloed in de achterste cockpit – terwijl het Plexiglas van beide cockpits alle kanten op werd geslingerd. Een gedeelte hiervan kwam in de motorinlaten terecht, blokkeerde de luchtinvoer en beide motoren hielden het voor gezien. Freeman probeerde het toestel een bocht te laten beschrijven om op de dichtstbijzijnde baan te landen, maar zonder stuwkracht werd zijn snelheid snel minder en begon hij even snel hoogte te verliezen. Hij had daarom van zijn schietstoel gebruik gemaakt en had genoeg tijd gehad om uit zijn neerstortende T-38 te komen, maar hij zat al te laag, zodat zijn parachute zich niet volledig kon ontplooien om hem veilig op de grond te brengen.

Lovell schreef zijn verslag, leverde dat bij de NASA en de luchtmacht in, en zijn superieuren accepteerden het zonder meer. De volgende dag werd het onderzoek naar de dood van Ted Freeman afgesloten en de NASA betreurde het eerste, onnodige verlies van een van hun astronauten.

Het Freeman-onderzoek was een uitdaging voor Lovell, en het oplossen van de raadselachtige dood gaf hem een duidelijke, zij het trieste, voldoening. Dit soort onderzoek was eigenlijk het werk van een lijkschouwer, en toen Borman later werd uitgekozen om de oorzaak van de ramp met Grissom, White en Chaffee aan het licht te brengen, was Lovell daar absoluut niet jaloers op. Dit onderzoek bleek nog afmattender te zijn dan men had kunnen vermoeden. Terwijl de commissie in haar vergaderruimte bijeen groepte en de leden van de eenentwintig andere panels in allerlei verborgen hoekjes en kantoortjes in Houston en de Cape een plekje probeerden te vinden, hield het Congres zijn eigen verontwaardigde hoorzittingen, waarbij men met de stofkam door het NASA-organisatieschema ging om vast te stellen wiens taak het was geweest dit soort ongelukken te voorkomen en hoe de zaak zo volkomen in het honderd had kunnen lopen.

Het werd alle groepen snel duidelijk dat de verbeteringen aan de commandomodule verstrekkend zouden zijn en dat alle klachten van astronauten en NASA-technici in de afgelopen jaren wel degelijk ergens op sloegen. George Low, een van de adjunct-directeuren van de Agency, zette een commandomodule-modificatieraad op ten einde enige lijn en regelmaat in de ontwerpveranderingen te brengen en voor de astronauten een aanspreekpunt te creëren waar ze noodzakelijk geachte aanpassingen ter sprake konden brengen. Ook de leveranciers, gedeeltelijke gemotiveerd door schuld, gedeeltelijk door de withete angst dat er weer een ramp zou kunnen gebeuren, en gedeeltelijk – en misschien wel vooral – vanwege het professionele verlangen het 'ruimtevaardig' voertuig af te leveren dat ze de NASA ooit hadden beloofd, openden hun deuren voor de Apollo-piloten, en ze kregen toegang tot elk aspect van elke operatie die ze nader wensten te onderzoeken.

Wally Schirra, Donn Eisele en Walt Cunningham, de drie mannen met het meest directe belang in de degelijkheid van de volgende Apollo-capsule die van de fabricagelijn zou komen, haalden alles uit deze aanbieding, en snuffelden in de fabriekshal in Downey, Californië, rond, waarbij ze de bouw voortdurend volgden en diverse onderdelen aan een kritisch onderzoek onderwierpen.

'Als een van jullie een probleem heeft of iets niet ziet zitten, vertel het me, dan maak ik het gelijk aanhangig,' zei Schirra ietwat hoogdravend tegen Cunningham en Eisele toen hij hen naar de fabriek van North American Aviation stuurde, waar de commandomodule werd gefabriceerd.

Borman, als NASA's officiële, zij het wat minder flamboyante, vertegenwoordiger bij North American, begon zich te ergeren aan deze inmenging van Schirra en diens ondergeschikten, en nam uiteindelijk contact op met de leiding van de Agency, en eiste dat de teugels van zijn mede-astronauten wat meer werden aangehaald. De brand, beweerde Borman, was op z'n minst gedeeltelijk veroorzaakt door chaos en tegenstrijdige technische opdrachten binnen de NASA, en het laatste wat de mannen die met het uitvoeren van het aangepaste ontwerp waren belast nodig hadden, waren tientallen stemmen die om tientallen veranderingen riepen in een ruimteschip dat uit miljoenen verschillende onderdelen bestond. De NASA was het met hem eens, Schirra deed een stapje terug, en de Apollo-verbeteringen vonden op een wat ordelijker wijze voortgang.

Met Borman als eerste man en terwijl de rest van de piloten hem – wat rustiger nu – ruggesteunde, kregen de astronauten in nagenoeg alles waarvoor ze wat betreft een moderner, veiliger ruimtecapsule hadden gelobbyd, hun zin. Ze hadden gestaan op een op gasdruk werkend luik dat binnen zeven seconden kon worden geopend, en dat hadden ze gekregen; ze hadden door de hele capsule een verbeterde, vuurbestendige bekabeling geëist, en die hadden ze gekregen; ze hadden onbrandbaar Beta-weefsel in hun ruimtepakken en alle andere bekleding willen hebben, en ze hadden het gekregen. En het belangrijkst van alles, ze hadden erop gestaan dat de brand-aanwakkerende 100 procents zuurstofomgeving die in de hele capsule had geheerst toen die op de lanceerplaats had gestaan, werd vervangen door de veel minder gevaarlijke 60-40 zuurstof-stikstof-mix. En het hoeft geen verbazing te wekken dat ze ook hierin hun zin kregen.

Toen Schirra later werd gewezen op het feit dat de rustige benadering van Borman blijkbaar de juiste was geweest, dat de veranderingen die de piloten hadden geëist net zo gemakkelijk tot stand waren gekomen – gemakkelijker misschien nog wel – en zonder een hoop irritatie en geruzie, was Schirra er niet van onder de indruk. 'We hebben net allemaal een jaar lang een zwarte armband gedragen ter nagedachtenis aan drie uiterst geschikte knapen,' zei hij dan altijd. 'En ik dank er hartelijk voor dat iemand het komende jaar zo'n ding voor míj moet dragen.'

De modificaties die aan de Apollo-ruimtevaartuigen werden uitgevoerd waren niet de enige veranderingen die de NASA ten gevolge van de brand onderzocht. Ze bekeken tevens zeer nauwkeurig het soort missies waarop die capsules zouden worden uitgestuurd. Hoewel John Kennedy al in 1963 was overleden, hing zijn grootse belofte – of verdoemde belofte, het hing er maar van af hoe je er tegenaan keek – om vóór 1970 een Amerikaan op de maan te hebben, nog steeds als een schaduw boven de Agency. NASA-officials zouden het een ondubbelzinnig falen hebben gevonden als die stoutmoedige uitdaging niet gestand werd gedaan, maar ze zouden het een nog groter falen hebben gevonden om bij hun pogingen nog een bemanning te verspelen. Gematigde Agency-hotemetoten lieten dan ook duidelijk doorschemeren – zowel in het openbaar als privé – dat, hoewel Amerika er nog steeds alles aan deed om voor het eind van het decennium de maan te bereiken, de adembenemende galop van de afgelopen paar jaar toch plaats zou gaan maken voor een wat ingetogener, veiliger tempo.

Volgens het voorlopige vluchtschema zou de eerste bemande Apollo Schirra's Apollo 7 worden, bedoeld als niets meer dan een laatste proefvlucht van de nog steeds niet helemaal vertrouwde commandomodule in een baan laag om de aarde. Daarna zou de Apollo 8 volgen, waarin Jim McDivitt, Dave Scott en Rusty Schweickart naar de buitenste regionen rond de aarde zouden reizen om zowel de commandomodule als de maanlander (de LEM, of *Lunar Excursion Module*) nog eens te testen, de lelijke, spinachtige maanlander, die de astronauten straks naar het maanoppervlak zou moeten brengen. Daarna zouden Frank Borman, Jim Lovell en Bill Anders met de Apollo 9 een identieke missie met de twee modules gaan uitvoeren, waarbij ze die naar de duizelingwekkende hoogte van dik 7000 kilometer zouden voeren om daar huiveringwekkende hoge-snelheids re-entry-technieken te gaan oefenen die nodig waren voor een veilige terugkeer vanaf de maan.

Daarna was er nog van alles mogelijk. Het programma zou doorgaan tot en met de Apollo 20, en in theorie kon vanaf de Apollo 10 elke missie de eerste zijn waarbij twee mannen voet op het maanoppervlak zouden zetten. Maar welke missie en welke twee mannen stond nog volkomen ter discussie. De NASA was vastbesloten de boel niet te overhaasten, en als het tot diep in de dubbele cijfers zou duren voor alle apparatuur was uitgetest en een landing eindelijk redelijk veilig zou lijken, dan moest het maar zo lang duren.

In de zomer van 1968, twee maanden voor de geplande lancering van de Apollo 7, zorgden bepaalde gebeurtenissen in Kazachstan – ten zuidoosten van Moskou – en in Bethpage, Long Island – ten noordoosten van Levittown – ervoor dat dit zorgvuldig opgezette scenario in de war werd gegooid. In augustus arriveerde vanuit de fabriek van Grumman Aerospace in Bethpage de eerste maanlander op Cape Kennedy, en die was, zelfs volgens de meest welwillende technicus, een puinhoop. Al tijdens de eerste controles van het fragiele, met folie omhulde ruimteschip, bleek dat in elk vitale component belangrijke, op het eerste gezicht onoplosbare problemen schuilden. Onderdelen van de maanlander die nog ongeassembleerd naar de Cape waren gestuurd om daar vervolgens in elkaar te worden gezet, leken maar niet te willen passen; elektrische systemen en leidingen werkten niet zoals ze zouden moeten werken; naden, pakkingen en afdichtringen die waren ontworpen om de boel volkomen luchtdicht af te sluiten, vertoonden alle mogelijke soorten lekkages.

Sòmmige probleempjes konden natuurlijk worden verwacht. In de tien jaar dat men bezig was geweest met het bouwen van slanke, kogelvormige ruimteschepen die door de atmosfeer heen moesten om vervolgens in een baan rond de aarde terecht te komen, had nog nooit iemand een poging ondernomen een bemand ruimteschip te bouwen dat uitsluitend zou opereren in het ruimtevacuüm, of in de eigen atmosfeer van de maan, waar een zwaartekracht heerste die slechts een zesde was van die op aarde. Maar het aantal problemen bij dit kreupele ruimteschip was aanzienlijk groter dan zelfs de ergste NASA-pessimisten zich hadden voorgesteld.

Op hetzelfde tijdstip dat de LEM zulke hoofdbrekens veroorzaakte, vingen CIA-agenten die in het buitenland waren gestationeerd nòg verontrustender nieuws op. Volgens geruchten die hun oorsprong hadden in het Kosmodrome te Baikonoer, waren de Russen behoedzaam plannen aan het maken om nog voor het eind van het jaar een Zond-ruimtevaartuig een reis rond de maan te laten maken. Niemand wist of die vlucht bemand zou zijn, maar de Zond-capsules waren zeker in staat een bemanning mee te voeren, en als de afgelopen tien jaar – waarin Amerika constant door Russische ruimtesuccessen het nakijken had gehad – iets hadden aangetoond, dan was het wel dat als Moskou ook maar over de mógelijkheid beschikte een ruimte-coup te plegen, ze dat zeker niet zouden laten.

De NASA stond perplex. Het vliegen met de LEM voordat hij echt gereed was, was uiteraard onmogelijk in de voorzichtige sfeer die nu bij de Agency heerste, maar het lanceren van de Apollo 7 om vervolgens maandenlang niets meer te lanceren, terwijl de Russen rond de maan paradeerden, was ook geen aantrekkelijk vooruitzicht. Op een middag begin augustus 1968 kregen Chris Kraft, adjunct-directeur van het Manned Spacecraft Center, en Deke Slayton opdracht om naar het kantoor van Bob Gilruth te komen om het probleem te bespreken. Gilruth was algemeen directeur van het Center en had volgens de geruchten de hele ochtend met George Low, de directeur van Flight Missions, zitten vergaderen om vast te stellen of er misschien een of ander plan te bedenken was dat zou voorkomen dat de NASA gezichtsverlies zou lijden zonder dat ze het risico zouden lopen nòg een bemanning te verspelen. Slayton en Kraft kwamen op Gilruths kantoor aan en hij en Low kwamen onmiddellijk ter zake.

'Chris, wat de komende vluchten betreft hebben we ernstige problemen,' zei Low met de deur in huis vallend. 'We hebben de Russen en we hebben de LEM, en beide vertikken het om mee te werken.'

'Vooral de LEM,' reageerde Kraft. 'We hebben elk soort probleem met hem dat maar mogelijk is.'

'Dus hij is in december nog niet klaar?' vroeg Low.

'Vergeet het maar,' zei Kraft.

'Als we de Apollo 8 op de afgesproken tijd willen lanceren, wat kunnen we dan enkel met de commandomodule doen waardoor er toch nog sprake is van voortgang in het programma?'

'Rond de aarde niet erg veel,' zei Kraft. 'Het meeste dat we ermee kunnen doen, hebben we al gepland te doen met de Apollo 7.'

'Dat mag dan waar zijn,' zei Low aarzelend. 'Maar neem nu eens aan dat de Apollo 8 nu eens niet alleen de missie van Apollo 7 herhaalt. Als we in december geen operationele LEM hebben, zouden we dan iets anders met alleen de commando-servicemodule kunnen doen?' Low zweeg een ogenblik. 'Zoals bijvoorbeeld rond de maan cirkelen?'

Kraft wendde zijn blik af en zweeg toen een minuut lang, de niet te calculeren vraag berekenend die Low hem zojuist had gesteld. Toen keek hij zijn baas weer aan en schudde langzaam zijn hoofd.

'George,' zei hij, 'dat is een behoorlijk moeilijke opdracht. We moeten al alle mogelijke moeite doen om de computerprogramma's zover te krijgen dat we rond de aarde kunnen cirkelen. Jij vraagt me wat ik denk van een maanvlucht binnen nu en vier maanden? Ik geloof niet dat we dat klaarspelen.'

Low was daar vreemd genoeg niet van onder de indruk. Hij wendde zich tot Slayton. 'Hoe zit het met de bemanningen, Deke? Als we die systemen gereed krijgen voor een maanvlucht, denk je dan dat je over een bemanning kunt beschikken die die vlucht kan maken?'

'De bemanning is geen probleem,' antwoordde Slayton. 'Die zou dan klaar kunnen zijn.'

Low begon nu door te drukken. 'Wie zou je willen sturen? McDivitt, Scott en Schweickart zijn aan de beurt.'

'Ik zou de vlucht niet aan hen geven,' zei Slayton. 'Ze zijn nu al een hele tijd met de LEM aan het trainen en McDivitt heeft me duidelijk te verstaan gegeven dat hij met dat ruimteschip mee wil. Bormans bemanning is er nog niet zó lang mee bezig, plus het feit dat ze al lopen te denken aan een re-entry vanaf grote hoogte, iets dat ze bij een missie als deze nodig hebben. Ik zou de vlucht aan Borman, Lovell en Anders geven.'

Low vatte moed uit Slaytons reactie, en Kraft, aangestoken door het enthousiasme van de anderen in de kamer, begon wat minder onverzettelijk te worden. Hij vroeg Low om wat meer tijd zodat hij met zijn technici kon praten en kijken of de computerproblemen konden worden opgelost. Low stemde daarmee in, en Kraft en Slayton vertrokken, met de belofte binnen een paar dagen met een antwoord te komen. Direct nadat Kraft in zijn kantoor terugkeerde liet hij zijn mensen opdraven.

'Ik ga jullie een vraag stellen, en ik wil over tweeënzeventig uur antwoord,' zei hij. 'Kunnen we onze computerproblemen op een dusdanig korte termijn oplossen dat we in staat zijn om in december naar de maan te reizen?'

Het team van Kraft ging aan de slag en keerde terug, niet binnen de gevraagde tweeënzeventig uur, maar binnen vierentwintig uur. Hun antwoord was unaniem: ja, zeiden ze hem, het was mogelijk.

Kraft belde Low op: 'We denken dat het een goed idee is,' zei hij tegen de directeur Flight Missions. 'Als er niets fout gaat met de Apollo 7, zouden we de Apollo 8 rond Kerstmis naar de maan kunnen sturen.'

Op 11 oktober 1968 draaiden Wally Schirra, Donn Eisele en Walt Cunningham aan boord van de Apollo 7 in een baan rond de aarde; elf dagen later plonsden ze in de Atlantische Oceaan. De media waren wild enthousiast over de missie, de president bracht telefonisch zijn felicitaties naar de bemanning over, en de NASA meldde dat de vlucht aan '101 procent' van zijn doelstellingen had beantwoord. Binnen de Agency begonnen de vluchtplanners al aan de voorbereidingen om Frank Borman, Jim Lovell en Bill Anders over nauwelijks zestig dagen naar de maan te kunnen sturen.

Het gestaag toewerken naar de lancering van de Apollo 8 werd door de NASA briljant geënsceneerd. Twee dagen vóór de Apollo 7 boven op de ruim 68 meter hoge Saturnus 1-B raket zou worden gelanceerd, werd de Saturnus 5 uit de fabriek gereden, een gigantische draagraket van ruim 110 meter hoog die nodig was om het ruimteschip boven de atmosfeer uit te tillen en in de richting van de maan te slingeren. De NASA probeerde net te doen of het nauwelijks iets te betekenen had – verdorie, een raket moest toch ééns uit zijn hangar worden gereden – maar het drong slechts tot weinig mensen níet door dat de 'roll-out' plaatsvond terwijl camera's van over de hele wereld op de binnenkort te lanceren Apollo 7 stonden gericht.

De gebeurtenis zorgde ervoor dat kranten met sensationele koppen kwamen: 'VS bereiden schot op de maan voor', kondigde de *New York Times* aan. 'Apollo 8 klaar om rond maan te cirkelen', schalde de *Washington Star* en voegde er in een kleiner lettertype aan toe dat de vlucht 'officieel werd, en nog steeds wordt, beschouwd als een tweede vlucht in een baan rond de aarde'.

De NASA stelde zich bij dit alles zo terughoudend mogelijk op, toegevend dat een missie naar de maan voor de Apollo 8 een mogelijkheid was, maar *niet meer* dan een mogelijkheid; er zou pas een beslissing worden genomen nadat Apollo 7 veilig op aarde was teruggekeerd. Borman, Lovell en Anders waren al geruime tijd op de hoogte van het feit dat zíj naar alle waarschijnlijkheid naar de maan zouden worden gestuurd, en Lovell – om eens iemand te noemen – was opgetogen over deze ontwikkelingen. Hoewel een laatste proefvlucht van de maanlander in een hoge baan rond de aarde zo zijn voors en tegens had, vond Lovell de missie toch wat minder opwindend dan hij graag had gezien. Als piloot van de commandomodule zou hij in het Apollo-ruimteschip moeten achterblijven terwijl Borman en Anders de LEM zouden testen. Nu de missie veranderd was in een traject rond de maan zònder de LEM, zouden de taken van de drie bemanningsleden tijdens de vlucht dramatisch veranderen; en aangezien Lovell officieel was aangewezen als navigator van deze eerste reis in de richting van de maan, zou zijn taak van het drietal weleens de interessantste kunnen zijn.

De reactie van Borman, de vluchtcommandant, was wat bedachtzamer. Hij had een opleiding gehad als jachtvlieger en stond bekend voor zijn razendsnelle reflexen en buitengewone gaven waar het het nemen van beslissingen betrof, en Borman was dan ook een van de beste vliegers waarover de NASA beschikte. Maar hij was ook uitermate voorzichtig.

De luchtmachtkolonel en Gemini 7-veteraan werd door zijn collega-astronauten regelmatig geplaagd vanwege de zorgvuldige route die hij volgde als hij met zijn T-38 van Houston naar Cape Canaveral vloog. Een strikte veiligheidsmaatregel verplichtte de piloten tijdens die tocht boven land te vliegen, en niet boven de Golf van Mexico te gaan dwalen. Toch reageerden de meeste van die mannen – die hun geld verdienden met het riskeren van hun leven door met experimentele kisten te vliegen – geïrriteerd op dit soort hypervoorzichtige regelgeving, en weken er dan ook regelmatig van af, en staken dan hele stukken zee af als ze dachten daar tijdwinst mee te boeken. Borman deed over het algemeen alles volgens het boekje, en koos dan een wat drogere, maar ook iets langere, route langs de kust van Texas, Louisiana, Mississippi, Alabama, om vervolgens het schiereiland Florida te bereiken. Niemand zinspeelde er ooit op dat deze omweg aantoonde dat Borman over te weinig moed beschikte, en dat was dan ook absoluut niet het geval. In plaats daarvan werd na verloop van tijd door iedereen geaccepteerd dat de man die op nogal agressieve wijze toetreding tot het Amerikaanse astronautenkorps had gezocht en in 1965 samen met Jim Lovell 206 keer rond de aarde was gecirkeld, er simpelweg van uitging dat er nooit een reden was om voor een riskante optie te kiezen als je op een veiliger manier hetzelfde kon bereiken.

Bill Anders, de nieuweling van het team, reageerde op het feit dat hij richting maan gestuurd zou worden met dezelfde gemengde gevoelens als Borman, maar om heel andere redenen. Als piloot van de maanmodule had Anders zich erop verheugd de expert op het gebied van de experimentele maanlander te zijn en toezicht te houden bij het merendeel van de testmanoeuvres die zouden moeten helpen het toestel gereed voor operationeel gebruik te maken. Maar nu, terwijl de maanlander aan de grond zou blijven, zou hij aanzienlijk minder te doen hebben, en moest hij zich voornamelijk concentreren op het functioneren van de hoofdmotor van de servicemodule en dat van de communicatie- en elektrische systemen van het ruimteschip. Het was belangrijk werk, maar vergeleken met het vliegen van een LEM op een hoogte van bijna 7400 kilometer, was het wel iets heel anders. Lovell grapte tegen Anders toen de veranderde plannen bekend werden: 'In feite,' zei hij, 'hoef je niet veel meer te doen dan rustig te blijven zitten en er zo intelligent mogelijk uit te zien.'

Zoals het geval was bij al dit soort missies, kregen de bemanningsleden zodra er ook maar een voorlopig vluchtplan bekend was, toestemming – ze werden daartoe zelfs aangemoedigd – om het met hun echtgenotes te bepraten. Op die dag in augustus dat Frank Borman, Jim Lovell en Bill Anders te horen kregen dat ze in december de maan zouden bezoeken, golden Lovells eerste gedachten niet de geschiedenis, dacht hij niet aan het nageslacht, noch aan de grote vooruitgang die de menselijke ontdekkingszucht zou boeken, maar aan Acapulco. De afgelopen jaren waren de astronauten bevriend geraakt met een hotelier die naar de naam Frank Branstetter luisterde, die er een traditie van had gemaakt om een aantal kamers van Las Brisas, zijn hotelcomplex in Acapulco, vrij te houden voor de gezinnen van bemanningsleden die net van een missie waren teruggekeerd. Lovell had het na zijn Gemini 12-missie veel te druk gehad om van Branstetters aanbod gebruik te maken, maar deze winter – bijna twee jaar na de vlucht – zouden de astronaut, zijn vrouw en hun vier kinderen de trip dan eindelijk maken. Branstetter verheugde zich er al op het gezin bij hem in het hotel te hebben, en ook Marilyn Lovell zag er met graagte naar uit. Haar man was degene die haar op de hoogte mocht stellen dat hun plannen waren veranderd.

'Ik heb eens aan Acapulco zitten denken,' zei Lovell tegen zijn vrouw nadat hij die avond van het Manned Spacecraft Center was teruggekeerd. 'Ik geloof niet dat het zo'n goed idee is.'

'Waarom niet?' vroeg Marilyn, die behoorlijk de smoor in had.

'Ik weet het niet. Ik geloof alleen maar dat ik niet zo'n zin heb om te gaan.'

'Nou, vind je niet dat het daar nu een beetje te laat voor is? Je hebt het de kinderen al beloofd, we hebben al gereserveerd–'

'Dat weet ik, dat weet ik. Maar ik geloof dat Frank en Bill en ik ergens anders naar toe gaan.'

'Wáárheen dan?'

'Och, dat weet ik nog niet,' zei Lovell met bestudeerde nonchalance. 'Misschien naar de maan.'

Marilyn staarde hem sprakeloos aan. Sinds 1962 had ze met dit moment rekening gehouden, maar wel steeds met een soort onwezenlijke angstgevoelens in het achterhoofd. Lovell gaf haar de gelegenheid om even tot zichzelf te komen en legde toen, net als hij in 1965 voor de Gemini 7 en in 1966 voor de Gemini 12 had gedaan, de bedoeling van de missie uit, terwijl hij haar ook vertelde welke gevaren eraan verbonden waren. Bij die eerdere vluchten hadden beide Lovells geweten dat de risico's groot waren. Jim Lovell en Frank Borman moesten in de Gemini 7 twee weken in de ruimte doorbrengen, langer dan welke astronaut ooit had geprobeerd.

Eenmaal boven zouden ze een riskant rendez-vous met Wally Schirra en Tom Stafford aan boord van de Gemini 6 proberen te maken – een stunt waar nog niet een Amerikaanse bemanning zich aan had gewaagd. De Gemini 12, hoewel die niet meer dan een vierdaagse missie hoefde uit te voeren, zonder dat er sprake was van andere bemande ruimtevaartuigen, bood op zich al voldoende gevaren: de koppeling met het onbemande en onbetrouwbare Agena-ruimteschip; de vijfeneenhalf uur lange ruimtewandeling die Buzz Aldrin tijdens die missie moest uitvoeren. Beide vluchten waren op z'n best uiterst riskante ondernemingen, maar beide kenden historische precedenten. Jim Lovell zou niet de eerste Amerikaan zijn die in de ruimte zijn rondjes draaide, niet eens de tweede of de derde. Hij zou de elfde worden – als men het aantal tenminste nog bijhield – en zijn vrouw kon in elk geval enige troost putten uit het feit dat de eerdere tien mannen allemaal terug bij hun vrouw waren gekomen zonder dat hun ervaringen een nadelige invloed op hen hadden gehad.

Maar de Apollo 8 zou anders zijn. Deze keer bestond er geen precedent voor de trip die Jim Lovell zou gaan maken; er waren geen andere lieden die dit vóór hem hadden overleefd. Terwijl hij zijn vrouw zachtjes in een stoel liet zakken, vertelde hij haar enkele details over de vlucht: hoe het ruimtevaartuig zichzelf tot een nog nooit eerder vertoonde snelheid van 46.000 km per uur moest opjagen om zich los te kunnen maken van de aantrekkingskracht van de aarde; hoe het op één enkele motor moest vertrouwen, zonder enige reserve, om in een baan rond de maan te komen; hoe die motor opnieuw geactiveerd zou moeten worden om huiswaarts te kunnen keren; hoe het de atmosfeer van de aarde binnen zou moeten dringen door een smalle corridor van nauwelijks 2Ô graden breed, vooropgesteld dat het zijn vurige duik zou doorstaan. Marilyn knikte en luisterde, en uiteindelijk, zoals ze ook in het verleden had gedaan, gaf ze kalm haar toestemming.

Valerie Anders, zo werd er bij de Agency verteld, reageerde op Bills nieuws met een identiek beheerst oké. Maar Susan Borman echter zou volgens de geruchten heel anders hebben gereageerd. Wat Susan betrof, gingen de verhalen, was de Apollo 8 een zinloos risico, en ze was niet bepaald gelukkig met het feit dat haar man was uitgekozen om er de commandant van te zijn. Hoewel echtgenoten maar weinig invloed hadden op het toegewezen krijgen van vluchten, konden ze binnen de kleine NASA-gemeenschap wel duidelijk van hun afkeuring laten blijken. En Susan, zo heette het, had Chris Kraft als het onderwerp van haar ongenoegen uitgekozen, en maakte onmiskenbaar duidelijk dat zèlfs als Frank deze onbezonnen vlucht zou overleven, ze nooit meer een woord tegen Kraft zou zeggen.

Op de ochtend dat de Apollo 8 werd gelanceerd – 21 december – waren de twijfels en het venijn op het eerste gezicht vergeten. Borman, Lovell en Anders werden even na 05.00 uur in hun ruimtecapsule opgesloten, ter voorbereiding op een lancering die om 07:51 moest plaatsvinden. Om 07:00 uur begonnen de grote televisiemaatschappijen met hun reportage en een groot deel van het land was al wakker om live van deze gebeurtenis getuige te zijn. In Europa en Azië hadden eveneens tientallen miljoenen mensen hun televisie aangezet.

Vanaf het moment dat de gigantische Saturnus 5 draagraket werd ontstoken, was het de televisiekijkers duidelijk dat dit niet zomaar weer een lancering was. Voor de mannen in de ruimtecapsule – waarvan eentje nog nooit eerder in de ruimte had gevlogen en de twee anderen alleen maar aan boord van de verhoudingsgewijs nietige, 33 meter hoge Gemini-Titan – was het nog duidelijker. De Titan was oorspronkelijk gebouwd als een intercontinentale ballistische raket, en als je de pech had om ingesnoerd in de neuskegel te liggen – waar eigenlijk een thermonucleaire kernkop had moeten zitten – realiseerde je je maar al te goed wat voor een gewelddadig projectiel het was. De lichtgewicht raket maakte zich moeiteloos van het lanceerplatform los om in een verbijsterend tempo snelheid en g-krachten op te bouwen. Op het moment dat de tweede van de twee trappen al zijn brandstof had verbruikt, trok de Titan een verpletterende acht g's, waardoor de gemiddeld 77 kilo zware astronaut het gevoel kreeg dat hij plotseling 616 kilo woog. Even onzeker makend als de snelheid en de g's van de raket, was de oriëntatie erin. Het besturingssysteem van de Titan gaf er de voorkeur aan zijn navigatie te doen wanneer de lading en het projectiel op z'n zijkant lagen; dus terwijl de raket nog steeds hoogte won, rolde hij ook nog eens zo'n 90 graden naar rechts, waardoor voor de astronauten de horizon buiten de capsule in een duizelingwekkende verticaal kwam te liggen. En wat nog storender was, was het feit dat in het besturingssysteem van de Titan een uitgebreide reeks ballistische banen was opgeslagen, die de raket onder de horizon richtte wanneer die op weg was naar een militair doelwit, of boven de horizon als hij op weg was naar de ruimte. Terwijl de raket snel hoogte won, was die computer steeds op jacht naar de juiste oriëntatie, waardoor de raket zijn neus onophoudelijk op en neer en naar links en rechts bewoog, als een bloedhond als het ware, snuffelend naar een doelwit dat Moskou, of Minsk, zou kunnen zijn, maar misschien ook wel een lage baan rond de aarde, afhankelijk van het feit of hij tijdens die missie een kernkop of astronauten aan boord had.

Van de Saturnus 5 werd gezegd dat het een heel ander beest was. Ondanks het feit dat de raket zo'n 3,4 miljoen kilo stuwkracht produceerde – bijna negentien keer zoveel als de Titan – hadden de ontwerpers beloofd dat het een veel rustiger stuwraket zou zijn. De hoogste belasting zou niet meer dan vier G bedragen, en tijdens sommige momenten van de reis met ingeschakelde raketmotoren, zorgden zijn behoedzame acceleratie en zijn ongebruikelijke baan er zelfs voor dat de zwaartekracht iets ònder de één G kwam. Onder de astronauten, waarvan er al een heel stel tegen de veertig liep, had de Saturnus 5 reeds de bijnaam 'de raket voor oude mannen' gekregen. De beloofde vloeiende rit van de Saturnus was tot nu toe echter nog steeds alleen maar een belofte, aangezien tot dusver nog niet één bemanning ermee de ruimte in was geschoten. Al tijdens de eerste minuten van de Apollo 8-missie merkten Borman, Lovell en Anders tot hun verbazing dat alle geruchten over de pijnloze raket op waarheid bleken te berusten.

'De eerste trap ging erg soepel, en deze gaat nòg soepeler!' meldde Borman opgetogen tijdens de klim, toen de gigantische F-1 motoren uitgebrand waren en de kleinere J-2 motoren het hadden overgenomen.

'Begrepen, soepel en soepeler,' antwoordde Capcom.

Nog geen tien minuten later was het met het operationele leven van de zachtmoedige wegwerp-booster gedaan, tuimelden de eerste twee trappen in zee en werden de astronauten op een hoogte van 188 kilometer in een constante baan rond de aarde geplaatst.

Volgens de missieregels voor een maanvlucht, moet een ruimteschip dat op weg is naar de maan eerst drie uur rond de aarde cirkelen in een zogenaamde 'parkeerbaan'. De bemanning gebruikt deze tijd om uitrusting op te bergen, instrumenten te kalibreren, navigatie-instrumenten af te lezen en in het algemeen vast te stellen of hun kleine ruimteschip klaar is om de thuisplaneet de rug toe te keren. Alleen als alle systemen kloppen krijgen ze toestemming om de motor van de derde trap van de Saturnus 5 te ontsteken en zich los te maken van de aardse zwaartekracht.

Voor Frank Borman, Jim Lovell en Bill Anders zouden het drie drukke uren worden, en zodra het ruimtevaartuig veilig in een baan rond de aarde was gekomen, wisten ze dat ze onmiddellijk aan het werk zouden moeten. Lovell was de eerste van het trio die zijn veiligheidsriemen losmaakte, en hij had de riemen nog niet weggehaald en zweefde naar voren of hij werd overvallen door een hevig gevoel van misselijkheid. De astronauten die in het begin van het ruimteprogramma hadden gevlogen waren uitentreuren gewaarschuwd voor de mogelijkheid dat onder gewichtloze omstandigheden ruimteziekte kon ontstaan, maar in de kleine Mercury- en Gemini-capsules, waar maar nauwelijks ruimte was om vanuit je stoel omhoog te zweven voor je je hoofd tegen het luik stootte, vormde bewegingsgerelateerde misselijkheid geen enkel probleem. In de Apollo was meer ruimte om je te bewegen, en Lovell ontdekte dat voor deze bewegingsruimte een gastrische prijs betaald moest worden.

'Wauw,' zei Lovell, evenzeer tegen zichzelf als als waarschuwing voor zijn medebemanningsleden. 'Je moet hier niet al te woeste bewegingen maken.'

Hij bewoog zich behoedzaam naar voren en ontdekte – zoals berouwvolle drinkers die 's avonds met veel te veel drank achter hun kiezen in bed stapten al eeuwenlang wisten – dat als hij zijn blik nu maar op één punt richtte en heel, heel erg langzaam bewoog, hij zijn kolkende ingewanden in bedwang kon houden. Zich op deze aarzelende manier voortbewegend, begon Lovell de directe omgeving van zijn zitplaats te verkennen, maar zag daarbij niet dat een kleine metalen schakelaar die uit de voorzijde van zijn ruimtepak stak achter een van de metalen steunen van de ligbank was blijven haken. Terwijl hij nog iets verder naar voren schoof kwam de schakelaar klem te zitten en een luide klik en een hard gesis echoden door het ruimteschip. De astronaut keek naar beneden en zag dat zijn felgele reddingsvest, dat tijdens lanceringen uit voorzorg boven water werd gedragen, in volle glorie over de hele breedte van zijn borst opbolde.

'Verdorie,' mompelde Lovell, die zijn handen naar zijn hoofd bracht en zichzelf terug in zijn zitplaats duwde.

'Wat is er gebeurd?' vroeg een geschrokken Anders, die vanuit de rechterzetel toekeek.

'Wat denk je?' zei Lovell, bozer op zichzelf dan op het jongste bemanningslid. 'Ik denk dat ik met mijn vest aan iets ben blijven hangen.'

'Nou, maak het dan weer los,' zei Borman. 'We moeten dat ding leeg laten lopen en op zien te bergen.'

'Dat begrijp ik,' zei Lovell, 'maar hoe?'

Borman realiseerde zich dat Lovell daar een punt had. De reddingsvesten werden opgeblazen door middel van een busje met koolzuurgas dat in de 'blaas' van het vest werd gespoten. Aangezien de busjes niet opnieuw kon worden gevuld, was het voor het leeglopen van het vest nodig dat het ventiel werd opengedraaid, waarbij de CO_2 in de omringende lucht terecht zou komen. Op zee was dit geen probleem, maar in een overvolle Apollo-commandomodule zou het een stuk riskanter kunnen zijn. De cockpit was uitgerust met patronen met lithium hydroxyde in korrelvorm waarmee de CO_2 uit de lucht kon worden gefilterd, maar die patronen hadden een verzadigingspunt en erna kon niets meer worden geabsorbeerd. Hoewel er reservepatronen aan boord waren, leek het nauwelijks een goed idee om die eerste patroon nu al, op de eerste dag van de missie, bij de eerste de beste stoot koolzuurgas die in de kleine cabine zou worden vrijgelaten, te activeren. Borman en Anders keken Lovell aan en de drie mannen haalden hulpeloos hun schouders op.

'Apollo 8, Houston hier. Ontvangt u ons?' meldde Capcom zich, waar men zich duidelijk zorgen begon te maken nu ze de afgelopen minuut niets van de bemanning hadden vernomen.

'Roger,' antwoordde Borman. 'We hadden hier een incidentje. Jim heeft per ongeluk een reddingsvest opgeblazen, dus zitten we hier met een volle Mae West opgezadeld.'

'Roger,' antwoordde Capcom, die blijkbaar ook niet in staat was een oplossing aan te dragen. 'Begrepen.'

Terwijl hun 180 minuten rondjes draaien om de aarde wegtikten en er geen tijd was om zich met triviale zaken als een reddingsvest bezig te houden, kwamen Lovell en Borman plotseling op de oplossing: de urinestortplaats. In een bergruimte bij het voeteneinde van de zitbanken bevond zich een lange slang die in verbinding stond met een kleine klep die uitkwam op de buitenkant van het ruimteschip. Aan het eind van die slang zat een cilindervormig maaksel. Het hele apparaat stond in luchtvaartkringen bekend als een 'pisbuis'. Een astronaut die nodig moest kon de cilinder op zijn ruimtepak aansluiten, de klep openen zodat hij werd aangesloten op het luchtledige buiten, en vanuit het comfort van het miljoenen dollars gekost hebbende ruimteschip kon hij met een snelheid van wel 46.000 km per uur in de oneindige ruimte urineren.

Lovell had al talloze malen eerder van de pisbuis gebruik gemaakt, maar enkel en alleen met de oorspronkelijke toepassing ervan voor ogen. Nu moest hij improviseren. Hij bevrijdde zich uit zijn reddingsvest en schoof het met grote moeite richting urinebuis, en slaagde er met veel moeite in om het ventiel in de buis te klemmen. Het moest er met enige kracht ingeschoven worden, maar het werkte. Lovell knikte naar Borman, Borman knikte terug en terwijl de commandant en de LEM-piloot hun maan-checklist doorliepen, bracht Lovell zijn reddingsvest weer terug in de oorspronkelijke lege toestand, geduldig de eerste blunder corrigerend die hij tijdens bijna 430 uur in de ruimte had begaan.

De ontbranding van de raket waardoor de Apollo 8 drie uur later uit zijn baan rond de aarde werd getild, verliep even rustig als de lancering zelf. Toen de booster werd ontstoken, accelereerde het ruimteschip langzaam van 32.000 km per uur naar 46.000 en rechtte zijn baan geleidelijk aan van een cirkel rond de aarde naar een lange, rechte lijn richting maan. Vanaf hier, wisten de astronauten, zouden de zaken uiterst kalm verlopen. Terwijl het ruimteschip verder en verder van de aarde verwijderd raakte, zou de zwaartekracht van de planeet de Apollo 8 onafgebroken naar zich toe proberen te trekken. Twee dagen lang zou het ruimteschip gestaag snelheid verliezen, zakkend tot 36.000 km per uur, toen tot 18.000 en uiteindelijk, toen vijf zesde van de afstand tussen de aarde en de maan was afgelegd, tot een slakkegangetje van 3600 km per uur. Op dit punt zou de zwaartekracht van de jumbo-planeet plaats maken voor de zwaartekracht van de rotsachtige satelliet, en zou het ruimteschip opnieuw versnellen. Tot dat moment zou het erg rustig zijn in het naar de maan op weg zijnde ruimtevaartuig, en de astronauten en het grondpersoneel zouden elkaar scherp moeten houden. Op de ochtend na de lancering van de Apollo 8, riep Houston het ruimteschip op om een beetje te babbelen.

'Laat me maar weten wanneer het tijd voor het ontbijt is,' zei de Capcom even na 09:00 uur op de eerste volledige dag van de vlucht. 'Ik heb hier een krant liggen die ik voor wil lezen.'

'Een goed idee,' zei Borman. 'We hebben het nieuws nooit te horen gekregen.'

'Jullie zíjn het nieuws,' zei de Capcom lachend.

'Kom nou, kom nou,' reageerde Borman.

'Nee, ik méén het,' hield Houston vol. 'De vlucht naar de maan is het belangrijkste nieuws, zowel in de kranten als op de televisie. Het is hèt nieuwsitem. De *Post* heeft als kop: "Maan, ze komen eraan". Het andere nieuws is dat elf GI's die vijf maanden lang in Cambodja hebben vastgezeten gisteren zijn vrijgelaten en voor Kerstmis thuis zullen zijn; er is een verdachte gearresteerd in die ontvoeringszaak in Miami; en gisteren zijn in New York David Eisenhower en Julie Nixon getrouwd. Hij werd omschreven als "zenuwachtig".'

'Mooi,' zei Anders.

'De Browns hebben gisteren Dallas van het veld geveegd, 31 tegen 20,' vervolgde Houston. 'En we zijn hier eigenlijk een beetje nieuwsgierig: Wie zou je vandaag willen zien winnen, Baltimore of Minnesota?'

'Baltimore,' zei Lovell.

'Verder erg belangrijk nieuws: het ministerie van Buitenlandse Zaken heeft nog maar enkele minuten geleden bekend gemaakt dat de bemanning van de *Pueblo* vanavond om negen uur zal worden vrijgelaten.'

'Dat klinkt goed,' zei Lovell. Toen, terwijl hij een blik op zijn instrumenten wierp, kwam ook hij met enkele nieuwsfeiten op de proppen, feiten die voor de mannen die aan dit gesprek deelnamen van veel groter belang waren. 'Berekeningen hier aan boord laten zien dat de Apollo 8 op 25 uur zich op 192.000 km van huis bevindt.'

'Ja,' zei Houston, 'ons plot-board laat hetzelfde getal zien.'

'Een prachtig uitzicht heb je van hieruit,' meldde Borman.

Het grootste gedeelte van hun trip hadden de astronauten aan boord van de Apollo 8 een uitzicht op een verre maan die steeds groter werd. Nadat ze zich van hun baan rond de aarde hadden losgemaakt, kregen de astronauten een paar keer de gelegenheid een indrukwekkend panorama van de aarde in zich op te nemen, maar draaiden het ruimtevaartuig toen om teneinde in een juiste positie, met de neus naar voren, richting maan te vliegen. Strikt gesproken was een neus-vooruit positie niet noodzakelijk in het heelal, waar de wetten van Newton maakten dat een voertuig in dezelfde richting bleef bewegen, los van in welke richting de voorzijde wees. Maar stijl en gewoonte en het gevoel van netheid bij de piloot, vereisten over het algemeen een ruimtevaartuig waarvan de punt naar voren wees, dus zo vlógen de astronauten. Na hun tweede volle dag echter, terwijl het ruimteschip de buurt van de maan naderde, zou de bemanning de Apollo opnieuw moeten draaien.

Vliegend met een snelheid die klom tot 9200 km per uur, zou de Apollo 8 zich te snel voortbewegen om door de verhoudingsgewijs geringe aantrekkingskracht van de maan gegrepen te worden. Als het aan het ruimteschip zelf lag, zou het de maan naderen om er vervolgens aan de achterzijde omheen te cirkelen om daarna weer als een kiezel uit een katapult terug richting aarde te schieten. Dit fenomeen stond bekend als de vrije-terugkeerbaan, en hoewel de automatische rondtrip de astronauten in het geval van motorstoring de mogelijkheid tot een snelle terugreis bood, was het voor een bemanning die niet zomaar een keertje langs de achterkant van de maan wilde scheren, maar in een baan eromheen terecht wilde komen, een regelrechte ergernis. Om aan dat vrije-terugkeer-katapultschot te ontkomen, zou het ruimteschip 180 graden moeten draaien om daarna, met de achterzijde naar voren gedraaid, de voortstuwingsraket met ruim 10.000 kg stuwkracht van de servicemodule te activeren, die het ruimteschip zodanig moest afremmen dat de aantrekkingskracht van de maan er vat op kon krijgen.

Deze manoeuvre, die bekendstond als de *lunar orbit insertion* (het plaatsen in een baan rond de maan), of LOI, was vrij eenvoudig, maar was wel vol risico's. Als de raketmotor te kort brandde, zou het ruimteschip in een onvoorspelbare – en misschien wel onbestuurbare – elliptische baan komen die het hoog boven de maan zou brengen als het zich boven de ene helft ervan bevond, terwijl het als het boven de andere maanhelft zat er op geringe hoogte overheen zou scheren. Als de motor te lang brandde, zou het ruimteschip te veel snelheid verliezen en zou het niet alleen in een baan rond de maan terechtkomen, maar zou het tegen het maanoppervlak slaan. En om de zaken nog wat ingewikkelder te maken, zou het activeren van de motor plaats moeten vinden als de Apollo aan de achterkant van de maan zat, waarbij communicatie tussen het ruimteschip en de grond onmogelijk was. Houston zou met de best mogelijke coördinaten op de proppen moeten komen, die info doorgeven aan de bemanning, en moest vervolgens maar hopen dat die manoeuvre door hen juist werd uitgevoerd. De vluchtleiders wisten precies wanneer, als het activeren van de motor volgens plan verliep, het ruimteschip van achter de reusachtige maanschaduw te voorschijn moest komen, en alleen als ze het signaal van de Apollo 8 exact op dàt moment weer zouden opvangen, zou men pas zeker weten dat de geplande LOI was gelukt.

Het was op het dag 2, 20 uur en 4 minuten-tijdstip van de vlucht – toen het ruimteschip nog maar een paar duizend kilometer van de maan verwijderd was, en meer dan 370.000 km van huis – dat Capcom Jerry Carr via de radio het nieuws aan de bemanning doorgaf dat ze toestemming hadden om de gok te nemen en hun LOI mochten inzetten. Aan de Oostkust was het net even voor vieren in de ochtend van de dag voor Kerstmis, in Houston was het bijna drie uur en in de meeste huizen op het westelijk halfrond waren zelfs de meest fervente maanliefhebbers diep in slaap.

'Apollo 8, hier Houston,' zei Carr. 'Om 68:04 kunt u aan de LOI beginnen.'

'Oké,' antwoordde Borman kalm. 'De Apollo 8 is er klaar voor.'

'Jullie zitten in het beste apparaat dat we hebben kunnen vinden,' zei Carr, die opbeurend probeerde te klinken.

'Herhaalt u dat even, ja?' vroeg de duidelijk in verwarring gebrachte Borman.

'Jullie zitten in het beste ruimteschip dat we hebben kunnen vinden,' herhaalde Carr.

'Roger,' zei Borman. 'Hij doet het prima.'

Carr gaf de gegevens omtrent het activeren van de raketmotor aan het ruimteschip door en Lovell, als navigator, tikte de informatie in de boordcomputer in. Het zou nog ongeveer een half uur duren voor het ruimteschip in de radiostilte die achter de maan heerste zou glijden, en, als altijd in dit soort situaties, gaf de NASA er de voorkeur aan de minuten tot dat tijdstip voor het grootste deel in een ongedenkwaardige stilte voorbij te laten gaan. De astronauten, uitstekend geoefend in de procedures die aan elk activeren van raketmotoren voorafgaan, gleden zwijgend naar hun plaatsen terug en maakten hun riemen vast. Als er tijdens een LOI iets fout zou gaan, zou de ramp die daarop volgde uiteraard van dien aard zijn dat een canvas veiligheidsriem geen enkele bescherming meer bood. Desalniettemin vereiste het protocol dat de bemanning in de riemen ging, en dus deden ze dat trouw.

'Apollo 8, Houston,' meldde Carr zich na een lange pauze. 'We hebben onze maankaart voor ons liggen en zijn er klaar voor.'

'Roger,' antwoordde Borman.

'Apollo 8,' zei Carr eventjes later, 'jullie brandstofverbruik is stabiel.'

'Roger,' zei Lovell.

'Apollo 8, we hebben nog 9 minuten en 30 seconden voor we radiocontact zullen verliezen.'

53

'Roger.'
Carr meldde zich vijf minuten vóór het contact verbroken zou worden nogmaals, toen twee minuten ervoor, toen één minuut en ten slotte tien seconden. Precies op het moment dat de vluchtplanners het maanden geleden al hadden berekend, begon het ruimteschip aan zijn boog rond de maan, en de stemmen van Capcom en de bemanning begonnen in elkaars oren te vervormen en te kraken.

'Een goede reis, jongens,' schreeuwde Carr nog, die zijn uiterste best moest doen om zich door de uitvallende radioverbinding verstaanbaar te maken.

'Bedankt, jongens,' riep Anders terug.

'We zien je straks aan de andere kant weer terug,' zei Lovell.

'Jullie gaan er helemaal omheen,' reageerde Carr.

En toen was de verbinding verbroken.

De bemanning keek elkaar in de surrealistische stilte aan. Lovell wist dat hij iets moest voelen, nou, iets diepzinnigs bijvoorbeeld – maar er leek zo weinig aan de hand te zijn om diepzinnig over te doen. Natuurlijk, de computers, de Capcom, het gesis in zijn koptelefoon vertelden hem stuk voor stuk dat hij momenteel langs de achterkant van de maan vloog, maar voor het merendeel van zijn zintuigen bestond er geen enkele aanwijzing dat deze gebeurtenis plaatsvond. Enkele ogenblikken geleden was hij gewichtloos geweest, en hij was nu nog steeds gewichtloos; enkele ogenblikken geleden was het buiten zijn raampje pikzwart geweest, en er heerste nu nog steeds een volslagen duisternis buiten. Dus daar ergens moest de maan zijn? Nou, dat moest hij dan maar geloven.

Borman draaide zich naar rechts om zijn bemanning te raadplegen. 'Nou? Doen we het?'

Lovell en Anders lieten hun geoefende blikken nog eens over hun instrumenten glijden.

'Wat mij betreft gaan we door,' zei Lovell tegen Borman.

'Aan deze kant hetzelfde,' was Anders het met hem eens.

Vanuit zijn middelste zitplaats tikte Lovell de laatste instructies in de computer in. Ongeveer vijf seconden voor de geplande ontbranding begon op het display de aanduiding '99:40' te knipperen. Dit cryptische getal was een van de laatste barrières van het ruimteschip tegen een eventuele menselijke fout. Het was de 'weet-je-het-zeker?'-code van de computer, de 'laatste-kans'-code, zijn 'wees-er-alsjeblieft-zeker-van-waarmee-je-bezig-bent-want-je-staat-aan-het-begin-van-een-adembenemend-ritje'-code. Onder de knipperende cijfers zat een knopje met daarop de tekst 'Doorgaan'. Lovell staarde naar de 99:40, toen naar het Doorgaan-knopje, vervolgens weer naar de 99:40, en uiteindelijk weer terug naar Doorgaan. Toen, vlak voor de vijf seconden weggesmolten waren, zette hij zijn wijsvinger tegen de knop en drukte.

Een ogenblik lang merkten de astronauten niets; maar het volgende hoorden ze een gerommel achter zich. Nauwelijks een meter achter hen, in gigantische tanks die helemaal achter in het ruimteschip waren gemonteerd, werden er kleppen geopend en begon er brandstof te vloeien, en uit drie verschillende toevoeren kolkten drie verschillende chemicaliën in een verbrandingskamer. De chemicaliën – hydrazine, dimethylhydrazine en stikstof tetra-oxyde – stonden bekend als hypergolen, en wat hypergolen zo speciaal maakte was hun neiging om in elkaars aanwezigheid te detoneren. In tegenstelling tot benzine of dieselolie of vloeibare waterstof, die allemaal een vonk nodig hebben om de energie vrij te maken die in hun moleculaire verbindingen besloten ligt, ontlenen hypergolen hun kick aan de katalytische tegendraadse relatie die ze met elkaar hebben. Meng twee hypergolen met elkaar en ze binden chemisch de strijd met elkaar aan, als kemphanen in een kooi; hou ze lang genoeg bij elkaar, en beperk hun interactie qua ruimte zoveel mogelijk, en ze zullen beginnen met het aanmaken van gigantische hoeveelheden energie.

En achter de ruggen van Lovell, Anders en Borman vond zo'n explosieve interactie thans plaats. Terwijl de chemicaliën in de verbrandingskamer tot leven flitsten, schoten er uit de straalpijp aan de achterkant van het ruimteschip withete uitlaatgassen, en het vaartuig minderde op weinig subtiele wijze vaart. Borman, Lovell en Anders voelden hoe ze tegen hun banken werden gedrukt. De nul g die zo comfortabel was geweest, was nu een fractie van één g, en het lichaamsgewicht van de astronauten steeg nu van niets naar een paar kilo. Lovell keek Borman eens aan en stak zijn duim naar hem omhoog; Borman glimlachte gespannen. De raketmotor brandde viereneenhalve minuut, toen werd het vuur in het binnenste van de raket gedoofd.

Lovell wierp een blik op zijn instrumentenpaneel. Hij zocht het metertje waarbij 'Delta V' stond aangegeven. De 'V' stond voor *velocity* – snelheid, 'Delta' betekende verandering, en samen zouden ze onthullen hoeveel de snelheid van het ruimteschip als resultaat van de chemische rem die de hypergolen hadden geactiveerd was afgenomen. Lovell vond het juiste getal en had zin om zijn vuist in de lucht te priemen – 2800! Perfect! 2800 voet per seconde was niet bepaald met gillende banden tot stilstand komen als je met 7500 aan kwam scheuren, maar het was precies de hoeveelheid die je diende af te trekken als je je langgerekte baan rond de maan wilde verlaten en je jezelf over wilde geven aan de zwaartekracht van de maan.

Naast de Delta V zat nog een ander metertje, eentje waarop enkele ogenblikken geleden nog helemaal niets had gestaan. Nu stonden er twee getallen op, 60,5 en 169,1. Dit waren de periluna- en de apoluna-aflezingen – het dichtst en verst verwijderde punt tot de maan. Elk willekeurig lichaam dat langs de maan zou vliegen kon een perilunanummer krijgen, maar de enige manier om aan een periluna èn een apoluna te komen, was wanneer je er niet zomaar langsvloog, maar feitelijk om de maan heen cirkelde. Frank Borman, Jim Lovell en Bill Anders waren, nu deze cijfers te zien waren, satellieten van de maan geworden en ze draaiden er een eivormige baan omheen die hen tot een maximale hoogte van 169,1 mijl en een minimale hoogte van 60,5 mijl bracht.

'Het is ons gelukt!' Lovell was opgetogen.

'Tot op de centimeter,' reageerde Anders.

55

'Juiste baan bereikt,' was Borman het met hen eens. 'En nu maar hopen dat hij het morgen, als we terug naar huis moeten, weer doet.'

Het in een baan rond de maan terechtkomen was, net als het achter de maan verdwijnen van een paar minuten geleden, voor de astronauten min of meer een academische ervaring. Zodra de raketmotor ermee was opgehouden was de bemanning opnieuw gewichtloos geworden, en dat wat ze hadden bereikt kon uitsluitend uit de informatie op hun instrumentenpaneel worden opgemaakt. De maan bevond zich slechts 111 kilometer onder hen, maar de naar boven gerichte raampjes van de ruimtecapsule stonden de astronauten geen kijkje naar beneden toe. Borman, Lovell en Anders waren drie lieden die achteruitlopend een museum waren binnengestapt en zich nog niet hadden kunnen omdraaien om te zien wat er allemaal te bewonderen was. Maar ze hadden nu wel de luxe – en, omdat pas over vijfentwintig minuten de verbinding met de aarde zou worden hersteld, de ongestoorde privacy – om een eerste onderzoek in te stellen naar het hemellichaam wiens zwaartekracht hen nu vasthield.

Borman greep naar de hoogte-controlehendel rechts van zijn stoel en liet een beetje drijfgas ontsnappen uit de stuurraketjes die aan de buitenkant van het ruimteschip waren gemonteerd. Het vaartuig kwam in beweging en draaide langzaam tegen de klok in om zijn as. De eerste 90 graden rol zorgde ervoor dat de gewichtloze astronauten op hun zijkant werden gedraaid, met Borman helemaal beneden, Lovell in het midden en Anders boven op de stapel; de volgende 90 graden zette hen op hun kop, dus zat de maan, die eerst beneden had gezeten nu plotseling boven hen. Het was in Bormans linkerraampje dat het bleek-grijze, gipsachtige oppervlak van de planeet beneden hen als eerste te voorschijn draaide, en het waren dan ook Bormans ogen die zich het eerst verwijdden. Het middenraam vlak voor Lovell vulde zich als tweede en uiteindelijk dat van Anders. De twee bemanningsleden reageerden met dezelfde verbijsterde blikken als hun commandant.

'Grandioos,' fluisterde iemand. Het zou Borman geweest kunnen zijn; het zou Lovell geweest kunnen zijn; het zou Anders geweest kunnen zijn.

'Schitterend,' reageerde iemand.

Onder hen door glijdend was een woest, gebroken, geteisterd panorama dat eerder alleen maar door robots was waargenomen, maar nog nooit door het menselijk oog. Zich naar alle kanten uitstrekkend lag daar een eindeloos fraai-lelijke vlakte met honderden – nee, duizenden; nee, tienduizenden – kraters, gaten en groeven die van honderden – nee, duizenden; nee, miljoenen – eeuwen geleden dateerden. Er waren kraters pal naast andere kraters, kraters die andere kraters overlapten, kraters die andere kraters volkomen aan het zicht onttrokken. Er waren kraters ter grootte van een voetbalveld, kraters ter grootte van een flink eiland, kraters ter grootte van een kleine natie.

Veel van deze oude kraters waren in kaart gebracht, gecatalogiseerd en van een naam voorzien door astronomen die eerst de beelden hadden geanalyseerd die door de diverse maansondes naar de aarde waren gezonden, en na maanden zorgvuldige bestudering waren ze voor de astronauten even vertrouwd geworden als bekende herkenningspunten op aarde. Daar lagen de kraters Daedalus en Icarus, Korolev en Gagarin, Pasteur en Einstein en Tsiolkovsky. Verspreid over het oppervlak waren er nog tientallen andere kraters die nog nooit door een mens of robot waren aanschouwd. De gefascineerde astronauten deden al het mogelijke om alles in zich op te nemen, drukten hun gezichten tegen de vijf raampjes en vergaten een ogenblik lang alles wat te maken had met het vluchtplan, de missie en de honderden mensen die in Houston afwachtten tot ze hun stemmen zouden horen.

Van achter de naderende horizon leek iets sliertigs te voorschijn te komen. Het was ijlig wit, ijlig blauw en ijlig bruin, en het leek van achter het grauwe oppervlak recht omhoog te klimmen. De drie astronauten wisten onmiddellijk wat ze aanschouwden, maar desondanks gaf Borman er een naam aan.

'De aarde komt op,' zei de commandant kalm.

'Pak de camera's,' zei Lovell snel tegen Anders.

'Weet je het zeker?' vroeg Anders, de fotograaf en cartograaf tijdens deze missie. 'Moesten we niet wachten op de geplande fotoperiodes?'

Lovell staarde naar de glinsterende planeet die boven de geteisterde, pokdalige maan uitsteeg, en keek toen het jongste bemanningslid aan. 'Pak de camera's,' herhaalde hij.

Op de dag voor kerst werden de Amerikanen gewekt met het nieuws dat drie van hun landgenoten zich in een baan rond de maan bevonden. Bij de woningen van de families Borman, Lovell en Anders in Houston verdrongen de verslaggevers zich op de stoep en vertrapten het gras van de voortuinen op een manier die sinds de Mercury-dagen niet meer vertoond was. Er werd maar weinig informatie over de plannen die de echtgenotes en kinderen voor de kerstdagen hadden vrijgegeven, hoewel ze allemaal van plan waren om kerstdiensten bij te wonen.

Van enige door de drie gezinnen veroorzaakte opwinding was pas de volgende ochtend vroeg sprake – eerste kerstdag – toen een Rolls-Royce van het warenhuis Neiman Marcus voor de oprit van het huis van de familie Lovell stopte. Iemand van de afdeling Public Relations van de NASA liep op de wagen af, wisselde een paar woorden met de chauffeur, om hem vervolgens, zeer tot verrassing en verontwaardiging van de verslaggevers, die uit de buurt van het huis werden gehouden, naar de voordeur te begeleiden, waar de chauffeur een grote doos aan Marilyn Lovell overhandigde. De doos was in hemelsblauwe folie verpakt en versierd met twee piepschuim ballen, eentje die zeegroen was geschilderd, terwijl de andere van een vlekkerig, vaag maanachtig kleurtje was voorzien. Rond de bal die de maan moest voorstellen cirkelde een ruimteschepje van wit plastic. Marilyn scheurde de verpakking van de doos en duwde het van een sterrenpatroontje voorziene tissue-papier dat erin zat opzij. Eronder bevond zich een korte nertsjas en een kaartje waarop stond: 'Gelukkig Kerstfeest en veel liefs van de Man in de Maan'.

De rest van die ochtend kweet Marilyn Lovell zich van haar huishoudelijke taken in een flodderige pyjama en een korte nertsjas. Later die dag, toen zij en de kinderen naar de kerstdienst afreisden, kleedde ze zich voor het kerkbezoek in een wat geschiktere jurk, maar het jasje hield ze aan. Pas toen ze het huis verliet en midden in de in Houston heersende hitte stapte, zagen de buiten wachtende verslaggevers wat de man in de Rolls-Royce had afgeleverd.

Maar op kerstavond was de aandacht van de pers gericht op een plek die ruim vierhonderdvijftigduizend kilometer van hen verwijderd was, waar zich de astronaut bevond die de jas weken geleden al gekocht moest hebben en het zodanig had geregeld dat die zou worden afgeleverd op de dag dat hij op een hoogte van zo'n 110 kilometer volmaakte rondjes rond de maan trok. Tot de taak die de bemanning tijdens de geplande tien rondjes moest uitvoeren behoorde het nemen van zo veel mogelijk foto's van de aarde en de maan, het doen van metingen betreffende de op de maan heersende zwaartekracht, en het in kaart brengen van mogelijke landingsplaatsen en de de directe omgeving ervan.

Onder de oppervlaktedetails die de bemanning diende vast te leggen bevonden zich de zogenaamde initiële punten, opvallende kenmerken op de maan die deelnemers aan toekomstige missies voor hun naderingsvlucht zouden kunnen gebruiken. Terwijl ze hun blik over de Mare Tranquillitatis lieten glijden, een oeroude, kurkdroge lavavlakte waar de eerste maanlanding zou moeten plaatsvinden, merkten Borman, Lovell en Anders een kronkelige bergketen net ten zuidwesten van de krater Secchi op. De globale formatie van de keten was reeds lang geleden door astronomen op aarde in kaart gebracht, maar de afzonderlijke toppen waren veel te klein geweest om via telescopen waargenomen te kunnen worden. Dit soort gedetailleerde bijzonderheden over het maanoppervlak was precies het soort details dat de bemanningen hard nodig zouden hebben als ze vanuit hun baan rond de maan naar beneden navigeerden. Aan de rand van de grillige keten, grenzend aan de Mare Tranquillitatis, ontdekte Lovell een kleine, vreemdsoortige driehoekige berg waarvan hij zeker wist dat die klein genoeg was om nooit de aandacht getrokken te hebben, maar tegelijkertijd opvallend genoeg was om gemakkelijk herkend te worden door toekomstige bemanningen die deze kant uit kwamen.

'Heb je die bergtop daar weleens eerder gezien?' vroeg Lovell aan Borman, terwijl hij naar de kleine bergformatie wees.

'Niet dat ik me kan herinneren.'

'En jij?' vroeg hij aan Anders, de scheidsrechter voor alle topografische zaken.

'Nee,' zei Anders. 'Die vorm zou ik me vast hebben herinnerd.'

'Dan heb ik haar gevonden,' zei Lovell glimlachend, 'en ik ga haar een naam geven. Wat dachten jullie van "Mount Marilyn".'

Voor de leiding van de NASA waren de public relations-functies van de Apollo 8 minstens zo belangrijk als de wetenschappelijke taken. De Agency had twee live televisieuitzendingen vanuit een baan rond de maan gepland, eentje 's ochtends vroeg op de dag voor Kerstmis en een langere *prime-time* show die avond. De ochtenduitzending trok een indrukwekkende hoeveelheid kijkers, maar aangezien het land op dat moment geheel in beslag werd genomen door de op handen zijnde kerstviering, brak de uitzending geen records. De avonduitzending, die naar honderd miljoen huishoudens werd doorgestraald, was echter iets totaal anders. Alle drie de grote televisiemaatschappijen gooiden hun programmering om teneinde de show te kunnen brengen, wat inhield dat de meeste kijkers het programma vanaf de maan zouden bekijken, enkel en alleen omdat er geen ander programma-aanbod wàs. De uitzending begon om 21:30 uur en het land, evenals het overgrote deel van de rest van de planeet, stopte om te kijken.

'Welkom vanaf de maan, Houston,' zei Jim Lovell tegen de mensen van de NASA, en daardoor tegen de hele wereld. Het beeld dat op de televisieschermen flakkerde terwijl hij begon te praten, was dat van een zwevende witte bal die leek opgehangen tegen een kleurloze achtergrond. Eronder was een lange, flauwe kromming te zien die naar beneden afboog om vervolgens van de rand van het scherm te verdwijnen.

'Wat u hier ziet,' zei Anders, terwijl hij de camera stilhield en zijn rondzwevende lichaam tegen de binnenwand van het ruimteschip schrap zette, 'is een blik op de aarde met daaronder de horizon van de maan. Die gaan we nu een tijdje volgen, waarna we zullen omdraaien en u een blik zullen bieden op het lange, schaduwachtige terrein.'

'We draaien de afgelopen zestien uur rondjes op een hoogte van 111 kilometer,' zei Borman terwijl Anders de lens naar beneden, naar het maanoppervlak richtte, 'terwijl we proeven nemen, opnamen maken en af en toe onze raketmotor activeren zodat we wat kunnen manoeuvreren. En tijdens de afgelopen uren is de maan voor elk van ons iets totaal anders geworden. Op mij maakte hij de indruk van een reusachtig, eenzaam, onaanlokkelijk, uitgestrekt niets, dat nog het meest lijkt op massa's en nog eens massa's puimsteen. Het is in elk geval geen uitnodigende plek om te leven of te werken.'

'Frank, ik denk er net zo over,' zei Lovell. 'De eenzaamheid hierboven boezemt een enorm ontzag in. Het doet je realiseren wat je op de aarde allemaal hebt achtergelaten. Van hieruit is de aarde een oase in de uitgestrektheid van het heelal.'

'Wat op mij de meeste indruk maakt,' nam Anders het van hem over, 'was de zonsop- en zonsondergang hier op de maan. De hemel is pikzwart, de maan is vrij licht, en het contrast tussen beide is een heldere lijn.'

'Eigenlijk,' voegde Lovell eraan toe, 'zou je de hele omgeving het best kunnen omschrijven als een uitspansel van zwart en wit. Absoluut geen kleur.'

Volgens het vluchtplan zou de uitzending vierentwintig minuten moeten duren, waarbij het ruimtevaartuig van oost naar west langs de maanevenaar zou glijden en circa 72 graden van de 360 graden lange baan zou afleggen. De astronauten moesten deze tijd gebruiken om dingen uit te leggen en te beschrijven, aan te wijzen en te instrueren, en door woorden en korrelige beelden proberen over te dragen wat ze zagen. De moeite die ze daartoe deden was bewonderenswaardig.

'Dit gebied is wat minder van kraters voorzien, dus moet het vrij nieuw zijn,' zei een van hen dan.

'Deze krater is van het soort met een delta-rand...'

'Hier ziet u een donker gebied waar wellicht een oude lavastroom heeft gelopen...'

'Thans komen enkele interessante dubbele-ringkraters in zicht...'

'Van de rand van die berg loopt een kronkelende geul met bochten naar rechts.'

De astronauten gingen maar door, en thuis keek men naar de nieuwe beelden en hoorden de nieuwe woorden en probeerde zo veel als hun zintuigen en scepsis maar toelieten in zich op te nemen. Eindelijk was het tijdstip gekomen dat er een eind aan de show moest komen. Al weken vóór de vlucht hadden de drie astronauten erover gedelibereerd wat de beste manier was om een televisieuitzending van de ene naar de andere wereld te besluiten op de vooravond van de heiligste dag op de christelijke kalender. Kort voor de dag van de lancering en vastgeplakt op de achterkant van de vluchthandleiding die ze aan boord hadden, zat een velletje papier (onbrandbaar, uiteraard, zoals tegenwoordig alles onbrandbaar was) waarop een korte tekst was getikt. Anders, die met een hand de televisiecamera door het raampje naar buiten richtte en met de andere het velletje pakte, zei: 'We naderen thans de zonsopgang boven de maan, en voor alle mensen op aarde heeft de bemanning van de Apollo 8 een boodschap die we u graag zouden willen voorlezen.

In den beginne,' begon hij, 'creëerde God de hemel en de aarde. En de aarde was woest en ledig; en duisternis heerste op de afgrond.' Anders las langzaam zijn vier regels voor, en gaf het stuk papier vervolgens aan Lovell door.

'En God noemde het licht dag, en de duisternis noemde Hij nacht. En de avond en de morgen waren de eerste dag.' Lovell las zijn vier regels en gaf het velletje papier aan Borman door.

'En God zei: Dat de wateren van onder de hemel op één plaats verzameld worden, en dat het droge land mag verschijnen.' Borman ging door tot aan het eind van de passage, en besloot met: 'En God zag dat het goed was.' Toen de laatste regel was uitgesproken, legde Borman het velletje papier neer.

'En de bemanning van de Apollo 8,' kwam zijn stem krakend vanaf een afstand van ruwweg 442.000 kilometer heelal, 'sluit thans af met een goede nacht, veel geluk, een gelukkig kerstfeest en God zegene u allen, u allemaal op de goede aarde.'

Op de televisieschermen verdween het beeld van het maanoppervlak abrupt, en maakte eerst plaats voor kleurbanden, toen voor sneeuw, en toen voor nieuwslieden die overenthousiast samenvatten wat de rest van de wereld zojuist had aanschouwd. Maar in de ruimtecapsule ging het er een stuk minder lyrisch aan toe. Zodra het programma was afgesloten moesten Frank Borman en zijn bemanning weer hard aan het werk en zochten ze contact met de vluchtleiders in Houston.

'Zijn we uit de lucht?' vroeg Borman aan Capcom Ken Mattingly.

'Dat is inderdaad het geval, Apollo 8, jullie zijn uit de lucht,' antwoordde Mattingly.

'Hebben jullie alles kunnen ontvangen wat we hier hebben gezegd?'

'Luid en duidelijk. Hartelijk dank voor een erg mooie show.'

'Oké,' zei Borman. 'Goed, Ken, we zouden ons graag gereed willen maken voor de *trans-Earth injection*.' Trans-Earth injection – of TEI – was het zodanig in een baan brengen van het ruimteschip dat men weer bij de aarde terug zou keren. 'Heb je nog wat waardevolle informatie voor ons, zoals je hebt beloofd?'

'Jawel, meneer. Ik heb uw manoeuvre en daarna lopen we de systemen nog even door.'

Net zoals Jerry Carr voor de LOI-activering had gedaan, las Mattingly de gegevens en de coördinaten voor de TEI-ontbranding voor. Opnieuw tikte Lovell de informatie in zijn boordcomputer in, deden de astronauten hun veiligheidsriemen vast en had Houston in stilte last van zenuwen terwijl de minuten wegtikten tot het moment zou komen dat er geen radiocommunicatie meer mogelijk was. In tegenstelling met de LOI-activatie, was bij de TEI-ontbranding nodig dat het ruimteschip naar voren wees, waardoor het snelheid won in plaats van af te remmen. Eveneens in tegenstelling met de LOI-activatie zou er tijdens de TEI, als de raketmotor weigerde te starten, geen sprake zijn van een vrij slingerschot dat het ruimtevaartuig naar huis zou brengen. Als de hydrazine, dimethylhydrazine en stikstof tetraxyde zich weigerden te mengen en niet tot ontbranding kwamen en het spul zomaar naar buiten zou ontsnappen, zouden Frank Borman, Jim Lovell en Bill Anders permanente satellieten worden van de maansatelliet van de aarde, om ongeveer een week later door verstikking om het leven te komen om vervolgens rond de maan te blijven cirkelen, één keer per twee uur, en dat honderden – nee, duizenden; nee miljoenen – jaren lang.

De bemanning kwam in de radiostilte terecht, en de vluchtleiders wachtten rustig af. Ergens achter die maanmassa functioneerde de gigantische raketmotor van de servicemodule, of hij functioneerde niet, en Houston zou dat pas over veertig minuten te weten komen. Mission Control wachtte zwijgend tweederde uur af en terwijl de laatste seconden voorbijtikten, begon Ken Mattingly met het oproepen van het ruimteschip. 'Apollo 8, Houston,' zei hij. Er kwam geen antwoord.

Acht seconden later: 'Apollo 8, Houston.' Geen antwoord.

Achtentwintig seconden later: 'Apollo 8, Houston.'

Achtenveertig seconden later: 'Apollo 8, Houston.'

Nog eens honderd seconden keken de vluchtleiders zwijgend toe, en toen, plotseling: 'Houston, Apollo 8,' hoorden ze Lovell opgetogen in hun koptelefoons roepen, uit wiens stem alleen al op te maken viel dat de motor naar behoren had gefunctioneerd. 'Gelieve aan te nemen dat er een kerstman bestaat.'

'Dat hebben we ontvangen,' meldde Mattingly, die duidelijk opgelucht was. 'Jullie zijn degenen die het kunnen weten.'

Het ruimteschip kwam op 27 december om 10:51 Houston-tijd in het water van de Grote Oceaan terecht. De ochtendschemering in het geplande bergingsgebied, zo'n zestienhonderd kilometer ten zuidwesten van Hawaii, was nog niet aangebroken, en de bemanning moest anderhalf uur in de warme, op en neer dobberende capsule wachten voor de zon opkwam en de reddingsploeg hen oppikte. De commandomodule raakte het water en draaide toen op zijn kop, in wat de NASA de stabiele positie 2 noemde (stabiele positie 1 was rechtop). Borman drukte op een knop waardoor ballonnen aan de voorzijde van de neuskegel met lucht werden gevuld, en de capsule draaide langzaam overeind. Vanaf het moment dat de bemanning uitstapte en voor de televisiecamera's plaatsnam, was het duidelijk dat de nationale ovatie die hen ten deel viel zelfs voor de op publicitair gebied bijzonder gewiekste NASA als een verrassing kwam. Borman, Lovell en Anders werden van het ene op het andere moment nationale helden en ontvingen op talloze banketten de ene onderscheiding na de andere. Ze werden door *Time* uitgeroepen tot Mannen van het Jaar, spraken een gezamenlijke zitting van het Congres toe, ondergingen in New York een ticker-tape parade, ontmoetten de vertrekkende president Lyndon Johnson en spraken met de aantredende president Richard Nixon.

Het vele eerbetoon was verdiend, maar in een verrassend gering aantal weken was het helemaal afgelopen. Toen de bemanning van de Apollo 8 terugkeerde, had de natie zich gerealiseerd dat ze in staat was de maan te bereiken; het ultieme doel was nu voet *op* de maan te zetten. In de nasleep van de triomf die deze missie had gebracht, besloot de Agency dat er nog maar twee oefenvluchten nodig waren om te kijken of het materiaal en het vluchtplan naar behoren functioneerden. Daarna, ergens in juli, zou de Apollo 11 – de gelukkige Apollo 11 – erop uit worden gestuurd om een zachte landing in het oeroude maanstof uit te voeren. Neil Armstrong, Michael Collins en Buzz Aldrin zouden die trip maken, en op dat moment zag het ernaar uit dat Armstrong degene was die die historische eerste stap zou zetten.

Na de Apollo 11 zouden er nog negen maanlandingen plaatsvinden, en Lovell, nu een van de meest ervaren mannen van de groep astronauten, ging ervan uit dat hij een goede kans maakte op een van die vluchten commandant te zijn. En inderdaad, toen later het rooster werd verspreid, bleek Lovell, samen met twee beginnelingen – Ken Mattingly en Fred Haise – de reservebemanning voor de Apollo 11 te vormen, en de eerste bemanning voor de Apollo 14, die in oktober 1970 op de maan zou moeten landen. Binnen twee jaar zou Lovell terugreizen naar de rotsachtige planetoïde die hij net had verlaten en kreeg hij de kans de maanwandeling te maken waarvoor hij in de eerste plaats tot het ruimteprogramma was toegetreden. Daarna zou hij eruit stappen.

Zoals later bleek was er een probleem met deze plannen. De vlucht vóór die van Lovell, de Apollo 13, zou worden uitgevoerd door Alan Shepard, Stuart Roosa en Edgar Mitchell. Shepard, de eerste Amerikaan in de ruimte, was een nationale icoon geworden op 5 mei 1961, toen hij in zijn uiterst kleine Mercury-capsule een vijftien minuten durende vlucht – niet eens een hele baan rond de aarde – had gemaakt. Sinds die tijd was hij aan de grond gehouden vanwege een hardnekkig oorprobleem dat een nadelige invloed op zijn evenwicht had. Shepard was erop gebrand terug in actieve dienst te keren en had recentelijk een nieuwe operatie ondergaan om de afwijking te verhelpen, en na intensief lobbyen binnen de Agency werd hem een maanvlucht toegewezen. Met een kloof van negen jaar tussen beide lanceringen realiseerde Shepard zich al snel dat hij meer tijd nodig had om zich voor te bereiden. Voor de specifieke vluchten werden toegewezen, benaderde Deke Slayton Jim Lovell en vroeg hem of hij het heel erg vond zijn plannen te veranderen. Zou Lovell er iets voor voelen Apollo 14 aan Shepard te geven en in plaats daarvan zelf 13 te nemen? Het zou voor Al erg veel betekenen, zei Deke, en het zou er mede voor zorgen dat beide missies een succes zouden worden.

Lovell haalde zijn schouders op. Tuurlijk, zei hij. Waarom niet? Eigenlijk, vertrouwde hij Slayton toe, zag hij ernaar uit zo snel mogelijk naar de maan terug te keren, en dat een half jaar eerder kunnen doen dan hij had verwacht, was wat hem betrof uitstekend. De ene landing was in feite even goed als de andere, en wat zou nou het verschil kunnen zijn tussen Apollo 13 en Apollo 14, behalve het nummer dan?

3

Voorjaar 1945

Het waren de deuren van koper en glas van de ontvangstruimte die de zeventienjarige jongen die hij was duidelijk maakten dat hij verkeerd was. O, hij had ook nog andere aanwijzingen daartoe gekregen: een huis-, tuin- en keukendrogisterij zou bijvoorbeeld vast niet in een wolkenkrabber aan Michigan Avenue in het centrum van de zakenwijk zijn gehuisvest. Een bescheiden winkelier zou onmogelijk de woorden 'naamloze vennootschap' zo prominent achter de naam van zijn bedrijf vermelden. Nee, dit zag er totaal anders uit dan de hobbywinkel voor amateur-uitvinders die hij hier had verwacht aan te treffen, maar toch had hij het in het telefoonboek onder de rubriek 'chemicaliën' gevonden, en chemicaliën had hij vandaag nodig. Hij had speciaal hiervoor vanaf het huis van zijn tante in Oak Park de trein naar Chicago genomen, en hij vond het een beetje stom staan om nu om te keren en terug te gaan.

Toen hij de dubbele deuren openduwde en het hoogpolige tapijt dat in het kantoor lag betrad, zag hij dat hij aan het eind van een grote ruimte stond met daarin, helemaal aan de andere kant, een intimiderend mahoniehouten bureau. De vrouw achter dat bureau, die eruitzag alsof ze haar hele leven nog nooit een pot chemicaliën had gezien, zag de jongen aarzelend bij de ingang staan.

'Kan ik je ergens mee helpen, jongeman?' vroeg ze.

'Eh, ik wilde wat chemicaliën kopen,' zei hij.

'Kun je me misschien ook zeggen van wie je bent?'

'Ik kom uit Milwaukee,' antwoordde hij, terwijl hij behoedzaam op haar af kwam lopen. 'Ik ben momenteel op bezoek bij familie vlak buiten Chicago.'

'Nee,' zei ze, met een nauwelijks merkbare glimlach rond haar lippen. 'Ik bedoel, vertegenwoordig je iemand?'

'Absoluut.' Zijn gezicht lichtte helemaal op. 'Jim Siddens en Joe Sinclair.'

'Dat zijn jouw werkgevers?'

'Mijn vrienden.'

Opnieuw die glimlach. 'Mag ik weten hoe je heet?'

'James Lovell.'

'James Lovell,' zei ze, en schreef de naam met klaarblijkelijke ernst op.

'Een ogenblikje, James – eh, meneer Lovell. Ik zal kijken of een van onze verkoopmensen beschikbaar is.' Ze wilde opstaan. 'Als ik een van hen te pakken kan krijgen, kan ik hem dan zeggen dat je graag wat zou willen kopen?'

'Niet veel. Alleen maar wat kaliumnitraat, zwavel en houtskool. Hoogstens een paar kilo.'

De vrouw verdween achter een houten deur die met een zachte *woesj* achter haar dichtviel, en na een minuut of wat keerde ze terug. 'De meeste verkopers hebben het momenteel erg druk,' zei ze, 'maar meneer Sawyer heeft wel tijd om je te ontvangen.'

Lovell werd via de houten deur naar een ander kantoor geëscorteerd, waar de beloofde meneer Sawyer achter een aanzienlijk kleiner bureau zat. 'Jongeman,' zei meneer Sawyer toen de tiener eenmaal op een stoel zat, 'ik weet niet hoe je aan onze naam bent gekomen, maar weet je, we verkopen hier geen chemicaliën per kilo, alleen maar per wagon.'

'Eh, jawel meneer, daar was ik al bang voor. Maar u moet toch een beetje ervan bij de hand hebben?'

'Ik ben bang van niet. Al onze chemicaliën worden bij onze magazijnen afgeleverd. En zelfs als we wèl wat hier zouden hebben... Tja, je weet wat kaliumnitraat, zwavel en houtskool worden als je ze in de juiste verhoudingen bij elkaar voegt?'

'Raketbrandstof?'

'Buskruit.'

Dat klopte niet. Lovell was er zeker van dat hij de ingrediënten juist had genoteerd. Toen hij, Siddens en Sinclair de scheikundeleraar hadden benaderd, hadden ze duidelijk laten blijken dat ze een werkende raket wilden bouwen. Aanvankelijk wilden ze een model maken dat vloeibare brandstof gebruikte, precies zoals Robert Goddard, Hermann Oberth en Wernher von Braun hadden gedaan. Maar toen ze ijzeren buizen begonnen door te zagen om een verbrandingskamer te maken, modelvliegtuigen begonnen te slopen vanwege de bougies en naar kleine blikjes keken of die geschikt waren om als brandstoftank te dienen, realiseerden ze zich dat het hen allemaal weleens boven het hoofd zou kunnen groeien. In plaats daarvan had hun scheikundeleraar hen aangeraden een vastebrandstofraket te bouwen, die van een kartonnen verzendkoker, een houten neuskegel en dito vinnen gemaakt kon worden, met wat brandstof in poedervorm helemaal onderin. Hij had hun het recept voor de brandstof gegeven, maar er met geen woord over gerept dat het in werkelijkheid om buskruit ging. Meneer Sawyer echter verzekerde Lovell dat het echt om buskruit ging, en ging de tiener voor naar de uitgang van het chemicaliënbedrijf, zonder de gewenste spullen mee te geven.

Een paar dagen later, terug in Milwaukee, sprak Lovell zijn scheikundeleraar erover aan. 'Natuurlijk weet ik dat het buskruit is,' zei de leraar. 'Dat spul wordt al tweeduizend jaar gebruikt. Ik hoop dat dat duidelijk voor je is. Maar als je het met elkaar mengt en het juist verpakt, explodeert het niet, maar brandt het alleen maar.'

Onder supervisie van de leraar bouwden Lovell, Siddens en Sinclair hun raket – een lichtgewicht toestand van een meter lang – met onderin kruit van de juiste samenstelling, hoopten ze, en maakten er een lont aan. De zaterdag daarop brachten ze de raket naar een groot, leeg terrein, zetten hem zodanig tegen een rots dat de punt omhoog wees. Lovell, die als bescherming een lasbril droeg, had zichzelf tot lanceerbaas benoemd, en terwijl Siddens en Sinclair op een naar alle waarschijnlijkheid veilige afstand stonden, stak hij de lont aan – een rietje dat met buskruit was gevuld – om toen, als 'lanceerbazen' al eeuwenlang vóór hem hadden gedaan, er als een haas vandoor te gaan.

Lovell kweet zich feilloos, zij het enigszins nerveus, van zijn taak. Hij wierp zich bij zijn vriendjes aangekomen tegen de grond en keek met open mond toe hoe de raket die hij zojuist had ontstoken een ogenblik lang smeulde, veelbelovend begon te sissen, om, zeer tot verbijstering van de drie jongens, van de grond omhoog te springen. Met een rooksliert achter zich aan schoot de raket zigzaggend de lucht in, om ongeveer vijfentwintig meter te klimmen voor hij onheilspellend begon te wiebelen, een verrassend scherpe bocht maakte om zich uiteindelijk met een harde explosie op te blazen.

Rokende stukjes van de raket dwarrelden naar de grond en kwamen neer in een kleine cirkel. De jongens holden naar de lanceerplaats om nog wat van de naar beneden komende restanten op te vangen, alsof ze aan deze verbrande stukjes zouden kunnen zien wat er verkeerd was gegaan. Uit niets viel onmiddellijk op te maken wàt er precies fout was gegaan, maar wel leek duidelijk dat zelfs onder het toezicht van de scheikundeleraar het verpakken van het kruit niet op de juiste manier was gebeurd, waardoor de chemicaliën zich gingen gedragen zoals van buskruit verwacht mocht worden. Mochten de mislukte raketbouwers ergens troost uit kunnen putten, dan was het uit de wetenschap dat een slechts iets afwijkende dosering of een iets slordiger verpakking de explosie niet op vijfentwintig meter bij hen vandaan, tijdens de vlucht van de raket, plaats zou hebben gevonden, maar vrijwel direct na het ontsteken van de lont – iets dat generaties ongelukkige lanceerbazen vóór hen al hadden ervaren.

Voor Siddens en Sinclair, middelbare scholieren die zo verstandig waren om vooruit te kijken naar de opkomende naoorlogse vakgebieden constructie en fabricage, waren de lancering en het verscheiden van de raket die dag niet meer dan een vrijblijvend grapje. Voor Lovell lag het echter totaal anders. Al een aantal jaren zoog hij alle informatie over raketten in zich op, het gevolg van het feit dat hij op een goede dag tegen een paar leerboeken op het gebied van raketten was aangelopen, boeken waarin de hele evolutie van die wetenschap beschreven stond, met de speciale nadruk op de Verenigde Staten (waar Goddard een van de beroemde gezichten voor de Mount Rushmore van de raketwetenschap leverde), de Sovjet-Unie (waar Konstantin Tsiolkovsky iemand van hetzelfde kaliber was) en Duitsland (waar Oberth en Von Braun het groepje completeerden).

Al vóór zijn tienerjaren had Lovell besloten dat hij zijn leven in dienst van de raketwetenschap wilde stellen. Tijdens zijn middelbare-schooljaren realiseerde hij zich dat dat niet zo gemakkelijk zou zijn. Op de middelbare scholen in Milwaukee kon je maar weinig leren dat als basis voor een succesvolle carrière in de rakettechniek zou kunnen dienen, en de enige plaats waar je er wèl iets over zou kunnen opsteken, op college, was buiten zijn bereik. Lovells vader was vijf jaar eerder tijdens een auto-ongeluk om het leven gekomen en zijn moeder had zich die periode uit de naad gewerkt om het gezin fatsoenlijk gekleed en gevoed te houden. Elke vervolgopleiding na het openbaar onderwijs was financieel onhaalbaar.

Tijdens zijn laatste jaar op de middelbare school begon Lovell een laatste mogelijkheid te overwegen, de militaire dienst. Zijn oom was in 1913 afgestudeerd in Annapolis – aan de Marine Academie – en had tijdens de Eerste Wereldoorlog als een van de eerste marinevliegers anti-onderzeebootpatrouilles gevlogen, en had zijn neefje altijd weten te boeien met verhalen over tweedekkers en luchtgevechten, en het luchtruim bestormen met vleugels die van hout en linnen waren gemaakt. Hoewel een loopbaan als militair vlieger niet hetzelfde was als een loopbaan waarbij hij raketten mocht bouwen, had het nog steeds met vliegen te maken. En wat belangrijker was, voor zover er in de Verenigde Staten sprake was van georganiseerd raketonderzoek, was dat bij de krijgsmacht ondergebracht. Al vroeg in zijn laatste jaar op de middelbare school liet Lovell zich inschrijven aan de Marine Academie, en een paar maanden later ontving hij bericht dat hij tot derde alternatief was uitverkoren. Die selectie was misschien vleiend, maar dan ook weinig meer: Lovell zou alleen maar een plaatsje op Annapolis krijgen in het absurd onwaarschijnlijke geval dat de knapen die op de eerste, tweede en derde plaats waren geëindigd gelijktijdig iets zou overkomen waardoor ze niet aan hun opleiding konden beginnen.

Geconfronteerd met datgene wat in een hoog tempo zijn non-toekomst dreigde te worden, werd Lovell gered door dezelfde organisatie die hem zojuist had afgewezen: de marine. Slechts enkele weken voor de eindexamens van de middelbare school, deed een rekruteringsofficier van de marine de ronde langs de scholen in Milwaukee, waar hij kond deed van het bestaan van het zogenaamde Holloway-plan. De dienst zat na de Tweede Wereldoorlog verlegen om nieuwe vliegers en was met een programma gestart waarin jongens die hun middelbare-schooldiploma hadden gehaald twee jaar lang een pre-universitaire technische opleiding kregen, op kosten van de overheid, gevolgd door een vliegeropleiding en zes maanden actieve dienst aan boord van een vliegdekschip met de bescheiden rang van *midshipman*, een rang die tussen adelborst en luitenant-ter-zee der derde klasse in zat. Daarna konden ze eventueel beëdigd worden tot ltz3, maar voor ze aan hun loopbaan begonnen, zouden ze eerst in de gelegenheid worden gesteld hun twee resterende studiejaren te voltooien en hun graad te halen. Direct na het ontvangen van hun bul zouden ze als marinevliegers aan hun militaire carrières beginnen.

Het plan klonk Lovell als muziek in de oren en hij gaf zich onmiddellijk op. Een paar maanden later begon hij als eerstejaars aan de Universiteit van Wisconsin, waarbij zijn studiekosten nu door het departement van Marine werden betaald.

Van maart 1946 tot maart 1948 studeerde Lovell werktuigkunde aan de universiteit van Wisconsin. Tijdens deze periode diende hij opnieuw een verzoek in te worden aangenomen aan de Marine Academie, deze keer op aandrang van een aanzienlijk onweerstaanbaarder instelling – zijn moeder. Het hoofd van het gezin Lovell was erg in haar nopjes dat haar zoon naar college ging, maar die hele toestand van het onderbreken van zijn studie om aan een marinetraining te beginnen, vond ze maar niets. Stel je nou eens voor dat er een of andere noodsituatie uitbrak vóór hij zijn bul haalde? Bestond de kans niet dat hij, zoals zo veel andere militairen tijdens de afgelopen twee wereldoorlogen, voor de duur van dat conflict ergens aan boord van een schip of in een schutterspuitje vast zou komen te zitten, om alleen maar ouder en ouder te worden, terwijl zijn opleiding steeds verder werd uitgesteld, terwijl die oorlog of het conflict almaar langer duurde? Het leek haar veel te riskant.

Lovell diende als verzoenend gebaar een tweede verzoek om toelating tot Annapolis in, maar hij had maar weinig hoop; toegang tot de academie zou, vermoedde hij, net zo moeilijk blijken te zijn als twee jaar eerder. Terwijl hij op zijn verwachte afwijzing wachtte, meldde hij zich op de marinevliegbasis in Pensacola, Florida, om daar aan zijn vliegeropleiding te beginnen. Voor hij goed en wel klaar was met het theoretisch gedeelte van de opleiding, bleek hij toch meer los te hebben gemaakt dan hij verwacht had. Op weg naar het klaslokaal werd Lovell op een dag onderschept door een korporaal die hem een bericht overhandigde. Hij kreeg bevel zich onmiddellijk bij de Marine Academie te melden om de eed als Annapolis-midshipman af te leggen. Strikt gesproken was het 'bevel' niet echt een bevel: Lovell mocht weigeren en zijn Holloway-vliegtraining vervolgen. Maar hij moest onmiddellijk beslissen. De vlieginstructeurs in Florida, allemaal jonge mariniers die net terug uit de oorlog waren, twijfelden er niet aan welke keuze hij diende te maken.

'Luister, Lovell,' zei een van de vliegers tegen hem, 'waar wil je het precies voor doen? Je bent al midshipman, je hebt je opleiding er al voor de helft op zitten, en, het belangrijkste van allemaal, je staat op het punt te gaan vliegen. Wil je dit allemaal weggooien, weer helemaal opnieuw beginnen met je studie, weer eerstejaars worden, en zeker weten dat je de eerstkomende vier jaar geen voet in een cockpit zult zetten?'

'Maar stel je nou eens voor dat er een oorlog of iets dergelijks uitbreekt,' wierp Lovell tegen. 'Stel je eens voor dat ze ons ergens anders heen sturen en dat we de eerstkomende jaren niet terug naar school kunnen.'

'Jij wordt helemaal nergens anders heen gestuurd. Het enige dat gebeurt is dat je naar Annapolis gaat om twee jaar later dan de knapen hier je studie af te ronden.'

Dat argument klonk zinnig, en Lovell besloot, zeer tot zijn verrassing, dat hij voor de Marine Academie zou bedanken. Maar vóór hij die mededeling kon doorgeven, kreeg hij te horen dat hij bij kapitein-ter-zee Jeter moest komen, de commandant van de theorieopleiding. Jeter was een oude zeebonk die al piloten opleidde sinds, leek het wel, de zeventiende eeuw of zo, en had het tot zijn taak gemaakt alles te weten wat er op zijn school omging.

'Dus je hebt bericht gehad van de Marine Academie, midshipman Lovell?' zei Jeter nadat Lovell zich gemeld had.
'Jawel, meneer.'
'En ze willen direct je beslissing weten, hè?'
'Jawel, meneer.'
'Wat denk je er momenteel van?'
'Nou, meneer,' begon Lovell, blij dat hij de commandant kon mededelen dat hij niet van plan was de vliegeropleiding op te geven, dat hij niet was gezwicht voor de verlokkingen van Annapolis, 'ik zie het zo: ik ben al midshipman bij de vliegeropleiding en ik heb al twee jaar college achter de rug. Ik zie niet goed hoe de Marine Academie me dichter bij mijn doel kan brengen dan ik nu al ben.'
Jeter leek het daar mee eens te zijn, maar hij leek er ook nog wat dieper over na te denken. Toen zei hij: 'Lovell, voel je je tot nu toe prettig bij de marine?'
'Jawel, meneer.'
'Weet je zeker dat je carrière bij de marine wil maken?'
'Jawel, meneer.'
'Ga dan naar de Marine Academie, jongen,' zei de commandant ernstig, 'en zorg ervoor dat je de beste opleiding krijgt die er maar te vinden is.'
Een paar dagen later had Lovell zijn spullen gepakt en was hij weg, eervol ontslagen als een Holloway-midshipman, en beëdigd als een Annapolis-midshipman – vrijwillig gedegradeerd van leerling-vlieger tot eerstejaarscadet. Later dat jaar werd Korea, verscheurd door een burgeroorlog, opgesplitst in de Volksrepubliek Korea in het noorden en de Republiek Korea in het zuiden. De steeds toenemende spanningen maakten het voor de Verenigde Staten noodzakelijk om er steeds meer troepen naar toe te sturen, waaronder de beginnende vliegers die hadden getekend voor het recentelijk gecreëerde Holloway-plan. Veel van de nieuwe vliegers werden direct na hun opleiding naar de andere kant van de Grote Oceaan gestuurd om daar ingezet te worden, en de meesten vochten dapper in de oorlog die uiteindelijk volgde. Hoewel de marine de vliegers overvloedig decoreerde, was de meerderheid van hen pas in staat om minimaal zeven jaar later hun studie voort te zetten.

Lovell bloeide helemaal op in Annapolis en zoog zo veel mogelijk kennis over wetenschap en techniek op als maar mogelijk was, terwijl hij tegelijkertijd de ontwikkeling van de rakettechniek in de gaten hield. Rond die tijd was Wernher von Braun, de man die de V-2 raket had ontwikkeld, veilig uit Peenemünde in Duitsland naar New Mexico in de Verenigde Staten overgebracht, en lanceerde hij onder de codenaam Operatie Bumper met succes een tweetraps-raket die een recordhoogte van 400 kilometer bereikte, en beelden naar een grondstation terugstuurde waarop duidelijk de ronding van de aarde te zien was. De raketenthousiasten in het hele land waren diep onder de indruk. Vierhonderd kilometer was niet alleen de ránd van het heelal, het wàs het heelal. Op een gegeven moment (en wie durfde te zeggen dat dìt dat moment niet was?) was het niet zozeer een zaak meer van *omhoog* gaan, maar van er*uit* gaan. De raketenthousiastelingen werden helemaal draaierig van de beloften die in het verschiet lagen.

Beginnend midshipman Jim Lovell kon al deze ontwikkelingen alleen maar enigszins vanaf de zijlijn volgen. Er lagen een bijna onmogelijke vier jaar voor hem, jaren waarin hij maar bitter weinig tijd zou hebben om over ruimtereizen te dagdromen. Je kon op de Marine Academie elk moment van je carrière daar geloosd worden, maar het eerste jaar liet het grootste uitvalspercentage zien. Als je dat eerste jaar doorkomt zonder je verstand te verliezen, dan is de kans vrij groot dat je de hele opleiding met succes afsluit.

Lovell had het geluk dat hij die eerste twaalf maanden – en dat gold trouwens ook voor de overige zesendertig maanden – niet in z'n eentje hoefde voort te ploeteren. Net als de meeste midshipmen liet hij, toen hij naar Annapolis vertrok, in zijn woonplaats een vriendinnetje achter. Annapolis-studenten mochten niet gehuwd zijn, en de gedachte hierachter was dat leerling-zeebonken die geacht werden als militairen te leven en te ademen, geen tijd zouden hebben om aan frivoliteiten zoals een gezin te doen. Maar om nou de héle periode van vier jaar zonder enige romantische afleiding door te moeten, was ook niet echt wenselijk. Onderwerp een doorsnee negentienjarige jongeman aan de werklast van de gemiddelde student aan de Marine Academie, ontneem hem de afleiding van een meisje waar hij regelmatig naar schrijft, uit wiens foto hij moed put als de situatie ondraaglijk dreigt te worden, en je hebt een negentienjarige die niet zozeer op weg is naar een benoeming tot marineofficier, maar naar een totale inzinking. Het hebben van een liefje thuis, en niet eentje ter plekke, was precies de manier waarop de vroede vaderen van de academie het graag wilden.

Vriendinnetjes van midshipmen stonden toen, zoals altijd al, als 'aanhang' bekend, een term waarmee niet zozeer een onwelkome hindernis werd bedoeld, alswel een elegant uitrustingsstuk. Deze aanhang bezocht Annapolis alleen maar tijdens speciale academiefestiviteiten, zoals danspartijen 's middags – onder toezicht uiteraard – en de aantrekkelijke dames werden dan al snaterend en roddelend groepsgewijs ondergebracht in etablissementen als het pension van Ma Chestnut, vlak buiten de campus. De midshipmen sloofden zich uit en deden hun best hun vriendinnetje even apart te kunnen nemen, maar ze hadden alleen maar toestemming heel even met hen alleen te zijn aan het eind van de middag, waarna ze hen weer terug naar hun pensions moesten brengen. Die trip mocht slechts drie kwartier duren, genoeg voor een rustige wandeling, een loom afscheid en verder niets meer. De midshipmen probeerden uit die drie kwartier te halen wat erin zat, en bleven zo lang mogelijk rond het pension van Ma Chestnut rondhangen als voorzichtigheid en de dreiging van slechte aantekeningen maar mogelijk maakten, om vervolgens in één naar adem happende ploeg – het *Flying Squad*, werd dit fenomeen goedmoedig door de instelling genoemd – terug naar het academieterrein te sprinten, om precies op het moment dat de vijfenveertigste minuut overging in de zesenveertigste, de poort binnen te sprinten.

Lovells aanhang tijdens zijn academiejaren was Marilyn Gerlach, een studente aan het Milwaukee State Teachers College, die hij drie jaar daarvoor had ontmoet, toen hij op de middelbare school zat en zij aan haar eerste jaar daar begon. Ze hadden elkaar leren kennen via oogcontact in de rij in de schoolcafetaria, waar Lovell achter de balie stond om daar een gratis maaltijd te verdienen, en Marilyn elke dag om twaalf uur langstrok, pratend en lachend met haar mede-eerstejaars. Lovell had slechts een oppervlakkige belangstelling in het giechelende dertienjarige meisje – ze zàt per slot van rekening in de eerste klas – tot het jaarfeest van de lagere klassen aanbrak en hij nog niemand had om ermee naar toe te nemen. Zich vooroverbuigend over de gekookte maïs en limabonen en zich verstaanbaar makend boven het geroezemoes van de op hun beurt wachtende kinderen, vroeg Lovell aan het veel jongere meisje of ze misschien zin had om naar het introductiebal voor al wat oudere kinderen mee te gaan.

'Ik weet niet eens hoe ik moet dansen,' riep ze ten antwoord terug – wat de waarheid was, maar hopend dat het koket zou klinken, en dat ze indruk zou wekken dat ze niet zomaar met iemand meeging.

'Dat geeft niet,' zei hij, 'ik leer het je wel,' hoewel hij geen flauw idee had hoe hij dat voor elkaar zou moeten krijgen.

Het avondje uit verliep naar wederzijds genoegen, hun relatie bloeide op en de twee bleven bij elkaar toen Lovell naar de in de buurt liggende Universiteit van Wisconsin vertrok, en later naar het verre Annapolis. Een jaar na zijn intrede op de Marine Academie schreef Lovell een brief naar Marilyn waarin hij uitlegde dat een hoop midshipmen waren verloofd om direct na hun afstuderen in het huwelijk te treden, maar – en dat was nou juist het gekke – ze leken allemaal verloofd met meisjes van de Oostkust. Het feit dat ze geografisch wat meer in de buurt zaten, suggereerde hij uiterst subtiel, leek hun relatie alleen maar goed te doen. Hij bedoelde hier helemaal niets mee, meldde hij nog, maar misschien was ze geïnteresseerd.

Al snel bleek dat Marilyn Gerlach heel erg geïnteresseerd was, en binnen twee maanden had ze haar koffers gepakt, was ze naar Washington, D.C. verhuisd, had ze zich over laten schrijven naar de George Washington Universiteit, en had ze kans gezien een part-time baantje te krijgen bij Garfinckel's, een plaatselijk warenhuis. Drie jaar later zat ze in de Dahlgren Hall op de campus van Annapolis, terwijl midshipman Lovell en de rest van de klas van 1952 omhoogsprongen, elkaar omhelsden en hun caps in de lucht gooiden, en van de Marine Academie hun bul in ontvangst mochten nemen. Drieëneenhalf uur later stonden de recentelijk beëdigde officier en het meisje uit zijn woonplaats voor het altaar in de St. Anne's, de episcopale kathedraal in het historische centrum van Annapolis, om als luitenant-ter-zee der derde klasse en mevrouw Lovell Jr. in het huwelijk te worden bevestigd.

Van de 783 studenten in de afstudeerklas van 1952, werden er slechts vijftig onmiddellijk geselecteerd voor de marineluchtvaartdienst. Met zijn blik op dit ogenblik van de waarheid gericht, had Lovell de afgelopen vier jaar zijn voorliefde voor alles wat met de luchtvaart te maken had zo duidelijk mogelijk proberen te maken, waarbij hij zelfs zo ver ging dat hij als onderwerp voor zijn afstudeerthesis de werking van vloeibare-brandstofraketten koos – een thesis die plichtsgetrouw door Marilyn werd uitgetypt, hoewel ze soms wel eens mopperde dat hij zichzelf en zijn cijfergemiddelde ongetwijfeld een dienst zou hebben bewezen als hij een wat alledaagser onderwerp, militaire geschiedenis bijvoorbeeld, had gekozen. Desalniettemin zorgde deze thesis ervoor dat Lovell het hoge cijfer kreeg en het duidelijke profiel waarnaar hij op zoek was, en toen de gelukkige vijftig man voor de vliegeropleiding werden geselecteerd, was hij één van hen.

De vliegopleiding duurde veertien maanden, en nadat die achter de rug waren, vroeg de marine aan de betrokkenen waar ze bij voorkeur naar toe overgeplaatst zouden willen worden. In de hoop zich aan de Oostkust te kunnen vestigen, gaf Lovell zich op voor de marinevliegbasis bij Quonset Point, in de buurt van Newport, Rhode Island. Nog niet helemaal bekend met de manier waarop het militaire apparaat functioneerde, nam hij aan dat zijn keuze ècht invloed had op de plaats waar hij naartoe zou worden gestuurd. Maar de marine werkte echter heel anders, en nadat zijn verzoek door de molen was gegaan en men hem zijn voorkeur nog eens had bevestigd, werd hij prompt overgeplaatst naar Moffett Field, in de buurt van San Francisco.

Toen de nieuwbakken ltz3 met echtgenote en recentelijk ontvangen vink aan de Westkust arriveerde, werd hij ingedeeld bij Composiet Squadron Drie, een groep die aan boord van een vliegdekschip was gestationeerd en zich specialiseerde in het uiterst moeilijke slappe-koordwerk van het maken van nachtlandingen aan boord van dat vliegdekschip. Het starten met een straalkist vanaf een stampend vliegdekschip om het vervolgens er weer op neer te zetten, terwijl het schip vanaf een hoogte van een paar duizend voet niet groter leek dan een scrabblebord, was een van de moeilijkste dingen die er in de luchtvaart bestonden. Diezelfde kunstjes 's nachts uithalen, vaak onder twijfelachtige weersomstandigheden en terwijl de verlichting aan boord van het schip voor het grootste deel gedoofd was om zo oorlogsomstandigheden te simuleren, was vrágen om moeilijkheden. In de jaren vijftig stond het uitvoeren van nachtvluchten vanaf vliegdekschepen nog in de kinderschoenen, en op welke willekeurige dag dan ook was het alleen maar de piloot met de meeste pech die na zonsondergang voor een klus werd aangewezen en de katapultlanceringen in het duister moest ondergaan terwijl zijn maatjes benedendeks naar een film zaten te kijken.

Jim Lovell maakte zich het nachtvliegen eigen boven de vertrouwde kust van Californië, maar pas zes maanden later, op een ijskoude avond in februari, voor de kust van een nog steeds bezet Japan, maakte hij zijn eerste nachtvlucht in een vreemde lucht boven een vreemde zee. De piloot voelde zich niet helemaal op zijn gemak en ook de vliegcondities waren niet ideaal. Er stond geen maan, terwijl een licht wolkendek alle sterren aan het oog onttrok, en met het ontbreken van beide was ook de horizon niet te zien.

Gelukkig was de oefening die de squadroncommandant voor zijn vliegers had gepland een relatief eenvoudige. Volgens het vliegplan zouden vier F2H Banshee's vanaf het vliegkampschip, het USS *Shangri-La*, moeten opstijgen, om vervolgens een operationele patrouille boven het schip te vliegen. Nachtoefenvluchten behelsden gewoonlijk een rendez-vous op 1500 voet na van het schip opgestegen te zijn, om daarna ongeveer anderhalf uur op 30.000 voet boven het smaldeel rond te vliegen. Daarna zouden de piloten de daalvlucht inzetten en aan hun landing beginnen. Hoewel er geen bakens waren om de aanvliegroute van de piloten aan te geven, zou het schip op 518 kilocycles een radiosignaal naar de Banshee's uitzenden. Dit signaal zou de naald van hun automatische richtingzoeker (ADF) aantrekken als een wichelroede water, en het enige dat de mannen hoefden te doen was de door de ADF aangegeven richting volgen, waar ze recht voor zich uit hun vliegdekschip zouden aantreffen. Het was een simpele, ongecompliceerde vliegoefening, en met een beetje geluk zouden de vliegers weer terug aan boord zijn vóór de tweede spoel van de hoofdfilm op de projector geplaats zou worden. Maar de zaken gingen, nagenoeg vanaf het begin, helemaal fout.

Lovell was de eerste van de vier vliegers die gelanceerd werden, direct gevolgd door zijn teamleden Bill Knutson en Daren Hillery. Zoals bij deze oefeningen gebruikelijk was, zou de teamleider, Dan Klinger, de vierde en laatste zijn die het vliegdek achter zich liet. Maar Klinger had zijn motoren nog niet goed en wel gestart of het wolkendek, dat al een tijdje steeds dreigender was geworden, maakte die dreiging waar en werd het zicht tot bijna nihil teruggebracht. Klinger kreeg opdracht zijn motoren uit te schakelen en aan boord te blijven, terwijl de in de lucht zittende Lovell, Knutson en Hillery via de radio werden opgeroepen.

'November Papa's,' meldde het schip, de roepletters van de bemanning gebruikend, 'het weer is waardeloos en de oefening is afgelast. Voer een rendez-vous uit en draai dan een half uur lang rondjes rond het schip op een hoogte van 1500 voet. Zodra jullie voldoende brandstof hebben verbruikt, nemen we jullie aan boord.'

Lovell moest ondanks zichzelf in zijn cockpit glimlachen. Het zou zowel een inwijdingsrite als pure opluchting voor hem zijn, als hij deze eerste nachtvlucht succesvol zou weten af te ronden. Maar zoals met alle gevreesde zaken, zou het een heel ander soort opluchting zijn als hij deze uiterst vervelende zaak – al was het maar voor één avond – had kunnen voorkomen. Lovell wist heel goed dat hij binnen de kortste keren opnieuw opdracht zou krijgen op te stijgen om deze oefening nog eens te doen, maar hij zou proberen dat uit zijn gedachten te bannen en gewoon naar huis vliegen.

Zoals de procedures vereisten vloog Lovell twee, drie minuten lang vóór het schip uit om vervolgens 180 graden te draaien, zodat zijn teamgenoten zich naast hem konden nestelen. Maar toen hij het punt bereikte waar het schip en de vliegtuigen zouden moeten zijn, was van geen van beide iets te bekennen. Hij wierp een snelle blik op zijn hoogtemeter: 1500 voet. Hij wierp een snelle blik op zijn ADF: het vliegdekschip moest zich recht vooruit bevinden. Maar toch zag Lovell alleen maar een zwarte leegte voor zich.

'November Papa Een, hier is Twee,' klonk plotseling de stem van Knutson in Lovells koptelefoon. 'We zien je niet. Kun je ons vertellen waar je ergens zit?'

'Ik heb de Thuisplaat nog niet bereikt,' reageerde Lovell.

'Nou, Drie heeft zich zojuist bij me gevoegd,' zei Knutson. 'Wij cirkelen momenteel op 1500 voet hoogte boven de Thuisplaat rond en wachten op jou.'

Lovell was duidelijk in verwarring gebracht. Hij keek opnieuw naar zijn hoogtemeter en ADF, en alles leek in orde. Hij wierp een snelle blik op de knop van de AFD: die stond inderdaad afgesteld op 518 kilocycles. Hij klopte op het glazen afdekplaatje van het instrument. De naald bleef dezelfde kant uit wijzen. Wat Lovell niet wist – ook niet kòn weten – was dat een grondstation langs de Japanse kust ook een navigatiesignaal op 518 kilocycles uitzond. Zijn formatiegenoten hadden het geluk gehad het radiosignaal van het schip op te vangen vóór het kuststation ze te pakken had gekregen, maar door puur elektronisch toeval ving Lovells richtingzoeker het signaal van de kust op, dat hem geleidelijk aan onmiskenbaar bij het schip vandaan leidde, een nacht in die er met de minuut minder vriendelijk begon uit te zien.

'Thuisplaat,' riep hij het vliegdekschip op, in de hoop dat hij misschien op het radarscherm van het schip te zien zou zijn, 'ziet u mij?'

'Nee,' antwoordde de *Shangri-La*.

Lovell droeg een vliegeroverall die van een rubber coating was voorzien, een zogenaamd *poopy-suit*, die hem moest beschermen als hij na een noodlanding in het steenkoude water van de Japanse Zee terecht zou komen. Onmiddellijk voelde hij zich een stuk minder kalm. Het zweet druppelde in het warme, luchtdichte pak langs zijn borst naar beneden en liep door naar zijn heupen en benen.

'Thuisplaat,' zei hij, 'het ziet ernaar uit dat ik op de een of andere manier mijn vleugelmensen ben kwijtgeraakt. Ik ga een tegengestelde koers vliegen om te zien of ik ze ergens kan vinden.'

'Begrepen, November Papa Een. Neem rustig de tijd en pik ze weer op.'

Lovell liet zijn toestel een bocht van 180 graden beschrijven en de ADF-naald reageerde onmiddellijk door naar de staart van het toestel te wijzen en aan te geven dat het onzichtbare vliegdekschip en de twee onzichtbare vliegers zich nu ergens àchter hem moesten bevinden. Lovell vloekte binnensmonds; de ADF maakte nooit een fout. Maar misschien, heel misschien, dacht hij, héél misschien, was de frequentie van het signaal gewijzigd en hadden ze dat niet aan hem doorgegeven. Op zijn linkerbeen zat een kniebord bevestigd met daarop de laatste radiofrequenties, die de piloten ontvangen hadden vóór ze in hun cockpit waren geklommen. Alle vliegers hadden zo'n kniebord als ze omhoog gingen, maar dat van Lovell verschilde toch enigszins van de andere. De nieuwbakken piloot had altijd al moeite gehad de klein geschreven cijfertjes van het vliegplan in het donker te kunnen lezen, alleen beschenen door het zwakke schijnsel van het instrumentenpaneel, en had tijdens ogenblikken waarin hij op de lange trip naar het Verre Oosten toch niets beters te doen had van losse onderdelen die hij uit de voorraden had weten los te peuteren een lampje in elkaar weten te zetten dat hij aan zijn kniebord kon bevestigen. Je stopte het snoer van het lampje in een contactdoosje dat aan de binnenkant van de cockpit was bevestigd, haalde een schakelaar over en het kniebord lichtte fraai op.

Lovell was trots op zijn uitvinding geweest en dit was zijn eerste kans om haar uit te proberen. Hij pakte het stekertje, stopte het in het contactdoosje en haalde de schakelaar over. Maar zodra hij dat deed begon het licht fervent te flikkeren – het onmiskenbare teken dat een overbelast circuit er de bui aan gaf en de boel werd kortgesloten – en onmiddellijk daarna doofde elk lampje op het instrumentenpaneel en in de cockpit.

De hartslag van Lovell leek nog het meest op paukeslagen. Zijn mond werd kurkdroog. Hij keek om zich heen en kon absoluut niets zien; het duister dat buiten de cockpit had geheerst, was plotseling naar binnen gekomen. Hij rukte zijn zuurstofmasker af, ademde een paar keer diep de cockpitlucht in en klemde een kleine zaklantaarn tussen zijn tanden om zijn instrumenten te beschijnen. De lichtbundel van nauwelijks twee centimeter doorsnede die het iele zaklantaarntje produceerde danste over het dashboard en belichtte een voor een de wijzerplaten. Lovell controleerde ze zo goed mogelijk en liet zich toen weer achterover tegen zijn rugleuning vallen om te overwegen wat hem nu te doen stond.

Een vlieger met problemen van het soort waarmee Lovell nu werd geconfronteerd, beschikte over een aantal opties, waarvan er niet één ook maar een beetje aantrekkelijk was. Hij kon melden dat hij in nood verkeerde en verzoeken of de scheepsverlichting kon worden ontstoken. De commandant zou dat prompt doen, maar de verlegenheid waarin Lovell zou worden gebracht was niet te overzien. Stel je eens voor dat dit een echte, operationele nachtvlucht tijdens een echte oorlog zou zijn? Sorry, Meneer Vijandelijke Schepen, zouden jullie je even om willen draaien terwijl wij ons licht even aandoen? Het ziet ernaar uit dat een van onze piloten het vliegdekschip niet meer terug kan vinden. Nee, die weg volgen was niet verstandig. In plaats daarvan kon hij nog steeds melden dat hij in moeilijkheden verkeerde, om vervolgens weer om te draaien en een vliegveld in Japan op te gaan zoeken. Dan zat hij in elk geval boven lànd in plaats van boven een ijskoude, pikzwarte zee. Maar nu zijn ADF blijkbaar niet meer goed functioneerde en zijn cockpitverlichting het niet meer deed, was de kans erg klein dat hij sowieso een landingsbaan zou kunnen vinden, en was de kans erg gróót dat hij uit zijn toestel zou moeten stappen en van zijn parachute gebruik zou moeten maken.

Lovell haalde het dunne zaklantaarntje uit zijn mond, deed het uit en probeerde in het duister te turen. Beneden hem, op circa twee uur, dacht hij een zwak groenachtig schijnsel waar te kunnen nemen dat een flauw spoor door het zwarte water trok. Het spookachtige schijnsel was nauwelijks zichtbaar en zou aan Lovell volledig voorbij zijn gegaan als hij dank zij de duisternis in de cockpit zijn ogen niet snel aan de inktzwarte omgeving had kunnen laten wennen. Maar toen hij het zag, maakte zijn hart een sprongetje van blijdschap. Hij was er nu heilig van overtuigd wat dat vreemde schijnsel was: een wolk van fosforescerende algen die door de schroeven van het vliegdekschip vermalen werden en vervolgens licht afscheidden. Vliegers wisten dat een draaiende schroef organismen in het water kon doen oplichten, iets dat soms nuttig kon zijn bij het opsporen van een vermist schip. Het was een van de minst betrouwbare en meest wanhopige methodes om een verdwaald toestel veilig thuis te brengen, maar als alle andere methoden gefaald hadden, wilde dit een enkele keer nog wel eens lukken. Lovell hield zichzelf voor dat alle andere manieren inderdaad hadden gefaald, en met een fatalistisch schouderophalen drukte hij zijn stuurknuppel naar rechts en ging achter het zwakke groene schijnsel aan.

Toen hij vlak vóór het betreffende punt in de onmetelijke zee arriveerde, bracht hij op 1500 voet zijn vleugels horizontaal en zag hij tot zijn genoegen dat zijn twee vleugellieden al op hem wachtten. Hij was opgetogen toen hij de twee rondcirkelende toestellen zag, maar hij wist dat het niet verstandig zou zijn om te laten zijn hóe blij hij was.

'We dachten al dat we je voorgoed kwijt waren,' zei Hillery via de radio tot Lovell. 'Ik ben toch blij te zien dat je besloten hebt bij ons te blijven.'

'Ik had wat problemen met mijn instrumenten,' meldde de onzichtbare piloot vanuit zijn in duisternis gehulde cockpit. 'Niets ernstigs.'

Hoewel het vluchtteam uiteindelijk kans had gezien bij elkaar te komen, waren Lovells problemen geenszins achter de rug: hij moest zijn in duisternis gehulde toestel nog steeds op het vliegdek van het schip zien te krijgen. Om een veilige landing uit te voeren was het van essentieel belang dat hij voortdurend zijn hoogte- en snelheidsmeter in de gaten hield, maar Lovells zaklampje kon beide instrumenten niet gelijktijdig bestrijken.

Als laatste toestel dat de Thuisplaat had bereikt, was dat van Lovell nu het derde in een formatie die uit drie toestellen bestond, wat inhield dat hij de laatste zou zijn om uit de hemel neer te dalen en koers naar het vliegdek te zetten. De drie vliegtuigen vlogen aan stuurboord langs het schip en Lovell keek toe hoe eerst het eerste en vervolgende het tweede teamlid zich van hem losmaakten om met de wind in de rug terug te draaien om straks aan de landing te kunnen beginnen. Hij hoorde Snapper Control, de man die de LSO, de *landing signal officer*, hielp, de twee andere vliegers oproepen toen ze haaks op de achtersteven vlogen, met de mededeling dat ze aan hun naderingsvlucht konden beginnen. Zakkend tot een hoogte van 150 voet draaiden ze naar links, lijnden hun toestel op en voerden een geleidelijke daalvlucht uit tot ze zonder moeilijkheden het vliegdek bereikten en hun toestellen erop neerzetten. Lovell, die nu met de wind in de rug in z'n eentje en in volslagen duisternis naar het begin van zijn aanvliegroute koers zette, benijdde hen vanwege de landing die ze al voltooid hadden en het licht waarover ze in hun cockpit beschikten, en met het zaklantaarntje stevig tussen zijn tanden geklemd hoorde hij hoe Snapper

Control hem opriep om aan zijn naderingsvlucht te beginnen. Hij liet het toestel een bocht beschrijven en hield één oog op de achterzijde van het vliegdekschip gericht en het andere op zijn instrumenten, wat geen geringe prestatie was, maar Lovell voelde op de een of andere manier dat het hem zou lukken. Plotseling, toen hij het schip met hoge snelheid naderde, op – volgens een laatste blik op zijn instrumenten – een hoogte van 250 voet, zag hij links van zijn cockpit een rood lichtje dat vlak onder zijn linkervleugel door schoot.

Hij had geen flauw idee wat het zou kunnen zijn. Het kon in elk geval geen vliegtuig zijn dat tussen hem en het water vloog, terwijl het ook geen kleiner vaartuig of een verlichte boei in het kielzog van het vliegdekschip kon zijn. Geschrokken realiseerde Lovell zich waar hij naar keek. Het lichtje was de weerkaatsing van zijn eigen, in de vleugeltip gemonteerde navigatielicht, dat schitterde in het golvende water, dat zich, ontdekte hij nu, niet op een veilige 250 voet onder hem bevond, maar op slechts 20 voet, nauwelijks zes meter. Zijn hoogtemeter bevestigde dit schokkend besef. Lovell vloog vrijwel vlak boven de golftoppen, waarbij zijn wielen bijna het water raakten en hij rechtstreeks op een vochtig einde of een explosieve total loss tegen de vlakke achtersteven van het gigantische vliegdekschip af koerste.

'Optrekken, November Papa Een, optrekken!' schreeuwde Snapper Control in zijn oren. 'Je zit veel te laag!'

Lovell rukte zijn knuppel naar achteren, ramde de gashendels naar voren, en de Banshee schoot met brullende motoren naar een hoogte van 500 voet. Boven de *Shangri-La* beschreef hij opnieuw een bocht van 180 graden, vloog weer terug en begon aan een nieuwe landingspoging. Deze keer zat hij op een hoogte van 500 voet.

'Je zit veel te hoog, November Papa Een, veel te hoog,' riep de LSO hem toe. 'Vanaf die hoogte kun je nooit landen!'

Maar Lovell wist dat deze hoogte weleens de enige hoogte kon zijn die hem ter beschikking stond. Met het dunne lichtstraaltje van zijn zaklantaarntje over zijn instrumenten dansend en het beeld van de als een zwarte muur vlak voor hem opdoemende achtersteven van het vliegdekschip nog vers in het geheugen, kwam hij tot de conclusie dat hij liever van een te grote hoogte op het schip neerklapte, dan het risico te lopen te laag te zitten en tegen de achterzijde te pletter te slaan. Terwijl het dek steeds dichterbij kwam, liet Lovell zich als een baksteen van 500 voet naar net 150 vallen, om vervolgens over te gaan in een onvervalste vrije val tot hij met zó'n klap tegen het vliegdek van het schip sloeg, dat zijn wervelkolom een paar centimeter ingedrukt leek te worden, twee banden van zijn landingsgestel sprongen en het toestel nog een stuk naar voren schoot. Toen pas kreeg zijn landingshaak de laatste remkabel te pakken en kwam hij met een ruk tot stilstand.

Lovell schakelde zijn motoren uit en liet zijn hoofd in zijn handen vallen. De taxi-coördinator kwam op het straaltoestel afgerend en de asgrauwe piloot maakte langzaam zijn riemen los, klom uit de cockpit en liet zich traag op het dek zakken, waar zijn trillende benen het bijna begaven.

'Ik ben blij dat je toch besloten hebt terug aan boord te komen,' zei de taxi-coördinator.

'Ja,' klonk het schorre antwoord. 'Ik ben blij dat ik terug ben.'

Terwijl hij benedendeks ging, bereidde Lovell zich voor op een debriefing met zijn teamleider, maar werd weggeleid door de squadron-arts, die een flesje cognac bij zich had. 'Je ziet er niet al te best uit,' zei de arts. 'Ik heb een medicijn bij me. Ik betaal.' Lovell nam het flesje aan dat de arts hem aanbood en sloeg de inhoud in één teug achterover.

Toen luitenant-ter-zee der derde klasse Lovell daarna bij luitenant-terzee der eerste klasse Klinger arriveerde, deed hij zijn best de problemen met zijn ADF te beschrijven, alsmede zijn verkeerd ingeschatte hoogte tijdens de naderingsvlucht en – met tegenzin uiteraard – zijn uitvinding die ervoor had gezorgd dat zijn cockpitverlichting het had begeven. De squadroncommandant luisterde met klaarblijkelijke sympathie, knikte met klaarblijkelijk begrip, en haalde, toen Lovell klaar was met zijn relaas, het nachtvliegprogramma voor de volgende avond te voorschijn. Glimlachend schreef hij met sierlijke letters 'Lovell' boven aan de lijst.

'Je bent van het paard gevallen,' zei de commandant. 'En nu klauter je er weer op.'

Zoals hem was opgedragen vloog Lovell de volgende avond het duister weer in. Deze keer vond zijn ADF het schip moeiteloos; deze keer was zijn naderingsvlucht onberispelijk; en deze keer verliep zijn landing zonder incidenten. Maar deze keer bleef zijn kniebord met de ingenieuze verlichting aan boord achter.

Jim Lovell voelde zich uiteindelijk volledig op zijn gemak op het slappe koord der marinevliegers, voerde in totaal 107 deklandingen uit en werd daarna instructeur op een heel stel nieuwe, voor de marine bestemde straaltoestellen, waaronder de FJ-4 Fury, de F8U Crusader en de F3H Demon. Maar zo rond 1957 begon de taak om in vredestijd boven de Grote Oceaan te patrouilleren en het trainen van vliegers voor luchtoorlogen die naar alle waarschijnlijkheid nooit zouden plaatsvinden, zijn glans enigszins te verliezen. Tegen het eind van dat jaar, toen de mogelijkheid zich voordeed overplaatsing aan te vragen – hij liep nu tegen de dertig en was nu vader van een driejarig dochtertje en een twee jaar oud zoontje – diende hij het verzoek in te worden ingedeeld bij een van de riskantste onderdelen die de Amerikaanse marinevliegerij kent: het U.S. Navy Aircraft Test Center in Patuxent River, in de staat Maryland.

Lovell was opgetogen door het vooruitzicht van functie te kunnen veranderen. Hoewel er heel wat vakmanschap voor nodig was om met militaire straaltoestellen te vliegen die al over een bewijs van luchtwaardigheid beschikten, vereiste het nog meer moed en inzicht om die toestellen als eerste uit te proberen. Het vliegen met nieuwe, experimentele vliegtuigen in de hemel boven zuidelijk Maryland kwam, vermoedde Lovell, het dichtst bij het werken op het scherpst van de aëronautische snede als maar mogelijk was, en toen zijn verzoek tot overplaatsing werd ingewilligd, begon hij zijn spullen zo snel mogelijk in te pakken en bereidde hij zich erop voor naar de Oostkust te verhuizen. Maar nog vóór zijn vertrek uit Californië, leek het glinsterende scherp van de snede van zijn carrière al wat doffer te worden.

Op 4 oktober 1957 verraste de Sovjet-Unie Washington en de rest van het Westen met het nieuws dat zij met succes een robotachtige bal met een diameter van zestig centimeter, die de naam Spoetnik droeg, op 1000 kilometer hoogte in een baan rond de aarde had gebracht. De bol woog slechts 83 kilo, wat zo'n beetje het maximum was dat Moskou's oude R-7 draagraket omhoog kon krijgen. Maar nauwelijks een maand later volgden de Russische technici met een krachtiger draagraket en een veel grotere Spoetnik, deze keer eentje die 507 kilo woog.

Met een rood gezicht van schaamte moesten de Verenigde Staten snel iets dóen. De volgende maand plaatsten Amerikaanse technici een kleine, dunne Vanguard-raket op een lanceerplatform, zetten er een kleine satelliet met een doorsnede van vijftien centimeter bovenop, staken de lont aan en hoopten er vervolgens het beste van. De Vanguard smeulde een paar seconden veelbelovend op zijn lanceerplatform, kwam een paar centimeter omhoog en spatte vervolgens in tienduizenden stukjes uit elkaar. De kleine satelliet viel op de grond, rolde door tot aan de rand van het betonnen lanceerplatform, en begon vanaf die plek zijn pathetische radiosignalen naar de launch-directors in de lanceerbunker uit te zenden. De wereld lachte zich dood om dit debâcle van het Westen, aangevoerd door Amerikaanse kranten, die dagenlang de spot dreven met het yankeevernuft dat toch maar kans had gezien een nieuwe, uiterst opmerkelijke *Stayputnik* te creëren.

Lovell volgde de ontwikkelingen op de voet en kon niet echt om dit soort grappen lachen. Beschikten de Amerikanen niet over al die beroemde Duitsers die in White Sands waren ondergebracht? Hadden de Verenigde Staten al niet ruim tien jaar geleden Operatie Bumper volbracht? Wat waren we nu dan eigenlijk aan het doen, waarom maakten we ons nu dan zo grandioos belachelijk? Het probleem zat hem erg dwars, maar als marinevlieger kon hij er niet al te lang bij stil blijven staan. Hij moest vliegtuigen testen – vliegtuigen die Amerika blijkbaar nog wèl met enige mate van succes in elkaar kon zetten. Het was zíjn taak niet zijn hoofd te breken over allerlei zaken die op raketten betrekking hadden. En bovendien, wàs er eens een raket waar hij veel aandacht aan schonk, dan spatte die uit elkaar.

4

April 1970

Sy Liebergot was gewend aan informatie die onsamenhangend was. Daar hield hij niet van – níemand hield ervan. Maar hij was eraan gewend.

    Liebergot leefde en stierf, zoals elke andere controller, bij de gratie van de informatie die op zijn scherm verscheen. Voor het ongetrainde oog waren de opgloeiende symbolen die Liebergots leven vormden totaal onbegrijpelijk. Maar voor een controller betekenden de getallen op de monitor dat het blik met mensen dat hij had meegeholpen ruim 460.000 kilometer de ruimte in te slingeren, het prima deed en keurig luchtdicht zat, wat heel erg goed was, of het *niet* prima deed en *niet* keurig luchtdicht zat, wat een héél slechte zaak was. Als de zaken niet goed zaten, betekende dat de mensen in dat blik wel eens nooit zouden kunnen terugkeren van de hemelse ether waar ze enkel een eenvoudig bezoek aan hadden willen afleggen, en de lieden op de grond wel eens zouden willen weten of het jóuw opgloeiende symbolen waren geweest die het eerst vreemd waren gaan doen, en of je dat misschien toch wat eerder had moeten zien. Dus toen de informatie op de schermen onsamenhangend was gaan worden, waren Liebergot en de anderen toch wat onrustig geworden.

    Niet dat niemand wist hoe die op onregelmatige ogenblikken opduikende afwijkingen veroorzaakt werden. Ze waren zelfs voorspelbaar. Het kon gebeuren wanneer een Apollo-ruimtevaartuig dat rond de maan cirkelde aan de achterzijde verdween. Het kon gebeuren wanneer een Gemini-capsule die rond de aarde cirkelde heel even precies tussen twee grondstations in kwam te zitten. Het kon gebeuren wanneer een Mercury-capsule uit zijn baan kwam zetten en met een snelheid van ruim 31.000 kilometer per uur de atmosfeer binnendrong, een spoor van withete, signaal-vertekenende ionen achter zich aan trekkend.

    In al dit gevallen werden radiosignalen die door het ruimtevaartuig werden uitgezonden voor het grootste deel tot pap vermalen, maar voor ze helemaal verdwenen, werden ze eerst, tja, onsamenhangend. Misschien vertelden de symbolen op het scherm je dat de cabinedruk plotseling was weggevallen; of misschien zeiden ze dat een pakking van een zuurstoftank plotseling was gaan lekken, met als gevolg een drukexplosie die een deel van het ruimteschip met zich mee had genomen; of dat net een stuk of wat batterijen het voor gezien hadden gehouden; of dat het hitteschild was verdwenen; of dat de stuurraketten niet meer functioneerden. Naar alle waarschijnlijkheid was dat niet het geval, en was het alleen maar onsamenhangende informatie – als het wèl zo was, dan zou het wel eens gedaan kunnen zijn met het blik. Het probleem was alleen dat je nooit precies wist wat er aan de hand was totdat de Gemini weer contact met het volgende station had gekregen, of de Mercury de ionenstorm achter zich had gelaten, of de Apollo weer achter de maan vandaan was gekomen.

Liebergot was uiterst bedreven in het interpreteren van deze signalen – en dat mocht ook wel. Hij was in 1964 bij de NASA gekomen en had in 1968 zijn eigen console in Mission Control in Houston. Tijdens de jaren zestig was er voor een wetenschapper geen betere plek om te werken, geen instelling die méér het hart, de ziel en het voorportaal van de wetenschapswereld vertegenwoordigde dan deze gigantische, intimiderende en opwindende ruimte.

Liebergot had de leiding over de *electrical and environmental command console*, of EECOM. EECOM-controllers waren verantwoordelijk voor de systemen in de commando/service-module die voor de elektriciteit en andere leefomstandigheden-functies moesten zorgen, zodat die vanaf de lancering tot aan het moment dat de capsule zou worden geborgen zachtjes zouden blijven zoemen. Het was de NASA die met de titel EECOM op de proppen kwam, maar Liebergot en zijn superieuren beschouwden zich liever als 'kook-en-opkikker-mannen'. Zij waren degenen die de inwendige organen van het ruimteschip in de gaten hielden, die ervoor zorgden dat de sappen en gassen bleven borrelen en stromen, en die, uiteindelijk, verantwoordelijk waren voor het in leven houden van de mechanische organismen in een omgeving waar ze eigenlijk niets te zoeken hadden.

De eerste anderhalf jaar van het bemande Apollo-programma wisten de mensen achter de consoles van Mission Control opmerkelijke dingen voor elkaar te krijgen, en leerden ze de snelweg naar de maan af te leggen alsof het om een oude, vertrouwde handelsweg ging. Vier keer hadden ze nu bemanningen naar de maan gestuurd – twee keer, met de Apollo 11 en 12, hadden ze mensen op de maan neergezet – en vier keer hadden ze kans gezien hen heelhuids naar de aarde terug te laten keren. Liebergot, net als de meeste andere mensen in de ruimte, was bij al die reizen van de partij geweest, en hij had het gevoel gekregen dat er nog maar weinig was waarop hij en zijn collega's niet voorbereid waren, van de start tot aan een maanwandeling en de *splash-down*, de landing in het water, en dat er nog maar weinig was wat ze niet aankonden. In de winter en het voorjaar van 1970, toen de Agency plannen aan het maken was voor de Apollo 13-missie van Jim Lovell, Ken Mattingly en Fred Haise, wisten de controllers dat ze al hun ervaring in het strijdperk zouden moeten gooien.

De top van de NASA voorzag dat de vlucht een regelrechte knaller zou worden. Apollo 11 en 12, de eerste twee maanlandingen, waren zodanig gepland dat ze op twee van de wat meer aantrekkelijker plaatsen op de maan zouden terechtkomen, namelijk de Mare Tranquillitatis en de Oceaan der Stormen. Hoewel dit soort vlakke woestijnen uitnodigende landingsplaatsen vormen, zijn ze voor een geoloog totaal oninteressant –

kilometers en kilometers met alleen maar rotsblokken en stof, allemaal min of meer van hetzelfde materiaal en allemaal min of meer uit dezelfde periode.

Als je ècht waardevolle spullen wilt vinden, dan moet je naar de héuvels op de maan trekken. De hooglanden op de maan hebben geologisch zo'n totaal andere samenstelling, dat de hogere gebieden het zonlicht zelfs feller reflecteerden, en vormden daardoor tot dan toe voor de ontdekkers die vanaf de aarde omhoog staarden een glinsterend baken. De NASA was van plan om die uitdaging tijdens de Apollo 13 aan te gaan. De plaats waar de beoogde derde maanlanding moest plaatsvinden was de zogenaamde Fra Mauro-keten, een serie bergen die wel iets van de Appalachen weg hadden en die zo'n tweehonderd kilometer ten oosten van de landingsplaats van de Apollo 12 lagen. Niet alleen zou Fra Mauro interessante bodemmonsters opleveren, maar het verkennen van de omgeving en het vinden van een veilige landingsplaats zouden waardevolle tests zijn betreffende de vaardigheden van de astronauten en de manoeuvreerbaarheid van de maanmodule.

Aangrijpender dan de bestemming van de Apollo 13, was de route die het ruimtevaartuig zou nemen om er te komen. Tijdens alle vorige maanexpedities van de NASA waren de bemanningen naar de maan gereisd via een vrije-terugkeerbaan die een automatische reis naar huis garandeerde voor het geval de motor van hun servicemodule dienst mocht weigeren. Tijdens de Apollo 13 zou dit niet mogelijk zijn. Terwijl het terrein van Fra Mauro de landingsplaats vrij riskant maakte, zou de verlichting op het tijdstip van de dag dat de bemanning zou moeten arriveren, die landing nòg gevaarlijker maken.

Volgens het oorspronkelijke vluchtplan zou het ruimteschip de maan bereiken op het moment dat de zonnestand zodanig was dat de duidelijke schaduwen die de rotsblokken van Fra Mauro gewoonlijk wierpen, niet meer te zien waren. En zonder deze schaduwen zouden deze topografische obstakels voor de bemanning heel moeilijk te zien zijn. Het veranderen van de baan van het ruimteschip, zodat de bemanning zou arriveren als de schaduwen langer waren, was niet al te moeilijk, en vereiste enkel een kort activeren van de hoofdmotor tijdens de nadering van de maan. Maar zodra die motor zou worden geactiveerd, zou de kwetsbare vrije-terugkeerbaan worden geruïneerd. Als de Apollo 13 er niet in zou slagen om in een baan rond de maan te raken, zou zijn nieuwe baan hem weliswaar terug in de richting van de aarde zwiepen, maar zou hij die thuisplaneet op bijna 75.000 kilometer afstand voorbijschieten.

Ten behoeve van de training voor deze riskante missie, was het nodig dat zowel de bemanning zelf als het team van Mission Control er een ongehoord groot aantal uren in stak. De manier om de mensen die de consoles van Mission Control bemanden zo goed mogelijk in te werken, was het draaien van zogenaamde vluchtsimulaties. Tijdens zo'n doorsnee simulatie werd de controleruimte net zo geactiveerd als tijdens een echte ruimtevlucht het geval zou zijn – alle consoles bemand, schermen vol informatie, koptelefoons vol stemmen, het grote scherm met daarop de aangegeven banen fel verlicht. Het enige verschil zou zijn dat al deze signalen niet uit de ruimte kwamen, maar afkomstig waren van een dubbele rij consoles die achter een glaswand aan de rechterkant van de ruimte stonden opgesteld. Hier zaten de *simulation supervisors*, kortweg aangeduid met 'Simsups', de mannen die bij de simulaties de leiding hadden. Het was hun taak om nepvluchten in elkaar te draaien en de controllers met gesimuleerde problemen op te zadelen, om te kunnen zien hoe snel ze met een oplossing op de proppen kwamen. De prestaties van een controller tijdens deze kunstmatige situaties kon van erg grote invloed op zijn toekomst bij de Agency zijn.

Op een middag, een paar weken vóór de lancering van de Apollo 13, zaten Liebergot en de overige controllers achter hun consoles en hielden ze de routine-informatie van een routinefase van een tot nu toe routinematig verlopen simulatie in de gaten. De simulatie die nu werd gehouden stond bekend als een volledig geïntegreerde simulatie. Dat betekende dat hoewel de missie werd nagespeeld en het ruimteschip nep was, de astronauten wèl echt waren. Eveneens op het terrein van het Johnson Space Center bevond zich het gebouw waar de bemanning werd getraind, en waar zich werkende modellen bevonden van zowel de commando- als de maanmodule. Aanwezig waren vandaag Lovell, de commandant van de missie, Mattingly, de piloot van de commandomodule, en Haise, de LEM-piloot. Zoals bij alle simulaties – en dat gold ook voor de vlucht zelf – konden de controllers alle gesprekken tussen de astronauten en de Capcom horen, maar konden ze niet op de frequentie inbreken om zelf iets te zeggen. Wel konden ze op een andere frequentie met de flight-director communiceren, die achter een console op de derde rij in Mission Control zat, en met een van de diverse uit drie of vier man bestaande ondersteuningsteams. Deze teams beschikten over eigen consoles waarmee ze de vlucht konden volgen en hun eigen controller konden helpen problemen op te lossen.

Het gedeelte van het vluchtplan dat de controllers en de bemanning momenteel oefenden, was díe periode – ongeveer honderd uur na de lancering, waarbij Lovell en Haise in de stakige, Spartaanse LEM beneden op het maanoppervlak zouden staan, en Mattingly zo'n honderd kilometer hoger in de relatief grote speelruimte van de commandomodule rondjes rond de maan zou draaien. In dit soort perioden, van welke landingsmissie dan ook, hadden de EECOM's het minst te doen, want het moederschip had nauwelijks wat te doen, terwijl ook nog eens om de zoveel tijd de verbinding werd verbroken omdat de module achter de maan verdween. Zo lang je ruimteschip nu maar soepeltjes functioneerde als het verdween, gaf de veertig minuten durende radiostilte die elke twee uur plaatsvond je de gelegenheid even je benen te strekken, je blik van het scherm los te maken en de komende manoeuvres op een rijtje te zetten.

Toen een van de voor vandaag geplande radiostiltes begon, controleerde Liebergot net zijn scherm toen hij iets geks opmerkte: een nauwelijks merkbare daling van de cabinedruk. Deze kleine afwijking – niet meer dan een kleine dip in de kilo's per vierkante centimeter-data – was nauwelijks een seconde lang te zien vóór het ruimteschip achter de maan verdween, toen de aflezingen helemaal teniet werden gedaan. Liebergot en zijn ondersteuningsteam namen onmiddellijk contact met elkaar op.

'Heb je die cabinedruk gezien?' vroeg het ondersteuningsteam.

'Ja,' antwoordde Liebergot.

'Hoeveel daalde die?'

'Ongeveer zeven gram per vierkante centimeter, meer niet.'

'Da's niet veel,' zei het ondersteuningsteam. 'Wat denk je ervan?'

'Misschien heeft het niets te betekenen,' antwoordde Liebergot.

'Onsamenhangende info?'

'Zeker weten. Pal voor het radiosignaal zou verdwijnen. Wat zou het anders kunnen zijn?'

Liebergot en zijn ondersteuningsteam ontspanden enigszins, er heilig van overtuigd dat onsamenhangende informatie de enig juiste verklaring was. Bij een echte vlucht, zóu onsamenhangende informatie ook de juiste verklaring zijn geweest. Maar bij deze vlucht hadden de Simsups besloten dat onsamenhangende info een onjuiste verklaring zou zijn. Tijdens de veertig minuten durende radiostilte deden Liebergot en zijn ondersteuningsteam niets aan de zuurstofafwijking, er van overtuigd dat wat ze hadden gezien niet meer was dan een onschuldige illusie. Toen kwam het ruimtevaartuig weer achter de maan vandaan, en klonk de stem van Ken Mattingly uit de kunstmatige ruimte.

'We hadden hier plotseling drukverlies, Houston,' zei hij. 'De cabinedruk is tot nul weggevallen en momenteel maak ik van mijn drukpak gebruik. Ik neem aan dat er een lek in de buitenwand zit, maar zeker weten doe ik het niet.'

Het zweet brak Liebergot uit. De dip in de druk was dus echt geweest. Dit was alleen maar een test geweest om te kijken hoe de EECOM zou reageren, en hij had niet gereageerd. De Simsups – die verdomde Simsups – hadden hem behoorlijk genaaid. Lovell, Mattingly en Haise hadden hier part noch deel aan. Mattingly was plotseling met het probleem geconfronteerd geworden – niet in de vorm van echt drukverlies in de simulator natuurlijk, maar in de vorm van een naald van de cabinedrukmeter die plotseling naar nul was getuimeld – en deed vervolgens het enige dat hij kòn doen: zijn pak aantrekken, het dichtdoen en wachten tot ze weer radioverbinding zouden krijgen. Alleen Liebergot en zijn ondersteuningsteam hadden een vorm van waarschuwing gekregen, en ze hadden... níets gedaan.

Liebergot wachtte op de communicatielijn met de flight-director op een reactie. Als Chris Kraft – de man die tijdens de Mercury- en Geminiprogramma's baas van Mission Control was geweest – nog de leiding zou hebben, bedacht Liebergot, zou het met hem gebeurd zijn, afgelopen, uit. Met Kraft viel er niet te spotten. Als je een ruimteschip verloor, zelfs een nep-ruimteschip, dan was de kans erg groot dat je de laan uit vloog. In dit geval was Liebergot echter geen capsule kwijtgeraakt, maar hij had wel iets verloren wat minstens net zo kostbaar was: veertig minuten, waarin hij en zijn ondersteuningsteam een oplossing hadden kunnen bedenken voor de catastrofe waar het signaal hen voor had gewaarschuwd.

Kraft had een paar jaar geleden zijn functie als flight-director opgegeven en was binnen de NASA-hiërarchie hogerop geklommen. In zijn plaats was Gene Kranz gekomen, de vlieger met het korte haar en de rechthoekige kaak die piloot was geweest in de oorlog in Korea en al voor het Mercury-project naar de NASA was gekomen en vervolgens langzaam maar zeker carrière had gemaakt totdat hij bij het begin van het Apollo-project tot eerste flight-director werd benoemd.

Voor de mensen in de vluchtleidingsruimte was Kranz nog steeds een beetje een raadsel. Hij leidde Mission Control van achter zijn heilige console en leek daarbij op en top de militair die hij ooit was geweest. Zijn instructies waren kortaf en altijd duidelijk; zijn toon duldde geen nonsens. Het enige niet-reguliere privilege dat hij zich toestond had betrekking op zijn kleding. Tijdens maanvluchten die dagen en zelfs weken konden duren, werkten er vier consoleploegen in Mission Control, die elkaar aflosten en elk een andere vluchtleider hadden. De teams werden aangeduid met een kleur, en dat van Kranz was het Witte Team. De eerste flight-director was trots op de verrichtingen van zijn team en zorgde er altijd voor dat hij een wit vest over zijn voorgeschreven witte overhemd en zwarte stropdas droeg, als een soort onbeschaamd teamembleem. Het vest maakte Kranz wat minder ongenaakbaar, minzaam misschien zelfs wel, en de controllers die voor hem werkten genoten van de enige milde buitenissigheid van hun baas. Maar vandaag werd er alleen maar gesimuleerd, en Kranz' vest was nergens te zien. En zelfs als dat wèl het geval was geweest, dan vermoedde Liebergot dat dat nauwelijks een beschermende magie zou bieden. De hele vluchtleidingsruimte had Mattingly via de radio zijn probleem horen melden; de hele vluchtleidingsruimte had de Capcom 'ontvangen' horen zeggen. En de hele vluchtleidingsruimte wachtte nu af hoe Kranz zou reageren.

'Goed,' zei de flight-director na een eindeloos lijkende pauze, 'laten we aan dat probleem gaan werken.'

Liebergot ademde langzaam uit. Dit, wist hij, was Kranz' manier om te zeggen: 'Ik zal je niet aan je ballen ophangen', en hij stortte zich op zijn werk achter de console met een animo dat deels uit opluchting en deels uit dankbaarheid bestond. Maar het redden van de gesimuleerde missie was geen gemakkelijke taak. Liebergot en de andere controllers besloten een nog maar weinig geoefend reddingsplan uit te proberen, waarbij onmiddellijk de LEM zou worden gelanceerd om direct met het moederschip te worden gekoppeld, waar hij vervolgens aan vast zou blijven zitten, zodat hij als een soort reddingssloep zou kunnen fungeren waarin de astronauten dicht opeengepakt plaats moesten nemen totdat ze de aarde zouden naderen. Op dat tijdstip dienden ze terug naar de commandomodule te kruipen, waarna de LEM zou worden afgestoten en ze in de atmosfeer zouden terugkeren. Dat reddingsboot-idee speelde al sinds het begin van het Apollo-programma in 1964, en begin 1969 waren zelfs een paar van dit soort manoeuvres daadwerkelijk geoefend, toen de astronauten aan boord van de Apollo 9 de eerste LEM in een baan rond de aarde uitprobeerden. Maar niemand geloofde in alle ernst dat het idee ooit nog eens in praktijk zou moeten worden gebracht.

Kranz liet de reddingsboot-oefening een paar uur duren, totdat hij ervan overtuigd was dat de controllers en astronauten de overlevingsprocedures kenden en – niet geheel toevallig – dat Liebergot zijn lesje had geleerd. Maar uiteindelijk maakten ze een eind aan deze simulatie en begonnen ze aan een andere, die wat minder verrassend was. En dat was heel verstandig. De lancering zou al over een paar weken plaatsvinden en er waren nog genoeg andere scenario's die moesten worden geoefend, scenario's die heel wat waarschijnlijker waren dan een commandomodule die geen druk meer had en een LEM die als reddingsboot moest dienen.

Ondanks alle beloften was de missie die de Apollo 13 moest gaan uitvoeren er nooit eentje die bovenmatig tot de verbeelding van het land speelde. Wat puur drama betrof waren er heel wat andere zaken waar je in de lente van 1970 aandacht aan kon schenken dan de avonturen van – wat was het deze keer ook alweer? – de vijfde en zesde mens die over het maanoppervlak zouden wandelen. Op 9 april, twee dagen vóór de geplande lancering, maakte de *New York Times* nergens melding van de missie, en wijdde zijn voorpagina voornamelijk aan de verrassende afwijzing door de Senaat van Nixons laatst voorgedragen kandidaat voor het Hooggerechtshof, rechter G. Harrold Carswell.

Verder was in het nieuws die week de mededeling te vinden dat er voor de elfde achtereenvolgende maand hogere verliezen in Zuidoost-Azië te betreuren waren; de beslissing van het Hooggerechtshof van de staat Massachusetts om de resultaten van het onderzoek naar de dood van Mary Jo Kopechne nog niet openbaar te maken; de introductie van een ingenieus verpakt soort dameskousen, *L'eggs*; een ontboezeming door Paul McCartney dat hij verwachtte 'persoonlijke moeilijkheden' met de andere drie Beatles te zullen krijgen en had besloten uit de band te stappen; en de opening van het honkbalseizoen, een van de laatste waarin de kop 'Tigers zetten Senators op achterstand' nog mogelijk was. De eerste duidelijke verwijzing naar de Apollo 13 in de *Times* van die week, kon pas op 10 april worden aangetroffen, de dag vóór de vlucht – op pagina 78, de pagina met de weerberichten.

Het leek wel of de weinige aandacht van het publiek ook nog eens alleen maar het gevolg was van een welhaast morbide fascinatie voor het missienummer dat deze specifieke Apollo had meegekregen. Alle Mercury-vluchten hadden het nummer 7 in hun naam meekregen – *Faith 7, Friendship 7, Sigma 7* – ter ere van de zeven astronauten die het team vormden. Bemande Gemini-capsules waren begonnen met het cijfer 3, maar waren na tien vluchten geëindigd met Gemini 12. Bemande Apollo-missies waren bij Apollo 7 begonnen, en met veertien bemande vluchten wist de NASA zeer wel dat ze uiteindelijk met een Apollo 13 zouden worden geconfronteerd.

Het oog in oog brengen van een van de grootste wetenschappelijke inspanningen die de wereld ooit gekend had, met een van de meest hardnekkige vormen van bijgelovigheid, had een onweerstaanbare aantrekkingskracht, en de meeste mensen vonden deze overmoed prachtig, althans, de vermeende arrogantie van de bemanning, die toch maar het lef had om het lot te tarten, en zelfs een embleem met een grote 'XIII' op hun ruimtepakken hadden laten naaien, pakken die ze de hele reis zouden dragen. Tijdens de weken direct voorafgaand aan de lancering ging het publiek op rooftocht naar alles wat met '13' te maken had of leek te hebben, op zoek naar numerologische voortekenen die erop moesten wijzen dat de missie op een ramp uit zou lopen. (De vlucht zou op 11 april 1970 beginnen, of 11/4/70 – tel twee enen, een vier en een zeven bij elkaar op, en je krijgt 13. De lift-off – de start – was gepland voor 1:13 uur Houston-tijd, en of dat nog niet erg genoeg was, werd dat in het militaire wereldje aangeduid met 13:13 uur. Als de lancering precies op tijd plaatsvond, zou het ruimteschip op 13 april binnen de aantrekkingskracht van de maan terechtkomen.)

De NASA vond al deze voodoo alleen maar lachwekkend, en dat gold ook voor Lovell. Wat de commandant van de missie betrof, was zijn trip naar Fra Mauro een wetenschappelijke expeditie, niet meer, en ook niet minder. Er was absoluut geen ruimte voor die bijgelovige flauwekul, en het motto dat hij voor het officiële embleem voor die missie uitkoos, liet dat ook duidelijk zien. Teruggrijpend naar zijn Annapolis-dagen leende Lovell het marinemotto *Ex tridens scientia* ('Van de zee komt de kennis') en veranderde dat een beetje in *Ex luna scientia*. Voor Lovell was alleen het verkrijgen van die kennis al een uitstekende reden om die maantrip te maken.

De voorbereidingen van de Apollo 13 verliepen vlekkeloos – zodat al dat gepraat over pech echt nergens op sloeg, verklaarde Jim Lovell in die periode maar al te graag – tot zeven dagen voor de missie, toen Charlie Duke ziek werd. Duke was de LEM-piloot van de reservebemanning, die ook commandant John Young en commandomodule-piloot Jack Swigert omvatte. Duke was door een van zijn kinderen met rodehond besmet en had zonder het te weten ook Young, Swigert, Lovell, Mattingly en Haise eraan blootgesteld. Uit bloedproeven bleek dat de rest van de reserveploeg, evenals Lovell en Haise, eerder met de ziektekiemen in aanraking waren geweest en hun lichamen dus beschermende antistoffen hadden opgebouwd. Mattingly echter was er nooit tegen ingeënt, met als gevolg dat de kans groot was dat hij er echt ziek van zou worden.

In dit soort gevallen waren de regels van de NASA uiterst simpel: een potentieel ziek bemanningslid mocht nooit aan het roer van een ruimteschip staan, dus zou Mattingly van de vlucht moeten worden gehaald. Lovell, die al bijna een jaar lang met zijn bemanning trainde, ging uit zijn bol. Nu? Jullie willen nú met bemanningsleden gaan schuiven, een wéék voor de lancering, enkel en alleen vanwege een mógelijke bacterie? Tijdens de bemanningsbijeenkomst in Houston waar de beslissing bekend werd gemaakt, deed Lovell zijn uiterste best zijn commandomodule-piloot te houden.

'Hoe lang is de incubatietijd van dat ding?' vroeg de commandant aan de aanwezige arts.

'Ongeveer tien dagen tot twee weken,' antwoordde de arts.

'Dus tijdens de lancering kan hij helemaal gezond zijn?'
'Ja.'
'En gezond als we de maan bereiken?'
'Ja.'
'Wat is het probleem dan precies?' wilde Lovell weten. 'Als hij koorts krijgt als Fred en ik nog beneden zijn, heeft hij nog een hele tijd om er van af te komen. En als hij dan nog niet beter is, kan hij het tijdens de reis naar huis uitzweten. Ik kan geen betere plek verzinnen om van je rodehond af te komen dan een lekker, gezellig ruimteschip.'

De arts keek Lovell vol ongeloof aan, wachtte tot hij zijn zegje had gedaan en maakte vervolgens duidelijk dat Mattingly niet tot de bemanning zou behoren.

Hoewel Lovell uiterst loyaal was ten opzichte van zijn commandomodule-piloot, mocht zijn nieuwe bemanningslid zeker geen doetje worden genoemd. Met zijn achtendertig jaar stond Jack Swigert voornamelijk bekend vanwege het feit dat hij binnen het NASA-corps de enige ongetrouwde astronaut was. Begin jaren zestig – toen beeldvorming allesbepalend was, en geschiktheid pas op de tweede plaats leek te komen – was dat nog ondenkbaar. Maar terwijl aan het eind van de jaren zestig de opvattingen in het land wat losser werden, gebeurde dat ook bij de NASA. De lange, kortgeknipte Swigert had de reputatie – goedmoedig getolereerd door de Agency – van een onstuimige vrijgezel met een druk sociaal leven. Of dit nou wel of niet zo was, was onduidelijk, maar Swigert deed zijn uiterste best dit beeld overeind te houden. Zijn appartement in Houston bevatte dan ook een met bont beklede ligstoel, een biertap in de keuken, apparatuur om wijn te maken en de modernste stereoapparatuur die er te krijgen was.

De NASA was bereid om al deze minder rechtschapen vormen van vermaak over zijn kant te laten gaan omdat Swigert ook nog eens een zeer competente, uiterst zelfbewuste vlieger was. Hij had zich vol overgave gewijd aan zijn training als reserveman voor de 13, en nadat hij naar het eerste team was overgeplaatst werd hij met behulp van nog ongenadiger oefeningen nog eens extra door de vleesmolen gehaald. Tijdens de cursus van het vorig jaar waren de oorspronkelijke bemanningsleden er zo aan gewend geraakt met elkaar te werken, dat Lovell en Haise er zelfs in waren geslaagd de nuances en verbuigingen in de stem van Mattingly te interpreteren – een waardevolle eigenschap tijdens die momenten in de vlucht waarin de twee LEM-piloten voor het sturen van de maanlander naar het rendez-vous volledig zouden moeten vertrouwen op de geschreeuwde commando's van de piloot van de commandomodule. Nadat Mattingly uit de ploeg was gehaald duurde het een paar dagen die helemaal gevuld werden met gesimuleerde oefeningen voor de NASA en de astronauten zelf ervan overtuigd waren dat het huidige team even efficiënt met elkaar kon samenwerken als de oorspronkelijke ploeg.

Nauwelijks achtenveertig uur voor de lancering werd Swigert goedgekeurd. Het enige resterende probleem waarmee de vluchtplanners nu nog werden geconfronteerd, was de noodzaak een nieuwe plaquette te laten vervaardigen die aan de buitenkant van de LEM moest worden bevestigd. De oude zat al aan de voorste poot van de maanlander bevestigd en was voorzien van de namen van de bemanningsleden van het eerste team. Omdat er op het laatste moment een wijziging in de bemanningssamenstelling had plaatsgevonden, moest daarvoor in de plaats een nieuwe worden gemaakt, die snel op de poot moest kunnen worden geklemd. Het enige probleem waarvoor Swigert zich nu zelf nog geplaatst zag – zoals opgetogen in de kranten kwam te staan – was het feit dat hij door alle drukte helemaal vergeten was zijn belastingformulier in te vullen en op de post te doen. Dat formulier moest uiteraard op 15 april bij de belastingdienst binnen zijn, wat vier dagen na de lancering was, of rond de tijd dat deze belastingbetaler ergens in een baan rond de maan zou draaien. Swigert nam het besluit het hele probleem uit zijn hoofd te zetten en te kijken wat hij er bij thuiskomst nog aan kon doen. Maar Mattingly kon nu tenminste in alle rust zijn formulier invullen.

Het derde lid van de Apollo 13-bemanning was de maanlander-piloot en voormalige vlieger bij de mariniers Fred Haise. Met zijn zesendertig jaar was hij de jongste van het trio, en zijn zwarte haar en rechthoekige gelaatstrekken deden hem er nòg jonger uitzien. Hoewel hij getrouwd was en drie kinderen had – met een vierde onderweg – stond Haise bij zijn vrienden nog steeds bekend onder de afgrijslijk jeugdige bijnaam 'Pecky', een bijnaam die hij had gekregen toen hij in de eerste klas van de lagere school tijdens een schoolvoorstelling een *woodpecker*, een specht, had moeten spelen. In tegenstelling met Lovell en Swigert, vond Haise vliegen iets waar je aan moest wennen. Wat hij echt prettig vond aan de ruimtereizen was het ontdekkingselement, de wetenschappelijke kanten ervan, het onderzoek. Een NASA-wetenschapper omschreef hem later eens als een 'borende dwaas', een verwijzing naar het bijna bovennatuurlijke plezier dat Haise beleefde aan de geologische apparatuur die hij en Lovell zouden gebruiken om maanmonsters te verzamelen. Die omschrijving was niet bepaald wat je zou verwachten bij een astronaut tijdens die eerste, waaghalsachtige Mercury-dagen. Maar het was precies dat wat je zou zoeken bij iemand met een drukpak aan waarop de woorden *Ex luna scientia* waren geborduurd.

De Apollo 13 werd precies op tijd gelanceerd, op 11 april om 13:13 uur Houston-tijd, om drie uur later vanuit een baan rond de aarde richting maan te spuiten. Voor Swigert en Haise, die beiden nog nooit eerder in de ruimte waren geweest, waren de ervaringen van de lancering en het rond de aarde cirkelen en het activeren van de raketmotor om richting maan te vertrekken onuitsprekelijk nieuw. Voor Lovell, die zijn vierde trip boven op een raket maakte (en de tweede boven op de gigantische Saturnus 5) was het eigenlijk weinig meer dan een terugkeer naar zijn gewone werk. Op de eerste volle dag van de missie riep de maan-veteraan, die nu in de verheven linkerstoel zat die anderhalf jaar eerder door Borman was opgeëist, de aarde op voor wat vrijblijvend geklets waar hij en Borman en Bill Anders tijdens hun week in de ruimte in 1968 steeds meer naar uit hadden leren kijken.

'Hallo, Houston, 13,' zei Lovell.

'13, Houston, zegt u het maar,' antwoordde de Capcom. Zoals gebruikelijk werden de Capcoms die dit soort vluchten begeleiden altijd uit het astronautenkorps geselecteerd, waarbij de achterliggende gedachte was dat drie mannen die met een snelheid van 45.000 kilometer per uur in een blik door de ruimte zeilden, toch het liefst met een medereiziger wilden praten, en niet met een of andere techneut die nooit verder was gekomen dan een stoel in de eerste klasse van een straalpassagiersvliegtuig. De Capcom vandaag was Joe Kerwin, een van NASA's nog wat groenere beginnelingen. Kerwin was nog nooit in de ruimte geweest, maar volgens het programma zou dat op een dag toch gaan gebeuren, en daar ging het om.

'We waren het bijna vergeten,' zei Lovell tegen Kerwin, 'maar we zouden graag het laatste nieuws willen weten.'

'Oké, maar veel is het niet,' zei Kerwin. 'De Astro's hebben op het nippertje kans gezien met 8 tegen 7 te winnen. De Braves hebben in de negende inning vijf runs gescoord, maar ze kwamen net iets te kort. In Manila en op andere delen van het eiland Luzon hebben zich aardbevingen voorgedaan. De Westduitse bondskanselier Willy Brandt, die gisteren aanwezig was bij jullie lancering vanaf de Cape, en president Nixon ronden vandaag een serie besprekingen af. De luchtverkeersleiders staken nog steeds, maar jullie zullen het ongetwijfeld op prijs stellen te horen dat de vluchtleiders in Mission Control nog steeds aan het werk zijn.'

'Goddank,' lachte Lovell.

Kerwin vervolgde: 'Verder staan er nog steed behoorlijk wat vrachtwagens in het Midden-Westen vast en in Minneapolis is een aantal onderwijzers aan het staken geslagen. En natuurlijk wordt er aandacht besteed aan de favoriete tijdsbesteding van het moment...' Kerwin zweeg even om het dramatische effect te verhogen. 'O-o, hebben jullie allemaal je belastingformulier ingevuld?'

Swigert, die in het midden zat, mengde zich nu in het gesprek. 'Hoe kan ik uitstel krijgen?' vroeg hij, met een zakelijke, ietwat norse stem. Kerwin, die wist dat hij doel had getroffen, begon te lachen. 'Joe, dit is absoluut niet leuk,' protesteerde Swigert. 'Het ging de afgelopen dagen allemaal veel te snel en ik moet uitstel zien te krijgen.' Duidelijk was te horen hoe er nog een paar controllers begonnen te lachen. 'Ik méén het,' zei Swigert. 'Ik heb geen kans gehad het in te vullen en op de post te doen.'

'Je zorgt ervoor dat de boel hierbeneden wordt afgebroken,' zei Kerwin.

'Nou,' mopperde Swigert, 'straks kom ik na de vlucht in een heel ander soort quarantaine terecht, naast de medische die jullie voor ons in petto hebben.'

'We zullen eens kijken wat we kunnen doen, Jack,' zei Kerwin. 'Maar eventjes los daarvan, jullie uniform voor vandaag bestaat uit vliegeroverall met erezwaard en medailles, terwijl de film die vanavond in het onderste uitrustingsruim zal worden vertoond de "De vlucht van de Apollo 13" zal zijn, met in de hoofdrollen John Wayne, Lou Costello en Shirley Temple. Over.'

Dat de bemanning en de mensen op de grond zoveel tijd konden besteden aan dit soort vrijblijvend gepraat verbaasde Lovell van tijd tot tijd nog weleens. Er zou uiteraard helemaal geen film aan boord worden vertoond, en er zouden helemaal geen erezwaarden en medailles worden gedragen. Maar de speelse verwijzingen naar het rustige leven aan boord van een ruim, kalm varend marineschip, waren voor de voormalige Annapolisman duidelijk herkenbaar. De grap bij de oude Mercury-capsules was dat astronauten niet in hun capsules klommen, maar hem aantrokken. Het ruimtescheepje was belachelijk klein en oncomfortabel, en de missies duurden gemiddeld niet langer dan achteneenhalf uur. In de Gemini-capsule waarin Lovell zijn eerste ruimte-ervaringen had ondergaan, was ongeveer twee keer zoveel ruimte, maar had wel twee keer zoveel inzittenden.

Zoals Lovell in de Apollo 8 had ontdekt, en zoals Haise en Swigert nu merkten, waren de maanvaartuigen van de NASA technisch gezien totaal anders. De Apollo commandomodule was een kegelvormige constructie van drie meter dertig lang en had op het breedste punt een diameter van bijna vier meter. De wanden van het bemanningsverblijf waren bekleed met een sandwichlaag van dunne aluminium platen met daartussen een isolerende honingraat. Dit geheel werd omringd door een buitenlaag van staal, nog meer honingraat, en nog een laag van staal. Deze dubbele wanden – met een dikte van een centimeter of vijf – waren het enige dat de astronauten binnen in de cockpit scheidde van het nagenoeg absolute luchtledige van een buitenomgeving waar de temperaturen varieerden van een verzengende 138 °C in het zonlicht tot een verlammende −138 °C in de schaduw. Binnen in de capsule was het een behaaglijke 22 °C.

De drie ligbanken van de astronauten lagen naast elkaar, en waren eigenlijk helemaal geen banken. Aangezien de bemanning nagenoeg de hele vlucht in staat van gewichtloosheid verkeerde was er geen dikke bekleding nodig om hun lichaam comfortabel te ondersteunen; in plaats daarvan bestond elke zogenaamde bank uit niet meer dan een metalen frame met een stoffen bekleding ertussen gespannen – gemakkelijk te bouwen en, wat belangrijker was, licht. Elke bank was op inklapbare aluminium poten gemonteerd, die zo waren ontworpen dat ze de schok opvingen bij de splashdown, wanneer de capsule met parachute en al in zee terechtkwam – of, in het geval van een verkeerd berekende landing, op land – zonder dat de vliegers er veel van merkten. Aan het voeteneind van de drie banken bevond zich de opslagruimte, die als een soort tweede kamer fungeerde (Ongehoord! En onvoorstelbaar in de Gemini- en Mercury-periodes) en het onderste uitrustingsruim werd genoemd. Hier werden de voorraden en de apparatuur bewaard en bevond zich het navigatiestation.

Direct voor de astronauten bevond zich het donkergrijs geschilderde 180 graden brede instrumentenpaneel. De circa vijfhonderd bedieningsonderdelen waren speciaal ontworpen om te kunnen worden bediend door handen die dik, traag en onhandig waren gemaakt door drukhandschoenen, en bestonden bijna allemaal uit schakelaars, draai- en drukknoppen en roterende schakelaars met een klikstop. Uiterst belangrijke schakelaars, zoals die voor de raketmotor en het afstoten van de servicemodule, werden beschermd door opstaande randen, zodat ze niet per ongeluk door een voorbijzwevende knie of elleboog geactiveerd konden worden. De afleesinstrumenten op het paneel bestonden voornamelijk uit metertjes, lichtjes en kleine rechthoekige raampjes met òf 'grijze vlaggen' of 'kapperspalen'. Een grijze vlag was een stuk grijs metaal dat het hele raampje vulde als een schakelaar in zijn gewone positie stond. Een gestreepte vlag, die inderdaad iets van een rood-wit gestreepte kapperspaal weg had, kwam daarvoor in de plaats als dat instrument, om wat voor reden ook, opnieuw zou moeten worden ingesteld.

Achter de ruggen van de astronauten, achter het hitteschild dat de onderzijde van de conische commandomodule tijdens het weer terugkeren in de dampkring beschermde, bevond zich de zeveneneenhalve meter lange, cilindrische servicemodule. Aan de achterzijde van de servicemodule stak de uitlaat van de raketmotor van het ruimteschip naar buiten. De servicemodule was ontoegankelijk voor de astronauten, net als de oplegger die door een trekker wordt getrokken ontoegankelijk is voor de chauffeur die in de cabine van de trekker zit. (En aangezien de raampjes van de commandomodule ook nog eens aan de voorkant zitten, was de servicemodule voor de astronauten ook nog eens onzichtbaar.) Het interieur van de servicemodule was een cilinder die in zes verschillende ruimtes was verdeeld waar zich alle vitale onderdelen van het ruimteschip bevonden – accu's, de tanks met waterstof, relaisstations, apparatuur voor de klimaatbeheersing in de commandocapsule, raketbrandstof en de ingewanden van de raketmotor zelf. Het bevatte ook nog – naast elkaar, op een rek in ruimte nummer vier – twee zuurstoftanks.

Aan de andere kant van de commandomodule/servicemodule-opstelling, bevestigd aan de bovenkant van de neuskegel van de commandomodule via een luchtdichte tunnel, zat de LEM. Het vierbenige, bijna zeven meter hoge maaksel had een uiterst vreemde vorm, die eigenlijk alleen maar met een reusachtige spin kon worden vergeleken. Tijdens de Apollo 9, de eerste vlucht van de maanlander, had het gevaarte inderdaad de bijnaam 'Spin' gekregen, en werd de commandomodule met de even veelzeggende bijnaam 'Gombal' opgezadeld. Voor de Apollo 13 had Lovell geopteerd voor namen met wat meer waardigheid, en had voor zijn commandomodule de naam 'Odyssey' en voor zijn LEM 'Aquarius' uitgekozen. (De pers meldde, geheel ten onrechte, dat voor Aquarius was gekozen als huldeblijk aan *Hair* – een musical die Lovell nog nooit had gezien en ook niet van plan was om te gaan zien. De waarheid was dat hij in de Egyptische mythologie op de naam Aquarius was gestoten: de waterdrager die vruchtbaarheid en kennis naar de Nijlvallei had gebracht. Odyssey koos hij omdat hij het woord gewoon lekker vond klinken, en omdat het volgens het woordenboek een 'lange reis' was, 'die werd gekenmerkt door het veelvuldig wisselen van het fortuin' – hoewel hij er de voorkeur aan gaf die laatste woorden te verzwijgen.) Terwijl de bemanningsruimte van de Odyssey verhoudingsgewijs vrij ruim was, kon de bemanningsruimte aan boord van de maanlander, de LEM, zonder meer uiterst benauwd worden genoemd. Het was een soort dwarsliggende cilinder met een lengte van twee meter dertig, zonder de vijf patrijspoorten en het panoramische dashboard van de commandomodule, maar slechts uitgerust met twee rechthoekige vensters en een tweetal zeer karig uitgevoerde instrumentenpanelen. De LEM was gemaakt om twee man te huisvesten, niet meer dan twee man, en dan hoogstens voor twee dagen. En geen dag meer.

De NASA was buitengewoon trots op deze twee ruimtevaartuigen en hield ervan om ze aan den volke te tonen. Sinds het eclatante succes van de Apollo 8-uitzendingen twee Kerstmissen geleden, waren de bemanningen doorgegaan met meevoeren van televisiecamera's in de apparatuurruimte en was er binnen hun vluchtplannen tijd gereserveerd voor het maken van live-uitzendingen. Deze praktijk bereikte het toppunt van populariteit tijdens de Apollo 11-maanlanding in de zomer van 1969, toen televisiestations over de hele aardbol de eerste aarzelende stappen van Neil Armstrong en Buzz Aldrin op het maanoppervlak lieten zien en het overgrote deel van de wereld halt hield om dit te kunnen bekijken. Maar tegen de tijd dat de Apollo 13 zijn rondjes draaide, had de wereld zijn belangstelling verloren. Iets na de tweede volle dag van de missie zou de bemanning haar eerste tv-uitzending verzorgen, maar niet een van de grote televisiemaatschappijen was van plan die uit te zenden. De uitzending zou maandag 13 april om 20:24 uur beginnen, precies vallend tijdens *Rowan & Martin's Laugh-In* op NBC, en *Here's Lucy* op CBS. ABC had de film *Where Bullets Fly* uit 1966 geprogrammeerd, gevolgd door *The Dick Cavett Show*.

Kijkers in alle delen van het land hadden duidelijk laten merken dat ze er geen enkele behoefte aan hadden om een van deze programma's in te ruilen voor een show vanuit de ruimte, en zelfs in Mission Control waren de NASA-technici maar half geïnteresseerd. Anderhalf uur nadat de namiddag/avondploeg ermee op zou houden zou de uitzending beginnen en de meeste mannen achter de consoles zagen er al naar uit hun werk voor die dag te beëindigen, om straks nog even voor een borrel naar de Singin' Wheel te gaan, een uit rode baksteen opgetrokken café dat vol stond met antiek, net buiten het terrein van het ruimtevaartcentrum.

De NASA en de Apollo-bemanning besloten desalniettemin met de show door te gaan en de opnamen ter beschikking te stellen van welke televisiestations dan ook, die stukjes ervan zouden kunnen uitzenden tijdens het nieuws van elf uur. Een klein beetje aandacht, vonden ze, was beter dan helemaal geen aandacht. Bovendien waren de vrouwen van de astronauten erg naar dit soort geregelde uitzendingen uit gaan kijken, en niemand binnen de NASA had er zin in hun te vertellen dat aan deze gewoonte een eind zou worden gemaakt. De controllers in Houston hadden trouwens al gezien dat Marilyn Lovell en twee van haar vier kinderen, de zestienjarige Barbara en de elfjarige Susan, op de gemakkelijke stoelen van de VIP-galerij helemaal achter in Mission Control hadden plaatsgenomen. Ze werden vergezeld door Mary Haise, de vrouw van de nieuwbakken astronaut, die er speciaal voor ging zitten om eens te kijken hoe de beelden van haar echtgenoot vanuit de ruimte naar beneden werden gestraald.

Het programma dat enkel werd gezien door Marilyn, Barbara, Susan, Mary en de controllers, begon met het onscherpe, onduidelijke beeld van Fred Haise, die naar de tunnel tussen de commandomodule en de LEM zweefde. Lovell lag languit op Swigerts bank midden in de commandomodule en bediende de camera. Swigert was naar links verschoven en lag nu op Lovells plaats.

'Wat we vandaag voor u wilden doen,' zei Lovell tot zijn toeschouwers in het algemeen, die zich enkel in Houston bevonden, 'is beginnen met een rondleiding door ons ruimteschip Odyssey om u vervolgens via de tunnel naar Aquarius mee te nemen. Uw cameraman ligt momenteel op de middelste bank en kijkt naar Fred, en Fred zal zich in de tunnel begeven, waarna we u iets van de maanlander zullen laten zien.'

Haise deed wat van hem verwacht werd en zweefde voor het oog van de camera omhoog naar de neus van de commandomodule om in de LEM te verdwijnen, zijn hoofd als eerste door het gat verdwijnend, als een dwarsdimensionale reiziger die een heel andere wereld betreedt, welke het tijd/ruimte-portaal dat hij passeert ook mag zijn. Lovell zweefde traag achter hem aan.

'Een ding dat ik heb opgemerkt, Jack,' zei een op z'n kop hangende Haise tegen zijn Capcom, 'is dat als je rechtop in de commandomodule begint, er een oriëntatieverandering plaatsvindt zodra je Aquarius binnengaat. Ondanks het feit dat ik in de watertank heb geoefend, is het nog steeds erg vreemd. Ik sta nu met mijn hoofd op de vloer als ik de LEM binnenga.'

'Het zijn prachtige beelden, Jim,' moedigde Jack Lousma, de Capcom, de commandant aan. 'Je hebt precies het goede licht te pakken.'

Lovell ging de LEM binnen, voerde een halve salto uit en daalde met zijn benen naar beneden gericht op een grote bult in de vloer van de module neer. 'Ten behoeve van alle kijkers thuis,' zei Haise, 'in dat blik onder Jims voeten bevindt zich de stijgraket voor de LEM, de motor die we gebruiken om de maan te verlaten. Direct naast de motorbeplating, heb ik mijn hand gelegd op een witte doos. Dit is Jims rugzak, waarin zich de zuurstofvoorraad en het koelwater bevindt dat hij nodig heeft als hij op het maanoppervlak loopt.'

'Ontvangen, Fred, we zien het,' zei Lousma. 'De beelden komen goed door en je omschrijving is ook goed. We zien dat Jim de camera zodanig vasthoudt dat we alles goed kunnen waarnemen, dus vertel rustig verder.'

Lovell en Haise gehoorzaamden opgewekt en stuurden hun duidelijke beelden en goede beschrijvingen terug naar de aarde. Terwijl de show op deze informele manier verliep, was een groot deel van Mission Control druk bezig met andere dingen. Op de gesloten communicatielijn, uitsluitend bedoeld voor de mannen achter de consoles, waren de meeste controllers bezig met het plannen van manoeuvres die de bemanning moest uitvoeren zodra de show zou zijn afgelopen. Kranz, de vluchtleider, leidde de discussies, oordeelde over verzoeken, bepaalde prioriteiten en stelde vast welke oefeningen essentieel waren en welke konden wachten. Het heen en weer gepraat via deze lijn zou voor waarnemers op de aarde heel wat minder duidelijk zijn geweest dan de tv-show die speciaal voor hen werd opgevoerd.

'Flight, EECOM,' meldde Liebergot zich op deze frequentie.

'Zegt u het maar, EECOM,' zei Kranz.

'Om 55 plus 50 zouden we graag een cryo stir willen uitvoeren. Alle vier de tanks.'

'Laten we wachten tot ze nog wat verder tot rust zijn gekomen.'

'Begrepen.'

'Flight, GNC,' meldde Buck Willoughby zich, de besturings-, navigatie- en begeleidingsofficier.

'Zegt u het maar, GNC.'

'We zouden graag opnieuw de andere twee quads voor de manoeuvre willen inschakelen.'

'Jij wilt dat ze C en D inschakelen, hè?'

'Ja.'

'Wil jij dat ze A en B uitschakelen?'

'Nee.'

'Oké, alle vier de quads.'

'Flight, INCO,' zei de instrumentatie- en communicatieofficier.

'Zegt u het maar, INCO.'

'Ik zou nu graag de configuratie van hun high-gain willen bevestigen. We zouden graag willen weten in welke baanmodus ze zich bevinden.'

'Oké, blijf wat dat betreft stand-by.'

De manoeuvres die Houston voor de bemanning in petto had waren, ondanks al hun technopraat, tamelijk routinematig. De verwijzing van de INCO naar de 'high-gain' had betrekking op de hoofdantenne van de servicemodule, die op een bepaalde frequentie moest uitzenden en onder een bepaalde hoek moest worden geplaatst, afhankelijk van de positie en de baan van het ruimteschip. De INCO, die tot taak had vierentwintig uur per etmaal de communicatiesystemen van de capsule in de gaten te houden, moest op geregelde tijden controles uitvoeren om er zeker van te zijn dat alles volgens plan verliep. Die toestand met de quads had betrekking op de vier groepjes stuurraketten die rond de servicemodule waren geplaatst waarmee het ruimteschip van de ene positie in de andere kon worden gebracht. De bemanning zou na de tv-show vanwege de navigatie enkele positieveranderingen doorvoeren, en de GNC wilde er zeker van zijn dat de vier groepjes stuurraketten functioneerden.

De andere oefening, de 'cryo stir' waarom Liebergot vroeg, was misschien nog het meest routinematig. De servicemodule was niet alleen met twee zuurstoftanks uitgerust, maar ook nog eens met twee waterstoftanks, waarin de gassen allemaal in een hyperkoude, of cryogene, toestand werden bewaard. De temperatuur, die in het geval van de zuurstoftanks kon zakken tot minus 206 graden Celsius, hield de gassen op een zogeheten superkritische dichtheid – een chemisch nogal rare toestand waarin het materiaal niet helemaal vast, niet helemaal vloeibaar en niet helemaal

95

gasvormig is, maar iets modderigs ertussenin. De tanks waren zo goed geïsoleerd dat als ze met gewoon ijs waren gevuld en in een kamer met een temperatuur van 21 °C zouden worden geplaatst, het achteneenhalf jaar zou duren voor het ijs gesmolten zou zijn tot water vlak boven het vriespunt, en nog eens vier jaar totdat het water op kamertemperatuur zou zijn. Althans, dat beweerden de ontwerpers, en aangezien niemand de proef op de som zou nemen, geloofde NASA hen op hun woord.

De echte magie van de cryogene tanks was echter niet datgene wat ze met het zuurstof en het waterstof deden terwijl die zich nog in de betreffende containers bevonden, maar wat er gebeurde wanneer ze naar buiten werden geleid. De tanks stonden in verbinding met drie brandstofcellen die waren uitgerust met katalyserende elektroden. De twee gassen stroomden in de cellen, reageerden op de elektroden en vermengden zich vervolgens om, in een gelukkig chemisch en technisch toeval, een drietal bijproducten te produceren: elektriciteit, water en warmte. Van enkel twee verschillende gassen slaagden de cellen erin drie voor consumptie geschikte zaken te maken waar een ruimteschip niet buiten kon.

Hoewel de zuurstof- en de waterstoftanks bij het laten functioneren van het ruimteschip even belangrijk waren, waren vooral de zuurstoftanks heel erg kostbaar, omdat ze nagenoeg de complete voorraad door de bemanning in te ademen lucht leverden. Elke tank was in feite niet meer dan een bol met een doorsnede van zesenzestig centimeter, met daarin 145 kilo zuurstof onder een druk van vijfenzestig kilo per vierkante centimeter. In die tank, als vingers die in een badkuip de temperatuur van het water testten, zaten een tweetal elektrische sondes. Eentje, die van boven naar beneden in de tank liep, was een combinatie van inhoudsmeter en thermostaat; de ander, die er net naast liep, was een combinatie van verwarmingselement en ventilator. Het verwarmingselement werd gebruikt om de zuurstof te verwarmen en te laten uitzetten als de druk in de tank te laag dreigde te worden. De ventilator werd gebruikt om de boel in beweging te brengen – iets waar minstens één keer per dag door een EECOM om zou worden verzocht, aangezien superkritische gassen de neiging hebben om laagjes te gaan vormen, waardoor de inhoudsmeter van de tanks niet meer functioneert.

Terwijl Liebergot wachtte tot er 'geroerd' zou worden en de andere controllers al met procedures voor later bezig waren, ging de bemanning door met haar met de camera vastgelegde rondleiding. Op de grote monitor helemaal voor in het vluchtleidingscentrum – Mission Control – verscheen er een troebel beeld van de maan, dat aan uitzendingen vanuit de Apollo 8 deed denken, toen de hele wereld ademloos had toegekeken.

'Uit het rechterraam,' zei Lovell, de verslaggever, 'kunt u nu ons doelwit zien, en ik zal er nu op inzoomen om te kijken of we een wat scherper beeld kunnen krijgen.'

'Het begint nu eindelijk wat groter voor ons te lijken,' zei Haise. 'Ik kan nu met het blote oog bepaalde details onderscheiden. Hoewel het tot nu toe nog steeds een behoorlijk grijze massa is, met hier en daar wat witte vlekken.'

Lovell liet de camera terug de LEM in zwaaien. Op het scherm leek het wel of Haise met een of ander groot stuk doek in de weer was. 'En nu kunnen we Fred bezig zien met zijn favoriete bezigheid,' becommentarieerde Lovell.

'Hij zit toch niet in de kast met eten, hè?' vroeg Lousma.

'Dat is zijn op één na favoriete bezigheid,' zei Lovell. 'Hij is nu bezig met het spannen van zijn hangmat waarin hij zal slapen als hij op de maan is.'

'Begrepen. Slapen en dan eten.'

Lovell duwde zich bij Haise vandaan en begon terug te zweven in de richting van de tunnel. 'Oké, Houston,' zei hij, 'ten behoeve van de televisiekijkers hebben we zojuist een inspectie van Aquarius uitgevoerd, en nu gaan we Odyssey weer in.'

'Oké, Jim. We denken dat we er nu aan onze kant een eind aan moeten maken, maar wat vinden jullie?'

'Als je er een eind aan wilt maken, prima, geen probleem,' stemde Lovell in. Aangezien hij nu zo'n zevenentwintig minuten voor een vrijwel leeg huis had gespeeld, stond hij zichzelf toe onmiskenbare opluchting in zijn stem door te laten klinken. 'We moeten straks het cabinedrukventiel weer activeren.'

'Begrepen,' zei Lousma.

Het cabinedrukventiel was een klein handwiel in de maanlander dat werd gebruikt om ervoor te zorgen dat in beide ruimtevaartuigen een gelijke druk heerste. Toen hij die woorden hoorde, draaide Haise behulpzaam aan het handwiel, waardoor plotseling een gesis klonk en er een schok door beide capsules ging. De camera vasthoudend deinsde Lovell zichtbaar achteruit. Al eerder tijdens de missie was de commandant gaan vermoeden dat het zeer uitbundige medebemanningslid het cabinedrukventiel vaker hanteerde dan strikt noodzakelijk was, enkel en alleen vanwege het schrikeffect dat het op zijn twee medereizigers had, en daaruit een soort kwajongensachtig plezier putte. Maar hier, tijdens de derde volle dag, was de grap er nu wel zo'n beetje af.

'Elke keer dat hij dat doet,' zei Lovell openhartig, 'schrikken we ons het lazarus. Jack, als jij een eind aan de tv-uitzending wil maken, je zegt het maar.'

'Oké, Jim,' besloot Lousma. 'Het was een prachtige show.'

'Ontvangen,' zei Lovell. 'Dat klinkt goed. Dit is de bemanning van de Apollo 13, die iedereen een prettige avond wenst. We staan op het punt om Aquarius af te sluiten en in Odyssey terug te keren voor een aangename avond. Goedenacht.'

En het beeld op het projectiescherm verdween.

In Houston moest Marilyn Lovell glimlachen. Haar man zag er goed uit, hoewel, ook een beetje onverzorgd met die stoppelbaard van drie dagen, en zijn stem klonk gelijkmatig en kalm. Hoewel hij tijdens een tv-show nooit iets zou hebben laten merken als er tijdens de missie iets was waarover hij zich zorgen maakte, zou hij in dat geval toch nooit in staat zijn geweest om het niet op een of andere manier in zijn stem door te laten klinken. Maar van zo'n ondertoon kon Marilyn vanavond geen spoor ontdekken. Haar echtgenoot voelde zich tot nu toe tijdens deze vlucht duidelijk op zijn gemak, en, nam ze aan, keek uit naar het hoogtepunt dat op de maan zou plaatsvinden. Zijzelf was blij dat de missie bijna voor de helft achter de rug was en keek uit naar de landing in de Grote Oceaan. Marilyn wierp een blik op haar horloge, nam snel afscheid van de pr-medewerker van de NASA die samen met haar naar de uitzending had gekeken en zij en Mary Haise vertrokken naar huis om ervoor te zorgen dat de kinderen op tijd op bed lagen.

Beneden op de werkvloer van Mission Control nam Lousma een lijst door met manoeuvres die de bemanning nog moest uitvoeren voor die zelf ook de kans zou krijgen om te gaan slapen. Als Capcom had hij in elk geval een minimale zeggenschap over wanneer de astronauten een bepaalde taak moesten uitvoeren, en hij besloot ze een paar minuten de tijd te geven om hun camera op te bergen en naar hun bank terug te keren, en ze daarna pas via de radio de instructies voor de 'cryo stir', de manoeuvres met de stuurraketten en de gegevens voor de antenne door te geven.

Voor Lovell de tunnel uit had kunnen komen of Haise de LEM had kunnen verlaten, waren de controllers en de bemanningsleden onmiddellijk weer aan het werk gegaan. Op het instrumentenpaneel van de piloot van de commandomodule begon een geel waarschuwingslampje te knipperen, dat erop zou kunnen wijzen – *kunnen* wijzen – dat er een probleem was met de druk in het cryogene systeem. Tegelijkertijd verscheen er een corresponderend signaal op Liebergots console. Liebergot liet zijn blik snel over de informatie op zijn scherm glijden en zag dat het alarm werd veroorzaakt door een te lage druk in een van de waterstoftanks, een tank die de afgelopen twee dagen af en toe al wat meer problemen had gegeven. Als de cryo-tanks of hun inhoudssensoren ook maar een beetje weigerachtig werden, was dat een duidelijke indicatie dat alle vier eens behoorlijk doorgeroerd moesten worden. Terwijl Lovell naar zijn linkerbank terugzweefde en Swigert naar zijn rechtmatige plaats in het midden schoof, begon Houston via de radio instructies door te geven.

'We zouden graag zien dat jullie rechtsom naar 060 rollen en de aflezingen op nul zetten.'

'Oké, dat zullen we doen,' antwoordde Lovell.

'En ook zouden we graag zien dat je de C-4-stuurraketten controleert.'

'Oké, Jack.'

'En dan hebben we nog iets, als jullie daar gelegenheid voor hebben. We zien graag dat jullie de cryo-tanks doorroeren.'

'Oké,' zei Lovell. 'Een ogenblikje.'

Terwijl Lovell zich opmaakte om de stuurraketten bij te stellen en Haise net klaar was met het sluiten van de LEM en door de tunnel terug naar Odyssey zweefde, haalde Swigert de schakelaar over waarmee alle vier de cryogene tanks werden doorgeroerd. Op de grond keken Liebergot en zijn ondersteuningsteam naar hun schermen, wachtend op het stabiliseren van de waterstofdruk dat op het doorroeren zou moeten volgen.

Van alle mogelijke rampenscenario's waar astronauten en controllers tijdens het plannen van een missie rekening mee houden, zijn er maar weinig afgrijselijker – of grilliger, of onverhoedser, of totaler, of angstwekkender – dan plotseling geraakt worden door een toevallige meteoor. Bij snelheden die worden bereikt tijdens een baan rond de aarde, raakt een kosmische zandkorrel met een doorsnede van niet meer dan tweeëneenhalve millimeter het ruimtevaartuig met een energetische dreun die gelijk is aan een bowlingbal die een snelheid van honderd kilometer per uur heeft. De klap die hij uitdeelt is onzichtbaar, maar is wel voldoende om een gapend gat in de bekleding van het ruimteschip te slaan, waardoor in één enkele zucht de druk, nodig om in leven te blijven, wegvalt. Buiten een baan rond de aarde, waar de snelheden vaak nog hoger liggen, was het gevaar nòg groter. Toen de Apollo-astronauten aan hun reizen naar de maan begonnen, waren ze voor één ding het bangst, maar spraken er zo min mogelijk over: de plotselinge schok, de onverhoedse trilling, de onverwachte klap tegen de buitenwand die aangaf dat hun, technisch gezien, meest geavanceerde projectiel en een of ander rondzwervend low-tech projectiel elkaar, op een statistisch gezien absurd punt van samenkomst, gevonden hadden als de veelvuldig aan elkaar 'geklonterde' kogels die ooit bezaaid hadden gelegen op de slagvelden van Gettysburg en Antietam, en hadden elkaar, zoals ook deze kogels, ernstig beschadigd.

In de zestien seconden die volgden op het begin van het doorroeren van de cryo-tanks, voerden de astronauten van de Apollo 13 hun volgende manoeuvres uit en wachtten vervolgens op aanvullende opdrachten, toen een klap-plof-siddering het ruimteschip door elkaar deed schudden. Swigert die in de riemen op zijn bank lag, voelde het ruimteschip onder hem trillen; Lovell, die zich door de commandomodule bewoog, voelde hoe een onweersklap door hem heen denderde; Haise, nog steeds in de tunnel, zag met eigen ogen hoe de wanden om hem heen enigszins van vorm veranderden. Het was iets dat Haise en Swigert nog nooit eerder hadden meegemaakt; en het leek ook niet op iets dat Lovell, met zijn drie eerdere vluchten en al die weken die hij in de kosmos had doorgebracht, eerder had ondergaan.

Lovells eerste impuls was irritatie. Haise! Dat was vast Haise weer met dat verdomde cabinedrukventiel van hem! Die grap was misschien één keertje leuk. Maar twéé keer? Drie keer? Zelfs als je rekening hield met de misplaatste uitbundigheid van dit groentje, dan ging hij nu toch echt te ver. De commandant draaide zich om naar de tunnel teneinde daar de blik van zijn bemanningslid te vangen en hem ziedend van woede aan te kijken. Maar toen de twee mannen elkaar aankeken, was het Lovell die plotseling verbaasd voor zich uit staarde. De ogen van Haise stonden wijd opengesperd, onverwacht zo groot als schoteltjes, met het oogwit aan alle kanten te zien. Dit waren niet de gerimpelde, jolige oogjes van iemand die zojuist opnieuw een geslaagde grap ten koste van de baas had uitgehaald en nu glimlachend op een standje wachtte. In plaats daarvan mochten dit de ogen worden genoemd van iemand die doodsbang was – echt, volkomen en verdomde bang.

'Dat was ìk niet,' bracht Haise met een schorre stem uit als antwoord op de niet-gestelde vraag van de commandant.

Lovell draaide zich naar links om naar Swigert te kijken, maar het resultaat was nihil. Hij zag daar dezelfde verwarring, hetzelfde antwoord, dezelfde *ogen*. Boven Swigerts hoofd, hoog op het middengedeelte van de console voor de commandomodule, knipperde een geelbruin waarschuwingslampje. Op hetzelfde moment klonk er een alarm in Haises koptelefoon en begon er nog een waarschuwingslampje te branden, deze keer aan de rechterkant van het paneel, waar zich de instrumenten voor het elektrisch systeem bevonden. Swigert controleerde de panelen en zag dat er blijkbaar sprake was van een abrupt en onverklaarbaar wegvallen van elektrisch vermogen in wat de bemanning de *main bus* B noemde – een van de twee hoofd-distributiepanelen die samen voor de stroomvoorziening naar alle hardware in de commandomodule zorgden. Als de ene bus geen vermogen meer leverde, betekende dat dat de helft van alle systemen in het ruimteschip geen stroom meer had.

'Hé,' schreeuwde Swigert naar Houston, 'we hebben een probleem.'

'Hier Houston, herhaalt u dat nog eens,' reageerde Lousma.

'Houston, we hebben een probleem,' herhaalde Lovell voor Swigert iets kon zeggen. 'Hoofd-bus B geeft geen vermogen meer.'

'Ontvangen, hoofd-bus B geen vermogen meer. Oké, stand-by, 13, we gaan er naar kijken.'

Sy Liebergot hoorde dit gesprek en begon, net als alle andere controllers in de ruimte, onmiddellijk aandachtig naar zijn scherm te kijken. Maar nog voor hij een blik had kunnen werpen, schreeuwde er een stem in zijn koptelefoon.

'Wat is er met die info aan de hand, EECOM?' Het was de stem van Larry Sheaks, een van de drie mannen van het EECOM-ondersteuningsteam dat voortdurend de levensomstandigheden aan boord van de capsule in de gaten hield en Liebergot hielp bij het oplossen van onregelmatigheden. Direct na Sheaks klonk het ietwat hoge stemgeluid van George Bliss, eveneens een EECOM-technicus: 'We hebben méér dan een probleem.'

Liebergot keek naar zijn monitor en zijn adem stokte. Overal, leek het wel, waren de gegevens in elkaar gezakt. Dit zijn geen getallen die bij een echte vlucht horen, dacht hij. Dit zijn de onaannemelijke slechte getallen die een of andere slimme Simsup je tijdens een training toestuurde als hij wilde zien of je wel oplette.

Maar dit was geen training. Het eerste en slechtste gegeven dat Liebergot opmerkte – pal naast de waterstofcijfers die hij nog maar een ogenblik geleden zo nauwkeurig had gevolgd – was de informatie die betrekking had op de twee belangrijkste zuurstoftanks van het ruimteschip. Volgens zijn gegevens zou tank nummer twee, die de halve hoeveelheid zuurstof voor het hele ruimtevaartuig bevatte, van het ene moment op het andere niet meer bestaan. De cijfers waren plotseling teruggevallen naar nul, als sneeuw voor de zon verdwenen, of zoals controllers het liever noemden, waren er zomaar vandoor gegaan.

'We hebben geen druk meer in O_2-tank twee,' bevestigde Bliss.

Liebergot liet zijn blik razendsnel over het scherm glijden en ontdekte nog meer slecht nieuws. 'Oké, jongens, we hebben geen druk meer in brandstofcel een en twee.'

Een ogenblik lang voelde Liebergot zich kotsmisselijk. Volgens datgene wat hij in zijn koptelefoon hoorde en op zijn scherm zag, was het grootste deel van het energiesysteem van Odyssey, om nog maar te zwijgen over de helft van het atmosferisch systeem, naar de verdommenis. Die diagnose was verschrikkelijk, maar was bij lange na niet beslissend. Het was mogelijk dat er niets met de apparatuur aan de hand was, maar dat alleen de sensoren het voor gezien hielden. Misschien gaven ze alleen maar verkeerde informarie die de indruk wekte dat er problemen waren. Dat gebeurde af en toe, en voor hij te snelle conclusies trok, ging elke goede EECOM eerst eens na of er nog andere mogelijkheden waren.

'Misschien hebben we een instrumentatieprobleem gehad, Flight,' zei Liebergot tegen Kranz. 'Ik ga de boel even op een rijtje zetten.'

'Roger,' – ik heb je gehoord – zei Kranz.

In hun nog steeds schokkende, nog steeds schuddende Odyssey konden Lovell, Swigert en Haise dit gesprek niet horen, maar hun instrumentenpaneel gaf aan dat het wel eens waar zou kunnen zijn. Haise duwde zich de tunnel uit en keerde naar zijn bank terug om de elektrische gegevens af te lezen, en zag dat de hoofd-bus B zich blijkbaar had hersteld.

Hij zuchtte. 'Oké. Momenteel, Houston,' zei hij, 'ziet het voltage er weer goed uit.' En voegde er toen, enigszins gespannen, aan toe: 'We hebben hier een vrij harde knal gehoord, gecombineerd met het aanspringen van waarschuwingslampjes en het alarm.'

'Roger, Fred,' zei Lousma, onverstoord, alsof 'harde knallen' tijdens reizen naar de maan heel gewoon waren.

'Intussen,' vervolgde Lovell, 'gaan we hier verder met het dichtknopen van de tunnel.'

De gelatenheid in Lovells stem was in tegenspraak met de snelheid waarmee dat 'dichtknopen' moest gebeuren. Swigert maakte de riemen los waarmee hij aan zijn bank vastzat en schoot door het onderste uitrustingsruim de tunnel in. Alle drie de astronauten dachten precies hetzelfde: dit was waarschijnlijk een meteoriet. Aangezien de commandomodule in redelijke staat leek te verkeren, lag het voor de hand dat de LEM was geraakt. Als dat zo was, dan moest ogenblikkelijk het luik dichtgetrokken worden en de tunnel luchtdicht worden afgesloten om te voorkomen dat een snel druk verliezende maanlander via de tunnel alle zuurstof uit de commandomodule weg zou zuigen, waarna die in de ruimte zou ontsnappen.

Swigert deed verwoede pogingen het luik op zijn plaats te krijgen, maar zag geen kans het dicht te krijgen. Hij probeerde het opnieuw en het lukte hem weer niet. Hij probeerde het een derde keer en zag nog steeds geen kans het te sluiten. Lovell zweefde de tunnel in, duwde Swigert zachtjes opzij en probeerde het zelf. Inderdaad, het luik leek met geen mogelijkheid goed dicht te krijgen. Na een paar pogingen stak hij zijn handen hulpeloos omhoog en zette het probleem van zich af. Als de integriteit van de LEM was gecompromitteerd, dan zouden de twee capsules nu ongetwijfeld geen druk meer hebben. Als het een meteoriet was geweest, dan had die duidelijk geen schade aangericht aan de bemanningsverblijven van zowel de maanlander als de commandomodule.

'Vergeet het luik verder maar,' zei Lovell tegen Swigert. 'Laten we het alleen maar weghalen en vastzetten op een plek waar we er geen last van hebben.'

Swigert knikte en Lovell zwom de tunnel uit richting onderste uitrustingsruim, en terug naar zijn bank om te zien of hij nog wat wijzer kon worden van zijn instrumentenpaneel. Hij had onmiddellijk goed nieuws voor Mission Control: hoewel de aflezing voor zuurstoftank twee in Houston helemaal mocht zijn weggevallen, in het ruimtevaartuig was die omhooggeschoten. Op Lovells instrumentenpaneel stond de naald die de hoeveelheid aangaf zo hoog, dat hij van de schaalindeling gedrukt leek te worden. Hoewel het misschien niet bepaald een precieze aflezing was, was het verdomd dichter bij het niveau waarop de O_2 zou moeten staan dan het 'leeg'-signaal dat op de schermen van de EECOM was verschenen. Lovell gaf deze blije info aan Lousma door, die antwoordde met een neutraal 'roger' – ontvangen en begrepen.

Specifieker dan 'roger' kon Lousma zich op dit moment niet veroorloven te zijn. Ervan uitgaand dat het geen 'instrumentatieprobleem' was, zoals Liebergot hoopvol had gesuggereerd, was er aan dat wat er zich in het ruimteschip afspeelde geen touw vast te knopen. Technisch gezien kon een probleem in een zuurstoftank, een brandstofcel en een bus, heel goed tegelijkertijd gebeuren, aangezien de tanks voor de aanvoer van de O_2 naar de brandstofcellen zorgden, en de brandstofcellen op hun beurt stroom naar de bus leverden. Praktisch en statistisch gezien was dit bijzonder onwaarschijnlijk. De zuurstoftanks waren samengesteld uit zo min mogelijk onderdelen, waardoor de kans op mankementen beperkt werd gehouden. Zelfs als één tank dienst weigerde, zou de andere tank nog meer dan voldoende zuurstof bevatten om alle drie de cellen van vermogen te voorzien. En zo lang alle drie de brandstofcellen werkten, zouden de beide bussen ook blijven functioneren. De waarschijnlijkheid dat een van deze componenten dienst zou weigeren was er eentje die berekend zou moeten worden met minimaal twee cijfers achter de komma. En de kans dat één tank, twee brandstofcellen en één bus er tegelijkertijd mee op zouden houden, kwam op de numerieke kaarten niet eens vóór.

Om de situatie nog erger te maken, meldden andere controllers in de grote ruimte van Mission Control voortdurend andere onregelmatigheden. Een tel na de schok die de Odyssey door elkaar schudde, kwam Bill Fenner – de *guidance officer*, of GUIDO, een van de mannen die verantwoordelijk waren voor het plannen van de baan van het ruimteschip – aan de lijn om te melden dat hij een *hardware restart* aan boord van het ruimteschip had opgemerkt. Dit sloeg op het proces waarbij aan boord gestationeerde computers een onbekende storing die ergens diep in de ingewanden van het ruimteschip broeide wisten te registreren, waarna de computer een ogenblik lang diep adem leek te halen, om vervolgens aan een datajacht te beginnen om vast te stellen wat er verkeerd was gegaan. In een ruimteschip met zoveel verbijsterende problemen als waarmee de Odyssey nu werd geconfronteerd, mocht een hardware restart nauwelijks opmerkelijk worden genoemd. Maar de computer leek van mening te zijn dat de oorsprong van de klap die de bemanning had gerapporteerd, ergens *binnen* het ruimtevaartuig moest liggen, en niet erbuiten. Dit leek een treffer door een meteoriet uit te sluiten; maar als het geen ruimtesteen was die het ruimteschip door elkaar had geschud, wat dan wel?

Enkele seconden na de klap meldde de instrumentation and communications officer zich op de lijn met de mededeling dat ook hij een probleem had.

'Flight, INCO,' zei hij.

'Zeg het maar, INCO,' antwoordde Kranz.

'Tegen de tijd dat hij dat probleem had zijn we op brede bundeldoorsnede overgeschakeld.'

'Oké. Je zegt dat je op dat punt op brede bundeldoorsnede bent overgeschakeld?'

'Ja.'

'Kijk of je de tijden naast elkaar kunt leggen,' zei Kranz. Toen, voor de duidelijkheid en voor de zekerheid, herhaalde hij: 'Geef de tijd dat je op brede bundeldoorsnede bent overgestapt, INCO.'

Het was het waard om dit nog eens te herhalen, omdat de INCO had gemeld dat toen de mysterieuze schok de Odyssey door elkaar schudde, de radio aan boord van het ruimteschip had besloten op te houden met zenden via zijn high-gain antenne – een krachtige richtantenne – en over te schakelen op vier kleinere, alzijdig-gerichte antennes die rond de servicemodule zaten gemonteerd. En de radio aan boord van een ruimtevaartuig diende niet zo maar eigenmachtig van antenne te veranderen, zoals een televisietoestel ook niet zo maar spontaan van kanaal diende te veranderen.

Voor sommige mensen in de controleruimte was het antenneprobleem op zijn minst een reden enigszins opgelicht adem te halen. Dit móest een instrumentatieprobleem zijn. Een zuurstoftank, een brandstofcel en een bus die het tegelijkertijd voor gezien hielden was toch al heel erg onwaarschijnlijk, maar om te suggereren dat op datzelfde tijdstip ook nog eens een antenne van station begon te wisselen, was te veel van het goede. Dat was net alsof een automonteur jouw splinternieuwe wagen een kleine beurt had gegeven, en met de mededeling kwam dat je accu, je dynamo en je startmotor het niet meer deden, en, o ja, je banden waren plotseling leeggelopen, de radiator was zo lek als een zeef en je portieren waren van hun scharnieren geschoten. Je zou kunnen gaan vermoeden dat het probleem niet zozeer bij je auto lag, alswel bij de monteur.

Kranz, meer dan de meeste aanwezigen, vermoedde dat dit weleens het geval zou kunnen zijn, en riep via de verbindingslijn Liebergot op om te kijken wat hij van plan was.

'Sy, wat wil je gaan doen?' vroeg hij. 'Heb je een sensor die het niet meer doet of zo?'

Lousma vroeg zich hetzelfde af, en verbrak zijn grond/lucht-verbinding net lang genoeg om aan Kranz te vragen: 'Kunnen we ze een of andere aanwijzing geven? Kijken we naar de instrumentatie, of hebben we ècht problemen?'

103

Op de EECOM-lijn had men ook zo zijn twijfels.
'Larry, je gelooft die O_2-druk toch niet, hè?' vroeg Liebergot aan Sheaks.
'Nee, nee,' antwoordde Sheaks. 'Verdeelstuk is goed, omgevings-controlesysteem is goed.'
De scepsis van de controllers werd nog gevoed door het feit dat de aflezingen in de Odyssey niet parallel liepen met die op de grond. Lovell, Swigert en Haise hadden het per slot van rekening al duidelijk gemaakt dat volgens hùn informatie de bus en de O_2-tank in orde waren. Als de getallen niet met elkaar overeenstemmen, waarom zou je dan de slechte cijfers geloven?
In het ruimteschip begonnen de rooskleurige aflezingen die deze hoop gaande hielden echter te veranderen. Haise, die sinds de moeilijkheden waren begonnen constant op zijn instrumentenpaneel had gekeken, ving een glimp op van zijn bus-aflezing, en zijn tijdelijke optimisme verdween ogenblikkelijk. Volgens de sensoren van de Odyssey was hoofd-bus B, die eerder de indruk had gewekt weer bijgetrokken te zijn, opnieuw weggevallen. En wat erger was, die van bus A was ook begonnen weg te vallen. De defecte bus, leek het wel, trok de 'gezonde' met zich mee. Tegelijkertijd keek Lovell naar de wijzerstand van zijn zuurstoftank en brandstofcellen en werd met nog slechter nieuws geconfronteerd: zuurstoftank twee, die volgens de instrumenten een ogenblik geleden nog barstensvol had gezeten, stond nu kurkdroog. En wat hem het meest verontrustte was het feit dat de brandstofcel-aflezingen nu op het instrumentenpaneel van de Odyssey even ongunstig waren als die op het scherm van Liebergot, waarbij twee van de drie cellen helemaal geen energie meer leverden.
Bij het zien van die laatste aflezing had Lovell zin om te spuwen. Als de info over de brandstofcellen juist was, kon hij zijn trip naar Fra Mauro wel op zijn buik schrijven. De NASA had, als het om maanlandingen ging, een hoop regels die onmogelijk konden worden gebroken, en een van de meest onbreekbare regels was: Als je niet over drie volle brandstofcellen kon beschikken, dan ging het feest niet door. Technisch gezien was één cel voldoende om de klus veilig te klaren, maar als het ging om zoiets fundamenteels als elektrisch vermogen, vond de Agency het prettig om over een dik, donzig kussen te kunnen beschikken, en voor de NASA vormden zelfs twee cellen niet voldoende kussen. Lovell wist Swigerts en Haises aandacht te trekken en wees naar de wijzerplaten van de brandstofcellen.
'Als deze kloppen,' zei Lovell, 'gaat de landing niet door.'
Swigert begon het slechte nieuws via de radio naar de grond door te geven. 'Hoofd-bus A laat veel te weinig vermogen zien,' zei hij tegen Houston. 'Het is ongeveer vijfentwintigeneenhalf volt. Hoofd-bus B geeft momenteel nog voldoende energie aan.'
'Roger,' zei Lousma.
'Brandstofcellen een en drie laten momenteel grijze vlaggen zien,' zei Lovell, 'maar volgens de doorstroommeters geven ze nog steeds stroom.'
'Dat hebben we gehoord,' antwoordde Lousma.
'En Jack,' voegde Lovell eraan toe. 'De O_2-cryo-tank nummer twee staat op nul. Heb je dat?'

'O_2-hoeveelheid is nul,' herhaalde Lousma.

Hoewel de ontwikkelingen zonder meer slecht mochten worden genoemd, had Lovell er nu nog een probleem bij. Ruim tien minuten na de eerste klap wiebelde en zwaaide zijn ruimteschip nog steeds heen en weer. Elke keer dat de commandomodule en de eraan bevestigde LEM bewogen, werden automatisch de stuurraketten geactiveerd die die bewegingen moesten zien te neutraliseren, zodat het ruimteschip weer in balans zou worden gebracht. Maar elke keer als ze daarin geslaagd leken te zijn, begon het ruimteschip opnieuw heen en weer te schokken, en ontbrandden de stuurraketten weer.

Lovell greep de handbediening beet die in de console, rechts van zijn zetel, was ingebouwd. Als het automatisch systeem het ruimteschip niet meer stabiel kon houden, slaagde misschien een piloot er in. Lovell maakte zich om meer dan alleen maar esthetische redenen zorgen over het onder controle houden van het ruimteschip. Apollo-ruimtevaartuigen op weg naar de maan vlogen niet zo maar recht vooruit, met de neus van de commandomodule keurig naar voren gericht en de LEM er als een grote, logge motorkapversiering bovenop bevestigd. In plaats daarvan roteerden de vaartuigen traag in een tempo van één omwenteling per minuut. Dit stond bekend als de passieve thermische controle, of PTC, positie, en was bedoeld om de ruimteschepen op een gelijkmatige manier te 'barbecuen', waardoor zou worden voorkomen dat één kant door de gloeiend hete stralen van de ongefilterde zon witheet zou worden, terwijl de andere kant voortdurend in de schaduw zou blijven en er een dikke ijslaag zou ontstaan. De onregelmatige uitbarstingen van de stuurraketten van de Apollo 13 hadden de gracieuze PTC-choreografie al naar de verdommenis geholpen, en tenzij Lovell erin zou slagen het ruimteschip weer onder controle te krijgen, zou hij worden geconfronteerd met het reële gevaar van ultrahoge en ultralage temperaturen die door de huid van de capsule zouden dringen en vervolgens gevoelige apparatuur zouden aantasten. Maar hoe Lovell ook met zijn handbestuurde stuurraketten manipuleerde, hij slaagde er niet in zijn ruimtevaartuig in bedwang te krijgen. Zodra hij de Odyssey had gestabiliseerd, begon de capsule weer afwijkend gedrag te vertonen.

Voor een piloot die al drie keer eerder in de ruimte was geweest, met niet meer dan wat probleempjes met de uitrusting, begon dit onuitstaanbaar te worden. Het elektrisch systeem in Lovells soepel functionerende vaartuig was naar de knoppen, de veilige thuishaven werd in zijn achteruitkijkspiegeltje met een snelheid van ruim 3400 kilometer per uur snel kleiner, en nu werd hij geconfronteerd met een nog groter gevaar omdat *iets* – niemand die het wist – zijn ruimteschip alle kanten uit dreef.

De commandant liet de handbesturing los, ontkoppelde zijn gordel en zweefde omhoog naar het linkerraam om te kijken of hij kon zien wat er buiten aan de hand was. Het was het oudste vliegersinstinct in de wereld. Ondanks het feit dat hij bijna 350.000 kilometer van huis was, in een luchtdicht ruimteschip dat omgeven was door het dodelijk vacuüm van het heelal, was het enige dat Lovell echt nodig had een simpel wandelingetje

105

rond zijn toestel, de mogelijkheid om op zijn gemak een rondje van 360 graden rond zijn ruimteschip te lopen, om de buitenkant eens wat beter te kunnen bekijken, tegen de banden te schoppen, eventuele schade op te nemen, met zijn neus lekkages op te sporen, om vervolgens aan de jongens op de grond de echte problemen door te geven en te horen wat hij moest doen om de boel in orde te maken.

Maar hij moest genoegen nemen met alleen maar naar buiten te kunnen kijken, in de hoop dat – met wat voor probleem Odyssey ook opgezadeld mocht zijn – op de een of andere manier duidelijk zou worden wat er precies aan schortte. De kans om op deze wijze de kwaal van het ruimteschip vast te stellen was erg klein, maar desalniettemin werd er onmiddellijk resultaat geboekt. Zodra Lovell zijn neus tegen het glas drukte, zag hij een dunne, witte, gasachtige wolk die het ruimteschip omringde, direct kristalliserend bij het maken van contact met de ruimte, waardoor er een iriserende halo ontstond die zich ragfijn kilometerslang naar alle richtingen uitstrekte. Lovell haalde diep adem en begon te vermoeden dat hij wel eens heel diep in de problemen zou kunnen zitten.

Als er één ding is dat de commandant van een ruimteschip níet wil zien als hij door een raampje naar buiten kijkt, is het iets dat uit zijn capsule ontsnapt. Zoals een verkeersvlieger er niet aan moet denken dat er rook uit een vleugel komt, hebben ruimtepiloten een enorme hekel aan het fenomeen *venting*, het in de ruimte ontsnappen van stoffen. Venting kan nooit worden afgedaan als een probleem met de instrumenten, venting kan nooit worden weggewuifd als zijnde onsamenhangende informatie. Venting betekent dat iets de integriteit van je ruimteschip heeft aangetast en dat het zijn levenssappen langzaam, mischien wel met fataal resultaat, in het heelal laat wegvloeien.

Lovell staarde naar de groeiende gaswolk. Als de brandstofcellen geen streep door zijn maanlanding hadden gehaald, dan deed dit het wel. Op een bepaalde manier voelde hij zich vreemd filosofisch worden – risico's van het vak, de regels van het spel en dat soort dingen. Hij wist dat zijn landing op de maan pas zeker was wanneer de poten van de LEM steun in het maanstof hadden gevonden, en nu zag het ernaar uit dat dat nooit zou gaan gebeuren. Op een bepaald moment, begreep Lovell, zou hij dat feit betreuren, maar die tijd was nog niet aangebroken. Hij moest nu Houston op de hoogte brengen – waar ze nog steeds de instrumenten controleerden en de aflezingen ervan analyseerden – dat het antwoord niet gevonden kon worden in de data, maar in een zacht gloeiende wolk die het gewonde ruimteschip omringde.

'Ik krijg de indruk,' zei Lovell onaangedaan tegen de grond, 'dat we iets aan het lozen zijn.' Vervolgens, om het te benadrukken, en misschien om zichzelf te overtuigen, herhaalde hij: 'We lozen iets in de ruimte.'

'Roger,' reageerde Lousma op de verplichte, zakelijke toon van de Capcom, 'wij noteren dat jullie aan het lozen zijn.'

'Het is een of ander soort gas,' zei Lovell.

'Kun je me er iets meer over vertellen? Waar komt het vandaan?'

'Het komt op dit moment uit raam één, Jack,' antwoordde Lovell, met zoveel mogelijk details komend als zijn beperkte uitzicht maar toestond.

De kalm doorgegeven melding van het ruimteschip sloeg in de controleruimte in als een bom.
'De bemanning denkt dat ze iets aan het lozen zijn,' zei Lousma tegen de mensen die meeluisterden.
'Dat heb ik gehoord,' zei Kranz.
'Heb je dat, Flight?' vroeg Lousma voor de zekerheid.
'Roger,' verzekerde Kranz hem. 'Oké, iedereen, laten we eens nagaan wat het kan zijn dat ze lozen. GNC, heb je iets op je scherm dat abnormaal is?'
'Nee, Flight.'
'En bij jou, EECOM? Kun jij met de instrumenten die je hebt zien of er iets geloosd wordt?'
'Dat is inderdaad het geval, Flight,' zei Liebergot, denkend, uiteraard, aan zuurstoftank twee. Als een gastank volgens de instrumenten plotseling leeg was, en het ruimteschip wordt door een gaswolk omringd, dan is het zeer waarschijnlijk dat die twee gebeurtenissen met elkaar in verband staan, vooral als aan deze toestand een uiterst verdachte klap is voorafgegaan die het hele ruimtevaartuig deed schudden. 'Laat me even naar het systeem kijken voor wat het lozen betreft,' zei Liebergot tegen Flight.
'Oké, laten we er naar kijken,' was Kranz het met hem eens. 'Ik neem aan dat je je ondersteunings-EECOM hebt gewaarschuwd om te kijken of we hier wat meer mensen op kunnen zetten.'
'Ik heb er hier eentje bij me.'
'Roger.'
De verandering op de verbindingslijn en in de controleruimte was tastbaar. Niemand zei iets hardop, niemand verklaarde iets officieel, maar de controllers begonnen in te zien dat de Apollo 13, die nog maar net twee dagen daarvoor triomfantelijk was gelanceerd, misschien zojuist was veranderd van een briljante missie die nieuwe ontdekkingen moest opleveren, naar eentje die alleen maar op zoek was naar een manier om te overleven. Toen dit besef tot de controleruimte doordrong, kwam Kranz op de lijn.
'Oké,' begon hij. 'Laten we allemaal proberen het hoofd koel te houden. Laten we er voor zorgen dat we niets doen waardoor de elektrische stroom uitvalt of we brandstofcel nummer twee kwijtraken. Laten we het probleem oplossen, maar laten we de zaak niet erger maken door er maar naar te raden.'
Lovell, Swigert en Haise konden Kranz' speech niet horen, maar op dat moment hoefde niemand hun te zeggen dat ze het hoofd koel moesten zien te houden. De maanlanding ging definitief niet door, maar verder verkeerden ze vermoedelijk niet in direct gevaar. Zoals Kranz had gezegd was brandstofcel twee in orde. De bemanning en de controllers wisten dat zuurstoftank een nog steeds functioneerde. Niet voor niets voorzag de NASA de reservesystemen in zijn ruimteschepen ook nog eens van reservesystemen. Een ruimtevaartuig met één cel en één tank met lucht mocht dan niet geschikt zijn om je naar Fra Mauro te brengen, het was in elk geval voldoende om je terug naar de aarde te brengen.

Lovell zweefde naar het midden van de commandomodule om te zien hoeveel er nog in zijn resterende zuurstoftank zat en om te kijken hoeveel speelruimte hen dat gaf. Als de technici het goed hadden gepland, zou de bemanning nog met een ruime reserve-hoeveelheid O_2 op aarde terugkeren. De commandant wierp een blik op de meter en verstijfde: de wijzer van de tank gaf duidelijk minder dan helemaal vol aan en liep merkbaar terug. Terwijl Lovell bijna in trance toekeek, kon hij duidelijk waarnemen hoe de wijzer in een griezelig traag tempo terugliep. Lovell moest aan de brandstofmeter van een auto denken. Gek eigenlijk dat je de wijzer daarvan nooit kon zien teruglopen; gek eigenlijk hoe die altijd onbeweeglijk op dezelfde plek leek te hangen, maar desondanks was hij onmiskenbaar op weg naar 'leeg'. Deze naald echter bewoog duidelijk.

Die ontdekking, angstaanjagend als zij was, verklaarde een hoop. Wat er ook met tank twee was gebeurd, die toestand lag achter hen. Die tank functioneerde niet meer, was uit elkaar gespat of was op een naad opengescheurd of iets dergelijks, maar naast het feit dat-ie het niet meer deed, was het ook niet langer meer een factor in het functioneren van het ruimteschip. Tank één echter, vertoonde alleen nog maar een langzame lekkage. De inhoud stroomde blijkbaar in het luchtledige, en de kracht van het lek was ongetwijfeld verantwoordelijk voor de ongecontroleerde bewegingen van het ruimtevaartuig. Het was aardig om te weten dat tegen de tijd dat de naald uiteindelijk op nul zou staan, de trillingen van Odyssey automatisch zouden ophouden. Daar stond uiteraard tegenover dat het ruimteschip dan niet meer in staat zou zijn om het leven van de bemanning in stand te houden.

Lovell wist dat Houston moest worden gewaarschuwd. De verandering in druk was zo subtiel dat die nog niet door de controllers kon zijn opgemerkt. De beste manier – de instinctieve manier van de vlieger – was om net te doen of het nauwelijks iets te betekenen had; doe nonchalant. Hé, jongens, hebben jullie ook iets aan die andere tank gemerkt? Lovell stootte Swigert aan, wees naar de meter van tank een, en wees vervolgens naar zijn microfoon. Swigert knikte.

'Jack,' vroeg de piloot van de commandomodule kalm, 'heb je de cryodruk van O_2-tank een?'

Er was een pauze. Misschien keek Lousma naar Liebergots monitor, misschien vertelde Liebergot het hem buiten de communicatielijn om. Misschien wist hij het al. 'Inderdaad,' zei de Capcom.

Voor zover Lovell er iets van kon zeggen, zou het een tijdje duren voor de ontknoping van dit alles zou plaatsvinden. Hij kon onmogelijk berekenen hoe snel de tank leegliep, maar als de bewegende naald daarvoor een indicatie was, dan had hij nog een paar uur de tijd voor de 145 kilo zuurstof verdwenen waren. Als die tank uiteindelijk leeg zou zijn, zou de enige lucht en elektriciteit aan boord afkomstig zijn van een drietal compacte accu's en één enkele, kleine zuurstoftank. Deze waren bedoeld voor gebruik helemaal aan het eind van de vlucht, wanneer de commandomodule van de servicemodule zou worden gescheiden, en tijdens de terugkeer in de atmosfeer nog een paar keer wat energiestoten en wat zuchtjes lucht nodig waren. De kleine tank en de accu's konden slechts een paar uur functioneren. Als je dit combineerde met dat wat nog in de sissende zuurstoftank zat, kon Odyssey in z'n eentje de bemanning in leven houden tot ergens tussen middernacht en 3 uur 's ochtends Houston-tijd. Het was nu even na tienen 's avonds.

Maar Odyssey was niet in z'n eentje. Aan zijn neus bevestigd zat de fris en gezonde, dik in zijn brandstof zittende Aquarius, een Aquarius zonder lekkages, zonder gaswolken. Een Aquarius die comfortabel ruimte bood aan twee man, en in geval van nood – met wat passen en meten – aan drie. Wat er ook met Odyssey mocht gebeuren, Aquarius zou kans zien de bemanning te beschermen. Voor een tijdje althans. Vanaf dit punt in de ruimte, wist Lovell, zou een terugkeer naar de aarde ongeveer honderd uur duren. De LEM had genoeg lucht en energie voor de pakweg vijfenveertig uur die nodig zouden zijn om naar het maanoppervlak af te dalen, daar anderhalve dag te blijven, en weer terug te vliegen voor een rendezvous met Odyssey. En dat die lucht en het vermogen alleen maar voldoende waren voor die vijfenveertig uur als er twee man aan boord waren; stop er nog een passagier bij en die tijd werd aanzienlijk minder. De watervoorraad aan boord van de maanlander was net zo beperkt.

Maar Lovell realiseerde zich dat Aquarius momenteel wel eens de enige optie zou kunnen zijn. Hij keek door de cabine naar Fred Haise, de piloot van de maanmodule. Van hen drieën was Haise degene die de LEM het best kende, had hij er het langst mee getraind en moest hij degene zijn die uit de beperkte middelen het meeste zou weten te halen.

'Als we graag thuis willen komen,' zei Lovell tegen zijn mede-bemanningslid, 'dan zullen we Aquarius moeten gebruiken.'

Op de grond had Liebergot de wegvallende druk in tank een op ongeveer hetzelfde moment ontdekt als Lovell. In tegenstelling met de commandant van de missie, was de EECOM, die op veilige afstand in de controleruimte in Houston zat, nog niet bereid om zijn ruimteschip op te geven, hoewel hij tegelijkertijd ook niet zo gek veel hoop meer koesterde. Liebergot draaide zich naar rechts om, waar Bob Heselmeyer zat, de man die verantwoordelijk was voor de levensomstandigheden in de LEM. Op dit moment konden de EECOM en zijn tegenhanger bij de maanlander niet in totaal andere werelden vertoeven. Ze waren beiden met dezelfde missie bezig, worstelden beiden met dezelfde crisis, en toch keek Liebergot vanuit een gapend gat naar een console vol knipperende lampjes en misselijkmakende informatie, terwijl Heselmeyer naar een sluimerende Aquarius keek die niet één zorgelijke aflezing naar de aarde doorgaf.

Liebergot wierp een korte, bijna jaloerse blik op Heselmeyers volmaakte schermpje, met alle perfecte getallen, om vervolgens weer grimmig naar zijn eigen console te kijken. Aan beide kanten van de monitor zaten handgrepen die door monteurs werden gebruikt om het scherm voor reparatie of onderhoud uit de console te trekken. Liebergot ontdekte plotseling dat hij die handgrepen al een tijdje in een soort doodsgreep vasthield. Hij liet ze los en schudde met zijn armen om de bloedsomloop te herstellen – maar niet voordat hij geconstateerd had dat de ruggen van beide handen veranderd waren in een koud, bloedeloos wit.

5

Maandag 13 april, 22:40 uur eastern time

Wally Schirra had zich al de hele avond verheugd op een Cutty Sark met water. De afgelopen vier uur had hij alleen maar gegrinnikt en overvriendelijk handjes geschud, een glas sodawater koesterend, terwijl de mensen om hem heen op een plezierige wijze aangeschoten raakten. Nu was het zijn kans om er ook eentje achterover te slaan – een kleintje tenminste.

Schirra vond het niet echt erg om de enige nuchtere ziel te zijn op een feestje waar iedereen avondkleding aanhad. En vond hij het wèl erg, dan was hij lang geleden opgehouden het te merken. Dit was avondwerk voor Wally, een van die talloze representatieve avonden waar hij niet onderuit kon, en zoals hij en de andere astronauten al lang geleden hadden gemerkt, was drinken tijdens dit soort avondjes hetzelfde als drinken tijdens het werk. Je deed het gewoon niet – het risico was veel te groot dat hij een uitglijder zou maken die de krant of de televisie of het hoofdkantoor van de NASA zou halen. Als de avond achter de rug was, kon hij doen wat hij wilde, maar zolang hij hier was, was hij aan het werk.

Schirra was aanwezig op een avond van de American Petroleum Club in New York. Hij was niet alleen een speciale gast, maar had ook nog eens een uitnodiging gekregen een korte toespraak te houden. Gewoonlijk zou de ex-astronaut niet zomaar even naar New York vliegen voor zo'n avondje; maar hij mocht dit groepje mensen wel en vond het prettig hun bijeenkomsten bij te wonen. Bovendien moest hij toch in de stad zijn. Sinds hij begin 1969 ontslag had genomen bij de Agency, stond Schirra onder contract bij CBS om Walter Cronkite bij te staan bij het verslaan van alle Apollo-maanlandingen. Zijn eerste opdracht was de Apollo 11 geweest, in juli 1969, toen, in november, de Apollo 12. Net twee dagen geleden hadden hij en Cronkite de lancering van de Apollo 13 verslagen. Morgen zouden Jim Lovell, Jack Swigert en Fred Haise zich op hun maanlanding gaan voorbereiden, en Schirra zou in de buurt zijn om ook dat te helpen verslaan.

Maar dat was morgen. Op dit moment was Schirra bezig met het afronden van zijn taken op de Petroleum Club en op weg naar Toots Shor's op West 52nd Street, aan de andere kant van de stad. Wally kende Toots goed, en ondanks het feit dat het al laat was, wist hij dat de joviale restauranteigenaar wellicht een volle tent had. Schirra arriveerde bij het etablissement, liep door naar de bar en bestelde zijn Cutty Sark met water. Zoals hij al verwacht had was het vol. En zoals verwacht kwam samen met zijn drankje ook Toots zijn kant uit, die zich dwars door de mensenmenigte heen moest worstelen en nogal gehaast leek. Als groet glimlachte Wally Toots toe, maar Toots lachte vreemd genoeg niet terug.

'Wally, laat die borrel maar staan,' zei Shor toen hij bij hem was.

'Wat is er aan de hand, Toots?'

'We zijn net gebeld – in Houston is de pleuris uitgebroken.'

'Wat is er dan gebeurd?'

'Ik weet het echt niet, maar ze hebben een of ander probleem. Een gróót probleem, Wally. Er staat een auto van CBS voor die je op komt halen. Cronkite heeft een ingelaste uitzending, en jij wordt geacht daarbij te zijn.'

Schirra holde naar buiten en zag dat er inderdaad een wagen op hem stond te wachten. Hij sprong achterin, noemde zijn naam en met een nauwelijks merkbaar knikje startte de chauffeur de wagen en reed de stad in. Toen de auto CBS bereikte, rende Schirra naar de studio en zag dat Cronkite elk moment met de uitzending kon beginnen.

De presentator zag er slecht uit. Hij riep Schirra naar zich toe en stak hem een stapeltje telexberichten toe. Schirra nam de tekst snel door en met elke zin zonk de moed hem verder in de schoenen. Dit was erg. Dit was erger dan erg. Dit was... ongehoord. Hij had duizend vragen, maar er was geen tijd om ze te stellen.

'We starten over een minuut,' zei Cronkite hem, 'maar zó kun je niet voor de camera.'

Schirra keek naar beneden en realiseerde zich dat hij nog steeds zijn avondkleding aanhad waarin hij de avond was begonnen. Cronkite stuurde iemand naar zijn kleedkamer, om enkele seconden later terug te keren met een tweed jasje van de journalist, compleet met stukken op de ellebogen, en een sjofele das. Schirra bleef staan en kreeg snel wat make-up op, om vervolgens Cronkites jasje over zijn gesteven smokinghemd aan te trekken. Dwars door de stof van het overhemd heen kriebelde het tweed afgrijselijk, maar er was niets dat Schirra daar nu nog aan kon doen.

De floormanager gebaarde dat Cronkite en Schirra naar de presentatietafel moesten, en de journalist en de astronaut namen plaats. Enkele seconden later floepte het rode lichtje op de camera aan en in het hele land vulden televisieschermen zich met het beeld van een onverstoorbare Walter Cronkite en een enigszins verbijsterde Wally Schirra. Cronkite begon zijn tekst voor te lezen, en het was tóen pas, toen Amerika de volle omvang te horen kreeg van de crisis die zich aan boord van Apollo 13 aan het ontvouwen was, dat Schirra te horen kreeg wat er aan de hand was. Een seconde later was hij het gek-makende gekriebel van het geleende jasje vergeten.

Aan de andere kant van de stad was het ijs in de Cutty Sark die Wally in de steek had moeten laten nog niet eens gesmolten.

De rit vanaf het Manned Spacecraft Center in Houston naar het voorstadje Timber Cove nam ongeveer een kwartier in beslag, maar op een rustige avond, zonder verkeer, kon Marilyn Lovell het ook wel eens in elf, twaalf minuten rijden. Vanavond was het zo'n avond, en Marilyn wist dat ze op tijd thuis zou zijn om haar jongste kind, de vier jaar oude Jeffrey, in te stoppen, en Susan en Barbara nog op een christelijke tijd naar bed te laten gaan. Marilyn, zoals de meeste NASA-vrouwen, had deze route wel duizend keer gereden, maar vanavond zou ze de trip veel liever niet hebben gemaakt.

De eerste drie keer dat haar echtgenoot een ruimtereis had gemaakt, was alles een stuk eenvoudiger geweest. Toen had de NASA de grote televisiemaatschappijen nog in een ijzeren greep gehad en hadden ze moeiteloos alle televisietijd gekregen die ze wilden. Marilyn voelde zich onwillekeurig een beetje belazerd nu alles zo anders was geworden. Toen vijf maanden geleden de Apollo 12 omhoog was gegaan, had Jane Conrad tenminste nog een *paar* van Petes uitzendingen tussen de maan en de aarde kunnen zien zonder er helemaal voor naar het Space Center te hoeven rijden. Voor die vlucht hadden de NASA-bazen nog steeds de hoop gekoesterd de enorme hoeveelheden tv-kijkers vast te kunnen houden die tijdens de Apollo 11 aan hun toestel gekluisterd hadden gezeten, en hadden zelfs geprobeerd de p.r. naar een hoger plan te vijzelen door de simpele zwartwitcamera te schrappen die Neil en Buzz op het maanoppervlak hadden gebruikt, en die te vervangen door een moderne kleurencamera. Het leek een goed idee te zijn, maar slechts tot het moment dat Al Bean en Pete voet op het maanoppervlak zetten en hun prachtige nieuwe camera per ongeluk op de maan richtten, waardoor het enige objectief onmiddellijk doorbrandde, zodat voor de rest van de trip alle uitzendingen afgelast moesten worden. Vanaf dat moment werd het wat NASA en de grote televisiemaatschappijen betrof alleen maar minder, en hoewel technici van de Agency de camera's aan boord van de Apollo 13 met een sterkere filter hadden uitgerust, waardoor probleemloze uitzendingen richting aarde waren verzekerd, hadden de televisiestations voornamelijk de schouders opgehaald over dit aanbod. Dank zij de NASA was Marilyn in staat om tijdens deze trip zoveel van haar echtgenoot te zien als ze maar wilde, maar dank zij de grote televisiemaatschappijen was dat niet mogelijk vanuit haar eigen woonkamer.

Marilyn reed haar wagen de oprit aan Lazywood Lane op, deed de motor uit en wierp een snelle blik op haar horloge. Het was al te laat om haar vierde kind, de vijftienjarige Jay, die op St. John's Military Academy in Wisconsin zat, nog te bellen om te zeggen dat de uitzending goed was verlopen en dat zijn vader er uitstekend uitzag. Jay wist dat als er iets niet in orde was, hij onmiddellijk zou worden gewaarschuwd, maar Marilyn gaf er de voorkeur aan het hem zelf te vertellen. Nou zou ze tot morgen moeten wachten.

Terwijl Marilyn Susan en Barbara richting huis maande, haastte ze zich het pad op. Elsa Johnson, een vriendin van Cape Canaveral, logeerde tijdens de week waarin de maanmissie plaatsvond bij die Lovells die op de aarde achterbleven en had zich bereid verklaard om die avond op Jeffrey te passen, en Marilyn wilde haar graag zo snel mogelijk aflossen. Astronautenvrouwen waren intens dankbaar voor vriendschap en gezelschap tijdens de buitenaardse zakenreizen van hun echtgenoten, en Marilyn wilde geen misbruik maken van Elsa's edelmoedigheid.

'Hoe was het met Jim?' vroeg Elsa zodra Marilyn naar binnen stapte, waarbij Susan en Barbara voor haar uit renden.

'Uitstekend,' zei Marilyn. 'Tevreden en ontspannen. Ze zien eruit alsof ze erg veel plezier hebben daarboven. Hoe is het met Jeffrey?'

'Die slaapt al. Hij dommelde direct in.'

Marilyn hing haar vest in de kast, liep de woonkamer binnen en schrok enigszins toen ze op de bank een man een tijdschrift zag lezen. Toen moest ze glimlachen en zwaaide hem gedag. De man was Bob McMurrey, een lid van het protocolbureau van NASA. De vrouw en kinderen van elk bemanningslid kregen standaard elk minimaal één protocolman toegewezen, die tot taak had van de lancering tot aan de splashdown bij het gezin in te wonen en hen tegen de pers en toeschouwers te beschermen – want beide groepen hadden soms de gewoonte het gezin van de astronaut vanaf het trottoir aan te gapen – en onverwachte ontwikkelingen tijdens de vlucht te verklaren.

Gewoonlijk was dit een erg zware taak, en McMurrey, die ook al tijdens de Apollo 8 aan de Lovells was toegewezen, was eraan gewend lange uren te maken. Voor de Apollo 13 echter stonden er echter geen toeschouwers of verslaggevers op de stoep, terwijl er zich – tot nu toe – ook geen onverwachte ontwikkelingen hadden voorgedaan. McMurrey had de afgelopen paar dagen weinig anders gedaan dan wat hij vanavond had gedaan – op de bank zitten, koffie drinken, en weer eens een tijdschrift lezend van de dikke stapel naast hem. Vlak naast hem op de vloer completeerde Christi, de collie van de familie Lovell, het huiselijke beeld: hij lag half-slapend aan McMurrey's voeten, alsof hij deze reserve pater familias, nu de echte weg was, accepteerde.

Marilyn had voor vanavond op wat extra gezelschap gehoopt en had eerder die dag haar buurvrouw, Betty Benware, voor een drankje uitgenodigd, maar Betty had zich verontschuldigd. Haar echtgenoot, Bob, stond aan het hoofd van een groepje werknemers van Philco-Ford dat het onderhoud verzorgde aan de consoles en andere apparatuur in Mission Control, en het echtpaar had net twee dagen moeten optrekken met zijn bazen, die waren komen kijken hoe de zaken tijdens een echte vlucht verliepen.

Afgezien van de protocolman, was de enige andere directe connectie die Marilyn tijdens de lange dagen van de missie met het Space Center had, een kleine luidspreker die de NASA drie dagen eerder in haar slaapkamer had geïnstalleerd. Die fungeerde in feite als een intercom die een astronautenvrouw in staat stelde om vierentwintig uur per etmaal naar de gesprekken tussen haar man en de Capcom te luisteren – zelf deelnemen aan het gesprek kon ze niet. Meer dan negentig procent van dat wat over deze lijn te horen was, was voor de gezinnen volkomen onbegrijpelijk – een hoop cijfers en gegevens die soms zelfs door de vluchtleiders zèlf uiterst saai en langdradig gevonden werden. Maar Marilyn en de andere vrouwen luisterden niet zozeer naar de woorden als naar de Toon – de Toon die op moeilijkheden kon duiden, de zogenaamde *Trouble Tone* – en voor dat doel was dit doosje onmisbaar. Op dit tijdstip van de avond, terwijl de bemanning al probeerde te slapen, kwam er alleen maar geruis uit de intercom. En terwijl McMurrey zich het in de woonkamer gemakkelijk maakte en verder niets te melden had, ging Marilyn ervan uit dat ze de missie wel even uit haar gedachten kon bannen en liep naar de keuken om samen met Elsa koffie te zetten. Maar voor ze de keuken bereikte ging de voordeur open en stapten Pete en Jane Conrad naar binnen.

'Heb je hem gezien?' vroeg Jane aan Marilyn.

'Ik heb ze allemaal gezien,' zei Marilyn. 'Ze zien er uitstekend uit. Alles lijkt precies volgens plan te gaan.'

'Jim heeft de situatie volkomen in de hand,' merkte Conrad op.

'Ik had het alleen leuk gevonden als ze die beelden via de televisie hadden uitgezonden,' zei Marilyn. 'Zodat de mensen kunnen zien wat een goed werk ze daar doen.'

'Ze zenden er een minuutje van uit tijdens het late nieuws,' zei Jane, 'al was het alleen maar om iedereen eraan te herinneren dat ze nog in de ruimte zitten.'

Marilyn stond op het punt Pete en Jane naar de keuken voor te gaan om daar koffie in te schenken, toen de telefoon rinkelde. McMurrey maakte aanstalten overeind te komen, maar Marilyn was dichter bij het toestel en gebaarde glimlachend dat hij kon blijven zitten en nam zelf op.

'Marilyn?' vroeg een aarzelende stem aan de andere kant van de lijn. 'Je spreekt met Jerry Hammack. Ik bel vanuit het Center.' Jerry Hammack en zijn vrouw Adeline woonden aan de overkant van de straat en waren goede vrienden van de Lovells. Hammack zelf was hoofd van het NASA-bergingsteam dat verantwoordelijk was voor het uit het water plukken van de Apollo-capsules aan het eind van hun missie.

'Jerry,' zei Marilyn verrast, 'wat doe je nog zo laat op je werk?'

'Ik wilde je alleen maar laten weten dat je je nergens zorgen over hoeft te maken. De Russen, de Japanners en een hoop andere landen hebben al hulp bij de berging aangeboden. We kunnen ze in zo'n beetje elke oceaan laten landen en ze binnen de kortste keren aan boord van een vliegdekschip hebben.'

'Jerry, waar hèb je het over? Heb je gedronken?'

'Heeft niemand jou dan nog iets verteld?'

'Me wàt verteld?'

'Over het probleem...'

In elk stadje verspreidt het nieuws over problemen in de plaatselijke fabriek zich als een lopend vuurtje. In de buitenwijken van Houston, waar de 'fabriek' in dit geval door Mission Control werd gevormd, en de waarschijnlijkheid van het zich voordoen van problemen altijd onplezierig hoog was, verspreidt dit soort nieuws zich nòg sneller. Vlak in de buurt, in het huis van de familie Borman, rinkelde de telefoon ongeveer op hetzelfde tijdstip als in het huis van Marilyn Lovell. De voormalige Apollo 8-commandant luisterde naar het nieuws uit het Space Center, legde de hoorn op de haak en draaide zich om naar Susan.

'Lovell zit in moeilijkheden,' zei Borman. 'En het ziet er níet goed voor hem uit. Ik ga naar de NASA. Misschien kun jij naar hun huis gaan.'

Susan pakte de hoorn die Borman zojuist had neergelegd en belde het in de buurt staande huis van de familie McCullough, waar Marilyns vriendin Carmie woonde.

'Frank zegt dat er problemen met de maanvlucht zijn,' zei ze. 'Ik ben over vijf minuten bij Marilyn, kom jij er ook naar toe.'

In het huis naast dat van de Lovells werd de familie Benware ook nog eens een keertje zèlf door het Space Center gebeld.

'Je kunt maar beter even naar de buren gaan,' zei Bob tegen zijn vrouw Betty nadat hij het nieuws had gehoord. 'Ik moet zo snel mogelijk naar mijn werk.'

In het huis van de familie Lovell was Marilyn, nauwelijks thuis van haar snelle rit vanaf het Space Center, zich van dit alles niet bewust.

'Wat voor een probleem?' vroeg ze nu aan Hammack, met een stem die nu merkbaar hoger klonk. 'Jerry, ik heb Jim net op de tv gezien. Alles was in orde!' In de keuken draaiden Elsa en Jane zich om.

'Eh, nou, níet alles is in orde. Er zijn een paar dingen fout gegaan.'

'Wat voor dingen?'

'Nou... het is voornamelijk een stroomprobleem,' antwoordde Hammack, die een slag om de arm probeerde te houden. 'Om precies te zijn, een probleem met een brandstofcel. Ze kunnen over steeds minder elektriciteit beschikken en, nou, het ziet ernaar uit dat ze niet in staat zijn straks die landing te maken.' Marilyn hoorde op de achtergrond in de studeerkamer de tweede telefoon overgaan en zag McMurrey hard hollen om hem op te nemen.

'O, Jerry, dat is vreselijk,' zei ze. 'Jim heeft er zo hard voor gewerkt. Hij zal zo teleurgesteld zijn.' Ze ving Janes blik op en Jane vroeg geluidloos: 'Wat is er gebeurd?' Marilyn hield haar hand omhoog om te gebaren dat ze even moest wachten.

'Ja, dat zal hij zeker zijn,' zei Hammack. 'Maar hoe dan ook, ik wil niet dat je je zorgen maakt. We doen hier alles wat we kunnen.'

Marilyn legde neer en draaide zich om naar Jane. 'Dit is vreselijk,' zei ze. 'Er is iets aan de hand met een brandstofcel en ze gelasten de landing af. Dat was de enige reden waarom Jim weer mee omhoog is gegaan, en nu moet-ie straks omdraaien en naar huis komen.'

'Marilyn, wat spijt me dat,' zei Jane. De twee vriendinnen sloegen even zusterlijk de armen om elkaar heen, en over Janes schouder zag Marilyn Conrad en McMurrey in de studeerkamer staan, druk bezig met een gefluisterde conversatie. Conrad zag er bleek en verward uit; zijn ogen waren wijd opengesperd.

'Marilyn,' zei Conrad schor, 'waar is de intercom?'

'Waar heb je de intercom voor nodig?' vroeg Marilyn.

'Heeft nog niemand met je gesproken?'

'Jawel, ik heb net met Jerry Hammack gesproken. Hij had het over een probleem met een brandstofcel.'

'Marilyn,' zei Conrad kalm, 'het is meer dan alleen een probleem met een brandstofcel.'

Conrad leidde Marilyn naar een stoel, liet haar gaan zitten en legde alles uit wat de protocolman hem zojuist had verteld: het verdwijnen van de zuurstof in tank twee, het probleem met tank een, het lozen, het ronddraaien, het vermogen dat plotseling nagenoeg was weggevallen, de ijler wordende lucht, en het ergst van alles, de mysterieuze klap waarmee alles was begonnen. Marilyn luisterde en voelde zich plotseling misselijk worden. Dit alles werd helemaal niet geacht te gebeuren. Voor Jim aan deze ruimtereis was begonnen, was dit precies datgene waarvan hij beloofd had dat het nóóit zou gebeuren.

Marilyn kwam uit haar stoel overeind, haastte zich naar het televisietoestel en deed het aan. Instinctief koos ze niet voor CBS, waar de vriend van de familie Wally Schirra bezig zou zijn, maar voor ABC, waar Jules Bergman, de gigant onder de wetenschapscorrespondenten, gevonden kon worden. Ze had er bijna onmiddellijk spijt van. Bergman, ontdekte ze, had het over dezelfde zuurstoftanks die Conrad zojuist had genoemd, over dezelfde vreemde bewegingen die het ruimteschip maakte, dezelfde geheimzinnige klap. Maar in tegenstelling met Conrad had Bergman het ook nog over iets anders: de kansen om weer veilig de aarde te bereiken. Terwijl Marilyn luisterde vertelde Bergman zijn toehoorders dat, hoewel niemand dit soort zaken exact kon voorspellen, de kans dat de bemanning van de Apollo 13 levend de aarde zou bereiken niet meer was dan pakweg tien procent.

Marilyn wendde zich van het scherm af en sloeg haar handen voor haar gezicht. Het percentage dat de presentator noemde was al erg genoeg, maar zelfs als hij het over gunstiger percentages had gehad en gelukkiger uitkomsten had genoemd, dan waren zijn woorden nog steeds uiterst ontmoedigend. Hoewel niemand anders in de kamer die herkende, merkte Marilyn onmiddellijk dat Bergman, net als Conrad en Hammack vóór hem, de Toon was gaan gebruiken.

Door heel Houston heen kregen nu ook andere mensen, mensen die zich niet in Mission Control bevonden en ook geen familie of vrienden van de in nood verkerende astronauten waren, op diverse manier het nieuws te horen. Op het dak van Gebouw 16A van het Manned Spacecraft Center was technicus Andy Saulietes samen met drie collega's druk bezig aan een hele batterij kostbare astronomische apparatuur. Vanavond, in tegenstelling met de afgelopen drie avonden, hadden Saulietes en de anderen een krachtige 35 cm-telescoop in de globale richting van de maan gericht, en keken af en toe naar de beelden van een kleine zwart-wittelevisie die vlakbij stond opgesteld. Wat ze voornamelijk oppikten was een glinsterend, snel kleiner wordend voorwerp dat, vertelden hun instrumenten hun, nu ruwweg 370.000 kilometer van de aarde verwijderd was. Voor het oog van de oningewijde was het een totaal onopvallend voorwerp, maar Saulietes en de anderen waren uiterst geïnteresseerd in het volgen ervan.

Wat ze zagen was de afgekoelde, afgedankte, tuimelende derde trap van de hoofdmotor van de Saturnus 5 die voor de lancering van de Apollo 13 was gebruikt, en die zich met een snelheid van circa 3600 kilometer per uur van de aarde verwijderde. De motor die het bovenste derde deel van de raket had uitgemaakt had twee dagen eerder de Odyssey en Aquarius ruimteschepen uit een baan rond de aarde gestoten en lag nu op een koers waarmee hij op de maan te pletter zou slaan. Ergens langs een baan die in de buurt moest liggen haastten zich de commando- en maanmodule ook die kant uit, maar de nietige ruimtevaartuigen waren allang buiten het bereik van Saulietes' telescoop gekomen. En terwijl Saulietes en zijn collega's met half dichtgeknepen ogen in de ruimte tuurden, konden ze zien dat zelfs de derde trap al bijna helemaal van het scherm was verdwenen.

De mannen op het dak hadden een lucht/grond-communicatiemonitor bij zich, zodat ze de voortgang van de vlucht konden bijhouden en konden horen welke dingen die voor hun observaties van belang konden zijn stonden te gebeuren. De gebeurtenissen waar ze op stonden te wachten bestonden voornamelijk uit het vanuit de Odyssey dumpen van water of urine. Wanneer de vloeibare afvalstoffen uit de zijkant van het ruimteschip werden geloosd, kristalliseerden die onmiddellijk nadat ze in contact met de ruimte kwamen, waardoor er een ijzige wolk van flonkerende vlekjes werd gevormd, die Wally Schirra, in een van zijn uitzonderlijke linguïstische invallen, het sterrenbeeld Urion had genoemd. Als de wolk vanavond groot genoeg was en het zonlicht viel er op de goede manier op, dan vermoedde Saulietes dat hij misschien in staat zou zijn om het ruimteschip waar te nemen.

Rond 21:35 uur dacht Saulietes, die uiterst geconcentreerd naar het beeld tuurde dat hij door de telescoop waarnam en maar met een half oor naar het lucht/grond-gepraat luisterde, dat hij Jack Swigert iets over een probleem hoorde zeggen; enkele ogenblikken later meende hij Lovell dezelfde melding te horen herhalen. Saulietes schonk niet al te veel aandacht aan deze meldingen. Hij had de Apollo's 8, 10, 11, en 12 op hun weg naar de maan gevolgd, en maanschepen gaven altijd meldingen door over kleine storingen waarvoor ze de hulp van Houston nodig hadden. Wat een paar minuten later wèl zijn aandacht trok, was het beeld op zijn televisiemonitor.

Midden op het scherm verscheen plotseling en onverwacht een lichtpuntje dat steeds groter leek te worden. Het was pal op de plaats waar het ruimteschip hoorde te zijn, maar het was veel te groot om een water- of urinelozing te kunnen zijn, en Saulietes had tijdens de vier voorgaande maanvluchten nog nooit iets gezien dat hier op leek. Het was bijna alsof het ruimteschip door een of andere enorme, gasachtige halo werd omringd, een halo die zich nu traag over veertig, vijftig kilometer uitstrekte. Dat moest wel héél erg veel urine zijn. Saulietes reikte naar zijn monitor en drukte de opneemknop in. Het systeem kopieerde drie of vier beeldjes van de huidige opname, waardoor hij ze later weer kon oproepen om ze eens wat beter te bekijken. Het was niet waarschijnlijk dat Saulietes van die beelden veel wijzer zou worden; misschien dat een of andere storing in zijn telescoop of zijn monitor deze curieuze halo had veroorzaakt. En als dat zo was, dan wilde hij dat graag zo snel mogelijk weten, voor hij het resterende deel van deze verder normaal verlopende vlucht zou gaan volgen.

Een paar kilometer verderop, in een buitenwijk die niet ver van Timber Cove verwijderd lag, had Chris Kraft, plaatsvervangend directeur van het Spacecraft Center, niet meer reden dan Saulietes om zich over de vorderingen van de maanvlucht zorgen te maken. Sinds hij bij het begin van het Apollo-programma zijn functie als flight-director had overgedragen, was Kraft in staat geweest om zijn werk een stuk minder hectisch te benaderen, en hij was zeer tevreden met die verandering. Nadat hij zich tijdens zes Mercury- en tien Gemini-vluchten op uiterst verdienstelijke wijze had geweerd in de loopgraven van Mission Control, had Kraft er absoluut geen probleem mee gehad om na Jim Lovells en Buzz Aldrins Gemini 12 de leiding over te dragen aan Gene Kranz en de rest van het team flight-directors dat onder hem werkte.

Op dat moment stond Kraft onder de douche. Het was even voor tienen 's avonds, en de laatste keer dat hij iets van het Space Center en de Apollo had gehoord verliep alles normaal. De bemanning stond op het punt te gaan slapen en Kraft was eigenlijk van plan hun voorbeeld te volgen. Het was echt niet nodig op te blijven wanneer Gene Kranz of iemand anders achter de console van de vluchtleider zat. Kraft meende door de deur van de badkamer heen de telefoon te horen rinkelen, en toen nog eens, om pas op te houden toen zijn vrouw opnam.

'Betty Ann?' zei de stem aan de andere kant van de lijn. 'Met Gene Kranz. Ik moet Chris spreken.' De console van de vluchtleider, wist Betty Ann Kraft, beschikte over een buitenlijn èn over een binnenlijn, en hoewel het geen standaardprocedure was dat de man die de leiding over een vlucht had naar een nummer buiten het Space Center belde, was het wel eens vaker voorgekomen. Betty Ann, die tijdens Krafts jaren bij de Agency alles al een keertje had meegemaakt, was niet echt onder de indruk toen ze de stem van Kranz hoorde.

'Gene, Chris staat momenteel onder de douche. Kan hij je straks terugbellen?'

'Nee, dat kan niet. Ik wil dat je hem onder de douche vandaan haalt,' zei Kranz. 'Onmiddellijk.'

Betty Ann haastte zich naar de badkamer en nam de druipnatte Kraft mee naar de telefoon.

'Chris,' zei Kranz, 'je kunt maar beter direct hiernaar toe komen. We zitten zwaar in de problemen. We zijn zuurstofdruk kwijtgeraakt, we zijn een bus kwijtgeraakt en we dreigen brandstofcellen kwijt te raken. Zo te zien heeft er een explosie plaatsgevonden.'

Kraft, die Kranz al jaren kende, wist dat zijn protégé en opvolger niet deed alsof er een crisis plaatsvond als er van een crisis helemaal geen sprake was, en dat hij niet urgent zou klinken als er helemaal geen noodzaak was om urgent, gehaast, te klinken. En wat belangrijker was, hij wist donders goed dat hij hem niet zou opbellen om ruggespraak te houden als er helemaal geen reden was om ruggespraak te houden – maar nu belde hij hem daar blijkbaar tòch voor op.

'Blijf zitten waar je zit,' zei Kraft, 'ik kom eraan.'

De voormalige vluchtleider die genoeg had van zijn verantwoordelijke positie binnen Mission Control schoot zijn kleren aan, rende nog half nat het huis uit en sprong in zijn wagen. Hij legde de zestien kilometer van zijn huis naar het Space Center in nog geen vijftien minuten af, waarbij hij op de donkere straten van de buitenwijk – die net aanstalten maakte naar bed te gaan – soms over de honderd reed.

Tijdens een crisis bij welke ruimtereis dan ook, en vooral tijdens een vlucht zo complex als een maanreis, gaan de mannen in het ruimteschip en de mannen op de grond over tot een soort hiërarchie van de ontkenning. Als er iets misging met een ruimteschip, waren het de piloten die midden in het probleem zaten; zij waren het die de klap hoorden, getuigen waren van het lozen of zagen hoe de aflezingen van de tankinhoud steeds minder aangaven, en zo kwam het dat zíj gewoonlijk de meest pessimistische kijk op de crisis hadden. Hoewel niet één piloot er veel zin in had om zijn machine in de steek te laten of zijn missie af te breken, stond diezelfde piloot er niet om te springen zijn toestel dusdanig te belasten dat zijn ervaring en zijn zintuigen daar tegen in opstand kwamen. De volgende in de reeks waren de individuele controllers in Houston. Het overgrote deel hiervan had nog nooit zelf in een ruimteschip gezeten, en vanaf het begin van hun carrière hadden enkel de cijfers op hun schermen hun verteld wat er verkeerd was met het ruimteschip dat ze onder hun hoede hadden. In tegenstelling met de mannen in het ruimteschip wisten de controllers dat hun leven, gezondheid en directe toekomstverwachtingen niet direct gepaard waren met het leven, de gezondheid en de directe toekomstverwachtingen van het ruimteschip, en hoewel dit er soms toe leidde dat ze meer vertrouwen hadden in een toestel met problemen dat dat ruimtevaartuig eigenlijk verdiende, zorgde het bij hen ook voor een soort afstandelijkheid die ruimte bood voor het oplossen van problemen, die bij de astronauten zelf onmogelijk was. Het verst verwijderd van het probleem, maar uiteindelijk verantwoordelijk voor de oplossing ervan, was de vluchtleider.

Als aanvulling op alle geschreven regels die deze missie stuurden, functioneerde de vluchtleider onder een ongeschreven wet die bekend stond als *down-moding* – afbouwen. Voor een missie officieel werd afgebroken, vereiste de afbouwdoctrine dat de vluchtleider zou proberen zo veel mogelijk van de oorspronkelijke missie in stand te houden, zonder daarbij natuurlijk de levens van de astronauten in gevaar te brengen. Als een bemanning niet op de maan kon landen, konden ze er dan niet ten minste een paar keer omheen cirkelen? En als ze er niet omheen konden cirkelen, konden ze er dan niet op zijn minst een keertje omheen geslingerd worden om nog snel een paar waarnemingen te kunnen doen? Het uit de buurt van de maan verdwijnen was een gecompliceerde, dure klus, en als de hoofddoelen van het project niet konden worden gerealiseerd, dan was het de taak van de man die de leiding had om met nog wat secundaire en tertiaire doelen op de proppen te komen. Alleen wanneer de laatste opties voor een afgebouwde missie uitgeput waren, zou de vluchtleider de spreekwoordelijke pijp aan Maarten geven en zou hij zijn bemanning zo snel mogelijk naar de aarde brengen.

Tijdens het zevenenvijftigste uur van de Apollo 13-vlucht, terwijl Marilyn Lovell en Mary Haise door de NASA werden gebeld, terwijl Chris Kraft zich naar het Space Center spoedde en terwijl Jules Bergman aan zijn uitzending bezig was, begon NASA's hiërarchie van de ontkenning op volle toeren te draaien. Gene Kranz, staande achter zijn console in Mission Control, liep rokend heen en weer te ijsberen, zoals hij altijd deed op kritieke momenten, druk met zijn verbindingslijn in de weer, alsof hij een telefooncentrale in een stadje met tienduizend inwoners onder zijn hoede had. Achter andere consoles lieten controllers hun blikken voortdurend over hun schermen glijden, analyseerden ze hun informatie in de hoop een of andere oplossing te vinden voor de problemen die hùn deel van het ruimteschip op dat moment ondervonden. En in het ruimteschip zelf moesten de drie mannen die er direct mee werden geconfronteerd de crisis maar zien vol te houden – een persoonlijke investering die de mannen op de grond misschien nauwelijks konden bevroeden.

Wat Lovell, Swigert en Haise op het moment dat de crisis bijna een uur duurde nog het meest deed transpireren, was het voortdurend heen en weer zwaaien en stampen van hun ruimteschip, een gevolg van het leeglopen van O_2-tank een. De ongewenste bewegingen stonden in de kleurloze spreektaal van de astronauten bekend als *rates*, en terwijl de controllers vochten om de ingewikkelde problemen van Odyssey op een rijtje te zetten en met elkaar een of andere geïmproviseerde oplossing uit te denken, bleef Lovell doorgaan met zijn pogingen het draaien van het ruimteschip onder controle te krijgen.

'Ik zie geen kans dit ding te stabiliseren,' gromde de commandant binnensmonds terwijl hij met de stuurraketten in de weer was, de pistoolhandgreep ondertussen alle kanten uit draaiend.

'We zitten nog steeds met een behoorlijke rate opgezadeld, hè?' zei Swigert vanaf zijn plaats in het midden.

'Volgens mij is díe de schuldige,' zei Lovell, terwijl hij met zijn hoofd naar de gloeiende gaswolk buiten zijn raampje gebaarde.

'Let op de bal,' waarschuwde Swigert, terwijl hij aandachtig naar een instrument op het dashboard keek. 'Kijk uit dat je niet in een *gimbal lock* terechtkomt.'

Het instrument waar Swigert zo weinig op zijn gemak naar wees, de *flight director attitude indicator* of vluchtregelaar – bij vliegers beter bekend als de *8 ball* – was een kleine bol die vol stond met hoekaanduidingen en lijnen die op breedte- en lengtelijnen leken. De gyro's die dit instrument bestuurden vormden het middelpunt van het navigatiesysteem van het ruimteschip. Als een bemanning in de ruimte de weg niet kwijt wilde raken, dan dienden ze te allen tijde de juiste stand van hun toestel te kennen ten opzichte van elk punt in de sterrenhemel. Om dit te bewerkstelligen werd het ruimteschip uitgerust met een besturingssysteem dat een stationaire component omvatte die bekendstond onder de aanduiding 'stabiel element', dat ten opzichte van de sterren inert in de ruimte was bevestigd. Eromheen was een serie cardanische ringen – *gimbals* – bevestigd, die met elke beweging van het ruimteschip mee bewogen. Het besturingssysteem hield de boordcomputer steeds op de hoogte van de veranderende positie van het schip ten opzichte van het stabiele element, en vervolgens natuurlijk ook ten opzichte van de sterren, terwijl de 8 ball diezelfde informatie aan de piloten door kon geven.

Voor een voertuig dat genoodzaakt was regelmatig zijn baan te herzien met fracties van graden tijdens zijn 460.000 kilometer durende tocht naar de maan, werkte dit systeem buitengewoon goed, zij het met één kleine uitzondering. Als het ruimtevaartuig onbedoeld helemaal naar rechts of helemaal naar links zwaaide, hadden de cardanische ringen de vervelende gewoonte om zich op iets heel anders te richten en die positie over te nemen, waardoor in de computer alle kennis waarover tot dan toe kon worden beschikt – voor zover het de relatieve positie betrof waarin het ruimteschip zich bevond – in één klap weg was. En aan een ruimteschip zonder vestibulair systeem had niemand iets, en de piloten die erop vertrouwden dank zij dit systeem weer thuis te komen, al helemaal niet, en dus werd de 8 ball op zo'n manier geconstrueerd dat de bemanning constant alert moest blijven wilde men niet in een *gimbal lock* terechtkomen. Naast alle lijnen en gradenaanduidingen die op de bal waren aangegeven, waren er ook nog eens twee rode cirkels ter grootte van een stuiver op geschilderd, die 180 graden van elkaar verwijderd waren. Zodra er een rode schijf op de wijzerplaat zichtbaar werd, hield dat in dat de cardanische ringen op het punt stonden met elkaar opgelijnd te worden. Als de rode schijf naar het midden van de wijzerplaat schoof, betekende dat de ringen vastzaten en dat de relatieve positie onbekend was, en dat het ruimteschip – althans navigatietechnisch gesproken – de weg kwijt was.

Nu, terwijl Swigert, de navigator van het ruimteschip, naar het glas staarde, werd er van rechts een stuk rood zichtbaar. 'We komen in het rood te zitten,' waarschuwde hij Lovell opnieuw.

'Ik zie het,' zei Lovell, terwijl zijn ogen over het instrumentenpaneel schoten. 'En ik wou dat ik het níet zag.' Hij bracht het ruimteschip met een harde ruk iets naar links en de rode schijf verdween.

In de controleruimte registreerden de instrumenten op de console van Guidance dezelfde gevaarlijke bewegingen als op
Lovells vluchtregelaar en de GUIDO kwam op de lijn om Kranz te waarschuwen.

'Flight, Guidance,' meldde hij zich op de interne communicatielijn.

'Zeg het maar, Guidance,' antwoordde Kranz.

'Hij zit dicht tegen gimbal lock aan.'

'Roger. Capcom, raad hem aan de C-3, C-4, B-3, B-4, C-1 en C-2 stuurraketten te activeren, en meld hem dat hij dicht tegen gimbal lock aan zit.'

'Roger,' antwoordde Lousma, en schakelde toen over naar zijn lucht/grond-verbinding en gaf de instructies aan het ruimteschip door.

Lovell hoorde de boodschap en knikte naar Swigert, maar bevestigde de melding niet aan Lousma. Terwijl de commandant een oog op de vluchtregelaar gericht hield en af en toe naar buiten keek, begon de piloot van de commandomodule de stuurraketten aan te passen op de manier die Lousma zojuist had doorgegeven.

'13, Houston. Ontvangen jullie mij?' vroeg Lousma toen hij geen antwoord kreeg.

Aan de rechterkant van de cockpit was Haise, wiens verantwoordelijkheden binnen de commandomodule voornamelijk bestonden uit het toezicht op en onderhoud van de elektrische systemen, naar zijn eigen plaats teruggekeerd, waar hij de steeds erger wordende stroomproblemen van het ruimteschip beter in de gaten kon houden. 'Ja,' antwoordde de LEM-piloot aan de grond, terwijl hij een korte blik op zijn medebemanningsleden wierp. 'We hebben je gehoord.'

'Bevestigd,' voegde Lovell er gespannen aan toe.

Terwijl Lovell en Swigert worstelden met de positie van het ruimteschip, bleef Kranz achter zijn console ijsberen, in gedachten druk bezig met honderd andere problemen die zijn aandacht opeisten. Op zijn vluchtleiderslijn meldde de INCO dat het bijna onmogelijk was om de antennes op het woest heen en weer bewegende, nagenoeg zonder stroom zittende ruimteschip gericht te houden; de *guidance and navigation officer*, of GNC, de man die verantwoordelijk was voor de te volgen baan en de navigatie, meldde zich om te zeggen dat het schip gevaarlijk dicht bij een thermische onbalans zat, waarbij één kant van het ruimteschip te lang blootstond aan de straling van de zon; de EECOM meldde dat de stroom- en zuurstofproblemen die deze hele chaos hadden veroorzaakt nog lang niet waren gestabiliseerd, en dat de situatie zich alleen maar leek te verergeren.

Van al deze bijgewerkte situatiemeldingen was het vooral de melding van de EECOM die Kranz' aandacht opeiste. Volgens Sy Liebergots wanhopige mededelingen, leek zuurstoftank twee, die na 55 uur en 54 minuten te hebben gefunctioneerd op geheimzinnige wijze was opgehouden te bestaan, inderdaad definitief afgeschreven te moeten worden; tank een, die die avond met een keurige druk van 60 kg per vierkante centimeter was begonnen, zat nu nog maar op de helft daarvan en die druk nam met een halve kilo per minuut af; brandstofcellen een en drie functioneerden bijna niet meer, maar brandstofcel twee hield er in hoog tempo mee op, en terwijl de resterende brandstofcel snel afnam, nam het vermogen van de resterende bus – hoofd-bus A – ook snel af. Terwijl het ruimteschip met zijn stroom-vretende hardware bleef functioneren, dreigde het hele precaire systeem onder die belasting te bezwijken.

Aan de EECOM-console en bij het ondersteuningsteam wisten Liebergot en zijn assistenten George Bliss, Dick Brown en Larry Sheaks dat ze slechts over uiterst beperkte mogelijkheden beschikten. Om te voorkomen dat het elektrisch systeem zichzelf helemaal zou uitschakelen, kon de EECOM de re-entry-accu's van het ruimteschip nog altijd verbinden met de twee lege of steeds leger rakende bussen. De accu's waren gigantische energieproducenten en konden het toestel bijna onmiddellijk van alle benodigde stroom voorzien. Het probleem was dat ze het maar een paar uur konden uithouden. Als Liebergot de accu's nu zou activeren, zou Odyssey in feite zijn eigen zaaigoed opeten, op die manier het weinige vermogen dat ze nodig hadden om weer in de aardse atmosfeer terug te keren oppeuzelend – vooropgesteld dat ze die ooit weer zouden weten te bereiken.

Maar als hij dit níet deed, zou het probleem misschien alleen maar groter kunnen worden. Zodra de resterende zuurstoftank uiteindelijk begon droog te vallen, zou het ruimteschip automatisch zijn stroom- en zuurstofvoorziening beginnen aan te zuiveren door die op elk willekeurig moment af te gaan tappen uit de kleine tank met O_2 die zich in de commandomodule bevond en ook gebruikt werd voor het terugkeren in de dampkring. De officiële benaming voor die tank was *surge-tank*, en hij moest tijdens de dagen en uren die aan de re-entry voorafgingen de fluctuaties in de hoofd-zuurstofvoorraad opvangen, waarbij hij het teveel aan gas moest opnemen als de druk in de twee tanks te hoog werd, of iets gas van zijn eigen O_2-voorraad afgevend als de druk te laag werd. Aan het eind van de missie zou de zuurstof in de surge-tank worden aangevuld door het teveel in de veronderstelde gezonde hoofdtanks, waarmee de bemanning tijdens de re-entry van zuurstof werd voorzien. Maar met tank twee leeg en tank een die snel leeg raakte, zou ook de surge-tank van Odyssey straks droog komen te staan. Het enige antwoord was heel even verbinding met de accu's te maken om de leeglopende bus weer van energie te voorzien, om dan zo snel mogelijk maatregelen te nemen om het stroomverbruik drastisch te beperken. Daardoor werd de druk op de enige resterende brandstofcel een stuk minder en zou het het uitvallen van het zuurstof- en elektrische systeem vertragen totdat er een beter antwoord gevonden zou worden. Tegelijkertijd dat de EECOM zich dit had gerealiseerd, kwam zijn ondersteuningsteam met dezelfde suggestie.

'Sy,' zei Dick Brown in Liebergots koptelefoon, 'ik denk dat we een accu met bus A en bus B moeten verbinden totdat we ze wat opgepept hebben.'

'Ik ben het daarmee eens,' zei Liebergot. 'Laten we het maar doen.'

'En bovendien,' vervolgde Brown, 'denk ik dat we moeten beginnen het energieverbruik naar beneden te brengen.'

'Ja,' zei Liebergot, en maakte verbinding met de lijn van de flightdirector. 'Flight,' zei hij, enigszins behoedzaam.

'Zeg het maar,' zei Kranz.

'Ik denk dat we momenteel het beste kunnen beginnen met het beperken van het stroomverbruik.'

'Oké,' zei Kranz, 'jij wilt het stroomverbruik verminderen, naar de telemetrie en dat soort zaken kijken en dan zien of de situatie zich normaliseert?'

Liebergot moest inwendig glimlachen. Normaliseren? Wilde Kranz weten of dit ruimteschip nog terug kon komen? Nee, hij wilde hem zeggen dat, zoals de zaken er nu voorstonden, dit ruimteschip een terminaal geval was en dat de situatie nooit meer genormaliseerd zou worden. Maar Kranz' en Liebergots functie sloten, voorlopig althans, dit soort discussies uit. Als het Kranz' verantwoordelijkheid was om de missie zorvuldig af te bouwen, dan was het Liebergots taak om ervoor te zorgen dat het ruimteschip daarvoor zo goed mogelijk was uitgerust.

'Inderdaad,' zei Liebergot behulpzaam.

'Met hoeveel wil je hun energieverbruik verminderen?'

'Een totaal van tien ampère.'

'Een totaal van tien ampère,' herhaalde Kranz en liet een zacht gefluit horen. Het hele ruimteschip verbruikte ongeveer 50 amp; Liebergot stelde dus voor om 20 procent van de systemen uit te schakelen. Kranz activeerde zijn Capcom-lijn. 'Capcom, wij stellen een energiebesparing voor van een op vijf. We willen het stroomverbruik naar beneden tot een delta van 10 amp van waar we nu op zitten.'

'Roger, Flight,' zei Lousma en opende de lucht/grond-verbinding. '13, hier Houston. We zouden graag zien dat jullie je checklist doorlopen, de roze pagina's van een tot en met vijf. Schakel daarvoor in aanmerking komende systemen uit totdat we een delta van 10 amp hebben.'

Lovell keek Swigert en Haise aan en glimlachte gespannen. De commandant en zijn bemanning wisten dat deze missie, voor zover het de oorspronkelijke planning betrof, ten einde was. Maar ze wisten tevens dat Houston die conclusie ook zelf moest trekken. Het duurde soms een tijdje voor Mission Control bij dit soort gelegenheden de situatie aan boord goed kon inschatten, maar de opdracht tot het verminderen van het energieverbruik was de eerste aanwijzing dat de grond de situatie door begon te krijgen.

Lovell knikte naar Swigert, en de piloot van de commandomodule zette zich af in de richting van het onderste uitrustingsruim om zijn noodchecklist te pakken. Missieprotocols en vluchtplannen waren getypt op vuurbestendige velletjes papier die met behulp van twee metalen ringen tussen twee kartonnen schutbladen bijeen werden gehouden. Boeken met niet-kritische procedures waren opgeborgen in kastjes die zich op diverse plaatsen in het ruimteschip bevonden; die met meer vitale procedures waren met Velcro-strips op handige plaatsen tegen de wanden van het ruimteschip bevestigd. De checklist voor het verminderen van het energieverbruik zat in een van deze boeken, en Swigert vond het in het uitrustingsruim, trok het van de strip los en nam het mee naar de banken. Terwijl Haise over zijn schouder meelas, begon de piloot van de commandomodule de diverse stappen door te nemen waardoor zijn ruimteschip gedeeltelijk te ruste zou worden gelegd.

'13, Houston. Heb je ons verzoek om energiebeperkende maatregelen ontvangen?' vroeg Lousma toen hij van Swigert of Lovell geen antwoord kreeg.

'Roger, Jack, we zijn er al mee bezig,' zei Swigert.

'Het zijn de roze pagina's, noodprocedures op bladzijde een tot en met vijf,' herhaalde Lousma, die zeker wilde weten dat de bemanning de goede pagina's zou opslaan.

'Oké,' verzekerde Swigert hem.

'Neem energiebeperkende maatregelen tot je 10 amp minder verbruikt dan je nu doet.'

'Oké,' zei Swigert opnieuw; maar deze keer klonk zijn stem wat meer vastberaden.

Terwijl Jack Swigert de eerste van de tientallen systemen begon uit te schakelen, zoals aangegeven op de roze pagina's met noodinstructies, reed Chris Kraft het parkeerterrein op van gebouw 30, het gebouw waarin Mission Control was ondergebracht, en sprintte naar de hoofdingang en de lift in de hal. Zodra hij op de tweede etage arriveerde en het hoge auditorium betrad van waaruit hij de afgelopen jaren aan zoveel ruimtevluchten leiding had gegeven, kon hij onmiddellijk zeggen in wat voor soort moeilijkheden déze missie verzeild was geraakt. Er stond een klein groepje mensen rond de Campcom-console van Jack Lousma, en grotere groepen rond de EECOM-console – waar vanavond zo te zien Seymour Liebergot dienst had – en Kranz' vluchtleidersconsole.

Kraft liep naar Kranz' plaats met de bescheidenheid van een buitenstaander waar hij gewoonlijk nauwelijks last van had. Als Kranz' voormalige mentor en tegenwoordig zijn baas, wist Kraft heel goed wat zijn taak hier vanavond zou zijn – en in feite bestond die uit dat wat Kranz vond dat die moest zijn. De regels bij het uitvoeren van een bemande ruimtereis waren glashelder, en zoals elke controller wist, was misschien wel de duidelijkste, minst bespreekbare regel dat de vluchtleider het onbetwistbare gezag had over iedereen in het vluchtleidingscentrum. Kraft en Kranz hadden die regels zelf opgesteld in 1959, toen Kraft flight-director was en Kranz ervaring opdeed bij de Agency. De precieze bewoordingen van die regel waren nogal ingrijpend: 'De vluchtleider kan wat betreft de veiligheid van de bemanning en het verloop van de vlucht alles doen wat hij noodzakelijk vindt, hoe de regels voor de missie ook mogen luiden.' Kraft had dat gezag naar eer en geweten tijdens zestien missies uitgeoefend, en bij het begin van het Apollo-programma, toen hij de functie van flight-director aan Kranz had overgedragen, droeg hij ook de macht die erbij hoorde aan hem over.

Kraft daalde de amfitheaterachtige trappen van de controleruimte af en liep toen naar Kranz' console op rij drie, waar de vluchtleider opkeek en dankbaar even knikte. Kraft liep nog een stukje door, plugde zijn koptelefoon in een eigen console in en toetste de cijfercombinatie voor de lucht/grond-verbinding in om te kijken wat er te horen was. Direct nadat hij dat had gedaan, schrok hij. Met uitzondering van de afgebroken Gemini 8 vijf jaar geleden en de brand aan boord van de Apollo 1 drie jaar geleden had Kraft een flight-director nog nooit zoveel ballen tegelijk in de lucht zien houden.

'TELMU en CONTROL, Flight hier,' zei Kranz tegen de mannen die verantwoordelijk waren voor de leefomstandigheden en de navigatie aan boord van de LEM.

'Zeg het maar, Flight,' antwoordde Bob Heselmeyer, de TELMU, van achter een console in de buurt van die van Liebergot.

'Wil je eens kijken naar de info van vóór de lancering en zien of daar al iets te vinden is dat het lozen zou kunnen verklaren?'

'Roger, Flight.'

'En ik wil daar de komende vijftien minuten verslag over uitgebracht zien – snel opzoekwerk dus.'

'Roger.'

'Netwerk, Flight hier,' riep Kranz de technici op die voor de computers zorgden in het Real Time Computer Complex, een afdeling op de begane grond in het Space Center waar de snelste dataprocessors waarover de NASA kon beschikken waren gehuisvest.

'Zeg het maar, Flight.'

'Activeer een extra computer voor me in het RTCC, oké?'

'We hebben al een extra computer in het RTCC geactiveerd, terwijl we beneden een tweetal opdrachtverwerkingsprogramma's hebben opgestart.'

'Oké, ik wil een extra machine in het RTCC, en ik wil een paar knapen die in staat zijn om hier *delogs* uit te voeren.'

'Begrepen.'

'GNC, Flight,' riep Kranz.

'Zeg het maar, Flight,' zei de guidance- en navigatieman.

'Laat me zo snel mogelijk weten hoeveel brandstof tot nu toe door de stuurraketten zijn verbruikt.'

'Roger, Flight. We zitten nog steeds onder de veiligheidsmarge.'

'EECOM, Flight hier,'

'Zeg het maar, Flight.'

'Wat zegt de status van je bussen je nu?'

'Die zegt... eh... geef me nog twee minuten de tijd, Flight.'

'Oké. Neem de tijd.'

Luisterend naar de verbindingslijn van de flight-director, was Kraft niet verrast door het feit dat Liebergot blijkbaar moeite had een routinevraag van Kranz te beantwoorden. Zelfs het minst ervaren personeelslid in de controleruimte kon duidelijk zien dat deze noodsituatie hoofdzakelijk een EECOM-probleem was, en dat de antwoorden vanaf die console vanavond wat minder snel zouden komen.

Maar waarméé Liebergot en zijn ondersteuningsteam bezig waren was op de lijn van de flight-director niet direct evident. Maar op het EECOM-kanaal waren de zaken een heel stuk duidelijker – en aanzienlijk verontrustender. De uit nood geboren stroomvermindering en het doorverbinden met de accu's, op zich al redelijk extreme maatregelen om het desintegrerende energiesysteem bij elkaar te houden, werkten blijkbaar niet. Op de schermen van Sy Liebergot en het ondersteuningsteam onthulden de gegevens thans dat de druk in tank een nu niet meer was dan 22 kilo per vierkante centimeter, en zelfs deze resterende hoeveelheid was minder dan die leek te zijn. De zuurstoftanks hadden een druk van minstens zeven kilo per vierkante centimeter nodig om gas door de leidingen naar de resterende brandstofcel te stuwen. Als er nog eens vijftien kilo verdween, zou het resterende kostbare gas dat nog in de tank zat waardeloos zijn. En wat nog erger was, de steeds minder wordende druk in de tank was er de oorzaak van dat de voorspelde kanibalisatie van de surge-tank was begonnen. Het ruimteschip, als een organisme dat aan een auto-immuunziekte leed, was nu begonnen zichzelf op te peuzelen.

'Hé, Sy,' zei Bliss via een directe lijn met Liebergot, 'misschien kun je de

surge-tank isoleren en zoveel mogelijk cryo gebruiken. We moeten die surge-tank toch echt proberen te redden.'
'Zakt die tank nog verder weg?' vroeg Liebergot.
'Roger, en of,' zei Bliss nadrukkelijk.
Liebergot liet een zacht gekreun horen. 'Flight, EECOM,' zei hij.
'Zeg het maar, EECOM.'
'Laat ze de surge-tank isoleren, zodat hij gered kan worden. We zullen zoveel mogelijk cryo moeten gebruiken.'
'Eh, herhaal dat nog eens,' zei Kranz sceptisch.
'Laten we de surge-tank in de commandomodule isoleren.'
'Waarom?' beet Kranz hem toe, die nog niet wilde accepteren dat het ruimteschip ten dode was opgeschreven. 'Ik begrijp dat niet, Sy.'
'Ik wil zoveel mogelijk de cryo's gebruiken.'
'Dat lijkt het tegenovergestelde van wat je wilt doen als je de brandstofcellen aan de gang wilt houden.'
'De brandstofcellen worden gevoed vanuit de tanks in de servicemodule, Flight. De surge-tank bevindt zich in de commandomodule. We willen de surge-tank zoveel mogelijk sparen, want die hebben we voor de re-entry nodig.'
'Oké,' zei Kranz, wiens stem nu een stuk zachter klonk. 'Ik begrijp het, ik begrijp het.' Hij wendde zich af van zijn directe lijn en sprak gelaten: 'Capcom, laten we de surge-tank isoleren.'
'13, Houston,' meldde Lousma zich, 'we zouden graag zien dat jullie je O_2 surge-tank afsluiten.'
Swigert bevestigde de boodschap, haalde de schakelaar van de surge-tank op het re-entry-paneel over, om toen, terwijl de ernst van wat hij zojuist had gedaan tot hem doordrong, de aarde op te roepen om te vragen of het goed was wat hij zojuist had gedaan.
'Staat de surge-tank nu uitgeschakeld, Jack?' vroeg Swigert.
'Klopt,' antwoordde Lousma.
Zodra deze woorden waren uitgesproken, daalde er over de mannen aan de EECOM-lijn, die uiteraard hadden meegeluisterd, een neerslachtigheid neer.
'George, het ziet er verdomde slecht uit,' zei Liebergot.
'Inderdaad,' zei Bliss.
'We staan op het punt ze kwijt te raken.'
'Het lijkt er inderdaad op.'
Op de schermen van Liebergot en Bliss stond de resterende zuurstoftank nu onder de 20 kilo per vierkante centimeter en zakte in een tempo van 0,77 kilo per minuut. Met behulp van een potlood en een kladblaadje maakte Bliss snel wat berekeningen. Uitgaande van zowel het huidige tempo waarin de druk wegviel en de snelheid waarmee het lek groter werd, berekende hij dat de tank over een uur en vierenvijftig minuten onder de kritische grens van zeven kilo per vierkante centimeter zou vallen en vanaf dat moment geen nut meer zou hebben.
'Dat is dan het eind van de brandstofcellen,' zei Bliss somber tegen Liebergot.

Liebergot had echter nog een laatste alternatief, maar het was er wel eentje dat hij ongaarne gebruikte: hij kon Flight vertellen tegen Capcom te zeggen dat die de bemanning moest zeggen de weerstandsafsluiters van hun twee defecte brandstofcellen dicht te draaien. De weerstandsafsluiters regelden de toestroom van zuurstof vanuit de reusachtige cryogene tanks naar de cellen zelf. Als het lek dat tank een deed leeglopen niet in de wand van de tank zelf of in de brandstofleidingen die er vandaan liepen gevonden kon worden, moest het misschien een eindje verderop zitten, in een of beide lege cellen. Het dichtdraaien van de afsluiters zou voorkomen dat de O_2 wegliep, waardoor Odyssey zich wellicht zou stabiliseren en weer vermogen zou kunnen gaan aanmaken, of er zou helemaal niets gebeuren, waardoor de controllers het ruimteschip zouden moeten opgeven en hun aandacht op andere overlevingsplannen moesten gaan richten.

Het probleem was dat het dichtdraaien van de weerstandsafsluiters een beslissing was waar niet meer op kon worden teruggekomen. De afsluiters waren zulke delicate, uiterst precies gekalibreerde stukjes uitrusting, dat ze eenmaal dichtgedraaid, nooit meer konden worden geopend zonder een team techneuten om ze opnieuw af te stellen, te draaien en ze geschikt voor gebruik te verklaren. En aangezien dat soort techneuten op ruim 340.000 kilometer van de aarde verwijderd niet beschikbaar was, en aangezien de missievoorschriften bepaalden dat er voor een maanlanding drie goed functionerende brandstofcellen nodig waren, wist Liebergot dat het voorstel dat hij straks wellicht zou doen, de formele bevestiging was van het feit dat de missie zou worden afgebroken. De mogelijkheid om nog uit deze crisis te komen met voldoende functies voor de commandomodule om nog in een baan rond de maan te komen, was met het lozen van het gas al totaal verdwenen, maar van achter zijn bescheiden console in zijn bescheiden hoekje van Mission Control, had Liebergot er weinig zin in om deze grimmige realiteit officieel te maken. Desondanks was dit, voor zover hij het kon bekijken, de enige keuzemogelijkheid.

'Flight, EECOM,' zei Liebergot.

'Zeg het maar, EECOM.'

'Ik wilde de weerstandsafsluiters dicht laten draaien, te beginnen met brandstofcel drie, om te kijken of we het wegstromen kunnen voorkomen.'

'Wil je de weerstandsafsluiter naar brandstofcel drie afsluiten?' herhaalde Kranz vanwege de duidelijkheid.

'Roger.'

Als Kranz geïrriteerd was door de enormiteit van dit voorstel, dan liet hij dat deze keer niet merken. 'Capcom,' zei hij emotieloos, 'laat ze de weerstandsafsluiter naar brandstofcel drie dichtdraaien. We gaan proberen die stroom O_2 in te dammen.'

Lousma bevestigde Kranz' opdracht en activeerde zijn lucht/grondverbinding. 'Oké, 13, hier Houston. Het ziet ernaar uit dat we O_2 verliezen via brandstofcel drie, dus willen we graag dat jullie de weerstandsafsluiter van brandstofcel drie dichtdraaien. Hebben jullie dat?'

In Odyssey hoorden Lovell, Swigert en Haise deze opdracht en hielden even op met datgene waarmee ze bezig waren. Geen van de drie mannen had nog de illusie gekoesterd dat hun missie níet zou worden afgebroken, maar om dat te moeten aanhoren in de vorm van deze simpele, afgemeten instructie, om het op deze manier officieel te horen te krijgen, zorgde ervoor dat ze even met hun werk ophielden.

'Heb ik je goed gehoord?' vroeg Haise, de elektronicaspecialist, aan Lousma. 'Wil je dat ik de weerstandsafsluiter van brandstofcel drie dichtdraai?'

'Inderdaad,' antwoordde Lousma.

Haise draaide zich om naar Lovell en knikte triest. 'Het is officieel,' zei de astronaut die tot een uurtje geleden de zesde man op de maan zou zijn geweest.

'Het is afgelopen,' zei Lovell, die de vijfde zou zijn geweest.

'Het spijt me,' zei Swigert, die rondjes draaiend om de maan op het moederschip zou hebben gepast terwijl zijn collega's beneden een wandeling maakten. 'We hebben er al het mogelijke aan gedaan.'

Aan de EECOM-console en bij het ondersteuningsteam keken Liebergot, Bliss, Sheaks en Brown naar hun monitors terwijl de afsluiter van brandstofcel drie werd dichtgedraaid. De cijfers voor zuurstoftank een bevestigden hun somberste vermoedens: de O_2 bleef weglekken. Liebergot vroeg aan Kranz of hij ook opdracht wilde geven brandstofcel een dicht te draaien. Kranz deed wat hem gevraagd werd – maar desondanks bleef de zuurstof weglekken.

Liebergot kwam achter zijn console vandaan; het einde, wist hij, was nabij. Had de explosie of de meteorietinslag, of wat het dan ook geweest mocht zijn dat het ruimteschip had beschadigd, zeven uur eerder of een uur later plaatsgevonden, dan zou er op dat tijdstip een andere EECOM achter de console hebben gezeten, zou een andere EECOM deze dodenwake hebben moeten bijwonen. Maar het ongeluk vond plaats terwijl de missie 55 uur, 54 minuten en 53 seconden aan de gang was, tijdens het laatste uur van een dienst die door puur toeval aan Seymour Liebergot toegewezen was. En nu stond Liebergot, hoewel hij er geen enkele schuld aan had, op het punt de eerste flight-controller in de geschiedenis van het bemande-ruimtevaartprogramma te worden die een aan hem toevertrouwd ruimteschip verspeelde, een calamiteit waar elke controller zijn hele loopbaan zijn best voor deed die te voorkomen. De EECOM wendde zich naar rechts, naar de plaats waar Bob Heselmeyer zat, de man die verantwoordelijk was voor de leefomstandigheden aan boord van de LEM. Terwijl Liebergot opnieuw een blik op Heselmeyers scherm wierp, kon hij niet nalaten aan die simulatie te denken, die vreselijke simulatie die hem een paar weken geleden bijna zijn baan had gekost.

'Herinner jij je,' zei Liebergot, 'nog die keer dat we met die reddingsbootprocedures bezig zijn geweest?'

Heselmeyer keek hem uitdrukkingsloos aan.

'Die LEM-reddingsbootprocedures die we bij die simulatie hebben uitgewerkt?' herhaalde Liebergot.

Heselmeyer keek hem nog steeds uitdrukkingsloos aan.

'Ik denk,' zei Liebergot, 'dat het tijd is dat we die eens van het stof ontdoen.'
De EECOM dwong zichzelf weer achter zijn console te gaan zitten, meldde zich weer op de communicatielijn en riep zijn vluchtleider op.
'Flight, EECOM.'
'Zeg het maar, EECOM.'
'De druk in O_2-tank een is nu gezakt tot 21,' zei Liebergot. 'We kunnen er maar beter eens aan gaan denken de LEM in te stappen.'
'Roger, EECOM,' zei Kranz. 'TELMU en CONTROL, Flight hier,' riep hij de *environmental*- en *guidance*-mannen voor de LEM op.
'Zeg het maar, Flight.'
'Ik wil dat je een stel mensen onmiddellijk laat uitrekenen welk vermogen in de LEM minimaal nodig is om daar in leven te blijven.'
'Roger.'
'En ik wil dat de LEM voortdurend in de gaten wordt gehouden.'
'Ook dat, roger.'
Op hetzelfde tijdstip dat deze conversatie plaatsvond, keek Jack Swigert, die in Odyssey op de middelste bank lag, naar zijn instrumentenpaneel en ontdekte dat, terwijl de zuurstofaflezingen op de grond dan beroerd mochten zijn, de aflezingen in het ruimteschip zelf zonder meer rampzalig mochten worden genoemd. Met toegeknepen ogen turend in de steeds toenemende schemer van zijn ruimteschip dat in hoog tempo vermogen moest inleveren, waar de temperatuur was gezakt tot een kille 14 °C, zag Swigert dat de druk van tank een was gezakt tot nauwelijks vijftien kilo per cm^2.
'Houston,' zei hij, zich via de lucht/grond-verbinding meldend, 'het ziet eruit alsof de druk van de O_2-tank een een fractie boven de vijftien staat. Hebben jullie ook de indruk dat hij nog steeds zakt?'
'Hij gaat langzaam naar nul,' antwoordde Lousma. 'We beginnen aan de LEM-reddingsboot te denken.'
Swigert, Lovell en Haise wisselden knikjes uit. 'Ja,' zei de piloot van de commandomodule, 'daar dachten wij ook al aan.'
Nu de grond had goedgevonden dat het ruimteschip werd verlaten, liet de bemanning er geen gras over groeien en ging onmiddellijk tot actie over. Ervan uitgaand dat de drie mannen nog steeds de hoop koesterden naar huis terug te keren, konden ze niet zomaar in de LEM plaatsnemen en hun snel zwakker wordende moederschip sputterend als een auto zonder benzine op een landweggetje tot stilstand laten komen. In plaats daarvan diende de Odyssey aan het eind van de reis weer voor de re-entry gebruikt te worden en diende elke schakelaar en elk systeem één voor één te worden gedeactiveerd, zodat alle instrumenten operationeel en gekalibreerd zouden blijven. Onder ideale omstandigheden zouden de drie mannen allemaal met die taak bezig zijn, maar onder de huidige omstandigheden echter zou Swigert het alleen moeten zien te klaren, want op hetzelfde moment dat Odyssey werd gedeactiveerd, moest Aquarius worden geàctiveerd, een taak voor twee man die zou moeten worden volbracht vóór de commandomodule niet meer te gebruiken zou zijn.

Lovell en Haise zwommen door het onderste uitrustingsruim van Odyssey de LEM in, waar ze nauwelijks twee uur geleden hun opgewekte televisieuitzending hadden verzorgd. Haise nestelde zich op zijn plaats aan de rechterkant van de maanlander en keek naar het grotendeels in duisternis gehulde instrumentenpaneel. Lovell zweefde op de linkerplaats neer.

'Ik had niet gedacht dat ik hier zó snel terug zou komen,' zei Haise.

'Wees maar blij dat we er naar terug kùnnen,' zei Lovell.

Met de mogelijkheid weer een fatsoenlijk functionerend ruimtevaartuig onder zijn commando te hebben, kwam er heel even een optimistisch gevoel bij Lovell boven, maar Houston stond al op het punt om daar snel een eind aan te maken. In Mission Control was het bijna tijd dat de controllers van de middagploeg hun consoles aan de avondploeg zouden overdragen. Volgens de dienstregeling die voor deze vlucht was opgesteld, zou in deze vierploegendienst het Zwarte Team van Glynn Lunney het van Gene Kranz' Witte Team gaan overnemen. Lunney zou na acht uur vervolgens worden afgelost door het Gouden Team van Gerald Griffin, terwijl daarna het Bruine Team van Milt Windler zou aantreden. Op dit moment arriveerden er overal in de controleruimte uitgeruste technici die tot Lunney's groep behoorden, hun koptelefoons aansluitend op de extra uitgang op de console, om zwijgend naast de compleet doorgedraaide mannen te blijven staan die al sinds twee uur die middag dienst hadden gedaan. Bij de console van de flight-director maakte Lunney zich gereed om Gene Kranz af te lossen. Bij de EECOM-console kwam Clint Burton naast Liebergot staan en legde een sympathieke hand op zijn schouder; Liebergot keek op, glimlachte zwakjes, zette zich af tegen de console en gebaarde met een triest schouderophalen naar de stoel. Burton knikte, ging voor het scherm zitten en terwijl hij dat deed ontdekte hij dat de situatie nog verder was verslechterd.

'George,' zei hij tegen Bliss, die nog steeds in het ondersteuningsteam zat, 'hoe lang kunnen we die tank nog gebruiken?'

'Eh...' hield Bliss even aan, terwijl hij zijn gegevens raadpleegde en de lekkage berekende. 'Iets meer dan een uur. We krijgen een nieuwe *rate*.'

'Dat heb ik niet goed gehoord,' zei Burton vol ongeloof, terwijl hij Liebergot, die nog steeds naast hem stond, geschrokken aankeek.

'We krijgen een nieuwe rate, Clint,' herhaalde Bliss.

'Oké. Ik zou graag zien dat je een zo nauwkeurig mogelijke berekening maakt.'

'Roger.'

Tot Bliss met zijn berekeningen klaar zou zijn, wilde Burton de nieuwe cijfers nog niet aan de bemanning doorgeven, en enkele ogenblikken later was hij blij dat hij dat niet had gedaan. Kijkend naar de zuurstofaflezingen zag Bliss dat het tempo waarin het lekken plaatsvond van 0,77 kilo per minuut was gestegen tot 1,35 kilo, en nog steeds toenam.

'EECOM,' zei Bliss. 'In tank een zit iets minder dan veertig minuten.' Na een korte pauze kwam hij terug op de lijn: 'Het lekken neemt steeds verder toe, EECOM. Het ziet er nu naar uit dat er nog voor ongeveer *achttien* minuten in zit.' Enkele ogenblikken later klonk de stem van Bliss wederom in Burtons oor om hem te vertellen dat de daarnet voorspelde achttien minuten er nu nog maar zeven waren. Een minuut later waren de zeven verminderd tot vier.

'Flight, EECOM,' zei Burton.

'Zeg het maar.'

'We moeten de surge-tank openen. De druk valt weg, en het gaat steeds sneller lekken.'

'Zou je ze niet liever vanuit de LEM van zuurstof willen voorzien?' vroeg Lunney.

'We moeten eerst de LEM activeren!' hielp Blis Burton via zijn koptelefoon herinneren.

'We moeten eerst de LEM activeren, Flight,' herhaalde Burton.

'Capcom, laat ze in de LEM plaatsnemen!' beval Lunney. 'We moeten de zuurstoftoevoer naar de LEM activeren!'

'13, Houston,' zei Lousma tegen Swigert. 'We zouden graag willen dat jullie richting LEM gaan.'

Swigert hoorde Lousma's opdracht, maar was niet van zins onmiddellijk te reageren. Hij wist dat hij het nog een tijdje kon uithouden op de lucht die nog in de cockpit van de commandomodule aanwezig was, en hij was niet van plan te vertrekken zonder de stroomafbouw af te ronden. Hij antwoordde weinigzeggend tegen Lousma: 'Fred en Jim zijn al in de LEM.'

Terwijl Swigert gehaast zijn stroomafbouw afrondde, waren Lovell en Haise al bezig de LEM tot leven te brengen. Het eerste dat gedaan moest worden was het besturingsplatform. Aquarius was uitgerust met een drieweg-cardan geleidingssysteem dat in wezen identiek was aan dat van Odyssey. Vóór het platform kon worden gebruikt, eiste het protocol betreffende het opstarten van de stroomvoorziening – de zogenaamde *power-up* – van de piloot van de commandomodule, Swigert, dat deze de positie en de coördinaten van het besturingsplatform in zijn ruimtevaartuig noteerde om die vervolgens door de tunnel naar de commandant in de LEM te schreeuwen. De commandant zou dan op elk coördinaat snel wat conversieberekeningen maken, om inzicht te hebben in de iets afwijkende posities van de LEM en de commandomodule, om vervolgens die omgerekende cijfers in de computer van de LEM in te toetsen. Als die berekeningen niet werden gemaakt en niet werden ingetoetst vóór Odyssey zonder stroom kwam te zitten, zou die in de computer zittende informatie voor altijd verloren gaan.

Racend tegen een steeds leger wordende tank rukte Lovell een blanco vel papier uit een vluchtplan en viste een pen uit een zak die op de bovenarm van zijn ruimtepak was gestikt. Lovell onderbrak Swigert en Lousma, die elkaar onafgebroken informatie betreffende de stroomafbouw toeriepen, en verzocht om de eerste besturingscoördinaten, en Swigert haastte zich het verzoek in te willigen. Maar terwijl de commandant de cijfers op zijn vel papier noteerde en aanstalten maakte om de benodigde berekeningen uit te voeren, werd hij bevangen door een tijdelijke en ongebruikelijke aanval van onzekerheid. Kòn hij de juiste berekeningen wel maken? Kon hij nog wel rekenen? 3 maal 5 is toch 15, niet? 175 min 82 is toch 93, niet? Terwijl de klok doortikte en er zoveel van deze eenvoudige berekeningen afhing, begon Lovell plotseling te twijfelen aan zijn vermogen om op te tellen en af te trekken.

'Houston,' zei Lovell, 'ik heb wat cijfers voor jullie, maar ik wil eerst dat jullie mijn tot nu toe gedane rekenwerk controleren.'

'Oké, Jim,' zei Lousma, een tikkeltje in de war.

'De rol CAL-hoek is minus twee graden,' zei Lovell, terwijl hij zijn vel raadpleegde. 'De hoeken voor de commandomodule zijn 355,57, 167,78 en 351,87.'

'Roger, dat hebben we.' Het was even stil op de lijn terwijl de mannen achter de besturingsconsole ongevraagd Lovells berekeningen controleerden en hun duim naar Lousma omhoog staken. 'Oké, Aquarius,' zei hij, 'je rekenwerk ziet er van hieruit goed uit.'

Lovell gebaarde naar Haise dat hij de getallen in de computer moest invoeren, kreeg van Swigert de resterende coördinaten door, en de minuten daarna was de bemanning verwoed bezig met het overhalen van alle schakelaars en knoppen die nodig waren voor het reconfigureren van het uit twee delen bestaande ruimteschip. Het proces verliep chaotisch, waarbij de grond de astronauten instructies toeriep, de bemanning de mensen op de grond vragen toeschreeuwde, terwijl die boodschappen in de ether met elkaar in botsing kwamen, waardoor er in geen van beide richtingen nuttige informatie doorkwam. Glynn Lunney, die in al dat verwarrende heen en weer gepraat even het zicht kwijt was, gaf per ongeluk opdracht de stuurraketten in Odyssey te deactiveren vóórdat de corresponderende stuurraketten in Aquarius van stroom konden worden voorzien, en één ogenblik lang bestond voor Aquarius het gevaar dat hij dronken in een *gimbal-lock* zou tuimelen. Maar uiteindelijk waren de twee ruimteschepen klaar – of zo klaar als de astronauten ze op deze onmenselijk korte termijn konden krijgen – en bracht Lovell Houston op de hoogte.

'Oké,' riep hij naar Lousma, 'Aquarius is geactiveerd, terwijl de stroomvoorziening voor Odyssey helemaal is afgebouwd, een en ander volgens de procedures die je Jack hebt voorgelezen.'

'Roger, dat hebben we,' antwoordde Lousma. 'Zover wilden we het hebben, Jim.'

In de thans in duisternis gehulde, nu stille Odyssey keek Swigert nog een laatste keer om zich heen. Eerlijk gezegd zou hij toch het liefst híer zitten. Onder de maanbemanningen werd er regelmatig gemopperd over welke taak de twee piloten van een bepaalde vlucht toegewezen zouden krijgen, wie tot taak zou hebben op de maan te landen, en wie de aanzienlijk minder opvallende taak zou krijgen rond de maan te blijven cirkelen. Sommige commandomodule-piloten waren dan ook van mening dat het minder tot de verbeelding sprekende rond de maan cirkelen toch enigszins een smet op hun professionele blazoen wierp. De NASA zou toch zeker de meest uitdagende delen van de missie aan de beste piloten toevertrouwen?

Swigert had het nooit zo gezien. Hij genoot van zijn werk, hield ervan, was er trots op. Natuurlijk was het allemaal wat minder dramatisch dan het werk van de commandant of van de LEM-piloot, maar daar stond ook iets tegenover. Het was voornamelijk de piloot van de commandomodule die de boel tijdens deze absurde missie bestuurde; het was de piloot van de commandomodule die ook als navigator fungeerde; het was de piloot van de commandomodule die de twee maanwandelaars veilig naar het punt moest brengen waar ze hun maanlander konden loskoppelen en aan hun daalvlucht naar het maanoppervlak konden beginnen; het was de piloot van de commandomodule die op het juiste moment op het rendez-vous aanwezig diende te zijn om ze weer op te pikken. En, wat nog het meest dramatisch was, het was de piloot van de maanlander die voldoende vlieger zou moeten zijn om zijn ruimteschip alleen naar huis te brengen als zijn medebemanningsleden om wat voor reden dan ook er niet in zouden slagen van de maan terug te keren. Swigert had een prachtig ruimteschip meegekregen dat tot al deze taken in staat was, en nu hadden het toeval en de omstandigheden ervoor gezorgd dat hem dit prachtige toestel werd ontnomen. Tenzij hij en Lovell en Haise en de NASA erin zouden slagen een manier te verzinnen om het ruimteschip weer tot leven te wekken, zou hij – net als Bill Anders, de LEM-loze LEM-piloot van de Apollo 8 – een commandomodule-piloot zijn zonder commandomodule. Swigert zweefde door de tunnel van de al snel kouder wordende Odyssey naar de langzaam wat warmer wordende Aquarius, en kwam zacht tussen Lovell en Haise neer.

'Nu mogen jullie het van me overnemen,' zei hij.

Zittend achter de vluchtleidersconsole gunde Glynn Lunney zich een moment rust – maar slechts een uiterst kort moment. Zijn bemanning had zich net verplaatst van een ruimteschip waarin ze de komende minuten zeker niet overleefd zouden hebben naar eentje waarin ze de komende paar dagen waarschijnlijk niet zouden overleven. Hij wist dat de verbeteringen reëel waren, maar uiteindelijk zouden ze academisch blijken te zijn. Waar Lunney zich momenteel de meeste zorgen om maakte, was niet het vermogen van de LEM om de mannen in leven te houden. De zuurstof, het water en de energie aan boord van het ruimteschip zouden voldoende kunnen zijn om de drie mannen tijdens de periode die ze nodig hadden om naar de aarde terug te keren in leven te houden, of misschien ook niet, maar het zou nog een tijdje duren voordat dat probleem urgent zou worden. Waar Lunney zich momenteel zorgen over maakte was de baan die het ruimteschip volgde.

Tijdens een afgebroken maanmissie waren er een paar manieren om een ruimteschip in nood terug naar de aarde te brengen. De meest simpele was het zogenaamde directe afbreken, waarbij een bemanning op weg naar de maan de commando- en servicemodule omdraaide, zodat ze achterstevoren vlogen, om vervolgens hun ruim 10.000 kilo stuwkracht leverende hypergole raket minimaal vijf minuten lang op vol vermogen te laten lopen. Die manoeuvre was ontwikkeld om het ruimteschip – dat misschien wel een snelheid had van 46.000 kilometer per uur – volkomen tot stilstand te brengen, om hem vervolgens met dezelfde snelheid in tegenovergestelde richting te laten bewegen.

Een alternatief voor het directe afbreken in de ruimte, was het afbreken na eerst een keertje achter de maan verdwenen te zijn geweest, de zogenaamde *circumlunar abort*. In het geval een ruimtevaartuig te dicht bij de maan kwam om nog een manoeuvre in de ruimte te kunnen uitvoeren, moest een vrije-terugkeerbaan zoals die sinds de Apollo 8 door elke maanbemanning was gevolgd, het ruimteschip rond de achterzijde van de maan slingeren om het geheel vervolgens via een door de zwaartekracht geholpen zwieper op weg naar huis te jagen. Deze manoeuvre nam veel meer tijd in beslag dan een direct afbreken, maar had het voordeel dat er geen raketmotor geactiveerd hoefde te worden, er geen koersverandering van 180 graden nodig was, terwijl de bemanning in feite niets anders hoefde te doen dan gewoon meerijden.

Bij de Apollo 13 was de vrije-terugkeeroptie nogal beperkt. De onregelmatige koers die het ruimteschip volgde om Fra Mauro te bereiken, verwijderde het van de slingerroute naar huis en bracht het weliswaar op een route die richting huis liep, maar zorgde er tevens voor dat het ruimteschip op 75.000 kilometer hoogte de wolken rond de aarde passeerde. Voor dit soort situaties voorzag het vluchtplan in een procedure die bekendstond als een PC+2 *burn*. Twee uur na periluna – de kortste afstand tot de achterzijde van de maan – zou het ruimteschip zijn raketmotor activeren, waardoor de koers net voldoende werd gecorrigeerd om het precies op de aarde te richten, waardoor – niet onbelangrijk in dit geval – de terugreis aanzienlijk werd bekort.

NASA-vluchtplanners vonden het prettig om over al deze mogelijkheden te beschikken; en inderdaad, voor manoeuvres die zo nauw luisterden als het activeren van een raketmotor teneinde de reis af te breken, hadden ze al deze opties nodig. Maar in dit geval echter leek het wel of ze een optie te kort kwamen. Bijna elk afbreekprotocol dat in de vluchtplannen was opgenomen en door de bemanning was geoefend, ging ervan uit dat één uiterst belangrijk stuk apparatuur beschikbaar was: de gigantische hoofdmotor van de commando- en service module. Om terug naar huis te keren was het nodig dat de hypergole houwitser alle vermogen leverde waarover hij kon beschikken, maar bij de Apollo 13 zat die houwitser blijkbaar zonder munitie. Mocht die klap waardoor het ruimteschip was opgeschrikt de motor niet onklaar hebben gemaakt, dan had het afbouwen van de elektriciteit er waarschijnlijk wel voor gezorgd dat er onvoldoende stroom bij elkaar kon worden gekregen om hem te doen ontbranden.

De LEM beschikte uiteraard nog steeds over een motor – de LEM had zelfs twéé motoren, eentje in de daaltrap, en eentje in de stijgtrap – maar de LEM was er niet op gebouwd op deze manier te vliegen. Het was mogelijk om de aan elkaar gekoppelde ruimteschepen om te draaien door de motoren van de maanlander in rukjes en korte stootjes te activeren, maar ze op vol vermogen te laten ontbranden, voor zoiets cruciaals als een terugkeer naar de aarde? Dat was iets waaraan de technici niet eens wilden denken. Totdat iemand op de proppen zou komen met een manier om de gewonde raketmotor van de servicemodule weer tot leven te wekken, zou het activeren van de LEM-motor om beide ruimteschepen voort te stuwen de enige manier zijn om thuis te komen – en de nog nooit geoefende manoeuvre zou ontwikkeld, uitgewerkt en uitgevoerd moeten worden tijdens de dienst van Lunney.

'Oké, allemaal,' zei Lunney kalm tegen iedereen die op de lijn meeluisterde, 'we hebben nog een hoop lange-afstandsproblemen op te lossen.'

In Houstons buitenwijk Timber Cove begon het huis van Marilyn en Jim Lovell zich te vullen met buren en vrienden van buren, met personeelsleden van de NASA en hun echtgenotes, en met protocolmensen en hun assistenten. Als eerste kwam Susan Borman aan, toen Carmie McCullough en vervolgens Betty Benware. Marilyn ving elke bezoeker bij de deur op en vroeg zich steeds weer af hoe deze mensen al op de hoogte waren van het nieuws dat zij, de vrouw van de man die in gevaar verkeerde, net pas te horen had gekregen, en dan ging opnieuw de bel van de voordeur en zwermden nòg meer mensen naar binnen, en stelde Marilyn zichzelf opnieuw die vraag. Deze nieuw aangekomenen voegden zich bij Elsa Johnson, de Conrads en de anderen die druk bezig waren de journalisten af te wimpelen, en voortdurend rinkelende telefoons beantwoordend, ondertussen een bezorgd oogje houdend op de vrouw, wiens man, als je Jules Bergman moest geloven, tegen een kans van negentig procent aankeek dat hij de volgende dag niet zou halen.

Terwijl de gasten het tot hun taak maakten om Marilyn bezorgd in de gaten te houden, waren er maar verrassend weinig die een direct gesprek met haar aangingen – een opluchting voor zowel Marilyn als de gasten. Op een paar proforma geruststellingen na, had niemand ook maar een flauw idee welke bemoedigende woorden ze zouden moeten uitspreken die ook maar een béétje reëel klonken, en Marilyn voelde er ook helemaal niets voor hen dat te laten proberen.

De enige echte antwoorden die beschikbaar waren kwamen van de televisie, en – met uitzondering van een korte periode, pakweg een uurtje geleden, dat Marilyn zich in haar badkamer had teruggetrokken, de deur op slot had gedaan, op de tegelvloer was neergeknield en had gebeden – was ze niet uit de kamer geweest. In de korte periode na het ongeluk, had nog niemand – zowel binnen de NASA als bij, op ABC na, de grote televisiemaatschappijen – een sombere voorspelling over het waarschijnlijke lot van de astronauten gedaan, zoals Bergman gemeend had te moeten doen, maar daar putte Marilyn weinig moed uit. Op de een of andere manier was het belangrijk voor haar geworden alle onheilswoorden te horen die de presentator uitsprak, alsof optimistische meningen die door anderen werden verwoord geen enkel gewicht in de schaal legden todat Bergman zèlf op zijn rampzalige voorspelling zou terugkomen. Maar tot nu toe leek hij dat niet van plan te zijn.

'We zien hier beelden van het Manned Spacecraft Center, waar een vlucht die de eerste zesenvijftig uur feilloos verliep, veranderd is in de enige noodsituatie sinds de vlucht van de Gemini 8,' zei Bergman. 'Dit is Amerika's drieëntwintigste ruimtevlucht, en tot nu toe is het de eerste vlucht waarbij de levens van de betrokken astronauten werkelijk gevaar lopen. De astronauten hebben in feite de commandomodule moeten verlaten en hebben in de maanlander plaatsgenomen. De vraag is nu hoe lang de zuurstof in de maanlander het kan uithouden. De zuurstofvoorraad in de LEM is voldoende voor maximaal vijfenveertig uur.'

Bergman schakelde over naar correspondent David Snell in Houston, die voor een meters-hoge doorsnede van de maanlander stond, maar Marilyn wilde niets meer horen. Ze wist niet zoveel van ruimtereizen af als haar echtgenoot of zijn medebemanningsleden, maar ze wist méér dan voldoende; en ze wist dat vijfenveertig uur slechts de helft was van de tijd die nodig was om terug naar de aarde te keren. Als iemand niet snel iets verzon, dan zou de kans van een op tien die Bergman de bemanning gaf, snel afnemen tot nul.

Plotseling moest Marilyn aan de bovenetage denken. Het tumult in de woonkamer was nu een half uur aan de gang, en niemand was naar de kinderen wezen kijken. De zoons en dochters van astronauten waren eraan gewend geraakt dat hun huizen tijdens ruimtevluchten een soort ontmoetingsplaats werden voor de uitgebreide NASA-clan, maar over het algemeen kwam het bezoek niet op dit late tijdstip of in deze grote aantallen, en in elk geval rinkelde de telefoon niet zo vaak.

Marilyn, ietwat van slag, wenkte haar buurvrouw Adeline Hammack en vroeg haar of ze even naar boven wilde gaan om te kijken of de kinderen niet wakker waren geworden. Adeline stemde toe, liep de trap op en keek om een hoekje van de deur van de diverse kinderkamers. De elf jaar oude Susan was diep in slaap, maar haar broertje Jeffrey was wakker.

'Waarom zijn er zoveel mensen beneden?' vroeg de vierjarige.

Adeline ging op de rand van het bedje zitten. 'Je weet waar je pappie deze week naartoe is, hè?' vroeg ze.

'Naar de maan,' antwoordde Jeffrey.

'En je weet wat hij van plan was daar te gaan doen?'

'Rondwandelen.'

'Inderdaad. Nou, het ziet ernaar uit dat er aan boord van het ruimteschip iets kapot is gegaan, en dat hij om moet draaien en naar huis komt. Hij gaat er dus niet rondwandelen, maar het plezierige van dit alles is wèl dat hij nu sneller naar huis komt dan werd verwacht. Misschien is hij er vrijdag al.'

'Maar hij zéi,' protesteerde Jeffrey, die zijn hoofd uit het kussen omhoog bracht.

'Hij zei wàt?' vroeg Adeline.

'Hij zei dat hij een maansteen voor me mee zou brengen.'

Adeline glimlachte. 'Dat weet ik. En ik weet ook dat hij dat maar al te graag zou willen doen. Maar ik ben bang dat hij dat deze keer niet zal kunnen. Misschien als je later groot bent dat je er zelf naar toe kunt, dan kun je er een voor je vader meenemen.'

Adeline stopte Jeffrey nog eens in, verliet stilletjes zijn kamer en liep op haar tenen naar de slaapkamer van de zestienjarige Barbara. Net als Susan leek Barbara diep in slaap. Maar in tegenstelling met Susan leek dat nog niet lang het geval te zijn. Barbara lag onder de dekens, haar hoofd op het kussen, haar ogen gesloten, maar Adeline zag nog iets anders: in de kromming van haar arm lag een bijbel geklemd.

6

Dinsdag 14 april, 01:00 uur eastern time

Tom Kelly ging op de avond van 13 april al voor elven naar bed en hij wenste niet gestoord te worden. De afgelopen paar maanden was Kelly vroeger naar bed gegaan en kwam hij er later uit dan hij lange tijd gewoon was te doen, en het beviel hem uitstekend.

Niet dat Kelly problemen had gehad met de uren die hij tot dan had gemaakt. Negen jaar lang hadden de werkdagen van Kelly tien tot twaalf uur geduurd, zonder dat hij ook maar op de gedachte was gekomen dat er een andere manier van leven was. Zo was het al sinds het begin van de jaren zestig geweest bij Grumman Aerospace in Bethpage op Long Island, toen het bedrijf het contract kreeg om de zogenoemde *lunar excursion module*, de LEM – de maanlander – te bouwen, het vreemd uitziende, insektachtige ruimteschip dat geacht werd vóór 1970 een mens op de maan neer te zetten.

Aanvankelijk was Grumman niet zo erg geïnteresseerd geweest in wat voor LEM dan ook. Vanaf het moment dat president Kennedy zijn ongelooflijke plan betreffende het verkennen van de maan bekend had gemaakt, had het bedrijf alles in het werk gesteld om de opdracht voor de technisch ècht belangrijke constructie binnen te slepen: de Apollo commandomodule, het moederschip dat de fragiele maanlander richting maan zou transporteren, om er vervolgens in een baan omheen draaiend te wachten tot de LEM zijn daalvlucht zou volbrengen, om enige tijd later weer van het maanoppervlak op te stijgen. Voor de pers en voor de belastingbetalers sprak de rond de maan draaiende *orbiter* natuurlijk een stuk minder tot de verbeelding dan de veelpotige, kraters ontwijkende maanlander. Maar Grumman was absoluut niet geïnteresseerd in wat het publiek tot de verbeelding sprak. Grumman was geïnteresseerd in datgene wat de aandeelhouders als zinvol beschouwden, en voor een bedrijf dat dividenden moest betalen en jaarverslagen diende te publiceren, was het zakelijk een stuk aantrekkelijker om een degelijke ruimtemodule te bouwen die jarenlang door de NASA gebruikt kon worden – voor missies naar de maan, voor missies rond de aarde, voor missies die tot doel hadden een ruimtestation te bouwen – dan te proberen een gespecialiseerd maanlander te bouwen, die slechts voor één taak gebruikt kon worden, vooropgesteld dat het hele idee technisch haalbaar was.

Grumman was niet de enige die zijn zinnen op de orbiter had gezet. Het in Downey, dat deel uitmaakte van Los Angeles, gevestigde North American Aviation liet ook duidelijk van zijn belangstelling blijken. Grumman wist dat North American een formidabele concurrent was, en toen de offertes werden ingeleverd en de contracten voor de klus werden verstuurd, was het de kolos uit Californië die de opdracht kreeg. Niemand in de ruimtevaartindustrie wist hoeveel orbiters door North American voor de NASA zouden worden gebouwd, maar met maximaal acht jaar onderzoek en ontwikkeling voor de boeg, en de mogelijkheid van tientallen bemande en onbemande ruimtereizen in het vooruitzicht, was het bedrijf – daar waren de meeste mensen het wel over eens – op een goudmijn gestoten. Een jaar later kreeg Grumman, misschien als troostprijs, misschien omdat North American zijn handen vol had aan de orbiter, opdracht de minder tot de verbeelding sprekende maanlander te bouwen – het bedrijf ontving een contract van de overheid, felicitaties van zijn concurrenten en behoorlijk wat gemeesmuilde succeswensen van de rest van de luchtvaartindustrie.

In de jaren die volgden verdween de scepsis en na maart 1969, toen de Apollo-bemanning Jim McDivitt, Dave Scott en Rusty Schweickart de eerste bemande LEM, losgekoppeld van de commando/servicemodule, in een baan rond de aarde liet draaien, was het ruimteschip de lieveling van het maangekke publiek geworden. De maanlander voerde die eerste vlucht zo briljant uit, dat de NASA zelfs besloot een paar experimentele manoeuvres te proberen waarbij de gekoppelde ruimteschepen niet werden voortgestuwd door de krachtige raketmotor van de orbiter, maar door de veel minder sterke stijgmotor van de LEM. Per slot van rekening kon je nooit weten wanneer de trouwe orbiter van North American in geval van nood eens een duwtje van de kleine maanlander van Grumman nodig had.

Vanaf de Apollo 9 ging er geen Amerikaans ruimteschip meer omhoog zonder een LEM aan boord, en de vijf vluchten van de afgelopen dertien maanden begonnen hun tol te eisen van Kelly en de andere Grumman-mensen. Het bedrijf had bij het volgen en vliegen van de LEM gewoonlijk drie ploegen aan het werk – vierentwintig uur per etmaal – waarbij één ploeg in een ruimte vlak naast Mission Control was ondergebracht, eentje in een gebouw vlak in de buurt, namelijk op het terrein van het Space Center, en eentje in Bethpage. Een technisch manager als Kelly moest vaak beschikbaar zijn om op elk willekeurig moment een van deze drie locaties te bezoeken, en tegen de tijd dat de Apollo 13 de lucht in ging, begreep het bedrijf dat van het kader onmogelijk verwacht kon worden dat het in dit tempo eindeloos door zou gaan. Als beloning voor de tijd die ze er tot nu toe in hadden gestopt, besloot Grumman enkele van hun meer gewaardeerde krachten voor een jaartje naar het Massachusetts Institute of Technology te sturen, waar ze wat konden bijkomen en industrieel management konden studeren. Kelly was een van de eersten van deze hogere techneuten die voor dit programma werden uitgekozen, en hij zag die verandering met graagte tegemoet.

De afgelopen dagen had Kelly de Apollo 13-missie vanuit zijn kamer in

Cambridge gevolgd, en hij wist dat op de avond van 13 april de LEM door Jim Lovell en Fred Haise zou worden bezocht voor een eerste inspectie en om wat beelden terug naar de aarde te sturen. Kelly had dat trotse openen van het luik graag willen aanschouwen, zoals bij eerdere vluchten, maar de televisiemaatschappijen zonden de beelden niet uit en de enige plaatsen waar hij het zou kunnen zien waren Bethpage en Houston. Zijn Grumman-collega's zouden, net als de mensen achter de consoles in Mission Control, de beelden wèl te zien krijgen, en Kelly wist dat ze hem onmiddellijk zouden bellen als er iets aan de hand was, maar voor iemand die aanwezig was geweest toen het eerste stuk metaal voor de LEM werd uitgestanst, was dit maar behelpen. Maar in die eerste maanden van zijn vrijwillige ballingschap in Cambridge ging Kelly ervan uit dat dit maar voldoende moest zijn, en nadat hij op was gebleven tot na het tijdstip van de geplande LEM-inspectie, ging hij naar bed.

Kort na één uur in de nacht rinkelde Kelly's telefoon. De technicus opende één oog, keek op de wekker en stak zijn hand uit naar de hoorn. Slaperig noemde hij zijn naam.

'Tom,' zei de persoon aan de andere kant van de lijn, 'wakker worden. En snel.'

De stem, wist Kelly onmiddellijk, was van Howard Wright, een andere employé uit Bethpage en eveneens in de stad voor een jaartje MIT.

'Howard,' zei Kelly, 'wat is er aan de hand?'

'We zitten gigantisch in de problemen, Tom. Echt grote problemen. Er heeft een of andere explosie aan boord van de 13 plaatsgevonden. Ze hebben geen vermogen meer, ze hebben geen zuurstof meer en ze hebben de servicemodule moeten verlaten. Ze zijn overgestapt in de LEM.'

'Waar heb je het over?' vroeg Kelly, die onmiddellijk klaarwakker was.

'Net wat ik zeg. Lovell, Swigert en Haise zitten zwaar in de problemen. Ik heb met Grumman gesproken en ze willen dat we er direct naar toe gaan. Er staat straks op Logan een toestel voor ons klaar en we worden er geacht onmiddellijk naar toe te gaan.'

Kelly kwam met een ruk overeind en deed, met Wright nog steeds aan de telefoon, de radio op het nachtkastje aan. Hij hoorde vrijwel direct dat zijn vriend gelijk moest hebben. Op de zender die alleen maar nieuws uitzond was zo te horen momenteel een persconferentie uit Houston aan de gang, en terwijl Kelly aan de knop van de radio draaide merkte hij dat alle andere middengolfzenders hetzelfde programma uitzonden. Hij kon verslaggevers vragen horen roepen naar niet met name genoemde vertegenwoordigers van de NASA, en van wat hij eruit kon opmaken klonken de antwoorden niet al te bemoedigend.

'...misschien vertellen wat de oorzaak is van dit probleem?' vroeg een verslaggever toen Kelly op een willekeurig station afstemde. 'Kan het incident dat zich vanavond heeft voorgedaan misschien veroorzaakt zijn door de inslag van een meteoriet?'

'Wat het ook geweest mag zijn, het wekt de indruk met erg veel geweld te zijn gebeurd,' antwoordde een stem die van Jim McDivitt zou kunnen zijn, de voormalige commandant van de Apollo 9 en de huidige directeur van het bureau voor het Apollo-programma. 'Ik ga er niet van uit dat dat gebeurd zou zijn, begrijp me goed, maar het zóu kunnen.'

'We hebben nog nauwelijks geprobeerd de gebeurtenissen te reconstrueren,' zei een andere stem, die klonk als die van Chris Kraft, 'omdat we momenteel druk bezig zijn met het onder controle krijgen van de situatie.'

'Een vraag voor Jim McDivitt,' zei een andere verslaggever (het wàs dus McDivitt). 'Hoeveel elektrisch vermogen hebben we in de LEM, en hoeveel zuurstof?'

'Dat hangt ervan af hoe we het gaan gebruiken,' zei McDivitt. 'We hebben vier accu's in de daaltrap van de LEM en twee in de stijgtrap. En wat de zuurstof betreft, we hebben 22 kilo in de tanks van de daaltrap en in elke tank aan boord van de stijgtrap zit een halve kilo.'

'Hoe zou je, vergeleken met andere noodsituaties, Chris,' (het wàs dus Kraft) riep een andere verslaggever, 'bijvoordeeld die keer dat Scott Carpenter te ver doorschoot, die vastzittende stuurraket van de Gemini 8, of John Glenns problemen met de remraket, deze situatie willen classificeren?'

Het was een hele tijd stil. 'Ik zou willen zeggen,' antwoordde Kraft ten slotte, 'dat dit het ernstigste probleem is waar we bij de bemande ruimtevluchten tot nu toe mee te maken hebben gehad.'

Tom Kelly draaide de radio uit, sloot zijn ogen, en sprak in de telefoon: 'Howard, laten we zo snel mogelijk op het vliegveld zien te komen.'

Chris Kraft was vanavond niet bepaald in de stemming om een persconferentie te leiden. Hij vermoedde echter dat hij er niet onderuit kon; in feite wìst hij dat hij niet anders kon. Tijdens de andere noodsituaties waar de media hem nog regelmatig naar vroegen – die vlucht van Carpenter, die vlucht van Glenn en die vastzittende stuurraket van de Gemini 8 – was er geen tijd geweest om met de pers te kletsen. Die noodsituaties hadden zich voorgedaan terwijl het ruimteschip zich in een baan rond de aarde bevond, waar de astronauten nooit langer dan een half uur van een veilige splash-down verwijderd waren, en tegen de tijd dat een crisis voldoende was opgelost om met de pers te praten, dobberde de capsule meestal al in het water en hadden de cameralieden wel iets beters te filmen dan een flight-director die vanaf een podiumpje vragen beantwoordde.

Maar vannacht voltrokken de gebeurtenissen zich een stuk langzamer, en vanaf het moment dat bekend werd dat er aan boord van de Apollo 13 problemen waren, wensten de verslaggevers van de mannen in de vluchtleidingsruimte verklaringen te horen. Direct nadat Lovell, Swigert en Haise in Aquarius waren overgestapt, stuurde Bob Gilruth, de directeur van het Space Center, Kraft, McDivitt en Sig Sjoberg, de directeur van Flight Operations, er op uit om de media tevreden te stellen. De persconferentie vond plaats in het gebouw van Public Affairs, een paar honderd meter van Mission Control verwijderd. Kraft had de afstand naar de bijeenkomst rennend afgelegd, en nu die afgelopen was rende hij nog harder weer terug.

Hoewel de adjunct-directeur van het Space Center nauwelijks een uurtje uit Mission Control was weggeweest, zag hij na binnenkomst onmiddellijk dat de atmosfeer in de ruimte dramatisch was veranderd. Bij de EECOM-consoles – waar de crisis die een dodenwake was geworden nu in een lijkschouwing was veranderd – was het een stuk rustiger geworden. Het scherm dat vol had gestaan met aan en uit knipperende bulletins van de langzaam stervende Odyssey, was nu voornamelijk gevuld met nullen en lege ruimtes waar eerder de cijfers over de hoeveelheden zuurstof en energie hadden gestaan. Clint Burton en een handvol andere technici groepten samen rond de console, mompelden iets tegen elkaar en wierpen af en toe een blik op het scherm, alsof er nog steeds een kans bestond dat het afgestorven ruimteschip alsnog tekenen van leven zou vertonen. Maar om reden van praktische aard waren de activiteiten aan die console gestaakt.

Maar elders in de ruimte was de stemming aanzienlijk minder ingetogen. Hoewel het Zwarte Team van Glynn Lunney het Witte Team van Gene Kranz had vervangen, maakte het Witte Team absoluut geen aanstalten het auditorium te verlaten. Bij de meeste consoles stonden de recentelijk afgeloste controllers over hun vervangers gebogen, hun blikken gericht op de schermen die ze de afgelopen acht uur voortdurend in de gaten hadden gehouden en hun koptelefoons ingeplugd in de extra dozen die bestemd waren voor bezoekers. Bij de Capcom-console werd astronaut Jack Lousma – die, net als alle andere Capcoms, in een drieploegendienst werkte in plaats van in een vierploegen, om op die manier het aantal verschillende stemmen op de lucht/grondverbinding zo klein mogelijk te houden – zoveel mogelijk alleen gelaten om in alle rust de verbindingen met de bemanning te onderhouden; maar bij andere consoles stonden hele groepen mensen bij werkstations die slechts voor één persoon waren bedoeld.

Net als eerder die avond dromden de meeste mensen samen bij de console van de vluchtleider, waar Lunney druk met de interne verbindingslijn bezig was, terwijl Kranz pal achter hem aan het ijsberen was, ondertussen af en toe een controller van het Witte Team wenkend om iets te bespreken. Terwijl Kraft op de twee vluchtleiders afliep en een blik wierp op de console die ze deelden, wist hij onmiddellijk dat ze hun handen er vol aan hadden. Boven Lunney's monitor zat een rij groene, gele en rode lampjes, elk verbonden met een van de consoles in het vluchtleidingscentrum. Tijdens een lancering gebruikten de controllers deze lampjes om de flight-director te informeren over de status van hun systemen in die korte maar explosieve minuten tussen het tijdstip waarin het ruimteschip het lanceerplatform verliet en het moment dat het in een baan rond de aarde kwam. Een groen lampje gaf aan dat de systemen van de controller normaal functioneerden; geel dat er een probleem was, en dat de controller onmiddellijk met de flight-director wilde overleggen; rood betekende dat er een reden was om de vlucht af te breken.

Nadat de lanceerfase achter de rug was, werden deze lampjes overbodig en in de loop van de tijd waren de flight-directors begonnen ze te gebruiken voor het helpen afhandelen van meldingen die vanuit de zaal binnenkwamen. Een controller die zich tijdens een vlucht met een vraag of een verzoek op de lijn meldde, kreeg dan vaak te horen dat hij 'op geel moest gaan', zodat de vluchtleider even over het probleem na kon denken zonder het gevaar te lopen te vergeten dat hij nog met een antwoord moest komen. Op de console van Lunney was momenteel de helft van de ruim vijfentwintig lampjes geel, en terwijl de flight-director de interne communicatielijn weer inschakelde, maakte hij automatisch verbinding met de controllers die meeluisterden.

'Oké,' zei Lunney tegen de zaal in het algemeen. 'Ik zou graag zien dat iedereen voorlopig meeluistert. RETRO, GUIDANCE, CONTROL, TELMU, GNC, EECOM, CAPCOM, INCO en FAO. Ik wil iedereen op de lijn hebben. Geef me geel, alsjeblieft.'

De groene lampjes op Lunney's console doofden onmiddellijk en de gele sprongen aan, met uitzondering van dat van de RETRO-man, die in een druk gesprek met zijn ondersteuningsteam verwikkeld was. 'GUIDANCE,' zei Lunney ongeduldig tegen de controller die naast het RETRO-station zat, 'laat RETRO op de lijn komen, alsjeblieft.'

'Zeg het maar,' zei Bobby Spencer, de RETRO-voorman, die Lunney's verzoek had gehoord en zich nu meldde voor GUIDO hem had kunnen aanstoten.

'Luister,' zei Lunney, 'ik wil met jullie doornemen waar we op een aantal gebieden precies staan. Het belangrijkste is dat we straks een motor moeten activeren, en dat is nog maar één ding. Verder moeten we ze in een juiste positie brengen voor het ontsteken van die motor. Ook moeten we het stroomverbruik van die LEM zo veel mogelijk verminderen, alle niet essentiële apparatuur uitschakelen, zodat we niet onnodig stroom verbruiken. En we moeten mensen bij elkaar zien te krijgen die níet achter een console zitten en zich bezig kunnen houden met de lange-afstandsproblemen betreffende de LEM in de rol van reddingsboot. TELMU, ik neem aan dat je al bezig bent met die voorraadproblemen – O_2, water, vermogen?'

'Roger, Flight,' zei de TELMU.

'Kun je nu al iets in het algemeen zeggen? Heb je al iets uitgewerkt om met de beschikbare voorraden naar huis te komen?'

'Negatief, Flight.'

'Zijn we ermee bezig?'

'We zijn ermee bezig.'

'Goed. Ik wil daarover straks iets van je horen.'

'Roger, Flight.'

'CONTROL, Flight,' riep Lunney vervolgens op.

'Zeg het maar, Flight.'

'We moeten nog steeds de positie en de manoeuvres uitwerken voor we klaar zijn om de motor te activeren. Zijn jullie al met dat probleem bezig?'

'Jazeker.'

'Hebben we het bijna opgelost?'

'Negatief.'

'Hoe lang denk je dat het gaat duren?'
'Dat kan ik nu nog niet zeggen, Flight. We proberen je dat zo snel mogelijk door te geven. Grumman heeft ons een procedure gegeven voor het reconfigureren van de autopilot van de LEM waarbij rekening wordt gehouden met het dode gewicht van de commando/servicemodule. Ik stel voor dat je een ploeg naar de simulator stuurt om te kijken of die procedure werkt.'
'FIDO, Flight,' zei Lunney.
'Zeg het maar, Flight.'
'Wat is de kortste afstand tot de maan waar we momenteel van uit moeten gaan?'
'Ongeveer honderd kilometer, Flight.'
'Berging, Flight.'
'Zeg het maar, Flight.'
'Hoe staat het met de schepen die we op de splash-downposities hebben?'
'We zijn momenteel bezig met het kijken welke schepen we in de Atlantische en Indische Oceaan beschikbaar hebben.'
'Oké, heren,' zei Lunney. 'Dat zijn de belangrijkste onderwerpen waar ik nu aan zit te denken. Ik wil dat er begonnen wordt met het oplossen van sommige van die vraagstukken. Is er nog iemand die iets anders aan de orde wil stellen? RETRO?'
'Negatief, Flight,' antwoordde Bobby Spencer, deze keer onmiddellijk.
'Guidance?'
'Negatief, Flight.'
'GNC?'
'Negatief, Flight.'
'FIDO?'
'Negatief, Flight.'
'Capcom?'
'Negatief, Flight.'
'Oké, jullie kunnen allemaal terug naar groen. Maar zorg ervoor dat we allemaal boven op deze problemen blijven zitten en hou de boel in beweging.'
Van alle problemen waarmee Lunney werd geconfronteerd, was het meest complexe het doen ontbranden van de motor. In het uur sinds de astronauten in de Aquarius waren overgestapt, waren er nog geen definitieve beslissingen genomen over hoe de aan elkaar gekoppelde ruimteschepen richting aarde moesten worden gestuwd, en terwijl de ruimteschepen steeds dichter in de buurt van de maan kwamen, met een snelheid die weer opklom naar ruim 9000 kilometer per uur, werden de keuzemogelijkheden snel minder. Een direct afbreken, als daartoe al een poging kon worden gedaan, werd al naar gelang het ruimteschip zich verder van de aarde verwijderde steeds moeilijker. Een PC+2-burn zou, wanneer men daarvoor zou kiezen, erg veel planning vereisen, en het tijdstip waarop de periluna werd bereikt, kwam snel naderbij. Het was natuurlijk altijd mogelijk om de motor ná het PC+2-punt te activeren, maar hoe eer-

der dat activeren in een overgangsvlucht richting aarde gebeurde, hoe minder brandstof er nodig zou zijn om in die baan te komen; hoe langer de *burn* werd uitgesteld, hoe langer de raketmotor in werking gesteld zou moeten worden.

IJsberend achter Kranz, die ook heen en weer beende, wist Kraft welke route hij voor de terugreis zou kiezen. De stuwraket van de servicemodule was onbruikbaar, daar was hij heilig van overtuigd. Zelfs als er een manier bestond om voldoende elektriciteit bij elkaar te schrapen om die motor aan de praat te krijgen, dan nog was Kraft er niet zeker van dat de aangeslagen Odyssey in staat zou zijn alle krachten te weerstaan. Niemand wist in welke toestand de servicemodule verkeerde, maar als de kracht van de klap een maatstaf was, zou de plotselinge toepassing van 10.000 kilo stuwdruk er weleens voor kunnen zorgen dat de hele achterzijde van het ruimteschip in elkaar klapte, waardoor beide ruimteschepen een koprol zouden maken, waarbij de bemanning niet in de richting van de aarde, maar rondtollend richting maanoppervlak zou worden gestuurd.

De enige manier om naar huis te komen, bedacht Kraft, was van de motor van de LEM gebruik te maken – en wat belangrijker was, die op de juiste manier te gebruiken. Het zou nog tot morgenavond duren voor de gekoppelde ruimteschepen achter de schaduw van de maan zouden verdwijnen, en daarna nog eens bijna drie uur voor ze de PC+2-mijlpaal zouden bereiken. Ruim een dag wachten voordat de bemanning in een baan naar huis zou worden gebracht maakte op zijn best een nogal nonchalante indruk, terwijl het onder de slechtste omstandigheden roekeloos genoemd mocht worden. Wat Kraft wilde doen was de daalmotor activeren, de ruimteschepen terugbrengen in hun vrije-terugkeerbaan, om zodra ze achter de maan vandaan kwamen en het PC+2-punt bereikten, díe manoeuvres uit te voeren die nodig waren om de baan te verfijnen of de snelheid te verhogen.

Als Chris Kraft in het verleden op zo'n idee was gekomen, werd dat idee uitgevoerd. Maar tegenwoordig lagen de zaken anders. Nu was het Gene Kranz die bepaalde wat er zou gaan gebeuren, was het Gene Kranz die de echte *capo di tutti capi* binnen het vluchtleidingscentrum was. Als Chris Kraft iets gedaan wilde hebben, dan had hij de vrijheid om dat aan Kranz voor te stellen, maar hij kon hem zijn wil niet langer opleggen. In het gangpad achter de console van de flight-director stond Kraft op het punt de ijsberende Kranz staande te houden om hem zijn plan voor een tweefasenontsteking voor te leggen, toen Kranz zich naar hem omdraaide.

'Chris,' zei hij, 'ik vertrouw die motor van de servicemodule voor geen cent.'

'Ik ook niet, Gene,' zei Kraft.

'Ik weet niet eens zeker of we hem zouden kunnen activeren, zelfs als we het zouden willen.'

'Ik ook niet.'

'Maar hoe we het ook doen, ik ben bang dat we rond de maan zullen moeten.'

'Daar ben ik het mee eens,' zei Kraft. 'Wanneer wil je die raketmotor opstarten?'

'Nou, ik wil eigenlijk niet tot morgenavond wachten,' zei Kranz. 'Als we hem nu eens voor een vrije terugkomst een kort moment activeren, vervolgens alles op een rijtje zetten om daarna te berekenen wanneer we hem morgen met een PC+2 moeten versnellen.'

Kraft knikte. 'Gene,' zei hij na een lange pauze, 'dat lijkt me een goed idee.'

Twee rijen lager en een console verderop konden Chuck Deiterich, een remraketdeskundige – of RETRO – die eigenlijk geen dienst meer had en achter zijn gebruikelijke console stond, en Jerry Bostick, een deskundige op het gebied van vluchtdynamica – of FIDO – die ook geen dienst meer had, het gesprek tussen Kranz en Kraft niet horen, maar ze kenden de mogelijkheden net zo goed als hun bazen. Hoewel het uiteindelijk Kraft, Kranz en Lunney waren die zouden beslissen welke route het ruimteschip op weg naar huis zou volgen, waren het Deiterich en Bostick en de andere vluchtdynamicaspecialisten die voor de protocols zouden moeten zorgen om het plan te doen slagen. Bij het FIDO-station duwde Bostick de microfoon zo ver mogelijk bij zijn mond vandaan en boog zich naar Deiterich toe.

'Chuck,' zei hij kalm, 'hoe moeten we dit nou aanpakken?'

'Jerry,' antwoordde Deiterich, 'ik weet het niet.'

'Ik neem aan dat we de motor van Odyssey verder maar moeten vergeten.'

'Absoluut.'

'Ik neem aan dat we rond de maan moeten.'

'Zeker weten.'

'En ik neem aan dat we ze zo snel mogelijk in een vrije terugkeer moeten zien te krijgen.'

'Vast en zeker.'

Na enkele ogenblikken zei Bostick: 'Dan stel ik voor onmiddellijk onze tanden in deze ellende te zetten.'

Bijna 460.000 kilometer verderop, in de opeengepakte cockpit van Aquarius, hadden de mannen voor wie Bostick en Deiterich aan de slag gingen, aanzienlijk elementairder zaken aan het hoofd dan het activeren van een motor waardoor ze naar aarde zouden kunnen terugkeren. Terwijl hij zich met zijn driekoppige bemanning in zijn tweepersoons ruimteschip installeerde, had Jim Lovell eindelijk eens de gelegenheid om te kijken welke kaarten het lot hem in handen had gegeven. En wat hij zag kon hem niet erg bekoren. De commandant stond op zijn plaats aan de linkerkant van de cabine, ingeklemd tussen de linkerwand aan één kant, en een uitstekend rek waarop de vluchtregelaar was gemonteerd aan de andere. Haise stond rechts, die zich ongemakkelijk tussen de stuurboordwand en zijn eigen reserve-vluchtregelaar had gewurmd. Swigert stond tussen de twee piloten, maar dan iets naar achteren, onhandig neergestreken op de uitstulping op de vloer waaronder het inwendige van de raketmotor voor de stijgtrap zich bevond. Als Lovell te veel naar rechts bewoog, stootte hij tegen Swigert aan, die vervolgens tegen Haise aan werd geduwd. Als Haise te veel naar links bewoog, ging de golfbeweging de andere kant uit.

147

Met drie warme lichamen in een ruimte die voor twee was gebouwd, en met de elektrische en omgevingssystemen langzaam tot leven komend, was de temperatuur in de tot voor kort nog koude Aquarius begonnen te stijgen – maar slechts tot een bepaald punt. Het uitschakelen van de stroom in Odyssey had ervoor gezorgd dat de thermometer in de commandomodule bijna onmiddellijk naar beneden was gedoken, en toen Lovell nog een laatste keer naar de gegevens betreffende de leefcondities had gekeken voor hij naar Aquarius overstapte, was het 14 °C, en liep de temperatuur nog steeds verder terug. Nu, terwijl alle apparatuur in de commandomodule was uitgeschakeld, werd het interieur nog kouder; en nu het dikke luik tussen de twee ruimteschepen nog steeds niet op zijn plaats zat, waardoor de tunnel nog steeds wijd openstond, begon de temperatuur in de LEM ook te zakken. De toenemende kilte en de collectieve transpiratie van de drie mannen maakten al dat zich condens op de wanden en de ramen begon te vormen.

'Dat wordt niet gemakkelijk vliegen, als we al niet eens meer naar buiten kunnen kijken,' zei Lovell tegen niemand in het bijzonder toen hij een blik wierp op het beslagen driehoekige venster vlak voor hem.

'Die vegen we wel schoon,' zei Haise.

'En we zullen ze af moeten blíjven vegen. Hoe kouder het wordt, hoe meer ze beslaan.'

'Kun je eigenlijk sowieso wat zien daarbuiten?' vroeg Haise.

Lovell veegde wat condens van zijn raam en tuurde door het schoongemaakte stukje. Het uitzicht vanuit Aquarius was nagenoeg hetzelfde als vanuit Odyssey: een heen en weer deinende wolk van uit zuurstof bestaande ijskristallen en uiterst kleine brokstukjes, afkomstig van de explosie die het ruimteschip door elkaar had geschud – waardoor die explosie dan ook ontstaan mocht zijn. Lovell keek een moment lang aandachtig naar de wolk met troep.

'Dezelfde troep die we hiernaast ook al hadden,' zei hij.

'Nou, we zijn niet in staat om dàt weg te vegen, hè?' zei Haise somber.

'Weet je,' zei Lovell, terwijl hij zich naar Swigert omdraaide, 'als het híer koud is, moet het in Odyssey vriezen. Misschien dat we wat voedsel en water hierheen moeten halen voor het daar te laat voor is.'

'Wil je dat ik het haal?' vroeg Swigert.

'Dat zou erg fijn zijn. Vul zoveel mogelijk drinkzakken met water uit de tank met drinkwater en neem ook wat voedselpakketten mee.'

'Ik ben al weg,' zei Swigert.

Staande op de afdekplaat van de motor, boog de piloot van de commandomodule zich diep voorover en richtte zich toen weer snel op, op die manier de tunnel inspringend die naar zijn ruimteschip leidde. Hij kwam uit bij het onderste uitrustingsruim aan het voeteneinde van de banken, stopte bij de voedselvoorraad, tilde het deksel op en keek naar binnen. De rantsoenen voor een tien dagen durende trip naar de maan mochten overvloedig worden genoemd, en de provisiekast in Odyssey was barstensvol. Er lagen pakjes met kalkoen met jus, spaghetti en vleessaus, kippesoep, kipsalade, erwtensoep, tonijnsalade, gepocheerde eieren, cornflakes, sandwich spread, chocoladerepen, perziken, peren, abrikozen, pakjes bacon, pasteitjes, sinaasappelsap, kaneelbeschuit, chocoladekoekjes, en nog veel meer. Elk pakje zat dicht met een reepje gekleurd Velcro, waarbij de kleur aangaf voor welk bemanningslid het pakje bestemd was. Het Velcro van de commandant was rood, dat van de piloot van de commandomodule was wit, en dat van de LEM-piloot blauw.

Swigert schepte een handvol pakjes op en liet ze vlakbij in de lucht zweven. Toen draaide hij zich om naar de tank met drinkwater, pakte een paar drinkzakken en begon ze te vullen met behulp van een plastic waterspuit die aan het uiteinde van een flexibele slang zat bevestigd. Bij de eerste zak ging er echter iets verkeerd en een kwikachtig bolletje water zweefde naar beneden en kwam op Swigerts zachte stoffen schoenen terecht.

'Verdomme!' zei Swigert hardop.

'Wat is er?' riep Haise.

'Niets. Mijn schoenen zijn zojuist doorweekt geraakt.'

'Die drogen wel weer,' zei Haise.

'Vóór die gedroogd zijn, zijn ze bevroren,' merkte Swigeart op.

Belangrijker dan de huishoudelijke bezigheden in het ruimtevaartuig waren voor Lovell de omstandigheden buiten. Hoewel hij niet had verwacht dat het door het ongeluk vrijgekomen gas en de brokstukjes nu zouden zijn verdwenen, was zijn blik door de vochtige ruiten toch behoorlijk ontmoedigend. De halo van puin die de capsules omringde vormde geen veiligheidsprobleem. Aangezien de ruimteschepen en de omringende brokstukjes zich vrijwel met dezelfde snelheid voortbewogen, was het onwaarschijnlijk dat de deeltjes met het ruimteschip in botsing zouden komen; en als dat wèl zou gebeuren, zou het verschil in de relatieve snelheid van het fijne puin klein genoeg zijn om geen schade van betekenis aan te richten. Nee, waar Lovell zich het meest zorgen over maakte was het probleem van de navigatie.

Het oplijnen dat de commandant in de computer van de LEM had geprogrammeerd was, hoopte hij, goed genoeg om het besturingssysteem een ruw idee te geven van de ware stand van de LEM. Maar om de positie van het ruimteschip zodanig precies vast te kunnen stellen dat de raketmotor op het goede moment zou worden geactiveerd, diende er een veel preciezere 'fijn-oplijning' plaats te vinden. Deze procedure vereiste van de commandant dat hij door het venster heen bepaalde sterren in bepaalde sterrenbeelden herkende, om vervolgens zijn besturingsplatform bij te stellen, wat gebeurde door met de optische oplijntelescoop – de AOT – de juiste positie van die sterren vast te stellen. Met een speling van slechts honderdtien kilometer wanneer Odyssey en Aquarius in een boog rond de maan zouden schieten, was de kleinste misrekening bij de positiebepaling tijdens een vrije-terugkeer-activering van de raketmotor voldoende om de twee aan elkaar gekoppelde ruimteschepen aan de achterkant van de maan een lange, permanente vore in het oppervlak te laten trekken.

Het grootste gedeelte van het afgelopen uur was Houston voornamelijk met dìt probleem in de weer geweest, en werd het ruimteschip regelmatig opgeroepen met: 'Aquarius, kun je al bepaalde sterren zien?' Maar toen Lovell naar buiten keek, zag hij echter niet alleen de sterren die hij voor zijn navigatie nodig had, maar honderden, nee duizenden andere oplichtende valse sterren, veroorzaakt door de kleine brokstukjes die nog steeds rond de ruimteschepen zweefden. Onderscheid proberen te maken tussen de echte onderdelen van de sterrenbeelden en de namaaksterren zou een onmogelijke taak worden. Lovell kwam tot de conclusie dat hij dit probleem alleen maar op kon lossen door gebruik te maken van de stuurraketten van de LEM en Aquarius en Odyssey behoedzaam in de wolk rond te draaien tot ze een opening zouden vinden die hen een goed zicht op de sterrenhemel zou bieden.

'Geef eens een handdoek aan, Freddo,' zei Lovell tegen Haise. 'Ik wil eens kijken of ik ons niet uit deze troep kan manoeuvreren.'

Haise gaf Lovell een stukje badstof aan dat hij uit een voorraaddoos rechts van hem te voorschijn had gehaald, en de commandant veegde eerste zijn eigen raampje schoon, en vervolgens dat van de LEM-piloot. De twee mannen tuurden lange tijd door hun vensters naar buiten en lieten toen een eensgezind gefluit horen.

'Wat een troep,' zei Haise.

'Aan deze kant is het net zo erg,' zei Lovell.

Hij zette het vluchtregelsysteem op handbediening en stak zijn hand naar de betreffende bedieningsknop uit. Net als bij Odyssey waren er vier groepen van vier stuurraketjes die op gelijkmatige afstand rond het ruimteschip waren geplaatst, en waarvan elk zo was gemonteerd dat het voldoende torsie kon veroorzaken om Aquarius rond zijn zwaartepunt te laten roteren. En, net als bij Odyssey, werd het hele systeem geregeld door een hendel in de vorm van een pistoolgreep. Lovell schoof de hendel behoedzaam iets naar voren in een poging de twee ruimteschepen iets voorover te draaien. Het geheel maakte een plotselinge – en ietwat misselijkmakende – ruk naar links. Als het stuurraketsysteem van Odyssey log genoemd mocht worden, dan leek dat van Aquarius nauwelijks te functioneren.

'Wauw,' zei Lovell, terwijl hij de hendel losliet. 'Dat was een zwieper.'

'Dat is niet de manier waarop het zou moeten functioneren,' zei Haise.

'Het is in elk geval niet de manier waarop het zich tot nu toe heeft gedragen.'

Het probleem, zoals Lovell en Haise zich al snel realiseerden, was het zwaartepunt van de twee gekoppelde ruimteschepen. Het vluchtregelsysteem van de LEM was ontworpen om te worden gebruikt nádat de maanlander zich van de commando/servicemodule had losgemaakt om alleen in de richting van het maanoppervlak af te koersen. In de simulators waarin zowel Lovell als Haise had geoefend, waren de besturingscomputers zo geprogrammeerd dat ze de gewichtsverdeling van het losgekoppelde ruimteschip nabootsten, en de piloten hadden geleerd hoe ze de maanlander met slechts de geringste stuwstoot elke willekeurige kant uit konden laten draaien. De LEM die Lovell vandaag vloog was echter niet losgekoppeld, maar zat nog steeds opgezadeld met de steenkoude, niet meer functionerende massa van de 28.800 kilo wegende orbiter die aan het dak van de LEM zat bevestigd. Hierdoor kwam het zwaartepunt aanzienlijk hoger te zitten, een heel eind in de commandomodule, en misschien nog wel een stuk verder, en het vertrouwde gevoel van de volmaakt uitgebalanceerde stuurraketjes van de LEM veranderde volkomen.

In de commandomodule voelde Swigert plotseling hoe het ruimteschip om hem heen een schuiver maakte, en met de pakjes voedsel en drinkwater in zijn handen zwom hij snel terug door de tunnel om te kijken waar de commandant mee bezig was.

'Hoe is de toestand hier?' vroeg Swigert terwijl Lovell de hendel nog eens voorzichtig naar voren schoof en het ruimteschip met opnieuw een vreemde beweging reageerde.

'We proberen de positie van een ster te bepalen,' legde Haise uit.

'Dat wordt niet gemakkelijk, met dat ding aan ons vast,' zei Swigert, terwijl hij met zijn duim in de richting van de tunnel en Odyssey wees.

'Het is niet waar,' zei Lovell met een gefrustreerd lachje.

Terwijl Lovell met de hendel in de weer was, begonnen de positie-indicatoren aan boord van de LEM en de standaflezingen in Houston de onregelmatige bewegingen van de ruimteschepen te registreren. Achter de LEM-consoles in Mission Control raakte Hal Loden, de man die het toezicht had over de navigatiesystemen van de maanlander, toen hij zag wat zijn instrumenten aanwezen, gealarmeerd. De indicatoren van de drie cardanische ringen in het ruimteschip schoten onberekenbaar heen en weer, maar wèl net binnen het bereik van niet-gecontroleerde beweging die het hen wellicht mogelijk zou maken op te lijnen en de ster te pakken te krijgen. Als de cardanusringen geblokkeerd raakten en het oplijnen waarvoor Lovell zo zijn best had gedaan om die – rekening houdend met Odyssey – te berekenen, ging verloren, dan was elke kans om de positie van het ruimteschip zodanig te berekenen dat ze met goed gevolg de raket konden activeren, definitief verdwenen.

'Flight, CONTROL,' zei Loden gehaast.

'Zeg het maar, CONTROL,' antwoordde Lunney.

'Het ziet ernaar uit dat we hier een beetje rond de cardanushoeken draaien. Hij is momenteel in mid-impulse, en ik neem aan dat hij daar wil zijn, maar als hij niet erg goed uitkijkt zouden ze weleens in de kortste keren in een *gimbal-lock* kunnen raken.'

'Misschien is hij op zoek naar sterren,' zei Lunney.

'Misschien, maar het lijkt me zinnig om om een bevestiging daarvan te vragen.'

'Roger,' zei Lunney. 'Capcom, laat hem goed op zijn cardanushoek letten.'

'Roger,' zei Lousma, en toetste vervolgens de lucht/land-verbinding in. 'Aquarius, Houston. Je let toch wel op je cardanushoek, hè?'

Lovell, die net druk bezig was een volkomen nieuwe manier uit te dokteren om zijn ruimteschip te laten manoeuvreren, draaide zich naar Haise om en liet zijn ogen rollen. Ja, hij hield die cardanushoek ècht wel in de gaten. *En* zijn stuurraketten. *En* zijn vluchtregelaar. *En* die wolk met troep buiten. Lousma zat al sinds het begin van de middag achter de Capcom-console, en Lovell was dankbaar voor de hulp van zijn mede-astronaut. Maar aan een maanpiloot vragen of hij toch vooral zijn cardanushoek in de gaten wilde houden, was hetzelfde als aan een verkeersvlieger vragen of hij toch vooral niet wilde vergeten zijn kleppen te gebruiken. In beide gevallen kon je er vergif op innemen dat het antwoord 'ja' zou zijn.

Lovell wendde zich langzaam tot Haise. 'Zeg ze maar,' zei hij met ingehouden woede, 'dat we dat doen.'

Lousma, die zelf talloze uren in de Apollo-simulator had doorgebracht, ving die opmerking op de lucht/grond-lijn op en wist voldoende om de commandant niet meer lastig te vallen.

Terwijl Lovell zijn best deed beide ruimteschepen te stabiliseren en Lousma zijn best deed hem niet meer te irriteren, gingen Jerry Bostick, Chuck Deiterich en de andere RETRO's, FIDO's en GUIDO's die eigenlijk geen dienst meer hadden, door met het uitdenken van een *burn* die de bemanning naar huis zou brengen. Bij de vluchtplannen die zowel de mensen op de grond als de astronauten bij de hand hadden, zat een aantal kant-en-klare afbreekscenario's, die bekendstonden als *block data*-manoeuvres. Daarin stonden alle ruimteschip-coördinaten, gashendelposities en andere informatie beschreven die nodig waren om de meest waarschijnlijke afbreeksituaties waarin de bemanning verzeild zou kunnen raken het hoofd te bieden. Er waren block data-plannen voor verscheidene directe afbrekingen, block data-plannen voor verschillende PC+2-afbrekingen, block data-plannen voor het afbreken wanneer het ruimteschip zijn vrijeterugkeerbaan had verlaten en alleen maar behoedzaam terug in zijn goede baan moest worden geleid. Al deze vluchtafbrekingen gingen uit van een gezonde, nog te gebruiken commandomodule, een gezonde servicemodule en een LEM die – op z'n best – een eventueel te dumpen aanhangsel zou zijn. Kijkend naar hun block data verwachtten Bostick en Deiterich geen kant-en-klare afbreekmaatregelen te vinden die onder deze extreme omstandigheden toegepast zouden kunnen worden, en inderdaad, die zaten er niet bij.

Samenwerkend met hun respectieve ondersteuningsteam wáren de controllers in staat om de coördinaten bij elkaar te krijgen voor de soms overwogen maar bijna nooit geprobeerde 'gekoppelde DPS-burn', het activeren van het voortstuwingssysteem dat in de daaltrap van de LEM was ingebouwd, terwijl deze LEM nog aan de commando/servicemodule gekoppeld zit. De manoeuvre was nagenoeg nog nooit toegepast, maar voor zover Bostick en Deiterich wisten, was het ook een relatief eenvoudige manoeuvre. Om 460.000 kilometer van de aarde verwijderd de baan van een ruimteschip zodanig te verfijnen dat 75.000 kilometer dichter bij de aarde uit zou komen, vereiste slechts een uiterst kort krachtstootje van de raketmotor. Maar gezien de enorme interplanetaire afstand die afgelegd moest worden vóór de thuisplaneet bereikt zou worden, kon een positieverandering van een fractie van een graad aan het eind van de reis resulteren in een afwijking van duizenden kilometers aan het andere eind. Momenteel hadden Odyssey en Aquarius een snelheid van ongeveer 5500 kilometer per uur, of ongeveer 1500 meter per seconde, en volgens de berekeningen van Bostick, Deiterich en de anderen zou het ruimteschip vijf meter per seconde sneller moeten gaan vliegen om de kloof te overbruggen die er nu voor zorgde dat ze de aarde zouden missen, en in plaats daarvan voor een veilige splash-down te zorgen.

De controllers waren er van overtuigd dat de manoeuvre kon worden uitgevoerd – en net als Kraft wisten ze dat het snel zou moeten gebeuren. Hoe later ze probeerden de raket te ontsteken die het ruimteschip in een baan richting aarde moest brengen, hoe langer ze hem zouden moeten laten branden om dezelfde voortstuwingskracht te ontwikkelen. Maar vóór ze dat ontsteken konden gaan proberen, zouden ze dat idee eerst aan Lunney moeten zien te verkopen; en vóór Lunney ermee akkoord ging, zou hij toch eerst het groene licht van Kranz en Kraft willen hebben. De buiten dienst zijnde controllers stootten de controllers die wèl dienst hadden zachtjes aan en lieten duidelijk blijken dat ze nu toch echt met het verkopen van dat idee moesten beginnen.

'Flight, FIDO,' zei Bill Boone, de vluchtdynamicadeskundige van Lunney's team.

'Zeg het maar,' zei Lunney.

'Laat me je even op de hoogte brengen waar we hier mee bezig zijn. We kijken naar een manoeuvre waarvan we denken dat die ons een vrije terugkeer oplevert.'

'Hm-hmm,' zei Lunney neutraal.

'Het ondersteuningsteam is momenteel druk bezig met het uitrekenen van de vectors, en over ongeveer tien minuten kan ik die manoeuvre klaar hebben, en we zouden hem dan zo rond 61:30 uur missietijd kunnen uitvoeren.'

Lunney keek op de klok die de verstreken tijd aangaf, die helemaal voor in Mission Control tegen de wand was bevestigd. De ruimtevlucht duurde nu 59 uur en 23 minuten – ongeveer drieëneenhalf uur na het ongeluk.

'En het is een vrije terugkeer?' vroeg Lunney.

'Dat is bevestigd,' verzekerde Boone hem. 'Het wordt een vijf-meter-per-seconde *burn*. Met dat getal kun je dus aan de slag.'

Lunney zei niets. Boone wachtte af, niet bepaald op zijn gemak, en op de console van de vluchtleider schakelden de lampjes voor de guidance-en navigatiedeskundigen, die tot dan toe groen – alleen meeluisteren – waren geweest, plotseling over naar het geel van praten-en-meeluisteren.

'Flight, Guidance,' zei Gary Renick.

'Zeg het maar, Guidance.'

'We beschikken momenteel over goede guidance- en navigatiedata,' zei Renick, 'en kunnen bevestigen dat we waarschijnlijk een krachtige *burn-off* kunnen bereiken die voor die vrije terugkeer moet kunnen zorgen.'

'Roger.'

Opnieuw zweeg Lunney op de lijn. Hij kende nog niet alle bijzonderheden betreffende de *burn*, maar dat hoefde ook niet. Het was de taak van de jongens van Guidance om de bijzonderheden van elke manoeuvre uit te dokteren, en als die zeiden dat ze een *burn* hadden, dan was dat naar alle waarschijnlijkheid ook zo. Het was zíjn taak om hen toestemming te geven het te proberen.

Tijdens een missie als deze was Lunney echter niet van zins om – ondanks zijn almacht als flight-director – die toestemming te geven zonder advies in te winnen. Hij schoof de microfoon bij zijn mond vandaan, draaide zich om naar het gangpad achter zijn stoel, waar zich de afgelopen tien minuten een hele groep mannen had gevormd. Bij Kranz en Kraft hadden zich onder anderen Bob Gilruth, directeur van het Space Center, missie-directeur George Low en chef-astronaut Deke Slayton gevoegd. De vijf mannen hadden al een tijdje met elkaar staan praten toen Lunney zich omdraaide, en ogenblikkelijk kwamen ze dichterbij, vormden vervolgens een dicht groepje om hem heen en bleven druk tegen elkaar praten. Overal in de ruimte deden controllers hun best om via hun koptelefoons wat op te vangen, maar geen woord van datgene wat er in het gangpad werd besproken was te verstaan; ze draaiden zich helemaal om om te kijken, maar de aanblik van de zes mannen leverde niet meer informatie op dan de stilte op de communicatielijn. Na enkele minuten meldde Lunney zich weer.

'FIDO, Flight,' zei hij.

'Zeg het maar, Flight,' antwoordde Boone.

'Hoe lang heb je precies de tijd nodig om die vrije-terugkeermanoeuvre voor te bereiden? Zou je hem om 61 uur kunnen laten plaatsvinden in plaats van 61:30?'

'Eh, roger, ja,' reageerde Boone. 'Dat kan. Het hangt er alleen maar van af op welke vector ik het wil doen.'

Lunney draaide zich weer om. Opnieuw was het minutenlang stil op de lijn en werd er druk overlegd achter de console. Uiteindelijk meldde de vluchtleider zich weer op het communicatiekanaal.

'Heren,' zei Lunney tegen de zaal in het algemeen, 'we gaan door met de vijf-meter-per-seconde vrije-terugkeermanoeuvre hier, en wel om 61 uur. We willen eerst een vrije terugkeer doen, en daarna versnellen we hem met een PC+2. FIDO's, kom zo snel mogelijk met de hiervoor benodigde informatie op de proppen, rekening houdend met 61 uur, en laat verder nog een stelletje sets uitdraaien van steeds vijftien minuten later, voor het geval het een eerste keer niet wil lukken.'

'Roger,' zei de FIDO.

'Guidance, vertel me welke vectors we al die keren willen gebruiken.'

'Roger,' zei de GNC.

'CONTROL, kijk vast waar we bij al deze manoeuvres met de checklist willen beginnen.'

'Roger.'

'En Capcom,' zei Lunney, 'waarom breng je de bemanning niet vast van dit alles op de hoogte.'

Zittend achter zijn console op rij twee reikte Lousma naar zijn microfoonschakelaar om dit goede – of op z'n minst bétere – nieuws aan de bemanning door te geven, maar voor hij dat kon doen, werd zijn koptelefoon plotseling gevuld met gepraat vanuit het ruimteschip. De afgelopen paar minuten was uit de positie-aflezingen op de console van de CONTROL-deskundige gebleken dat Lovell nog steeds met de stuurraketten in de weer was, druk bezig om zijn ruimteschip weer onder controle te krijgen; afgaand op de geluidsband die van de lucht/grond-verbinding is gemaakt, krijgt men de indruk dat de commandant dat geheel in stilte probeerde, aangezien er in deze periode vanuit Aquarius helemaal niets te horen was. Maar Lousma wist echter dat dat misschien niet zo was.

Net als de Capcom beschikten de astronauten over een aan/uit-schakelaar aan het snoer van hun koptelefoons, die ze moesten indrukken om een open lijn naar de grond te krijgen. Hoewel het heen en weer halen best lastig kon zijn, had de bemanning er over het algemeen geen enkel probleem mee; de microfoonknop gaf de astronauten in elk geval enige gelegenheid in alle privacy met elkaar te praten – een kostbaar goed in de ruimte – en, wat minstens even belangrijk was, hij stelde hen in staat om bepaalde manoeuvres en problemen eerst met elkaar te bespreken, om ze daarna pas onder de aandacht van de grond te brengen. De enige keer dat deze gang van zaken werd veranderd, was tijdens erg complexe procedures waar de bemanning zijn handen vol aan had en er constant verbinding tussen de astronauten en de grond diende te zijn. In dit soort gevallen zetten de astronauten het communicatiesysteem over op de *hot mike* of *vox*-stand, waarbij het geluid van hun stemmen al voldoende was om de microfoon te activeren, waarbij elk woord dat door hen werd gezegd rechtstreeks naar de Capcom werd uitgezonden. Het grootste deel van de vlucht had de Apollo 13-bemanning gebruik gemaakt van de *closed mike*-stand, maar ongeveer een minuut geleden, leek het wel, hadden ze per ongeluk overgeschakeld op *hot mike*, en de conversatie die toen zonder dat ze het wisten de grond bereikte maakte duidelijk dat als de controllers hoopten het ruimteschip op een vrije-terugkeerroute te krijgen, de astronauten dan toch nog wel eerst de positie van de ruimtevaartuigen moesten zien te stabiliseren.

'Bestaat er een manier waarop ik dit ding onder controle kan krijgen, Freddo?' kon men Lovell horen zeggen.

'Wat is dat?' vroeg Haise.

'Het lijkt wel of ik hier aan het kruiskoppelen ben. Ik kan misschien net zo goed–'

'Dat is ook zo. TTCA geeft je de beste–'

'Ik wil uit deze roll zien te komen. Wat gebeurt er als ik naar–'

'Het maakt niets uit waar je naar toe–'

'Laat me uit deze opwaartse beweging zien te komen door–'

'Controleer je de roll door gebruik te maken van–'

'Oké, probeer maar–'

'Probeer wàt maar?'

'Dàt–'

'Nou, dit haalt verder niets uit–'

Lousma luisterde een paar seconden mee, en aangezien hij niets tegen de bemanning zei, begon ook Lunney mee te luisteren. Net als Lousma maakte de vluchtleider zich zorgen over wat hij hoorde.

'Jack,' zei Lunney, 'je zou ze kunnen laten weten dat we die vox kunnen horen.'

Of Lousma Lunney nou hoorde of dat hij te zeer in beslag werd genomen door het zorgelijke gesprek tussen de bemanningsleden was niet duidelijk, maar in eerste instantie reageerde de Capcom niet op de woorden van zijn vluchtleider en bleef hij op de lijn meeluisteren.

'Waarom manoeuvreren we verdorie op deze manier?' wilde Lovell weten. 'Lozen we nog steeds iets?'

'We lozen niets,' meldde Haise.

'Waarom kunnen we dit ding dan niet neutraliseren? Als we nu eens–'

'Elke keer als ik het probeer–'

'–kom niet uit deze rol.'

'Probéér eruit te komen.'

'Nou, hoe is die verdomde positie van ons?' klonk de stem van Lovell.

'De relatieve positie is oké,' antwoordde Haise.

'Verdòmme!' riep Swigert uit. 'Ik wou dat jullie eens toekwamen aan zaken waar ik ook iets van weet.'

Lunney meldde zich weer op de lijn. 'Capcom,' waarschuwde hij opnieuw, deze keer een stuk strenger, 'je kunt ze maar beter waarschuwen dat we hier hun vox kunnen horen.'

Lunney maakte zich evenveel zorgen over de moeilijkheden die de bemanning had bij het handhaven van de juiste positie van het ruimteschip, als over de taal die ze bezigden bij het discussiëren erover. Nu de vlucht van nominaal in kritisch was veranderd, maakten de grote televisiestations direct verbinding met de lucht/grond-communicatie, en elk woord dat Houston en de bemanning zei, zou aan plaatselijke televisiestations worden doorgegeven. In het verleden was NASA's lucht/grond-radioverkeer uitgerust met een vertraging van zeven seconden, zodat de Public Affairs-afdeling van de Agency in de gelegenheid was om eventueel gebruikte obsceniteiten weg te werken. Maar sinds de brand aan boord van de Apollo 1 had de NASA zich gerealiseerd hoe belangrijk het was om een reputatie op te kunnen houden van ongeretoucheerde eerlijkheid, en hadden ze de ter plekke aangebrachte censuur afgeschaft.

De consequenties van die nieuwe openhartigheid lieten zich onmiddellijk voelen. Het afgelopen voorjaar had er in de pers een mini-vuurstorm gewoed toen Gene Cernan, die samen met Tom Stafford de maanmodule van de Apollo 10 had bestuurd, een achteloos 'klootzak' had laten vallen nadat hij per ongeluk een afbreekschakelaar had overgehaald, waardoor zijn ruimteschip nauwelijks vijftien kilometer boven het maanoppervlak wilde kurketrekkerbewegingen begon te maken. De meeste mannen bij de NASA gingen ervan uit dat Cernan een goede reden had om te vloeken en maakten zich kwaad over de onoprechte preutsheid van de media, maar de pers bepaalde de publieke opinie en de publieke opinie bepaalde de beschikbare budgetten, en de Agency had geen zin met een van beide problemen te krijgen. Zodra de bemanning van de Apollo 10 terugkeerde, werden de piloten er fijntjes aan herinnerd dat ze zich als heren dienden te gedragen. Welke moeilijkheden zich tijdens de vlucht ook voor mochten doen, krachttermen – zelfs milde krachttermen als een terloops 'verdorie' – zouden niet worden getolereerd.

'Aquarius,' riep Lousma als reactie op Lunney's instructies het ruimteschip ten slotte op, 'ik wil jullie alleen maar even laten weten dat we jullie op de vox hebben.'

'Je hebt wàt?' riep Lovell terug in een poging boven het geruis uit te komen.

'We hebben jullie allemaal op de vox,' herhaalde Lousma, en voegde er toen nadrukkelijk aan toe: 'We kunnen jullie luid en duidelijk ontvangen.'

Swigert, die voor de laatste krachtterm verantwoordelijk was, begreep waar de Capcom op doelde, keek Lovell aan, en haalde verontschuldigend zijn schouders op. Lovell, die zich zijn eigen verwensingen herinnerde, keek op zijn beurt Swigert aan en maakte een wegwerpgebaar. Haise, aan wiens kant van het instrumentenpaneel zich de communicatieapparatuur bevond, reikte naar de vox-schakelaar en zette hem in de gebruikelijke stand.

'Oké, Jack,' zei hij, nu zelf ook een beetje pissig, 'hoe ontvang je ons op de normále manier?'

'We horen je uitstekend.'

'Oké.'

'Nog iets, Aquarius,' zei de Capcom nu, 'we zouden je graag op de hoogte willen brengen van ons *burn*-plan. We voeren een vrije-terugkeermanoeuvre uit van vijf meter per seconde om 61 uur. Daarna gaan we het stroomverbruik verminderen om zoveel mogelijk zuurstof en waterstof te besparen, waarna we om 79 uur een PC+2-*burn* uitvoeren die jullie maximaal vermogen moet geven. We willen jullie op een vrije-terugkeerkoers krijgen en dan zo snel mogelijk het stroomverbruik verminderen, dus wat dachten jullie ervan om over 37 minuten een vijf meter per seconde *burn* te doen?'

Lovell liet de bedieningshendel los, waardoor het ruimteschip stuurloos in de ruimte dreef, wendde zich tot zijn mede-bemanningsleden en keek hen vragend aan. Swigert, die nog steeds moest wennen aan de hem vreemde LEM, haalde opnieuw zijn schouders op. Haise, die de LEM beter kende dan wie dan ook aan boord, reageerde op dezelfde manier. Lovell draaide zijn handpalmen naar boven.

'Het ziet er niet naar uit dat we hierboven een beter idee hebben,' merkte hij op.

'Denk je dat 37 minuten voldoende is?' vroeg Haise.

'In feite niet,' antwoordde Lovell. 'Jack,' zei hij, nu weer tegen de Capcom, 'als er niets beters kan worden verzonnen, dan zullen we het proberen, maar kun je ons een beetje langer de tijd geven?'

'Oké, Jim, we kunnen een manoeuvre berekenen voor elk door jou gewenst tijdstip. Geef jij ons de tijd op, dan doen wij de rest.'

'Maak dan een berekening voor over een uur.'

'Oké, wat dacht je van 61 uur en 30 minuten?'

'Roger,' zei Lovell. 'Maar blijf tot dat tijdstip overleggen, zodat we er zeker van kunnen zijn dat het activeren van die raketmotor goed verloopt.'

'Roger,' zei Lousma.

Het uur tot aan die vrije-terugkeer-burn zou voor de bemanning een drukke aangelegenheid worden. Tijdens een nominale missie – een missie waarin alles volgens plan verliep – was er voor de zogenaamde daalvluchtactivatieprocedure, het ritueel van het op de juiste manier afstellen van schakelaars en zekeringen, voorafgaand aan het ontsteken van de raketmotor van de stijgtrap van de LEM, in het vluchtplan een tijd van minimaal twee uur gereserveerd. De bemanning moest diezelfde klus nu in nauwelijks de helft van de tijd zien te klaren, zonder daarbij de noodzakelijke zorgvuldigheid in het geding te laten komen. En daarnaast moest nog steeds worden geprobeerd het ruimteschip goed op te lijnen, iets dat Lovell, met alle wilde bewegingen die de module maakte, niet bepaald gemakkelijk af zou gaan. Maar hoewel de bemanning aan boord van het ruimteschip zich dit uur in het zweet zou moeten werken, gaf het de mensen op de grond in elk geval de kans heel even op adem te komen.

Achter de console van de flight-director deed Gene Kranz zijn koptelefoon af en keek om zich heen door de zaal. Wat er momenteel in zijn hoofd speelde was niet het probleem van de *burn* – dat zouden zijn astronauten en vluchtdynamicamensen voor hun rekening nemen. Waar híj mee bezig was waren de *consumables* – de benodigde voorraden zuur- en waterstof. Een paar minuten geleden had Kranz de mededeling in Mission Control laten verspreiden dat zodra de voorbereidingen van de *burn* waren begonnen, hij zijn hele Witte Team beneden in kamer 210 wenste te zien, een reserve data-analyseruimte in de noordoosthoek van de Mission Operations-vleugel. Kranz wist dat de vrije-terugkeer en de PC+2-burn onontbeerlijk waren wilden ze de bemanning naar huis krijgen, maar hij wist ook dat het allemaal geen barst meer uitmaakte als de water-, zuurstof- en stroomvoorraad aan boord van de LEM niet zodanig uitgespreid konden worden dat die tot aan het eind van de reis beschikbaar waren. Momenteel deed het gerucht de ronde dat Kranz zijn Witte Team uit de ploegendienst haalde om ze full-time aan het probleem van de *consumables* te zetten. Gebruik makend van een crisis-managementterm uit het leger en de industrie, veranderde Kranz de naam van zijn team in Tiger Team. De rest van de vlucht, met uitzondering van de berging, zou het Tiger Team in kamer 210 blijven zitten, en de Gouden, Bruine en Zwarte teams zouden de ploegendiensten moeten verzorgen.

Terwijl Kranz in Mission Control om zich heen keek, telde hij snel even de koppen en zag dat de meesten van zijn teamleden zich nog steeds achter of vlak bij hun consoles ophielden. Bij de EECOM-console zag hij het gezicht van een andere persoon die hier in het begin van de avond niet aanwezig was geweest, maar waarvan hij nu blij was, opgelucht zelfs, hem in de zaal te zien: John Aaron.

Iedereen die zelfs maar een paar weken bij het Manned Spacecraft Center had gewerkt kwam er al snel achter dat John Aaron zo iemand was waar folksongs over werden geschreven. Onder de mannen in de bunker op Canaveral en in het vluchtleidingscentrum in Houston kon een controller geen groter eer worden bewezen dan hem te omschrijven, in de poëzie van de raketgemeenschap, als een *steely-eyed missile man* – een 'raketman met een staalharde blik'. Er zaten niet zo gek veel *steely-eyed missile men* bij de NASA-familie. Von Braun was er eentje, en Kraft natuurlijk ook, misschien Kranz ook nog wel. Maar John Aaron, een zevenentwintigjarig wonderkind uit Oklahoma, was er recentelijk ook een geworden.

Aaron trad in 1964 in dienst bij de Agency, als rechtstreeks van college afkomstig vliegtuigbouwkundig ingenieur tegen een jaarsalaris van $6770. Hij was oorspronkelijk ingedeeld bij de ontwerpafdeling, maar Aaron bezat zo'n technisch inzicht dat hij in het voorjaar van 1965 al een plaatsje kreeg in Mission Control, waar hij achter de EECOM-console zat tijdens de historische Gemini 4-ruimtewandeling van Ed White. Tegen de tijd dat Gemini 5 werd gelanceerd was hij een permanent onderdeel van de EECOM-ploeg geworden, waar hij regelmatig dienst had bij de lancering – de inspannendste, minst populaire dienst bij welke vlucht dan ook, eentje die meestal werd toegewezen aan de beste controller die het team beschikbaar had. Aarons werk werd altijd gerespecteerd, maar hij was pas afgelopen november bekend geworden, tijdens de beginfase van de Apollo 12-missie met Pete Conrad, Dick Gordon en Al Bean.

Net als bij elke bemande ruimtevlucht sinds 1965 verliep de lancering van de Apollo 12 uiterst soepel – maar achtenzeventig seconden na *ignition*, het starten van de raketmotoren, werd de zware stuwraket, zonder dat iemand het wist, inclusief de astronauten aan boord, door de bliksem getroffen. De bemanning voelde een schok die de capsule even door elkaar deed schudden, en terwijl de eerste trap van de raket met 270.000 kilo stuwkracht op vol vermogen draaide, gaf Pete Conrad via de radio het alarmerende nieuws door dat nagenoeg alle metertjes en wijzertjes van het elektrisch systeem aan boord niets meer aangaven.

Aaron keek op zijn console en viel bijna van zijn stoel: het EECOM-scherm was één pulserende massa knipperlichtjes en nergens op slaande getallen, terwijl er kort tevoren nog niet één afwijking te signaleren was geweest. En in de zaal merkten de andere controllers dat hun data ook raar waren gaan doen. De koptelefoon van de flight-director, missieleider Gerry Griffin, vulde zich met stemmen van mannen die vroegen wat er verdorie aan de hand was met die raket, en wat de flight-director er verdorie aan dacht te gaan doen. In dit soort situaties vereisten de regels dat de vlucht zou worden afgebroken. Als ruim 2.500.000 kilo volledig afgetankte, zojuist gelanceerde Saturnus 5 ongecontroleerde bewegingen begint te maken, wacht je niet tot technisch analisten je komen vertellen wat er aan de hand is. Je activeert de ontsnappingsraketten aan het uiteinde van de stuwraket, accelereert de capsule bij de Saturnus vandaan en blaast vervolgens de hele eigenzinnige raket boven de lege Atlantische Oceaan op.

In de seconden die op Conrads melding volgden – seconden waarin de afbreekbeslissing zou moeten worden genomen – keek Aaron nog eens naar zijn scherm, en merkte toen iets geks op. Toen het elektrisch systeem in de commandomodule compleet uitviel, zou de ampère-aflezing op de

EECOM-console tot nul moeten zakken; brandstofcellen die niet meer functioneren, maken geen stroom meer aan, zo simpel lag dat. Maar op Aarons scherm echter was het aantal ampères niet tot nul gedaald, maar zweefde het nog steeds in de buurt van de zes, een stuk lager dan het had móeten zijn wanneer het elektrisch systeem helemaal gezond was, maar een stuk boven de nul die verwacht kon worden als het systeem het helemaal af had laten weten. Aaron realiseerde zich dat hij dat patroon eerder had gezien.

Dat was een paar jaar geleden, toen hij een gesimuleerde aftelprocedure van een Saturnus 1B stuwraket had gevolgd en de raket per ongeluk een zekering van de telemetriesensoren had laten springen. De telemetrie begon allerlei waanzinnige signalen naar de commandobunker uit te zenden, waarvan er, elektrisch gezien, niet eentje ergens op sloeg. Aaron wist genoeg om die cijfers niet te vertrouwen, en hij vermoedde dat als hij nu maar gewoon een *reset*-schakelaar indrukte en de sensoren opnieuw instelde, de troebele instrumentatie zou verdwijnen en de normale data weer zouden verschijnen. De jonge technicus drukte op de betreffende zekering en de Saturnus 1B herstelde zich onmiddellijk. Vier jaar en zes lanceringen later vermoedde Aaron dat hij hier weleens met hetzelfde probleem geconfronteerd zou kunnen worden.

'Flight, EECOM,' meldde hij tussen alle verwarring door op de lanceerverbinding van de Apollo 12.

'Zeg het maar, EECOM,' zei Gerry Griffin.

'Laten we de SCE-hulpschakelaar op hulp zetten,' zei hij met wat meer gezag dan hij in feite voelde. 'Op die manier kunnen de aflezingen misschien worden hersteld.'

'Doe het,' zei Griffin.

Aaron drukte op de *reset*-schakelaar en ogenblikkelijk, zoals hij al voorspeld had, verschenen alle juiste getallen weer op het scherm. Een kwartiertje later bevond de Apollo 12 zich in een baan rond de aarde en bereidde zich voor op een sprong in de richting van de maan. Vóór het eind van de dag was Aaron, zowel tot plezier als tot jaloezie van zijn medecontrollers op informele wijze uitgeroepen tot *steely-eyed missile man*. Nu, net vijf maanden later, was de man die zoveel had gedaan om de Apollo 12-missie te redden, terug in de controleruimte om al het mogelijke te doen om de bemanning van Apollo 13 te redden.

Gene Kranz liep met grote passen door Mission Control, verzamelde zijn nieuw-benoemde Tiger Team – plus Aaron – om zich heen, en ging hen voor naar beneden, naar kamer 210. De ruimte was een grote, vensterloze kamer met een vergadertafel en stoelen. De wanden en de werkbladen waren voorzien van stroken computerpapier waarop de telemetrieresultaten van de eerdere, rustiger uren van de missie waren afgedrukt. Op een later tijdstip zouden deze stroken moeten worden gelezen en worden geanalyseerd – een ongehaaste terugblik op een veronderstelde routinevlucht. Maar nu, terwijl de vijftien man van Kranz' groep de kamer binnenkwamen en in de stoelen of op de randen van tafels gingen zitten, werden de print-outs opzij geveegd en kwamen verfrommeld op de vloer te liggen.

De Apollo 13 direct na de lancering op 11 april 1970, om 13:13 uur Houston-tijd – een numerologisch gezien onheilspellende start.

Indien niet anders aangegeven zijn de foto's ter beschikking gesteld door de NASA.

Jim Lovell, afgestudeerd aan de Marine Academie van Annapolis en testvlieger bij de Amerikaanse marine, was een van de negen mannen die in 1962 door de NASA werd uitgekozen om aan de komende Gemini- en Apollo-programma's deel te nemen. Lovell zit hier – in 1965 – in de rechterstoel van een Gemini-simulator en is bezig aan de training voor zijn eerste ruimtereis.

Lovell en commandant Frank Borman vestigden in december 1965 een duurterecord in de ruimte toen ze twee weken in de Gemini 7 doorbrachten. De verveling werd verdreven op de twaalfde dag van de missie, toen Wally Schirra en Tom Stafford – aan boord van de Gemini 6 – hen in de ruimte kwamen opzoeken en deze foto maakten, waarmee de eerste ontmoeting in de ruimte een feit werd.

In november 1966 ging Jim Lovell opnieuw de ruimte in, deze keer aan boord van de Gemini 12, om na vijf dagen in een baan rond de aarde te hebben gecirkeld in de Atlantische Oceaan te landen. Tijdens deze vlucht zat Lovell op de linkerstoel, de plaats van de commandant; Buzz Aldrin zat in de rechter.

Lovell en Aldrin aan boord van het vliegdekschip *Wasp*, direct na de splash-down van de Gemini 12, de laatste vlucht van het uit tien missies bestaande Gemini-programma.

De eer uitgekozen te worden voor de eerste Apollo-missie ging naar Mercury- en Gemini-veteraan Gus Grissom, Gemini-veteraan Ed White en de nieuweling Roger Chaffee. Het was een missie die ze nooit zouden vliegen.

Op 27 januari 1967 brak er tijdens een afteloefening aan boord van de Apollo 1 brand uit, waarbij Grissom, White en Chaffee binnen enkele seconden om het leven kwamen. De temperatuur in de cockpit zou tot boven de 750 °C zijn gestegen.

Nog geen twee jaar na de brand aan boord van de Apollo 1 werden Frank Borman, Bill Anders en Jim Lovell uitverkoren om met de Apollo 8 te vliegen. Het was de eerste keer dat mensen rond de maan zouden cirkelen. Nadat de missie was volbracht werden de drie astronauten door het weekblad *Time* tot Man van het Jaar uitgeroepen.

Marilyn Lovell en drie van haar kinderen kijken toe hoe de Saturnus 5-draagraket zich op 21 december 1968 van de aarde verheft om de Apollo 8-bemanning richting maan te brengen.

Op eerste kerstdag, terwijl de Apollo 8 rond de maan cirkelde, stopte er voor het huis van de Lovells een Rolls-Royce om een korte nertsjas af te leveren, compleet met een kaartje met de tekst 'Van de Man in de Maan'. Later die dag ging Marilyn – mèt haar nertsjasje aan tegen de milde Houston-winter – samen met Jeffrey, Susan, Barbara en Jay naar de kerk.

Boven: De maanmodule van Apollo 13 hangt in het Kennedy Space Center te wachten tot het in zijn compartiment aan boord van de Saturnus 5-draagraket kan worden geladen. Het in folie gewikkelde ruimteschip was ontworpen om twee man twee dagen lang in leven te houden; uiteindelijk moest het vier dagen lang dríe mannen van zuurstof en energie voorzien.

Linksboven: Commando-/servicemodule 109 – die ook deel van de Apollo 13 uit zou gaan maken – hangt in een stofvrije ruimte vóórdat het wordt omhooggehesen om boven op de Saturnus 5 te worden bevestigd. In het ruimteschip zit een zuurstoftank met een twijfelachtige ontstaansgeschiedenis.

Midden: Gene Kranz, gevechtsvlieger tijdens de oorlog in Korea en de belangrijkste flight-director van de NASA, was tijdens het Apollo-programma de onbetwiste baas van Mission Control.

Onder: Chris Kraft, plaatsvervangend directeur van het Manned Spacecraft Center en flight-director tijdens de Mercury- en Gemini-programma's, was ooit Kranz' mentor. Tijdens Apollo 13 zou hij merken hoe goed zijn opvolger zijn lessen ter harte had genomen.

Beginnend astronaut Fred Haise, een belangrijke kandidaat voor een van NASA's maanmissies, oefent hier – op een droog, wellicht enigszins op het maanoppervlak gelijkend stuk grond op het terrein van het Kennedy Space Center in Florida – in het nemen van bodemmonsters.

Jim Lovell, die zijn vierde en laatste ruimtereis zou maken, werd geselecteerd als commandant van Apollo 13, die tot de derde maanlanding moest leiden. Hier beantwoordt hij op de luchtmachtbasis Ellington bij Houston, nadat hij met een oefenmodel van de maanlander had getraind, vragen van verslaggevers.

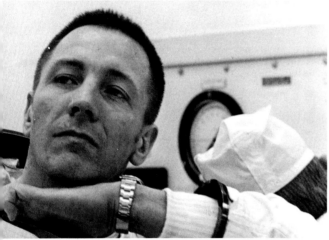

Jack Swigert, reservepiloot van de commandomodule, werd tot eerste piloot bevorderd nadat de oorspronkelijke vlieger Ken Mattingly aan een besmetting met rodehond was blootgesteld. Volgens het vluchtplan zou Swigert rond de maan blijven cirkelen, terwijl zijn medebemanningsleden naar het maanoppervlak zouden afdalen.

Fred Haise, die ervoor had gezorgd dat hij evenveel van de maanlander afwist als de mannen die hem hadden ontworpen, werd uitverkozen tot LEM-piloot voor de Apollo 13.

De bestemming van de Apollo 13 was de hooglanden van Fra Mauro, aan de westkant van de maan. In het huis van het gezin Lovell in Houston maakt Jim zijn vrouw en kinderen vertrouwd met het maanlandschap.
(Ralph Morse/LIFE magazine © Time Warner)

Op de avond van 13 april 1970 om 20:24 uur begon de Apollo 13 aan zijn laatste televisieuitzending naar de aarde. Drieënveertig minuten later explodeert zuurstoftank twee. In Mission Control kijkt flight-director Gene Kranz (op de voorgrond, met zijn rug naar de camera) naar Fred Haise op het grote scherm.

Enkele ogenblikken na de explosie overlegt de bemanning van de Apollo 14 (Stu Roosa, Ed Mitchell en Alan Shepard) in Mission Control. De bemanning van de Apollo 14 zou oorspronkelijk de Apollo 13-missie uitvoeren, maar nadat er vertraging was ontstaan in de training van Shepard, Roosa en Mitchell, ging Lovell ermee akkoord van vlucht te ruilen, en dus ook van ruimteschip.

Vlak bij de met glas afgeschermde VIP-galerij in Mission Control bestudeert een team astronauten gegevens die zojuist door de beschadigde Apollo 13 naar de aarde zijn gezonden. Van links naar rechts: hoofd astronautenkorps Deke Slayton; Ken Mattingly, de piloot van de commandomodule die aan de grond gehouden moest worden; Vance Brand, een aspirant-astronaut en *capsule communicator* of Capcom; Jack Lousma, eveneens astronaut en Capcom; John Young, reserve-commandant voor de Apollo 13.

Deke Slayton houdt een geïmproviseerde lithiumhydroxyde-luchtfilter vast die de bemanning van de Apollo 13 zou moeten bouwen om de giftige kooldioxyde uit hun cockpit te filteren. Van links naar rechts: flight-director Milt Widler; Slayton; Howard Tindall, plaatsvervangend hoofd Flight Operations; Sig Sjoberg, directeur Flight Operations; Chris Kraft, plaatsvervangend directeur van het Manned Spacecraft Center; Bob Gilruth, directeur van het Manned Spacecraft Center,

Donald Raish, een episcopale geestelijke, gaat Marilyn Lovell (in de streepjes-jurk) en negen andere vriendinnen en astronautenvrouwen voor in een dienst ten huize van de familie Lovell. Aan de muur bevinden zich herinneringen aan de Apollo 8-missie, de eerste waarbij een mens rond de maan cirkelde.
(Bill Eppridge/LIFE magazine © Time Warner)

In de studeerkamer van Jim Lovell kijken de eerste drie mannen op de maan naar de televisiereportage over de Apollo 13, samen met het gezin van de man die de vijfde zou zijn geweest. Zittend van links naar rechts: Pete Conrad, Buzz Aldrin, Blanch Lovell (de moeder van Jim Lovell), Barbara Lovell, Jeffrey Lovell, Marilyn Lovell en Susan Lovell. Staand: Neil Armstrong.
(Bill Eppridge/LIFE magazine © Time Warner)

Linksboven: Nog geen vijf uur voor de splash-down stootte de bemanning van de Apollo 13 hun servicemodule af, om toen pas te zien welke schade de exploderende zuurstoftank had aangericht. Er was een heel zijpaneel weggeblazen, waardoor het inwendige van het ruimteschip en de geblakerde plek waar de zuurstoftank had gezeten zichtbaar werden. *Rechtsboven:* De Apollo 13-commandomodule komt, hangend onder een drietal parachutes, soepel in de Grote Oceaan terecht. *Onder:* Jack Swigert, Jim Lovell en Fred Haise (links, achter de vage gestalte van een kikvorsman) dobberen veilig in een rubberbootje. Lovell, als verstokte marineman, was de laatste van de drie astronauten die het ruimteschip verliet. (Archive Photos)

Een trojka van flight-directors – Gene Kranz, Glynn Lunney en Gerald Griffin – genieten na de splash-down van de Apollo 13 van een feestsigaar.

Terwijl ze vanuit de helikopter op het dek van het vliegdekschip *Iwo Jima* stappen, zwaaien Haise, Lovell en Swigert naar de juichende marinemensen om vervolgens voor medisch onderzoek benedendeks te verdwijnen. Volgens het oorspronkelijke vluchtplan had het bergingsschip de astronauten pas vier dagen later verwacht – na hun landing in Fra Mauro.

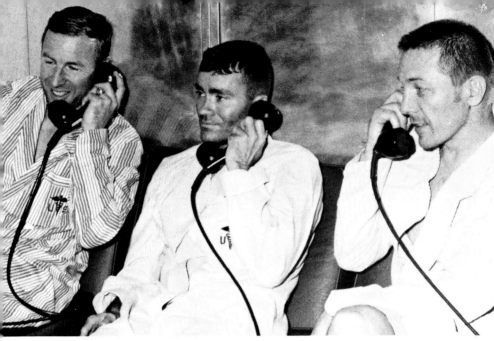

Na een douche – hun eerste sinds een week – werden Lovell, Haise en Swigert telefonisch gelukgewenst door president Nixon. De nogal verwilderd uitziende Haise had last van een nierinfectie en hoge koorts.

Op Hawaii salueert Lovell tijdens het spelen van het volkslied nadat Nixon aan de Apollo 13-bemanning de Medal of Freedom heeft uitgereikt. De president had de echtgenotes van Lovell en Haise, alsmede de ouders van Swigert aan boord van de Air Force One mee naar Hawaii genomen.

Niemand had een tickertape-parade voor de bemanning van de Apollo 13 georganiseerd toen ze op weg naar de maan gingen, maar toen ze terugkeerden zorgde Chicago ervoor dat ze er alsnog eentje kregen. Swigert en Lovell zwaaien vanuit de voorste wagen; Haise, die nog steeds ziek was, kon er niet bij zijn.

Kranz ging op zijn plaats voor in de kamer zitten en sloeg zijn armen over elkaar. De leidinggevende flight-director stond bekend als een emotioneel, zelfs licht-ontvlambare spreker; maar vanavond leek hij zich volkomen in de hand te hebben.

'Voor de rest van de missie,' begon Kranz, 'haal ik jullie achter je console vandaan. De mensen in die zaal begeleiden de vlucht van moment tot moment, maar het zijn de mensen in déze kamer die met de protocollen op de proppen moeten komen, die zíj vervolgens dienen uit te voeren. Van nu af aan wil ik van jullie slechts dit – en het klinkt allemaal heel simpel – ik wil opties en mogelijkheden horen, en wel zoveel mogelijk.'

'TELMU,' zei Kranz, terwijl hij zich tot Bob Heselmeyer wendde, 'ik wil ramingen van je. Hoe lang kun je de systemen aan boord van de LEM op vol vermogen laten functioneren? Of op gedeeltelijk vermogen? Hoe is de situatie wat het water betreft? Hoe zit het met de accu's? Hoe zit het met de zuurstof? EECOM' – hij wendde zich nu tot Aaron – 'over drie, vier dagen moeten we de commandomodule weer gebruiken. Ik wil weten hoe we dat apparaat straks weer kunnen activeren van een koude stop tot aan de splash-down – inclusief zijn besturingsplatform, stuurraketten en life-support systeem – en dan alleen gebruik makend van het vermogen dat nog in de re-entry-accu's zit.'

'RETRO, FIDO, GUIDO, CONTROL, GNC,' zei hij, terwijl hij om zich heen keek, 'ik wil opties betreffende PC+2-activeringen en koerscorrecties onderweg vanaf nu tot aan de terugkeer in de atmosfeer. Hoeveel tijdwinst kan de PC+2 ons opleveren? In welke oceaan komen we dan terecht? Kunnen we de raket zonodig ook nog ná de PC+2 activeren? Ook wil ik weten hoe we dit ruimteschip denken uit te lijnen als we daarvoor niet de gebruikelijke methode met de sterren kunnen gebruiken. Kunnen we daarvoor misschien de zon gebruiken? Of de maan? Of moet daarvoor misschien de aarde worden gebruikt?

En ten slotte, voor iedereen in deze kamer: ik wil iemand in de computerruimte die meer uitdraaien bijeengaart, en wel vanaf het moment dat het ruimteschip in een baan naar de maan is gebracht. Laten we eens kijken of we erachter kunnen komen wat er met dit schip is gebeurd. Want de komende dagen zullen we met technieken en manoeuvres op de proppen moeten komen die nog nooit eerder zijn toegepast. En ik wil er zeker van zijn dat we weten waarmee we bezig zijn.'

Kranz zweeg en liet opnieuw zijn blik van de ene controller naar de andere glijden om te kijken of er nog vragen waren. En zoals zo vaak het geval was als Gene Kranz sprak, wáren er geen vragen. Na een paar seconden draaide hij zich om en liep zwijgend naar de deur, terug naar Mission Control, waar tientallen andere controllers druk bezig waren met het volgen van zijn drie in gevaar verkerende astronauten. In de kamer die hij zojuist had verlaten zaten de vijftien mannen waarvan hij verwachtte dat ze het leven van dit drietal zouden redden.

Boven in Aquarius waren Jim Lovell, Fred Haise en Jack Swigert niet op de hoogte van Kranz' speech, en ze hadden, voorlopig althans, helemaal geen behoefte aan peptalk. Het geplande tijdstip voor de vrije-terug-keer-*burn* was al over een half uur, en de LEM was absoluut nog niet gereed voor de hem toebedeelde taak. Aan de rechterkant van het toestel was Haise diep verzonken in zijn daalvlucht-activatiechecklist, en de korte, bijna cryptische bewoordingen van het gesprek tussen de LEM-piloot en de Capcom – redelijk vertrouwd voor Lovell, maar Chinees voor Swigert – vond plaats in staccato-achtige salvo's.

'Op paneel 11,' zei Haise, 'hebben we een GASTA onder flight-displays en de FDAI van de commandant. En net zo, AC-bus A zekering in.'

'Roger. Hebben het genoteerd.'

'Op pagina 3 slaan we stap 4 over, aangezien we met daal-BAT's op een aftakking met een hoog voltage zitten.'

'Roger. En bij stap 5 laten we de omkeerzekering open.'

Met één oor luisterend volgde Lovell het gesprek, wachtend op de af en toe plaatsvindende procedure waarbij van hem verwacht werd een schakelaar over te halen of een zekering in te drukken waar Haise niet bij kon. Maar de commandant had zijn handen nu vol aan totaal andere dingen. Hij bediende zijn 'stuur'hendel nu een stuk langzamer en bedrevener, begon het topzware ruimteschip een stuk beter aan te voelen, en had dan ook kans gezien het om alle drie de assen 360 graden te laten draaien. Maar in welke richting hij ook naar buiten keek, de puinwolk die Aquarius omringde was nog steeds overal even dik. Hij ontstak de raketten waarmee hij recht vooruit zou schieten en probeerde op die manier aan de lichtgevende nevel te ontkomen, maar het spul leek met hem mee te bewegen, alsof de puindeeltjes door de zwaartekracht van het ruimteschip – nu de zwaartekracht van de aarde of de maan er niet mee konden wedijveren – werden aangetrokken als ijzervijlsel door een magneet. Nu en dan gaf Lovell via de radio teleurstellende oplijninfo aan de grond door, maar geen van deze meldingen was strikt noodzakelijk. De duizelingwekkende uitslagen die op de navigatieconsoles af te lezen waren vertelden Mission Control alles wat die over de bizarre stand van de LEM diende te weten.

Nu de tijd steeds meer ging dringen, had Lunney twee leden van de reservebemanning van de Apollo 13 – John Young, de commandant, en Ken Mattingly, de piloot van de commandomodule die aan de grond was gehouden – naar de simulator gestuurd om te kijken of ze geen manoeuvres konden bedenken die eventueel door Lovell zou kunnen worden uitgeprobeerd. Young, op zijn beurt, had Charlie Duke gebeld – de reserve-LEM-piloot, wiens aanval van rodehond er in de eerste plaats verantwoordelijk voor was geweest dat de hele Apollo 13-bemanning door elkaar was gehusseld – had hem van zijn ziekbed gehaald en hem dringend verzocht zo snel mogelijk naar het Space Center te komen. Tom Stafford, als geen ander op de hoogte van de gevaren verbonden aan het vliegen met een LEM vlak bij de maan, was naast Lousma gaan zitten en was druk doende eigen ideeën te ontwikkelen. De afgelopen paar minuten hadden de op de grond aanwezige astronauten en de vermoeide Capcom Lovell enkele suggesties aan de hand gedaan, waaronder het laten draaien van het ruimteschip, zodat de massa van de servicemodule de zon zou blokkeren, terwijl de LEM dan zó werd gepositioneerd dat zijn driehoekige vensters in de schaduw zouden zijn, in plaats van direct aan het zonlicht bloot te staan, maar al die voorstellen leverden niets op. Waar Lovell ook keek, zijn uitzicht op de verre sterren werd hem volkomen ontnomen.

De commandant liet de bedieningshendel van zijn stuurraketten met een geïrriteerde mep los en zweefde bij het instrumentenpaneel vandaan. Het oplijnen van zijn platform met behulp van de sterren, daarvan was hij nu overtuigd, was onmogelijk. Als Houston per radio de coördinaten voor het activeren van de raketmotor doorgaf, zou Lovell die data in de navigatiecomputer moeten intoetsen en dan maar hopen dat het besturingsplatform voldoende was opgelijnd om de cijfers juist te kunnen interpreteren en het ruimteschip in de juiste richting te sturen. Als dat het geval was, zou de bemanning op weg zijn naar huis. Was dat níet het geval, dan was de bemanning op weg naar heel iets anders.

'We zullen het moeten doen met de spullen die we hebben,' zei Lovell tegen Haise en Swigert. 'Laten we hopen dat het voldoende is.'

Op de grond kwamen de flight-controllers rond hetzelfde tijdstip tot dezelfde conclusie als Lovell, en konden door de plotseling stationaire standaflezingen zien dat de commandant het met hen eens was. In theorie zou het rekenwerk dat Lovell had uitgevoerd en dat op de grond was gecontroleerd toen de besturingsprogrammatuur vanuit Odyssey naar de LEM was overgebracht, voldoende moeten zijn om de programmatuur van Aquarius op één lijn te krijgen – maar theorie alleen was wel een heel dun draadje om je aan vast te houden. Maar nu zag het ernaar uit dat dit alles was wat ze hadden. Terwijl Deiterich, Bostick en de rest van het besturingsteam toekeken, draaide Gary Renick het nummer van Lunney om hem te vertellen dat de tijd was gekomen voor de *burn* – tijd om de raketmotor te activeren.

'Flight, Guidance,' zei de GUIDO.

'Zeg het maar.'

'Oké, we hebben de vectors en we zijn er klaar voor dat de bemanning ze invoert.'

'En je hebt gecontroleerd of dit de correcte informatie is?'

'Dat hebben we.'

'Goed,' zei Lunney. 'Capcom, kun je de bemanning erop voorbereiden dat we de juiste gegevens voor ze hebben?'

'Roger,' zei Lousma. 'Oké, Aquarius,' riep hij hen via de lucht/grondlijn op, 'zijn jullie klaar om de manoeuvrecoördinaten te noteren?'

'Bevestigd,' zei Lovell.

'Daar gaan we dan. Het doel is een koerscorrectie ten behoeve van een vrije-terugkeer-*burn*,' begon Lousma formeel. 'En de coördinaten zijn NOUN 33, 061, 29, 4284 minus 00213. HA en HP zijn niet beschikbaar. Hellingshoek is...'

Lousma dreunde zijn informatie in de microfoon, gaf aan hoeveel gas er gegeven diende te worden, hoe lang de *burn* moest duren, onder welke hoek de motoren dienden te staan, plus de doelstellingen van de Delta V, die allemaal plichtsgetrouw door Haise werden herhaald. Volgens de gegevens die de LEM-piloot en de grond uitwisselden, zou het feitelijke activeren van de motor in verscheidene stappen gebeuren. Zodra alle informatie was genoteerd, zou Haise de positiecoördinaten in de besturingscomputer invoeren, waardoor het ruimteschip de opdracht zou krijgen om, volledig vertrouwend op de oorspronkelijke oplijning, zichzelf in de juiste positie voor de *burn* te draaien.

De proeven die Young en Duke in de simulator uitvoerden – met behulp van suggesties die door Grumman werden doorgebeld – gaven aan dat de autopilot aan boord van het ruimteschip tijdens het activeren van de motor in een stabiele positie kon houden. Zodra het ruimteschip zich in de juiste positie voor een *burn* had gestabiliseerd, zou Lovell het landingsgestel van de LEM uitdraaien, waarbij de vier spinachtige poten naar buiten zouden worden gedraaid om ze uit de buurt van de daalmotor te houden. Daarna zou de computer, vertrouwend op andere instructies die Haise had ingetikt, ervoor zorgen dat vier van Aquarius' stuurraketten 7,5 seconden lang zouden branden. Deze procedure, die bekendstond als 'ullage', was bedoeld om het ruimteschip een voorwaarts duwtje te geven, waardoor de brandstof voor de daalmotor naar de bodem van de tanks gestuwd zou worden, waardoor eventuele luchtbellen zouden verdwijnen. Daarna zou automatisch de hoofd-daalmotor geactiveerd worden, die vijf seconden lang op tien procent vermogen zou werken – net lang genoeg om het ruimteschip in beweging te krijgen. Lovell zou dan naar zijn T-vormige gashendel reiken en die voorzichtig naar voren schuiven tot veertig procent vermogen, en hem daar dan houden, waarna de motor precies 25 seconden lang een constante stuwkracht van 1790 kilo zou moeten leveren. Aan het eind van die periode zou de computer de verbrandingskamer afsluiten, waarna de motor stil zou vallen. De bemanning, in theorie althans, zou op dat moment op de juiste koers liggen om òm de maan heen naar de aarde terug te keren.

Haise toetste de data van de besturingsprogrammatuur in de computer in, en terwijl Lovell door het raampje links een blik naar buiten wierp, deed Haise dat door het rechterraampje. Swigert draaide zich in allerlei bochten om over hun schouders mee te kunnen kijken, en de stuurraketten kwamen automatisch in actie, waarbij het ruimteschip rustig in de positie werd gebracht die de Capcom had opgegeven. Precies op het juiste moment reikte Lovell naar het instrumentenpaneel en haalde de schakelaar over waarmee het landingsgestel van de LEM werd bediend.

Voor de missie had de commandant deze daad gezien als een duidelijke mijlpaal op hun geplande trip naar het maanoppervlak. Nu het naar buiten draaien en strekken van de poten deze symboliek níet meer hadden, werd Lovell even overspoeld door een gevoel van teleurstelling – een gevoel dat hij snel onderdrukte. De poten klikten vast in de 'neer'-positie, en Lovell, die snel even naar buiten had gekeken, knikte naar Haise. De commandant en de piloot van de maanmodule gingen toen weer recht voor hun instrumentenpanelen staan, terwijl Swigert zich weer terugtrok op de afdekkap van de stijgmotor. Haise hield het aftelmechanisme op het LEM-paneel in de gaten en nam vervolgens contact met de grond op.

'Oké,' zei hij, '1 plus 30 tot burn.'

Op de grond gaf Lousma deze informatie aan Lunney door, die de anderen mannen op de lijn tot stilte maande en de dertig seconden daarop nog een laatste ronde door de zaal maakte.

'Oké, we kunnen nu elk moment doorgaan,' zei hij. 'CONTROL, is bij jullie alles in orde?'

'Oké,' zei de man achter de CONTROL-console.

'Guidance oké?'

'We zitten goed, Flight.'

'FIDO?'

'Oké, Flight.'

'TELMU?'

'We gaan ervoor, Flight.'

'INCO?'

'Alles goed, Flight.'

'GNC?'

'Oké, Flight.'

'Alles goed hier op één minuut te gaan,' zei Lunney tegen Lousma.

'Roger, Aquarius,' gaf Lousma aan Lovell door. 'Het activeren gaat door.'

Net als bij de laatste keer dat Lovell de maan was genaderd, tijdens de triomfantelijke kerstvlucht van de Apollo 8, gingen de laatste zestig seconden voorafgaande aan het activeren van de raket teneinde de maan te ronden grotendeels in stilte voorbij. Hij zette de hoofdschakelaar van de raketmotor op 'Aan' en keek snel om zich heen om te zien of alles in orde was. De besturing werd op 'primaire besturing' gezet; de stuwkrachtcontrole was op 'Auto'; de cardanische ophanging van de motor werd ontgrendeld; de brandstofhoeveelheid, -temperatuur en -druk zagen er goed uit; het ruimteschip bleef de juiste stand aanhouden.

Nu had de computer het voor het zeggen en Lovells ogen richtten zich op het aftel-display. Dertig seconden voor ontbranding knipperde het display '06:40', wat inhield dat de computer de motor op scherp had gezet. Tweeëntwintigeneenhalve seconde later – met nog 7,5 seconden te gaan tot de ontbranding – sprongen de raketjes die rond het ruimteschip waren aangebracht tot leven toen de ullage werd geïnitieerd. Lovell, Haise en Swigert bespeurden een zwak duwtje toen de LEM op subtiele wijze onder hun voeten bewoog.

'We hebben ullage,' zei de man achter de CONTROL-console.

Lovell hield zijn blik op het computerdisplay gericht, en precies vijf seconden voor de burn knipperde het zijn vertrouwde '99:40', waarmee het de commandant opnieuw wilde vragen of hij zeker was dat hij deze manoeuvre wilde uitvoeren. Zonder te aarzelen drukte Lovell op de 'Doorgaan'-knop, en opnieuw ging er een nauwelijks waarneembare huivering door het ruimteschip.

'We hebben ignition, lage gashendelstand,' zei de CONTROL-man.

Lovell hield die constante stuwkracht vijf seconden lang aan, en schoof de hendel vervolgens nog dertig procent verder. De trillingen om hem heen werden sterker.

'Veertig procent,' meldde hij naar de grond.
'Veertig procent,' echode CONTROL. 'Snelheid ziet er goed uit.'
'De snelheid ziet er goed uit, hè?' vroeg Lunney onzeker.
'Ziet er goed uit, Flight,' verzekerde CONTROL hem.
'Oké, Aquarius, het ziet er goed uit,' zei Lousma.
Lovell knikte, nog steeds de gashendel vasthoudend terwijl de trillingen om hem heen voortduurden.
'Ziet er nog steeds goed uit,' herhaalde CONTROL.
Lovell knikte opnieuw, waarbij hij zijn blik van het instrumentenpaneel vóór hem naar zijn polshorloge en weer terug liet glijden. De motor brandde tien seconden, twintig seconden, een volle dertig seconden, en het leek op alarmerende wijze nog langer te gaan duren. Toen, een fractie later dan gepland – 0,72 seconde later, zoals gemeten door de computer van Mission Control – kwam er een eind aan de burn en zweeg de raketmotor.
'Shutdown,' riep CONTROL.
'Auto shutdown,' zei Lovell.
In het ruimteschip en op de grond keken Lovell en de controllers ogenblikkelijk en tegelijkertijd heel even naar hun baan- en Delta V-instrumenten, en moesten glimlachen om wat ze zagen. De snelheid van het ruimteschip was bijna precies zoveel toegenomen als de bedoeling was, en de voorspelde periluna was van de honderdtien kilometer die het ruimteschip gemakkelijk tot een baan rond de maan had kunnen verleiden, komen te liggen op een wat prettiger tweehonderdtwintig kilometer, die zou helpen het huiswaarts te slingeren.
Lovell wachtte op de opdracht van Houston om de burn te 'trimmen'; deze manoeuvre, een kleine stuwstoot van de stuurraketten, was over het algemeen vereist – zelfs na routinematig verlopen burns – om de baan van het ruimteschip verder te verfijnen. Boone, Renick, Bostick, Deiterich en de andere navigatiedeskundigen keken op hun consoles om te zien hoeveel trim vereist was, en waren verbijsterd door het antwoord: er was absoluut geen trim nódig. Volgens de cijfers op hun monitors was deze burn, volkomen in strijd met alle regels van het gezond verstand en alle vluchtprocedures, perfect verlopen, waardoor de Apollo 13 op een weg langs de achterkant van de maan werd gebracht om daarna rechtstreeks naar de aarde terug te keren.
Ietwat ongelovig riep Lousma het ruimteschip op: 'Je gaat prima, Aquarius. Geen trim nodig.'
'Je zegt géén trim?' vroeg Haise, terwijl hij Lovell aankeek.
'Dat is bevestigd. Geen trim nodig.'
'Roger,' zei Lovell grijnzend.
'Oké,' echode Haise, die nu ook moest glimlachen.
Lovell zette zich af van zijn instrumentenpaneel en wreef met de muizen van zijn hand over zijn ogen. Hij was opgelucht, maar alleen maar voor het moment. Hoewel de informatie over hun baan op zijn instrumentenpaneel bemoedigend was, vertelde het overgrote deel van de data een heel ander verhaal. Terwijl hij zijn blik liet zakken naar de aflezingen betref-

fende de aanwezige zuurstof-, waterstof- en energievoorraad, kon hij het toch niet nalaten snel wat berekeningen te maken. Als de route die het ruimteschip nu volgde zo bleef, en de snelheid zou niet verder veranderen, dan zou de bemanning de aarde bereiken rond het 152ste uur van de missie, of circa 91 uur vanaf nu. De 3¾ dag die de reis nog in beslag zou nemen was twee keer zo lang als waarvoor de LEM – met slechts twee man aan boord – was uitgerust. Hoewel de grond slechts terloops aan een PC+2-burn had gerefereerd, was Lovell er nagenoeg zeker van dat die zou plaatsvinden. Maar zelfs als het het einde van de daalmotor zou betekenen wanneer ze achter de andere kant van de maan vandaan kwamen, omdat ze de motor net zolang zouden moeten laten draaien tot de tanks leeg waren, zag hij niet in hoe dit de trip met veel meer dan één enkele dag zou kunnen bekorten. Dat betekende dat er nog minstens één volle dag vliegen zou resteren terwijl de LEM in feite geheel door zijn karige levensvoorraden heen zou zijn. Het was nu 2:43 in de ochtend op dinsdag de veertiende. En volgens de berekeningen van Lovell zou hij op z'n vroegst pas even na middernacht op de ochtend van vrijdag de zeventiende thuis kunnen komen. En zijn LEM was niet voor die trip uitgerust.

'Als wij graag thuis willen komen,' zei Lovell tegen Swigert en Haise, 'dan zullen we toch een andere manier moeten zien te verzinnen om dit ruimteschip te laten functioneren.'

In kamer 210 van Mission Control was Bob Heselmeyer ook bezig met het doen van wat snelle berekeningen. In tegenstelling met Lovell beschikte de Tiger Team-TELMU over papier, computeruitdraaien, losbladige banden met data en stuwkrachtprofielen, alsmede over een ondersteuningsteam met technisch personeel dat hen hielp alle berekeningen uit te voeren. Maar net als Lovell was hij niet bepaald blij met wat die cijfers hem vertelden.

Van alle *consumables* die de bemanning voor de reis naar huis nodig zou hebben, was het de zuurstof die de meeste bezorgdheid veroorzaakte – maar zuurstof, leek nu, zou nog het minst grote probleem blijken te zijn. Het oorspronkelijke vluchtplan had voorzien in een tweedaags verblijf van Lovell en Haise op het maanoppervlak, om daar bij twee gelegenheden de LEM te verlaten om op onderzoek uit te gaan. Dat betekende dat de cabinedruk twee keer helemaal moest wegvallen, om vervolgens ook weer twee keer te worden hersteld. Om dit 'uitgassen' en het opnieuw vullen mogelijk te maken, was Aquarius voorzien van een grotere voorraad O_2 dan de andere LEM's die bij de Apollo's 9, 10, 11 en 12 waren gebruikt. Zelfs met drie man aan boord, zou de zuurstof aan het systeem onttrokken worden in een tempo van 0,104 kilo per uur, een verbruik dat de overvolle tanks gemakkelijk een week lang aankonden.

Het elimineren van kooldioxyde – koolzuurgas – was een andere zaak. Net als de commandomodule was de LEM uitgerust met lithiumhydroxide, of LiOH, -patronen, die ontworpen waren om CO_2-moleculen op te vangen en ze uit de lucht te filteren. Het ruimteschip bevatte twee primaire patronen die ruim een dag bleven functioneren, en drie secundaire, die op hun plaats konden worden geklikt als de eerste twee verzadigd waren. Alles bij elkaar konden deze luchtverversers maar 53 uur blijven werken – en dan slechts met de geplande twee man aan boord van de LEM. Met een extra passagier zou de levensduur van de patronen minder dan 36 uur worden. De LiOH-voorraad van Odyssey zou tijdens de vlucht onaangeroerd blijven, maar die kon niet vanuit de commandomodule naar Aquarius worden overgebracht; de CO_2-filtermechanismen van de twee ruimteschepen waren elk van een ander ontwerp, en de vierkante patronen van de commandomodule pasten niet in de houders van de LEM, die rond waren. Hoeveel zuurstof de maanmodule ook aan boord mocht hebben, het giftige CO_2 zou al snel beginnen met het verdringen van de levensnoodzakelijke zuurstof uit de lucht, en de bemanning zou zo rond drieën op woensdagmiddag stikken.

De elektriciteitsvoorraad was al even beperkt. Een volledig geactiveerde LEM vereiste ongeveer 55 ampère om te kunnen functioneren. Om de ruim vier dagen te kunnen overleven in plaats van de geplande twee, zou het ampèreverbruik van het ruimteschip moeten worden verminderd tot 24. Zo'n *power-down* mocht draconisch worden genoemd, maar het was wel te doen.

Hand in hand met de aan boord aanwezige elektriciteitsvoorraad ging de in de LEM aanwezige voorraad water. Alle stroomverbruikende hardware in de maanlander genereerde warmte, die, als ze niet op de juiste manier werd verspreid, er uiteindelijk voor zou kunnen zorgen dat deze apparatuur doorbrandde en niet meer kon worden gebruikt. Dus tussen alle systemen aan boord door was een heel netwerk van koelbuizen aangebracht, waar een oplossing van water en glycol doorheen werd geleid. Terwijl deze vloeistof door het buizenstelsel stroomde, nam die het teveel aan warmte in zich op en voerde die naar een sublimeerapparaat; daar verdampte het water en werd als stoom in de ruimte geloosd – waarbij het alle ongewenste warmte met zich meenam. De tank met het zuivere water die de LEM mee omhoog voerde, was zowel bedoeld voor de onafgebroken dorst van het koelsysteem, en – niet onbelangrijk – voor die van de bemanning. Maar geen van beide werd dan ook geacht om de vier dagen dat deze LEM in de ruimte zou moeten blijven functioneren, aan de kraan te hangen. Alles bij elkaar had het ruimteschip 153 kilo water bij zich, waarvan de uitrusting alleen al een hoeveelheid van 2,85 kilo per uur opslokte. Om de reis terug naar de aarde te kunnen overleven zou dat verbruik moeten worden verminderd tot 1,58 kilo per uur. En om dat te bereiken zou het elektriciteitsverbruik nog verder moeten worden verminderd, en wel tot nauwelijks 17 ampère.

Heselmeyer pijnigde zijn hersens over deze cijfers en schoof toen – net als Lovell – iets naar achteren om vervolgens over zijn ogen te wrijven. De LEM was helemaal niet bedoeld om op deze manier te vliegen. Niemand, op wat mensen bij Grumman na misschien, wist of de LEM op deze manier wel kòn vliegen. Heselmeyer fronste zijn wenkbrauwen en draaide zich om naar de mensen die om hem heen zaten.

'Als we ze naar huis willen krijgen,' zei hij, 'dan zullen we toch een andere manier moeten zien te verzinnen om dit ruimteschip te laten functioneren.'

Om 2:45 in de ochtend, precies op het moment dat de daalmotor van de LEM klaar was met zijn *burn*, landden Tom Kelly en Howard Wright op het vliegveld La Guardia. Het privé-toestel dat hen toegezegd was had inderdaad op Logan staan wachten, en de vlucht van Boston naar New York had net iets meer dan een uur in beslag genomen. Bethpage lag op nog geen half uurtje rijden van het vliegveld verwijderd, maar vannacht zou het wat langer gaan duren. In tegenstelling met Boston, waar typisch bij half april horende temperaturen heersten, werd New York geteisterd door een voorjaars-koudegolf en met motregen en mist in de lucht en temperaturen van rond het vriespunt, waren de snelwegen op Long Island met een dun laagje ijzel bedekt. Kelly en Wright probeerden zo snel mogelijk van het vliegveld naar de fabriek te komen, maar moesten af en toe stapvoets rijden om te voorkomen dat ze van de weg zouden raken.

Toen ze eindelijk het fabrieksterrein opreden, keek Kelly door het raampje naar buiten en was verbijsterd door wat hij zag. De oude, uit rode baksteen opgetrokken vliegtuigfabriek en de enorme uit staal opgetrokken LEM-fabriek waren rond deze tijd van de nacht altijd nagenoeg verlaten. Het technisch ondersteuningsteam dat hier aanwezig zou zijn om de LEM tijdens zijn maanmissie te volgen bestond maar uit een paar man, en hun auto's gingen gewoonlijk totaal verloren in de asfaltprairie die de gebouwen omringde.

Maar vannacht zag het er allemaal totaal anders uit. Voor zover Kelly kon bekijken waren dagploegen aanwezig, avondploegen, ontwerpteams, assemblageteams en ploegen waarvan hij absoluut geen idee had wat ze deden. Zelfs bij grote calamiteiten zou Grumman niet zoveel mensen midden in de nacht oproepen. Dit waren duidelijk personeelsleden die thuis van de noodsituatie hadden gehoord en op eigen initiatief naar de fabriek waren gekomen.

Toen Kelly het gebouw binnenging was het in de fabriekshallen even druk als op de parkeerplaats, en toen de medewerkers de technisch manager herkenden onderschepten ze hem onmiddellijk en vroegen hem waarmee ze konden helpen. Kelly baande zich ietwat verbijsterd een weg door de groep, ondertussen iedereen geruststellend.

'We zullen jullie aan het werk zetten,' zei hij. 'We zullen jullie allemaal aan het werk zetten. We hebben straks iedereen nodig.'

Kelly liep naar de technische ondersteuningsruimte, waar de kleine bemanning die dienst had gehad op het moment dat het ongeluk had plaatsgevonden was aangegroeid tot een veelvoud ervan. Sinds het moment dat hij en Wright elkaar op het vliegveld van Boston hadden ontmoet, was Kelly bezig geweest met het gissen naar dezelfde cijfers die Heselmeyer en de anderen in Houston al op een rijtje aan het zetten waren. Maar nu was hij voor het eerst in de gelegenheid om de harde gegevens te bekijken.

Hij ging met de mensen van Grumman aan tafel zitten die eerder al contact met Mission Control hadden gehad en wierp een eerste lange blik op de betreffende cijfers – en wenste onmiddellijk dat hij dat maar níet had gedaan. De cijfers waren schokkend. Kelly had nog nooit geprobeerd een ruimteschip met zo weinig elektrisch vermogen te laten functioneren, en had gehoopt het ook nooit te hóeven proberen. Hij begreep dat als hij te veel van zijn LEM ging eisen, de kans bestond dat hij het ruimteschip weleens helemaal kwijt zou kunnen raken, maar als hij het níet probeerde, dan was de kans dat hij de bemanning toch zou verliezen nòg groter.

Kelly wist maar één ding zeker: hij had geen onzin gesproken toen hij had gezegd dat hij ieders hulp nodig had.

7

Januari 1958

Toen Jim Lovell bij het Aircraft Test Center van de Amerikaanse marine in Patuxent River, Maryland, arriveerde, was hij allesbehalve een ontspannen man. De negenentwintigjarige luitenant ter zee der tweede klasse had net vanuit noordelijk Californië een van-kust-tot-kust-autorit voltooid met een zes maanden zwangere vrouw, een twee jaar oude zoon, een vier jaar oude dochter en een vijf jaar oude Chevrolet, die hem praktisch in elke staat tussen de baai van San Francisco en de Chesapeake Bay wel een keertje in de steek had gelaten. Het was een sombere, natte januari-middag toen het gezin Lovell Pax River binnenreed, het soort druilerige dag aan de kust wanneer het te warm is voor sneeuw, te koud voor regen, en in plaats daarvan een ontmoedigend soort natte sneeuw uit de lucht neerdaalt. Voor iemand die zojuist ruim 4600 kilometer had gereden niet bepaald een opwekkend welkom. Maar mocht Jim Lovells stemming mistroostig worden genoemd terwijl hij met zijn Chevy langzaam over de onbekende marinebasis reed, die van Marilyn Lovell was nòg slechter.

De afgelopen vier jaar had het gezin Lovell in een voorstadje van San Francisco gewoond, in een kleine gemeenschap in de buurt van de marine-vliegbasis Moffett Field, en Marilyn had het daar naar haar zin gehad. De uit Milwaukee afkomstige Marilyn die in oostelijke richting naar Washington was afgereisd om zich bij haar vrijer die op de Marine Academie zat te voegen, was nooit verzot geweest op de strenge winters van het Midden-Westen, noch op de lusteloze Potomac-zomers, en toen de marine haar nieuwe echtgenoot naar een vliegbasis aan de gematigde kust van Californië overplaatste, wist ze niet hoe snel ze haar koffers moest pakken.

Direct na haar aankomst in Sunnyvale maakte Marilyn het tot haar taak om een huis te vinden dat paste in haar idyllische beeld dat ze had van het wonen aan de Westkust, en op korte termijn wist ze er een te vinden: een aardige bungalow aan een straat met de plezierige naam Susan Way. Tijdens het eerste jaar dat de Lovells er woonden concentreerde Marilyn zich erop het bescheiden huis om te toveren tot een echt thuis, compleet met nieuwe gordijnen en nieuw behang, meubels kopend voor zover ze zich dit met het militaire salaris van haar man kon veroorloven, terwijl ze de voor- en achtertuin vulde met kleine bloembedden met lelies, tulpen, geraniums en blauwe hyacinten, die het in de Californische zon uitstekend deden.

Het echtpaar Lovell woonde hier met hun zestien maanden oude dochter Barbara toen hun eerste zoon, Jay, werd geboren. Toen het gezin in 1958 opdracht kreeg om te verhuizen was Marilyn opnieuw zwanger. Terwijl zij en Jim aan het inpakken waren, besloten ze dat als de nieuwe baby een meisje zou zijn, ze haar Susan zouden noemen, ter ere van de aangename straat die ze zouden achterlaten.

In Maryland zou het onderkomen heel wat minder idyllisch zijn. Jim Lovell werd naar de Oostkust gestuurd met de rang van luitenant ter zee der tweede klasse en de functie van leerling-testvlieger, en geen van beide legde als het ging om faciliteiten of privileges veel gewicht in de schaal. De behuizing op de basis die werd toegewezen aan jonge officieren en hun gezinnen bevond zich in een wooncomplex dat bij de bewoners bekendstond als de Cinderblocks – slakkenblokken. En indachtig hun bijnaam waren de woningen een serie doosachtige, op bunkers lijkende flats die gebouwd waren van uit militaire voorraden afkomstige betonblokken die te groezelig geschilderd waren om wit genoemd te kunnen worden, te fel om lichtbruin te kunnen worden genoemd, terwijl ze nergens voldoende subtiel bewerkt waren om voor de benaming ivoorkleurig in aanmerking te komen.

Binnen waren de appartementen nog afstotelijker, met veel te kleine vensters, claustrofobie veroorzakende lage plafonds en blootliggende buizen die uit de vloer staken, langs de muur liepen om even later weer in de bovenliggende etages te verdwijnen. De marine zorgde voor 83,6 m³ onaantrekkelijke woonruimte, een oppervlakte waarover niet gediscussieerd kon worden, of het echtpaar nu kinderen had of niet. Toen het gezin Lovell voor deze rechthoekige, Bauhaus-achtige bouwsels in de motregen tot stilstand kwam, werd Marilyn overvallen door een enorme neerslachtigheid. Terwijl Lovell dozen op het natte trottoir voor hun nieuwe huis uitlaadde, wierp hij een ietwat korzelige blik in de richting van zijn vrouw.

'Nou,' zei hij, 'ik moet toegeven dat dit niet bepaald Californië is.'

'Nee,' zei Marilyn, die wel voor de vijfde keer het adres controleerde dat op de onder de regendruppels zittende kaart stond die ze van de klerk in het huisvestingskantoor had gekregen, 'dat mag je wel zeggen.'

'Ik ben bang dat de bloemen het hier een heel stuk minder zullen doen,' zei Lovell.

'Hm-mm.'

'Denk je dat je het hier een tijdje kunt uithouden?'

'Ik ben met een marinevlieger getrouwd. Dit hoort er allemaal bij.'

'Ik neem aan van wel,' reageerde Lovell, enigszins opgelucht.

'Maar ik zeg je vast één ding,' zei Marilyn. 'Als we ooit nog eens een vierde kind krijgen, noemen we het géén Cinderblock.'

De marine ging ervan uit dat ze met dit soort kale kazernebehuizing kon volstaan omdat vrouwen van testvliegers zoals Marilyn Lovell uitstekend geschoold waren in de militaire traditie van het improviseren zonder een hoop heisa te maken, en de testvliegers zelf, die volledig in beslag zouden worden genomen door de moeilijke taak van het leren vliegen met toestellen die nog nauwelijks uitgeprobeerd waren, zouden toch veel te weinig thuis zijn om iets van de omgeving te merken.

De baan die Lovell had geaccepteerd was voor een gewone vlieger weinig aantrekkelijk; maar voor piloten die ook maar een beetje jachtvliegersbloed in zich hadden, was het echter een uiterst begerenswaardig iets. Maar het was onmiskenbaar gevaarlijk.

De testvliegers realiseerden zich dat ze op elke willekeurige dag, een uiltje knappend in hun kamer of achter een bureau bezig met het maken van een verslag, de onmiskenbare doffe klap zouden kunnen horen – of eigenlijk was het meer vóelen – van een vliegtuig dat zich een kilometer of twee, drie verderop in de grond boorde, direct gevolgd door het gegrom van crash-tenders, het geloei van sirenes en een aan de horizon oprijzende diepzwarte rookpluim.

Vaak was de piloot in de cockpit nog net in staat op tijd uit het gebroken en neerstortende vliegtuig te stappen om zich via zijn parachute in veiligheid te brengen en de ontwerpers te vertellen wat er precies verkeerd was aan het apparaat dat ze hem hadden gegeven om te beproeven. Maar net zo vaak was dat níet het geval, en was er opnieuw een gretige vlieger die zich vrijwillig had opgegeven voor het gevaarlijke leven van een Pax River-aviateur die nooit meer de kans zou krijgen om zichzelf ergens anders vrijwillig voor op te geven. Hoewel er altijd wel vliegers waren die van dit uiterst risicovolle leven genoten, was het overgrote deel van hun vrouwen – en zeker de vrouwen van militairen met een twee jaar oude zoon, een vier jaar oude dochter en een vijf jaar oude Chevy die ze zich nooit zouden kunnen veroorloven zonder een man over de vloer – een stuk minder enthousiast.

Om de kans zo groot mogelijk te maken dat zowel de vliegtuigen als de vliegers hun tijd samen zouden overleven, dienden de recentelijk gearriveerde vliegers op Pax River een uiterst afmattende cursus van een half jaar aan de testvliegersschool te doorlopen. In januari 1958, toen Jim Lovell en de rest van zijn klas zich op Pax River meldden, werd er bij de marine net een hele nieuwe generatie gevechtsvliegtuigen geïntroduceerd, waaronder de A3J Vigilante, de F4H Phantom II en de F8U-2N Crusader. Als de aankomende testvliegers niet in hun trainers in de lucht zaten om zich de vakkennis eigen te maken die nodig was om uiteindelijk een van deze nieuwe straalkisten te vliegen, dan zaten ze wel in een kaslokaal om daar aëronautische geheimzinnigheden te bestuderen als *trajectory-plotting*, schokgolfmathematica, stijgsnelheden en dynamische longitudinale stabiliteit. Aan het eind van de werkdag, als de studenten zich terugtrokken in hun kleine onderkomens, dienden er nog verdere taken te worden volbracht, zoals het schrijven van verslagen voor hun instructeurs van zowel het vliegen van die middag als het klassewerk van die ochtend.

Lovell ging helemaal op in zijn intensieve training en studeerde elke avond minstens een of twee uur. Hij bouwde een slaapkamerkast om tot geïmproviseerde studeerkamer, maakte van een brede plank een soort bureautje en zette tijdens het studeren een met watten gevulde helikopterhelm op om de geluiden van zijn twee kleuters en recentelijk geboren dochter buiten te sluiten. Maar uiteindelijk bleek dat deze zelf opgelegde isolatie werkte. Toen dit lastige half jaar ten einde was, bleek Lovell als eerste van zijn klas te zijn geëindigd, Pax River-wonderkinderen als Wally Schirra en Pete Conrad achter zich latend.

Gewoonlijk betekende zo'n hoge klassering voor een Pax River-piloot heel wat. De diverse voor de nieuwe testvliegers beschikbare functies hadden geenszins hetzelfde prestige, terwijl de gelukkigste piloten voorbestemd waren voor de Flight Test Division, een squadron dat uit mannen bestond die als eersten op nieuwe toestellen werden losgelaten, het mee omhoog namen om te kijken hoe snel en wendbaar het ècht was. De volgende groep, de Service Test Division, zou niet de wendbaarheid van een vliegtuig beoordelen, maar meer het uithoudingsvermogen, de duurzaamheid, en daarvoor vlogen ze er onverdroten mee door de lucht om vast te stellen hoe ver ze konden gaan vóór het toestel onderhoud of reparaties nodig had. Weer een trapje lager op de ladder was de Armaments Test Division, waar de vliegers zich vooral bezighielden met het uittesten van alle vormen van bewapening – boordkanonnen, bommen en raketten die door nieuwe vliegtuigen werden meegevoerd. Helemaal onderaan en het minst in trek was de Electronics Test Division, waar marinevliegers met hun training weinig meer deden dan traag boven militaire bases en in de buurt liggende stadjes draaien, om data betreffende antennepatronen en radarzenders te verzamelen.

Alle Pax River-piloten waren doodsbang om aan Electronics Test te worden toegewezen – iedereen, op de man na die als eerste van zijn klas eindigde. Het was een ongeschreven maar reeds lang bestaande wet dat deze succesvolle vlieger zelf mocht bepalen bij welke divisie hij ingedeeld wenste te worden. Wat niemand van de klas van 1958 echter wist, was dat in dìt specifieke jaar van dat beleid werd afgeweken. De commandant van de Electronics Test Division had duidelijk kenbaar gemaakt dat hij het zat was om steeds maar weer met de mindere goden van de opleiding te worden opgezadeld, en nu eindelijk weleens één keertje de eerste keus te willen hebben. De commandant van de opleiding, Butch Satterfield, had daarmee ingestemd en hem beloofd dat de beste man van de volgende groep – Jim Lovells groep – naar Electronics Test zou worden gestuurd.

'Meneer?' zei Lovell, terwijl hij zich op de middag dat de plaatsingen bekend werden gemaakt op het kantoor van kapitein-luitenant-ter-zee Satterfield meldde. 'Ik vroeg me af of er bij mijn plaatsing misschien een vergissing is gemaakt.'

'Een vergissing, luitenant?'

'Jawel, meneer,' zei Lovell. 'Ik – ik had eigenlijk aangenomen dat ik bij Flight Test zou worden ingedeeld.'

'Waaruit had je gedacht dat te kunnen opmaken dan?' vroeg Satterfield.

'Nou, meneer, ik ben als eerste van mijn klas geëindigd...'

'Luitenant, is er misschien iets verkéérd aan Electronics Test?'

'Nee, meneer,' loog Lovell.

'Wist je dat de commandant van Electronics Test heel specifiek om de beste vlieger van jouw klas heeft gevraagd?'
'Nee, meneer, dat wist ik niet.'
'Nou, zo ligt het anders wèl. Dus als ik jou was zou ik er maar als de wiedeweerga naar toe gaan. En als je je bij hem meldt, vergeet dan niet hem te bedanken.'
'Hem bedanken, meneer?'
'Voor het feit dat hij speciaal naar jóu heeft gevraagd.'

Terwijl Lovell zijn bescheiden taak als radartester op zich nam, spanden de gebeurtenissen vijfenvijftig kilometer verderop langs de Potomac samen om zijn lot opnieuw een zwenking te geven. Een half jaar nadat de Sovjet-Unie de wereld verbijsterde met het lanceren van haar Spoetniks, was de regering van de Verenigde Staten nog steeds bezig om te bekomen van de knak die haar technologische trots had opgelopen. De Amerikaanse mislukkingen meer dan zat en bang voor nieuwe Russische successen, ging nu president Eisenhower zich met de zaak bemoeien. Sinds 1915 bestond er een weinig bekende federale instantie met de naam National Advisory Committee on Aeronautics, of NACA, die tot taak had alle nieuwe ontwikkelingen in de luchtvaart en van voortstuwingssystemen te blijven volgen, en de overheid tevens adviseerde bij de toewijzingen van research- en ontwikkelingsgelden. Wat Eisenhower nu wilde was het zodanig uitbreiden van de rol van de NACA, zodat die ook de voertuigen zou omvatten die bóven de atmosfeer konden vliegen, waardoor de instantie wat meer op een National Aeronautics and Space Administration ging lijken.

Een van de grootste prioriteiten van de recentelijk gevormde NASA was het bouwen van een ruimtevaartuig waarmee een mens in een baan rond de aarde kon worden gebracht. Dit project stond onder toezicht van dr. Robert Gilruth, een vliegtuigbouwkundig ingenieur met als standplaats de Langley Research Facility in Virginia. Hoewel er nog geen ruimteschip bestond dat zo'n onwaarschijnlijke missie kon volbrengen, was een van Gilruths eigen prioriteiten het selecteren van de 'astro-nauten' – of sterrezeevaarders – die uiteindelijk, welk toestel die ruimtevaartinstantie ook mocht bouwen, zouden moeten besturen.

Gilruth en zijn staf hadden enkele weken nodig om vast te stellen aan welke eisen dit soort vliegers zouden moeten voldoen – lengte, gewicht, leeftijd, training – en toen dat gebeurd was, werden die eisen aan de luchtmacht en de marine doorgegeven. De militairen lieten die criteria door hun nieuwe, een hele zaal in beslag nemende computers lopen en kwamen toen met een lijst van 110 namen die aan die vereisten leken te voldoen. Die dag werden er telexberichten verstuurd naar de eerste 34 mannen op die lijst, waarvan er diverse werkzaam waren op het Aircraft Test Center in Patuxent River, Maryland.

De mannen die de gehoorzaal van het Dolley Madison House, op de hoek van H Street en East Executive Avenue in Washington, D.C., verlieten, vormden een enigszins met stomheid geslagen groepje. Dit zou, zo hadden ze te horen gekregen, een militaire briefing worden; het zou, daarvan waren ze overtuigd geweest, over militaire zaken gaan. De bijeenkomst die zojuist was opgeschort was echter totaal anders geweest dan elke andere briefing die ze ooit hadden meegemaakt.

Gezegd moest worden dat er voldoende aanwijzingen waren geweest dat de conferentie vandaag aanzienlijk anders zou zijn dan gebruikelijk. Om te beginnen hadden de vliegers opdracht gekregen niet in uniform te komen. Zakenkleding, bij voorkeur een kostuum, was het kledingvoorschrift voor die dag. Verder hadden ze te horen gekregen dat ze tegen niemand mochten vertellen dat ze hiernaar toe moesten komen – ook niet tegen hun echtgenotes, hun maten van het squadron, zelfs niet tegen mensen waarvan ze het vermoeden hadden dat die ook een uitnodiging hadden gekregen. Het bericht dat Jim Lovell had ontvangen was wat dat punt betreft heel duidelijk geweest.

'Meld u bij het Bureau Personeel voor CNO OP5 Speciale Projectaangelegenheden,' stond er. 'CNO' stond voor *chief of naval operations*; 'OP5' betekende Operations Divison 5, de divisie waaronder Pax River viel; en 'Speciale Projectaangelegenheden' was een code voor 'Geen vragen stellen, kom nou alleen maar; te zijner tijd wordt alles uitgelegd'.

Even verbijsterend als de geheimzinnigheid van het telexbericht was het adres waar Lovell zich diende te melden. Het was sowieso al ongehoord voor een marineofficier dat hij voor officiële zaken naar Washington werd ontboden, maar àls dat dan weleens gebeurde, dan kreeg hij gewoonlijk opdracht zich op het Pentagon te melden, of bij een van de talrijke kantoren die de marine over het hele District verspreid in gebruik had. Volgens Lovells telex echter diende hij zich te melden bij een zeker Dolley Madison House, een herenhuis ergens in Washington dat, zoals de naam al duidelijk maakte, ooit het onderkomen was geweest van de vierde First Lady, en later tot overheidskantoor was omgebouwd.

Jim Lovell zat achter zijn bureau bij de Electronics Test Division toen zijn telex arriveerde. Het was op een woensdag, en volgens het binnengekomen bericht moest hij de volgende ochtend in Washington verschijnen. Lovell had erg veel zin om direct naar de andere mannen van zijn testvliegersklas te lopen, hen de binnengekomen telex te laten zien en te vragen of ze ook iets dergelijks hadden ontvangen en wat zíj ervan dachten. Maar de nieuwe ltz2 nam het militaire protocol serieus, en als de chef maritieme operatiën hem vroeg zijn mond te houden over bepaalde zaken, dan was hij niet van plan dat naast zich neer te leggen. Bovendien zou hij morgen rond deze tijd antwoord op zijn vragen hebben.

Lovell werd die donderdag al voordat het licht werd wakker en trok het hem zo vreemde zakenkostuum aan. Terwijl hij zijn weekendtas op de achterbank van zijn auto zette, zag hij al snel dat hij niet de enige Pax River-piloot was die voor zonsopgang wegglipte. Daar was Pete Conrad, die zelfbewust hallo knikte, in zijn eigen vormelijke burgerkloffie op weg naar de parkeerplaats. En daar had je ook Wally Schirra, die snel de basis afreed, zonder iets tegen iemand te zeggen en met een korte zwaai naar de schildwacht aan de poort.

Alle mannen die die ochtend vertrokken hadden zorgvuldig de geheimhouding in acht genomen waarom in de CNO-telex was gevraagd, maar een paar uur later, terwijl ze met meer dan dertig andere marine- en luchtmachtpiloten in de gehoorzaal van het Dolley Madison House bij elkaar groepten, waren ze vrij om te speculeren waarom ze hier eigenlijk waren. Tot nu toe wist niemand hoe of wat. Sommigen beweerden dat het ministerie van Defensie bezig was met het ontwikkelen van een nieuw soort raketvliegtuig, misschien wel eentje die de X-15 moest gaan vervangen. Anderen spraken het bizarre vermoeden uit dat het iets met de ruimte te maken moest hebben. En dat was eigenlijk hetgeen waar ook Lovell zijn geld wel op durfde te zetten, maar het was wel een gok waar hij verder het zwijgen toe deed. Hij had het lef niet om zo'n onbezonnen idee met de andere mannen in de ruimte te delen.

Nadat de laatste piloot was gearriveerd gingen de deuren achter in het zaaltje dicht en betrad een al wat kalende geleerde het podium die zich voorstelde als dr. Robert Gilruth.

'Heren,' viel hij gelijk met de deur in huis, 'wij hebben u gevraagd hiernaar toe te komen om het Mercury-project te bespreken.'

Het volgende uur beschreef dr. Gilruth voor de groep zwijgende vliegers een plan dat, om de beurt, het meest ambitieuze, het meest indrukwekkende en het meest stomme plan was dat ze ooit in hun leven hadden gehoord. Wat Gilruth in gedachten had, zei hij vanaf het podium, was een man te kiezen – naar alle waarschijnlijkheid een van de mannen die nu in dit zaaltje aanwezig waren – om hem binnen drie jaar in een baan rond de aarde te brengen. Het ruimteschip waarin de man dit feit zou volbrengen, zou niet zozeer een voertuig zijn als wel een soort, nou ja, *capsule*, een van titanium gemaakte pijp die op het breedste punt een doorsnede had van nauwelijks een meter tachtig en nog geen twee meter zeventig lang was. De capsule, met de piloot er luchtdicht in opgesloten en vastgegord op een precies passende bank, zou boven op een Atlas-raket – een ballistische raket met een stuwkracht van ruim 165.000 kilo – in een baan rond de aarde worden gebracht.

Een zestal mensen zou worden uitverkoren voor het maken van deze trips, waarbij iedereen iets langer in de ruimte zou verblijven dan zijn voorganger. De laatste man die omhoog zou worden geschoten zou twee dagen in de ruimte doorbrengen. Het programma viel onder de supervisie van de civiele overheid, dus hoewel eventuele vrijwilligers hun militaire rang en status zouden behouden, zouden ze niet langer verantwoording verschuldigd zijn aan het ministerie van Defensie. In plaats daarvan vielen ze onder een nieuw te vormen overheidsinstantie, de National Aeronautics and Space Administration. Tot nu toe had de NASA nog geen tijd gehad om de plannen veel verder te ontwikkelen dan tot het punt dat Gilruth zojuist had beschreven, maar als iemand vragen had, zou hij die volgaarne beantwoorden.

De vliegers keken elkaar onzeker aan, twijfelend tussen oprechte belangstelling en openlijke geamuseerdheid. Na een tijdje ging er een hand omhoog.

Had de Atlas-stuwraket niet de reputatie om, nou ja, al op het lanceerplatform uit elkaar te spatten, wilde een piloot weten.

Om eerlijk te zijn, beaamde Gilruth, hàdden er zich in het verleden wat moeilijkheden voorgedaan, maar de technici waren het er nu over eens dat het merendeel van de problemen was opgelost.

Was het prototype van de, eh, capsule al gebouwd, vroeg iemand anders.

Gebouwd? Nee, moest Gilruth bekennen. Maar enkele briljante breinen hadden al wat briljante blauwdrukken gemaakt.

Hoe moest de piloot de capsule tijdens de vlucht besturen, vroeg een ander.

Daar was geen sprake van, antwoordde Gilruth. De hele missie zou automatisch vanaf de grond worden geregeld.

En hoe zat het met de landing, wilde een vierde vlieger weten.

Geen landing, zei Gilruth. Maar een *splash-down*. Raketjes zouden de capsule uit zijn baan rond de aarde halen en hangend aan parachute zou die in zee terechtkomen.

En als die raketjes niet werkten?

Daarom, zei Gilruth, wilde hij testvliegers hebben.

Toen de vraag-en-antwoordsessie eindigde, zei Gilruth dat ze maar eens een nachtje moesten slapen over hetgeen ze zojuist hadden gehoord. Morgen zouden er nieuwe bijeenkomsten plaatsvinden, terwijl voor de dag daarna gesprekken met artsen, psychologen en andere medewerkers aan het project op het programma stonden. Eventuele nieuwe vragen konden dan ook worden beantwoord.

Toen Gilruth het podium verliet, stonden de mannen op, namen elkaar zwijgend even op en begonnen de zaal te verlaten, op weg naar de hotelkamers die overal in de stad voor hen waren gereserveerd. De Pax River-groep ging naar het Marriott Hotel op Fourteenth Street, en de meeste mannen wilden er het liefst zo snel mogelijk zijn. Die Gilruth mocht dan nog meer bijeenkomsten voor vrijdag en zaterdag hebben georganiseerd, maar wat de vliegers momenteel nodig hadden was hun eigen bijeenkomst, eentje onder elkaar. Nadat ze hadden ingecheckt en hun spullen hadden weggebracht begaven Lovell, Conrad en Alan Shepard, een oud-Pax River-piloot, zich naar de kamer van Schirra, deden de deur achter zich dicht en haakten – bij nader inzien – het veiligheidskettinkje vast.

'Zo,' zei Lovell. 'Wat dachten de heren ervan?'

'Nou, het heeft niets met de X-15 te maken, da's zeker,' zei Conrad.

'Het is een niet ongevaarlijke klus, dà's zeker,' zei Schirra.

'Ik zou me een stuk beter voelen als ze iets anders gingen gebruiken dan die Atlas,' bracht Lovell te berde. 'Dat ding zou wanden hebben die zo dun zijn dat ze vanzelf inklappen als ze niet onder druk staan.'

'Hoe lichter het is, hoe sneller het gaat,' zei Shepard.

'En hoe hoger het uit elkaar spat,' voegde Lovell eraan toe.

'Ik maak me niet zozeer zorgen om mijn hachje op het spel te zetten,' zei Schirra. 'Ik maak me zorgen om mijn loopbaan op het spel te zetten.'

De andere mannen in de kamer keken elkaar aan en knikten. Schirra had precies onder woorden gebracht wat ze allemaal dachten. Hoewel niemand in de kamer nu echt zat te wachten om zich boven op een draagraket te laten vastbinden om dezelfde weg te gaan als de ongelukkige satelliet die door de exploderende Vanguard-raket van de lanceerplaats was geslingerd, was geen van hen echt bang om zoiets te doen. In het wereldje van testvliegers bestond altijd de kans dat de volgende cockpit waar je inklom ook weleens je laatste zou kunnen zijn. Maar waar de vliegers wèl op rekenden, was het professionele rendement voor het nemen van zo'n idioot groot risico. Als ze op de een of andere manier op koers bleven, als ze terugkwamen met hun testapparatuur en hun lijven intact, dan zou dat toch een uiterst gunstige invloed op hun militaire carrière moeten hebben, meenden ze – van solo-aviateur naar het bevel over een uit achttien toestellen bestaand squadron, en daarna het bevel over een uit vier squadrons bestaande *air group*, en vervolgens een periode op het Pentagon, en daarna het commando over een klein schip, zoals een bevoorradings- of een troepentransportschip, en uiteindelijk het commando over een vliegdekschip en misschien wel een benoeming tot admiraal. De weg was lang, met talloze mogelijkheden om de zaak en passant in het honderd te laten lopen, maar de weg lag er duidelijk gemarkeerd bij. Het belangrijkste was niet op een zijspoor gerangeerd te worden. Een paar jaar lang een dwaze, marginale klus doen – zoals het vrijwillig deelnemen aan een of ander halfbakken speciale ruimte-eenheid – en de kans bestond dat het met je carrière gebeurd was.

Wally Schirra bijvoorbeeld had veel te hard gewerkt om te komen waar hij was, om er nu een puinhoop van te maken. En hoe meer hij erover nadacht – hoe meer hij zich hardop afvroeg of die knapen in het Dolley Madison zich wel realiseerden welke opofferingen ze vroegen aan de mannen in het Marriott – hoe meer bedenkingen de andere lieden in Schirra's kamer begonnen te krijgen.

Althans, aanvankelijk. Maar na een tijdje begonnen ze, Lovell als een van de eerst, zich toch af te vragen of het ook anders kon lopen. Misschien was dit op het eerste gezicht waanzinnige programma wel de snelste manier om de carrièreladder te beklimmen. Misschien was het straks wel mogelijk om de functie van squadroncommandant, air group-commandant en de commandant van een troepentransportschip gewoon over te slaan en via dat ritje op de neus van een Atlas-raket rechtstreeks admiraal te worden! Wist Wally, met al zijn kameraadschappelijkheid, dit misschien? Probeerde hij misschien, op een of andere manier, net voldoende twijfel te zaaien zodat enkele van zijn eerste concurrenten uit de race zouden stappen voordat die goed en wel begonnen was?

Er was geen enkele manier om daar achter te komen. Maar Lovell, die al twintig jaar lang over raketten had gedroomd en gelezen, die meer dan vijftien jaar geleden zijn eigen kleine Atlas had gebouwd – compleet met explosie – was niet van plan om zich door een paar bedenkingen over zijn carrière de kans te laten ontnemen boven op een èchte raket te klimmen. Binnen een half uur nadat ze in het Marriott waren gearriveerd waren alle piloten op Wally's kamer het erover eens dat het Mercury-project weleens het eind van hun marinecarrière zou kunnen betekenen. En stuk voor stuk waren ze vastbesloten al het mogelijke te doen om er deel van uit te maken.

De eerste medische keuring voor het Mercury-project vond plaats in de Lovelace Clinic in Albuquerque, New Mexico. Van de elitegroep van mannen die voor het programma waren uitgenodigd, hadden tweeëndertig man verkozen de uitnodiging te accepteren. Deze groep werd onderverdeeld in kleinere eenheden van zes of zeven man en per groepje naar Lovelace overgebracht voor een week lang medische keuringen. Van de zes man die met Lovells groepje in Lovelace aankwamen, doorstonden na zeven afmattende dagen vijf man succesvol de uitgebreide keuringen.

Vanaf het moment dat de aspirant-astronauten arriveerden, was het duidelijk dat wat de NASA voor ogen stond op geen enkele manier zou lijken op een medische keuring die ze ooit hadden ondergaan. Zes opmerkelijk gezonde mannen in de bloei van hun leven vlogen bereidwillig in de armen van de artsen, mannen die allemaal wanhopig graag de medische keuring wilden ondergaan en voor het programma geaccepteerd wilden worden, en waarvan niemand zich geroepen voelde om bezwaren aan te tekenen tegen welke procedures dan ook die het ziekenhuis in New Mexico voor hen in gedachten had. De artsen werden bijna duizelig bij dit vooruitzicht.

De volgende zeven dagen hadden voor de volgzame piloten in petto: bloedonderzoek, hart-röntgenonderzoek, elektro-encefalograms, elektromyelograms, elektrocardiograms, maaganalyses, hyperventilatieproeven, hydrostatische gewichtsproeven, vestibulaire evenwichtsproeven, stralingsproeven, leverfunctieproeven, fietsproeven, tredmolenproeven, visuele waarnemingsproeven, longfunctieproeven, vruchtbaarheidsproeven, urineproeven en darmproeven. Behalve deze schendingen van het hele lichaam dienden de aspirant-astronauten ook nog goed te vinden dat hun levers met kleurstof werden geïnjecteerd, dat hun binnenoor met ijskoud water werd gevuld, dat hun spieren werden lek geprikt met allerlei onder spanning staande naalden, dat hun darmkanaal met radioactieve barium werd gevuld, hun prostaatklieren werden samengeperst, dat hun voorhoofdsholte werd gesondeerd, dat hun magen werden leeggepompt, dat er bloed werd afgetapt, dat hun schedel en borst volgeplakt werden met elektroden en dat hun darmen zes keer per dag met behulp van diagnostische klysma's werden geleegd.

Aan het eind van deze nachtmerrieachtige week kregen de zes mannen elk een kaart uitgereikt met de mededeling dat ze waren nagekeken en dat ze zich nu dienden te melden op de luchtmachtbasis Wright Patterson in Dayton, Ohio, voor verdere tests, of dat ze niet aan de eisen voldeden en dat ze zich bij hun oude onderdeel dienden te melden, onder dankzegging voor de tijd en moeite die ze zich hadden getroost. De eerste zes dagen verliepen inderdaad zo afmattend als de zes vliegers in het vooruitzicht was gesteld, en op de zevende dag kregen ze op één na allemaal een kaart uitgereikt met de mededeling dat ze zich op Wright Patterson moesten melden.

'Bent u de laatste tijd nog ziek geweest, luitenant?' vroeg dr. A.H. Schwichtenberg aan Jim Lovell toen deze zijn kamer betrad, met in zijn hand de mededeling dat hij terug naar Maryland moest.
'Niet dat ik weet, meneer. Waarom?'
'Het is uw bilirubine,' zei de arts, terwijl hij een map opensloeg die voor hem lag en het bovenste velletje doornam. 'Het is nogal aan de hoge kant.'
'Ik wist niet eens dat ik bilirubine had,' zei Lovell.
'Nou, u heeft het wel degelijk, luitenant. We hebben het allemaal. Het is een natuurlijk leverpigment, alleen heeft u er een beetje te veel van.'
'Kan ik daardoor ziek worden?' vroeg Lovell.
'Niet echt. Gewoonlijk betekent het dat u ziek moet zijn gewéést.'
'Maar als ik ziek ben geweest, betekent het dat ik nu weer beter ben.'
'Dat is zo, luitenant.'
'En als ik nu weer beter ben, is er geen enkele reden meer om niet door te gaan met het programma.'
'Luitenant, ik heb vijf man die géén bilirubineprobleem hebben, en nog eens zesentwintig man onderweg die er waarschijnlijk óók geen last van hebben. Ik moet mijn beslissing toch ergens op baseren. Ik weet dat u de afgelopen week een hoop heeft moeten ondergaan, en wij danken u dan ook voor uw tijd.'
'Kunnen we die leverproef nog een keer overdoen?' probeerde Lovell. 'Misschien is er iets misgegaan.'
'Dat is al gebeurd,' zei Schwichtenberg. 'Maar er is niets misgegaan. Maar hartelijk dank voor uw tijd.'
'Weet u,' hield Lovell vol, 'als u alleen maar perfecte exemplaren accepteert, meneer, krijgt u alleen maar te maken met één soort informatie. Als u iemand neemt met een kleine afwijking kunt u er alleen maar van leren.'
Schwichtenberg sloeg Lovells map dicht, schoof hem opzij en keek hem aan. 'Hartelijk dank,' herhaalde hij langzaam, 'voor uw tijd.'
De volgende dag keerde Jim Lovell terug naar de Cinderblocks en de Electronics Test Division op Pax River. Twee weken later gevolgd door Conrad. Een paar weken later zaten beide mannen somber voor hun televisies terwijl hun Pax River-collega Wally Schirra, samen met Al Shepard, Deke Slayton, John Glenn, Scott Carpenter, Gordon Cooper en Gus Grissom in diezelfde gehoorzaal van het Dolley Madison House waar Lovell en de anderen voor het eerst bijeen waren gekomen, aan de pers werden voorgesteld als de eerste astronauten van het land.
Lovell bekeek de ceremonie op zijn kleine televisie in zijn kleine onderkomen, en keerde in de loop van de volgende drie jaar steeds weer naar datzelfde apparaat terug om diezelfde mannen reizen te zien maken waarvoor híj ongeschikt zou zijn. Daar had je Al Shepards ritje van nauwelijks een kwartier boven op een nietige Redstone-raket, en Gus Grissoms identieke trip boven op een identieke raket; daar had je John Glenns lancering door middel van de grotere Atlas, een trip die eindelijk kans zag een Amerikaan in een lage baan rond de aarde te brengen. En daar had je Scott Carpenters latere Atlas-trip, een herhaling van die van Glenn.
Op hetzelfde moment dat de Mercury-astronauten testvliegers-ge-

schiedenis schreven, bevond Lovells eigen vliegcarrière zich – op bescheiden wijze weliswaar – ook in een opgaande lijn. Electronics Test bleek niet het achterafgebeuren te zijn waarvoor hij bang was geweest, en werd in 1960 met het meer dynamische Armaments Test samengevoegd, waaruit de Weapons Test Division ontstond. De straaljagers werden steeds ingewikkelder en dat gold ook voor de bewapening die ze meevoerden, en het werd snel duidelijk dat een vlieger die zijn lading bommen of raketten op effectieve wijze op zijn doelwit hoopte te deponeren, niet alleen een goede bommenrichter diende te zijn, maar steeds meer van een elektrotechnicus weg moest hebben. Het eerste nieuwe toestel dat werd ontwikkeld waarbij de bewapening en de elektronica geheel geïntegreerd waren, was de McDonnell F4H Phantom II, een toestel dat onder alle weersomstandigheden diende te kunnen opereren en vooral bedoeld was om 's nachts te worden ingezet.

Lovell, die aan boord van het vliegdekschip *Shangri-La* voor juist dit soort huiveringwekkend vliegen was opgeleid, werd benoemd tot programma-manager van de Weapons Test-groep die moest helpen bij het evalueren van dit nieuwe toestel. Deze functieverandering bracht zowel prestigewinst als regelmatig reizen met zich mee, voornamelijk naar de McDonnell-fabriek in St. Louis, waar het toestel werd gebouwd. Uiteindelijk zorgde het er ook voor dat er een andere woning kwam. Toen de proeven met de F4H waren voltooid en de tijd aanbrak om de piloten te trainen die met het toestel zouden moeten gaan vliegen, werd Lovell ook voor die taak uitverkoren. Hij verhuisde zijn steeds groter wordende gezin vanuit de Cinderblocks naar Fighter Squadron 101, op de marinevliegbasis Oceana in Virginia Beach, waar hij als vlieginstructeur zou gaan werken.

Tegen het eind van het Mercury-programma, in de zomer van 1962, nadat Deke Slayton het vernietigende nieuws te horen had gekregen dat hij aan de grond werd gehouden vanwege een hartfibrillatie, en alleen Wally Schirra en Gordon Cooper opnieuw de ruimte in zouden gaan, zat Lovell in de squadronruimte van Oceana, nippend aan zijn koffie en zich ondertussen voorbereidend op een middagvlucht. Op een gegeven moment pakte hij een exemplaar op van *Aviation Week & Space Technology* en begon het door te bladeren. Nu het Mercury-programma werd afgebouwd, verschenen er in het tijdschrift steeds vaker artikelen over het aanstaande Gemini-programma en over de tweepersoons capsules waarin de uitverkoren piloten zouden gaan vliegen. In het nummer van die week stonden geen bijzonderheden over het ruimteschip zelf, maar helemaal aan het eind van de pagina's met actueel nieuws stond een kort artikel naar aanleiding van een recentelijk door de NASA uitgestuurd persbericht. 'NASA van plan nieuwe astronauten toe te voegen', luidde de kop. 'Tussen vijf en tien extra astronauten voor het bemande-ruimtevaartprogramma van de NASA zullen volgend najaar worden geselecteerd'.

Lovell zette zijn beker koffie met een klap op tafel neer, waardoor er een hoeveelheid vocht over zijn hand vloog, las de uit twee zinnen bestaande tekst snel door en besloot zich onmiddellijk opnieuw als vrijwilliger op te geven. Ja, hij was nu een stuk ouder, zo rond de vierendertig. Maar leeftijd, hield hij zichzelf voor, betekende ook ervaring. Ja, tien plaatsen bij NASA betekende natuurlijk ook dat er zich nòg meer lieden dan de laatste keer zouden opgeven, maar Lovells naam was al bekend bij de mensen van de Agency. En ja, dan had je natuurlijk altijd nog die kwestie van de bilirubine. Maar met nu vier succesvolle Mercury-vluchten in de boeken en vier gezonde piloten die van hun ervaringen ook niet minder waren geworden, vermoedde Lovell, of hoopte hij althans, dat de NASA niet zozeer op zoek was naar de volmaakt gezonde kandidaten, maar nu misschien de voorkeur gaf aan de beste vliegers. De kans was groot dat Lovells eerste afwijzing er voor zou zorgen dat hij ook voor de tweede keer werd afgewezen, maar, besloot hij terwijl hij in de squadronruimte zat, hij móest en zou het opnieuw proberen. Het in de ruimte geschoten worden om te helpen een nieuwe capsule uit te testen was een stuk avontuurlijker dan naar St. Louis vliegen om daar te helpen een nieuwe straaljager uit te proberen.

'Hé, Lovell, er is telefoon voor je,' riep iemand hem in het squadronkantoor op Oceana toe.
    Jim Lovell keek verveeld op van het briefing-verslag dat hij nu al een half uur bestudeerde, en riep door het kantoor terug: 'Wie is het?'
    'Dat heb ik hem gevraagd, maar hij wilde het niet zeggen.'
    Lovell legde het verslag neer, drukte op het knipperende lampje van zijn telefoon en pakte de hoorn op.
    'Ik ben op zoek naar Jim Lovell,' zei de persoon aan de andere kant van de lijn.
    De stem klonk bekend, maar Lovell kon hem niet helemaal plaatsen. Het was 3 september 1962, ruim twee weken na zijn terugkeer van een bezoek aan de NASA, waar hij sollicitatiegesprekken had gevoerd betreffende het Gemini-programma, en in de periode dat hij bij de Agency was geweest had hij een hoop mensen ontmoet en een hoop stemmen gehoord. Als hij deze persoon kende, dan wist hij niet precies hoe.
    'Daar spreek je mee,' antwoordde Lovell.
    'Jim, ik ben het, Deke Slayton.'
    Lovell ging rechtop in zijn stoel zitten, maar zei niets. Het medisch onderzoek voor de NASA had plaatsgevonden op de luchtmachtbasis Brooks in San Antonio, Texas, en net als de laatste keer dat Lovell dit alles had ondergaan, had hij voornamelijk met artsen gesproken. In tegenstelling met de laatste keer was hij de eerste ronde medische keuringen heelhuids doorgekomen en was hij voor verdere gesprekken doorgestuurd naar de luchtmachtbasis Ellington in Houston. Nadat hij uit de selectie actieve astronauten was gehaald, was Deke Slayton benoemd tot directeur Flight Crew Operations, een soort personeelsdirecteur die zich uitsluitend bezighield met de activiteiten van de huidige astronauten en de selectie van alle toekomstige. Lovell was in Houston langdurig door Deke geïnterviewd en had eigenlijk al op een telefoontje van hem zitten wachten. Maar of dat telefoontje heel erg goed nieuws of heel erg slecht nieuws zou brengen, wist hij niet.

'Jim, ben je er nog?' vroeg Slayton.

'Eh, ja Deke, ik ben er nog.'

'Nou, ik belde je alleen maar even betreffende het nieuwe astronautenteam.'

'Hm-mm,' zei Lovell, die voelde dat hij een droge keel kreeg.

'En ik vroeg me af,' zei Slayton, 'of je zin had om voor ons te komen werken.'

'Vroeg je je dat àf?' brulde Lovell, zó hard dat de anderen in de ruimte zich naar hem omdraaiden.

'Dat vraag ik dus aan jóu.' Slayton moest lachen.

'Ja, ja,' stamelde Lovell. 'Natuurlijk.'

'Goed,' zei Slayton. 'Welkom aan boord.'

'Blij dat ik aan boord màg komen. Kun je me vertellen wie er verder nog zijn toegelaten? Is het Pete deze keer gelukt?'

'Dat merk je nog wel. Wat er momenteel moet gebeuren is dat alle nieuwe bemanningsleden in Houston verwacht worden, waar ze overmorgen aan de pers zullen worden voorgesteld. Tot die tijd willen we alles geheimhouden, dus ik zou graag zien dat je hier morgen naar toe vliegt, een taxi neemt en je rechtstreeks naar het Rice Hotel laat rijden. Heb je dat?'

'Rice Hotel,' herhaalde Lovell, terwijl hij een stukje kladpapier van zijn bureau griste en nauwelijks leesbaar de naam noteerde.

'En als je daar aankomt zeg je maar dat je hebt gereserveerd onder de naam Max Peck.'

'Naar Max Peck vragen,' zei Lovell.

'Nee, je moet niet naar Max Peck vrágen. Je moet zeggen dat je Max Peck bènt.'

'Ben ik Max Peck?'

'Inderdaad.'

'Deke?'

'Hmm?'

'Wie is Max Peck?'

'Daar kom je nog wel achter.'

Slayton verbrak de verbinding. Lovell bleef met de hoorn in zijn hand zitten, drukte de haak naar beneden en draaide snel het nummer van Marilyn.

'We gaan verhuizen,' zei Lovell toen zijn vrouw opnam.

'Waar naar toe?' vroeg Marilyn.

'Houston.'

Het was even stil. Marilyn, Lovell durfde er een eed op te doen, had *hoorbaar* geglimlacht.

'Kom snel naar huis,' zei ze. 'Jij moet degene zijn die het de kinderen vertelt.'

Toen Lovell de volgende dag op het vliegveld William Hobby in Houston landde, mocht de ontvangst zondermeer ingetogen worden genoemd, of misschien wel niet-bestaand. Slayton meende het blijkbaar toen hij had gezegd dat alles stil diende te worden gehouden, en terwijl Lovell uit het vliegtuig stapte werd hij enkel begroet door een reusachtige golf warme, vochtige lucht. Hij wandelde door de terminal en de veel te warm geklede yankee stapte, zoals hem was opgedragen, in een taxi.

Tijdens de rit naar het hotel hield Lovell zichzelf voor dat hij op moest blijven letten; als hij dan toch van plan was om zijn gezin hiernaar toe te halen, dan kon hij maar vast beter de omgeving een beetje in zich opnemen. Terwijl de taxi over de Gulf Freeway snelde, zag Lovell een groot billboard boven op een gebouw staan met de tekst: 'Als u in de stad bent, logeer dan in het Rice Hotel', met daaronder: 'Uw gastheer in Houston!' en daar weer onder, in kleine letters: 'Max Peck, bedrijfsleider'.

Ietwat in verwarring gebracht probeerde Lovell vanuit de snel rijdende taxi nog een glimp van het bord op te vangen, maar hij was niet snel genoeg. Bij het hotel aangekomen betaalde hij de chauffeur, liep naar binnen en keek om zich heen. Er was geen spoor te bekennen van Deke of iemand anders die ook maar enigszins met de NASA te maken zou kunnen hebben. Lovell, die zich meer dan een beetje verloren voelde, liep zo nonchalant mogelijk naar de balie en knikte de receptioniste vriendelijk toe.

'Ik heb een eenpersoonskamer gereserveerd,' zei Lovell. 'Mijn naam is Max Peck.'

De receptioniste was een meisje dat nauwelijks van de middelbare school af kon zijn. 'Sorry? Hóe zei u dat u heette?'

'Ik ben meneer Max – ik bedoel, meneer Peck. Ik ben Max Peck.'

'Eh, ik dacht van niet,' zei het meisje.

'Nee, ècht waar,' zei Lovell zonder veel overtuiging.

Plotseling verscheen er van achteren een andere hotelemployé, een lange, joviaal uitziende man die volgens zijn naamplaatje Wes Hooper heette.

'Ik neem het wel even van je over, Sheila,' zei hij tegen het meisje, en wendde zich toen tot Lovell. 'Ik ben blij dat u er bent, meneer Peck. We verwachtten u al. Hier is uw sleutel, en laat ons weten als er iets niet helemaal tot uw genoegen is.'

Ietwat verbouwereerd bedankte Lovell meneer Hooper en liep in de richting die men hem had aangewezen. Dit, bedacht hij, was waanzinnig. Geheimhouding en het in toom houden van de pers was een ding, maar al dit duistere kat-en-muisgedoe sloeg nergens op. Lovell bereikte zijn kamer, legde zijn koffer neer en liet zich op het bed zakken. Bijna onmiddellijk rinkelde de telefoon.

'Hallo?' zei hij, terwijl hij behoedzaam de hoorn oppakte. Er kwam geen antwoord. 'Hallo?' herhaalde hij, nu wat geïrriteerder.

'Met wie spreek ik?' vroeg een stem aan de andere kant van de lijn.

'Met wie spreek ìk?' wilde Lovell op zijn beurt weten.

'U spreekt met Max Peck.'

'Met wíe?' sloeg Lovells stem over.

'Max Peck.'

'Werkt u voor dit hotel?'

'Eh, nee,' antwoordde de stem. 'Ik ben hier gast. En ik denk dat ú mijn kamer heeft.'

'Ik dacht het niet,' zei Lovell.
'Wel degelijk,' reageerde de stem.
'Luister eens even,' snauwde Lovell, 'ik weet niet hoeveel Max Pecks we hier vandaag hebben, maar u kunt mij voorlopig als één ervan beschouwen. Dit is míjn kamer, er is op míjn naam gereserveerd en ik ben van plan hier te blijven. Als u daar problemen mee heeft, dan stel ik voor dat u contact opneemt met de bedrijfsleider. Ik heb begrepen dat die Max Peck heet!'

Lovell legde neer. Slayton had misschien een reden voor al deze flauwekul, maar hij kon absoluut niet bevroeden welk. Maar hij was van één ding zeker: hij was niet van plan om alleen op deze kamer te blijven zitten totdat iemand alles eens zou gaan uitzoeken. Het was al na zessen en Lowell was van plan een douche te nemen, zich te verkleden, naar beneden te gaan en wat te gaan eten. Als in het restaurant van het hotel een borrel gaan drinken en een hapje eten zijn dekmantel naar de knoppen zouden helpen, dan moest dat maar.

Zodra hij de lobby betrad ontdekte Lovell dat hij zich geen zorgen meer hoefde te maken over het zich zo onopvallend mogelijk houden, want de andere mannen die de NASA hier vandaag naar toe had laten komen trokken zich er ook absoluut niets van aan. Comfortabel midden in de hal van het hotel zittend was Pete Conrad, volkomen op zijn gemak een pijp rokend en van zijn borrel nippend. Naast hem zat, genietend van zijn borrel en met een grote sigaar in de hand, de marinevlieger John Young, beiden oud-leden van de Pax River-gemeenschap. Hij kende beide mannen goed, respecteerde beiden en zou volgaarne met een van hen, in wat voor ruimteschip dan ook en wat voor soort missie het ook mocht zijn, rond de aarde cirkelen. Hij haastte zich, zonder de aandacht van Young en Conrad te trekken, door de lobby, dook achter zijn collega-vliegers op en sloeg hen beiden op de schouder.

'Dus de vloot is neergestreken,' kondigde Lovell aan.

'Jim!' zei Conrad, die zich had omgedraaid en nu door een dikke rookwalm die zijn hoofd omringde tuurde.

'Hoe zijn jullie tweeën in dit programma terechtgekomen?' vroeg Lovell, Conrad en Young enthousiast begroetend.

'Hetzelfde achterdeurtje waar ze jou doorheen hebben gelaten, neem ik aan,' zei Conrad.

'Nou, ik vind dat ze dat achterdeurtje maar moeten houden,' zei Lovell. 'Dus tot nu toe lijkt het wel of het een exclusief marinegroepje is.'

'Niet helemaal,' zei Young, die naar een stoel keek die een eindje verderop stond. Lovell volgde de blik van Young en zag nu pas een duidelijk militaire gestalte, die ook van een glas nipte en een krant las.

'Ed?' zei Young tegen de man, die zich omdraaide en glimlachte. 'Ik wil je graag aan Jim Lovell voorstellen. Jim, dit is Ed White, van de luchtmacht.'

De man stond op, deed een stap in de richting van Lovell en stak zijn hand uit. Lovell keek een ogenblik aandachtig naar het gezicht. Er was iets dat hem vaag bekend voorkwam.

'Prettig kennis met je te maken,' zei Lovell, die nu ook zijn hand uitstak.
'In feite,' zei White, 'hebben we elkaar al eens ontmoet.'
Ik wist het, dacht Lovell, en hij had vage herinneringen aan jaren geleden.
'Maar alleen via de telefoon,' voegde White eraan toe.
Nee, dat was het niet. 'O?' zei Lovell.
'Ik was de Max Peck die je kamer heeft gebeld.'
'Was jíj dat? Zijn we vandaag allemaal Max Peck?' vroeg Lovell. Conrad en Young knikten. 'Nou, ik kan haast niet wachten alle anderen te ontmoeten die hier vandaag binnen komen vallen.'

Geen van de vier mannen wist zeker wie de NASA vandaag nog meer naar het Rice Hotel zou laten komen, maar als de Agency hier niet was om nieuwkomers te begroeten, dan zouden zij het wel doen. Lovell, Conrad, Young en White posteerden zich in de lounge, bestelden nog wat te drinken en wandelden daarna naar het restaurant om wat te eten.

De hele avond hielden ze een oog op de lobby gericht, en na verloop van tijd arriveerden er nog vijf andere mannen, stuk voor stuk met dezelfde enigszins verbaasde blik op het gezicht waarmee Lovell had gekeken toen hij naar binnen was gestapt. Daar waren Frank Borman, Jim McDivitt en Tom Stafford, allemaal van de luchtmacht afkomstig. Ook was er Elliot See, een burger testvlieger van General Electric. En na een tijdje arriveerde Neil Armstrong, ook een burger – eentje die veel testvluchten voor de NASA had gemaakt. Gezien zijn loopbaan bij de Agency had het altijd voor de hand gelegen dat hij ooit een keertje voor dit soort werk zou opteren. De nieuwkomers werden ontvangen door de mannen die reeds aanwezig waren, werden aan elkaar voorgesteld en uitgenodigd voor een borrel.

Toen de negende en laatste piloot arriveerde gingen de mannen zitten en keken elkaar ietwat verwonderd aan. Van de honderden testvliegers die zich eerder dat jaar bij de NASA hadden opgegeven, waren deze negen geselecteerd. Iedereen, op Armstrong en See na, was druk bezig geweest met het gestaag beklimmen van de militaire carrièreladder, en stuk voor stuk hadden ze – vrij roekeloos, kon toch wel worden gezegd – die promotiekansen van het ene op het andere moment laten varen. Het stond niet vast wanneer ze de ruimte in zouden worden geslingerd, hoe goed ze zouden functioneren als het zover was, of zelfs òf, zoals die arme Deke, ze er sowieso ooit zouden komen. Maar zittend in de kalme gloed van de lounge van het hotel, hun drankje drinkend en hun rokertje rokend, was één ding écht duidelijk: als de carrièreladder die ze nu achter zich lieten verre te prefereren was boven de trap die ze nu voor zich hadden, dan was daar op dit moment in elk geval niets van te merken.

8

Dinsdag 14 april 1970, 07:00 uur

Marilyn Lovell moest aan Charlie Bassett en Elliot See denken toen ze op de ochtend na het ongeluk met de Apollo 13 wakker werd. Marilyn had een hele tijd niet aan Bassett en See gedacht; net als een hoop mensen die bij de NASA betrokken waren, probeerde ze dit soort zaken uit haar gedachten te bannen. Maar op dinsdagochtend 14 april was dat onmogelijk.

Technisch gesproken werd Marilyn niet wakker op de veertiende, omdat ze de vorige avond feitelijk helemaal niet naar bed was gegaan. Het was zeven uur in de ochtend toen Marilyn op dinsdag aan haar nieuwe dag begon, toen ze uit haar slaapkamer kwam waar ze nauwelijks een uur eerder rusteloos was ingedommeld. Om zes uur hadden Betty Benware en Elsa Johnson haar uit de stoel gehaald waar ze bijna de hele nacht in had gezeten, hadden haar naar de trap geleid en in niet mis te verstane bewoordingen duidelijk gemaakt dat ze moest proberen een beetje te slapen. Marilyn had nogal wat bezwaren gemaakt, volgehouden dat ze absoluut niet moe was, maar Elsa en Betty hadden haar herinnerd aan het feit dat de kinderen straks wakker werden, en dat ze het dan niet aan zichzelf, maar wel aan hen verplicht was, om op z'n minst even te gaan rusten. Marilyn stemde met tegenzin toe, ging op haar bed liggen, stond precies na een uurtje weer op en keerde naar de woonkamer terug. Toen ze dat deed, schoten de namen van Bassett en See weer door haar hoofd.

Het was op 28 februari 1966 dat Charlie Bassett en Elliot See om het leven kwamen. Marilyn was die dag thuis en zorgde voor Jeffrey, haar vierde – en, had ze zichzelf beloofd, haar laatste – kind, dat nauwelijks zeven weken eerder was geboren. De winter die net ten einde liep was enorm druk geweest, eentje waarin haar man was vertrokken om aan zijn eerste ruimtevlucht te beginnen – de twee weken durende missie van Gemini 7 – precies tijdens de voorlaatste maand van haar zwangerschap, terwijl hele zwermen verslaggevers over hun benen struikelden om de in verwachting zijnde moeder en stoïcijnse echtgenote te interviewen. Kort voor Kerstmis was Jim teruggekeerd en kort daarna was Jeffrey geboren, en Marilyn had zich plechtig voorgenomen de resterende weken tot aan het voorjaar zo rustig mogelijk te laten verlopen. Ze kon niet voor haar astronaut-echtgenoot spreken, maar zíj was van plan om zo veel mogelijk thuis te blijven en voor haar jongste kind te zorgen, met af en toe wat hulp van een kinderverzorgster of babysitter als de Timber Cove-koorts te groot werd. Op 28 februari was de kinderverzorgster aanwezig, en Marilyn genoot van een rustig ogenblik terwijl Jeffrey met zijn ochtendslaapje bezig was. Toen rinkelde de telefoon.

'Marilyn,' zei de ernstige stem aan de andere kant van de lijn, 'je spreekt met John Young. Ik bel vanuit het Center.' Zelfs als hij zijn naam níet had genoemd zou Marilyn John Youngs stem moeiteloos hebben herkend. Hij was vier jaar geleden samen met haar man bij de NASA gekomen, en was de eerste van de nieuwe rekruten geweest die in de ruimte was geweest – afgelopen maart samen met Gus Grissom in de Gemini 3.

'John, hoe gaat het met je?' zei Marilyn, oprecht blij met dit telefonisch gezelschap.

'Niet goed. Er is een ongeluk gebeurd,' zei Young. 'Maar Jim is daar niet bij betrokken,' voegde hij er snel aan toe. 'Jim is oké. Maar dat geldt niet voor Charlie Bassett en Elliot See. Ze probeerden tijdens mist met hun T-38 op het vliegveld van St. Louis te landen, schoten over de baan heen en kwamen op het parkeerterrein van de McDonnell-fabriek terecht. Ze waren op slag dood.'

Marilyn ging langzaam zitten. Ze kende de Bassetts redelijk goed. Charlie en zijn vrouw woonden aan de andere kant van het vlak in de buurt liggende Taylor Lake in de gemeente El Lago, maar aangezien Charlie tot de derde groep astronauten behoorde die voor het programma waren aangetrokken – de groep ná die van Jim – was Marilyn nooit in de gelegenheid geweest om méér dan zomaar wat vrijblijvend tijdens NASA-festiviteiten met het echtpaar te praten. De See's echter kwamen uit Timber Cove, en woonden maar een paar huizen bij de Lovells vandaan. Elliot en Jim waren allebei leden van de tweede astronautenklas, en de afgelopen jaren waren Marilyn Lovell en Marilyn See vriendinnen geworden, vaak grapjes makend over het feit dat ze allebei dezelfde voornaam hadden, bijna hetzelfde adres hadden en allebei een ongewoon leven als vrouw van een astronaut leidden. In de weken dat Marilyn Lovell thuis bij Jeffrey was geweest, was Marilyn See een welkome gast geweest.

'Heeft iemand het al tegen Marilyn gezegd?' vroeg ze nu aan Young.

'Nee,' zei hij. 'Ik zou graag willen dat jíj dat deed.'

'Je wilt dat ik haar ga vertellen dat Elliot dood is?' zei Marilyn, met een stem die steeds hoger klonk.

'Nee,' zei Young. 'Ik wil dat je iets veel moeilijkers doet – het haar níet vertelt. Iemand hoort nu bij haar te zijn, maar ze mag het pas te horen krijgen wanneer ík ben gearriveerd en het haar officieel kan mededelen. We willen niet dat de een of andere overijverige journalist bij haar op de stoep staat. Herinner je je nog wat er is gebeurd toen Ted Freeman om het leven kwam?'

'Ja, John,' zei Marilyn, zich het afgrijzen herinnerend dat de NASA-vrouwen een paar jaar geleden hadden gevoeld toen het verhaal de ronde begon te doen over de verslaggever die bij de Freemans op de stoep had gestaan, op zoek naar een reactie van de familie nog vóórdat die wist dat er iets was gebeurd.

'Goed,' zei Young. 'Ik waardeer je hulp.'

Marilyn legde de hoorn op de haak, liep naar boven naar de kinderverzorgster en vertelde haar dat ze even koffie ging drinken bij een vriendin. Toen trok ze haar jas aan en liep langzaam naar het huis een eindje verderop. Marilyn See was in de keuken toen Marilyn Lovell arriveerde, en toen ze haar vriendin het pad op zag komen fleurde ze zichtbaar op en gebaarde dat ze binnen moest komen.

'Ik was net van plan om naar je toe te komen,' zei mevrouw See tegen mevrouw Lovell. 'Ik wilde niet dat je eruit hoefde.'

'Dat is oké,' zei Marilyn. 'Ik vind het wel prettig om er af en toe even uit te zijn. Bovendien, het duurt nog minstens een uur voor Jeffrey weer wakker wordt.'

'Is de kinderverzorgster er vandaag?'

'Nee,' antwoordde Marilyn afwezig. 'Ik bedoel ja. Ja, die is er vandaag.'

Marilyn keek haar bevreemd aan. 'Is alles goed met je?' vroeg ze. 'Je lijkt zo afwezig.'

'Nee, nee. Alles is goed met me.'

De twintig minuten daarop praatten de twee vrouwen wat met elkaar en dronken koffie. Toen hoorden ze het geluid van banden op de oprit, en beide vrouwen draaiden zich om. Vanuit het keukenraam konden ze een donkere auto naar het huis toe zien rijden. In de wagen zaten John Young en een andere, onbekende man. NASA-personeel kwam nooit onaangekondigd op bezoek bij de gezinnen van astronauten – tenzij er een reden was. En gewoonlijk was dat een uiterst onplezierige reden. De blikken van de twee vrouwen kruisten elkaar en hielden elkaar heel even vast. Marilyn Lovells blik schoot heel even heen en weer, en in die seconde wist Marilyn See wat die reden was.

Zonder een woord te zeggen stond Marilyn Lovell op, liep naar de voordeur en ging de bezoekers voor naar Marilyn See's keuken en ging naast haar staan terwijl de twee mannen haar het nieuws vertelden. Toen liet ze de mannen weer uit, ging samen met haar vriendin zitten en omarmde haar, en deed ten slotte het enige andere dat een vriendin en een vliegersvrouw onder zulke omstandigheden maar kunnen doen: andere vriendinnen en vliegersvrouwen bellen en uitleggen wat er was gebeurd.

Enkele minuten later arriveerden de eerste echtgenotes en rende Marilyn Lovell terug naar haar eigen huis, sprong in haar auto en reed gehaast naar de lagere school om de kinderen van de See's op te halen en ze naar huis te brengen vóór ze het nieuws van iemand anders zouden horen. Toen ze terugkeerde was het huis – zoals ze al had vermoed – gevuld met vrouwen en ietwat onhandige astronaut-echtgenotes, die Marilyn See omringden en alle behulpzame woorden spraken die ze maar konden vinden. Marilyn Lovell bleef een eindje van het groepje af staan en nam het tafereel lange tijd in zich op. Ze vroeg zich onwillekeurig af wat haar vriendin en buurvrouw op dit specifieke moment hoorde, wat ze zou zien, en of ze zich sowieso bewust was van wie er aanwezig waren. Marilyn Lovell, zoals de vrouwen van alle andere astronauten, wist dat er maar één manier was waardoor ze ooit precies zou weten wat er op dat moment door haar vriendin heen ging. Maar ze had zichzelf getraind daar niet aan te denken.

Vier jaar later, op de vierde dag van de Apollo 13-missie, leerde Marilyn de antwoorden kennen, en ze wenste vanuit het diepst van haar hart dat dat niet het geval zou zijn. De afgelopen avond was krankzinnig verlopen vanaf het moment dat de Bormans, de Benwares, de Conrads, de McCulloughs en de andere leden van de NASA-gemeenschap bij het huis van de Lovells waren gearriveerd, hun auto's op elk beschikbare stukje straat, grasveld of trottoir parkerend. Marilyn had geen flauw idee hoeveel mensen er op welk moment dan ook in huis waren geweest, maar te oordelen naar het aantal volle asbakken en de halfvolle koffiekopjes die ze die ochtend in de woonkamer had aangetroffen – om nog maar te zwijgen over de pakweg tien personen die nog steeds door het huis zwierven of rustig met elkaar pratend voor de televisie zaten – schatte ze het aantal zo rond de zestig.

Ondanks alle vrienden en buren en protocolmensen die Marilyns huis bevolkten, waren degenen waarvan ze had vermoed dat ze haar aandacht het meest nodig zouden hebben, maar die die tot nu toe het minst hadden opgeëist, haar kinderen geweest. Jeffrey was de eerste van de jongere Lovells geweest die openlijk verstoord was door het tumult in de woonkamer, maar Adeline Hammack had klaarblijkelijk zijn nieuwsgierigheid bevredigd zonder zijn bezorgdheid te wekken. De dochters Lovell hadden zo'n uitleg nog niet nodig gehad, en Marilyn was daar dankbaar voor. Barbara Lovell had het gevaar waarin haar vader verkeerde blijkbaar zelf weten te deduceren, en, afgaand uit haar verduisterde kamer en vastgeklemde bijbel en haar besluit zich in slapende toestand terug te trekken, was ze er op haar eigen onafhankelijke manier tegen opgewassen. Marilyn zag ertegenop om haar te storen met bemoedigende woorden waar ze helemaal niet op zat te wachten. En ook wilde ze haar jongere dochter Susan niet lastigvallen, die verrassend genoeg door alle drukte van die ochtend heen was geslapen. Het zou niet lang meer duren voor Susan uit zichzelf wakker zou worden en op de hoogte zou worden gebracht van datgene wat de buren, de verslaggevers en een groot deel van de wereld al lang wisten. Marilyn zag geen reden om haar dochter te beroven van de enige slaap die ze de komende dagen misschien zou krijgen.

De veertienjarige Jay was een heel ander verhaal. Marilyn had om drie uur vannacht de St. John's Military Academy gebeld en een van de leraren in Jay's slaapgebouw wakker gemaakt, hem zo beknopt mogelijk de crisis uitgelegd en hem gevraagd Jay onmiddellijk op de hoogte te brengen, vóór een of andere vroege cadet de radio aan zou zetten en het hem als eerste zou vertellen. Het liefst zou Marilyn het hem zelf hebben verteld, maar dat zou het – wist ze – voor hem alleen maar moeilijker hebben gemaakt. Jongens in hun puberteit beschikken over meer bravoure dan goed voor hen is, en jongens die toevallig ook nog cadet zijn, hebben er nòg meer van. Als Jay het nieuws van zijn moeder zou horen, zou hij zich bijna zeker verplicht voelen zich sterker voor te doen dan goed voor hem was. Het was beter voor hem als hij het van een derde te horen kreeg, dan kon hij naar huis bellen voor meer informatie wanneer het nieuws goed tot hem was doorgedrongen. De leraar begreep dit, verzekerde Marilyn dat hij direct naar Jay's kamer zou gaan, en sinds dat moment had Marilyn steeds geprobeerd om voor Jay's telefoontje een lijn open te houden.

Het enige andere familielid waar Marilyn zich deze ochtend zorgen over maakte was Blanch Lovell, Jims vijfenzeventigjarige moeder. Blanch, die sterk en onafhankelijk genoeg was geweest om haar zoon in haar eentje op te voeden, had recentelijk een beroerte gehad en was naar een verzorgingstehuis in de buurt, Friendswood, verhuisd. Voor zover Marilyn kon zeggen, had Blanch begrepen dat haar jongen die week een ruimtereis zou gaan maken, en ze had ook begrepen dat zijn reisdoel de maan zou zijn. Maar of ze wist dat hij daar zou landen of er simpelweg rondjes omheen zou draaien, was onduidelijk, en dat was, vond Marilyn, maar goed ook. Nu de landing niet doorging was het mogelijk dat als Blanch haar televisie aanzette, ze niet eens zou opmerken dat haar zoons maanwandeling niet werd uitgezonden. Maar wat ze wèl zou zien, waren de verslaggevers en hun verhalen over de problemen waardoor zijn ruimteschip werd geteisterd. Om haar de zorgen te besparen die de rest van de aardse Lovells vandaag wèl moesten ondergaan, belde Marilyn Friendswood op en gaf de staf opdracht om tot nader order de televisie uit Blanchs kamer weg te halen, en dat alle vragen die Blanch over de vlucht stelde slechts beantwoord dienden te worden met een glimlach en een hartelijk omhoog gestoken duim.

Nu, terwijl de zon in de hemel begon te klimmen, liep Marilyn Lovell de keuken binnen voor een kop koffie waar ze eigenlijk nauwelijks trek in had, en voelde ze haar huis weer tot leven komen. Toen ze naar buiten keek zag ze dat dat ook voor de straat voor het huis gold. De stoep, de oprit en het grasveld stonden plotseling propvol mensen met blocnotes, microfoons en televisiecamera's. Ook een aantal reportagewagens was gearriveerd, die op de vreemdste plekken stonden geparkeerd. Marilyn nam het tafereel ietwat ongelovig in zich op. Waren dit niet dezelfde mensen die de afgelopen twee dagen zo opvallend àfwezig waren geweest? Dezelfde lieden die het niet de moeite waard hadden gevonden de televisieuitzending van haar man van gisteravond op de zender te zetten, die het bericht van de komende lancering op de pagina met het weerbericht hadden verstopt, die meer tijd besteedden aan de grappen en grollen van Dick Cavett dan aan de reportages van Jules Bergman?

In de studeerkamer begon de tijdelijke directe verbinding tussen haar huis en het Space Center te rinkelen, en Marilyn hoorde hoe de protocolman opnam. Er werd een minuutje lang kalm gesproken, waarna de man, waarvan ze zich niet kon herinneren dat ze hem gisteravond had gezien, naar de keuken kwam gelopen.

'Mevrouw Lovell,' zei hij onzeker, 'dat was de afdeling Public Affairs. Ze zijn gebeld door de grote televisiemaatschappijen en ze willen weten of u het goed vindt dat ze een zendmast in uw tuin neerzetten vanwege de reportages die ze van hieruit willen gaan verzorgen.'

'Een zendmast? Op mijn grasveld?'

'Eh, ja. Ze zijn nog aan de lijn en ik wil graag weten wat ik ze moet zeggen.'

Marilyn dacht daar even over na. 'Niets,' zei ze.
'Mevrouw Lovell, ik moet ze toch íets zeggen.'
'Nee, jíj hoeft ze helemaal niets te zeggen, maar ìk zal ze eens wat zeggen.'

Marilyn liep terug naar de studeerkamer, op de voet gevolgd door de protocolman en pakte de hoorn op. 'M met Marilyn Lovell. Ik hoor net dat de televisiemensen een soort mast in mijn voortuin willen bouwen. Klopt dat?'

'Nou, eh, ja,' zei de stem vanuit het kantoor van de afdeling voorlichting. 'Is dat goed?'

'Hadden ze die mast niet gisteren of een dag of twee geleden kunnen bouwen?'

'Eh, ja,' antwoordde de stem. 'Maar dat was heel iets anders.'

'Hoezo, anders?'

'Nou ja, toen ging bij de vlucht alles nog volgens plan. En nu is het... u weet wel, het is nu meer níeuws.'

'Als een maanlanding voor hen niet voldoende is om aandacht aan te schenken,' zei Marilyn, 'dan weet ik niet waarom het níet landen dat dan wèl is. Zeg maar tegen de televisiemaatschappijen dat ze vanaf nu tot aan het einde van de vlucht geen enkel stuk uitrusting op mijn terrein mogen neerzetten. En als iemand daar problemen mee heeft, dan kunnen ze contact opnemen met mijn man. Ik verwacht hem vrijdag weer thuis.'

Marilyn Lovell legde de hoorn op de haak, verliet de studeerkamer en liep terug naar de keuken om haar koffie op te drinken. De rest van de dag zou ze niet meer lastig worden gevallen met discussies over zendmasten.

In het gebouw van de afdeling Public Affairs in het Manned Spacecraft Center waren verslaggevers aanzienlijk meer welkom, maar tot nu toe hadden maar weinigen de uitnodiging aanvaard. De afdeling Public Affairs had in feite de beschikking over twee gebouwen. Aan de ene kant van een met gravel afgedekte binnenplaats stond een groot administratiegebouw, met kantoren voor de employés, kluizen en een bibliotheek met ruimte voor de duizenden pagina's documenten en de miljoenen meters film waaruit de archieven van de NASA bestonden, alsmede een kleine briefingruimte die voor geïmproviseerde persconferenties en aankondigingen werd gebruikt. Aan de andere kant van de binnenplaats bevond zich een langer, lager gebouw waarin een gehoorzaal met verscheidene honderden zitplaatsen was ondergebracht, waar de NASA persconferenties hield waarin belangrijke gebeurtenissen werden bekendgemaakt, zoals de beslissing om de Apollo 8 naar de maan te sturen, de uitverkiezing van de eerste bemanning die op de maan zou landen, en de voorlopige data, bemanningen en landingsplaatsen voor de missies die daarop zouden volgen. Het was ook deze plek waar mensen als Chris Kraft, Jim McDivitt en Sig Sjoberg naar toe zouden worden gebracht om midden in de nacht een persconferentie te houden als er met een van die missies eens iets helemaal fout zou gaan.

Tijdens de vaak maanden durende perioden tussen vluchten door, als de gehoorzaal als zodanig nauwelijks werd gebruikt, werd hij omgevormd tot een bezoekerscentrum, compleet met een gebruikte Mercury- en Gemini-capsule en in de lobby die rond de zaal was gebouwd vitrines vol uniformen, helmen en andere voorwerpen. Tijdens de missies werden deze herinneringen aan de kant geschoven en werden de vitrines vervangen door bureaus en draagbare schrijfmachines, die konden worden gebruikt door verslaggevers die de vluchten moesten verslaan. In juli 1969, toen de Apollo 11 werd gelanceerd, hadden de 693 verslaggevers die waren geaccrediteerd echt met elkaar moeten wedijveren voor de bescheiden bureauruimte die de Agency ter beschikking had gesteld. Voor de Apollo 12, in november van dat jaar, was die wedijver een stuk geslonken, want toen kwamen slechts 363 verslaggevers opdagen en hadden de meesten een zitplaats weten te vinden. Voor de Apollo 13 was het aantal gedaald tot 250, en de voorlichtingsmensen hadden gemerkt dat er nog plaatsen over waren.

Maar de afgelopen tien uur was de situatie danig veranderd. Direct na de eerste melding van het ongeluk stonden tientallen televisie-, radio- en kranteverslaggevers die hun verhalen tot dan toe van persbureaus hadden betrokken, bij het Space Center op de stoep, waar ze om toestemming en accreditatie vroegen om de eventueel door de NASA te houden persconferenties bij te wonen. De mensen van Public Affairs ontvingen deze verloren zonen met open armen, reikten veiligheidspasjes aan ze uit, gaven ze persmappen en begeleidden ze naar de gehoorzaal, waar ze in de zich snel vullende zaal zelf mochten uitmaken waar ze wensten te gaan zitten.

In Mission Control, een paar honderd meter van de gehoorzaal verwijderd, was Brian Duff zich maar al te bewust van de snelgroeiende belangstelling van de pers, en was blij dat de verslaggevers gekomen waren. Duff was directeur van de afdeling Public Affairs van het Space Center, en tijdens de maanden dat hij deze functie bekleedde, had hij zijn afdeling gerund volgens één, allesoverheersende regel: als alles goed gaat, vertel de media dan alles wat ze willen weten; en als de zaken fout gaan, vertel ze dan nog meer. Op deze morgen probeerde Duff zo goed mogelijk naar het tweede gedeelte van die beleidslijn te handelen.

Duff had op een keiharde manier respect voor de kunst van het onderhouden van public relations gekregen. In 1967 was hij werkzaam op het Public Affairs-kantoor van de Agency in Washington, precies in de periode dat de NASA een onderzoek instelde naar de dood van Gus Grissom, Ed White en Roger Chaffee. Naar de mening van zelfs de meest fervente NASA-supporters was de behandeling van de brand aan boord van de Apollo 1 voor de Agency een absolute debâcle. Niemand klaagde over het wetenschappelijk onderzoek: het ruimteschip werd grondig onderzocht, de oorzaak van de brand werd aan het licht gebracht en de veranderingen werden – gezien de technische complexiteit van de problemen – in recordtijd aangebracht. Waar de Agency een puinhoop van maakte, daar waren de meeste mensen het over eens, was het public-relationsgebeuren.

Voor de Apollo 1 in de nacht van 27 januari ook maar goed en wel was afgekoeld, werd zowel Cape Canaveral als het Manned Spacecraft Center van de buitenwereld afgesloten en kregen verslaggevers te horen dat wezenlijke antwoorden en gedetailleerde informatie slechts zouden worden verstrekt nadat een commissie van onderzoek de kans had gehad het ongeluk grondig te bekijken en de oorzaak vast te stellen. Gelukkig stelde de NASA zo'n commissie snel in, maar wat aan niemands aandacht ontsnapte was het feit dat de leden van die commissie door diezelfde NASA werden benoemd.

De media reageerden niet goed op dit soort zelf-toezichthouden. Binnen enkele dagen vroeg Bill Hines, de ruimtevaartverslaggever van de *Washington Star* die de NASA was gaan beschouwen als een soort windvaan betreffende de heersende publieke opinie, zich venijnig in een van zijn artikelen af wat de vossen van de Agency eigenlijk aan het doen waren, nu ze hun eigen kippenhok mochten bewaken. Een subcommissie uit de Senaat nam de bedenkingen van Hines over en kondigde aan dat het onderzoek van de NASA naar zijn eigen fouten niet voldoende zou zijn bij het uit de wereld helpen van het probleem en dat het Huis van Afgevaardigden spoedig met een eigen serie hoorzittingen zou beginnen. De Senaat ging nog verder, en plande een ander onderzoek, dat volgens senator Walter Mondale van Minnesota ook naar eventueel mogelijke 'misdadige nalatigheid' van het nationale ruimtevaartinstituut zou kijken.

Uiteindelijk kwam er absoluut niets misdadigs aan het licht, maar de hele episode eiste wel haar tol. Tegen de tijd dat het Apollo-ruimtevaartuig was gerepareerd en er een nieuwe bemanning klaarstond, merkte de Agency dat het overgrote deel van het krediet dat hij het afgelopen decennium bij het grote publiek had opgebouwd, had opgesoupeerd. In 1969 had Julian Scheer, de Public Affairs-directeur die had meegeholpen de Agency naar het hoogtepunt van zijn populariteit te brengen die het voor de brand bij het publiek had genoten, zijn post verlaten nadat hij had gezien dat veel van zijn werk door de bureaucraten die het onderzoek naar de brand uitvoerden, teniet was gedaan, en werd zijn functie overgenomen door Brian Duff.

Duff ging snel aan het werk in een poging de schade zoveel mogelijk te beperken. In het geval van toekomstige noodsituaties stelde de nieuwe directeur voor, en de bazen binnen de Agency waren het ermee eens, de deuren van de NASA open te houden en de vragen van de pers onmiddellijk te beantwoorden. Binnen enkele uren na een ongeluk zou er een persconferentie worden belegd om aan te kondigen hoeveel de Agency wist en wanneer men verwachtte meer te weten. Om nog meer goedwillende indruk te maken zouden er in Mission Control twee extra vluchtleidingsconsoles worden geplaatst, in de met een glazen wand afgescheiden VIP-galerij achter in de zaal. Tijdens een missie zouden deze vierentwintig uur per etmaal worden bemand door verslaggevers die de media zelf mochten aanwijzen, en voor wie dezelfde informatie, dezelfde van de ondersteuningsteams afkomstige gegevens, dezelfde door de flight-director gevoerde gesprekken beschikbaar zouden zijn als voor de controllers zelf, terwijl ze alles wat ze zouden zien en horen aan de buitenwereld mochten melden.

Duff was tevreden met de veranderingen, maar tot gisteravond – of tot de vroege uurtjes van vandaag om precies te zijn – had hij nog nooit de kans gehad om te zien hoe het werkte. Tot nu toe was hij redelijk tevreden. De Kraft-McDivitt-Sjoberg-persconferentie was om 12:20 uur Houston-tijd begonnen, net drie uur nadat Jack Swigert voor het eerst had gemeld dat zijn commandomodule een probleem had. Kort daarna waren additionele media gearriveerd en waren onmiddellijk op de hoogte gebracht van de data en de tijdstippen waarop nieuwe aankondigingen zouden worden gedaan. Glynn Lunney bereidde zich al op zo'n volgende gebeurtenis voor, een routine-briefing betreffende het wisselen van de wacht wanneer zijn Zwarte Team om acht uur vanochtend achter de consoles vandaan zou komen.

Terwijl het in Houston licht werd en de gehoorzaal van Public Affairs voor Lunney werd klaargemaakt, bevond Duff zelf zich in Mission Control. Net als de recentelijk ingeplugde verslaggevers op de VIP-galerij, hadden de mensen van Public Affairs ook een eigen console waarmee ze de gehele vlucht konden volgen. In tegenstelling met de verslaggevers bevond hun console zich op de werkvloer van Mission Control zelf, helemaal links in de hoek, op de vierde en achterste rij. En in tegenstelling met de verslaggevers konden de mensen van Public Affairs hun console voor aanzienlijk meer dingen gebruiken dan alleen informatie oproepen en gesprekken afluisteren.

Tijdens de gehele vlucht kon de voorlichtingsman die dienst had inbreken op de lucht/grond-verbinding en direct verslag doen van wat er besproken werd, het technische jargon vertalend in de half-gefluisterde tonen van een sportverslaggever die op de televisie een biljartwedstrijd verslaat. Het was deze stroom van informatie, met de stem van de Capcom en de astronauten, met daaroverheen de stem van de Public Affairs-commentator, die naar de televisiemaatschappijen werd doorgeleid, die hem vervolgens over het hele land konden uitzenden. De mensen van Public Affairs deden dit al ruim voor het aantreden van Duff – sinds 1961, om precies te zijn – en voorzien van diverse benamingen: eerst Mercury Control, Gemini Control en nu dan Apollo Control. Vandaag zou de geruststellende stem van Public Affairs belangrijker zijn dan ooit, en Duff was achter de console aanwezig om er zeker van te zijn dat alles goed ging.

'Hier Apollo Control om 67 uur en 23 minuten,' zei Terry White, de voorlichtingsman die dienst had, op deze ochtend. 'Flight-director Glynn Lunney bevindt zich nog steeds in Mission Control, en we hebben geen exact idee wanneer hij deze keer in staat zal zijn om zich even los te maken voor een briefing. Tot nu toe staat er nog steeds een PC+2-burn op het programma, om 79 uur en 27 minuten in de missie, of rond 20 uur 40 van-avond. We zijn ongeveer 9 uur verwijderd van het moment dat er geen radiocontact meer mogelijk zal zijn, als het ruimteschip achter de maan zal verdwijnen, maar op dit moment is de Apollo 13 stabiel. We zullen u op de hoogte houden wanneer de situatie mocht veranderen en wanneer flight-director Lunney beschikbaar zal zijn.'

Terry White schakelde zijn microfoon uit en opnieuw vulde het lucht/

grond-gepraat de lijn weer. 'Aquarius, Houston,' kon men Jack Lousma horen zeggen. 'De laatste volgdata laten zien dat jullie eventuele periluna nog steeds zo rond de 136 mijl zit, dus de baan die jullie volgen is nog steeds goed. Over.'

Lousma's boodschap was duidelijk en begrijpelijk, maar de stemmen die uit de Apollo 13 kwamen klonken totaal anders. Toen Jim Lovell – of misschien wel Fred Haise of Jack Swigert, het was moeilijk te zeggen – Lousma antwoord gaf, leek zijn stem te desintegreren in luid gekraak dat het hele heelal leek te vullen.

'Hallo Houston, Aquarius,' zei iemand vanuit het ruimteschip. 'Wilt u dat herhalen?'

'We zeiden dat jullie keurig op 136 zeemijl zitten.'

'Jack, we hebben een hoop achtergrondgeluiden,' riep de stem uit Aquarius. 'Kun je ons verstaan?'

'Jim, je bent door het lawaai door te verstaan, maar nog maar net,' antwoordde Lousma. 'INCO kijkt momenteel wat we daar aan kunnen doen.'

'Roger,' zei de stem die klaarblijkelijk aan Lovell toebehoorde. 'Standing by.'

Er heerste enkele seconden lang een krakerige stilte, en toen was Lousma's stem weer te horen. 'Aquarius, Houston,' riep de Capcom. 'Is het nu wat beter?'

'Hier Aquarius,' zei Lovell door het geruis heen. 'Negatief.'

Een lange periode met sissend geluid vulde de lijn terwijl de INCO, zittend op de tweede rij, ruggespraak hield met zijn ondersteuningsteam. Het probleem, wat het ook mocht zijn, was irritant, maar zeker niet levensbedreigend. Bij de Public Affairs-console voelde Duff zich echter weinig op zijn gemak. In het hele land zetten de kijkers nu voor het eerst hun televisies aan nadat ze over het ongeluk hadden gehoord, en de verslechtering van de verbindingen vanuit het defecte, over te weinig vermogen beschikkende ruimteschip was alarmerend. Hij liet het sissen een minuutje voortduren en knikte vervolgens naar White.

'Opvullen,' zei hij hem. 'Blijf praten. Herhaal je zelfs desnoods maar. Maar val niet stil. Stilte klinkt alsof we allemaal al dood zijn.'

'Eh, hier Apollo Control,' zei White. 'We verwachten dat de verbindingen beter zullen worden nadat de derde trap van de Saturnus 5 op het maanoppervlak te pletter is geslagen. De radiofrequentie waarop die trap is blijven uitzenden geeft ons wat storing, maar na de impact op het maanoppervlak later vandaag zou die moeten ophouden.'

Opluchting van voorbijgaande aard maakte dat Duff even moest glimlachen. Het deed er eigenlijk niet toe wat voor verklaring White gaf, zolang hij maar íets verklaarde. Veel was het niet, maar het zorgde er in elk geval voor dat het land en, belangrijker nog, de pers niet het gevoel kregen dat ze onwetend werden gehouden. Een pers die onwetend werd gehouden kon binnen de kortste keren in een knorrige pers veranderen, en een knorrige pers kon zich binnen de kortste keren tégen je keren. En vandaag, wist Duff, had hij de vriendschap van de media meer dan ooit nodig.

In de cockpit van de in de verte zwevende Aquarius maakte Jim Lovell zich evenveel zorgen over de lucht/grond-verbinding als Brian Duff, maar om heel andere redenen. Ondanks al Terry White's pogingen om de reportage toch zo authentiek mogelijk te laten klinken, had hij slechts een deel van het verhaal verteld. Het was waar dat de lege derde trap van de Saturnus 5 stuwraket, die met hoge snelheid richting maanoppervlak schoot om daar met zo'n klap neer te komen dat die geregistreerd moest kunnen worden door de seismograaf die daar door de Apollo 12 was achtergelaten, grote problemen veroorzaakte bij de radio van Aquarius. De Saturnus-trap – die bij de NASA bekendstond als de S-4B – en de LEM zonden op dezelfde frequentie uit, maar aangezien de maanmodule ontworpen was om pas geactiveerd te worden en vrij te vliegen nadàt de stuwraket zijn crash-landing op de maan had gemaakt, hadden de elkaar storende radio's van de twee ruimtevoertuigen nooit een probleem geleken. Nu, terwijl Aquarius alle gesproken verbindingen tussen de bemanning en de aarde afhandelde, en de S-4B de bemanning op diezelfde smalle radioband probeerde te overschreeuwen, werd de lucht/grond-conversatie soms behoorlijk onverstaanbaar.

En om de zaak nog erger te maken werkte het reserve-communicatie-systeem, dat gewoonlijk dwars door alle storing heen brak, niet zoals het hoorde te functioneren. Zodra de daalmotor na de vrije-terugkeerstoot was uitgeschakeld, gaf de NASA opdracht aan de bemanning om bepaalde, niet essentiële apparatuur uit te schakelen, om zo energie te besparen voor de PC+2-burn van Aquarius later die avond. De meeste antennes van de LEM en een groot deel van de secundaire communicatie-hardware vielen daaraan ten offer, en terwijl elke zekering die de betreffende apparatuur geschakeld hield van de lijn werd genomen, werd de lucht/grond-verbinding steeds slechter. Tegen de tijd dat alle schakelaars waren overgehaald, merkte Lovell dat hij nog maar één antenne operationeel had, die hij voortdurend moest richten om te kijken waar hij het duidelijkste signaal vandaan kon halen, terwijl hij zijn ruimteschip opnieuw bij moest draaien om op de aarde gericht te blijven.

'Houston, hier Aquarius,' schreeuwde Lovell dwars door de storing heen in de microfoon van zijn koptelefoon, kort na de laatste directe live-reportage van White. 'De verbinding is momenteel heel, heel, héél erg lawaaiig. Ontvangt u mij?'

'Aquarius, Houston,' schreeuwde Lousma terug. 'Dat heb ik ontvangen. Aan onze kant is het ook erg luidruchtig. Blijf luisteren terwijl we er hier over nadenken.'

'Houston, Aquarius,' schreeuwde Lovell opnieuw, heel even zijn stuurraketjes activerend om zijn ruimteschip een paar graden naar bakboord te draaien. 'Ik kan u onmogelijk verstaan.'

'Jim, Houston hier,' schreeuwde Lousma terug. 'We kunnen jóu ook bijna niet verstaan. Stand-by.'

Lovell drukte zijn koptelefoon nog steviger tegen zijn oren en sloot zijn ogen. 'Heeft een van jullie misschien gehoord wat hij zei?' vroeg hij, terwijl hij zich naar rechts draaide om Haise te raadplegen.

'Nauwelijks,' zei Haise. 'Ik denk dat hij zegt dat hij jou niet kan horen.'

'Nou, verdorie,' zei Lovell. 'Dat donkerblauwe vermoeden had ik eigenlijk al zo'n beetje.'

'Aquarius, Houston,' klonk plotseling de kraakstem van Lousma in de koptelefoons van de bemanning, waardoor ze alle drie een sprongetje maakten.

'Zeg het maar, Houston,' zei Lovell.

'Het klinkt momenteel of we een iets betere verbinding hebben. Hoe ontvangt u ons nu?'

'Aan deze kant nog steeds een hoop geruis.'

'Oké, we hebben een voorstel,' zei Lousma. 'Ik stel voor dat jullie de zekering van de vermogen-versterker op paneel zestien weer terugzetten. Over.'

Lovell knikte naar Haise, die op de betreffende knop drukte. Er gebeurde helemaal niets in hun koptelefoon.

'Houston, Aquarius,' meldde hij de grond. 'We hebben nog steeds dat lawaai.'

'Oké,' zei Lousma. 'We gaan proberen jullie communicatie en telemetrie te verbeteren door de verbinding tijdelijk te verbreken en dan straks weer verbinding te maken. Jullie zullen een paar minuten lang geen verbinding met ons hebben, en misschien hoor je nog wat rare geluiden in je koptelefoon.'

'Het kan onmogelijk lawaaiiger zijn dan wat we nu hebben,' merkte Lovell op.

Lousma verbrak de verbinding en het onregelmatig geruis werd vervangen door een luid, gestaag gezoem. Lovell schoof zijn oorschelp iets naar voren, zodat het gezoem niet te hard in zijn oor zou klinken. Die pauze stelde de commandant in de gelegenheid enkele momenten na te denken, en waar hij aan dacht was slaap. De zon die boven de centrale tijdzone uitkwam, wierp slechts lichtvlekjes op het gekoppelde Apollo 13-ruimteschip. Nu de belvormige uitlaat van de raketmotor in de richting van de aarde wees, stroomde het zonlicht door het raampje van de commandant naar binnen, en de astronauten baadden in het daglicht. Maar toen de schommelingen in de stand van het ruimtevaartuig ervoor zorgden dat de positie weer een paar graden veranderde, werden ze plotseling in het duister ondergedompeld.

Van deze abrupte overgangen van dag naar nacht had Lovell over het algemeen geen last. Op weg naar de maan zorgde de passieve thermische draaiing ervoor dat het ruimteschip gelijkmatig verhit werd, waarbij de zon zijn stralen voortdurend door de vensters van de LEM en de commandomodule naar binnen liet vallen, om even later weer te verdwijnen. Na ongeveer een dag in de ruimte raakten de astronauten gewend aan die constante flikkeringen en hielden ze zich aan hun slapen/waken- en werken/rustenschema's alsof de zon buiten hun capsule op dezelfde manier opkwam en onderging als thuis in Houston. Zolang de bemanning dat schema maar aanhield, hadden de artsen van de NASA ontdekt, zou hun dagelijks ritme grotendeels intact blijven.

Op dinsdagochtend zo rond zeven uur was dat ritme echter behoorlijk van slag af. Volgens het oorspronkelijke missieplan, zou de meest recente slaapperiode om tien uur gisteravond begonnen moeten zijn, en had die moeten duren tot circa een uur geleden. Zelfs op een routinevlucht verwachtte niemand dat de piloten de volle acht uur zouden slapen. De bijna totale afwezigheid aan lichaamsinspanning in de ruimte en de bijna constante aanmaak van adrenaline waarmee het vliegen naar de maan gepaard ging, zorgden ervoor dat vijf of zes uur pitten het maximale was waarop de medici mochten hopen. Die vijf of zes uur waren echter absoluut essentieel, als een bemanning zelfs tijdens een nominale missie het de hele dag uit wilde houden zonder een ernstige, misschien wel desastreuze, fout te maken. Een bemanning die een minder nominale missie vloog zou zelf méér rust nodig hebben.

Nadat de vrije-terugkeer-*burn* achter de rug was, hadden de artsen een herzien werk/rust-schema opgesteld dat de bemanning direct was gaan toepassen. Haise, werd besloten, zou eerst wat mogen slapen, waarvoor hij zich in zijn eentje in de commandomodule zou terugtrekken, en wel vanaf het 63ste, of vier uur 's ochtends, tot het 69ste uur – 10 uur 's ochtends. Odyssey beschikte niet over voldoende zuurstof om zelfs een slapend iemand in leven te houden, maar met het luik tussen de twee ruimteschepen open, zou er meer dan voldoende vanuit de maanlander naartoe stromen. Terwijl Haise sliep, zouden Swigert en Lovell de wacht houden, en zouden ze de tijd gebruiken om het reserve-communicatiesysteem zoveel mogelijk te deactiveren, alsmede alle andere apparatuur waarvan de NASA wilde dat ze werd uitgeschakeld. Zodra Haise wakker werd zou hij ontbijten, met zijn companen overleg plegen over de problemen die zich tijdens zijn slaap hadden ontwikkeld, om vervolgens alleen het roer over te nemen terwijl Lovell en Swigert zich van het 70ste tot het 76ste uur in de commandomodule zouden terugtrekken. Om vijf uur 's middags zou de hele bemanning weer op zijn post zijn, ruim op tijd om zich voor te bereiden op de PC+2-*burn* van 20 uur 40.

Bijna direct nadat Lousma via de radio de instructies van de artsen had doorgegeven, werd duidelijk dat het slapen en waken volgens het rooster van de medici geen gemakkelijke zaak zou zijn. Toen Haise door de tunnel Odyssey binnenzweefde, was hij verbijsterd door hetgeen hij daar aantrof. De temperatuur in het levenloze ruimteschip was al een kille veertien graden toen de bemanning het had verlaten, maar in de paar uur dat ze er nu weg waren was de thermometer nog verder gezakt. Toen hij zijn hoofd in de commandomodule stak kon hij duidelijk zien dat zijn adem onmiddellijk condenseerde.

De uit twee delen bestaande overall van Beta-stof die de bemanning droeg waren niet echt warm, aangezien in de commandomodule voortdurend een temperatuur van 22 graden diende te heersen, en Haise sloeg dan ook onmiddellijk zijn armen om zich heen, zette zich af in de richting van zijn slaapplaats om zich zo snel mogelijk in zijn slaapzak te ritsen. Maar de dunne stoffen cocons die de astronauten gebruikten om in te slapen, waren alleen maar bedoeld als omhulsel, om te voorkomen dat een gewichtloze arm of been tijdens de nacht omhoog zou zweven en een schakelaar of zekering zou raken. Haise haalde zijn slaapzak te voorschijn, gleed naar binnen en kroop er zo diep mogelijk in. Maar zelfs omwikkeld door de extra laag stof, merkte hij dat hij toch alleen maar rillend wakker kon liggen, terwijl zijn lichaam tegen de koude wand van het ruimteschip drukte.

Even zorgelijk als de zakkende temperatuur in Odyssey was het lawaai. Het open luik tussen de twee ruimteschepen maakte het niet alleen mogelijk dat de benodigde zuurstof vanuit de maanlander in de commandomodule kon vloeien, maar ook dat de geluiden er hoorbaar waren. Als het stromen van de koelsystemen van de LEM en het gestoot van de stuurraketten niet hard genoeg waren om een slapend iemand wakker te maken, dan waren het wel de geschreeuwde gesprekken van Lovell en Swigert, die alle mogelijke moeite deden om boven het geruis op de verbindingslijn uit te komen. Haise, die binnen het astronautenkorps de reputatie had dat hij bijna overal onder nagenoeg alle omstandigheden kon slapen, vocht moedig om het lawaai van zijn buren buiten te sluiten, maar uiteindelijk, om zes uur 's ochtends – minder dan twee uur nadat zijn zes uur durende slaapcyclus was begonnen – gaf hij het op, worstelde zich uit zijn slaapzak en zweefde door het luik terug naar de LEM.

'Dat is het?' vroeg Lovell, op zijn horloge kijkend terwijl Haise tussen hem en Swigert opdoemde en op z'n kop langs het dak van Aquarius leek te drijven.

'Het is daar veel te koud,' mompelde Haise, terwijl hij een van de voedselpakketjes pakte die Swigert eerder al had gehaald en dat met vluchtige interesse openscheurde. 'Te koud en te lawaaiig. Jullie mogen het proberen, maar ik zou er maar niet op rekenen dat je er veel uitrust.'

Nu, om zeven uur 's ochtends, in de stilte van de tijdelijke black-out, sloot Lovell zijn ogen en voelde hoe de vermoeidheid bij hem naar binnen sijpelde. Hij wist dat op de grond het Zwarte Team van Glynn Lunney elk moment afgelost zou kunnen worden door het Gouden Team van Gerald Griffin, en dat de nieuwe controllers in elk geval van een paar uur nachtrust hadden genoten, vóór ze de consoles overnamen van de afgematte controllers die de hele nacht hadden gewerkt. Bij de Capcom-console zou zelfs Jack Lousma, die een dubbele dienst had gedraaid – hij was gistermiddag begonnen – zijn werk aan astronaut Joe Kerwin overdragen.

Lovell was blij dat er een nieuwe ploeg aantrad, maar hoe fris Griffins mannen vanochtend ook mochten zijn, ze zouden samen moeten werken met een drietal astronauten die slaperiger, en zeker geïrriteerder, waren dan alle andere bemanningen waarmee ze in het verleden te maken hadden gehad. Lovell hield zichzelf voor dat hij zou proberen alles zo efficiënt mogelijk te houden, maar de mensen op de grond zouden toch enig begrip voor de situatie moeten hebben.

'Aquarius, Houston,' klonk plotseling de krakende stem van Lousma in zijn oor. 'Hoe ontvang je mij nu?'

Lovell schrok van het geluid en opende zijn ogen. 'We ontvangen jullie nog steeds met een hoop storing,' zei hij vermoeid. 'Het geluid lijkt erop te wijzen...'

'Die laatste opmerking heb ik niet kunnen verstaan, Jim.'

'Ik – zei – dat – we – nog – steeds – geruis – horen,' reageerde Lovell, elk woord duidelijk articulerend.

'Wij ook.'

'Wil je dat we deze configuratie handhaven?' vroeg Lovell.

'Blijf nog een minuutje of twee hangen, Jim,' antwoordde Lousma. 'Dan gaan we het even evalueren.'

Op dat moment, tot verrassing van niemand minder dan Lovell zelf, werden de kou en het geruis en de onzekere adviezen van de Capcom hem even te veel.

'Ik zal je vertellen wat we nodig hebben,' beet Lovell hem toe. 'We zouden het prettig vinden als je probeert dit alles zo snel mogelijk op te lossen. Kijk eens of je ons misschien niet de juiste procedures kunt geven, of wat dan ook, voor we hier de boel naar z'n mallemoer helpen.'

Net als bij de meeste woordenwisselingen had ook dit niet veel om het lijf, maar in de ongemoduleerde, atonale context van de lucht/grondverbinding, leek het toch verdacht veel op een donderpreek waarmee Houston werd bestookt. Lovell keek naar zijn medebemanningsleden, die hem begrijpend toeknikten; Lousma keek de mannen aan die rond zijn console stonden, die op dezelfde wijze reageerden. Zowel hij als Lovell wist dat het doorgeven van de juiste procedures aan het ruimteschip precies datgene was wat de Capcom had geprobeerd te doen. En zowel hij als Lovell wist dat de commandant dat waardeerde. Lovell blies, net als zijn eigen ruimteschip gisteravond, alleen maar stoom af, iets waar de afgelopen tien uur ook alle reden voor was, en het was ook tijd dat hij dat eens deed.

Lousma keek over zijn schouder naar Kerwin, die klaarstond om het van hem over te nemen. Nu, concludeerde hij, was misschien wel het juiste moment om de microfoon over te geven. Hij haalde zijn schouders op, deed zijn koptelefoon af en schoof zijn stoel voor Kerwin naar achteren. Kerwin plugde zijn eigen koptelefoon in op de console, ging zitten en meldde zich zo informeel mogelijk.

'Jim,' riep hij, 'hoe is de verbinding nu?'

'Nou,' gromde Lovell, die de verandering van stem herkende, en ook merkte dat zijn eigen stem wat zachter klonk, 'er zijn nog steeds erg veel achtergrondgeluiden.'

'Oké, daar gaan we dan nog even naar kijken,' beloofde Kerwin, 'maar de verbinding van jullie hier naar toe is nu uitstekend.'

'Roger dat,' zei Lovell toonloos, en sloot zijn ogen weer.

De commandant zei niets meer als reactie op de opbeurende woorden van Kerwin. Als de verbinding op dit moment functioneerde, dan was dat prima. Maar die maatregel, zoals alle andere maatregelen waarmee de grond tot nu toe op de proppen was gekomen, zou vast en zeker van voorbijgaande aard blijken te zijn. Het zou niet lang meer duren, bedacht Lovell, of de verbinding zou weer slechter worden, samen met God mocht weten welke andere systemen.

Hij deed zijn ogen open en wierp een blik door het venster naar de grijswit bepleisterde maan die nu minder dan 75.000 kilometer van hen verwijderd was en bijna het hele driehoekige raampje besloeg. Volgens het oorspronkelijke vluchtplan was vandaag de dag dat hij en Fred Haise hun maanlander op het oppervlak van dat gigantische hemellichaam hadden moeten neerzetten. Maar dat zou vandaag uiteraard niet gaan gebeuren – en voor Lovell was de kans groot dat het er helemaal nooit meer van zou komen. Hij was nu al twee keer in deze hemelse omgeving geweest, en hij wist dat de kans om hier nog eens terug te keren heel erg klein was. En als hij en Swigert en Haise nooit meer thuis zouden komen, vroeg hij zich af of er ooit nog iemand in deze delen van het heelal zou reizen.

'Freddo,' zei Lovell, terwijl hij zich naar Haise omdraaide, 'ik ben bang dat dit voor lange tijd de laatste missie naar de maan is.'

De microfoons van Aquarius stonden op vox, en de terloopse opmerking van de commandant dreef naar een punt 370.000 kilometer verderop, recht het hart van Mission Control in, en verspreidde zich van daaruit over de rest van de wereld.

Glynn Lunney, die nog steeds in functie was als flight-director, schonk er nauwelijks aandacht aan toen Jim Lovell zijn voorspelling betreffende de toekomst van het maanonderzoek deed. Het kwam bijna nooit voor dat de man die de missie leidde niet eens met een hàlf oor naar de conversatie tussen zijn astronauten en zijn Capcom luisterde. Maar met de hevige storing op de lucht/grond-verbinding en de vele gesprekken op zijn eigen verbindingskanaal, moest Lunney er volkomen op kunnen vertrouwen dat Kerwin het verkeer tussen het ruimteschip en de grond alleen aankon. Het merendeel van de andere mannen achter de andere consoles had meer vrijheid om op Kerwins kanaal mee te luisteren, waaronder Terry White, wiens dienst achter de Public Affairs-console over enkele minuten zou zijn afgelopen, waarna hij naar huis zou gaan.

White, samen met alle anderen in Mission Control en in het land, hoorde Lovells opmerking, en werd erdoor – net als alle anderen binnen de NASA – in verwarring gebracht. Voor een overheidsinstelling die helemaal afhankelijk was van toegewezen budgetten, en waarvan de budgetten afhingen van goede p.r., was dit veel erger dan een terloops 'verdomme', of een onopzettelijk 'verdorie'. Dit was een kalme, bijna kil uitgesproken uiting van twijfel – twijfel in de missie, twijfel in het programma, twijfel in de Agency zelf. Voor de NASA was het je reinste blasfemie.

Kerwin, een Capcom met over het algemeen goede instincten, reageerde op Lovells onopzettelijk gemaakte opmerking op de slechtst mogelijke manier: hij zei niets. In de hoop geen aandacht op de opmerking te vestigen, deed hij net of die nooit gemaakt was. Maar in plaats daarvan bleef zij onmiskenbaar in de lucht hangen, waardoor zij met de seconde meer gewicht begon te krijgen. White liet die stilte nog enkele oneindig lange ogenblikken voortduren, en schoot toen te hulp.

'Hier is Apollo Control om 68 uur en 13 minuten,' zei hij. 'Flight-director Glynn Lunney en vier van zijn flight-controllers zullen spoedig op weg zijn naar het Public Affairs-gebouw voor de persconferentie. Lunney zal worden vergezeld door Tom Weichel, de retrofire-deskundige; Clint Burton, EECOM; Hal Loden, de CONTROL en Merlin Merritt, de TELMU. En verder zal aanwezig zijn generaal-majoor David O. Jones van de Amerikaanse luchtmacht, die aan het hoofd staat van de bergingseenheden van het ministerie van Defensie.'

White's p.r.-reflexen waren goed. Zijn woordkeuze was niet alleen bedoeld als kalmerend gebabbel om de luisteraars thuis af te leiden, ze diende vooral als een soort smeekbede richting media. Heb geduld met ons, zeiden zijn woorden; werk met ons samen. We hebben hetzelfde gehoord als jullie, en we willen er later graag met jullie over praten. Maar geef ons de kans om er eerst met jullie over te praten voor jullie het in de krant zetten.

Of de media White's bedoeling doorhadden was onduidelijk, en zou onduidelijk blíjven totdat Lunney en zijn mensen voor de verzamelde verslaggevers zouden plaatsnemen. Maar voorlopig werd Lunney nog steeds afgeleid, en dat zou waarschijnlijk alleen maar erger worden. Sinds het moment dat de vrije-terugkeer-*burn* van vlak voor zonsopgang was voltooid, concentreerden de mannen in de controleruimte hun energie slechts op één ding: de PC+2-*burn*, die voor over zeventien uur gepland was. Met Lunney achter zijn console en Kranz achter de schermen druk bezig met zijn Tiger Team, hielden de flight-director van het Gouden Team, Gerald Griffin, en die van het Bruine Team, Milt Windler, de gang van zaken zoveel mogelijk in de gaten en zagen kans om – hoe je het ook bekeek – in een onmogelijk korte tijd erg veel te bereiken.

De afgelopen vier uur hadden de twee flight-directors die eigenlijk geen dienst meer hadden, bijna als één man door de controleruimte gepatrouilleerd, halt houdend bij elke console, iedereen aan een kruisverhoor onderwerpend en alle mogelijke ideeën verzamelend over hoe de lange, gecompliceerde *burn* bij een raketmotor van een maanlander waar de ruim 28.000 kilo wegende commandomodule nog aan bevestigd zat zou moeten plaatsvinden. Bij de meeste consoles was het dienstdoende lid van het Zwarte Team niet alleen, maar had gezelschap van leden van het Gouden en het Bruine Team die gewoonlijk dezelfde console bemanden, en die in de loop van de avond binnen waren komen lopen. Toen Griffin en Windler arriveerden, liepen ze tegenovergestelde richtingen uit – Griffin naar de Gouden controller, wiens ideeën en talenten hij het best kende, en Windler naar die van Bruin. Af en toe ving een lid van het Zwarte Team, achter wiens stoel en buiten wiens gehoorsafstand de conversatie plaats diende te vinden, een flard van het gesprek op, om dan snel zijn hand op de microfoon te leggen, zich snel in zijn stoel om te draaien om iets te corrigeren dat de mannen achter hem hadden gezegd of zelf een suggestie te doen. Deze onvoorbereide gesprekken duurden van drie uur tot zeven uur, en tegen de tijd dat de dinsdagochtend-controllers gereed stonden om de maandagavond-bemanningen af te lossen, hadden Griffin en Windler drie verschillende PC+2-scenario's op papier staan, waarvan – wisten ze – er niet een perfect was, maar dat de bemanning sneller naar huis zou brengen dan de baan die ze momenteel volgden.

Terwijl Brian Duff zijn ochtend-persconferentie voorbereidde, was Glynn Lunney bezig met zijn laatste uur achter de console, en stond Fred Haise op na een nachtje slapen waarin hij geen oog dicht had gedaan, terwijl Griffin en Windler vermoeid in het gangpad naast de console van de flight-director waren gaan zitten, hun ellebogen steunend op hun knieën en met het hoofd in hun handen, in de hoop de suggestie te wekken – al was het alleen maar door deze houding – dat ze een paar minuten lang niets te maken hadden met het onafgebroken geroezemoes in deze ruimte. Op dat moment kwam Chris Kraft van achteren op hen aflopen en legde een hand op hun schouders. De twee mannen draaiden zich om.

'Wat hebben we momenteel?' vroeg Kraft. Griffin en Windler keken hem een ogenblik lang niet-begrijpend aan. 'Wat voor soort *burn* hebben we momenteel?' verduidelijkte Kraft. 'Weten we hoe we hiermee verder willen gaan?'

'We hebben een paar vrij goede ideeën,' zei Griffin. 'Voor zover we kunnen zien zijn er drie mogelijkheden, die ons stuk voor stuk een eind op weg kunnen helpen.'

'Zijn ze over twaalf uur gereed ermee door te gaan?' vroeg Kraft.

'Dat is wel de bedoeling,' zei Griffin.

'Zijn jullie klaar om het er over een uurtje met hen over te hebben?'

'Wat bedoel je?' vroeg Windler.

'Er komen straks wat mensen bij elkaar in de projectiezaal om erover te praten, en het is de bedoeling dat we hun dan het een en ander zo goed mogelijk uitleggen.'

'Wat voor mensen, Chris?' vroeg Griffin.

'Gilruth, Low, McDivitt, Paine – het merendeel van dat niveau,' zei Kraft. 'Plus jullie, Deke, Gene, en eventueel nog wat andere lieden waarvan jullie vinden dat ze erbij moeten zijn. Alles bij elkaar misschien een man of twintig.'

Griffin was behoorlijk verrast. Gilruth, uiteraard, was Bob Gilruth, directeur van het Manned Spacecraft Center; Low was George Low, de directeur van Spacecraft and Flight Missions; Paine was Thomas Paine, het hoofd van de NASA. Het bijeenbrengen van mannen als Deke, Kraft, McDivitt, Kranz en de overige flight-directors voor een bijeenkomst in Mission Control was één ding; tijdens een missie ontmoetten mensen op die sport van de organisatorische ladder elkaar voortdurend in en rond de vluchtleidingsruimte om allerlei problemen en procedures te bespreken. Maar de Gilruths, Lows, Paines en andere lieden uit de hogere echelons maakten zelden deel uit van die vergaderingen. Dit waren de lieden van het grote overzicht, de mensen die op Kranz en Kraft en de rest vertrouwden als het ging om het runnen van de individuele missies, terwijl zíj aan het programma als geheel leiding gaven. Het bij elkaar brengen van deze mensen in Mission Control voor een besloten bijeenkomst in de geluiddichte, door middel van glazen wanden afgesloten VIP-galerij – tegelijkertijd het meest besloten en minst besloten verblijf van het hele gebouw – was iets ongekends. Het was een bijeenkomst van de raad van Agency-oudsten, het NASA-equivalent van een gezamenlijke zitting van het Congres, en die zou plaatsvinden ten aanzien van een nagenoeg uit controllers bestaand publiek dat zoveel NASA-opperhoofden nog nooit bij elkaar had gezien.

'Dit gaat over een uur beginnen?' vroeg Griffin.

'Over minder dan een uur al,' zei Kraft. 'En vóórdat het begint wil ik een gesprek met alle flight-directors, zodat we zeker weten dat alle neuzen in dezelfde richting staan. Haal Glynn achter zijn console vandaan en laten we een plek vinden waar we kunnen praten.'

'Kranz is beneden met zijn Tiger Team,' zei Windler. 'Moeten we hem ook ophalen?'

'Ja,' zei Kraft, en bedacht zich toen. 'Nee. Nee, doe maar niet. Ik wil hem alleen maar storen als het niet anders kan. Laat hij zich tot aan de vergadering maar met de consumables bezighouden. Dan laat ik hem wel halen.'

Griffin en Windler tikten Lunney op de schouder en zeiden hem dat Kraft hem wilde spreken, de vluchtleider van het Zwarte Team gaf zijn console over aan zijn assistent en volgde de drie mannen naar een kleine vergaderkamer. Toen ze daar arriveerden deed Kraft de deur dicht, ging zitten en neigde zijn hoofd zwijgend naar zijn controllers, ze op die manier uitnodigend om te vertellen wat ze wisten. Lunney wist maar weinig meer dan Kraft, dus richtte hij zich vervolgens tot Griffin, die Kraft begon te briefen omtrent de drie *burns* die ze zojuist hadden ontwikkeld. Kraft vond het niet nodig dat de feitelijke wetenschappelijke informatie aan hem werd uitgelegd; hij kende de taal van de FIDO's en GUIDO's en de flight-directors die het toezicht over hen hadden. Wat hij wèl graag wilde horen waren de consequenties van elke manoeuvre – wat de risico's waren, wat de voordelen waren, welke invloed ze hadden op de kansen om de astronauten levend terug te brengen.

Griffin sprak openhartig en was zo bondig mogelijk, terwijl Kraft luisterde, af en toe knikkend, maar verder er het zwijgen toe doend. Toen de flight-director klaar was, nam Kraft het woord, bracht vragen te berde, kwam met tegenwerpingen op de proppen, keek naar Griffins projecties, zette vraagtekens bij zijn berekeningen, kortom, probeerde zo goed mogelijk te anticiperen op het kruisverhoor waarmee de mannen in de VIP-room straks waarschijnlijk zouden aanvangen. Griffin en Windler beantwoordden de moeilijke vragen van Kraft zo goed mogelijk, en Lunney, die dit alles voor het overgrote deel voor het eerst hoorde, knikte instemmend. Uiteindelijk, na een uurtje, leek Kraft tevreden, deed de deur open en bereidde zich erop voor het groepje naar de bezoekersgalerij voor te gaan. Maar voor hij dat kon doen, hield Griffin hem staande.

'Weet je, Chris,' zei hij, 'ik zou me een stuk prettiger voelen als we daarstraks niet alleen naar binnen hoeven te stappen.'

'Wie heb je dan nog meer nodig?' vroeg Kraft.

'Nou, mijn FIDO en de RETRO die al die cijfers hebben opgehoest.'

'Wie zijn dat?'

'Chuck Deiterich en Dave Reed,' zei Griffin. 'Als het aan mij lag zou ik niet naar binnen willen stappen zonder mijn cijferjongens.'

'Haal ze op,' zei Kraft. 'En laat Gene ook meekomen.'

Kraft wachtte tot Griffin Deiterich, Reed en Gene Kranz had opgehaald, en toen ze terugkeerden liepen de mannen met z'n allen in de richting van het VIP-gebied. Toen ze daar aankwamen, was het groepje dat hen daar stond op te wachten uitermate indrukwekkend. De verslaggevers die rechts voor op de galerij de personsoles bemanden waren verwijderd en links voor in de hoek stonden een man of vijfentwintig zwijgend te wachten. Een paar waren neergestreken op de bioscoopachtige klapstoelen, maar de meesten stonden in de gangpaden, zaten half op de rugleuningen van de stoelen of leunden tegen de muren. Door de hoge glazen wand aan de voorzijde van de galerij was in één oogopslag heel Mission Control te zien, en af en toe zag men een flight-controller een snelle blik over zijn schouder werpen in de richting van het zwijgende college dat achter de geluiddichte wand had plaatsgenomen. Kraft kwam onmiddellijk ter zake.

'Over ongeveer twaalf uur,' begon hij, 'moeten we onze PC+2-*burn* uitvoeren. Ons doel is de bemanning zo snel mogelijk naar huis te halen, waarbij we moeten proberen zo lang mogelijk met onze voorraden te doen. De flight-directors hebben enkele mogelijke *burns* ontwikkeld, en aangezien Gerry's team het overgrote deel van het rekenwerk heeft verricht, stel ik voor dat hij het verder uitlegt.'

Griffin stapte naar voren, schraapte zijn keel en begon kalm en duidelijk de procedures te beschrijven die hij even eerder aanzienlijk sneller met Kraft had doorgenomen. Terwijl Griffin zijn uitleg gaf, en hij was ervan overtuigd dat de mensen in dit zaaltje dat begrepen, werd snel duidelijk dat het kostbaarste materiaal waarmee de Apollo 13 verder moest geen zuurstof was, of elektrische energie, of lithiumhydroxyde; het was *tijd*. Kom snel naar de aarde terug, en alle problemen met alle andere *consumables* lossen zich vanzelf op. Het voor de hand liggende antwoord was de daalmotor van de LEM zo lang als de brandstofhoeveelheid het toestond op vol vermogen te laten lopen, waardoor de snelheid van het luchtschip net zolang zou toenemen tot het niet meer sneller kon.

Maar het voor de hand liggende antwoord was niet noodzakelijkerwijs het beste. Het net zolang laten draaien van de motor tot de tanks leeg waren, zorgde ervoor dat er geen brandstof meer was als er onderweg nog koerscorrecties moesten worden uitgevoerd, en die zouden best weleens nodig kunnen zijn: het schip moest nog meer dan 450.000 kilometer afleggen, en de kleinste afwijking in het begin van de baan zou dus talloze malen worden uitvergroot. De stijgtrap van de maanlander had een eigen raketmotor, dus in geval van nood kon die ook nog worden geactiveerd. Maar vóór dat kon, moest eerst de daaltrap worden afgestoten – en in die daaltrap bevond zich nou net het merendeel van de accu's en zuurstoftanks van de maanlander.

De lengte en de kracht van de burn, vervolgde Griffin, waren niet alleen bepalend voor de brandstofreserves van de bemanning en hun reistijd terug naar de aarde, maar ook voor de zee waarin ze bij hun terugkeer terecht zouden komen. Omdat er maar bepaalde oceanen op aarde vanuit de ruimte benaderbaar waren, en er maar één oceaan was – de Grote

Oceaan – waarin zich voldoende bergingsvaartuigen bevonden, was de keus beperkt. De drie verschillende manoeuvres die Griffin en Windler hadden uitgedokterd, zouden deze problemen van verschillende kanten aanpakken.

De eerste *burn*, legde Griffin uit, zou een lange zijn. Lovell zou de gashendel van de daalmotor helemaal openschuiven, hem daar meer dan zestien minuten houden, om vervolgens de motor weer tot zwijgen te brengen. Deze manoeuvre, die door Griffin, om het eenvoudig te houden, de supersnelle *burn* werd genoemd, zou ervoor zorgen dat de bemanning op donderdagochtend in de Atlantische Oceaan zou terechtkomen, precies zesendertig uur na de geplande PC+2-*burn* van later die avond. Zo'n vroege terugkeer lag ruim binnen de meest pessimistische schatting betreffende de geprojecteerde levensduur van de LEM, en was alleen al om díe reden erg aantrekkelijk. Maar de supersnelle burn had wel een prijs. Niet alleen kostte het een enorme hoeveelheid brandstof en richtte het de astronauten op een stuk oceaan waar de marine momenteel nog niet eens een trawler had gestationeerd, het dwong de bemanning ook nog eens de hele trip naar huis zonder een uiterst essentieel onderdeel van het ruimteschip te maken.

Om de massa van de aan elkaar gekoppelde ruimteschepen voldoende te verminderen zodat de alles-of-niets-manoeuvre effectief zou zijn, diende Lovell zijn thans waardeloos geworden servicemodule af te stoten. Voor de zekerheid, legde Griffin uit, gingen de flight-directors ervan uit dat ze geen enkele illusie dienden te koesteren dat dit – waarschijnlijk door een explosie beschadigde – onderdeel van het ruimteschip nog tot leven gewekt kon worden, maar desondanks wenste men er nog geen afscheid van te nemen. De servicemodule, wist deze kamer vol ambtenaren maar al te goed, paste mooi op de onderkant van de commandomodule, beschermde het hitteschild, dat op zijn beurt de bemanning zou beschermen tijdens de vurige re-entry door de atmosfeer. Nog nooit had iemand experimenten uitgevoerd om erachter te komen wat er met een hitteschild zou gebeuren dat anderhalve dag in de diepvries van de ruimte had doorgebracht, en dit was niet bepaald het tijdstip om het te gaan proberen. En wat de zaak nog ingewikkelder maakte, zelfs als een gewoon hitteschild zulke koude condities kon overleven, was het feit dat dat van de Apollo 13 misschien wel niet gewoon was. Als het ongeluk dat de zuurstoftanks had vernield ook maar één klein haarscheurtje in de kunsthars toplaag van het schild had veroorzaakt, dan zouden de ultralage temperaturen van het zonloze heelal dat weleens volkomen doormidden kunnen breken. Desondanks, vervolgde Griffin, zou – als de consumables een onoverkomelijk probleem zouden blijken te zijn – de supersnelle *burn* het overwegen waard kunnen zijn.

De volgende *burn* zou wat langzamer gaan dan de supersnelle, waardoor brandstof werd bespaard, terwijl de terugreis maar een paar uur langer in beslag zou nemen. Het grootste voordeel van deze procedure was dat de extra reistijd de aarde de gelegenheid zou geven om een extra kwartslag te maken, waardoor het ruimteschip in de druk bevaren Grote

Oceaan zou terechtkomen. Het grootste nadeel echter was, net als bij de heel snelle terugkeer, het feit dat de servicemodule hiervoor moest worden afgestoten.

De laatste *burn*-optie was de langzaamste en de minst dramatische van allemaal. De servicemodule van Odyssey zou op z'n plaats blijven, terwijl Lovell de raketmotor van Aquarius slechts viereneenhalve minuut zou laten branden, en dan nog maar een gedeelte van die tijd op volle kracht. Net als de tweede mogelijkheid zou deze bescheiden manoeuvre ervoor zorgen dat de splash-down in de vertrouwde Grote Oceaan zou plaatsvinden. In tegenstelling met de tweede mogelijkheid, zouden ze daar niet donderdagsmiddags arriveren, maar vrijdagsmiddags – meer dan drie dagen na nu, en slechts tien uur sneller dan ze zouden aankomen zonder PC+2-*burn*. Als het hitteschild en de berging de enige overwegingen waren, zou deze burn zeker de beste zijn. Maar zodra je de consumables in deze vergelijking betrok, werd het allemaal toch wat lastiger.

Griffin rondde zijn presentatie af en deed een stapje terug om zijn publiek van Agency-bazen de gelegenheid te geven hun keuze te bepalen. Onmiddellijk gingen er handen omhoog. Hoe groot, wilde iemand weten, was de kans dat het hitteschild beschadigd was? Niet zo gek groot, wellicht, antwoordde Griffin, maar àls er een haarscheurtje in zat, was de kans dat ze de bemanning zouden verliezen honderd procent. Hoe ver, vroeg iemand anders, konden de voorraden consumables worden uitgerekt? Het was nog te vroeg om daarover iets te zeggen, moest Griffin beamen; Kranz, die naast hem stond, was het daarmee eens. Wat, vroeg iemand anders zich af, was de precieze Delta V en de precieze brandtijd voor alle drie de manoeuvres? Deiterich en Reed stapten naar voren en reikten handgeschreven aantekeningen uit, waarna ze alle neergekrabbelde gegevens nog eens persoonlijk toelichtten.

Bijna een uur lang debatteerden de mannen in het zaaltje over de mogelijkheden, terwijl Kraft en zijn mensen toekeken. Deke Slayton, als chefastronaut, en daarom de belangrijkste pleitbezorger van alle andere astronauten, pleitte krachtig voor de snelste *burn*, en al snel werd hij door een aantal anderen bijgevallen. Maar talrijker, en al snel allesoverheersend, waren de stemmen die de voorkeur gaven aan de langzaamste *burn*. Ja, de voorraden zouden een probleem worden, maar waren Kranz en het Tiger Team en de legendarische John Aaron daar al niet druk mee bezig? Ja, het zou best moeilijk worden om aan de pers en de rest van de wereld uit te leggen waarom een bemanning in uiterste nood een uur – wàt, een hele dag – langer in de ruimte werd gehouden dan strikt noodzakelijk was. Maar het zou nòg moeilijker worden om uit te leggen waarom diezelfde bemanning het grootste deel van de terugreis zonder brandstof had moeten vliegen, om met een kapot hitteschild door de atmosfeer in een oceaan te tuimelen waar de marine nog haastig wat schepen moest samentrekken?

Kraft en zijn flight-directors lieten de argumenten voor en tegen uitwoeden en keken met voldoening toe hoe de mannen in het zaaltje uiteindelijk opteerden voor het langzaamste alternatief. Het was de keuze waaraan ook de flight-directors de voorkeur gaven, en het was de keuze waarvan ze hadden gehoopt dat de leiding van de NASA hem zou prefereren. Nu, terwijl de argumenten zich tot een consensus begonnen te vormen, transformeerde Chris Kraft deze consensus in een beslissing.

'Dus we zijn het erover eens,' vatte hij samen. 'Om 79 uur en 27 minuten zal er viereneenhalve minuut lang een *burn* plaatsvinden van 255 meter per seconde, en richten we ons daarbij op een splash-down in de Grote Oceaan om 142 uur. Als alles goed gaat, zal de Apollo 13 op vrijdagmiddag thuis zijn.'

De mannen in het zaaltje knikten, stonden nagenoeg op hetzelfde moment op en begonnen zich in de richting van de deuren te begeven. Terwijl achter hun consoles gezeten flight-controllers over hun schouder een laatste blik wierpen op de zich verwijderende hoogwaardigheidsbekleders, draaide Gerald Griffin zich om naar Glynn Lunney.

'Wat zou je ervan zeggen als we gewoon eens ophielden hierover te praten,' zei hij, 'en eens kijken of het ons zal lukken?'

9

Dinsdag 14 april, 14:00 uur

Toen Gene Kranz enkele uren nadat de PC+2-vergadering uit elkaar was gegaan de VIP-galerij binnenliep, durfden de twee verslaggevers achter de mediaconsoles er niet van te dromen het woord tot hem te richten. Een minder ervaren journalist zou er wèl van gedroomd hebben; een minder ervaren journalist zou wel gek zijn geweest als hij dat níet had gedaan. Als de man waar in feite het hele Apollo 13-gebeuren om draait, zomaar in z'n eentje ten tonele verschijnt, met nagenoeg geen enkele andere journalist in zicht die óók om zijn aandacht zou kunnen vragen, dan doe je wat elk verslaggeversinstinct je toeschreeuwt te móeten doen: je drijft hem in een hoek voor een voorspelling of een indruk, of op z'n minst om een paar woorden waar een hoekje van de krant mee gevuld zou kunnen worden. Maar de verslaggevers achter de consoles wisten wel beter. Als Kranz midden tijdens een vlucht in de VIP-galerij verscheen, dan kwam hij daar niet om te praten; hij was hier om te slapen.

Al sinds het Gemini-programma, toen de NASA missies begon uit te voeren die soms wel acht of veertien dagen duurden, hadden de artsen van de Agency – en de bazen hadden daaraan voldaan – verzocht slaapplaatsen te creëren voor flight-controllers die vierentwintig uur per etmaal oproepbaar waren. De accommodatie had niet veel om het lijf – het was vaak niet meer dan een klein, vensterloos kamertje in het gebouw van Mission Control, met een douche, een eenvoudige wastafel en twee legerbedden – maar voor controllers die gewend waren om weg te dommelen in een lege vergaderkamer als ze behoefte hadden tussen twee diensten door een uiltje te knappen, was het een onvoorstelbare luxe.

De kleine slaapkamer werd met veel fanfare in gebruik genomen, en direct bij de volgende missie renden de controllers om het hardst om er beslag op te leggen. De eersten die de kamer uitprobeerden kwamen al snel tot de conclusie dat ze dat maar beter niet hadden kunnen doen. De kamer lag aan een gang die druk gebruikt werd en waar onophoudelijk werd gepraat. De meeste geluiden drongen dwars door de dunne wanden heen en het weinige dat er níet doorheen drong, kwam wel naar binnen als de deur even werd geopend. De deur zelf was voorzien van een hydraulische dranger die blijkbaar nooit goed was afgesteld; als iemand binnenkwam of naar buiten wilde, ging de deur moeizaam en met veel gekreun open, om daarna met een keiharde klap dicht te slaan. Zelfs de leidingen van de douche maakten een gigantisch lawaai.

Ondanks dit alles waren er bij elke vlucht wel een stuk of vijf, zes overtoegewijde controllers – waaronder Gene Kranz – die erop stonden om de hele tijd in het Center te blijven, dus was er over het algemeen behoorlijk wat belangstelling voor de twee bedden. Toen de maanreizen echter bijna routine werden, en die ploegen die dienst hadden uit steeds minder mensen gingen bestaan, had Kranz de lawaaierige controllers-slaapkamer voorgoed afgezworen. Als hij slaap nodig had, besloot hij, zou hij zich in de VIP-galerij terugtrekken om daar een zo lang mogelijk uiltje te knappen als het rooster toestond. Op dinsdagmiddag besloot Kranz, die ruim vierentwintig uur onafgebroken aan het werk was geweest, dat hij nu eventjes rust kon nemen, en met een knikje naar de verslaggevers die achter de VIP-consoles zaten ging hij in een gemakkelijke stoel zitten. Hij realiseerde zich dat het dutje dat hij kon doen van korte duur zou zijn.

Vanaf het moment dat Kranz gisteravond laat zijn console aan Glynn Lunney overdroeg, had hij samen met zijn Tiger Team in kamer 210 opgesloten gezeten, computeruitdraaien en voorraadprofielen bestuderend. Hoewel het verhaal dat deze informatie hem vertelde geen prettig verhaal was, was het beeld aan de LEM-kant van de kamer iets veelbelovender. Na snel berekend te hebben hoeveel voorraden er nog zouden zijn na het activeren van de motor van Aquarius, bekeek Bob Heselmeyer, de TELMU van het Witte Team, samen met Kranz het resultaat, om vervolgens – in tegenstelling met de meeste andere leden van het Witte Team – terug naar de consoles te worden gestuurd.

Heselmeyer was een goede TELMU, maar hij was ook de jongste die bij de Apollo 13-ploeg was ingedeeld. Om straks de LEM-consumables te berekenen, gaf Kranz de voorkeur aan Bill Peters, een TELMU van het Gouden Team van Gerry Griffin, die sinds de Gemini 3 met Gus Grissom en John Young in 1965 bij alle vluchten betrokken was geweest. Het vertrouwen van de leider van het Tiger Team in Peters bleek terecht. Na de halve ochtend met Kranz rond de tafel te hebben gezeten – en de andere helft overleg te hebben gepleegd met Tom Kelly van Grumman – maakte Bill Peters een aantal opmerkelijke vorderingen bij het oplossen van Aquarius' crisis betreffende consumables.

Om te beginnen werden de problemen met het water en het elektrisch vermogen aangepakt, de twee levensbronnen waar het grootste tekort aan was, en Peters was in staat om daar nog meer op te bezuinigen dan Kelly en Heselmeyer voor mogelijk hadden gehouden. Volgens de profielen waarmee Peters en zijn elektriciteitsspecialisten op de proppen kwamen, leek het mogelijk om de LEM – die gewoonlijk circa 55 ampère nodig had om te blijven functioneren – op een bijna-stervensdieet van net twaalf ampère te laten lopen. Een volledig van energie voorziene LEM had ongeveer 1800 ampère tot zijn beschikking, opgesplitst in vier accu's in de daaltrap en twee in de stijgtrap. Twaalf ampère was hiermee vergeleken niet veel, maar na het uitsmeren van het stroomverbruik over de tijd die nodig was om de bemanning naar huis te halen, en het reserveren van een kleine hoeveelheid die als buffer gebruikt kon worden als de nood nog eens aan de man kwam, dacht Peters niet dat hij in staat was om veel méér te verbruiken. Hoe meer elektriciteit de TELMU wist te besparen, hoe meer water er tegelijkertijd werd bespaard, dus Peters' uiterst strikte stroomdieet zorgde er op die manier ook nog eens voor dat er vele kostbare liters van die schaarse vloeistof werden bewaard.

Maar al die zuinigheid die hij voorstelde, had uiteraard een prijs. De gedeeltelijke deactivering van systemen die de LEM-technici tussen de vrije-terugkeer-*burn* en de PC+2 hadden aanbevolen, stond in geen enkele verhouding met wat Peters voor ogen stond voor de lange reis naar huis. Zodra die versnellingsmanoeuvre om 20 uur 40 vanavond had plaatsgevonden, zou hij opdracht geven om bijna alle apparatuur aan boord van de maanlander die elektriciteit gebruikte buiten werking te stellen, op de volgende drie na: het communicatiesysteem en een van de antennes; de cabineventilator, die de beschikbare zuurstof deed circuleren; en de koelpompen voor de water-glycol, die ervoor moesten zorgen dat de temperaturen in beide andere systemen niet te veel zouden oplopen. Uitgeschakeld zouden worden de computer, het besturingssysteem, de cabineverwarming, koppelradar, landingsradar, instrumentenpaneelverlichting en honderden andere stukjes hardware. Alle apparatuur die nu werd opgeofferd kon weer worden geactiveerd voor het geval die voor volgende *burns* of manoeuvres nodig mochten zijn, maar voor zover het mogelijk was, zouden ze tijdens de hele terugreis uitgeschakeld blijven.

Maar er waren wel degelijk grote nadelen aan Peters' draconische stroombezuinigingsplannen verbonden. Om te beginnen beloofde de toch al niet echt comfortabele LEM nòg onaangenamer te worden, terwijl het wegvallen van de instrumenten- en cabineverlichting ervoor zorgde dat de cockpit in het duister werd gehuld, en het wegvallen van de warmte genererende instrumenten de toch al kille temperatuur nog verder zou doen zakken. Ten tweede had nog niemand het probleem opgelost hoe je de kooldioxyde uit de cabinelucht zuiverde zonder nieuwe lithiumhydroxyde-patronen die het giftige gas moesten absorberen. En wat wellicht het meest problematisch was, was het feit dat de LEM niet alleen elektriciteit voor zijn eigen systemen diende te leveren. Vóór Lovell, Swigert en Haise Odyssey hadden verlaten, was de langzaam stervende commandomodule begonnen met het kannibaliseren van één van zijn drie voor de re-entry bedoelde accu's, waar automatisch stroom aan werd onttrokken nadat de drie brandstofcellen geen vermogen meer gaven. Om het ruimteschip voor de re-entry weer geactiveerd te krijgen, diende die accu weer te worden opgeladen, en de enige plek waar dat vermogen was te halen, was het toch al onder druk staande elektrische systeem van Aquarius. Terwijl Peters druk bezig was uit te rekenen hoe hij zijn ruimteschip de komende halve week in leven kon houden, kwam John Aaron langs om een paar ampère voor zijn eigen zieke ruimteschip te lenen.

'Bill,' zei Aaron, terwijl hij Peters in een hoek van kamer 210 klem zette, om vervolgens met zijn trage maar onoverwinnelijke Oklahoma-accent te vervolgen: 'Je weet dat ik die commandomodule niet op tweeëneenhalve accu aan de praat kan houden.'

'Ik weet het, John,' zei Peters.
'En je weet dat ik daarvoor bij jou moet zijn.'
'Ook dat weet ik.'
'Hoeveel kun je me geven?'
'Hoeveel heb je nodig?' vroeg Peters behoedzaam. 'Je hebt maar heel kleine accu's in dat ding zitten. Veel heb je niet nodig, toch?'
'We moeten de lege weer zien op te laden tot minimaal 50 ampère,' legde Aaron uit, 'en toen we het schip verlieten stond-ie op 16. Dus vraag ik je om pakweg 34 ampère.'

Peters dacht even na. 'Vierendertig... vierendertig zou ik er kunnen missen, maar in feite vraag je me om veel meer. Mijn oplaadapparaat en mijn bekabeling hebben slechts een effectiviteit van dertig, veertig procent. Om 34 ampère helemaal bij jou te krijgen, kost me er ongeveer honderd.'

'Dat weet ik, Bill,' zei Aaron met oprechte sympathie. 'Kun je het desondanks doen?'

Peters dacht aan zijn 1800 beschikbare ampères en deed snel wat hoofdrekenwerk. 'Ja,' zei hij behoedzaam, 'ik denk dat ik ze wel kan missen.'

Aan de commandomodule-kant van de kamer waren de zaken nog gecompliceerder, en Aarons vermogen om te onderhandelen en mensen om te praten zou nog belangrijker worden. Wat het overgrote deel van de tijd van de eerste EECOM in beslag nam, was niet hoe hij zijn accu's moest opladen, maar hoe hij ooit in staat hoopte te zijn Odyssey van nieuwe energie te voorzien, of hij nu over Peters' extra ampères beschikte of niet. Onder normale omstandigheden al was het reactiveren van een Apollo-commandomodule een uiterst kostbare aangelegenheid, zowel qua benodigd vermogen als qua benodigde tijd. Vóór een lancering hadden technici gewoonlijk al een hele dag nodig om dat voor elkaar te krijgen, waarbij ze duizenden ampères nodig hadden om elk systeem warm te laten draaien en alle vitale tekens te controleren voor ze hem vlieggereed verklaarden. Dit proces moest erg nauwgezet gebeuren, maar met onbeperkte hoeveelheden ampères en tijd tot hun beschikking, gaven de NASA-technici er de voorkeur aan zo voorzichtig mogelijk te zijn.

Met de Apollo 13 zou Aaron niet over deze luxe beschikken. Hij en Kranz berekenden enkele voorlopige energieprojecties en kwamen uit op behoorlijk zorgelijke cijfers. Ervan uitgaand dat de derde accu van Odyssey met succes werd opgeladen, hield Aaron voor slechts twee uur brandstof over waarmee hij kon gaan goochelen als de tijd was aangebroken om het ruimteschip te reactiveren. Voor een technicus die geschoold was in de hyper-voorzichtige werkwijze die na de Apollo 1 bij de NASA was ingevoerd, leek dit het toppunt van roekeloosheid, maar Aaron geloofde dat de klus geklaard kon worden.

Waar hij zich de grootste zorgen over maakte, was de manier waarop hij het duidelijk moest maken aan de controllers die toezicht hielden op de systemen van het ruimteschip. In principe wist elke man in kamer 210 welke technische problemen zouden moeten worden opgelost om de commandomodule heelhuids thuis te krijgen. Maar in de praktijk wilde liever níemand aan de mogelijkheid denken dat dat probleem op zíjn bordje kwam te liggen – en Aaron vond het allesbehalve prettig om het ze te moeten vertellen. Met Kranz naast hem verzamelde hij de commandomodulecontrollers rond de vergadertafel en sprak met een verlegenheid die voor vijftig procent uit prairiemanieren bestond, terwijl de andere vijftig procent berekenend koopmanschap was.

'Jongens,' zei hij, 'ik weet dat van mij niet verwacht wordt dat ik alles van jullie systemen weet, en corrigeer me alsjeblieft als ik een foutje maak, maar ik geloof dat ik enkele ideeën heb hoe we dit ruimtschip te zijner tijd weer van vermogen kunnen voorzien. Volgens mij hebben we vanaf een koude start tot het punt dat alles weer onder spanning staat, ongeveer twee uur accutijd.'

'John,' zei Bill Strable, de guidance- en navigatieman, 'dat lukt je nooit in die tijd.'

'Nou, dat dacht ik nu ook, Bill,' zei Aaron, grinnikend om zijn eigen onverbeterlijkheid. 'Maar ik denk dat als we bereid zouden zijn nog een paar besparingen door te voeren, we misschien nèt in staat zijn om het te laten lukken.'

'Natuurlijk is het te doen,' zei Strable, 'maar is het véilig te doen?'

'Ik denk dat het nog net te doen is,' antwoordde Aaron. 'Ik heb hier een paar voorstellen. Alleen nog maar heel erg globaal, er ligt nog niets vast. Maar misschien kunnen we er met z'n allen eens naar kijken, dan kunnen we proberen ze wat substantiëler te laten worden.'

Zich bijna verontschuldigend haalde Aaron een lange strook computerpapier te voorschijn waarop met kleurpotlood aantekeningen waren gemaakt. Het gekrabbel ging pagina na pagina door, en stelde tientallen projecties, voorspellingen en berekeningen voor die hij met behulp van Jim Kelly, zijn specialist betreffende elektrische systemen, had uitgewerkt. Eén enkele blik was voldoende om te zien dat dit niets 'globaals' was, niet zomaar een paar 'voorstellen'. Dit was een genadeloos realistische, zeer weloverwogen analyse van exact hoeveel vermogen en tijd het ruimteschip nodig had, of de controllers het nu wilden horen of niet. Aaron wist dat de cijfers klopten, en de controllers, vermoedde hij, wisten dat ook.

Hij deelde zijn berekeningen uit, gaf de controllers de gelegenheid om ze in zich op te nemen, en het eerste van het waarschijnlijk tientallen uren durende onderhandelen, marchanderen en pingelen nam een aanvang. De controllers zouden bezwaren hebben en zouden met suggesties komen, maar wat ze níet zouden hebben was veel tijd. Volgens de baan die de bemanning nu volgde, zou de Apollo 13 in minder dan tweeënzeventig uur met de aardse atmosfeer in botsing komen. Ervan uitgaand dat de PC+2-*burn* die voor later die avond was gepland door zou gaan, zou dat aantal worden bekort tot tweeënzestig uur. Als Aaron niet uiterlijk binnen achtenveertig uur een reactivatie-checklist had weten samen te stellen, dan was het gevaar erg groot dat de *steely-eyed missileman* zijn eerste bemanning kwijt zou raken.

Het Gouden Team van Gerald Griffin dacht helemaal niet aan consumables. Uiteindelijk zouden ze dat wèl gaan doen, wist Griffin; net als alle andere teams had het Gouden Team heel wat dagen *resource-management* voor de boeg. Maar op dit moment hoefden ze zich daar het hoofd nog niet over te breken.

Griffin had nu iets langer dan vijf uur de leiding over deze vlucht, en tot nu toe was alles relatief rustig. Tijdens de dienst van Kranz' Witte Team was de tank van de Apollo 13 geëxplodeerd, tijdens de dienst van Lunney's Zwarte Team hadden het afbouwen van de elektrische systemen, de *power-down*, en de vrije terugkeer plaatsgevonden, en tijdens de dienst van Windlers Bruine Team zou de PC+2 worden uitgevoerd. Er werd gemompeld dat Kranz' Tiger Team, het vroegere Witte Team, lang genoeg uit zijn isolatie zou komen om tijdens de PC+2-manoeuvre van vanavond achter de consoles plaats te nemen, om het werk daarna terug aan Windler over te dragen – en als het dàt was wat Kranz wilde, dan zou niemand hem een strobreed in de weg leggen. Maar of het nu het Tiger Team of het Bruine Team was dat Griffin achter de consoles zou opvolgen, de opdracht van de leider van het Gouden Team was duidelijk: zorg ervoor dat het ruimteschip blijft functioneren, help te voorkomen dat er zich nog meer technische crises voordoen, en zorg ervoor dat het zo goed mogelijk is voorbereid voor de PC+2-*burn*. Tot nu toe kweet Griffins groep zich goed van zijn taak, met de onmiskenbare uitzondering van het laatste.

De eerdere pogingen van Lunney's Zwarte Team om ondanks de wolk van brokstukjes die het ruimteschip omringde het navigatiesysteem van Aquarius nauwkeurig af te regelen, waren mislukt, en toen Lunney de beslissing had genomen de vrije-terugkeer-*burn* alleen te baseren op de oplijning zoals die vanuit de commandomodule was doorgeseind, hadden de mannen in de controleruimte alleen maar hun schouders opgehaald en er het beste van gehoopt. Die *burn*, wisten ze, zou erg kort zijn, en elke afwijking in het oplijnen van het navigatiesysteem zou niet al te zeer worden uitvergroot. Maar voor de PC+2 lag dit heel anders. Niet alleen was de geplande activering van vrij lange duur – negen keer langer dan de oprisping die de bemanning terug op hun vrije-terugkeerpad had geplaatst – maar die zou ook nog eens bijna achttien uur later plaatsvinden. Besturings-navigatiesystemen hadden de neiging in de loop van de tijd iets af te gaan wijken, en zelfs als de coördinaten die Lovell om tien uur gisteravond vanuit Odyssey had weten over te maken om 2 uur 43 in de ochtend nog steeds klopten, zouden ze om 20 uur 10 de avond daarop vrijwel zeker niet meer helemaal nauwkeurig zijn.

De afgelopen uren hadden Griffin en zijn Gouden Team voortdurend contact onderhouden met de technici in de simulatorruimte aan de andere kant van het Space Center-terrein, waar Charlie Duke en John Young probeerden met een oplossing voor de oplijningsproblemen te komen waartoe de guidance-mensen van het Zwarte Team geen kans hadden gezien. Tot nu toe waren de resultaten weinig hoopgevend. Met sterrenkaarten op de vensters van de simulator geprojecteerd en een extra lichtbron die de zon moest voorstellen, hadden de twee piloten hun namaak-LEM in alle mogelijke gesimuleerde posities gedraaid die ze konden bedenken, in een poging de vensters van Aquarius ver genoeg de schaduw in te trekken om de wolk met brokstukjes buiten te sluiten, en zo de echte sterren zichtbaar te maken. Maar hoe ze hun LEM ook draaiden, de nepzon bleef de maanlander in een felle gloed zetten, waardoor de minieme wrakstukjes bleven fonkelen en zelfs het globaal schieten van sterren onmogelijk was.

Terwijl het middag werd en de laatste sombere meldingen vanuit het simulatorgebouw binnensijpelden, zaten Chuck Deiterich, Dave Reed en Ken Russell – Griffins RETRO, FIDO en GUIDO – in elkaar gezakt achter hun consoles op de eerste rij van Mission Control, niet meer wetend wat ze moesten doen.

'Wat gaan we nu doen?' vroeg Reed aan zijn twee collega's, terwijl hij zijn stoel bij de middelste console naar achteren schoof en links naar Deiterich keek en vervolgens rechts naar Russell. 'Wat stellen jullie voor dat we nu gaan proberen?'

'Dave,' zei Deiterich, 'ik sta open voor elke suggestie.'

'Ik ga ervan uit dat we de sterren nu maar laten voor wat ze zijn,' merkte Russell op.

'Als we ze niet kunnen zien,' zei Deiterich, 'kunnen we er ook niet op vliegen.'

'Ik neem aan dat we nog altijd kunnen wachten tot we achter de maan zitten,' zei Russell. 'Zodra ze in de schaduw zijn, lichten die brokstukjes niet meer zo op.'

'Maar dan wordt de tijd wel èrg kort, hè?' reageerde Reed. 'Ze hebben maar een half uur schaduw en twee uur later al moet die burn plaatsvinden. Als er iets verkeerd gaat, hebben ze geen tijd meer om het in orde te maken.'

'Luister,' zei Russell, 'laten we wel wezen. Het enige ding dat we daar kunnen zien is het ding dat ons met al die problemen heeft opgezadeld, de zon.'

'Nou,' zei Deiterich, 'als-ie er dan toch is, waarom maken we er dan geen gebruik van? Hij is toch ook een ster, niet? De computer herkent hem, toch? Van hoeveel fijne brokstukjes er ook sprake mag zijn, zodra je naar de zon op zoek gaat weet je zeker dat je hem niet voor iets anders zult houden.'

Hij keek Reed en Russell aan, en de twee mannen keken sceptisch terug. Gewoonlijk was het zuiver oplijnen van een besturings-navigatiesysteem een uiterst accuraat werkje. Aangezien het uitspansel van de sterrenhemel zich 360 graden in drie dimensies rond het ruimteschip uitstrekte, was een eenzame ster de dichtst mogelijke benadering van het platonische ideaal van één specifiek geometrisch punt: oneindig klein, oneindig precies, en een oneindig aantal ervan vormde slechts één enkele graad van de cirkelboog. Als je je relatieve positie ten opzichte van deze felle, kosmische speldepunten wist te bepalen, en je kon je navigatiesysteem zo afstellen dat nagenoeg elke afwijking werd uitgesloten.

Maar de zon gaan gebruiken in plaats van de sterren was iets heel anders. Om te beginnen was de zon ontzettend groot. Hij heeft een doorsnede van 1.392.000 kilometer en is slechts 150 miljoen kilometer van de aarde verwijderd – naar kosmische begrippen slechts een armslengte – terwijl deze plaatselijke ster als een witte vlek in de hemel hangt, en een volledige halve graad van het uitspansel beslaat. Binnen zijn grote, felle schijf pasten tientallen aanzienlijk kleinere sterren. Wat Deiterich voorstelde, begrepen Reed en Russell ogenblikkelijk, was dit grote doelwit niet te gebruiken om steeds maar weer te proberen het navigatiesysteem op uit te lijnen, maar het simpelweg te gebruiken om de uitlijning te controleren die het ruimteschip momenteel bezat. Als de astronauten het besturings-navigatiesysteem opdracht gaven op zoek te gaan naar de zon, en dat navigatiesysteem bracht het ruimteschip – en vooral natuurlijk de uitlijntelescoop aan boord – tot binnen pakweg een, twee graden van de plaats waar de buurster zich feitelijk bevond, dan zouden ze weten dat Aquarius op de juiste koers lag en dat, als het tijd voor de burn was, op zijn navigatiesysteem kon worden vertrouwd. Maar Deiterich had zijn voorstel nog maar nauwelijks gedaan, of hij begon al te twijfelen.

'We gaan dan wel uit van een behoorlijk breed doelwit, hè?' merkte hij op.

'Héél breed,' zei Russell.

'En hoe zit het met de optiek?' vroeg Deiterich. 'Als je de zon gaat bekijken door een oculair waarmee je wordt geacht alleen maar naar sterren te kijken, dan wordt gelijk je oog weggebrand.'

'Ze hebben filters aan boord die dat kunnen ondervangen,' zei Russell. 'Maar ik ben nog steeds niet helemaal weg van het idee. Het is een kontzakprocedure die we proberen, jongens. Het is prachtig in een simulator, maar zou je er tijdens een vlucht op willen vertrouwen?'

'Niet bepaald,' zei Deiterich. 'Maar hebben we een andere keus?'

Russell en Reed keken elkaar aan.'

'Niet een,' zei Russell.

Twee rijen verderop, achter de console van de flight-director, keek Griffin naar zijn mannen op de eerste rij en kon duidelijk zien dat ze druk bezig waren met het bespreken van iets. Hij hoopte van ganser harte dat dat iets een oplijnplan was. Net als alle andere flight-directors, hield Griffin bij zijn console een logboek bij waarin hij alle belangrijke momenten van een missie vastlegde. Tot nu toe was de ruimte die was gereserveerd voor het noteren van de precieze oplijning blanco gebleven, en hij kreeg steeds meer de kriebels. Ze waren nog maar zeven uur verwijderd van PC+2; het wegvallen van het signaal, wanneer het ruimtevaartuig achter de snel dichterbij komende maan zou verdwijnen, zou al over ruim vier uur plaatsvinden. De guidance-mensen zouden met minimaal één goed plan op de proppen moeten komen, en snèl. Op de voorste rij bleven Deiterich, Reed en Russell nog een aantal minuten dicht naar elkaar toe gebogen in gesprek, om toen plotseling op te staan, naar het gangpad te lopen en Griffins kant uit te komen.

'Gerry,' zei Russell toen ze bij zijn console aankwamen, 'we zullen de zon moeten gebruiken om de bestaande oplijning te controleren.'

Griffin keek zijn mannen zwijgend aan. Toen zei hij: 'Is dat het beste dat we kunnen verzinnen?'

'Het beste dat wíj kunnen verzinnen,' zei Russell. 'Zodra we in de schaduw van de maan terechtkomen kunnen we zien of er een paar sterren te voorschijn schieten, en díe gebruiken om te kijken of we goed zitten. Maar daar kunnen we alleen maar in geval van nood op terugvallen.'

'Hoeveel vertrouwen heb je in de zon alleen?' wilde Griffin weten.

'Behoorlijk wat,' zei Russell, terwijl hij zo overtuigd mogelijk probeerde te klinken.

'Behóórlijk wat?'

'Ja,' zei Deiterich. 'En meer zou er weleens niet in kunnen zitten.'

Griffin nam de gezichten van zijn guidance-mensen aandachtig in zich op en spreidde vervolgens zijn armen. 'Neem contact op met Charlie Duke en John Young,' zei hij. 'Laten ze dit zo snel mogelijk op de simulator uitproberen.'

In de cockpit van Aquarius dachten Jim Lovell, Jack Swigert en Fred Haise op dat moment helemaal niet aan de zon. Het hemellichaam dat bijna al hun aandacht opeiste was vierhonderd keer kleiner – hoewel het er oneindig veel groter uitzag – en duizenden keren dichterbij, en werd elke minuut groter en groter. Terwijl John Young en Charlie Duke in de namaak-LEM bezig waren, bevond de eigenlijke bemanning zich in het èchte ruimteschip op minder dan 23.000 kilometer bij de maan vandaan en schoten er met een snelheid van 5555 kilometer per uur naar toe. Hoe dichter Aquarius en Odyssey dichterbij kwamen, hoe regelmatiger de bemanning, in weerwil van zichzelf, af en toe een blik naar buiten wierp. Aanvankelijk gaven ze nauwelijks aan deze impuls toe, want ze hadden er ook nog eens nauwelijks tijd voor. De verbindingen eisten hun voortdurende aandacht op, beide ruimteschepen dienden ook nog regelmatig hun thermische omwentelingen te maken, de aan de PC+2 voorafgaande reactivatie stond voor de deur, en de wolk met brokstukjes moest voortdurend in de gaten worden gehouden om te kijken of er toch geen sterren vielen waar te nemen. Maar hoe dicht die wolk ook zou worden, hij kon met geen mogelijkheid de immense, pleister-grijze bol die ervoor hing aan het oog onttrekken.

De maan die de bemanning naderde was een maan die tussen half en vol hing – ongeveer 70 procent was verlicht, waarbij zich slechts een stevige sikkel aan de westelijke rand in het duister bevond. Op zo'n korte afstand waren de kleine driehoekige vensters van de LEM niet langer in staat de gigantische omvang van de maan te bevatten, en om de hele vorm in zich op te nemen moesten de bemanningsleden zich ver vooroverbuigen en hun hoofden zo ver draaien als de kleine patrijspoorten maar toestonden. Voor Lovell begon de dichte nabijheid steeds meer reden voor ongerustheid te worden. Op dit moment waren de twee aan elkaar gekoppelde ruimteschepen ongeveer even ver van de op de maan aanwezige bergtoppen verwijderd als, zeg maar, een vliegtuig dat in Lissabon opsteeg, op weg naar zijn geplande bestemming, zeg maar, Sydney. En Odyssey en Aquarius gingen zes keer sneller dan zo'n straaltoestel. De commandant duwde zich van het raampje vandaan en wendde zich weinig op zijn gemak tot zijn LEM-piloot.

'Hoe denk je dat ze die uitlijntoestand zullen oplossen, Freddo?' vroeg hij.

'Echt grandioos zal het wel niet worden, anders hadden we al wel wat gehoord,' zei Haise.

'Nou, onze speelruimte wordt snel kleiner.'

'Ongeveer 1320 meter per seconde, om precies te zijn,' zei Haise, terwijl hij snel een blik wierp in de richting van de snelheidsmeter.

'Wat zou je ervan zeggen als we ze oproepen en eens horen of we de zaak niet een beetje kunnen versnellen,' zei Lovell. Maar voor Haise de boodschap echter had kunnen doorgeven, werd het ruimteschip door Houston opgeroepen.

'Aquarius, Houston,' meldde de Capcom zich. Aan de stem te horen had Vance Brand, een andere aspirant-astronaut, Joe Kerwins plaats achter de console ingenomen.

'Zeg het maar, Houston,' reageerde Haise.

'Oké, we staan op het punt een oplijningsprocedure voor jullie af te ronden,' zei Brand, 'en waar we aan zitten te denken is een zonnecheck die jullie zo rond 74 uur zouden moeten uitvoeren. De benodigde informatie zit eraan te komen, en we hebben het gevoel dat als jullie binnen één graad van het doelwit zitten, het navigatiesysteem in orde is en er verder geen oplijnen meer nodig zal zijn. Ervan uitgaand dat die zonnecheck inderdaad oké is, zullen we jullie voor de zekerheid nog een ster opgeven die je kunt schieten als jullie aan de achterkant van de maan in het donker zitten. Over.'

Haise herhaalde de instructies om er zeker van te zijn dat hij ze goed had gehoord, verbrak toen de verbinding en wendde zich met een vragende uitdrukking op zijn gezicht tot Lovell en Swigert. Van de drie man aan boord was Haise niet noodzakelijkerwijs de meest gekwalificeerde om vast te stellen hoe goed dat plan was. Swigert, als navigator tijdens deze vlucht, en Lovell, als de eerste navigator die ooit deze kant uit was geweest, waren een stuk bedrevener in het navigeren op sterren.

'Hoe klonk dat jullie in de oren?' vroeg Haise.

Lovell liet een zacht gefluit horen. 'Tja, het zóu ons oplijnen moeten bevestigen.' Hij draaide zich om naar Swigert. 'Wat vind jij ervan?'

'Een niet bepaald nauwkeurige methode, hè?' antwoordde Swigert.

'Heel erg onnauwkeurig,' was Lovell het met hem eens. 'Hoeveel speling hebben we volgens hen?'

'Eén graad.'

'Dat zijn twee zonnen. Het is net zoiets als richten op de muur van een schuur.'

'De vraag is,' zei Swigert, zich niet bewust van het feit dat hij de woorden van Reed op de grond herhaalde, 'heb jij misschien een beter idee?'

Lovell zweeg even, en zei toen: 'Niet één. Jij wel?'

'Nee.'

'Roep ze maar op,' zei Lovell, terwijl hij zich naar Haise omdraaide. 'D'r tegenaan dan maar.'

Haise kreeg Brand terug aan de lijn en de Capcom begon de LEM-piloot de technieken voor de zonnecheck voor te lezen. Zoals ontwikkeld door Deiterich, Russell en Reed, en uitgeprobeerd door Duke en Young, was de procedure relatief eenvoudig. Lovell zou beginnen met de computer te vertellen dat hij door zijn oplijntelescoop naar de zon wenste te kijken. Voor de zekerheid zou hij opgeven welk kwadrant van de zon hij wilde – of welke 'schijfrand', zoals de mensen van guidance altijd zeiden; in dit geval hadden Reed, Russell en Deiterich de noordoostelijke schijfrand uitgekozen. Het besturingssysteem was er helemaal niet aan gewend om de zon als een oplijningsobject te beschouwen, maar het wist waar het die moest vinden. Als de computer deze opdracht had verwerkt, zou Lovell op de voortgangsknop drukken en zouden de zestien stuurraketjes van de maanmodule automatisch in werking worden gesteld en zou het ruimtevaartuig naar de plek worden gedraaid waar de zon zou moeten. Als de schijfrand rechtsboven van de gigantische ster binnen één graad van de kruisdraden van Lovells zwaar gefilterde telescoop zou komen, dan wist hij dat zijn oplijning bevredigend was. Gebeurde dat niet, dan wist hij dat hij in de problemen zat.

Lovell luisterde naar Brands instructies, stelde Haise in de gelegenheid ze te herhalen richting grond, en begon toen allerlei vragen richting Houston af te vuren. Hadden Duke en Young hun simulaties met de nep-LEM uitgevoerd in een gekoppelde configuratie? Ja, verzekerde de Capcom hem, dat was het geval geweest. Had het het besturingssysteem moeite gekost te manoeuvreren met dat extra gewicht? Nee, niets daarvan. Kon de koppelradar, die uit de bovenzijde van de maanlander stak het uitzicht van de oplijntelescoop op de zon misschien blokkeren? Als de radar vóór de manoeuvre werd ingetrokken was daar geen kans op. De ondervraging ging bijna nog een uur door, terwijl Swigert en Haise af en toe ook nog met vragen kwamen, terwijl in Mission Control astronauten als Duke, Young, Neil Armstrong, Buzz Aldrin en David Scott werden opgetrommeld om antwoord te geven op vragen die de Capcom en de guidance-mannen niet wisten te beantwoorden. Eindelijk, om 14:30 uur, of 73 uur en 31 minuten na het begin van de missie, leek Lovell tevredengesteld.

'Oké, Houston,' zei hij bijna kortaf tegen Brand, 'wanneer zou die zonnecheck moeten plaatsvinden?'

'Om 74 uur en 29 minuten,' antwoordde Brand.

Lovell wierp een snelle blik op zijn horloge. 'Wat dacht je ervan als we het nu direct doen? Waarom doen we het niet nu?'

'Oké,' zei Brand. 'Je kunt er op elk gewenst moment mee beginnen.'

Met die toestemming namen de astronauten hun plaatsen weer in en voor het eerst sinds Odyssey was gedeactiveerd, had Swigert weer iets te doen. Lovell, zo werd besloten, zou voor het midden van het instrumentenpaneel gaan staan en voor de besturingscomputer zorgen, de noodzakelijke data intikken die de zonnecheck op moest starten en de positie-indicatoren in de gaten houden om te zien of het ruimtevaartuig zich in de juiste richting bewoog. Swigert zou Haises rechtervenster bemannen en kijken of hij de zon al zag en direct Lovell waarschuwen wanneer hij in zicht zou komen. Haise zou op Lovells plaats gaan staan, waar hij door de oplijntelescoop zou kijken en zou melden wanneer de vizierdraden op de zon zouden blijven rusten.

In Houston namen de mannen ook hun plaatsen weer in. Griffin, net als Lunney gisteravond, vroeg om stilte op de verbindingslijn en vroeg aan de mannen die achter de consoles stonden om de mannen die bezig waren in de gelegenheid te stellen zich op hun werk te concentreren. Hij trok zijn logboek naar zich toe, noteerde '73:32' in de kolom 'Grond-verstreken tijd', en in de tot nu toe lege kolom met het kopje 'Opmerkingen' schreef hij: 'Begin zonnecheck.' In het ruimteschip voerde Fred Haise nog een laatste fijnafstelling uit aan de communicatieapparatuur, waardoor het systeem – opzettelijk of per ongeluk – weer op *hot mike* werd overgeschakeld. Onmiddellijk waren de krakende stemmen van de onderling overleg plegende astronauten weer op de grond te horen.

'Ik kan niet zeggen dat ik hier erg veel vertrouwen in heb,' zei Lovell *sotto voce.*

'Het lukt wel,' merkte Haise op.

'Wees daar maar niet zo zeker van. Misschien heb ik van mijn rekenwerk gisteravond wel een puinhoop gemaakt.'

Staande tussen zijn eigen plaats en de positie van zijn LEM-piloot, toetste Lovell nu de informatie in Aquarius' computer in die hij van Brand te horen had gekregen. De computer accepteerde de data, verwerkte die traag, om vervolgens, geduldig als altijd, te wachten tot de commandant op de voortgangsknop drukte. Met een blik eerst op Haise en vervolgens op Swigert drukte Lovell op de knop. Een seconde lang gebeurde er niets, maar toen, plotseling, verscheen er buiten de vensters een fijne mist van hypergool gas toen de stuurraketten van de maanlander werden geactiveerd. Binnen konden de astronauten voelen hoe het ruimteschip aan een trage draai begon. In het midden van de cockpit hield Lovell zijn blik op de positie-indicatoren gericht.

'We hebben roll,' riep hij uit. 'Nu gieren we – roll – stampen – en weer gieren. Houston, kunnen jullie dit allemaal volgen?'

'Negatief, Jim,' zei Brand. 'De computer geeft nauwelijks een aflezing.'

'Roger,' bevestigde Lovell, en draaide zich iets naar rechts. 'Zie jij al iets, Jack?'

'Niets,' antwoordde Swigert.

'Daar al iets?' vroeg hij Haise.

'Helemaal niets.'

In de eerste rij van Mission Control luisterden Russell, Reed en Deiterich naar de bemanning en zeiden niets. Bij de Capcom-console hield Brand zijn mond tot hij opnieuw zou worden opgeroepen. Bij de console van de flight-director trok Griffin het logboek naar zich toe en noteerde de woorden 'aanvang zonnecheck'. Op de lucht/grond-verbinding bleven gedeeltes van gesprekken tussen de bemanningsleden onderling te horen.

'Gieren rechterkant,' kon men Haise horen zeggen. 'Op FDI commandant.'

'Deadband-optie...' reageerde Lovell.

'Plus 190,' zei Haise. 'Plus 08526.'

'Geef me 16...'
'Ik heb HP op de FDI...'
'Twee diameters verwijderd, niet meer dan dat...'
'Nul, nul, nul...'
'Geef me de AOT, geef me de AOT...'

Bijna acht minuten lang was dit gemompel van de bemanning te horen terwijl Aquarius langzaam draaide en de controllers zwijgend meeluisterden. Toen, vanuit de rechterkant van het ruimteschip dacht Swigert iets te zien: een kleine opflikkering, toen niets, en toen weer een opflikkering. Vrijwel direct erna schoof onmiskenbaar een uiterst klein deel van de zonneschijf het hoekje van zijn venster binnen. Hij draaide zijn hoofd abrupt naar rechts, om het onmiddellijk weer naar links te draaien om Lovell te waarschuwen, maar voor hij iets kon zeggen viel er een flard van een zonnestraal over het instrumentenpaneel en de commandant, die zijn instrumenten in de gaten hield, keek met een ruk op.

'Meld het, Jack!' zei hij. 'Wat zie je?'
'We hebben een zon,' antwoordde Swigert.
'Een hele gróte zon,' reageerde Lovell met een glimlach. 'Zie jij al iets, Freddo?'
'Nee,' zei Haise, terwijl hij ingespannen door de telescoop tuurde. Maar toen, terwijl zijn oculair zich met licht vulde, meldde hij: 'Ja, toch, misschien een derde van een diameter.'
'Het komt eraan,' zei Lovell, terwijl hij een blik naar buiten wierp en zich vervolgens onmiddellijk weer enigszins afwendde om te voorkomen dat hij tegen de zon in moest kijken. 'Ik denk dat het eraan zit te komen.'
'Net,' zei Haise.
'We hebben het,' meldde Lovell. 'Ik denk dat we het hebben.'
'Oké,' zei Haise, die zag hoe de zonneschijf langs de vizierdraden van zijn telescoop gleed en vervolgens naar beneden doorschoof. 'Net.'
'Heb je het?' vroeg Lovell.
'Net,' herhaalde Haise.
In de telescoop gleed de zon opnieuw een fractie van een graad naar beneden, en toen een fractie van een fractie. De stuurraketten stootten een seconde lang nog wat hypergool gas uit, en de raketjes hielden ermee op op het moment dat het ruimteschip – en de zon – tot stilstand kwamen.

Lovell zei: 'Wat heb je daar? Wat heb je daar?'
Haise zei niets, maakte zich toen langzaam van de telescoop los en draaide zich toen met een brede grijns naar zijn medebemanningsleden om. 'Rechterbovenhoek van de zon,' kondigde hij aan.
'We hebben het!' schreeuwde Lovell, terwijl hij een vuist in de lucht ramde.
'We zitten goed!' zei Haise.
'Houston, Aquarius,' meldde Lovell zich.
'Zeg het maar, Aquarius,' antwoordde Brand.
'Oké,' zei Lovell, 'het ziet ernaar uit dat de zonnecheck gelukt is.'
'Dat hebben we begrepen,' zei Brand. 'We zijn blij dat te horen.'
In Mission Control, waar Gerald Griffin nog maar enkele seconden ge-

leden om absolute stilte had gevraagd, werd er bij de RETRO, FIDO en GUIDO op de eerste rij gejuicht. Het wordt overgenomen door de INCO en de TELMU en de arts op de tweede rij. Door de hele zaal verspreidde zich nu een ongedisciplineerde, nog nooit eerder voorgekomen, totaal on-NASA-achtige ovatie.

'Houston, Aquarius,' riep Lovell dwars door het rumoer heen. 'Heeft u dat ontvangen?'

'Ontvangen,' reageerde Brand ook met een brede grijns.

'Het zit niet helemaal in het midden,' meldde de commandant. 'Het zit iets minder dan een straal aan de zijkant.'

'Dat klinkt goed, dat klinkt goed.'

Brand wierp een blik over zijn schouder en glimlachte naar Griffin, die terug grinnikte en het tumult om hem heen over zich heen liet komen. Onrust was geen goede zaak in Mission Control, maar hij was van plan om het de komende paar seconden nog te tolereren. Hij trok het logboek naar zich toe en in de blanco ruimte onder het kopje 'Grond-verstreken tijd' schreef hij: '73:47'. En in de ruimte onder het kopje 'Opmerkingen' krabbelde hij: 'Zonnecheck voltooid'. Terwijl hij naar beneden keek merkte de flight-director voor het eerst dat zijn handen trilden. Toen hij naar de pagina van het logboek keek, ontdekte hij ook voor het eerst dat zijn laatste drie notities volkomen onleesbaar waren.

Voor de mensen om haar heen leek Marilyn Lovell opvallend onaangedaan door het succes van de zonnecheck aan boord van Aquarius. De gasten die zich om de televisie in de woonkamer van de Lovells hadden verzameld waren bijna allemaal NASA-mensen, bekend met de gebeurtenissen rond maanvluchten en er zich heel goed van bewust hoe belangrijk deze gebeurtenis was. Maar voor de weinigen die niet ingewijd waren maakten de televisiepresentatoren dat belang wel duidelijk. De vooruitzichten voor een veilige terugkeer van de bemanning hingen nu voornamelijk af van het al dan niet slagen van de PC+2-*burn*, en de vooruitzichten voor die burn hingen nagenoeg helemaal af van het resultaat van de zonnecheck. De reactie in het woonhuis van de familie Lovell toen Jim Lovell de aarde meldde dat de manoeuvre succes had, leek erg veel op die in Mission Control: gejuich, omhelzingen en veel schudden van handen. Maar Marilyn knikte alleen maar, om vervolgens haar ogen even te sluiten.

Hoewel veel mensen in de kamer Marilyns reactie met enige zorg aanschouwden, begrepen Susan Borman, die links naast haar zat, en Jane Conrad, rechts van haar, haar volkomen. Net als Marilyn – en als alle vrouwen die sinds de begindagen van het Mercury-programma dergelijke wakes hadden gehouden – hadden Susan en Jane al lang geleden geleerd dat een van de belangrijkste dingen die een vrouw van een astronaut zich tijdens een vlucht moest herinneren was hoe ze haar reacties diende te rantsoeneren. Hoewel de televisiemaatschappijen het zich konden veroorloven om elk plofje van een stuurraket of elke beweging van de capsule heel dramatisch bij de kijkers over te brengen, hadden de mensen wiens echtgenoten of zonen in dat ruimtevaartuig zaten die vrijheid niet. Voor hen was de vlucht geen nationaal nieuws; het was, in de meest letterlijke betekenis van het woord, plaatselijk nieuws. Het was niet de toekomst van het land dat van de uitkomst afhing, maar de toekomst van het gezin. En omdat er zoveel op het spel stond, kon men zich – de echtgenotes althans – niet de luxe veroorloven van een emotionele reactie bij elk kritisch keerpunt tijdens de vlucht. Juichen of huilen tijdens een lancering moest natuurlijk; huilen of juichen tijdens een splash-down ook; of het vasthouden van de handen van de kinderen tijdens het opstijgen van de maan. Maar afgezien van die momenten kon je maar het beste even knikken en gewoon doorgaan.

De enige concessie die Marilyn zichzelf toestond bij het tonen van haar minder-stoïcijnse emoties, waren haar terloopse, bijna dromerige periodes waarin ze herinneringen ophaalde aan vroegere, minder spectaculaire dagen in de carrière van haar man. Sinds gisteravond had Marilyns gelaat een keer of twee, drie een kalme, afwezige uitdrukking aangenomen, en, met iets van een glimlach op haar gezicht, wendde ze zich dan tot wie er op dat moment maar naast haar zat en haalde dan herinneringen op aan gelukkiger, veiliger dagen – jaren geleden.

'Wist je dat Jim als kind al gek was op raketten?' had Marilyn tegen Pete Conrad gezegd toen zij en nog een handjevol gasten eerder op de dag in Lovells studeerkamer hadden gezeten.

'Ja, dat heeft hij me weleens verteld,' zei Conrad. 'Hij heeft er een op de high-school gebouwd en die is toen ontploft.'

'Hij heeft zelfs op de Marine Academie een scriptie over raketten geschreven.' Marilyn boog zich naar de boekenkast van haar echtgenoot en haalde er een oude map met spullen uit Annapolis uit te voorschijn. 'Je moet die laatste alinea eens lezen,' zei ze, terwijl ze een stapeltje vergeeld doorslagpapier dat in een hoek met een nietje bijeen werd gehouden opensloeg.

'Marilyn...' zei Conrad, die zich afvroeg of herinneringen ophalen op zo'n onzeker tijdstip wel een goed idee was.

'Lees het, alsjeblieft.'

Conrad nam de map van Marilyn aan en begon te lezen. 'De grote dag voor raketten moet nog aanbreken, de dag dat de wetenschap zover is voortgeschreden dat een ruimtevlucht een realiteit zal zijn, en niet langer een toekomstdroom. Dat zal de dag zijn waarop de voordelen van raketvoortstuwing – eenvoud, hoge stuwkracht en de mogelijkheid om in het luchtledige te functioneren – optimaal zullen worden benut.'

'Niet slecht voor 1951, hè?' merkte Marilyn op.

'Zeker niet.'

'Maar als de NASA zijn zin had gekregen toen Jim voor de eerste keer solliciteerde, zou hij nóóit met een raket de lucht in zijn gegaan.'

'Dat geldt ook voor mij,' reageerde Pete.

'Weet je, zeven jaar nadat hij niet door die medische keuring was gekomen, kwam de arts die toentertijd de leiding had bij het Space Center op bezoek. Tegen die tijd had Jim zijn twee Gemini-vluchten gemaakt en had hij al die certificaten aan de muur hangen. Toen die arts bij hem naar bin-

nen stapte, wees Jim naar al die getuigschriften en zei: "Jullie zijn uitermate bedreven in het meten van bilirubine, maar één ding waaraan jullie nog nooit hebben gedacht is het meten van volharding en motivatie."'
Conrad moest glimlachen. 'Hij vindt het prachtig om dat verhaal te vertellen, Pete,' zei Marilyn wiens stem het plotseling leek te begeven. Abrupt wendde ze haar hoofd af.

'Marilyn,' had Conrad gezegd, terwijl hij probeerde zo overtuigd mogelijk te klinken, 'hij kòmt naar huis.'

Of het een goed of een slecht idee van Marilyn was om zichzelf zulke beschouwingen toe te staan kon niemand in haar huis vertellen, maar op deze middag, terwijl haar man zojuist een geïmproviseerde zonnecheck had uitgevoerd, had ze zoiets blijkbaar niet nodig. Wat ze in plaats daarvan deed, terwijl haar gasten elkaar omhelsden en juichten, was opstaan, zich verontschuldigen en naar de keuken wandelen.

Een paar uur eerder had eerwaarde Donald Raish, een plaatselijke episcopaalse priester die de familie Lovell al jaren kende, opgebeld en aangeboden om langs te komen om een informele dienst te houden. Marilyn genoot van pastoor Raish's gezelschap, zag naar zijn bezoek uit – een periode van minstens een uur dat iemand ànders de spirituele pijler in haar woonkamer zou zijn – en wilde hem iets anders kunnen aanbieden dan de oude koffie die ze al die tijd al had gedronken. Maar voor Marilyn bij de keuken was ging de bel van de voordeur en Dot Thompson deed open.

Eerwaarde Raish stapte naar binnen, begroette Marilyn hartelijk en liep toen door naar de menigte in de woonkamer. Toen hij daar arriveerde veranderde de atmosfeer in de kamer dramatisch. Toen het geluid van de televisie zachter werd gezet daalde het volume van het geroezemoes in de kamer eveneens, en het huis herkreeg – al was het maar voor even – de normaliteit die vóór halftien gisteravond had geheerst.

Marilyn en de andere gasten waren nauwelijks rond de salontafel gaan zitten waar de dienst zou worden gehouden, toen Betty Benware naast haar kwam staan en haar toefluisterde: 'Marilyn, heb je tegen de kinderen gezegd dat vader Raish zou komen?'

'Natuurlijk,' zei Marilyn. 'Ik bedoel, ik dacht het wel. Waarom?'

'Nou, àls je het tegen Susan hebt gezegd, dan is ze het blijkbaar vergeten. Ze kwam daarnet naar beneden, zag iedereen met een geestelijke praten, en nu is ze hysterisch. Ze denkt dat je de moed hebt opgegeven. Ze denkt dat Jim nooit meer terug zal komen.'

Marilyn verontschuldigde zich en rende naar boven, naar Susans kamer, en trof haar op één na jongste kind ontroostbaar huilend aan. Marilyn nam haar in haar armen en verzekerde Susan dat niemand, níemand de hoop had opgegeven, dat de mensen in het Space Center bijna alles onder controle hadden, en dat de geestelijke alleen maar aanwezig was om voor díe dingen te zorgen die buiten het bereik van de mensen van het Space Center lagen.

Toen haar dochter nog niet gerustgesteld leek, nam Marilyn haar bij de hand, liep op haar tenen naar beneden en gebaarde naar Betty dat ze over een paar minuten terug zouden zijn. Marilyn en Susan glipten de keukendeur uit, liepen naar Taylor Lake en gingen in de schaduw van een boom in het gras zitten.

'Vertel me nou eens precies waar je je zorgen over maakt,' zei Marilyn toen ze zaten.

'Hoe bedoelt u?' reageerde Susan verbaasd. 'Ik maak me zorgen dat papa nooit meer thuiskomt.'

'Alleen dàt maar?' zei Marilyn gemaakt verrast. 'Maak je je dáár zorgen over?'

'Eh, ja, natuurlijk.'

'Weet je dan niet dat je vader helemaal niet van plan is om dood te gaan?' zei Marilyn met een glimlach.

'Hoe weet je dat nou,' protesteerde Susan.

'Omdat je vader enorm koppig is, toch?' Susan knikte. 'En hij is enorm slim, niet?' Susan knikte opnieuw. 'En hij is de beste astronaut die ik ken.'

'En ook de beste die ìk ken,' zei Susan.

'Nou, denk je nu echt dat de beste astronaut die we allebei kennen zoiets simpels zou vergeten als het omdraaien van zijn ruimteschip om weer naar huis te vliegen?'

'Nee,' zei Susan, terwijl er een aarzelende glimlach op haar gezicht verscheen.

'Nee,' zei Marilyn, 'dat dacht ik ook niet. Waar ik me zorgen over maak zijn al die mensen in het huis die dat nog niet doorhebben. Vind je niet dat we dat eens moeten gaan rechtzetten?'

Daar was Susan het mee eens en Marilyn en haar dochter liepen langzaam naar hun huis. Toen ze daar aankwamen leek de geestelijke de gebedsdienst al beëindigd te hebben, en de eerste stem die Marilyn hoorde was niet die van vader Raish, maar, daar was ze bijna zeker van, die van Jim.

Marilyn en Susan stonden een ogenblik totaal gedesoriënteerd in de deuropening voor ze zich realiseerden dat die stem uit het televisietoestel kwam. In de woonkamer hadden de meeste gasten zich rond het scherm verzameld, waarop Lovell zichtbaar was, die er met een blazer aan en een stropdas om sjiek uitzag, en comfortabel gezeten in een studio van ABC met Jules Bergman in gesprek was. Marilyn herinnerde zich de dag weer – de afgelopen maand – dat het gesprek met Jim was opgenomen. Jim had haar later verteld dat het interview voornamelijk had bestaan uit vragen van Bergman of hij tijdens zijn loopbaan als testvlieger en astronaut ooit weleens bang was geweest. Marilyn had de stropdas die Jim die dag had gedragen uitgezocht, met het idee dat die het op de televisie goed moest doen. Nu, ondanks alles, drong het tot haar door dat dat inderdaad zo was.

'Weet je, Jules,' zei Jim, 'ik denk dat alle vliegers angst kennen. Ik denk dat zij die zeggen dat ze er géén last van hebben, alleen zichzelf maar voor de mal houden. Maar ik heb vertrouwen in de uitrusting waarmee we werken, en dat overwint alle angst die we zouden kunnen hebben bij het gebruik ervan.'

'Is er een specifiek voorbeeld te geven van een gelegenheid waarbij je je kunt herinneren dat er sprake was van angst?' vroeg Bergman.

'O, ik heb in een vliegtuig een paar keer meegemaakt dat mijn motor ermee ophield,' zei Lovell, 'en ik was nieuwsgierig of ik hem weer aan de praat zou kunnen krijgen – dat soort dingen. Maar het pakte steeds goed uit.'

'Denk je niet dat je na al die vluchten geconfronteerd zult worden met de wet van de gemiddelden? Dat je bijvoorbeeld op de maan zult stranden?'

'Nee, elke keer dat we dit soort vluchten maken voel ik op een bepaalde manier dat we op twee dingen kunnen rekenen. Om te beginnen moet je goed getraind zijn in het reageren op noodsituaties. Dat is net zo zeker als geld op de bank. Ten tweede dien je je te realiseren dat elke keer dat je gaat het een nieuwe worp met de dobbelstenen is. Het is niet iets dat accumuleert, zodat je uiteindelijk een zeven zult gooien. Nee, je begint elke keer opnieuw.'

'Dus een stijgmotor die weigert te ontbranden of iets dergelijks, daar maak je je niet echt zorgen om?'

'Nee,' zei Lovell met zijn hoofd schuddend. 'Als ik daar over in zou zitten, zou ik niet gaan.'

Bergman hield vol. 'Laat ik eens een andere vergelijking maken. Hoe laten de risico's die jij loopt zich vergelijken met de risico's van bijvoorbeeld een F-4 piloot die boven Vietnam gevechtsvluchten uitvoert?'

Lovell haalde diep adem en dacht even na. 'Natuurlijk lopen we risico's,' zei hij uiteindelijk. 'Naar de maan gaan en daarbij gebruik maken van de systemen die ons ter beschikking staan, brengt risico's met zich mee. Maar we gebruiken de beste technologie die er bestaat om dat risico te minimaliseren. Als je het gevecht ingaat, maakt de andere kant van de best beschikbare technologie gebruik om jouw risico's te màximaliseren. En het lijkt me duidelijk dat dat een uiterst gevaarlijke aangelegenheid is.'

'Dus je denkt dat je wat dit geval betreft aan de goede kant zit,' merkte Bergman op.

'Ik heb het gevoel,' zei Lovell, die duidelijk genoeg had van deze manier van vragen stellen, 'dat een jachtvlieger in Vietnam in een uiterst gevaarlijke positie verkeert.'

Het interview was afgelopen en de camera's keerden live terug naar Bergman en Frank Reynolds in de studio van ABC in New York. Marilyn draaide zich om naar Susan en glimlachte.

'Zie je wel?' zei ze. 'Papa is een stuk veiliger dan mensen die in een oorlog verwikkeld zijn, en over het algemeen komen díe mensen ook naar huis.'

Susan leek een beetje opgelucht, holde de woonkamer uit en liep de achtertuin in. Ook Marilyn had de indruk dat ze zich iets beter voelde. Het was waar dat over heel Amerika verspreid elke dag duizenden vrouwen in de wetenschap verkeerden dat hun echtgenoten aan de andere kant van de wereld gevechtsmissies vlogen, en dat ze geen enkele zekerheid hadden dat die ooit behouden naar huis terug zouden keren. En die vrouwen hadden géén Jules Bergman die hen regelmatig van de situatie op de hoogte hield, die hadden géén marineschepen klaarliggen om hen uit het water te plukken, of tientallen mannen die vanuit een reusachtige controlekamer elke ademtocht in de gaten hielden. Natuurlijk waren de echtgenoten van die vrouwen geen 450.000 kilometer van huis verwijderd, omringd door een bijna absolute luchtledigheid, vliegend in een kreupel ruimteschip en niet alleen de kans lopend hun vliegdekschip of vliegbasis niet te halen, maar ook nog eens met het risico dat ze de planeet van waaraf ze hun reis waren begonnen nooit meer zouden bereiken. Marilyn liet zich langzaam op de bank zakken en voelde hoe haar opgewektheid verdween. Alles nog eens overdenkend, was ze er niet helemaal zeker meer van waar ze haar man het liefst zou willen zien.

Op precies hetzelfde moment dat de zon boven Marilyn Lovells huis in Houston begon te zakken, kwam die 445.000 kilometer verderop bij het ruimteschip van Jim Lovell juist òp. Met uitzondering van twee snelle passages die de Apollo 13 langs de nachtelijke kant van de aarde had gemaakt tijdens de parkeerbaan rond de thuisplaneet aan het begin van de reis, was de zon constant aanwezig geweest. Hij was niet altijd direct te zien, maar hij was er altijd: het ruimteschip verwarmend tijdens zijn thermische omwentelingen, de brokstukjes in het licht zettend na de knal in de servicemodule, weerkaatsend in de instrumenten tijdens de oplijn-check. Nu, om halfzeven in de avond, terwijl de bezoekers zich in de woonkamer rond de televisie schaarden en de Apollo 13 de maan tot op 2800 kilometer was genaderd – minder dan de doorsnede ervan – begon de afstand tussen het ruimteschip en de zon eindelijk groter te worden.

Net als alle ruimteschepen die richting maan werden gelanceerd, naderden Odyssey en Aquarius dit hemellichaam vanaf de westelijke rand; en in het geval van de maan die momenteel tussen half en vol in de hemel hing, betekende dat de in schaduw gehulde rand. Hoe dichter het ruimteschip naderde, hoe meer het in die duisternis terechtkwam. Hoewel de ruimteschepen nog door enig zonlicht werden beschenen, was het enige dat van de oppervlakte in de raampjes van de snel donker wordende cockpit weerkaatste een zwak, flauw van de aarde afkomstig schijnsel – het gereflecteerde licht van de thuisplaneet, dat op zich in feite weer het weerkaatste licht van de zon was. Wat dit steeds dieper wordende duister óók inhield, was dat er steeds minder licht weerkaatste op de glinsterende brokstukjes die het schip nog steeds omringden. Ongeveer een uur geleden hadden Lovell, Haise en Swigert hun oorspronkelijke posities weer ingenomen – links, rechts en middenachter – en terwijl Haise over zijn motoractiverings-checklist gebogen stond en Swigert hand- en spandiensten verrichtte, draaide Lovell zich weer naar zijn raampje om.

'Ik zie Scorpius!' riep de commandant.

'Ja?' vroeg Haise, die ophield met datgene waarmee hij bezig was en nu ook naar buiten keek.

'Ja. En Antares.'

'Ze komen nu allemaal te voorschijn,' zei Swigert, die alle mogelijke moeite deed om door Lovells raampje te kijken.

'Zo is het maar net,' zei Lovell. 'Daar heb je Nunki, en daar Antares. Misschien dat we er genoeg hebben voor een controle-check.'

Swigert was het met hem eens. 'Waarschijnlijk méér dan genoeg.'
'Wil je het ze laten weten?' vroeg Haise.
'Ja,' zei Lovell, en sprak in zijn microfoon: 'Houston, Aquarius.'
'Zeg het maar, Jim,' zei Brand.
'We kunnen Antares en Nunki door ons raam zien, en ik wilde alleen maar weten of je nog wil dat ik die oplijn-check doe.'
'Roger,' zei Brand. 'We hebben de sterren die je kunt zien genoteerd. Stand-by voor wat betreft die controle-check.'

In Mission Control verbrak Brand de lucht/grond-verbinding en schakelde over op de lijn van de flight-director om met zijn GUIDO te overleggen. In overeenstemming met de geruchten die het overgrote deel van de dag al de ronde hadden gedaan in Mission Control, was de groep van Kranz twee uur geleden weer achter hun consoles gaan zitten met de bedoeling daar op z'n minst de komende uren te blíjven zitten. Het Bruine Team van Milt Windler had het grootste deel van de middag al langs de rand van het auditorium van Mission Control klaargestaan om Griffins groep af te lossen als hun dienst er kort voor zonsondergang op zou zitten. Maar Kranz had de hele zaal, en zijn vriend Windler in het bijzonder, duidelijk gemaakt dat hij, op het gevaar af op gevoelige tenen te gaan staan, de PC+2 door zijn eigen mensen zou laten afhandelen, en dat Windlers team het pas daarná van hen zou kunnen overnemen. Om halfvijf kwam het Tiger Team bijna in de looppas kamer 210 uit zetten, verspreidde zich over Mission Control en legde met gemompelde 'sorry's' en schokschouderend gegeven verontschuldigingen beslag op de consoles die ze om half-elf gisteravond hadden verlaten. Controllers van Griffins Gouden Team, die over enkele minuten toch zouden worden afgelost, stonden uit hun stoelen op en voegden zich bij Windlers Bruine Team in het gangpad.

Op dit moment, terwijl Brand met Bill Fenner, de GUIDO van het Witte Team, de oplijningsplannen doornam, en Fenner ze besprak met Kranz, begonnen de eerste verschillen tussen de supervisie over de vlucht van het Witte Team en die van het Gouden Team zichtbaar te worden. De sterrencheck die kon helpen de nauwkeurigheid van het navigatiesysteem vast te stellen, meldde Kranz via zijn verbindingslijn, zou worden geschrapt. De oplijngegevens die Lovell gisteravond vanuit Aquarius had doorgegeven waren tijdens de vrije-terugkeer-*burn* voldoende gebleken, iets dat tijdens de geïmproviseerde zonne-check nog eens was bevestigd. Het vast blijven houden daaraan, vond Kranz, was vragen om moeilijkheden, en het was de zekerste manier om kostbare tijd en brandstof voor de stuurraketten te verspillen. Hij gaf zijn beslissing door aan Fenner, die die op zijn beurt weer doorgaf aan Brand, die de bemanning inlichtte.

'Hé, Aquarius,' meldde de Capcom zich, 'we zijn redelijk tevreden met jullie huidige oplijning. We willen er liever geen stuurraketbrandstof meer aan besteden om het nog eens te controleren, dus waarom blijven we niet gewoon zitten waar we zitten, hè?'

'Oké, begrepen,' zei Lovell, die vervolgens zijn microfoon wegduwde en zich met enigszins rollende ogen naar Haise omdraaide. 'Kunnen we voor het eerst tijdens de vlucht eens sterren zien, en dan willen ze niet dat we ze gebruiken.'

'Men is nogal zenuwachtig vanwege de kans dat het de burn nadelig kan beïnvloeden,' zei Haise, in een poging diplomatiek te klinken.

'*Ik* ben nerveus dat het de boel in de war kan sturen vóór we dat punt bereikt hebben.'

Het hele probleem van de sterre-check werd als snel academisch, aangezien de tijd om er eentje uit te voeren toch snel minder werd. De nabijheid van het ruimteschip tot de voorzijde van de maan hield in dat het minder dan anderhalf uur verwijderd was van het moment dat het rond de achterzijde zou verdwijnen en er geen radiocontact meer zou zijn. De periode waarin er geen signaal zou zijn was korter dan de laatste keer dat Lovell de trip had gemaakt, want in tegenstelling met de Apollo 8-bemanning, wiens eerste taak het na het verdwijnen achter de maanschijf was geweest om een hypergole afremming uit te voeren en laag in een baan rond de maan terecht te komen, zou de bemanning van de Apollo 13 niets van dit alles doen. Ze zouden om 75 uur en 8 minuten in de vlucht achter de westelijke rand van de maan verdwijnen om met een waanzinnige snelheid net vijfentwintig minuten later aan de oostkant boven water te komen, waarbij hun snelheid tijdens de periode dat ze geen radiocontact met de aarde konden onderhouden door de zwaartekracht nog eens extra werd versneld. Twee uur later zouden ze gereed moeten zijn om hun raketmotor te activeren.

'Aquarius, Houston,' riep Brand hen op. 'Als u klaar bent om te noteren, dan geef ik u nu de manoeuvreerinformatie voor de PC+2 door, dan kunt u zich daarna voorbereiden op het verbreken van de verbinding.'

'Oké,' zei Haise, terwijl hij een notitieblok en een pen te voorschijn haalde. 'Ik ben klaar om het te noteren.'

Brand las alle gegevens op, noemde vectors en gierhoeken en eventuele landingsplaatsen op aarde, en Haise noteerde ze om ze vervolgens nog eens op te lezen.

Lovell meende een zorgelijke ondertoon in de stem van de Capcom te horen, maar hij was blij te merken dat hij de naderende radiostilte en de burn zelf vrij kalm afwachtte. Dit activeren van de raketmotor, in tegenstelling met de vrije-terugkeer-*burn*, moest lang en krachtig zijn, waarbij de motor vijf seconden lang op minimaal vermogen zou draaien, dan 21 seconden op 40 procent stuwkracht, en uiteindelijk vier minuten op maximaal vermogen. Maar net als bij de vrije-terugkeer-*burn* zou die met behulp van de computer worden gestart en beëindigd, waarbij Lovell alleen de gashendel zou bedienen die het vermogen van de burn regelde. Als de motor niet precies om 79:27:40,07 startte, zou hij die taak ook op zich nemen, en wel door middel van twee vuurrode knoppen met een diameter van circa twee centimeter – voorzien van de tekst 'Start' en 'Stop' – die in het ruimteschip aan de kant van de commandant waren aangebracht. De knoppen vormden een directe verbinding tussen de daalmotor en de accu's, en zouden, indien ze werden ingedrukt, de computer links laten liggen en de motor onmiddellijk tot ontbranding brengen.

Hoewel Lovell alleen bij een te late activering op die Start-knop zou hoeven drukken, waren er heel wat meer situaties waarbij hij op de Stopknop zou moeten drukken. Volgens de vluchtvoorschriften zou de commandant de burn-manoeuvre moeten beëindigen wanneer zijn stuurraket- of brandstofdruk te laag was, als zijn oxydatiedruk te hoog werd, als zijn positie tien graden of meer afwijking ging vertonen, of als op zijn instrumentenpaneel een van de zes waarschuwingslampjes voor zijn accu's, computer of de cardanusringen van zijn motor ging branden.

En het ergste wat er kon gebeuren, wist Lovell, was dat het alarm kon afgaan dat hem vertelde dat de heliumtanks in het brandstofsysteem onder te grote druk waren komen te staan. In plaats van storingsgevoelige pompen te gebruiken om raketbrandstof door de leidingen naar de daaltrap van de LEM te persen, vertrouwden NASA-technici op samengeperst helium, dat in hogedruktanks was opgeslagen. Wanneer dat in de brandstofleidingen werd gebracht, reageerde het inerte gas niet met de explosieve hypergole vloeistof, maar 'duwde' deze in plaats daarvan naar de verbrandingskamer.

Het systeem was nagenoeg perfect, met één enkele uitzondering: helium heeft het laagste kookpunt van alle elementen, dus de geringste verandering in temperatuur kan ervoor zorgen dat het verdampt en uitzet. Het samenpersen van een gas dat zoveel bewegingsvrijheid nodig heeft in de zeer begrensde ruimte van een tank kan vrágen om moeilijkheden zijn, en om te voorkomen dat er drukexplosies zouden plaatsvinden had de NASA de leiding die vanuit de tank liep van een diafragma-achtige 'breekschijf' voorzien. Als er zich plotseling te veel druk zou voordoen, zou het diafragma openbarsten, waardoor het gas kon ontsnappen vóór de druk te groot werd.

Als het helium op die manier geloosd werd, betekende het dat de motor niet langer kon worden opgestart, maar bij een normale maanvlucht zou dat geen enkel probleem zijn. Het heliumsysteem was niet bedoeld om te worden geactiveerd en ingeschakeld te worden vóórdat de daalmotor klaar was om tot ontbranding te worden gebracht, en de daalmotor was ontworpen om slechts één keer te worden gebruikt, waarbij die de LEM vanuit een baan rond de maan tot een maanlanding moest brengen. Elke breuk van de breekschijf daarna, zou plaatsvinden op het maanoppervlak, waar de motor toch al definitief zou zijn uitgeschakeld, en het gas zonder schade aan te richten in het omringende luchtledige zou kunnen ontsnappen. Waar niemand ooit aan gedacht had, maar waar de commandant van de Apollo 13 nu mee werd geconfronteerd, was wat er zou gebeuren tijdens een missie waarin de motor gestart zou moeten worden, vervolgens uitgeschakeld, daarna weer opgestart om ten slotte weer uitgeschakeld te moeten worden. Als die veelgeplaagde breekschijf in de brandstofleiding het nu zou begeven, zou het daal-voortstuwingssysteem voor altijd verloren zijn.

Ondanks dit alles voelde Lovell een verrassende gelatenheid over zich heen komen nu het moment van de burn naderde, en terwijl Haise doorging met het noteren van gegevens die hij van Brand doorkreeg, nam de commandant de gelegenheid te baat om nog even naar buiten te kijken. Uiteindelijk bleek hij dat precies op het juiste moment gedaan te hebben.

Om 76 uur, 42 minuten en 7 seconden na het begin van de missie ging de zon achter de maan onder, en kwam de Apollo 13 helemaal in de schaduw terecht. Buiten het ruimteschip verdwenen eindelijk de flonkerende brokstukjes, en aan alle kanten van het schip, onder alle hoeken en langs alle assen, lichtte de hemel plotseling op met sluiers van ijswitte sterren.

'Houston,' zei Lovell, 'de zon is ondergegaan en – man – moet – je – eens – naar – die – sterren – kijken.'

'Is dat Nunki daar?' vroeg Haise, terwijl hij zich naar het venster draaide en naar de ster wees die Lovell eerder nauwelijks had kunnen onderscheiden, maar die nu als het licht van een vuurtoren tegen de hemel afstak.

'Ja,' zei Lovell, 'en ik kan Antares nu ook een stuk beter zien.'

'Wat is die wolk daar?' vroeg Swigert, over Lovells schouder leunend.

'De melkweg,' antwoordde Lovell, doelend op de heldere witte band die de hemel doorsneed.

'Nee, niet die verlichte,' zei Swigert. 'Die donkere – twee donkere om precies te zijn, die eruitzien als condenssporen.'

Lovell volgde Swigerts blik en zag een paar mysterieuze, donkere zuilen die enkele van de recentelijk zichtbaar geworden sterren aan het oog onttrokken. 'Ik heb geen flauw idee wat dat moet zijn,' reageerde hij. 'Misschien brokstukken die daar terechtgekomen zijn.'

'Veroorzaakt door onze manoeuvres?' vroeg Haise.

'Nee,' zei Lovell, 'door onze explosie.'

De drie astronauten keken naar de wolken en zwegen. Het was al bijna vierentwintig uur geleden sinds de plotselinge schok en de klap van gisteravond, en de zintuiglijke ervaring begon al weer een beetje te vervagen. Maar deze spookachtige zwarte vingers die zich vanuit het ruimteschip in de ruimte uitstrekten brachten alles ogenblikkelijk terug. Het was nog steeds niet duidelijk wat er verkeerd was gegaan in het achterste gedeelte van hun ruimteschip, maar opdat ze het niet zouden vergeten had het wel een rokende puinhoop gemaakt van een ruimtevaartuig waarvan gedacht werd dat het nagenoeg onverwoestbaar was.

Brands stem verbrak de stilte. 'Aquarius, Houston.'

'Zeg het maar, Houston.'

'Oké, Jim, we hebben nog ongeveer twee minuten tot het radiosignaal verloren zal gaan, en van hieruit ziet alles er goed uit.'

'Roger,' zei Lovell. 'Ik neem aan dat jullie niet willen dat we nog andere systemen activeren of bepaalde voorbereidingen treffen vóór we weer contact met elkaar krijgen?'

'Roger. Dat is correct,' antwoordde Brand.

'Oké, dan houden we ons verder rustig. We zien je straks weer aan de andere kant.'

De Apollo 13-bemanning verviel weer in stilte en 120 seconden later verdween het signaal vanuit Houston.

Terwijl ze het aardse lichtschijnsel achter zich lieten en in het absolute duister en in de radiostilte achter de maan terechtkwamen, bleef de stemming van de bemanning enigszins bedrukt. Aangezien slechts een sikkel aan het westelijk uiteinde van de maan in schaduwen was gehuld, was alleen de corresponderende sikkel aan het diagonale uiteinde van de achterzijde van de maan verlicht. Tijdens het overgrote deel van de rondreis van de Apollo 13 was er alleen maar schaduw onder het ruimteschip te zien. Het enige waaraan te zien was dat daarbeneden een hemellichaam moest zijn, was de totale afwezigheid van sterren, een afwezigheid die begon waar de grond hoorde te beginnen en eindigde in de verte, waar de horizon hoorde te beginnen.

Bijna twintig minuten lieten de astronauten zich voortdrijven door deze nachtelijke leegheid, totdat, vijf minuten voordat het contact met de aarde zou worden hersteld, in de verte een witgrijze sikkel met een vlekkerig oppervlak zichtbaar werd. Haise, die voor het rechtervenster stond, zag het als eerste en reikte naar zijn camera. Lovell, die links stond, was de volgende die het zag en knikte, minder in vervoering dan als de vaststelling van een feit. Swigert, die zoiets nog nooit eerder had gezien, greep zijn camera en gleed naar Lovells plaats, en de commandant gleed naar achteren om zijn medebemanningslid dat voor de eerste keer in de ruimte was de gelegenheid te geven het tafereel te bekijken dat zich onder hen ontvouwde. Onder het ruimteschip doorglijdend, net als het bijna zestien maanden eerder onder de Apollo 8 door was gegleden, was dezelfde verlaten strook maanoppervlak die tot 1968 nog nooit door een mens aanschouwd was, en die nu door een man of twaalf was gezien.

Swigert en Haise, net als Borman, Lovell en Anders vóór hen, waren totaal verbijsterd. Ze lieten in eerbiedige stilte hun blikken over de mares en de kraters, de geulen en de heuvels glijden – het hele maanoppervlak in één weidse blik. In tegenstelling met de bemanningen van vorige ruimteschepen, passeerde deze bemanning de maan niet op een hoogte van 97 kilometer, maar op 223 kilometer, en in tegenstelling met de bemanningsleden van vorige Apollo's zouden ze hier niet blijven. Zodra ze de maan in oostelijke richting gepasseerd zouden zijn, zouden ze beginnen weg te klimmen, en Lovell zweefde naar de achterkant van de cabine om zijn jongere piloten de gelegenheid te geven hun ogen uit te kijken. Vijf minuten later, het geplande moment dat ze weer radiocontact zouden moeten krijgen, zette hij zijn microfoonknop op 'Zenden' en riep met een weloverwogen gefluister de aarde op.

'Goedemorgen, Houston. Hoe ontvangt u mij?'

'We ontvangen je redelijk goed,' zei Brand.

'Goed,' zei Lovell. 'Wij ontvangen jullie ook redelijk goed.' Hij keek over Swigerts schouder en wierp een blik op de formatie die onder hen doorgleed. 'En voor jullie informatie, we zitten nu boven Mare Smythii en het ziet ernaar uit dat we aan het wegklimmen zijn.'

'We schieten nu ècht snel de hoogte in,' voegde Swigert er ietwat spijtig aan toe.

'O, ja, ja,' reageerde Lovell, niet alleen naar zijn medebemanningslid, maar ook richting Mission Control, 'we zitten niet langer op 223 kilometer. We vertrekken onmiskenbaar.'

'Dat is ontvangen, Aquarius,' zei Brand.

'Wat we nu nog nodig hebben is een power-up voor de burn,' hielp Lovell de grond herinneren.

'Oké. Stand-by.'

Brand verbrak de verbinding, en terwijl Haise en Swigert met hun camera's bij de vensters bleven staan, begon Lovell aan een rondgang door de cockpit, nerveus met zijn schakelaars in de weer ter voorbereiding van de power-up. Zwevend van het ene deel van zijn instrumentenpaneel naar het andere, kwam hij uiteindelijk weer bij Haise en Swigert uit, en mompelde dan ook regelmatig 'Mag ik er even bij, Freddo', of 'Sorry, Jack'. De LEM-piloot en de piloot van de commandomodule reageerden dan op hun commandant met een knikje om afwezig aan de kant te gaan om Lovell in staat te stellen datgene te bereiken waar hij bij wilde, om even later weer op hun plaats te zweven. Na een minuut of drie hield Lovell hiermee op, nam op de beplating van de stijgmotor plaats, die hij tot nu toe als Swigerts vaste plaats had beschouwd, en sloeg zijn armen over elkaar.

'Heren!' zei hij met een stem die opzettelijk te luid was voor de kleine cockpit. 'Wat zijn jullie intenties?'

Geschrokken draaiden Haise en Swigert zich met een ruk om. 'Onze intenties?' zei Swigert.

'Ja,' zei Lovell. 'Er zit een PC+2-manoeuvre aan te komen. Hebben jullie de intentie daar aan mee te doen?'

'Jim,' zei Haise zacht, 'dit is onze laatste kans om deze opnamen te maken. We zijn nou toch hier – denk je niet dat ze graag zouden zien dat we wat foto's mee terugbrengen?'

'Als we niet thuiskomen worden ze toch nooit ontwikkeld,' zei Lovell. 'Goed, luister. Laten we die camera's opbergen en ons op die burn concentreren. We mogen er geen puinhoop van maken met een splash-down om 152 uur.'

Haise en Swigert borgen hun camera's op en keerden ietwat schaapachtig naar hun posities terug, en het volgende uur was de bemanning hard aan het werk. Brand gaf via de radio de power-up-instructies door, en terwijl de bemanning de betreffende schakelaars overhaalde werden de systemen van Aquarius één voor één geactiveerd.

Net als bij de burn die er bij de Apollo 8 toe moest leiden dat het ruimteschip in een baan rond de maan werd gebracht, wachtten de astronauten van de Apollo 13 zwijgend af tot de laatste minuten die aan hun manoeuvre voorafgingen zouden zijn weggetikt. Er zou deze keer geen sprake zijn van canvas riemen die de piloten konden gebruiken, geen banken waarop ze zichzelf uit veiligheidsoverwegingen dienden vast te gorden. In plaats daarvan zouden ze simpelweg staan, zichzelf schrap zettend tegen de wand, de plotselinge kracht absorberend en de subtiele duw voelend die de acceleratie door hun comfortabele nul-g lichamen deed varen. Lovell keek Haise aan, stak zijn duim omhoog en keek toen over zijn schouder naar Swigert, en deed hetzelfde.

'Tussen haakjes, Aquarius,' kondigde Brand aan, op die manier de stilte verbrekend, 'we hebben hier de resultaten van de seismometer van de Apollo 12. Het ziet ernaar uit dat jullie derde trap zojuist op de maan is terechtgekomen en ervoor heeft gezorgd dat-ie een tikkeltje door elkaar is geschud.'

'Nou, dan heeft er tijdens deze vlucht in elk geval íets gewerkt,' zei Lovell. 'Maar ik ben blij dat er geen LEM tegen het maanoppervlak is geslagen.'

Lovell keek op de maan neer alsof hij de stofwolk en de kleine krater die waren veroorzaakt door het laatste projectiel dat dit oeroude oppervlak had weten te raken daadwerkelijk kon zíen. Maar wat hij in werkelijkheid zag was een kleine, volmaakt driehoekige berg, weggestopt tussen kraters en heuvels langs de rand van Mare Tranquillitatis. Het was Mount Marilyn, die hem leek terug te wenken terwijl hij zich – waarschijnlijk definitief nu – van het maanoppervlak verwijderde.

'Nog tien minuten tot de burn,' kondigde Haise aan. Kort daarna meldde hij: 'Acht minuten tot de burn', en toen 'Zes minuten tot de burn', toen 'Vier minuten tot de burn'. Uiteindelijk nam Brand, achter zijn Capcom-console, het melden van Haise over.

'Jim, je kunt straks tot het activeren van de motor overgaan; je kunt straks met de burn beginnen.'

'Roger, ik heb het begrepen,' zei Lovell. 'We gaan straks aan de burn beginnen.'

'Nog twee minuten en veertig seconden volgens mijn gegevens,' riep Brand. 'Markeren.'

Lovell keek naar zijn missie-timer, markeerde de tijd die nog resteerde, haalde diep adem en hield die vast. Het was, dacht hij grimmig, nagenoeg een herhaling van die nachtvlucht boven de Japanse Zee. Met gedoofde cockpitverlichting en de punt van zijn ruimteschip op de gloeiende, blauwe algenstrepen van de aarde gericht, keek hij toe hoe de timer aftelde naar nul en voelde toen hoe de LEM onder zijn voeten grommend tot leven kwam.

10

Dinsdag 14 april, 15:40 uur in de Grote Oceaan

Het was weinig waarschijnlijk dat Mel Richmond in het zuidelijk deel van de Grote Oceaan zeeziek zou worden. Om te beginnen was het schip waar hij aan boord was, het helikoptervliegdekschip *Iwo Jima*, veel te groot om ook in de ruwste zeeën veel heen en weer te slingeren. En wat belangrijker was, Richmond was hier al vele keren eerder geweest. Het was zelfs Mel Richmond geweest die – letterlijk – had meegeholpen het handboek op te stellen waarin te vinden was hoe je een op aarde terugkerend ruimteschip diende te bergen.

In de dagen voorafgaande aan de lancering van een Mercury-, Gemini- of Apollo-ruimteschip plaatste de NASA een groep bergingsexperts aan boord van verschillende marineschepen die naar het landingsgebied waren gestuurd om daar toezicht te houden bij het oppikken van het ruimteschip en zijn bemanning. Het was niet altijd een even plezierige regeling. Marinemensen die gewend waren alleen maar met andere marinemensen te werken ergerden zich in stilte aan het stelletje burgertechnici dat zomaar in hun midden opdook, en – dat was het ergste van alles – net deed alsof het schip van hèn was. De technici zelf waren zich blijkbaar van geen kwaad bewust, te zien aan de onbezorgde manier waarop ze de gewone gang van zaken aan boord verstoorden teneinde hun buitengewone reddingsactie te kunnen uitvoeren.

Richmond, als plaatsvervangend leider van het bezoekende NASA-team, ging meer in zijn werk op dan de meesten. Geruime tijd voordat een bemande raket het lanceerplatform verliet, sloot de voormalige luchtmachtman en huidige baanexpert zich op met een vluchtplan, kaarten van potentiële re-entry-gebieden en weerberichten van de hele wereld. Enkel gebruik makend van deze informatie stelde hij een rooster op van elke mogelijke landingsplaats waar het terugkerende ruimteschip zich op kon richten, alsmede van elke bergingstechniek die gebruikt zou kunnen worden om het ruimtevaartuig en zijn bemanning uit het water te halen. Zijn rapport werd het Boek – het voorlopige bergingsboek – voor die missie, en terwijl de re-entry dichterbij kwam en de uiteindelijke landingsplaats steeds duidelijker werd, werd het zijn handleiding die precies zou voorschrijven hoe de complexe redding in haar werk diende te gaan.

Mel Richmond was niet de enige persoon die dit nauwgezette werk deed. Elke tweede, derde of vierde ruimtevlucht werd aan een van de wisselende bergingsteams toegewezen, en steeds schreef een van de leden van dat team de handleiding voor die betreffende missie. Maar Richmond had het vaker gedaan dan anderen en had deelgenomen aan de berging van zowel de Gemini 6 en 7, als die van de Apollo 9 en 11, en hij wist dat dit splash-down-werk niet voor iedereen was weggelegd. De NASA-teams die bij deze twee weken durende perioden werden ingezet beschikten gewoonlijk niet over een beter onderkomen dan gewone luitenants-ter-zee der derde klasse, en lagen dan ook met z'n vieren in een kleine kajuit, aten in de officiersmess en hadden – met uitzondering van twee keer per dag telefonisch overleg met Mission Control – geen enkel ècht contact met thuis meer.

De dagelijkse routine tijdens deze twee weken op zee bestond afwisselend uit perioden van totale verveling en koortsachtige activiteit, afhankelijk van de oefeningen die voor die dag waren gepland. Het afmattendst waren de bergingsoefeningen die om de andere dag werden uitgevoerd, wanneer er een nagebouwd ruimteschip overboord werd gegooid, het vliegdekschip een paar honderd meter doorvoer en de hele reddingsploeg – kikvorsmannen, helikoptervliegers, dekteams en spotters – zijn best deed de capsule weer terug aan boord te brengen.

Een paar dagen al hadden de bergingsoefeningen voor de terugkeer van de Apollo 13 nu plaatsgevonden, en men had daarbij steeds geprobeerd zo dicht mogelijk bij de richtlijnen te blijven die Richmond in zijn handleiding had genoteerd. Maar nu, tijdens de vierde dag dat het ruimteschip onderweg was, konden alle zorgvuldig opgestelde procedures en voorgeschreven oefeningen in de prullenmand worden gegooid.

De Odyssey-commandomodule zou volgens het oorspronkelijke vluchtplan op dinsdag 21 april om 15:17 uur op 383 kilometer ten zuiden van Christmas Island het water moeten raken – vier dagen na de raketstart vanuit de Fra Mauro-heuvels op de maan. Maar de afgelopen dagen was dat oorspronkelijke plan echter gewijzigd, en de Apollo 13 zou nu, volgens de jongens in Houston, naar huis terugkeren op de middag van de 17de april – of misschien wel op de avond van de 17de, of misschien wel ergens op de 18de – en terechtkomen in het zuidelijk deel van de Grote Oceaan – of misschien wel in de Indische Oceaan, of misschien wel in de Atlantische Oceaan. De exacte tijd en plaats waren afhankelijk van het succes van de PC+2-burn die hen extra snelheid moest geven, en die was berekend door de jongens van guidance. Als die burn volgens plan verliep, dan was de kans groot dat het hoofdbestanddeel van Mel Richmonds bergingsvloot het ruimteschip op vrijdag 17 april zo rond twaalf uur 's middags uit de Grote Oceaan kon plukken. Gingen de zaken níet volgens plan, dan stond de NASA voor de weinig aantrekkelijke taak om God mocht weten welke schepen bij elkaar te sprokkelen om Odyssey op te vangen in God mocht weten welke oceaan op God mocht weten welk tijdstip. Het was een manier van werken waar Richmond absoluut niet op gesteld was.

Het was 20 uur 40 in Houston en al donker daar toen de maanmodule Aquarius opdracht kreeg zijn daalmotor te activeren voor een viereneenhalve minuut durende *burn*, maar in de buurt van Christmas Island, pal ten zuiden van Oahu, was het 15 uur 40 tijdens een nog steeds wolkeloze middag. Hoewel de hele wereld mee kon luisteren naar de lucht/grond-conversatie tussen Apollo en Mission Control – dank zij het agressieve Public Affairs-bureau van de NASA – kon het hele bergingsteam dat niet. Een van de radio-officieren aan boord van de *Iwo Jima* kon de conversatie tussen de Capcom en de bemanning via een communicatiesatelliet oppikken, maar de verbinding was slecht, en de transmissie kon niet aan de schepen rond het vliegdekschip worden doorgegeven. Het resultaat was dat alleen de satellietofficier kon horen hoe de burn verliep.

Elders op het schip stond een andere verbindingsofficier in een andere radiokamer in contact met Mission Control zelf. Het was deze officier die het geregeld plaatsvindende telefonisch overleg tussen de *Iwo Jima* en Houston verzorgde, en hij was de eerste die te horen zou krijgen dat de PC+2-burn met succes was voltooid – of niet. Kort voor halfvier waren Mel Richmond en een handjevol andere mannen van het bergingsteam de radiohut van deze tweede radio-officier binnengestapt om op de laatste berichten te wachten. Aan de andere kant van het schip, in het satelliet-kantoor, luisterde de eenzame officier mee op de lucht/grond-verbinding naar de ruimtevaartpraat die de rest van de *Iwo Jima* niet kon horen.

'Nog twee minuten en veertig seconden volgens mijn gegevens,' hoorde de satellietman Vance Brand vanuit Houston roepen toen de burn elk moment kon beginnen.

'Roger, we hebben je gehoord,' hoorde hij Jim Lovell ondanks een enorm geruis antwoorden.

Toen was het een hele tijd stil.

'Nog één minuut,' kondigde Brand aan.

'Roger,' antwoordde Lovell. Nog eens zestig seconden stilte.

'We verbranden momenteel veertig procent,' hoorde de radio-officier Lovell nu melden.

'Houston hoort het.' Vijftien seconden gingen voorbij.

'Honderd procent,' zei Lovell.

'Roger.' Geruis leek de hele achtergrond te vullen. 'Aquarius, Houston. Het ziet er goed uit.'

'Roger,' kraakte Lovell terug. Opnieuw gingen er zestig seconden voorbij.

'Aquarius, op twee minuten ziet het er nog steeds goed uit.'

'Roger,' zei Lovell. Nog meer geruis, nog meer stilte.

'Aquarius, je hebt er drie minuten op zitten.'

'Roger.'

'Aquarius, nog tien seconden te gaan.'

'Roger,' zei Lovell.

'– zeven, zes, vijf, vier, drie, twee, één,' telde Brand af.

'Uitgeschakeld!' riep Lovell.

'Roger. Uitgeschakeld. Goede *burn*, Aquarius.'

'Herhaal dat nog eens,' brulde Jim Lovell dwars door het statisch geruis heen.

Brand verhief zijn stem. 'Ik – zei – dat – het – een – goede – burn – was.'

'Roger,' zei Lovell. 'En nu willen we zo snel mogelijk de elektrische systemen de-activeren.'

In de satellietkamer van het vliegdekschip schoof de verbindingsman zijn stoel naar achteren en deed zijn koptelefoon af. Hij wist, terwijl niemand aan boord van de *Iwo Jima* daar nog van op de hoogte was, dat de Apollo 13 inderdaad hun kant uit kwam. Aan de andere kant van het schip, in de tweede radiohut, stonden Mel Richmond en de rest van het bergingsteam in een halve cirkel rond de nog steeds zwijgende radio. Eindelijk, bijna een halve minuut nadat de burn was voltooid, klonk er een krakende boodschap vanuit Houston door de kleine speaker.

'*Iwo Jima*, hier Houston, op 79 uur en 32 minuten in de missie,' zei de stem. 'Periluna plus twee-*burn* is voltooid. Waarschijnlijke splash-down zo'n zeshonderd mijl ten zuidoosten van Amerikaans Samoa, op 142 uur en 54 minuten, grond-verstreken tijd.'

'Roger,' antwoordde de radioman in zijn microfoon. 'Burn voltooid.'

In de hut keken de leden van het bergingsteam elkaar glimlachend aan.

'Nou,' zei Richmond tegen de officier die naast hem stond, 'het ziet ernaar uit dat we het vrijdag druk gaan krijgen.'

Zodra de PC+2-burn was voltooid, deed Gene Kranz, die achter de flight-director-console zat, zijn koptelefoon af, ging staan en liet zijn blik door de zaal gaan. Net als enkele uren geleden door Gerald Griffins Gouden Team was gedaan, reageerde het Witte Team van Kranz op de succesvolle manoeuvre door in een spontaan gejuich uit te barsten, dat gepaard ging met een uitbundig elkaar op de schouders slaan, en dat, naar Mission Control-maatstaven, zonder meer een pandemonium genoemd mocht worden. En net als Gerald Griffin enkele uren geleden, was Gene Kranz geneigd de jolijt voor het moment te tolereren; hij ging ervan uit dat het team dit moment, waarop het blijk gaf tevreden te zijn met de behaalde resultaten, dubbel en dwars verdiende. Bovendien zou hij zijn handen straks vol hebben aan iets heel anders. Als Kranz de mensen in deze zaal kende – en dat was het geval – dan was hij ervan overtuigd dat op dat moment drie man naar zijn console op weg waren. En als hij kon voorspellen wat ze zouden komen zeggen – en dat kon hij – dan stond het voor hem vast dat het gesprek stormachtig zou verlopen.

Hij keek naar de rij vóór hem, waar hij links Deke Slayton kon zien, die achter de Capcom-console had gestaan en nu richting Kranz kwam gelopen. Achterom kijkend naar rij vier zag hij Chris Kraft bij de Flight Operations-console zijn koptelefoon afdoen en door het gangpad naar de rij voor hem lopen. Achter Kraft, in de met glas afgescheiden galerij, kon hij Max Faget ontwaren, het hoofd van de afdeling Techniek en Ontwikkeling van het Space Center, en een van de eerste mannen die door Bob Gilruth in de Space Task Force was benoemd die twaalf jaar geleden de kern van de NASA had gevormd. Faget baande zich een weg tussen de VIP's door en betrad de grote zaal. Kranz zuchtte eens en drukte een sigaret uit die hij bij het begin van de PC+2-*burn* had opgestoken, en die nu tot aan zijn vingertoppen was opgebrand. Slayton, die het dichtstbij was van de drie naderbij komende mannen, arriveerde als eerste.

'En wat gaat onze volgende stap worden, Gene?'

'Nou, Deke,' zei Kranz, zijn woorden voortdurend wegend, 'daar zijn we druk mee bezig.'

'Ik weet niet hoeveel daar nog aan gedaan moet worden,' zei Slayton. 'We laten de bemanning straks toch wel slapen, hè?'

'Uiteindelijk wel ja, natuurlijk.'

'*Uiteindelijk wel*, zou weleens niet kunnen werken, Gene. Hun laatste geplande slaapperiode was vierentwintig uur geleden. Ze hebben rust nodig.'

'Dat weet ik, Deke,' begon Kranz, maar voor hij zijn gedachte af kon maken, hoorde hij een nieuwe stem over zijn schouder. Het was de stem van Kraft.

'Hoe zit het met dat plan voor die power-down, Gene?'

'Dat zit eraan te komen, Chris,' antwoordde Kranz effen.

'Zijn we klaar om het uit te voeren?'

'We zijn klaar, maar het is een lange procedure en Deke denkt dat we de bemanning eerst in de gelegenheid moeten stellen wat te slapen.'

'Slapen?' zei Kraft. 'Een slaapperiode duurt zes uur! Als je de bemanning zo lang uit de circulatie haalt, vóór je tot een power-down overgaat, verspil je zes uur brandstof die je helemaal niet hóeft te verspillen. Bovendien, Lovell is het ermee eens. Heb je hem niet over de radio gehoord?'

'Maar als je ze ophoudt en ze een gecompliceerde power-down laat uitvoeren terwijl ze van slaap op hun benen staan te tollen,' zei Slayton, 'dan kun je er staat op maken dat iemand iets verkeerds doet. Ik ben liever nu wat extra stroom kwijt dan dat ik straks met een ramp zit opgezadeld.'

Van achter Slayton knikte Faget, die het groepje nu ook had bereikt, Kranz een begroeting toe.

'Max,' zei Kranz, 'Deke en Chris hebben me zojuist verteld wat volgens hen de volgende stap moet zijn.'

'Passieve thermische controle, niet?' zei Faget zakelijk.

'PTC?' Slayton klonk gealarmeerd.

'Tuurlijk,' zei Faget. 'Dat ruimteschip wijst nu al urenlang met één kant naar de zon, terwijl de andere kant naar de ruimte is gekeerd. Als we niet snel een of andere barbecue-draai aan het geheel geven, bevriest de ene helft van de systemen en wordt de andere helft gekookt.'

'Heb je er enig idee van wat voor een belasting je op de bemanning legt door ze nú een PTC-draai te laten uitvoeren?' vroeg Slayton.

'Of wat dat betekent voor de beschikbare energie?' voegde Kraft eraan toe. 'Ik weet niet zeker of we ons momenteel zoiets kunnen veroorloven.'

'En ik weet niet zeker of we het ons kunnen veroorloven het níet te doen,' wierp Faget tegen.

Het meningsverschil bij de console van de flight-director duurde nog enkele minuten voort, waarbij Kraft, Slayton en Faget hun ideeën luid en duidelijk ventileerden, en de mannen achter de nabijgelegen Capcom- en INCO-consoles draaiden zich af en toe half om teneinde een blik hun kant uit te werpen. Uiteindelijk stak Kranz, die zich tot dan toe en volkomen in strijd met zijn aard rustig had gehouden, zijn hand omhoog en de drie mannen – die technisch gesproken alle drie zijn superieur waren – hielden onmiddellijk hun mond.

'Heren,' zei hij, 'ik dank u voor uw suggesties. De volgende taak waarvan de bemanning zich zal moeten kwijten is het uitvoeren van een passieve thermische rol.' Hij draaide zich om en knikte naar Faget, die terugknikte. 'Daarna zullen ze de elektrische systemen van hun ruimteschip zoveel mogelijk deactiveren.' Hij knikte naar Kraft. 'En ten slotte,' zei hij, Slayton aankijkend met een flikkering van spijt in zijn ogen, 'zullen ze gaan slapen. Een vermoeide bemanning kan over zijn slaap heen raken, maar als we dit ruimteschip nog verder beschadigen, zou er weleens geen weg terug meer kunnen zijn.'

Kranz keerde naar zijn console terug, en Faget en Slayton draaiden zich om teneinde te vertrekken. Maar Kraft bleef staan waar hij stond. Hij stond achter de console die hij van 1961 tot 1966 had bemand, en de man die Gene Kranz had opgeleid voor de taak die hij nu uitvoerde dacht er even over om bezwaar aan te tekenen jegens de beslissing die zijn voormalige beschermeling zojuist had genomen. Maar voordat hij een woord had gezegd, bedacht hij zich en wandelde weg. Wat de flight-director ook wenste te doen, 'hoe de vluchtvoorschriften ook mochten luiden', was nu eenmaal wet. Kraft had die regels elf jaar geleden zelf opgesteld, en hij zou er zich nu ook aan moeten houden.

De volgende twee uur kweet de vermoeide bemanning in het defecte ruimteschip zich van de taken die de grond hen opdroeg, om daarna pas toestemming te krijgen te gaan slapen. En zelfs toen werd er erg karig met de slaapperiodes omgesprongen, waarbij Haise als eerste drie uur 'zaktijd' toegewezen kreeg, terwijl Lovell en Swigert in Aquarius de wacht zouden houden tot hij zou terugkeren.

Nu, ruim na middernacht, zat Haise's slaapperiode er bijna op en de twee mannen die aan het roer waren achtergebleven merkten dat ze onwillekeurig toch af en toe wegdommelden. Slapen in de koude, lawaaiige cabine van Aquarius was moeilijk, merkten ze, maar niet onmogelijk. De truc was jezelf voor te houden dat je absoluut niet van plan was om te slapen, maar dat je enkel een paar minuten lang je ogen wilde sluiten, en dat je – zelfs terwijl je kans zag alle gedachten buiten te sluiten en in een lichte sluimertoestand voor het instrumentenpaneel zweefde – eigenlijk klaarwakker was, volkomen op je hoede en klaar om aan elke situatie het hoofd te bieden.

'Aquarius, Houston,' riep Jack Lousma, de Capcom van de nachtploeg, plotseling in Lovells oor.

'Hmm, ja,' mompelde Lovell, om over te gaan op een geforceerde alertheid. 'Aquarius hier.'

'Het is tijd voor jullie dat je naar bed gaat en Fred eruit haalt,' zei Lousma.

'Roger,' mompelde Lovell. 'Daar kan ik me nu al op verheugen.'

'Pak drie uur, en kom rond 85 uur en 25 minuten weer terug,' zei Lousma.

'Roger.'

De commandant wreef over zijn ogen, deed twee stappen achteruit in de richting van de tunnel en zette zich af richting Odyssey. Lovell benaderde Haise, die op de rechterbank lag, en schudde hem wakker. De omgevingstemperatuur in de commandomodule was nu, vermoedde Lovell, zo rond de vijf graden, maar rond de slapende Haise had zich echter een dunne laag van lucht gevormd die bijna dezelfde temperatuur had als zijn lichaam. Door de afwezigheid van de zwaartekracht, waardoor er geen luchtcirculatie plaatsvond, was de warme lucht niet lichter dan de omringende koude lucht, zodat die dus niet meer opsteeg en ook ook niet wegdreef.

Terwijl hij Haise van zijn bank hielp, vernietigde Lovell de atmosferische deken die zijn jongere piloot de afgelopen drie uur had gecreëerd, en stuurde hem door de tunnel naar de LEM. De commandant klom vervolgens op zijn eigen bank, sloeg zijn armen om zich heen en rolde zich op tegen de kilte die zijn eigen lichaamswarmte nog niet had weten op te vangen. Even later daalde Swigert op zijn eigen bank neer en deed hetzelfde.

Op zijn bank liggend in Odyssey kon Lovell de nog steeds erg vermoeide Haise in de LEM horen rondstommelen, zijn koptelefoon pakkend en zich vervolgens via de radio aan Houston meldend. Hoewel Haise duidelijk probeerde ten behoeve van zijn medebemanningsleden zo zacht mogelijk te praten, was zelfs gefluister in het benauwde ruimteschip duidelijk hoorbaar, en terwijl Lovell probeerde in slaap te komen, kon hij het toch niet helpen naar de eenzijdige conversatie aan het andere uiteinde van de tunnel te luisteren.

'Ik ben een minuutje geleden boven weggegaan, Jack,' zei Haise tegen Lousma, 'en ik ben nu in de LEM. Uit wat ik uit mijn raampje kan zien zou inderdaad opgemaakt kunnen worden dat de maan kleiner wordt.'

Toen was het stil in de LEM. Lousma, nam Lovell aan, zou Haise waarschijnlijk feliciteren met al het werk dat hij tot nu toe had verricht en hem ervan verzekeren dat met het verstrijken van de uren die maan nòg kleiner zou worden.

'Ik kan je één ding wèl zeggen,' antwoordde Haise als antwoord op iets dat Lousma had gezegd, 'deze Aquarius is buitengewoon.'

Opnieuw stilte. Lousma zou nu ongetwijfeld met de opmerking komen dat het de bemanning was die pas buitengewoon was.

'Uit alle geluiden vanaf de grond op te maken,' wierp Haise bescheiden tegen, 'is deze vlucht waarschijnlijk een veel grotere test voor de jongens op de grond dan voor de jongens hierboven.'

Nee, nee, zou Lousma nu waarschijnlijk opmerken, wij doen alleen maar waarvoor we getraind zijn. Het zijn jùllie die het zware werk moeten doen.

'Nou, we proberen alleen maar een beetje vooruit te denken,' zei Haise. 'We willen alleen maar klaar zijn voor een re-entry op vrijdag.'

Lovell, op de bank van de commandant liggend, kneep zijn ogen nog wat steviger dicht en draaide zich om naar de wand, waardoor de cocon van lucht, die net een beetje warm begon te worden, uit elkaar werd gescheurd. Als zijn LEM-piloot en zijn Capcom elkaar wilden opvrijen met zelfverzekerde opmerkingen betreffende de re-entry, dan was dat geen probleem, maar Lovell had absoluut geen zin om dat te horen. Volgens de laatste update die hij vanaf de grond had ontvangen, waren hij en zijn bemanning nauwelijks 28.000 kilometer van de maan verwijderd en hadden ze een snelheid van slechts 900 meter per seconde, of minder dan 3300 kilometer per uur. Hun snelheid, wist hij, zou eerst nog afnemen voordat die weer toenam, geleidelijk aan afnemend tot ze nog eens 45.000 kilometer hadden afgelegd, en de aantrekkingskracht van de aarde die hen naar voren trok het won van de aantrekkingskracht van de maan, die steeds probeerde hen naar achteren te trekken. Tot dat tijdstip zou Lovell zich niet echt op zijn gemak voelen. Een ruimteschip dat 28.000 kilometer van de maan verwijderd was, was nog steeds 417.000 kilometer van huis – veel te ver om gekwalificeerd te kunnen worden als een blokje om. Sinds maandagavond, bedacht Lovell terwijl de slaap het van hem leek te gaan winnen, had hij redenen gehad om heel wat emoties te ondergaan, maar ongerijmd optimisme was daar niet bij.

Ed Smylie stapte in Gebouw 30 van het Manned Spacecraft Center in de lift, draaide zich om en keek toe hoe de zilverkleurige deuren met een zacht gezoem dichtschoven. Hij hield een metalen doos moeizaam onder zijn arm geklemd. Vervolgens draaide hij zich iets naar rechts, reikte naar de rij met knoppen en drukte met een flauw gevoel voor ceremonie op 'drie', de etage waar Mission Control zich bevond.

Als chef van de Crew Systems Division had Smylie geen enkele reden om bescheiden te zijn over zijn werk. Het mochten dan Sy Liebergot en John Aaron en Bob Heselmeyer zijn die achter de bijna heilige consoles in Mission Control zaten en de hardware betreffende een optimaal verblijf in de maanlander en commandomodule controleerden, maar het waren wèl Smylie en zijn mensen die hadden geholpen bij het ontwikkelen en testen van deze systemen, die het leven aan boord mogelijk maakten. Het was belangrijk werk, maar ook anoniem. Terwijl de Liebergots, Aarons en Heselmeyers hun werkdagen doorbrachten in de ruime zaal van Gebouw 30, terwijl de media elke beweging van hen vastlegden, waren Smylie en zijn mensen druk bezig in de dicht op elkaar gebouwde laboratoria in de Gebouwen 7, 4 en 45.

Maar vandaag was het anders. Vandaag wilden de mannen in Mission Control Smylie maar al te graag zien – hoewel dat eigenlijk meer gold voor het onhandige voorwerp dat hij bij zich had. Sinds maandagavond, toen de Apollo 13 voor het eerst begon te knallen en te lozen en te tollen, waren de mannen in het Space Center, en vooral de technici in Crew Systems, druk bezig geweest met het oplossen van het lithiumhydroxyde-probleem. Het probleem de vierkante luchtverversende patronen uit de commandomodule passend te krijgen voor de ronde houders in de LEM was een *low-tech*-gebeuren op deze reis die geplaagd werd door zoveel *high-tech*-storingen, maar desondanks was het een probleem dat snel opgelost diende te worden. Met drie mannen in Aquarius, drie mannen die daar verbleven en ademden, zou de eerste patroon uit de maanmodule zo rond het vijfentachtigste uur met CO_2 verzadigd moeten zijn, waarna direct de tweede en laatste op zijn plaats zou moeten worden geklemd. Ruim voordat het ruimteschip de aarde zou bereiken zou ook deze vol zijn, en zouden de astronauten spoedig daarna in hun eigen afvalgassen stikken.

Het eerste wat Smylie had gedaan nadat hij op maandagavond zijn televisie had aangezet en hoorde van het ongeluk dat de Apollo 13 was overkomen, was de telefoon pakken om het kantoor van Crew Systems te bellen.

'Wat weten we van de 13?' vroeg hij toen de technicus van dienst opnam.

'Niet veel. Ze hebben geen zuurstof meer en stappen in de LEM over.'

'Dan hebben ze straks gegarandeerd een CO_2-probleem,' zei Smylie.

'En behoorlijk ook,' was de man aan de telefoon het met hem eens.

'Ik kom eraan,' zei Smylie.

Het laboratorium van Crew Systems in Gebouw 7 was niet zomaar een simpel laboratoriumpje. In het miljoenen dollars gekost hebbende complex bevond zich een kamergrote vacuümruimte, die gebruikt werd voor het uittesten van de *environmental*-controlesystemen, de *life-support*-rugzakken die op het maanoppervlak werden gebruikt, en de ruimtepakken zelf. De luchtdruk in de ruimte kon worden gereduceerd van die op zeeniveau naar de 0,386 kilo per cm^2 die in een ruimteschip nodig was, en zelfs tot het bijna luchtledige zoals dat op de maan heerste. Net als de commandomodule en de maanlander beschikte de vacuümruimte over een volledig functionerend lithiumhydroxyde-luchtzuiveringssysteem.

Terwijl Smylie zich naar Gebouw 7 haastte, minder dan een uur nadat hij gehoord had door welke problemen de Apollo 13 werd geteisterd, begon in zijn hoofd een wonderbaarlijk primitieve oplossing voor het kooldioxydeprobleem van Aquarius vorm te krijgen. Het lithiumhydroxyde-systeem van de LEM werkte, net als dat in de commandomodule, met behulp van een ventilator die de ruimteschiplucht via inlaten direct voor de luchtzuiveringspatronen naar binnen zoog, om ze vervolgens weer via een uitlaat naar buiten te blazen, de cockpit in, ontdaan van de ongewenste CO_2. Aan de cockpitwand bevestigd zaten ook nog eens twee stel slangetjes, zodat in geval van een atmosferisch lek in het ruimteschip de commandant en de LEM-piloot hun drukpakken direct aan dit luchtzuiverende, van levensbelang zijnde systeem konden koppelen.

Om de te grote patronen uit de commandomodule passend te maken voor de weinig gastvrije LEM, was Smylie van plan om de achterste helft – de 'uitlaathelft' – van de redelijk grote lithiumhydroxydehouder in een plastic zak te stoppen en die tas met zware, luchtdichte tape op zijn plaats te plakken. Een gebogen strook karton die aan de binnenkant van de zak was geplakt, zou hem in vorm houden en voorkomen dat hij met de uitlaatopeningen in aanraking zou komen. Daarna zou Smylie een klein gat in de zak maken en het losse uiteinde van een van de slangen die aan het drukpak bevestigd zaten erin stoppen, waarna hij ook deze verbinding met tape luchtdicht zou maken. Als het luchtzuiveringssysteem van de

LEM werkte, dan zou de lucht door de voorzijde van de vierkante houder worden aangezogen, de achterzijde passeren, in de zak terechtkomen en vervolgens door de slang gaan. Van hieruit zou die door de eigen luchtzuiveringsbuizen van de LEM lopen om uiteindelijk terug in de cabine van het ruimteschip terecht te komen.

In feite zou het CO_2-schoonmaaksysteem van de LEM precies functioneren zoals de bedoeling was, met uitzondering dat de geïmproviseerd vastgemaakte patroon uit de commandomodule die met de inlaatbuis was verbonden, de plaats zou innemen van de verzadigde LEM-patroon die zich verderop in het systeem bevond. Als de nieuwe patroon na een tijdje was opgebruikt, kon een nieuwe worden klaargemaakt en op dezelfde plaats en manier worden aangebracht.

Smylie arriveerde 's maandagavonds om halftwaalf bij Gebouw 7 en werd in de hal opgewacht door zijn assistent Jim Correale. De twee man sprintten naar hun laboratorium, activeerden de drukkamer en bouwden, met behulp van een nep-lithiumhydroxydepatroon die geen echte luchtzuiverende kristallen bevatte, het apparaat dat Smylie onderweg had zitten bedenken. Toen de twee technici het geïmproviseerde maaksel aan het nagebouwde levensinstandhoudend systeem koppelden en de ventilator inschakelden, merkten ze dat hun bescheiden uitvinding prima leek te functioneren. Maar om het systeem volledig uit te proberen, hadden ze echte patronen nodig.

Het probleem was alleen dat er daarvan in Houston niet één beschikbaar was. Om drie uur 's nachts – het was nu dinsdag – belde Smylie het lanceercentrum op de Cape op om te horen of iemand misschien nog ongebruikte patronen in voorraad had, en om vier uur was het de mensen in Florida gelukt om er een paar boven water te krijgen – bedoeld voor installatie aan boord van Apollo de 14 of 15 – ze aan boord van een gecharterd zakentoestel te brengen en ze naar het Manned Spacecraft Center te vliegen. De volgende dag brachten Smylie en Correale voor het grootste deel in hun lab door, pompten hun LEM-kamer vol met kooldioxyde en keken vervolgens toe hoe de recentelijk gearriveerde patronen met de snij-en-plak-modificaties het giftige gas uit de lucht opzogen, enkel in te ademen zuurstof achterlatend.

Nu, in de vroege uurtjes van de woensdagmorgen, kwam de lift in Gebouw 30 met een bons tot stilstand op de tweede etage. Smylie stapte naar buiten, de vreemde, onhandige uitvinding onder zijn arm geklemd. Terwijl hij door de witte, vensterloze hal liep, kwam hij uiteindelijk bij een stel zware metalen deuren links van hem, met daarboven de aanduiding 'Mission Operations Control Room'. Hij opende een van de deuren, stapte naar binnen en liet weinig op zijn gemak zijn blik door de ruimte glijden. Hier waren geen bescheiden deskundigen van de afdeling Crew Systems, geen anonieme technici, alleen maar glamoureuze EECOM's, TELMU's, FIDO's en flight-directors. Smylie liep door het gangpad naar beneden, op zoek naar Deke Slayton, Chris Kraft of Gene Kranz. Met elke minuut die vergleed, wist hij, kwamen de drie astronauten in het verre ruimteschip dichter bij het moment dat ze in hun eigen kooldioxyde zouden stikken.

Smylie realiseerde zich dat de kleine doos die hij had ontworpen hen naar alle waarschijnlijkheid het leven kon redden. En dat, daar hoefde hij geen moment aan te twijfelen, was niet bepaald iets dat je voor elkaar kon krijgen met een koptelefoon, een console, of een titel als TELMU.

Fred Haise vond het prettig om alleen in de LEM te zijn. Hij hield van de ongebruikelijke rust, hij hield van de ongebruikelijke bewegingsruimte, en hij hield, meer dan van al het andere, van de kortstondige kans om het bevel te voeren over zijn eigen ruimteschip. In tegenstelling met de commandant van de uit drie koppen bestaande maanbemanning, die nagenoeg totale zeggenschap had over de ruimtevaartuigen en de mensen die aan hem waren toevertrouwd, en in tegenstelling met de piloot van de commandomodule, die het totale commando over het moederschip voerde tijdens de twee dagen dat zijn medebemanningsleden met de LEM op weg waren, zou de piloot van de maanlander nooit aan het roer staan van welk ruimteschip dan ook. Voor mannen die, voordat ze bij de NASA waren gekomen, de kost hadden verdiend als testvlieger, kon dat best moeilijk te verwerken zijn. Maar om drie uur 's woensdagochtends, terwijl Jim Lovell en Jack Swigert in Odyssey aan het tweede uur van hun slaapperiode begonnen, bevond Fred Haise – derde in de hiërarchie van een bemanning van drie – zich in z'n eentje zwevend in zijn teer beminde Aquarius.

'Houston, Aquarius,' meldde Haise zich rustig via de radio bij Jack Lousma terwijl hij naar Lovells onbezette positie gleed.

'Zeg het maar, Fred,' zei Lousma.

'Ik kijk nu achterom naar de linkerhoek van de maan,' zei Haise, 'en kan nog net het lage voorgebergte van de Fra Mauro-formatie zien. We hebben het niet goed kunnen zien toen we er vlakbij zaten.'

'Oké,' zei Lousma. 'Het ziet ernaar uit dat je er al een heel stuk van verwijderd bent. Volgens mijn monitor hier, Fred, zijn jullie 30.028 kilometer van de maan verwijderd en verwijderen jullie je met een snelheid van 1500 meter per seconde.'

'Als deze vlucht achter de rug is,' zei Haise, knikkend tegen zichzelf, 'weten we pas echt waartoe een LEM precies in staat is. Als hij over een hitteschild had beschikt, zou hij ons misschien wel thuis kunnen brengen.'

'Nou, jullie hebben tijdens die uitzending van maandagavond de mensen thuis in elk geval een goed beeld gegeven van de binnenkant van het ruimteschip,' zei Lousma. 'Dat was een prima show die jullie hebben opgevoerd.'

'Ongeveer tien minuten later zou het een nòg betere show zijn geworden.'

'Ja,' zei Lousma, 'je mag wel zeggen dat de boel daarna binnen de kortste keren op zijn kop stond.'

Haise duwde zich bij het venster vandaan en zweefde terug naar Swigerts plaats boven op de afdekking van de stijgmotor. Hij stak zijn hand in een voorraadzak en zocht tussen de voedselpakketjes die Swigert gisteren vroeg uit Odyssey had overgebracht.

'En ter jouwer informatie, Jack,' meldde Haise via de radio, 'ik ga nu de tijd verdrijven met het verorberen van wat rundvlees met jus en nog wat andere lekkernijen.'

'Ik neem aan dat dat allemaal door de commandant akkoord bevonden is,' merkte Lousma op.

'En wie denk je,' zei Haise met een glimlach, 'dat momenteel de commandant ìs?'

'Dat mag dan zo zijn, maar als ìk het was zou ik je alles wat je opat laten noteren, zodat hij er precies weet van had.'

'Begrepen.'

'En Fred,' voegde Lousma eraan toe, 'als je het niet al te druk hebt met het eten van dat rundvlees, zou je ons dan misschien kunnen vertellen hoe het met de CO_2 staat.'

Lousma's nonchalance stond in schrille tegenstelling met de urgentie achter het verzoek. Ed Smylie's bezoek aan Mission Control had zowel voor de technici als voor de flight-controllers een prettig verloop. De geïmproviseerde luchtzuiveringsinstallatie had Slayton, Kranz en Kraft en het groepje LEM-environmental-deskundigen dat rond de console van de Capcom samendromde geïntrigeerd, en het verslag van de succesvolle proef in de vacuümruimte in Gebouw 7 had hen ervan overtuigd dat dit weinig elegante bouwsel inderdaad functioneerde. Nu, nadat Smylie was gekomen en weer was verdwenen, bleef het prototype op Lousma's console achter, waar het de aandacht van controllers trok, die er af en toe voorzichtig aanzaten.

Het feit dat Smylie's doos gemakkelijk in zijn lab kon worden vervaardigd, vormde geen enkele garantie dat hij net zo gemakkelijk in de ruimte in elkaar kon worden gezet, en men zou er op heel korte termijn aan moeten beginnen. Kooldioxyde-concentraties in de commandomodule en de LEM werden opgespoord met een instrument dat geen stroom nodig had en dat een beetje leek op een thermometer die de druk van het giftige gas in de totale ruimte mat. In een normaal functionerend ruimteschip zou de naald nooit hoger kruipen dan twee of drie millimeters kwikdruk. Als hij boven de zeven steeg kreeg de bemanning opdracht haar lithiumhydroxydepatronen te vervangen. Kwam hij boven de vijftien, dan betekende dat de patronen zo'n beetje de maximale hoeveelheid hadden geabsorbeerd en dat het niet meer lang zou duren of de eerste tekenen van CO_2-vergiftiging – licht in het hoofd, desoriëntatie, misselijkheid – zouden merkbaar gaan worden. Terwijl Fred Haise zijn pakje met rundvlees dichtvouwde en het achter in de cockpit liet zweven, dreef hijzelf in de richting van de kooldioxydemeter, en wat hij daar zag maakte dat hij onmiddellijk ter zake kwam.

'Oké,' zei Haise toonloos, 'het metertje staat op dertien.' Met samengeknepen ogen bekeek hij het metertje voor een tweede keer. 'Ja, dertien.'

'Akkoord,' zei Lousma, 'dat komt aardig overeen met wat we hier hebben, dus we zouden graag zien dat je die houder in elkaar zet die we hier voor je bedacht hebben.'

'Wil je dat ik de Odyssey inga om vast wat materiaal te verzamelen?'

'Nee,' antwoordde Lousma. 'We willen niet dat je de skipper nu al wakker maakt. Laat ze nog maar een paar minuten slapen.'

Terwijl Lousma dit zei, hoorde Haise een ritselend geluid in de tunnel. Hij keek omhoog en zag Lovell, met rode ogen van vermoeidheid, met zijn hoofd als eerste door het luik Aquarius binnenglijden. De commandant landde zacht op de motorbeplating van de stijgraket, maakte een koprol en trok zichzelf met een bons in een soort zitpositie. Ter hoogte van zijn ogen dobberde het door Haise achtergelaten pakje vlees, waar hij een nieuwsgierige blik op wierp, het vervolgens uit de lucht plukte om het het volgende moment in de richting van zijn LEM-piloot te gooien. Haise kreeg het pakje te pakken en ruimde het snel in een afvalzak op.

'Je bent wel héél snel terug,' zei Haise.

Lovell gaapte. 'Het is daar veel te koud, Freddo.'

'Je moet doodstil blijven liggen.'

'Ik heb geprobéérd doodstil te blijven liggen, maar dat helpt niet meer. Het zou me zeer verbazen als het daar veel warmer is dan net boven het vriespunt.'

Lovell reikte naar voren, pakte zijn koptelefoon, en riep Lousma op.

'Hallo, Houston, Aquarius. Hier Lovell, die weer op zijn plaats zit.'

'Roger, Jim. Is Jack ook bij jou?'

'Nee, die ligt nog te slapen.'

'Oké,' zei Lousma, 'zodra hij op is zou ik voor willen stellen een paar van die lithiumhydroxydepatronen in elkaar te zetten. Ik denk dat je daar best drie stel handen bij nodig zult hebben.'

'Oké,' zei Lovell, die even met zijn hoofd schudde om echt wakker te worden en nu weer terugging naar zijn vaste linkerplaats. 'We zullen van dat passend maken van die patronen ons volgende project dan maar eens maken.'

Hoewel er van de slaapperiode nog ruim een uur over was en Swigert – in tegenstelling tot Lovell – kans had gezien in de koelkast die Odyssey eigenlijk was diep in slaap te vallen, werd hij al snel wakker van het gepraat en gerommel die uit de LEM klonk. Slechts een paar minuten nadat Lovell door de tunnel in de maanlander was gearriveerd, kwam Swigert te voorschijn. Op de grond stond Joe Kerwin ook net op het punt aan zijn dienst te beginnen, zijn vierde beurt als Capcom in evenzoveel dagen, en nam Lousma's plaats achter de console in.

'Oké,' meldde Lovell zich bij de nieuwe man in Houston, 'Jack is nu ook bij me, en zodra hij zijn oortelefoon in heeft kunnen we het een en ander gaan noteren.'

'Roger dat, Jim,' zei Kerwin, die deze bevestiging tevens als groet liet fungeren. 'Je zegt maar wanneer jullie gereed zijn.'

Het volgende uur werd het werken aan boord van de Apollo 13 gekenmerkt door de wanorde van een jacht op afvalresten, gekoppeld aan de technische fijnzinnigheid van een grofsmederij. Terwijl Kerwin de lijst van benodigdheden oplas zoals hij die van Smylie had gekregen, en Kraft, Slayton en Lousma en de andere controllers achter hem identieke lijsten stonden te raadplegen, was de bemanning naar alle uithoeken van het ruimteschip uitgevlogen om materialen bijeen te garen die nooit bedoeld waren om er de dingen mee te doen die ze nu van plan waren.

Swigert zwom terug naar Odyssey en haalde een schaar, twee te grote lithiumhydroxydepatronen die uitsluitend voor de commandomodule geschikt waren en een rol grijze isolatietape die eigenlijk bestemd was voor het vastzetten van zakken afval tegen de wand van het ruimteschip, zo tegen het eind van de missie. Haise haalde zijn boek met LEM-procedures te voorschijn en sloeg de zware kartonnen pagina's op met de instructies voor de raketstart vanaf de maan – pagina's die hij nu niet meer nodig had – en haalde ze uit de ringband. Lovell opende de opslagkast achter in de LEM en haalde het in plastic verpakte thermische ondergoed te voorschijn dat hij en Haise tijdens hun wandeling over het maanoppervlak onder hun drukpak hadden moeten dragen. Geen gewone lange onderbroeken, deze uit één stuk vervaardigde pakken waarin een paar meter dunne, flexibele buis was geweven waarin water zou hebben gecirculeerd teneinde de astronauten koeling te bieden wanneer ze in de felle zonnegloed van de 'maandag' druk met hun werk bezig waren. Lovell sneed de plastic verpakking open, gooide de nutteloze pakken terug in de kast en hield het thans waardevolle plastic stevig vast.

Toen al het benodigde materiaal verzameld was, begon Kerwin de bouwinstructies die Smylie had opgesteld voor te lezen. Het werk verliep, op z'n best, traag.

'Draai de patroon zodanig dat je naar de loosopening kijkt,' zei Kerwin.

'Loosopening?' vroeg Swigert.

'Het uiteinde met het riempje. Dat noemen we de bovenkant, en de andere kant is dan de onderkant.'

'Hoeveel tape willen we gaan gebruiken?' vroeg Lovell.

'Ongeveer een meter,' antwoordde Kerwin.

'Een meter...' dacht Lovell hardop na.

'Maak er een armslengte van.'

'Wil je die tape met de kleefkant naar beneden?' vroeg Lovell.

'Ja, dat vergat ik te vertellen,' zei Kerwin. 'Kleefkant naar beneden.'

'Laat ik de zak over de patroon glijden, zodat die uitkomt op de zijkant van het ventilatiegat?' vroeg Swigert.

'Dat hangt ervan af wat je met ^zijkant' bedoelt,' reageerde Kerwin.

'Daar zeg je zo wat,' zei Swigert. 'De open einden.'

'Roger,' reageerde Kerwin.

Dit heen-en-weergepraat duurde meer dan een uur, toen eindelijk de eerste patroon klaar was. De bemanningsleden, die deze week hadden gehoopt op een technische prestatie die niets minder zou omvatten dan een zachte landing in het lage heuvelgebied van Fra Mauro op de maan, deden een stapje terug, sloegen hun armen over elkaar en keken blij naar het belachelijke, uit tape en karton samengestelde object dat aan de slang van hun drukpak was bevestigd.

'Oké,' meldde Swigert aan de grond, aanzienlijk trotser dan de bedoeling was, 'onze doe-het-zelf lithiumhydroxydepatroon is klaar.'

'Roger,' zei Kerwin. 'Kijk eens of er lucht doorheen gaat.'

Terwijl Lovell en Haise over hem heen gebogen stonden, drukte Swigert zijn oor tegen het open uiteinde van de patroon. Zacht maar onmiskenbaar kon hij horen hoe er lucht door de ventilatiekleppen werd aangezogen en, naar alle waarschijnlijkheid, door de nog ongebruikte lithiumhydroxydekristallen werd geleid. In Houston verdrongen de controllers zich bijna rond de console van de TELMU, aandachtig naar de kooldioxyde-aflezing kijkend. In het ruimteschip draaiden Swigert, Lovell en Haise zich naar het instrumentenpaneel om en deden hetzelfde. Langzaam, maar onmiskenbaar, begon de naald van de CO_2-wijzer wat te zakken, eerst naar twaalf, toen naar elfeneenhalf, toen naar elf en nog verder. De mannen op de grond in Mission Control keken elkaar aan en glimlachten. De mannen in de cockpit van Aquarius deden hetzelfde.

'Ik geloof,' zei Haise tegen Lovell, 'dat ik maar eens verder ga met dat rundvlees.'

'Ik geloof,' reageerde de commandant, 'dat ik maar eens met je meedoe.'

Terwijl die woensdag de ochtendschemering overging in ochtend, en de ochtend plaats maakte voor de middag, verliepen de zaken aan de consoles in Houston heel wat minder hoopvoller dan in het ruimteschip dat zich met hoge snelheid van de maan verwijderde.

Natuurlijk was er best enige reden voor optimisme rond Mission Control. Achter de TELMU-console waar de signalen van de vitale onderdelen van het environmental-system van de LEM voortdurend in de gaten werden gehouden, waren de kooldioxydeconcentraties aan boord van Aquarius de hele dag geleidelijk aan gedaald. Minder dan zes uur nadat Ed Smylie's zelfbedachte luchtzuiveringsinstallatie werd geactiveerd, was de CO_2 in de cockpit gezakt tot een onbetekenende 0,2 procent van de aanwezige hoeveelheid lucht – een nauwelijks waarneembaar gasachtig spoortje dat door de sensoren aan boord bijna niet kon worden opgespoord, laat staan dat de astronauten er nadeel van zouden ondervinden. Bij de INCO-console leek de zaak redelijk onder controle. De nauwkeurige PTC-roll waar Max Faget op had gestaan was kort na de PC+2-burn met succes uitgevoerd. Die gecontroleerde draai stelde de LEM in staat om zijn krachtigste antenne direct op de aarde te richten, waardoor de LEM voortdurend in stemcontact verkeerde met de grond, zònder al dat zenuwachtige overschakelen van antennes, dat de vorige dag nog noodzakelijk was geweest. Elders in Mission Control echter, waren de cijfers op de schermen heel wat minder veelbelovend dan die van de INCO's en de TELMU's. De ongunstigste gegevens verschenen op de voorste rij, op de consoles van de FIDO, GUIDO en RETRO.

Toen Aquarius zijn stijgmotor activeerde voor de PC+2-burn, was de manoeuvre niet alleen bedoeld om de snelheid van het ruimteschip op te voeren, maar ook om zijn baan bij te stellen. Om veilig de atmosfeer rond de aarde binnen te kunnen komen, moest de Apollo 13 naderen onder een helling van niet minder dan 5,3 graden en niet steiler dan 7,7 graden. Kwamen ze aanzeilen onder een hoek van 5,2 graden of minder, dan zou het

251

stompe uiteinde van de commandomodule tegen de buitenste laag van de atmosfeer afketsen om vervolgens de ruimte weer in te stuiteren en in een permanente baan rond de zon terecht te komen. Kwamen ze aansuizen op 7,8 graden of meer, dan was het ruimteschip weliswaar in staat de atmosfeer binnen te komen, maar ging dat onder zo'n steile hoek, met zo'n snelheid en zulke g-krachten gepaard dat de bemanning nog voordat ze in het water terechtkwam waarschijnlijk allang verpletterd zou zijn. Maar welke van beide mogelijkheden het ook zou worden, de feestelijke splash-down waarop de bergingsdeskundigen in de Grote Oceaan zaten te wachten zou niet plaatsvinden.

De PC+2-burn was bedoeld om beide catastrofes af te wenden, de Apollo 13 in een positie te brengen in het midden van deze smalle re-entry-corridor, en wel onder een naderingshoek van 6,5 graden. De volginformatie die direct na de burn op de schermen van vluchtdynamica verscheen, gaf aan dat die hoek inderdaad bereikt was. Maar nu echter, achttien uur na de burn, viel uit nadere cijfers op te maken dat die baan steeds minder steil werd, onder de 6,3 procent kwam en steeds vlakker werd. Het was Chuck Deiterich, achter zijn RETRO-console, die het probleem het eerst opmerkte.

'Volg je deze cijfers betreffende de baan?' zei hij buiten het bereik van zijn microfoon, bij zijn console wegdraaiend en het woord richtend tot Dave Reed, de man van vluchtdynamica, die rechts van hem zat.

'Ik volg ze,' antwoordde Reed.

'Wat denk jíj ervan?'

'Verdomd als ik het weet,' zei Reed.

'Hij wordt wel steeds vlakker, da's zeker.'

'Zonder enige twijfel.'

'Denk je dat we de burn goed hebben uitgevoerd?' vroeg Deiterich onzeker.

'Verdorie, Chuck, die burn móet juist zijn uitgevoerd. Die berekeningen klopten. Het enige dat ik kan bedenken is dat de cijfers betreffende de baan zelf niet kloppen. Gezien het feit dat het ruimteschip nog steeds een heel eind van ons is verwijderd, bestaat de kans dat we die baan nog niet helemaal precies kunnen volgen.'

'Maar die cijfers vallen al een tijdje steeds verder terug, Dave,' zei Deiterich vasthoudend. 'De informatie klopt.'

Als Deiterich en Reed allebei gelijk hadden en de gegevens en de burn waren allebei bevredigend, dan waren er maar weinig dingen die het steeds vlakker worden van de baan konden verklaren. Het voor de hand liggende antwoord – het enige antwoord, eigenlijk – was dat er ergens langs de zijkant van Odyssey of Aquarius iets geloosd werd, waardoor er een minieme stuwkracht ontstond die de twee aan elkaar gekoppelde ruimteschepen uit hun koers duwde.

Waar dat lozen precies vandaan kwam was onduidelijk. De geactiveerde servicemodule had al lang voor die tijd zijn laatste gassen uitgestoten, en alle systemen die lek zouden kunnen raken – de waterstoftanks bijvoorbeeld, of de stuurraketjes – waren uitgeschakeld. De conisch gevormde commandomodule beschikte niet over apparatuur die door drijfgassen werd aangedreven, met uitzondering van zijn eigen stuurraketjes, en die waren met de rest van het schip op non-actief gezet. De LEM was net zo'n onwaarschijnlijke bron voor onverklaarbare gaspluimen als de commandomodule. Bijna alle systemen waren na de PC+2-burn gedeactiveerd, en die systemen die dat níet waren, werden voortdurend in de gaten gehouden door de TELMU- en CONTROL-deskundigen op de grond. Als het vreemde gas uit een van de leidingen of tanks ontsnapte, zou dat allang door een van hen moeten zijn opgemerkt

De opties voor het corrigeren van de steeds vlakker wordende baan waren weinig talrijk. Als er inderdaad iets werd gevonden dat gas uitstootte, en als de plaats van dat lek kon worden vastgesteld, dan moest het mogelijk zijn om het ruimteschip honderdtachtig graden te kantelen, waardoor de uitlaatgassen de ruimteschepen de andere kant uit zouden stuwen. Vermoedelijk zou dit de hoek van de Apollo 13 steiler maken, om uiteindelijk bij het hogere uiteinde van de corridor terecht te komen. Het vinden van de bron van dit lozen was echter weinig waarschijnlijk, en tenzij het mysterieuze steeds vlakker worden abrupt zou stoppen, was het enige alternatief – eentje waar de overwerkte FIDO's, GUIDO's en RETRO's niet eens aan durfden dènken – de LEM weer helemaal te activeren, het wispelturige navigatiesysteem opnieuw op te lijnen, en de daalmotor aan te zetten voor een nieuwe burn.

'Als die hoek niet uit zichzelf stabiliseert,' zei Deiterich, 'dan moeten we dat hele ding weer een burn laten uitvoeren.'

'Laten we in dat geval maar hopen dat het uit zichzelf stabiliseert,' zei Reed.

Maar als de GUIDO's, FIDO's en RETRO's de daalmotor van Aquarius wilden activeren, dan dienden de cijfers op de schermen van de CONTROL-officer – de man die toezicht hield op alle apparatuur van de LEM die niets met de environment-systemen te maken had – wel mee te werken. En op dit moment was dat bepaald niet het geval. Zoals Milt Windler al vóór de PC+2-burn had gevreesd, begon de druk in de superkritische heliumtank, die gebruikt werd om de brandstof naar de verbrandingskamer te stuwen, langzamerhand te klimmen.

Het gas van 233 graden onder nul was gewoonlijk opgeslagen onder een druk van 5,6 kilo per cm^2, maar helium zet snel uit, dus waren de tanks zodanig gebouwd dat ze een veelvoud van deze druk konden weerstaan. Alleen als de druk binnen deze dubbelwandige container tot boven de 125 kilo per cm^2 zou stijgen, zouden de ronde wanden onder de druk beginnen te kreunen. Op dat punt zou de drukverminderende breekschijf die in de gasleiding was ingebouwd het begeven, waardoor het gas in de ruimte zou worden geloosd.

Hoewel hierdoor de steeds verder oplopende druk zou wegvallen, zou er ook niet langer druk zijn om de brandstof naar de verbrandingskamer te stuwen, waardoor er nagenoeg geen enkele mogelijkheid meer zou bestaan om de raketmotor te activeren wanneer er om een of andere reden toch nog een manoeuvre noodzakelijk was. De enige hoop van de bemanning om hun daalsysteem opnieuw aan de praat te krijgen, hing af van het feit of er na de laatste *burn* nog voldoende restvoorraad brandstof in de leidingen zou zitten om nog een volgende mogelijk te maken. Maar het stond nooit precies vast hoeveel van deze zogenoemde doorblaasbrandstof achterbleef, en erop vertrouwen voor nieuwe ontbrandingen mocht op z'n best een dubieuze zaak worden genoemd. Nu, terwijl Deiterich en Reed ietwat opgewekt de mogelijkheid bespraken de motor opnieuw op te starten voor wederom een koerscorrectie, merkte Dick Thorson, de man achter de CONTROL-console, op dat de heliumindicator begon te stijgen.

'CONTROL,' meldde Glenn Watkins, de voorstuwingsman van Thorsons ondersteuningsteam.

'Zeg het maar, Glenn,' antwoordde Thorson.

'Ik weet niet of je die aflezingen volgt, maar het superkritische helium loopt op.'

'Ik volg ze,' zei Thorson. 'Wanneer denk je dat die tanks zullen springen?'

'Zeker weten doen we het niet,' antwoordde Watkins. 'We bestuderen het nog. Maar momenteel kijken we wèl naar 132 cm^3.'

'En wanneer ploft die handel?'

'Ook dat weet ik niet zeker,' zei Watkins. 'Maar voorlopig houden we het op rond 105 uur.'

Thorson keek naar de klok die het aantal uren missietijd aangaf: de missie was nu aan haar 96ste uur bezig.

'Ik wil dat jullie een schematisch diagram opstellen en ervoor zorgen dat we precies weten wat er aan de hand is,' zei hij. 'Ik wil weten hoe dat uit elkaar barsten gaat plaatsvinden, en welke kant het uit gaat als het zover is. Ik wil niet met verrassingen worden geconfronteerd.'

De astronauten in het nagenoeg gedeactiveerde ruimteschip, waarvan het instrumentenpaneel nauwelijks functioneerde, waren niet in staat de steeds groter wordende druk in de heliumtank en de steeds vlakker wordende baan die hen in een steeds lager gelegen deel van de re-entrycorridor dwong, ergens af te lezen. En om één uur woensdagsmiddags gaf de grond hun het slechte nieuws dat hun instrumenten hen níet konden geven slechts met de allergrootste tegenzin. De tien uur sinds de installatie van de lithiumhydroxydepatroon waren aan boord van Aquarius erg druk geweest, waarbij de bemanning het grootste deel van de tijd bezig was geweest met het volgen van hun passieve thermische besturingsroll, het bespreken van de reactivatieprocedures die over twee dagen nodig zouden zijn, wanneer Odyssey weer operationeel moest worden gemaakt, en overleg plegen met de grond betreffende de verschillende methodes om de lege accu van de commandomodule te laden met behulp van de vier goede uit de LEM. Hoewel Haise kans had gezien een paar uur slaap te pakken voor zijn lange dienst van vroeg in de ochtend tot diep in de middag zou beginnen, gold dat niet voor Lovell en Swigert, en rond het middaguur hadden Deke Slayton en dokter Willard Hawkins de commandant en de piloot van de commandomodule opdracht gegeven zich naar Odyssey te begeven en het nòg eens te proberen. In de vroege uren van de woensdagmiddag – net als in de vroege uurtjes van de woensdagochtend – lagen de twee oudste bemanningsleden te slapen, en was Aquarius opnieuw in handen van Fred Haise.

'Aquarius, Houston,' sprak Vance Brand, die recentelijk de plaats van Joe Kerwin achter de Capcom-console had ingenomen.

'Zeg het maar, Houston.'

'Ik wilde je alleen maar laten weten dat jullie momenteel aardig in het midden van de weg zitten, zo rond de 6,5 graden,' rapporteerde Brand bemoedigend, en pauzeerde toen even. 'Maar we hebben toch een klein beetje drift, en als we die niet corrigeren, schuiven jullie langzaam maar zeker de corridor uit.'

'Oké,' zei de tijdelijke commandant. 'Wat moeten we daaraan doen?'

'Waar we aan zitten te denken,' zei Brand, 'is het opnieuw doen ontbranden van de motor, zo rond 104 uur. Een kleintje maar, ongeveer twee meter per seconde.'

'Oké,' zei Haise, 'dat klinkt goed.'

'De enige complicatie,' voegde Brand eraan toe, 'is dat we momenteel ook kijken naar de druk van het superkritische helium, en we verwachten dat dat op springen staat. We weten alleen niet precies wanneer dat gaat gebeuren – misschien rond 105 uur. Maar zelfs als het eerder gebeurt, dan is er nog voldoende doorblaascapaciteit, dus waarschijnlijk gaat alles probleemloos.'

'Ook dat klinkt oké,' zei Haise.

Of dit alles inderdaad allemaal oké was voor Haise viel uit de emotieloze stem die op de lucht/grond-verbinding te horen was absoluut niet op te maken. Een afwijking in de te volgen baan die ernstig genoeg was om die met een burn te corrigeren, kon onmogelijk 'een klein beetje drift' worden genoemd. En wat nog belangrijker was, het idee van nòg een geval van ongecontroleerd lozen vanuit een van de gastanks van de Apollo 13 – deze keer binnen de daaltrap van Haise's geliefde maanlander – kon de LEM-piloot onmogelijk lekker zitten.

Maar als Haise, tijdelijk pretendent van Lovells troon, door deze ontwikkelingen van zijn stuk werd gebracht, dan liet hij dat niet merken. Dat was niet de manier waarop Lovell het zou hebben gedaan, of Conrad of Armstrong, of wie dan ook van de mannen die eerder in deze contreien het commando over een ruimteschip hadden gevoerd, en het was ook niet de manier waarop Haise het nu zou gaan doen. Die mannen zouden de laatste ontwikkelingen hebben geaccepteerd zoals ze zich aandienden, om vervolgens het volgende probleem bij de horens te pakken.

Zwevend achter de linkerstuurstand van de LEM liet Haise de lucht/grond-verbinding stilvallen en dreef terug naar de bergkast achter in de cockpit. Onder de slechts enkele persoonlijke zaken die de bemanning had meegebracht bevonden zich een kleine cassettespeler en een handvol bandjes met door de astronauten uitgekozen nummers. Niemand had tijdens de heenreis naar de maan verwacht veel tijd te hebben om naar muziek te luisteren, maar aan het eind van de week, wanneer de LEM zou zijn afgestoten en de bemanning op weg naar huis was met aan boord een lading maanstenen afkomstig van Fra Mauro, was men van plan de bandjes te voorschijn te halen en ervan te genieten. Maar nu zat Aquarius nog steeds aan Odyssey vast en de opslagruimte die voor de maanstenen was gereserveerd, was leeg, maar de Apollo 13 was onmiskenbaar op weg naar huis, en Haise was vast van plan van zijn muziek te genieten. Terwijl Vance Brand achter zijn Capcom-console naar het geruis op de lucht/grond-lijn luisterde, werd de stilte vanuit het ruimteschip niet verbroken door een zorgelijke vraag van de plaatsvervangend commandant, maar door de openingsakkoorden van 'The Age of Aquarius', een van de eerste songs waarom de astronauten hadden gevraagd toen ze hun verlanglijstje mochten opstellen. In de zaal begonnen de controllers elkaar aan te kijken en te glimlachen. Fred Haise, leek het wel, was niet gemakkelijk van zijn stuk te krijgen.

'Hé, Fred, heb je daar een dame bij je of iets dergelijks?' riep Brand hem toe.

'Dat zou me nooit zijn gelukt,' bracht Haise lachend uit.

'Nou, omdat je in zo'n goede stemming bent,' zei Brand, 'zal ik daar nog een schepje bovenop doen. Ik heb zojuist de laatste cijfers betreffende het elektriciteitsverbruik gekregen, en het ziet ernaar uit dat jullie slechts 11 à 12 ampère per uur verbruiken. Dat is een paar ampère lager dan wat de TELMU-jongens hadden berekend, dus jullie doen het uitstekend.'

'Roger,' zei Haise, terwijl op de achtergrond de muziek hoorbaar was.

'En verder zijn jullie nu, volgens de kleine plotter hier, zo'n 80.000 kilometer van de maan verwijderd. FIDO vertelt me dat dat betekent dat we in de invloedssfeer van de aarde zitten en dat jullie straks gaan versnellen.'

'Ik dacht al dat het daarvoor tijd werd,' zei Haise.

'Roger,' zei Brand.

'We zijn op weg naar huis.'

'Zo is het maar net.'

Haise zette zijn cassettespeler wat zachter, liet die in de lucht achter zich drijven en zweefde voorwaarts naar zijn venster. Als hij inderdaad die onzichtbare zwaartekrachtbegrenzing tussen de aarde en de maan was gepasseerd, dan wilde hij ten slotte nog één lange blik achterom werpen. Met de poten van de LEM naar de maan gericht, en met de raampjes dezelfde kant uit gedraaid, moest er een onbelemmerd uitzicht op dit hemellichaam mogelijk zijn. En met zijn medebemanningsleden in slaap, en de cockpit stil op het nauwelijks hoorbare melodietje uit de cassetterecorder na, zou de sfeer voor een afscheidsblik uiterst geschikt zijn. Maar plotseling veranderde die sfeer op slag.

Net op het moment dat Haise het rechtervenster naderde, ging er een angstaanjagend vertrouwde klap en dito trillingen door het ruimteschip. Hij stak razendsnel zijn hand uit, zette zich schrap tegen de wand en bleef midden in de cockpitruimte hangen. Het geluid kwam sterk overeen met de klap van maandagavond, hoewel het onmiskenbaar zachter had geklonken; de gewaarwording was nagenoeg dezelfde als bij de trilling van maandagavond, hoewel de laatste een stuk minder woest in haar werk was gegaan. Maar de plaats waar het incident zich had voorgedaan was echter wèl totaal anders dan de vorige keer. Tenzij Haise zich vergiste – en hij wist dat hij zich níet vergiste – kwam deze klap niet bij de servicemodule vandaan, aan het andere uiteinde van de aan elkaar gekoppelde Aquarius en Odyssey, maar uit de richting van de LEM-daaltrap pal onder zijn voeten.

Haise slikte moeizaam iets weg. Dit moest die helium-breekschijf zijn die uit elkaar was gespat; als de grond je vertelt dat je een lozing kunt verwachten, en een ogenblik later klinkt er een klap en het schip wordt woest door elkaar geschud, dan is de kans groot dat die twee iets met elkaar te maken hebben. Maar instinctief wist Haise – die Aquarius beter kende dan wie dan ook aan boord – dat dat niet zo was. Uit elkaar spattende breekschijven klonken zo niet, voelden zo niet, en terwijl hij behoedzaam naar zijn raampje zweefde en naar buiten tuurde, zag hij ook dat het er heel anders uitzag. Precies zoals Jim Lovell ruim veertig uur geleden had ontdekt dat er vrijgekomen gas langs zijn raampje stroomde, ontdekte Fred Haise, de LEM-piloot, dat er aan de andere kant van zijn raampje nu min of meer hetzelfde plaatsvond. Uit de daaltrap van Aquarius steeg een dikke witte wolk van ijzige sneeuwvlokken op die in niets leek op het mistige helium dat uit een gebarsten schijf zou moeten ontsnappen.

'Oké, Vance,' zei Haise zo toonloos als hij maar kon. 'Ik heb daarnet een dreun gehoord die klonk alsof hij ergens diep uit de daaltrap kwam, en ik heb een nieuwe wolk sneeuwvlokken omhoog zien komen die de indruk wekt ergens in die richting uitgestoten te zijn. Ik ben benieuwd,' zei hij ietwat hoopvol, 'hoe de druk van het superkritische helium er nu uitziet.'

Brand verstarde in zijn stoel. 'Oké,' zei hij. 'Ik heb begrepen dat je een dreun en een paar sneeuwvlokken hebt waargenomen. We zullen er hierbeneden eens naar kijken.'

Deze dialoog maakte bij de mensen in Mission Control heel wat emoties los.

'Heb je dat gehoord?' vroeg Dick Thorson, die achter de CONTROL-console zat, aan Glenn Watkins, zijn voortstuwingsdeskundige in het ondersteuningsteam.

'Ik heb het gehoord.'
'Hoe ziet die superkritische toestand eruit?'
'Geen enkele verandering, Dick,' zei Watkins.
'Geen?'
'Geen. Het stijgt nog steeds. Dat was het niet.'

'CONTROL, Flight,' meldde Gerry Griffin zich vanaf de console van de flight-director.

'Zeg het maar, Flight,' antwoordde Thorson.
'Heb je een verklaring voor die klap?'
'Negatief, Flight.'
'Flight, Capcom,' riep Brand.
'Zeg het maar, Capcom,' reageerde Griffin.
'Weet iemand de oorzaak van die klap?'
'Nog niet,' zei Griffin.

'Is er sowieso iets dat we ze kunnen vertellen?' vroeg Brand.
'Zeg ze alleen maar dat het niet hun helium was.'

Terwijl Brand de lucht/grond-verbinding activeerde en Griffin op de lijn van de flight-director zijn controllers begon te ondervragen, liet Bob Heselmeyer achter de TELMU-console zijn blik over zijn scherm glijden. Terwijl hij de zuurstofgegevens liet voor wat ze waren, evenals de lithiumhydroxyde-, de CO_2- en de H_2O-aflezingen, zag hij de accu-data, de vier kostbare krachtbronnen in de daaltrap van Aquarius die, als eenheid werkend, nauwelijks voldoende vermogen leverden voor het uitgeputte, overbelaste ruimteschip. Geleidelijk aan was de aflezing voor accu twee – net als de maar moeilijk te vergeten aflezing voor de O_2-tank twee van Odyssey – gezakt tot onder het niveau dat het eigenlijk zou moeten zijn, en zakte steeds verder.

Als de informatie klopte, was er in de accu van de maanlander lekkage opgetreden of iets dergelijks, zoals er op maandagavond lekkage was opgetreden in de tank van de servicemodule. En als er in de accu lekkage of sluiting had plaatsgevonden, zoals bij de tank, dan zou hij er binnen de kortste keren mee ophouden, waardoor een kwart van de elektrische energie die Houston en Grumman tot de laatste fractie van een ampère hadden gerantsoeneerd, volledig verloren zou gaan. De getallen op het scherm waren te voorlopig om blind op te varen – te voorlopig ook voor Heselmeyer om ze aan Griffin door te geven. En als Heselmeyer ze niet aan Griffin doorgaf, kon Griffin ze niet aan Brand doorgeven, en kon Brand ze niet doorgeven aan Haise.

Op dit moment was dat misschien maar het beste. Staande voor zijn raampje en kijkend naar een steeds groter wordende wolk met vlokken die de onderkant van de LEM omringde, had Fred Haise als plaatsvervangend commandant meer dan genoeg aan zijn hoofd.

11

Woensdag 15 april, 13:30 uur

Don Arabian bevond zich in Gebouw 45 toen accu twee in Aquarius uit elkaar spatte. Hoewel de kantoren van Arabian zo'n vijfhonderd meter van Mission Control verwijderd waren – weggeborgen in een van de saaie, bunkerachtige bouwsels waar mensen als Ed Smylie werkten – kon je niet zeggen dat Arabian in de periferie van het gebeuren functioneerde. Hij en zijn staf waren uitgerust met min of meer dezelfde monitorschermen als de mensen die in de zaal van Mission Control werkzaam waren; ze luisterden naar dezelfde lucht/grond-verbinding; en ze hielden dezelfde gegevens in de gaten die vanuit het ruimteschip naar de aarde werden teruggeseind. Het enige verschil was dat van elke man achter elke console in Mission Control werd verwacht dat hij slechts zijn eigen kleine onderdeel van de commandomodule of de LEM nauwkeurig bleef volgen, terwijl van Arabian werd verwacht dat hij àlles in de gaten hield. Toen accu twee van Aquarius het voor gezien hield, wist hij dat elk moment de telefoon kon gaan rinkelen.

Het deel van Gebouw 45 waar Don Arabian werkte stond bij Space Center-medewerkers bekend als de Missie Evaluatie Ruimte, of MER. Arabian zelf stond bekend als Gekke Don. De mensen die in de MER werkten waren het helemaal met die bijnaam eens. In een gemeenschap van wetenschappers waar de overheersende tongval Texaans was, waar het overheersende ritme loom genoemd mocht worden en vragen even vaak met een hoofdknik werden beantwoord in plaats van met woorden, was Arabian een verbale tornado. En waar hij vooral graag over praatte waren zijn systemen. Voor Arabian en de vijftig tot zestig andere medewerkers van de Missie Evaluatie Ruimte, kon elke schroef of elk lampje of stukje hardware in het ruimteschip gedefinieerd worden in termen van systemen. Een brandstofcel was een energiesysteem; de LEM was een landingssysteem: één enkel waarschuwingslampje – met zijn gloeidraad, zijn schroefdraad en zijn broze glazen bol – was een verlichtingssysteem. Zelfs de astronauten zelf, wier taak het was om op knoppen te drukken die ervoor zorgden dat de andere hardware zich van zijn taak kweet, waren, op hun eigen grove, onhandige manier dan, systemen.

Alles bij elkaar bevonden zich in de commandomodule zo'n 5,6 miljoen systemen; in de LEM waren het er nog eens een paar miljoen meer. Als er iets fout ging met één van hen, dan was het Don Arabians taak erachter te komen waaròm dat gebeurd was. Bij elk incident was er in feite sprake van een stukje hardware waar nèt iets meer van geëist werd dan waarvoor het ontworpen was, en terwijl de mensen in Mission Control druk bezig waren het defect geraakte onderdeel te repareren, deed Arabian zijn uiterste best erachter te komen waaròm het onderdeel het eigenlijk begeven had. Toen Fred Haise een klap in de daaltrap meldde, en de data op het LEM-scherm in de Missie Evaluatie Ruimte aangaven dat accu twee aan het wegvallen was, ging Arabian onmiddellijk aan de slag. Toen hij nog maar een paar minuten bezig was, ging de telefoon op zijn console.

'Missie Evaluatie,' zei Arabian.

'Don? Jim McDivitt hier.'

Arabian had al verwacht door McDivitt gebeld te worden. De vroegere commandant van de Gemini 4 en de Apollo 9, en het huidige hoofd van het bureau van waaruit het Apollo-programma werd geleid, volgde de Apollo 13 vanaf de achterste rij consoles in Mission Control. Als er nog iets verkeerd zou gaan met Aquarius of Odyssey, zou McDivitt de eerste zijn die Arabian onder druk zou zetten om met antwoorden over de brug te komen.

'Ik zie dat jullie daar een probleem hebben,' merkte Arabian op.

'Houden jullie accu twee in de gaten?' vroeg McDivitt.

'We volgen hem.'

'En wat denk je ervan?'

'Ik denk dat je een probleem hebt.' Aan McDivitts kant van de lijn heerste een zorgelijke stilte. 'Jim,' zei Arabian met iets dat erg veel op een lachje leek, 'heb je al geluncht?'

'Eh, nee.'

'Nou, waarom kom je niet hierheen, dan eten we samen iets. Ik zal een pizza voor je bestellen, dan zetten we de boel eens op een rij.'

Arabians nonchalance kwam niet zozeer uit overmoed voort als wel uit zelfvertrouwen. Zelfs in de korte tijd dat hij de kans had gehad het probleem met Aquarius te onderzoeken, was hij er redelijk zeker van dat hij er de oorzaak van had gevonden. Alle vier de accu's van de LEM bestonden uit een serie zilver-zinkplaten die in een elektrolytische oplossing waren ondergedompeld. Terwijl de platen en de vloeistof samenwerkten teneinde elektriciteit te produceren, maakten ze als bijprodukten ook nog eens water- en zuurstof aan. Gewoonlijk werden deze twee afvalgassen in zulke kleine hoeveelheden aangemaakt dat ze nauwelijks op te sporen waren. Maar af en toe maakte een accu net iets te veel van deze dampen aan en een paar verdwaalde stoomsliertjes konden zich gemakkelijk in een hoekje onder de afdekplaat van de accu concentreren. Arabian had zich altijd een beetje zorgen gemaakt over de mogelijkheid. Breng zuurstof en waterstof bijeen in een ruimte die veel te klein is en er begint zich een druk op te bouwen; en als die druk steeds groter wordt, heb je alleen maar een vonkje nodig om een kleine explosie te veroorzaken. En binnen in de accu is zo'n vonkje natuurlijk vrij gemakkelijk te vinden, en toen Haise zijn knal en vlokken meldde, begreep Arabian dat de kleine bom die al die tijd in alle accu's van alle LEM's die ooit gevlogen hadden had zitten wachten om af te gaan, eindelijk was geëxplodeerd.

De diagnose was echter niet al te ernstig. Na rond de tafel te hebben gezeten met de plaatselijke vertegenwoordiger van de Eagle Picher Company, het bedrijf dat de accu's had gemaakt, kwam Arabian tot de conclusie dat de schade die de LEM had opgelopen nauwelijks van belang was. De explosie was duidelijk van geringe kracht geweest, gezien het feit dat accu twee nog steeds functioneerde. Belangrijker nog was het feit, als je keek in welke mate de accu beschadigd was, dat de rest van het elektrische systeem het stroomverlies leek te compenseren. De stroomvoorziening van de LEM was zo ontworpen dat als een van de vier accu's van het ruimteschip om een of andere reden niet meer in staat was op vol vermogen te functioneren, de andere drie op z'n minst een gedeelte van de weggevallen energie zouden aanzuiveren. Terwijl Arabian en de aanwezige technicus de cijfers bestudeerden, konden ze zien dat de accu's een, drie en vier hun elektriciteitsproduktie al aan het opvoeren waren, waardoor accu twee kon stabiliseren. Voor latere vluchten, wist Arabian, zou het systeem volkomen herzien moeten worden. Er mochten geen LEM's meer vliegen met in de romp ingebouwde miniatuur-granaten. Maar momenteel zagen de accu's van de Apollo 13 er redelijk stabiel uit.

Arabian, in gezelschap van de Eagle Picher-man en een technicus voor het elektrisch systeem van de LEM, ging op weg naar de vergaderzaal in Gebouw 45. Binnen enkele minuten arriveerde ook Jim McDivitt, vergezeld van twee vertegenwoordigers van Grumman, het bedrijf dat de LEM had gemaakt. Kort daarna arriveerde ook Arabians pizza.

'Jongens,' zei de MER-baas terwijl hij een stuk pizza losscheurde en de doos vervolgens over tafel naar McDivitt schoof, 'we hebben naar de cijfers gekeken, en het goede nieuws is dat het niet veel te betekenen heeft.' Hij richtte zich tot de Eagle Picher-technicus. 'Ben je het daarmee eens?'

'Het heeft niet veel te betekenen,' beaamde de man.

'Dus de accu blijft operationeel?' vroeg McDivitt.

'Hij hoort het te blijven doen,' zei Arabian.

'En we kunnen ze thuisbrengen met het vermogen waarover we thans beschikken?'

'Dat zou moeten kunnen,' zei Arabian. 'We verbruiken toch al minder ampères dan we dàchten nodig te zullen hebben, dus zouden we binnen aanvaardbare marges moeten blijven.'

'Was er dan geen explosie?' vroeg de Grumman-man.

'O, er heeft wel degelijk een explosie plaatsgevonden,' reageerde Arabian.

'Maar in feite is er niets... opgeblazen,' verbeterde de Grumman-man zichzelf.

'Wel degelijk,' zei Arabian, terwijl hij op een stuk pizza knauwde. 'De accu is opgeblazen.'

'Maar moeten we die term gebruiken? Ik bedoel, de accu functioneert nog. De mensen zullen ontzettend opgewonden raken als je zegt dat er iets is opgeblazen.'

'Wat voor een term zou jíj dan willen gebruiken?'
De Grumman-man zei niets.

'Kijk,' zei Arabian na een korte pauze, 'jij weet dat dit geen probleem is en ik weet dat dit geen probleem is. Maar als de accu er een puinhoop van maakt, dan zeg ik dat. En als een tank er een puinhoop van maakt, dan zeg ik dat ook. En als de bemanning er een puinhoop van maakt, dan zeg ik dat ook. Jongens, dit zijn slechts systemen, en als je niet eerlijk bent over wat er verkeerd is gegaan, dan ben je nooit in staat iets te repareren.'

Arabian werkte het laatste restje van zijn stuk pizza naar binnen, viste een volgende punt uit de doos en wierp een snelle blik op zijn polshorloge. Er bevonden zich nog zeven of acht miljoen andere systemen aan boord van de Apollo 13 die vandaag zijn aandacht zouden kunnen opeisen, en hij kon zich niet permitteren langer dan een paar minuten aan een lunch te besteden.

Jim Lovell was verrast door datgene wat er in de tijd dat hij had geslapen van de LEM was geworden. Het was even na tienen op woensdagochtend geweest dat hij door de tunnel naar Odyssey was gezweefd om daar aan zijn slaapperiode te beginnen, en het was al bijna drie uur 's middags toen hij aanstalten maakte om terug te zwemmen. De viereneenhalf uur die hij geslapen had was verreweg de langste rustperiode die hij na het ongeluk had gehad, en minder dan achtenveertig uur van de splash-down verwijderd, had de slaap op geen beter moment kunnen komen.

Zoals steeds tijdens deze trip, werd Lovell ruim vóór het moment dat hij vanaf de grond zou worden gewekt uit zijn sluimer wakker. Toen hij van zijn bank in de ijskoude commandomodule omhoogkwam keek hij met slaperige ogen om zich heen en zweefde door het onderste uitrustingsruim naar de tunnel. Voor hij zich met zwemmende bewegingen naar de LEM begaf, hield hij echter even halt en dacht na. Lovell had af en toe met het idee gespeeld een tijdens elke ruimtemissie doodnormale en onbreekbare regel aan zijn laars te lappen, en nu, bijna impulsief, besloot hij het te doen. Hij maakte de bovenste twee, drie knopen van zijn vliegeroverall los, reikte onder zijn thermische onderhemd, tastte naar de biomedische sensoren die al vóór de lancering zaterdag op zijn borst zaten geplakt, en begon ze weg te halen, wat knap zeer deed.

Er waren een hoop redenen, vond Lovell, om die elektroden weg te halen. Om te beginnen irriteerden ze zijn huid. De lijm die was gebruikt om de sensoren op hun plaats te houden zou niet-allergisch zijn, maar na vier dagen werd zelfs de meest huidvriendelijke lijm irritant, en daar vormde deze geen uitzondering op. Maar van meer belang was het feit dat het weghalen van de sensoren stroom zou besparen. Het biomedische monitorsysteem dat de vitale gegevens betreffende de astronauten naar de aarde doorzond, onttrok zijn energie aan dezelfde vier accu's die alles aan boord van de LEM van stroom voorzagen, en hoewel de elektroden niet echt stroomvreters waren, verbruikten ze wel degelijk hun deel aan ampères. En ten slotte was er nog de kwestie van de privacy. Net als elke andere testvlieger was Jim Lovell al lange tijd trots op het feit dat hij steeds weer kans zag zijn emoties niet in zijn stem te laten doorklinken – of hij nu boven de Japanse Zee vloog in de verduisterde cockpit van een Banshee, of aan de achterkant van de maan in een verduisterde LEM. Maar het willekeurige zenuwstelsel mocht dan op dit soort wilsinspanningen reageren, het autonome zenuwstelsel deed dat niet, en niemand kon toch iets doen aan de geforceerde transpiratie en de razendsnelle hartslag die zelfs de meest onverstoorbare piloot onderging wanneer hij in een noodsituatie verkeerde. Lovell wist niet in welke mate zijn hartritme sinds de explosie van maandagavond die het eind van hun missie had betekend was gestegen, maar hij vond het niet prettig dat alle anderen – van de NASA-arts tot de FIDO's en de verslaggevers achter de persconsoles dat wèl wisten. Hij zag geen enkele reden waarom zijn hartslag tijdens een eventuele nieuwe crisis de komende twee dagen over de hele wereld zou worden verspreid. Hij trok de elektroden los, maakte er een balletje van, stak dat in zijn zak en zette zich af richting LEM.

'Goedemorgen,' zei Haise toen Lovell zijn hoofd door de tunnel stak. 'Zo te zien heb je eindelijk eens een beetje kunnen rusten.'

Lovell wierp een blik op zijn horloge. 'Wauw,' zei hij, 'zo te zien ben ik een behoorlijke tijd onder zeil geweest.'

'Komt Jack er ook aan?' vroeg Haise.

'Nee.' Lovell zweefde in zijn volle lengte de cockpit binnen. 'Die snurkt nog lekker. Hoe is de toestand hier?'

'Nou,' zei Haise, 'ze hebben definitief voor een koers-corrigerende burn gekozen, zo in de loop van de avond, waarschijnlijk rond 105 uur. We komen in een steeds vlakkere baan te zitten.'

'Hm-hmm,' zei Lovell.

'En ze zijn ervan overtuigd dat we het moeten proberen vóór het helium uit elkaar klapt.'

'Dat klinkt zinnig.'

'En ook,' zei Haise, 'ziet het ernaar uit dat er zich iets in de daaltrap heeft afgespeeld.'

'Iets... afgespeeld?'

'Een knal. En er is wat gas vrijgekomen.'

De commandant keek zijn LEM-vlieger een lang moment aan, reikte naar zijn koptelefoon, en drukte op zijn microfoonschakelaar.

'Houston, Aquarius,' meldde Lovell zich.

'Roger, Jim,' zei Vance Brand vanuit Houston. 'Goedemorgen.'

'Zeg, Vance, hoe zit het met die lozing vanuit de daaltrap. Werd er geloosd? Wordt er nog geloosd?'

Brand, die nog niets gehoord had van Arabian en McDivitt in Gebouw 45, hield zich gedeisd. 'Fred heeft het gemeld. Kan hij het nog steeds zien?'

Lovell draaide zich met een vragende uitdrukking op zijn gezicht naar Haise om. Haise schudde zijn hoofd.

'Nee,' zei Lovell. 'Fred heeft verder niets anders gezien.'

'Oké,' zei Brand zonder verdere omhaal.

Lovell wachtte om te horen of zijn Capcom daar nog iets aan toe te voegen had, maar Brand zei niets meer. In de uiterst beknopte code van de lucht/grond-verbinding, wist Lovell, betekende deze stilte heel wat. Brand wìst nog niet waardoor die knal was veroorzaakt, en hij zou het zeker op prijs stellen als de commandant niet dóór bleef vragen. Het was één ding als de alomtegenwoordige pers hoorde hoe de Capcom de bemanning een probleem uitlegde, maar de commandant om een verklaring van het een of ander horen vragen, waar de Capcom vervolgens geen antwoord op had, was iets heel anders.

'En bovendien,' zei hij tegen Brand, 'heb ik begrepen dat we kunnen verwachten dat het superkritische helium zo rond 105 uur gaat vloeien.'

'Dat ligt waarschijnlijk dichter in de buurt van de 106 of 107,' zei Brand.

'En voor die tijd gaan we nog een koerscorrectie uitvoeren?'

'Roger,' zei Brand. 'Dat garandeert niet alleen brandstofdruk, maar het betekent ook dat jullie stuurraketten na de burn gebruikt zullen kunnen worden als het helium de lucht in gaat. Op die manier kunnen jullie, als dat lozen ervoor zorgt dat jullie een beetje draaien, de boel weer onder controle krijgen.'

'Roger,' antwoordde Lovell sceptisch. 'Ik kan de boel weer onder controle krijgen.'

Hij meldde zich met een klik van de microfoonknop af, tuitte zijn lippen en kwam tot de conclusie dat wat hij hoorde hem absoluut niet beviel. Deze laatste problemen mochten dan tijdens Haise's wachtdienst aan het licht zijn gekomen, ze zouden moeten worden opgelost tijdens de wachtdienst van Lovell. Hij voelde zijn kaak verstrakken toen de spanning zich even van hem meester maakte. Plotseling klonk de stem van Brand weer in zijn oor.

'En nog iets, Jim. Zou jij je biomedische schakelaar een halve slag willen draaien? We ontvangen wel een signaal, maar geen gegevens.'

Lovell zweeg even. Brand zweeg even. Drie seconden gingen voorbij, en de man op de grond, onbewogen achter zijn console zittend, wachtte tot de man in het ruimteschip eindelijk weer eens wat ging zeggen.

'Nu ben je erachter, Houston,' zei de commandant uiteindelijk, 'ik heb de biomedische spullen afgedaan.'

Lovell luisterde naar het lucht/grond-kanaal en zette zich schrap voor de verwachte reprimande vanuit Houston. In plaats daarvan hoorde hij nog een paar seconden stilte. Eindelijk kwam Brand – net als Lovell zelf astronaut, iemand die net als Lovell zijn vak geleerd had via het testvliegen en die, net als Lovell, ooit nog eens ver van huis met een defect ruimteschip opgezadeld zou kunnen komen te zitten – via een klik van zijn microfoonknop terug op de lijn.

'Oké,' was het enige dat de Capcom zei.

Lovell moest onwillekeurig glimlachen. Als deze vlucht achter de rug was, moest hij niet vergeten Brand op een biertje te trakteren.

'Marilyn!' riep Betty Benware vanuit de ouderslaapkamer van het huis van de familie Lovell in Timber Cove. Er kwam geen antwoord.

'Marilyn!' riep ze weer. Opnieuw kwam er geen antwoord.

Voor zover Betty wist moest Marilyn zich in de woonkamer bevinden.

Van daaruit was het maar een meter of tien naar de slaapkamer, waar Betty met een telefoonhoorn in de hand stond. De roep om Marilyn was zonder meer dringend te noemen. Maar als Marilyn de stem van haar vriendin had gehoord, dan liet ze daar niets van blijken.

Betty keek op haar horloge en zag onmiddellijk waarom ze geen antwoord kreeg. Het was op deze woensdagavond net halfzeven geweest, en halfzeven hield in dat het televisiejournaal bezig was. Zoals altijd als Jim in de ruimte verbleef, koesterde Marilyn deze tijd. Het was het half uurtje waarin ze zich voor de televisie nestelde, op CBS overschakelde om vervolgens volledig op te gaan in Walter Cronkite's verslag over de vorderingen van de missie waaraan haar man meedeed.

Gewoonlijk was voor vrouwen van astronauten die eerlijk en recht door zee op de hoogte gehouden wensten te worden van de toestand van een ruimteschip en de astronauten die ermee vlogen, Jules Bergman de aangewezen persoon. De ABC-correspondent maakte het over het algemeen tot zijn taak zijn publiek alleen de somberste, minst opgesmukte waarheid voor te zetten, of dat publiek dat nu wilde of niet. Het was niet altijd gemakkelijk om datgene wat Bergman te zeggen had te accepteren, maar de positieve kant ervan was dat als je naar een van zijn reportages had geluisterd, je wist dat je van de ergste zaken op de hoogte was. Als híj zich op een gegeven moment geen zorgen maakte over de situatie rond de missie, dan kon je er aardig zeker van zijn dat er helemaal niets wàs om je zorgen over te maken. De negatieve kant was dat een beetje 'Jules Bergman' erg diepe sporen achterliet. Na een dag of wat zijn nietsontziende, openhartige reportages te hebben gevolgd, kon de familie van een bemanningslid behoorlijk aan het eind van haar Latijn zijn. En als dat gebeurde, was het tijd om naar Walter Cronkite over te schakelen.

Cronkite's reportages waren niet minder betrouwbaar dan die van Bergman, en ook niet minder eerlijk; maar ze waren, over het algemeen gezegd, een stuk gemakkelijker te verteren. Marilyn Lovell en de meeste andere echtgenotes van astronauten maakten er dan ook een gewoonte van om aan het eind van de dag naar de vaderlijke presentator over te schakelen. Vanavond vormde daarop geen uitzondering, en terwijl Betty Benware in de ouderslaapkamer stond, nerveus kijkend naar de hoorn in haar hand en zich afvragend of ze het lef zou hebben om aan de beller te vragen of hij misschien een ogenblikje had, zat Marilyn op het hoekje van de bank in de woonkamer, iets naar voren gebogen en de rest van de wereld volkomen buitensluitend.

'Goedenavond,' begon Cronkite, die achter zijn presentatiedesk zat met het geprojecteerde beeld van de aarde met de maan op de achtergrond. 'Het Apollo 13-ruimteschip bevindt zich vanavond tijdens zijn moeizame thuisvlucht iets uit de koers. Het heeft momenteel circa een kwart van de thuisreis vanaf de maan afgelegd, maar als het zijn huidige koers blijft volgen zal het niet op aarde terugkeren, zoals u hier ziet. In plaats daarvan zou het de atmosfeer missen en zou de bemanning omkomen. Daarom is om 11 uur 43 eastern time een kritische burn ingelast die voor een koersverandering zal moeten zorgen.

Eerder vanavond heeft de zegsman van het Witte Huis Ron Ziegler meegedeeld dat het niet nodig zal zijn dat andere landen assisteren bij het oppikken van de Apollo 13-bemanning, "hoewel we de aanbiedingen bijzonder waarderen", aldus Ziegler. Desondanks heeft de Sovjet-Unie zes marineschepen naar het landingsgebied in de Grote Oceaan gestuurd, en heeft Groot-Brittannië zes marineschepen naar het alternatieve landingsgebied in de Indische Oceaan gezonden. Frankrijk, Nederland, Italië, Spanje, West-Duitsland, Zuid-Afrika, Brazilië en Uruguay hebben hun marines in staat van paraatheid gebracht. President Nixon was oorspronkelijk van plan om morgenavond de natie toe te spreken omtrent de oorlog in Vietnam, als een soort p.r.-tegenaanval jegens de anti-oorlogsprotesten die momenteel overal in het land plaatsvinden, maar vanochtend heeft de president besloten die toespraak uit te stellen tot begin volgende week, omdat hij, volgens zijn zeggen, niet wilde dat daardoor de aandacht voor de astronauten zou verminderen. De CBS-correspondent in het Witte Huis Dan Rather heeft meer informatie.'

Wat Dan Rather precies te melden had zou Marilyn Lovell nooit te horen krijgen, want precies op het moment dat de correspondent op het scherm verscheen, verscheen Betty Benware in de deuropening van de huiskamer.

'Marilyn!' fluisterde Betty dringend, 'heb je me niet horen roepen?'

'Wat?' zei Marilyn, die nu afgeleid was. 'Nee, nee. Ik keek naar het nieuws.'

'Nou, stòp dan even met kijken. Ik heb president Nixon aan de lijn.'

'Wíe?!'

Marilyn sprong op van de bank en holde naar de slaapkamer. Ze was gevleid door de president gebeld te worden, maar zelfs onder deze omstandigheden was ze ook verrast. Hoewel niemand rond Houston twijfelde aan Nixons oprechte belangstelling voor het welzijn van de Apollo 13-bemanning, koesterde niemand illusies dat welke ruimtevlucht dan ook boven aan zijn prioriteitenlijstje stond.

Het was John Kennedy – toch al nooit een favoriet van Nixon – die verklaard had dat het land bereid moest zijn om vóór het einde van de jaren zestig een landing op de maan uit te voeren, en het was Lyndon Johnson die het programma volhardend voortzette. Hoewel de historische maanlanding van de Apollo 11 – afgelopen juli – plaatsvond tijdens de ambtstermijn van Nixon, voelde de president, terecht overigens, dat het publiek hem nauwelijks in verband bracht met deze prestatie, en in plaats daarvan alle eer gaf aan de recentelijk gepensioneerde Johnson en de recentelijk tot martelaar uitgeroepen Kennedy. Nu, terwijl de Apollo 13 op weg naar huis was, had Marilyn Lovell geen enkele reden om aan te nemen dat de president de tijd of de neiging had om meer belangstelling voor déze crisis op te brengen dan voor de talloze andere crises waardoor hij tijdens het eerste jaar van zijn presidentschap werd geplaagd.

Feit was dat Nixon wel degelijk uitermate verontrust was door een en ander. Sinds de succesvolle omloop rond de maan van de Apollo 8, nauwelijks een maand vóór zijn inhuldiging, had Nixon een fascinatie ontwikkeld voor alles wat met maanvluchten te maken had, en bewonderde hij vooral de bemanning die dat eerste rondje rond de maan had gemaakt. Na hun terugkeer van de maan hadden Frank Borman, Jim Lovell en Bill Anders een uitnodiging ontvangen om de inhuldiging van de nieuwe president bij te wonen, en later, toen Nixon eenmaal in het Witte Huis was getrokken, nog eens eentje om bij hem te dineren, niet in een van de formele eetzalen op de begane grond van het Witte Huis, maar in het privé-gedeelte boven. Marilyn herinnerde zich nog goed dat ze nogal gecharmeerd was geweest van de ongedwongen manier waarop Nixon zijn gasten een rondleiding door zijn nieuwe woning had gegeven, waarbij hij diverse keren op een kamer was gestoten waarvan hij tot dan toe niet eens wist dat die bestond, zijn mond dan hield, verlegen glimlachte, zijn schouders heel even ophaalde en een gebaar maakte van ik-weet-er-net-zoveel-over-te-vertellen-als-jullie.

Hoewel Nixon geweten moest hebben dat de bemanning van de Apollo 8 de presidentiële belangstelling waardeerde, was het grootste compliment dat hij – zoals wel vaker bij machtige mensen het geval is – iemand die hij bewonderde kon geven, de persoon in kwestie een baan aan te bieden. Na de Apollo 8 had Jim Lovell duidelijk laten blijken dat hij bij het ruimteprogramma betrokken wilde blijven totdat hij uiteindelijk de kans zou krijgen op de maan te landen, en Nixon was niet van plan om bij dat besluit vraagtekens te zetten. Frank Borman en Bill Anders echter verlieten de NASA kort na hun terugkeer van de maan en de president streek snel op hen neer. Borman, die over het algemeen toch al zijn twijfels had over de politiek, bedankte voor het aanbod om tot de staf van het Witte Huis toe te treden in de niet echt duidelijk omschreven functie van *policymaker*. Anders was wat minder op zijn hoede en accepteerde een benoeming tot *executive secretary* van de National Aeronautics and Space Council – de Nationale Raad voor de Lucht- en Ruimtevaart – een adviserend lichaam dat traditioneel werd voorgezeten door de vice-president – in dit geval dus door Spiro Agnew.

Afgelopen zaterdag, toen Anders' oude Apollo 8-maatje aan boord van de Apollo 13 klom, was het de taak van de nieuwe *executive secretary* om de vice-president naar Florida te vergezellen, waar hij bij de lancering aanwezig zou zijn. Nadat de bemanning veilig op weg naar de maan was, vertrok Agnew per vliegtuig naar een of andere politieke manifestatie in Iowa en was Anders vrij om te gaan en te staan waar hij wilde. Op maandag veranderde dat alles. Toen de Apollo 13 begon te knallen en te lozen, liet zowel Agnew als Nixon duidelijk blijken dat ze voortdurend van de gebeurtenissen op de hoogte gehouden wensten te worden, en de National Aeronautics and Space Council zou zich van deze taak gaan kwijten.

Anders zelf kreeg geen opdracht direct naar Washington terug te komen, maar dat gold wel voor zijn assistent Chuck Friedlander, die onmiddellijk per vliegtuig uit Florida diende te vertrekken teneinde in de vergaderruimte van het Witte Huis de president en het kabinet elke twee uur van de laatste informatie te voorzien. Friedlander kwam de volgende morgen vroeg op National Airport aan, maar toen hij daar arriveerde was er geen taxi te vinden. In plaats daarvan stapte hij in een stadsbus die voor het stationsgebouw stond te wachten, liet de chauffeur zijn legitimatie zien, legde haastig uit waarom hij in de stad was en vroeg toen of de bus in de buurt van Pennsylvania Avenue 1600 kwam. De chauffeur reageerde zelfs nog beter dan waarop Friedlander had durven hopen, trok zich niets van zijn geplande route aan en bracht zijn passagier – alsmede nog een handjevol anderen die aan boord waren – rechtstreeks naar het toegangshek van het Witte Huis. Enkele minuten later was Friedlander binnen en kon hij aan de eerste van zijn briefings beginnen. De volgende dag arriveerde Anders, en zowel hij als Friedlander werd naar het Oval Office geroepen voor persoonlijk overleg met de president.

'Bill, ik wil weten hoe groot de kans is dat deze bemanning veilig terugkomt.'

'De kans, meneer de president?' vroeg Anders.

'Ja, de statistische aannemelijkheid.'

'Nou, meneer, als ik een percentage zou moeten geven, dan zou ik zeggen zestig-veertig.'

De president liet een afkeurend gesnuif horen. 'Ik heb al met Frank Borman gesproken. Hij had het over vijfenzestig-vijfendertig.'

Anders en Friedlander keken elkaar aan.

'Nou, meneer de president,' zei Anders meegaand. 'Ik neem aan dat Frank het het beste zal weten.'

De twee mannen brachten het merendeel van de dinsdag en woensdag door in een kantoortje naast dat van Nixon, samen met Apollo 11-veteraan Mike Collins naar de televisiebeelden van de missie kijkend, verklaringen opstellend met een presidentiële tekstschrijver, en er zo goed mogelijk voor zorgend over alle informatie te beschikken die ze nodig hadden om de president op de hoogte te houden. Nu, aan het eind van deze woensdag, leek Nixon ervan overtuigd dat het overlevingspercentage ten gunste van de bemanning was veranderd, en had hij besloten dat het tijd was om hun gezinnen eens te gaan bellen en hen een hart onder de riem te steken. Hij begon met de vrouw van de commandant, wiens prestaties hij sinds 1968 zozeer had bewonderd.

'Mevrouw Lovell?' klonk de stem van een telefoniste in het Witte Huis.

'Ja?' Nadat ze naar haar slaapkamer was gehold was Marilyn bijna buiten adem.

'De president wil u graag spreken; een ogenblikje alsjeblieft.'

Marilyn wachtte een paar seconden en hoorde toen een klik, alsof er een hoorn werd opgepakt.

'Marilyn?' zei een bekende, ietwat knorrige stem. 'Je spreekt met de president.'

'Jawel, meneer de president. Hoe gaat het met u?'

'Met mij gaat het goed, Marilyn, maar wat veel belangrijker is, hoe gaat het met jóu?'

'Ach, meneer de president, we proberen ons zo goed mogelijk te houden.'

'En hoe is het met... Barbara en Jay en met Susan en Jeffrey?'

'Zo goed als onder de huidige omstandigheden maar te verwachten is, meneer de president. Ik weet niet zeker of Jeffrey zich al bewust is van alles wat er gebeurt, maar de andere drie kijken voortdurend naar de televisie.'

'Nou, ik wilde je alleen maar laten weten, Marilyn, dat jouw president en het hele land uiterst geïnteresseerd meeleven met de verrichtingen van jouw echtgenoot. Alles wordt gedaan om Jim weer naar huis te krijgen. Bill Anders, een oude vriend van jullie, houdt me voortdurend op de hoogte.'

'Het doet me goed dat te horen, meneer de president. Doet u Bill alstublieft de groeten van mij.'

'Dat zal ik zeker doen, Marilyn. En mevrouw Nixon wil je graag laten weten dat haar gebeden je vergezellen. Probeer het nog een paar dagen vol te houden, dan is er wellicht weer een gelegenheid voor een etentje met z'n allen op het Witte Huis.'

'Dat zou ik erg leuk vinden, meneer de president,' zei Marilyn.

'Goed dan, dan zien we elkaar spoedig weer,' zei de president, en de verbinding werd verbroken.

Marilyn legde ietwat verbijsterd de hoorn op de haak, glimlachte naar Betty, en liep toen weer terug naar de huiskamer. Ze was dankbaar voor dit telefoontje, maar wilde ook weer graag terug naar de televisie. Richard Nixon mocht haar dan wel het allerbeste wensen, Walter Cronkite beschikte over harde nieuwsfeiten. Toen ze haar plaatsje op de bank voor de televisie weer had ingenomen, was CBS nog steeds met de Apollo 13 bezig, en het gezicht dat nu het scherm vulde behoorde toe aan een andere ruimtevaartcorrespondent, David Schumacher.

'Met nog 331.000 kilometer te gaan,' begon Schumacher, 'is de Apollo 13 het afgelopen uur doorgekomen zonder dat zich nieuwe problemen hebben voorgedaan. De astronauten ontspannen zich momenteel enigszins, vóór de koerscorrectie die ze zullen moeten maken willen ze binnen de re-entry-corridor blijven. Ik zeg het nog maar eens, die *burn* zal vanavond om 11 uur 43 plaatsvinden. De bemanning heeft morgen de hele dag nog om die burn uit te voeren, maar ze gaan veel liever vanavond naar bed in de wetenschap dat ze terug in hun corridor zijn. Puur voor historische doeleinden wijzen we er even op dat Aquarius, met Lovell en Haise aan boord, volgens het oorspronkelijke vluchtplan negen minuten geleden op de maan zou zijn geland. In alle opwinding hebben we ook nog vergeten te vermelden dat dit de dag is waarop Ken Mattingly last van de rodehond had moeten krijgen. Dat is echter níet gebeurd.'

Marilyn boog iets naar voren, zette het geluid wat zachter en fronste haar wenkbrauwen enigszins. Hoewel ze tijdens de vier uitstapjes die haar man in de ruimte had gemaakt op tientallen avonden tientallen van dit soort uitzendingen had aanschouwd, wist ze nooit helemaal zeker hoe selectief de presentatoren waren bij het nieuws dat ze uitzonden. Maar vergeleken met het telefoongesprek met de president dat ze in haar slaapkamer had gevoerd en de reportagewagens die rond haar woning stonden geparkeerd, leken de *rubella status* van Ken Mattingly en het oorspronkelijke vluchtplan van de Apollo 13 zaken van ondergeschikt belang.

De bemanning had geen tijd voor dit soort opbeurende telefoontjes van de president. Terwijl het journaal van woensdagavond ten einde liep en het in Houston donker werd, hadden Lovell, Swigert en Haise heel wat meer aan hun hoofd dan de koerscorrectie die over een paar uur plaats zou vinden. Mission Control had zojuist besloten de commandomodule Odyssey, die sinds maandagavond in sluimertoestand verkeerde, nog één korte periode volledig te activeren.

In de bijna achtenveertig uur sinds de drie astronauten het ruimteschip hadden verlaten en in Aquarius waren overgestapt, had Odyssey in een staat van nagenoeg voortdurende afkoeling verkeerd. Hoewel dat al bijzonder onaangenaam was voor de drie mannen in de verhoudingsgewijs nog aardig geïsoleerde cocon die de cockpit in feite was, was het nog een stuk erger voor alle elektronische uitrusting die net onder de huid van het ruimteschip zat gemonteerd. Terwijl buiten het ruimteschip temperaturen tot 140 graden onder nul werden gemeten, was zelfs de beste thermische controle-roll niet altijd voldoende om het elektrische binnenste van het ruimteschip warm te houden. Om niet alleen afhankelijk te zijn van de PTC, was de meest gevoelige hardware ook nog eens uitgerust met verwarmingselementen die werden geactiveerd wanneer het ruimteschip wegdraaide van de zonnegloed, om automatisch weer te worden uitgeschakeld als het betreffende deel er weer in terechtkwam. Maar toen Odyssey werd gedeactiveerd, werden de verwarmingselementen ook uitgeschakeld, en verdween daarmee ook de bescherming die ze boden.

Van alle miljoenen systemen aan boord van de commandomodule waren er maar weinig gevoeliger voor kou – en essentiëler voor een re-entry – dan de stuurraketten en het navigatiesysteem. De stuurraketjes in de commandomodule werkten, net als die van de LEM, op een vloeibare brandstof die zodra ze in de ruimte werd gespoten tot een gas ontvlamde. Net als elke vloeistof, kon ook deze slechts een beperkte periode aan extreem lage temperaturen worden blootgesteld vóór ze in ijs of een dikke brij veranderde, waardoor het onmogelijk werd de brandstof via de leidingen naar de stuurraketten te persen.

Het navigatiesysteem was nog gevoeliger voor kou. Als de temperatuur van het apparaat te ver daalde, werd het smeermiddel dat de drie gyroscopen draaiend hield te taai, waardoor het navigatiesysteem te traag en te onnauwkeurig werd. Tegelijkertijd begonnen de uiterst precies vervaardigde berylliumcomponenten iets te krimpen, waardoor het zorgvuldig gekalibreerde instrument nog verder uit balans raakte. Op woensdagavond, terwijl de commandomodule nog minstens veertig uur lang behoedzaam door de diepvries van het heelal gelaveerd zou moeten worden, besloot Gary Coen, de besturings-, navigatie- en controledeskundige – of GNC – van het Gouden Team, hier en daar eens wat vragen te gaan stellen om te kijken hoeveel kou zijn systemen nog konden hebben. De eerste persoon waarmee hij sprak was de plaatselijke vertegenwoordiger van het toeleveringsbedrijf dat het navigatiesysteem had gemaakt.

'Ik zou graag zien dat je iets voor me deed,' zei Coen tegen de op bezoek zijnde technicus, terwijl hij de kamer binnenholde waar het GNCondersteuningsteam was ondergebracht en waar ook de vertegenwoordigers van de toeleveringsbedrijven verbleven. 'Misschien kun je jullie fabricagegegevens eens raadplegen en kijken hoeveel ervaring jullie hebben bij het activeren van een inerte manoeuvreereenheid vanuit een volledig koude, gedeactiveerde toestand tot volledig operationele staat.'

'Vanuit *volledig* koude toestand?' vroeg de technicus.

'Totaal,' zei Coen. 'Geen verwarmingselementen.'

'Makkelijk zat. Daar hebben we geen ervaring mee.'

'Helemaal niets?' vroeg Coen.

'Geen enkele. Waarom ook? Die unit wordt geacht verwarmd te worden. We weten alleen dat als je met uitgeschakelde verwarming vliegt, dat ding zeker niet zal werken.'

'Dus je hebt hier helemaal geen gegevens over?' vroeg Coen.

'Nou,' zei de technicus na een korte pauze, 'een van onze mensen in Boston heeft eens een navigatiesysteem mee naar huis genomen en dat per ongeluk tot de volgende ochtend in zijn stationcar laten liggen. De temperatuur daalde die nacht tot net boven het vriespunt, maar de volgende dag deed het ding het zonder meer.'

Coen keek de man aan. 'Dat is alle info?'

De man haalde zijn schouders op. 'Sorry.'

Met slechts zo weinig nuttige informatie beschikbaar, wist de GNC, evenals de FIDO's, GUIDO's en EECOM's, dat er slechts één enkel antwoord was. Op een bepaald tijdstip, ruim voor de re-entry, zouden de hittesensoren en telemetrie-instrumenten van de commandomodule voor een korte periode moeten worden geactiveerd om de controllers in staat te stellen de toestand van het inwendige van het ruimteschip te controleren. Als geconstateerd zou worden dat de systemen te koud waren, zou men het gebruik van de verwarmingselementen moeten overwegen.

Het van stroom voorzien van de commandomodule – al was het alleen maar net lang genoeg om de temperatuur van het ruimteschip te kunnen meten – zou kostbare elektrische energie onttrekken aan de re-entry-accu's. Maar omdat de LEM beschikbaar was om te helpen de accu's op vermogen te houden, zou een ampère of twee waarschijnlijk nog wel te vinden zijn. Het was negen uur woensdagavonds dat Jack Swigert opdracht kreeg om zijn commandomodule heel even tot leven te brengen.

'Aquarius, Houston,' riep Vance Brand hem van achter de Capcom-console op.

'Zeg het maar, Houston,' antwoordde Lovell namens zijn bemanning.

'Terwijl we ons voorbereiden op de koerscorrectie, hebben we hier een procedure waarvan we graag zouden zien dat jullie hem noteerden. Het betreft het reactiveren van de commandomodule en het inschakelen van de instrumenten, zodat we de telemetrie kunnen controleren.'

'Je hebt het over het reactiveren van de *commandomodule*?'

'Bevestigend,' zei Brand.

Lovell verbrak de verbinding met de grond en keek over zijn schouder naar Swigert, die net druk bezig was met het inventariseren van de resterende voedselpakketten en overige voorraden, en die nu verrast opkeek.

'Volg je dit?' vroeg de commandant.

'Jazeker,' zei Swigert. 'Ik neem aan dat het een vergissing is.'

'Schrijf toch maar op,' zei Lovell, en schakelde de lucht/grondverbinding weer in. 'Oké, Houston. Jack pakt even papier en noteert die procedure die jullie blijkbaar voor ons hebben.'

Swigert plukte een vluchtplan van de wand, haalde zijn pen uit de mouwzak van zijn overall te voorschijn en meldde zich bij Mission Control.

'Vance, hier de derde officier van de LEM-bemanning, klaar om te noteren,' zei hij.

'Goed, Jack, het is een vrij lange procedure. Je hebt waarschijnlijk twee, drie pagina's nodig.'

Swigert sloeg de blanco achterzijden van het vluchtplan op. Terwijl Brand dicteerde, begon Swigert verwoed te noteren, en beide mannen konden aan zien komen dat het op z'n best erg langzaam zou gaan. Er moesten accu's worden geactiveerd, bussen die met elkaar verbonden moesten worden, inverters die moesten worden omgezet, sensoren die moesten worden geactiveerd, antennes die gedraaid moesten worden, telemetrie-instrumenten die aangezet moesten worden. En wat veel lastiger was, was het feit dat deze activeringsprocedure, in tegenstelling met alle andere die Swigert ooit had geoefend, volledig geïmproviseerd was, eigenlijk niet meer dan een gedeeltelijke power-up waaraan hij vroeger niet eens had dùrven denken. Niettemin was Swigert een half uur nadat hij met opschrijven was begonnen klaar, deed zijn koptelefoon af, en zette zich af om in de richting van de tunnel te verdwijnen, teneinde in Odyssey datgene in de praktijk te gaan brengen wat hem zojuist door Brand was voorgelezen.

Beneden in Aquarius beschikten Lovell en Haise over geen enkele aanwijzing waar Swigert precies mee bezig was, op het geluid na van af en toe een schakelaar die werd overgehaald, maar op de grond was dat heel anders. Om zeven uur op woensdagavond had het Gouden Team dienst, wat betekende dat Buck Willoughby achter de GNC-console zat, Chuck Deiterich de RETRO-console bemande, Dave Reed de FIDO was en Sy Liebergot – die met John Aaron, die tot het Tiger Team was toegetreden, van ploeg was verwisseld – als de EECOM fungeerde. Op het scherm van Liebergot, waar de afgelopen twee dagen alleen maar nullen hadden staan knipperen, werden nu lichtvlekjes zichtbaar, en even later ging het geflikker over in cijfers, en die cijfers vormden even later harde, gezonde gegevens.

'Zie je deze aflezingen ook?' vroeg Liebergot aan Dick Brown van het EECOM-ondersteuningsteam.

'Bevestigend.'

'Ziet er prachtig uit,' zei Liebergot.

'Heel prachtig,' was Brown het met hem eens.

Elders in de zaal begonnen identieke aflezingen betreffende stuurraketten en brandstofleidingen en navigatieapparatuur op andere schermen te verschijnen. Bij de andere consoles waren de controllers, die de afwezigheid van Odyssey tijdens deze missie als een vast gegeven waren gaan zien, even verbijsterd als de EECOM. In het ruimteschip maakte Swigert, die deze reanimatie-magie tot stand had gebracht, zijn werk af, schoot door de tunnel terug naar de LEM en deed zijn koptelefoon op.

'Oké, Vance,' riep hij. 'Ik heb de hele procedure voltooid. Welke informatie krijg je nu door?'

'Oké, we krijgen inderdaad informatie van je door, Jack,' zei Brand.

'En hoe ziet de telemetrie van die oude Odyssey er uit?'

Brand keek naar de gegevens die op zijn scherm waren verschenen en luisterde op de flight-director-lijn naar de rapportages die van de andere controllers binnenkwamen.

'Het ziet er toch niet al te koud uit,' zei hij na een moment. 'Het ziet er vrij goed uit. Het loopt van dertig graden onder nul tot vijf graden onder nul, afhankelijk onder welke hoek de zon erop staat, dus dat moet verder geen problemen opleveren.'

'Roger. Hartelijk dank,' zei Swigert.

'Nu zouden we graag zien dat je weer teruggaat, de omgekeerde procedure volgt en de boel weer deactiveert.'

'Roger,' zei Swigert, die al bezig was zijn koptelefoon af te doen. 'Ik ben al weg.'

Terwijl Jack Swigert weer in de tunnel verdween, zweefde Jim Lovell achteruit en leunde tegen de wand achter hem. Hij was opgelucht toen hij hoorde in welke staat de commandomodule verkeerde – maar slechts gedeeltelijk. Het was onmiskenbaar goed nieuws om uit het inwendige van het ruimteschip zulke temperaturen door te krijgen, maar het was nog steeds vijf graden onder nul en voor apparatuur die gevoelig was voor lage temperaturen was dit nog steeds niet optimaal. Bovendien, ook al mocht zijn commandomodule dan tijdelijk naar behoren functioneren, dat gold in elk geval niet voor zijn LEM.

Kort voordat de power-up van Odyssey begon, was Brand eindelijk aan de lijn gekomen om hem te vertellen dat de eerste klap en de sneeuwvlokken uit de daaltrap te maken hadden met een explosie in accu twee, en terwijl de Capcom zich haastte om Don Arabians diagnose door te geven dat het probleem van ondergeschikt belang was, voelde de commandant zich niet helemaal op zijn gemak. De getroffen accu bleef een hoofdwaarschuwingslampje op het instrumentenpaneel activeren, en aangezien de technici om te beginnen al hadden nagelaten te voorspellen wanneer de accu uit elkaar zou spatten, diende hun voorspelling dat het allemaal goed zou blijven gaan met enige argwaan te worden bekeken.

Maar waar Lovell zich nog meer zorgen over maakte was de komende koerscorrectie-burn. Zelfs als zijn LEM-accu voldoende stabiel bleef om energie te blijven leveren, en zelfs wanneer zijn commandomodule als het zover was warm genoeg bleef om te functioneren, zou het allemaal geen zin hebben als het ruimteschip niet naar het midden van zijn re-entry-corridor teruggebracht zou kunnen worden, wat op korte termijn zou moeten gebeuren. Lovell reikte naar zijn microfoonschakelaar om aan Brand te vragen wanneer de bemanning in Houston van de bemanning aan boord van het ruimteschip verwachtte dat ze aan hun voorbereidingen voor de *burn* begonnen. Maar voor hij zich kon melden, riep Brand het ruimteschip al op.

'Oké, Jim, we zouden graag zien dat je bladzijde 24 van je boek met systemen opslaat en je klaarmaakt voor een power-up om 105 uur.'

'Oké, Vance,' zei Lovell, terwijl hij dankbaar naar het boek reikte. 'Koersverandering om 105. Ik sla nu bladzijde 24 op.'

'Goed, de basissituatie is momenteel zo,' zei Brand, 'dat we een iets te vlakke koers volgen, en een burn van veertien seconden op tien procent vermogen zou ons meer in het midden van de corridor moeten plaatsen.'

'Roger. Begrepen.' Lovell haalde een pen uit de op zijn mouw gestikte zak en schreef het op.

'We willen het ruimteschip niet helemaal activeren, dus dat betekent dat je niet over een computer of een missie-timer kunt beschikken. We doen het simpelweg met de hand, dus je kunt de motor niet met de Start- en Stop-schakelaars bedienen.'

'Roger,' zei Lovell, die nog steeds bezig was met schrijven.

'En wat je positie betreft zouden we graag willen dat je het ruimteschip met de hand in zo'n positie brengt dat de aarde zich precies in het midden van je raampje bevindt. Breng de horizontale lijn van het optische vizier evenwijdig met de schaduwgrens van de aarde. Als je hem daar de hele burn houdt, zit je in de juiste positie. Heb je dat.'

'Ik dacht het wel.'

Lovell begon deze instructie ook te noteren, maar nadat het tot hem doordrong wat hij had gehoord, hield hij daarmee op. Toen de LEM na de PC+2-burn werd gedeactiveerd, werd tegelijkertijd ook het navigatiesysteem zonder stroom gezet. Toen dat gebeurde was de oplijning die Lovell zo nauwgezet op maandagavond vanuit de commandomodule had overgebracht, en op dinsdag zo nauwgezet aan de hand van de zon had gecontroleerd, totaal verdwenen. Hoewel dat bij de lange vrije-terugkeer-burn of de zelfs nog langere PC+2-burn tot een catastrofe had kunnen leiden, vormde het bij dit onbetekenende, veertien seconden durende pufje dat door Lovell uitgevoerd zou gaan worden, geen enkel probleem meer. Voor een burn van zo'n korte duur was slechts een oplijning nodig met een foutmarge van vijf graden.

Toevallig wist Lovell precies hoe hij zo'n manoeuvre moest uitvoeren. Zestien maanden geleden, tijdens de Apollo 8, hadden de FIDO's en GUIDO's in Houston zich afgevraagd wat er zou gebeuren als een ruimteschip tijdens de terugreis vanaf de maan plotseling geen gebruik meer van zijn navigatiesysteem zou kunnen maken en ook geen kans zag zich via de sterren op te lijnen. Zou het mogelijk zijn om het optisch vizier op de aarde te richten, de horizontale lijn op één lijn te krijgen met de schaduwlijn van de planeet – die op de globe de nacht van de dag scheidt – en een voldoende accurate burn uit te voeren om de bemanning veilig thuis te krijgen? Met Jim Lovell als navigator voerde de bemanning snel enkele experimenten uit, en inderdaad bleek, bij een korte burn althans, deze optische richtmethode te werken. De procedure, die duidelijk alleen als laatste redmiddel gehanteerd mocht worden, werd opgeborgen in een map met allerlei noodprocedures, om uiteindelijk volkomen vergeten te worden. Nu, terwijl Lovell Brands instructies noteerde, zag hij dat de procedure die hij tijdens de eerste keer dat hij hier was geweest had helpen improviseren, tijdens de tweede keer dat hij hier was hem wellicht kon helpen het vege lijf te redden.

'Hé,' zei hij tegen Brand, 'dit klinkt precies als die oplossing die we toen met de Apollo 8 hebben gevonden.'

'Ja, iedereen vroeg zich al af of je je dat nog zou herinneren, en inderdaad, dat wàs het geval,' zei Brand. 'En Fred, als Jim de aarde midden in zijn raampje heeft, moet jij in staat zijn om door de oplijntelescoop de zon te zien. Die moet helemaal boven in je gezichtsveld zitten, waar het lichtstreepje wordt gebroken. Op die manier weet je dat je positie juist is.'

'Ik begrijp het, Vance,' zei Haise.

'Freddo,' zei Lovell, terwijl hij zich tot Haise wendde, 'wat dacht je ervan als we eens kappen met deze PTC-spin en op jacht naar de aarde gaan.'

'Je zegt maar wanneer.'

Lovell nam een paar minuten de tijd om snel de power-up-checklist op bladzijde 24 door te nemen, alle instrumenten activerend die hij voor de burn nodig zou hebben, waaronder de schakelaars voor zijn stuurraketten. Toen hij dat had gedaan, reikte hij naar voren en loosde vanuit de straalbuizen in tegengestelde richting waarin het ruimteschip draaide een stoot drijfgas. Aquarius bleek verrassend ontvankelijk en binnen de kortste keren hield het draaien abrupt op. Aan de andere kant van de tunnel voelde Swigert het gerommel, vermoedde waarmee zijn medebemanningsleden bezig waren, haalde de laatste schakelaars over die Odyssey opnieuw in sluimertoestand moesten brengen, zwom terug naar de LEM en nam zijn plaats boven op de motorbeplating in. Terwijl Lovell aanstalten maakte het ruimteschip in een zodanige positie te brengen dat ze de thuisplaneet vol in beeld zouden krijgen, boog Haise zich voorover naar zijn eigen driehoekige venster.

'Wauw!' riep hij naar Lovell. 'Ik zie de aarde.'

'Ik ook,' reageerde Lovell.

'Je wordt steeds beter als het op manoeuvreren aankomt, Jim.'

Lovell deed zijn best de aarde in zijn optisch vizier te houden, en Haise wierp een blik door zijn telescoop. Zoals Houston had beloofd bevond de zon zich precies in het midden van het lichtlijntje en bleef daar ook.

'Houston,' meldde hij zich, 'Jim heeft de aarde opgelijnd, en je hebt gelijk, de zon zit in de AOT.'

'Roger. Prima gedaan, 13,' antwoordde de Capcom. Haise realiseerde zich dat Brand een paar minuten geleden achter zijn console vandaan was gekomen en was vervangen door Jack Lousma. 'Als jullie denken dat de positie oké is, dan neem ik aan dat jullie zelf kunnen beslissen wanneer je die burn wilt uitvoeren.'

Lovell keek op zijn horloge. Het was nog lang geen tijd om de raketmotor te ontsteken.

'Tellen we af?' vroeg hij. 'Of willen jullie dat we op een willekeurig moment gewoon beginnen?'

'Jij mag het zeggen,' antwoordde Lousma.
'Jullie worden steeds gemakkelijker.'
'De tijd is hier niet kritisch, Jim.'
'Ik begrijp het.' Lovell wendde zich tot zijn medebemanningsleden. 'Zijn jullie klaar om dit uit te proberen?'
Haise en Swigert knikten.
'Goed,' zei de commandant. 'Jack, aangezien we niet over een aftelklok beschikken, hou jij met behulp van je horloge de tijd van de burn bij. We activeren hem veertien seconden lang op tien procent vermogen. Freddo, aangezien we niet over een automatische piloot beschikken, neem jij de handbesturing over en zorg je ervoor dat we niet te veel heen en weer gaan gieren. Ik zorg met mijn besturing voor het op en neer gaan en voor het om z'n as draaien, terwijl ik verder de raketmotor aan- en uitzet. Begrepen?'
Haise en Swigert knikten opnieuw.
'Ik hoop dat de jongens van het ondersteuningsteam die dit allemaal verzonnen hebben wisten waarmee ze bezig waren,' mompelde Lovell. 'Houston,' riep hij de aarde op, 'laten we zeggen dat we over twee minuten aan de burn beginnen.'
'Roger. Twee minuten. Genoteerd.'
Op zijn werkplek zette Lovell zijn gashendel op tien procent vermogen en legde een hand op zijn 'Start'- en 'Stop'-knoppen, en de andere rond de hendel waarmee hij de relatieve positie van het ruimteschip kon regelen. Rechts van hem zorgde Haise ervoor dat hij de aarde in het midden van zijn raam hield, en liet zijn rechterhand op zijn eigen bedieningshendel rusten. Achter hen hield Swigert zijn blik op zijn horloge gericht.
'Twee minuten na nu,' zei hij. 'Nú!'
Zestig seconden gingen in stilte voorbij.
'Nog één minuut,' meldde Swigert aan Lovell en Haise.
'Nog één minuut,' meldde Haise aan de grond.
'Roger,' antwoordde de grond.
'Dertig seconden.'
Toen: 'Tien, negen, acht, zeven, zes, vijf, vier, drie, twee, één.'
Zacht maar resoluut drukte Lovell op de grote, rode knop die tegen de wand zat gemonteerd: de raketmotor kwam tot leven en opnieuw voelde hij de trillingen onder zich.
'Ontbranding,' zei de commandant tegen zijn bemanningsleden.
Swigert keek naar de secondewijzer van zijn horloge. 'Twee seconden, drie seconden.'
Haise, die voor zijn raampje stond bleef naar de verre aarde staren. De planeet begon naar links te glijden en de LEM-piloot speelde zodanig met de stuurraketten dat de aarde zich even later weer in het midden bevond.
'Geen overmatige last van gieren,' mompelde hij.
'Vijf seconden, zes seconden,' zei Swigert.
'Pitch en roll oké,' zei Lovell terwijl de planeet trilde in zijn optisch vizier.
'Acht, negen seconden,' liet Swigert weten.
'Vasthouden,' zei Lovell. De planeet leek iets omhoog te springen, maar

de commandant liet de capsule ook iets omhoog komen en kreeg hem weer te pakken.
'We houden hem vast,' zei Haise.
'Tien, elf,' telde Swigert.
'We zijn er bijna, Fred,' zei Lovell, die zijn wijsvinger boven de 'Stop'-knop liet zweven.
'Twaalf, dertien.'
De planeet maakte even een onregelmatige beweging.
'Veertien seconden.'
Lovell liet zijn hand zwaar op de knop neerkomen, veel harder dan nodig was.
'Uitgeschakeld!' riep hij.
'Uitgeschakeld!' echode Haise.
Onmiddellijk werd het stil in de maanlander en het trillen dat de bemanningsleden door elkaar had geschud stopte. In het optisch vizier kwam de sikkelvorm van de aarde direct boven de horizontale vizierlijn van het dradenkruis tot rust.
'Houston, *burn* uitgevoerd.'
'Oké, jomgens,' zei Lousma. 'Keurig werk.'
Lovell keek nog eens door zijn dradenkruis, wierp een blik op zijn verduisterde instrumentenpaneel en keek toen nog een keer door het vizier naar de verre aarde, die van hieruit niet groter leek dan een dubbeltje.
'Nou,' zei hij tegen Lousma, 'ik hoop dat het dat inderdaad is.'

'Ik wil dat iedereen in deze ruimte afmaakt waarmee hij bezig is en vervolgens naar huis gaat.'
Gene Kranz stond helemaal voor in kamer 210 en sprak met een stem die volgens hem luid genoeg moest zijn om het geroezemoes te overstemmen van de pakweg vijfentwintig controllers die nog steeds over hun computeruitdraaien en energieprofielen gebogen zaten. Maar zo te zien hoorde niemand hem.
'Ik wil dat iedereen in deze ruimte afmaakt waarmee hij bezig is en naar huis gaat,' herhaalde hij, iets luider deze keer. Nog steeds geen reactie.
'Hé!' bulderde de voormalige luchtmachtman. Deze keer stopten zijn controllers met hun werkzaamheden en draaiden zich naar hem om. 'Het Tiger Team houdt het vanavond voor gezien. Ik verwacht van iedereen dat hij minstens zes uur nachtrust probeert te pakken en ik wil jullie hier pas morgenochtend terugzien.'
Het was even stil in de zaal, en een paar controllers stonden duidelijk op het punt bezwaar aan te tekenen. Maar toen ze Kranz zagen bedachten ze zich. De belangrijkste flight-director was alweer naar zijn eigen uitdraaien teruggelopen en het was duidelijk dat hij niet geïnteresseerd was in welke tegenwerping dan ook. Het was kort na middernacht, donderdagochtend vroeg, zo'n zesendertig uur vóór de splash-down, en op af en toe een uurtje slaap na hadden de leden van het Tiger Team sinds maandagavond geen voet buiten kamer 210 gezet. Toen, net als nu, was hun opdracht geweest een manier te verzinnen om de commandomodule te reactiveren en

te laten functioneren op de twee uur energie die de drie accu's nog konden leveren. Het verschil alleen was dat het er vanavond naar uitzag dat ze het probleem hadden opgelost.

De taak van het rantsoeneren van Odyssey's elektriciteit was uiteraard toegevallen aan John Aaron. Veel van de controllers in de kamer, die zich gemakkelijk konden voorstellen dat de subsystemen van een ander met te weinig elektriciteit konden functioneren, maar nooit dat van henzelf, waren van mening dat Aaron nooit in staat zou zijn het stroomverbruik zo drastisch terug te schroeven, maar terwijl de uren verstreken, kon uit de grafieken van de eerste EECOM worden opgemaakt dat het hem wel degelijk was gelukt.

Maar wat er in kamer 210 gebeurde, was nog maar de helft van Aarons werk. Net zo belangrijk als het vaststellen hoeveel stroom elke schakelaar in de commandomodule nodig zou hebben wanneer die werd ingeschakeld, was de volgorde vast te stellen waarin die schakelaars zouden worden omgezet. Bij een normale missie volgde de power-up van de commandomodule altijd een vast patroon, en wel om een heel goede reden. Technici op de grond konden natuurlijk niet, om maar een willekeurig voorbeeld te geven, het navigatiesysteem van het ruimteschip activeren vóór de verwarmingselementen aan te zetten die het geheel moesten voorverwarmen; ze konden nauwelijks kabelbomen inschakelen voor de accu's te activeren die er stroom aan moesten leveren. Maar de Apollo 13 kon al lang niet meer een normale missie worden genoemd, en gezien het feit dat er al zoveel systemen aan deze power-up waren opgeofferd, zou een geheel nieuwe checklist moeten worden ontwikkeld. En die taak viel toe aan Arnie Aldrich.

Aldrich was een van de meest vooraanstaande technici betreffende de commandomodule, en net zoals John Aaron de beperkingen kende van het elektrisch systeem van Odyssey, had Aldrich oog voor de beperkingen van de checklist. Zodra Aaron een energieberekening voor een specifiek systeem of subsysteem had uitgewerkt, gaf hij die door aan Aldrich, die vervolgens een schakelvolgorde opstelde die ervoor moest zorgen dat niet meer stroom werd verbruikt dan was voorzien.

Aldrich op zijn beurt gaf dit plan door aan de INCO, EECOM of GNC die dat specifieke deel van het ruimteschip onder zijn beheer had, en die dan – vaker wel dan niet – begon met het uitspreken van zijn twijfel over wat hij te zien kreeg, volhardend in zijn mening dat zo'n halfbakken power-up zijn hele subsysteem naar de knoppen zou helpen, om vervolgens, als hij die wat langer had bestudeerd, schoorvoetend toe te geven dat die misschien toch wel zou werken. De INCO, EECOM of GNC gaf de procedure vervolgens door aan Kranz, die hem snel doorlas, ermee instemde om hem ten slotte met een koerier naar het bemanningscentrum te laten brengen, waar Ken Mattingly, bij wie de gevreesde rodehond zich nog steeds niet had geopenbaard, opgesloten zat in de simulator van de commandomodule. Mattingly zou de hele procedure die hem was overhandigd een keertje doorlopen, om vervolgens via de radio aan de mensen in kamer 210 door te geven dat, ja, de methode die Aldrich en Aaron hadden ontwikkeld een goede methode was, of nee, dat ze het nog maar eens moesten proberen. Nu, kort na de koerscorrectie en anderhalve dag voor de splashdown, was de hele checklist – tientallen pagina's dik en met honderden stappen die moesten worden genomen – nagenoeg voltooid, en Kranz was eindelijk bereid zijn team voor de rest van de nacht vrijaf te geven.

Kort voor hij die toezegging deed, was er echter nog één zakelijke beslommering geweest waar hij zijn aandacht aan moest wijden, en Aaron en Aldrich wisten dat dit een vuurstorm kon veroorzaken. Uit de manier waarop de energieprofielen geanalyseerd konden worden, kon worden opgemaakt dat er net voldoende elektriciteit aan boord zou zijn om de commandomodule aan de praat te houden, vooropgesteld dat het enige systeem dat de controllers en de astronauten liet weten dat ze zich op de juiste manier van hun taak kweten – de telemetrie-apparatuur – niet werd ingeschakeld.

Het reactiveren van een ruimteschip zonder dat de temperatuur, de druk, het elektrisch vermogen en de positie waarin het schip zich bevond bekend waren, zaken die nodig waren om de uitrusting voortdurend te kunnen blijven volgen, was net zoiets als proberen te schilderen in een donkere kamer. Hoe goed je artistieke instincten ook functioneerden, zodra het licht aanging werd je vrijwel altijd teleurgesteld door de resultaten. Het addertje onder het gras was dat de telemetrie-apparatuur aan boord van een ruimteschip, net als de lampen in een schildersatelier, stroom verbruikten, en de Apollo 13 kon zich die stroom niet permitteren. Terwijl de laatste pagina's van de checklist op papier werden gezet, riepen Aaron en Aldrich de andere leden van het Tiger Team bij elkaar om dit raadsel op te lossen.

'Heren,' zei Aaron, terwijl hij aan het hoofd van de vergadertafel in kamer 210 plaatsnam. 'Arnie en Gene en ik hebben talloze malen en op alle mogelijke manieren onze tanden in die cijfers gezet, en hoewel de checklist op ons een vrij goede indruk maakt, is er nog één probleempje.' Hij zweeg even. 'Afgaand op de ampèreprofielen die we tot nu toe hebben ontvangen, ziet het ernaar uit dat we deze power-up geheel in den blinde zullen moeten uitvoeren.'

'En dat betekent?' vroeg iemand.

'Geen telemetrie,' antwoordde Aaron botweg.

De protesten die plotseling van alle kanten rond de tafel in kamer 210 op hem afkwamen schokten Aaron, maar vormden geenszins een verrassing.

'John, dit is vrágen om moeilijkheden,' maakte iemand bezwaar.

'Het op een andere manier doen is vragen om nòg meer moeilijkheden,' zei Aaron.

'Maar dit is nog nooit door iemand geprobeerd. Niemand heeft er zelfs ook maar aan gedàcht het zo te doen.'

'Het zal niet het eerste zijn aan deze vlucht dat ongewoon is,' reageerde Aaron.

'Dit is niet alleen ongewoon, John,' wierp een andere stem tegen, 'dit is zonder meer gevaarlijk. Stel je voor dat er iets oververhit raakt of er klapt iets uit elkaar. Dan weten we dat pas als het veel te laat is.'

'En stel je nou eens voor dat we alle stroom verbruiken met het controleren van de systemen en we niet meer genoeg hebben om ze te activeren?' vroeg Aaron. 'Wat dan?'

Het bleef onrustig rond de tafel en Aaron, dat was duidelijk, had hen niet weten te overtuigen. Hij ontvouwde de energieprofielen, bekeek ze nog eens zorgvuldig, en leek toen plotseling iets op te merken. Een nauwelijks waarneembare flikkering – deels inspiratie, deels capitulatie – gleed over zijn gezicht.

'Wacht eens even,' zei hij, terwijl hij opkeek met een verlegen hoe-heb-ik-dit-over-het-hoofd-kunnen-zien-glimlach, 'wat dachten jullie ervan als we dit eens proberen. Wat dachten jullie ervan als we een paar ampère apart houden tot we alles geactiveerd hebben, om dan slechts een paar minuten lang de telemetrie in te schakelen om te kijken of alles in orde is. Ik geef toe dat het niet zo goed is als voortdurend alles in de gaten te kunnen houden, maar dan zijn we in elk geval in staat om eventuele problemen op te merken en er iets aan te doen voor ze echte schade kunnen aanrichten. Wat dachten jullie daarvan?'

De mannen rond de tafel keken Aaron en vervolgens elkaar aan. Ze wisten niet of dit een plotselinge ingeving van Aaron was of dat hij deze tegemoetkoming al van tevoren had ingepland. Te ontkennen viel in elk geval niet dàt het een tegemoetkoming was, en geleidelijk aan begonnen de leden van het Tiger Team instemmend te knikken. Als John Aaron, de *steely-eyed missile man*, van mening was dat hij een kreupele commandomodule kon reactiveren zonder de hulp van ook maar één enkel telemetrie-instrument, wie waren een paar doodnormale controllers dan dat ze daar vraagtekens bij zouden plaatsen? Bovendien zou Gene Kranz hen over een paar minuten naar bed laten gaan, en dat was iets waar geen van hen de afgelopen twee dagen kans toe had gezien.

Fred Haise begon zich zo rond drie uur 's ochtends van de koorts bewust te worden. Die begon op de manier waarop koorts zich bijna altijd manifesteert: een licht gevoel in het hoofd, een vale huid, tintelende zenuwuiteinden. Hoewel deze gewaarwordingen onplezierig waren, was Haise er niet door verrast. De eerste aanwijzing dat hij weleens ziek aan het worden kon zijn, had zich gisteren al voorgedaan, toen hij had geprobeerd – een van de weinige keren de afgelopen dag trouwens – te plassen, en gemerkt had dat deze uiterst alledaagse daad gepaard ging met buitengewoon veel pijn.

Gezegd moest worden dat niemand aan boord van de Apollo 13 de laatste tijd veel geplast had, en de reden was simpel: ze hadden nauwelijks wat gedronken. De TELMU's hadden de astronauten in de eerste uren van de crisis duidelijk aan het verstand gebracht dat water een van de kostbaarste voorraden was waarover de bemanning beschikte. Omdat de watervoorraad aan boord van Odyssey snel zou bevriezen, was de voorraad in Aquarius de enige die te gebruiken was. Maar aangezien het water om te drinken en het water dat de apparatuur moest koelen uit dezelfde tank afkomstig was, diende de bemanning zorgvuldig te overwegen ook maar één enkel slokje te nemen. Als ze te vrijelijk van de centrale voorraad dronken, zou het lessen van hun dorst weleens ten koste kunnen gaan van het ruimteschip dat hen in leven hield.

Maar zelfs als er voldoende water aan boord was geweest, dan waren er nog andere redenen voor de bemanning om niet te royaal te zijn. Net als de commandomodule was de LEM uitgerust met een loossysteem waarmee de bemanning urine en ander afvalwater overboord kon dumpen. Het probleem was alleen dat het uitstoten van deze instabiele stof, net als elke andere vloeistof of gas dat uit een ruimteschip stroomt, een minimale stuwkracht veroorzaakte die de baan van het ruimtevaartuig kon beïnvloeden. Omdat Odyssey en Aquarius toch al veel moeite hadden in de juiste positie te blijven en de bemanning haar uiterste best had gedaan weer in het midden van de re-entry-corridor terecht te komen, leek het gevaarlijk, om niet te zeggen belachelijk, wanneer de bemanning zich, enkel door te plassen, weer úit de juiste baan zou werken. In plaats daarvan hadden de astronauten de opdracht gekregen de urine die ze produceerden in plastic zakken op te vangen, die vervolgens op diverse plaatsen in het ruimteschip werden opgeslagen.

In een periode van twee dagen kunnen drie nerveuze mannen – zelfs drie nerveuze mannen die nauwelijks water dronken – een onplezierige hoeveelheid urine produceren en het interieur van het ruimteschip begon al aardig vol te raken met de in plastic gevatte monsters. In plaats van nog meer van dit soort aandenkens te verzamelen, hadden de astronauten besloten nagenoeg helemaal met drinken te stoppen, en beperkten ze zich tot circa 170 centiliter per dag, minder dan een zesde van de hoeveelheid die de gemiddelde volwassene per dag tot zich nam.

De bemanning was zich zeer wel bewust van het feit dat te weinig drinken weleens ernstige gevolgen zou kunnen hebben. Steeds weer hadden de artsen er tijdens de training alle astronauten op gewezen dat als ze in de ruimte niet genoeg water dronken, hun lichaam niet langer meer toxine zou uitscheiden. En als er niet langer meer toxine zou worden uitgescheiden, een giftige stof die zich in hun nieren ophoopte, zou dat tot een infectie kunnen leiden die zich eerst manifesteerde door een branderig gevoel bij het urineren en vervolgens door hoge koorts. Woensdagsochtends om tien uur had Haise het eerste symptoom ervaren en nu, donderdagsochtends om drie uur – nog maar net drieëndertig uur voordat hij geacht werd te participeren in wellicht de gevaarlijkste re-entry in de geschiedenis van de bemande ruimtevaart – werd hij met het tweede geconfronteerd.

Jim Lovell wierp een blik in de richting van zijn bleke reisgenoot. 'Hé, Freddo. Alles in orde met je?'

'Jazeker,' mompelde Haise. 'Met mij is alles goed. Hoezo?'

'Nou, je ziet er anders niet zo heel best uit, vandaar.'

'Nou, ik voel me best.'

'Wil je dat ik de thermometer pak, Fred?' vroeg Swigert. 'Die zit boven in de eerste-hulpdoos.'

'Nee, dat hoeft niet.'

'Weet je het zeker?' vroeg Swigert.

'Ja.'

'Ik kan er zo bij.'

'Ik zei,' herhaalde de LEM-piloot krachtig, 'dat ik me goed voel.'

'Oké,' zei Swigert, die Lovell even aankeek. 'Oké.'

Lovell keek beide medebemanningsleden aandachtig aan en dacht na over wat zijn volgende stap zou moeten zijn, maar voor hij tot een beslissing kon komen werd hij in zijn gedachten gestoord. Van onder de vloer van de LEM klonk een gedempte plof, gevolgd door gesis, terwijl daarna een nieuwe dreun en een vibratie de cabine heel even door elkaar leken te schudden. Lovell haastte zich naar zijn raampje. Beneden het groepje stuurraketten aan het linker uiteinde van zijn gezichtsveld, kon hij een maar al te vertrouwde wolk van ijskristallen omhoog zien zweven. Lovell schrok heel even, maar realiseerde zich toen plotseling wat de oorzaak van het geluid en de lozing moest zijn.

'Dat,' zei hij, terwijl hij zich naar Swigert en Haise omdraaide, 'was het einde van ons heliumprobleem.'

'Het werd tijd,' zei Haise, terwijl hij op zijn horloge keek.

'Ik was het al bijna vergeten,' moest Swigert bekennen.

'Aquarius, Houston,' riep Jack Lousma hen op. 'Hebben jullie de afgelopen paar seconden iets opgemerkt?'

'Ja, Jack,' antwoordde Lovell. 'Ik stond net op het punt je op te roepen. Onder stuurraketten vier zag ik een hoop gefonkel naar buiten schieten. Ik neem aan dat dat het helium was.'

'Roger,' zei Lousma. 'Volgens de aflezingen hier liep de druk op tot 135 kilo per cm^2, terwijl die nu is teruggevallen tot circa veertig kilo en nog steeds in hoog tempo verder daalt.'

'Dat is prettig om te horen,' zei Lovell, 'maar dat betekent wel dat we ons misschien zorgen moeten gaan maken over het opnieuw instellen van de thermische roll.' Terwijl de commandant door zijn venster naar de steeds groter wordende heliumwolk keek, kon hij zien dat de aarde en de maan, die min of meer door het midden van zijn raampje waren gepasseerd toen het ruimteschip de PTC-rotatie had uitgevoerd die hij na de laatste burn had geactiveerd, duidelijk zichtbaar een andere positie hadden ingenomen; de aarde nu beduidend hoger en de maan nogal wat lager, terwijl beide nu helemaal uit zijn gezichtsveld dreigden te verdwijnen. 'Het ziet ernaar uit dat die knal ons een stuk naar links heeft gedraaid en iets heeft gekanteld. Is dit nu wat ze een niet-stuwkracht leverende lozing noemen?'

'Inderdaad,' zei Lousma. 'En ik moet niet aan een wèl stuwkracht leverende lozing dènken.'

'Ik ook niet.'

'Nou, de druk is nu minder dan drieëneenhalve kilo, dus zie je al minder geschitter?'

Lovell keek naar buiten. 'Ja,' zei hij, 'veel minder.'

'Oké,' zei Lousma. 'Hou dan voorlopig alleen de positie van het ruimteschip in de gaten, kijk hoe het stampen en gieren zich ontwikkelt, en hou ons op de hoogte. We komen later eventueel met de aanbeveling opnieuw een PTC toe te passen.'

'Roger. Houden de boel nauwlettend in de gaten.'

Lovell nestelde zich voor zijn raampje, sloeg zijn armen over elkaar tegen de kou in het ruimteschip en begon toe te kijken hoe de aarde en de maan voorbijgleden. De beweging van beide hemellichamen had een bijna hypnotische uitwerking op hem, en in de rustige uren voor zonsopgang op deze donderdag merkte Lovell dat er een merkwaardige rust over hem neerdaalde. Hij realiseerde zich dat hij de komende uren misschien opnieuw zijn stuurraketten zou moeten activeren en opnieuw de saaie handelingen die bij het toepassen van een PTC-roll hoorden, zou moeten uitvoeren, maar op dit moment maakte hij zich daar niet al te veel zorgen over.

Terwijl de commandant uit het linkerraampje keek, raakte zijn bemanning blijkbaar ook onder de invloed van deze vreemde sereniteit en besloot een niet-geplande rustperiode in acht te nemen. De koortsige Haise, die de ijskoude commandomodule liet voor wat hij was, schoof gedeeltelijk de tunnel in en viel met zijn hoofd vlak boven de beplating van de stijgmotor hangend onmiddellijk in slaap. Swigert nam de plaats in die de LEM-piloot eerder in de steek had gelaten, rolde zich op de vloer aan stuurboord zo stevig mogelijk op en sloeg een koord om zijn arm zodat hij op zijn plaats bleef hangen. Lovell keek toe hoe beiden te kooi gingen en na een tijdje riep hij de aarde op.

'Houston,' zei hij kalm in zijn microfoon.

'Houston hier,' antwoordde Lousma, zich onwillekeurig aan Lovells kalme stem aanpassend. 'Hoe gaat het, Jim?'

'Niet slecht. Helemaal niet slecht.'

'Ben jij alleen, of zijn Jack en Fred bij je?'

'Jack en Fred slapen allebei momenteel,' zei Lovell, terwijl hij naar de zich thans stabiliserende aarde en maan keek, 'het ziet ernaar uit dat wat de PTC betreft we niet echt in de problemen zitten.'

'Goed. Van hieruit ziet ook alles er redelijk gladjes uit. We blijven de zaak volgen en we laten je weten zodra er andere procedures gevolgd moeten gaan worden.'

'Roger,' zei Lovell.

'Hoewel,' ging Lousma verder, 'er is een andere procedure die we door kunnen nemen als je tijd hebt. Ik heb net wat aantekeningen gekregen van de guidance-mensen, die graag zouden zien dat je daar vast over na gaat denken.' De Capcom zweeg even. 'Wat dacht je ervan vast wat ideetjes over de re-entry en de splash-down door te nemen?'

Lovell kon niet direct antwoord geven, maar liet simpelweg zijn blik door de cockpit dwalen. Toen hij om zich heen keek zag hij eerst zijn verduisterde instrumentenpaneel, toen zijn bemanning die zich op dat moment van niets bewust was, toen de excentrische aarde en maan die langs zijn uit het midden geplaatste LEM schoven, en toen de resterende sneeuwvlokken die nu door de thans nagenoeg dode daalmotor de ruimte in werden geloosd.

Ja, besloot hij. De splash-down was precies datgene waarover hij het nu wilde hebben.

12

Donderdag 16 april, 08:00 uur

De voormiddagdienst was nog maar nauwelijks begonnen en Jerry Bostick, de vluchtdynamicadeskundige van het Bruine Team, had al een rotdag. En hij vermoedde dat het op korte termijn nòg erger zou worden.

'Verdòmme,' mompelde Bostick zachtjes, terwijl hij achter zijn console op de eerste rij stond en vol afgrijzen naar het scherm keek. Leunend over de schouder van Dave Reed, de FIDO van dienst, keek hij opnieuw aandachtig naar de lichtgevende cijfers.

'Verdòmme!' herhaalde hij, deze keer voldoende hard om ervoor te zorgen dat Reed zich in zijn stoel omdraaide.

'Wat is er aan de hand, Jerry?' vroeg Reed.

'Dat wil je niet weten,' antwoordde Bostick.

'Probeer toch maar.'

Bostick boog zich om Reed heen, liet zijn wijsvinger langs een rij cijfers op het scherm glijden en kwam tot stilstand bij een enkel stukje informatie. Reed bracht zijn gezicht dichter bij het scherm en tuurde door half dichtgeknepen ogen naar de info. Boven de kolom waar Bostick naar wees stond het woordje 'Baan'. Het getal waar hij naar wees was '6,15'.

'O nee,' kreunde Reed, terwijl hij zijn hoofd in zijn handen liet zakken.

Sinds tien uur gisteravond, nadat de koerscorrectie van de Apollo 13 was uitgevoerd, was het getal op het scherm een van de meest bemoedigende stukjes telemetrie geweest die vanuit het ruimteschip naar de aarde werden doorgegeven. Eerder op de avond, voor de burn van de daaltrap, was de baan van Aquarius en Odyssey afgevlakt tot 5,9 graden, net iets meer dan een halve graad verwijderd van het vlakke uiteinde van de reentry-corridor – het uiteinde dat de bemanning zou beletten al dalend in de atmosfeer door te dringen, en in plaats daarvan terug in de ruimte te stuiteren. Na de koerscorrectie zag een en ander er aanzienlijk beter uit, want de Apollo 13 klom op tot een comfortabele 6,24 graden, voldoende dicht bij de 6,5 graden die een perfecte re-entry – eentje midden in de roos – mogelijk zou maken. Maar nu echter, om acht uur donderdagsochtends, achtentwintig uur voor de landing, leek de baan opnieuw steeds vlakker te gaan worden.

'Jerry, wat is hier verdomme aan de hand?' vroeg Reed, die iets opzij ging zodat Bostick het beter zou kunnen zien.

'Ik heb geen flauw idee.'
'Nou, het komt in elk geval níet door die heliumlozing.'
'Nee, die was niet voldoende om dìt te veroorzaken.'
'Misschien kloppen de volgbogen niet.'
'Die bogen kloppen, Dave.'
'Misschien zit er speling in de cijfers.'
Bostick keek naar de constante 6,15 die onbeweeglijk in het scherm leek gebrand. 'Maakt dit op jou de indruk van niet-kloppende data?'
Als het helium en de volginformatie het probleem niet waren, en het ruimteschip zakte steeds verder weg naar de onderkant van zijn corridor, dan betekende dat dat de daalmotor van de LEM opnieuw tot ontbranding zou moeten worden gebracht om de boel weer recht te trekken. Maar nu het helium dat de brandstoftanks onder druk moest zetten was verdwenen, was het weinig voor de hand liggend dat de motor het ooit nog zou dóen. Voor Bostick deze nieuwe ontwikkeling goed tot zich door kon laten dringen, werd hij van achteren benaderd door Glynn Lunney, de flight-director van het Zwarte Team.
'Jerry,' zei Lunney, 'ik moet met je praten. We hebben een probleem.'
'Ik heb hier ook een probleem, Glynn,' zei Bostick. 'Het ziet ernaar uit dat hun baan opnieuw steeds vlakker wordt.'
'Zijn jouw volgbogen goed?' vroeg Lunney.
'Zo te zien wel,' reageerde Bostick.
'Ben je iets aan het lozen?'
'Voor zover we kunnen zien niet,' antwoordde Bostick.
'Nou, maak dat tot jouw prioriteit,' zei Lunney, 'maar ga ook híermee aan de gang: ik ben net door de Commissie voor Atoomenergie – de AEC – gebeld; ze maken zich zorgen over de LEM.'
Bostick was daar al bang voor geweest. Tijdens het geplande korte verblijf van Aquarius op het maanoppervlak, was het niet alleen de bedoeling geweest dat Jim Lovell en Fred Haise maanstenen zouden verzamelen, maar dat ze ook nog een aantal geautomatiseerde wetenschappelijke instrumenten zouden achterlaten, waaronder een seismograaf, een zonnewind-collector en een laser-reflector. Aangezien het de bedoeling was geweest die instrumenten ruim een jaar lang te laten functioneren, en omdat batterijen of accu's ze onmogelijk zo lang aan de praat zouden kunnen houden, werden deze instrumenten van stroom voorzien door een miniatuur-atoomreactor, die werd aangedreven door reeds eerder gebruikt uranium dat uit kerncentrales afkomstig was.
Op het maanoppervlak vormde de uiterst kleine generator voor niemand een gevaar. Maar wat, bedachten sommige mensen zorgelijk toen het systeem voor het eerst ter sprake kwam, zou er gebeuren als de kleine staaf met nucleaire brandstof de maan nooit zou bereiken? Wat als de Saturnus 5 uit elkaar zou spatten voordat hij in een baan rond de aarde was gekomen, zodat het uranium God-mocht-weten-waar terecht zou komen? Om zo'n onbedoelde contaminatie te voorkomen stemden de ontwerpers van de LEM ermee in het nucleaire materiaal op te bergen in een zwaar, hittebestendig keramisch vat dat niet alleen een explosie, maar ook

een vurige re-entry in de atmosfeer en zelfs een keiharde aanvaring met het aardoppervlak kon overleven zonder dat er straling vrij zou komen. Zodra de LEM niet meer in een baan rond de aarde zou draaien en op weg was naar de maan werd het beschermvat overbodig en dacht niemand er meer aan. Maar nu was de LEM van de Apollo 13 op weg naar huis, op weg naar de vurige re-entry waarvoor de onheilsprofeten altijd al bang waren geweest, en Jerry Bostick had steeds al het vermoeden gehad dat het niet lang zou duren voor de Commissie voor Atoomenergie zich zou melden, zich zorgen makend over de radioactieve brandstofstaaf en zijn keramische bescherming.

'Wanneer heb je met ze gesproken, Glynn?' vroeg Bostick aan Lunney.

'Nog maar even geleden. Ze doen behoorlijk zenuwachtig over die brandstofstaaf.'

'Heb je ze verteld dat we dat vat diverse malen hebben getest?'

'Jazeker.'

'En heb je ze ook verteld dat we geen enkele reden hebben om te denken dat het die re-entry niet zal overleven?'

'Ook dat heb ik ze verteld.'

'Maar ze geloven je niet?'

'O, ze gelóven me wel, maar ze willen gewoon meer zekerheid. Ze willen er zeker van zijn dat als de LEM neerkomt, we hem niet zomaar ergens in een oceaan moeten dumpen, maar in het diepste water dat we kunnen vinden. Kun jij dat voor hen regelen?'

Bostick ging, op zijn eigen beheerste wijze althans, volkomen uit zijn dak. 'Wat een flauwekul, Glynn, dat is belachelijk. We hebben dat keramische vat juist gebouwd zodat we ons over dat soort zaken geen zorgen meer hoefden te maken. Zo lang we die LEM maar ergens laten terechtkomen waar niemand het ding boven op zijn hoofd krijgt, doet het niemand kwaad.'

Glynn Lunney zou het dan misschien met Jerry Bostick eens geweest kunnen zijn – het was zelfs heel waarschijnlijk dat hij het met hem eens was – maar hij liet in elk geval niet weten in welke mate. De AEC was een overheidsinstelling, de overheid betaalde de rekeningen van de NASA, en als de mensen die de portemonnee van de Agency beheerden erop stonden dat een flight-director dit probleem aan de orde stelde, dan had die flight-director geen enkele keus dan aan dat verzoek te voldoen. De minuten daarna luisterde Lunney vol sympathie naar zijn FIDO die stoom af moest blazen, haalde samen met hem zijn schouders op over die bureaucraten uit Washington, en suggereerde toen dat de AEC misschien, héél misschien, toch wel een beetje gelijk had. Uiteraard, de eerste prioriteit diende het opvijzelen van de veel te vlakke baan van de Apollo 13 te zijn, maar wanneer dat geregeld was, zou het dan misschien niet goed zijn om – al was het het alleen maar om de AEC een beetje tegemoet te komen – een uitermate diep stuk oceaan op te zoeken om daar dan de LEM in neer te laten komen?

'We zullen ervoor zorgen, Glynn,' zei Bostick uiteindelijk. 'Geen probleem. Als ik me niet vergis moet er voor de kust van Nieuw-Zeeland een diepe trog zijn die precies is waar je naar op zoek bent.'

Lunney knikte dankbaar en vertrok om zich met andere zaken bezig te houden, en Bostick keerde weer naar zijn eigen beslommeringen terug. Toen hij terugkwam bij zijn eigen console zag hij Reed – die er nog zorgelijker uitzag dan een paar minuten geleden – druk overleggen met de FIDO van het Zwarte Team. Zich over de twee mannen heen buigend en met toegeknepen ogen naar het scherm turend, zag Bostick dat de baan, die eerder al was verslechterd, nu helemaal in elkaar leek te zakken: het getal in de 'Baan'-kolom stond nog maar een fractie boven 6,0 en viel steeds verder weg. Zijn rotdag werd inderdaad alleen nog maar beroerder.

Jim Lovell zat net een hot dog te eten toen Joe Kerwin hem via de radio over de baan kwam vertellen. Eigenlijk moet worden gezegd dat Jim Lovell probéérde een hot dog te eten, maar dat hem dat niet erg goed lukte. Het was donderdagochtend vroeg toen de astronauten in Aquarius en het Bruine Team op de grond aan hun werkdag begonnen, en hoewel Lovell natuurlijk niet kon spreken voor de mensen in Houston, wekte de bemanning van zijn ruimteschip momenteel de indruk redelijk uitgerust te zijn. Toen Fred Haise en Jack Swigert om halfvier in de ochtend waren weggedoezeld voor hun spontane rustperiode van drie uur, bedacht Lovell dat het het beste was hen maar niet te storen, en die beslissing bleek een juiste te zijn.

Swigert, die gisteren op bijna surrealistische wijze opgetogen was geweest over de kans in zijn commandomodule aan de gang te kunnen gaan, was vanochtend zonder meer vrolijk. En Haise, wiens gelaatskleur gisteren ziekelijk grauw was geweest, zag er nu toch weer wat blozender uit. Lovell was er niet zeker van of de wat roziger kleur van zijn LEM-piloot een teken van hervonden gezondheid was, of het symptoom van een nòg hogere temperatuur die zijn koortsige bloed naar zijn wangen bracht. Maar Haise had al duidelijk laten blijken dat hij niet op vragen naar zijn welgevoelen zat te wachten, en Lovell hield zich voor dat hij die wens moest respecteren. De eerste paar uur van hun laatste volle dag in de ruimte was de hele bemanning op, gingen de drie astronauten hun gang in de cockpit en kweten ze zich zwijgend van hun diverse taken, net als drie zojuist wakker geworden maatjes in een vakantiehuisje aan de rand van een meer die voorbereidingen troffen voor een zeer vroege vistrip. Nu, om halfnegen, terwijl Jerry Bostick, Glynn Lunney en Dave Reed het over de steeds vlakker wordende baan en de nucleaire brandstof hadden, kwam Lovell tot de conclusie dat het tijd werd dat zijn bemanning eens wat moest eten.

'Zeg, Jack,' zei de commandant over zijn schouder. Swigert, die zoals altijd boven op zijn motorbeplating zat, bladerde in een systeemhandleiding. 'Hoe is het met onze voedselvoorraden gesteld?'

'Ik zal eens kijken,' zei Swigert. Hij liet zijn boek los om het vlak naast hem in de lucht te laten zweven en opende de grote voorraadzak waarin hij de voedselpakketten had gestopt.

'Erg veel is het niet, Jim,' zei hij, terwijl hij de doorzichtige plastic zakken door zijn handen liet gaan. 'Koude soep, nog meer koude soep, en... nog wat toetjes zo te zien.'

'Wat dacht je ervan even naar de slaapkamer te gaan en daar wat nieuwe rantsoenen op te halen?'

'Oké.'

'Heb je ergens trek in, Freddo?' vroeg Lovell.

'Ja,' zei Haise. 'Wat dacht je van een paar van die hot dogs?'

Swigert zette zich af en schoot de ijskoude commandomodule in, zweefde naar de voedselkast en haalde de resterende pakketten te voorschijn. Helemaal onderin bevonden zich de nog dichte zakken met de hot dogs. Elke hot dog was afzonderlijk verpakt, voorzien van de Velcro-kleurencode, rood, wit of blauw, voor welke astronaut ze bedoeld waren, en elke hot dog, merkte Swigert tot zijn verbijstering, was keihard bevroren. Hij haalde er eentje uit de kast, bekeek hem nieuwsgierig, om vervolgens – nadat hij er nog twee had gepakt – lachend door de tunnel terug te zwemmen.

'Nou, heren,' kondigde hij aan terwijl hij in Aquarius terugkwam, 'ik heb gehaald waarom jullie gevraagd hebben, maar ik weet niet zeker of je ze zo wel lust.'

Lovell stak zijn hand uit, nam het onder het ijs zittende pakje aan dat Swigert hem aanbood en klopte er vervolgens lachend mee tegen de wand. Het veroorzaakte een duidelijk hoorbare *plonk*.

'Het klinkt heerlijk,' zei Lovell.

'Het zíet er heerlijk uit,' zei Haise.

'Eet smakelijk,' zei Swigert.

Voor Lovell zijn hot dog ergens kwijt kon, klonk de stem van Joe Kerwin in zijn koptelefoon.

'Aquarius, Houston.'

'Zeg het maar, Houston,' antwoordde Swigert mede namens de andere bemanningsleden.

'Zeg, jongens, ik wilde jullie alleen maar laten weten dat jullie volgens onze gegevens zo'n 240.000 kilometer van de aarde verwijderd zijn, dat is ongeveer 18.000 kilometer dichterbij dan jullie zaten toen ik een uur of wat geleden met jullie sprak. En jullie glimlachende FIDO vertelt me dat jullie in een zone van 5000 kilometer 6346 kilometer per uur maken.'

'Dat is niet mis,' zei Swigert.

'Er is alleen nog iets anders,' zei Kerwin. 'De goede FIDO laat ons ook weten dat jullie baan een beetje vlakker wordt, en hij... eh... speelt met het idee om jullie pakweg vijf uur vóór de re-entry een nieuwe koerscorrectie uit te laten voeren. Als we daartoe overgaan, zal het niet meer zijn dan een eentje van zestig centimeter per seconde.'

Lovell, Swigert en Haise keken elkaar vol twijfel aan.

'Die FIDO van jou heeft wèl zijn dag vandaag,' zei Swigert getergd.

'O, hij heeft de tijd van zijn leven,' antwoordde Kerwin, en verbrak toen snel de verbinding.

Lovell vond dit maar niets. Als zijn raketmotor na die heliumuitstoot inderdaad niet meer wilde functioneren, dan konden zijn stuurraketten het waarschijnlijk wel voor elkaar krijgen, maar hoewel voor een burn van zestig centimeter per seconde slechts een paar seconden gedeeltelijk vermogen van het krachtige daalsysteem nodig waren, dienden om hetzelfde resultaat te bereiken de kleine stuurraketten ruim een halve minuut op vol vermogen te draaien, waardoor ze bijna door hun brandstof heen zouden raken.

'Dit bevalt me niets,' zei Lovell tegen Haise, terwijl hij zijn niet langer amusante hot dog van zich afwierp.

'Ik ben het helemaal met je eens,' stemde Haise in.

De commandant zette zich af, verwijderde zich van zijn plaats en gleed in de richting van de tunnel, op zoek naar een wat beter te verteren ontbijt, maar voor hij daartoe over kon gaan, kwam Kerwin weer aan de lijn.

'Jim, het volgende actiepunt waarmee jij en Jack aan de gang moeten gaan is het overbrengen van wat LEM-vermogen naar de commandomodule, zodat we die re-entry-accu kunnen laden.'

'Oké,' antwoordde Lovell, terwijl hij naar Swigert gebaarde. 'Ik geef je Jack even.'

Swigert nam de verbinding van hem over en Lovell deed zijn koptelefoon af zodat hij zonder problemen door de tunnel kon, maar zodra Kerwin de procedure aan Swigert begon uit te leggen en de 'eh-eh's' en 'hmmmm's' tot hem door begonnen te filteren, begon Lovell zich zorgen te maken.

'Weten ze zeker dat ze nu met die stroom aan de gang willen?' riep hij naar Swigert terwijl hij zijn hoofd door het luik van de LEM stak. 'We moeten deze LEM nog minstens vierentwintig uur aan de praat zien te houden.'

Swigert gaf dit aan de grond door. 'We hebben hier een vraag. Als we nu stroom doorgeven, houden we dan niet te weinig in de LEM over om weer terug te kunnen schakelen?'

'Negatief, Jack. Volgens de laatste, bijgewerkte gegevens hebben we tot 203 uur voldoende ampères, terwijl de splash-down plaatsvindt om 142 uur.'

'Geen probleem,' riep Swigert naar Lovell. 'Ze hebben voldoende stroom voor ons gepland tot 203 uur.'

'Hebben ze dat uitgeprobeerd?' riep Lovell terug, 'of moeten we onze beide accu's naar de knoppen helpen bij het overbrengen van die elektriciteit naar de commandomodule?'

'Zeg, Houston,' zei Swigert, 'Jim wil graag weten of deze procedure getest en akkoord bevonden is. Er bestaat toch geen gevaar dat de accu's kortgesloten worden of iets dergelijks, hè?'

'Oké, Jack, de procedure op zich is niet uitgeprobeerd, maar gezien de loop van de hardware waar de stroom doorheen gaat, bestaat er geen gevaar dat er sluiting ontstaat. Maar vergeet niet dat de reden voor dit alles is dat jullie entry-accu twintig ampère-uur te kort komt, en we moeten die toch echt aanzuiveren willen we jullie thuis krijgen.'

Swigert wendde zich weer tot Lovell. 'Nee, ze hebben de procedure niet uitgetest. Nee, ze denken niet dat dat een probleem is. En ze herinneren ons eraan dat we zonder echt niet thuiskomen.'

Lovell gromde zijn toestemming. Swigert meldde zich weer op de lucht/

grond-verbinding en bracht een groot deel van de ochtend door met het noteren van de power-up-procedure, het heen en weer zwemmen tussen de twee ruimteschepen om de noodzakelijke schakelaars om te zetten en te controleren of de stroom inderdaad van het ene ruimtevaartuig naar het andere werd overgebracht. Terwijl hij druk met de hem toegewezen taak bezig was, kwam de Capcom – Vance Brand deze keer – terug op de lijn met een klus voor Lovell en Haise.

Zoals de FIDO's steeds van het precieze gewicht van de in Aquarius aanwezige lading en bemanning op de hoogte moesten zijn vóór de daalmotor ontstoken kon worden, zo dienden de guidance- en navigatiemensen precies te weten hoeveel ballast Odyssey aan boord had, vóór het navigatiesysteem kon worden opgelijnd en het ruimteschip voor de re-entry gericht kon worden. De computers in een Apollo-ruimtevaartuig waren zodanig geprogrammeerd dat ze rekening hielden met het feit dat een commandomodule die van de maan terugkeerde, ongeveer vijfenveertig kilo zwaarder was dan dezelfde module tijdens de heenreis – die vijfenveertig kilo vertegenwoordigden de steen- en grondmonsters waarvoor de bemanning in de eerste plaats op pad was gegaan. Maar deze Apollo keerde zònder stenen van de maan terug, en voor hij de atmosfeer weer binnen kon gaan, moesten de astronauten wat armladingen apparatuur van de LEM naar de commandomodule overbrengen, de spullen daar opbergen in opslagruimtes die oorspronkelijk bestemd waren voor de kostbare stukjes maan, en dan maar hopen dat de gewichtsverdeling klopte en dat de computer zich voor het lapje zou laten houden.

'Oké, Jim,' riep Brand terwijl Swigert in de weer was, 'als je tijd hebt om wat te noteren; ik heb hier namelijk de stouwlijst voor tijdens de re-entry, waarop precies staat genoteerd welke uitrusting je vóór de splash-down goed moet opbergen.'

'Ik kan hem nu noteren,' zei Lovell, terwijl hij zijn pen uit zijn mouwzak haalde en tegen Haise gebaarde hem een kladblaadje uit het vluchtplan toe te gooien.

'Oké, je moet de twee 70mm Hasselblad-camera's, de zwart-wittelevisiecamera, alle belichte 16mm- en 70mm-films, de LEM-datarecorder, extra zuurstofslangen, extra zuurstof-beschermkapjes, de slang van het afvalsysteem en de map met vluchtgegevens van de LEM naar de commandomodule overbrengen. Heb je dat allemaal?'

'Genoteerd.'

Lovell liet de uitrustingslijst aan Haise zien en de twee mannen begonnen de spullen bij elkaar te zoeken die de Capcom zojuist had doorgegeven. Haise opende een van de opbergkasten en haalde de twee fotocamera's te voorschijn, die hij vervolgens achter zich aan liet zweven; Lovell opende een andere en haalde de zuurstofslangen eruit om ze vlak bij hem in de buurt in de lucht te laten kronkelen. Haise opende een derde, zag toen iets vreemds en stopte met datgene waarmee hij bezig was. Boven op elkaar gestapeld in een ander compartiment bevonden zich de *personal preference-kits* (PPK's) van de astronauten, verpakt in van speciale Betacloth vervaardigde zakken, waarin elk bemanningslid een paar herinneringen of talismannen had mogen stoppen, zaken die niets bijdroegen tot het technisch welslagen van de missie, maar gevoelsmatig een hoop voor de mannen betekenden. Sommige astronauten hadden een emotioneel geladen sieraad bij zich; anderen namen een munt of een vlaggetje mee; Lovell zelf had een kleine gouden broche bij zich met het in diamanten uitgevoerde getal '13', die hij voor de missie had laten maken en van plan was om na zijn terugkeer aan Marilyn te geven.

Toen Fred Haise naar zijn eigen PPK keek, zag hij dat er een dichtgeplakte envelop op bevestigd zat waarop de woorden 'Voor Fred' geschreven stonden. Hij herkende het handschrift onmiddellijk. Haise keek om zich heen om te zien of zijn commandant niet keek, haalde de envelop te voorschijn en scheurde hem open. Direct nadat hij dat had gedaan kwam er een aantal foto's uit gegleden. De eerste die hij zag was van zijn vrouw Mary; de tweede was van zijn oudste zoon Fred; de derde was van zijn andere zoon, Stephen, en zijn dochter Margaret. Haise plukte de zwevende gezichten snel uit de lucht en keek in de envelop. Erin zat een velletje papier dat met hetzelfde nette handschrift was beschreven.

Lieve Fred, stond er. *Op het tijdstip dat je dit leest zul je al op de maan zijn geland, en ben je hopelijk alweer op weg naar de aarde. Dit is om je te laten weten hoeveel we van je houden, hoe trots we op je zijn en hoezeer we je missen. Kom snel naar huis! Veel liefs, Mary.*

Haise las het briefje, vouwde het toen snel op, stopte het samen met de foto's terug in de envelop en borg hem op in zijn overall.

'Van Mary?' vroeg Lovell kalm over zijn schouder. Haise keek geschrokken op.

'Hm-mmm,' zei hij. 'Ze moet die hebben meegegeven aan degene die vorige week de PPK's heeft opgeborgen.'

'Leuk,' zei Lovell met een veelbetekenende glimlach. Iets eerder had hij tussen zijn eigen spullen een brief van Marilyn aangetroffen.

'Hm-mmm.'

Als bij wederzijdse, onuitgesproken afspraak zeiden de twee mannen niets meer over het briefje en zochten zwijgend de laatste uitrustingsstukken bij elkaar. Hoewel Lovell onmogelijk kon weten wat er door het hoofd van Haise speelde, vermoedde hij dat het hetzelfde was als waar hij mee bezig was. Deze missie, concludeerde hij plotseling geërgerd, kreeg plotseling iets heel belegens. Hij had genoeg van al die schrijnende verwijzingen naar de maanlanding die nooit plaats zou vinden: de terugblikken op de steeds kleiner wordende Fra Mauro, de verlangende blikken naar zijn ongebruikte ruimtepak, de treurige blikken naar zijn nutteloze checklist voor de maanlanding. Als die landing op de maan waar hij en Haise zo lang voor getraind hadden geen doorgang zou vinden, oké; maar dan werd het nu tijd om de spullen op te ruimen, naar een hogere versnelling over te schakelen en de rest van deze rampzalige reis zo snel mogelijk achter zich te laten.

'Freddo,' zei hij, 'wat zou je ervan zeggen als we deze spullen eens inpakten, de grond oproepen en kijken hoe ver ze zijn met die verdomde re-entry-checklist?'

'Hier is Apollo Control om 119 uur, 17 minuten grond-verstreken tijd,' zei Terry White direct na lunchtijd in zijn microfoon van de Public Affairs-console. 'Het ruimteschip is momenteel zo'n 207.839 kilometer van de aarde verwijderd. De snelheid neemt nog steeds toe en bedraagt nu 6898 kilometer per uur. Wij houden thans rekening met een re-entry-tijd van 142 uur, 40 minuten en 42 seconden, wat nog 23 uur en 22 minuten vanaf nu is. Een koerscorrectie-burn van iets minder dan zestig centimeter per seconde zal waarschijnlijk zo'n vijf uur vóór de re-entry worden uitgevoerd.

Vanmiddag om drie uur zal Neil Armstrong, commandant van de Apollo 11, in de grote gehoorzaal van Mission Control een persconferentie geven waar de verschillende technische aspecten van de Apollo 13 besproken zullen worden. Verder heeft de voorzitter van de Kamer van Koophandel van Chicago de volgende boodschap naar Mission Control gestuurd: "Vanochtend om elf uur heeft de Kamer van Koophandel van Chicago de handel ter beurze een ogenblik stilgelegd als eerbetoon aan de moed en dapperheid van onze astronauten, en doet het geheel vergezeld gaan met onze gebeden voor hun veilige terugkeer naar de aarde". Dit is Apollo Control.'

Chuck Deiterich stond voor het schoolbord dat in de personeels-ondersteuningsruimte vlak naast Mission Control stond opgesteld. Overal waar hij keek zag hij FIDO's, RETRO's of GUIDO's. Daar had je Jerry Bostick, Bobby Spencer, Dave Reed en de anderen, stuk voor stuk getraind in de zwarte kunst van het sturen van een ruimteschip door een leegte van 450.000 kilometer, om het vervolgens ook weer veilig thuis te brengen. Een EECOM, INCO of TELMU die per ongeluk deze ruimte binnenstapte zou nauwelijks een woord begrijpen van de taal die hier werd gesproken, maar de RETRO's, FIDO's en GUIDO's spraken die taal vloeiend.

Tijdens de afgelopen vierentwintig uur had Deiterich het enorme geluk gehad om met deze raad van navigatie-oudsten te kunnen werken, en hij hoopte dat hij ook vanmiddag nog een beetje geluk zou hebben. Terwijl Bostick, Reed en Bill Peters het druk hadden gehad met proberen te ontdekken waarom de baan van de Apollo 13 steeds verder afvlakte, en of het misschien mogelijk was om de maanlander in een oceaan terecht te laten komen die diep genoeg was naar de zin van de Commissie voor Atoomenergie, was Deiterich zelf met heel andere problemen bezig geweest.

De belangrijkste kwestie op dat ogenblik was hoe de bemanning veilig hun gedeactiveerde servicemodule en hun nog steeds functionerende LEM kon afstoten wanneer de tijd gekomen was om de conisch gevormde commandomodule in de juiste stand te brengen voor een re-entry in de atmosfeer. Als de missie van de Apollo 13 volgens plan verlopen was, dan hadden de stuurraketten van de servicemodule het merendeel van dit werk kunnen doen; die zouden Odyssey op veilige afstand van Aquarius hebben gebracht wanneer de maanlander ontkoppeld werd om vervolgens in een baan rond de maan terecht te komen, terwijl ze er ook voor hadden moeten zorgen dat de servicemodule uit de buurt van de commandomodule werd gehouden wanneer de tijd daar was om het hitteschild zichtbaar te maken en aan de re-entry te beginnen. Maar de missie was al lang geleden opgehouden volgens plan te verlopen, en de stuurraketten die die manoeuvres hadden moeten uitvoeren functioneerden allang niet meer.

Deiterich en zijn collega's waren met enkele elegante oplossingen gekomen. Als het moment was aangebroken dat de servicemodule afgestoten diende te worden, besloten ze, moesten Jim Lovell en Fred Haise in de LEM blijven, terwijl Jack Swigert snel de commandomodule binnen zou moeten gaan. Enkele ogenblikken vóór het loskoppelen zou Lovell de stuurraketten van de LEM heel even tot ontbranding brengen, waardoor het geheel een stukje naar voren zou schieten. Swigert zou vervolgens op de knop drukken waarmee de explosieve bouten van de servicemodule werden geactiveerd, waardoor dit enorm grote, nutteloze deel van het ruimteschip los zou komen te zitten. Zodra dat het geval zou zijn, zou Lovell zijn stuurraketten nòg een keertje tot ontbranding brengen, maar nu in tegenovergestelde richting, waardoor de LEM en de daaraan gekoppelde commandomodule – met Swigert aan boord – zich van de servicemodule zouden verwijderen.

Gemakkelijker, maar niet minder elegant, was de procedure voor het afstoten van de LEM. Vóór een maanlander tijdens een normale missie werd losgekoppeld, zouden de astronauten de luiken sluiten van zowel de maanlander zelf als die aan boord van de commandomodule, waardoor de tunnel vanuit beide cockpits niet meer te gebruiken was. De commandant zou vervolgens een ventiel in de tunnel opendraaien, waardoor de heersende atmosfeer in de ruimte zou verdwijnen en de druk tot bijna vacuüm zou dalen. Dit maakte het mogelijk dat beide ruimteschepen zich van elkaar losmaakten zonder dat een eruptie van lucht hen ongecontroleerd uit elkaar zou doen drijven.

Tijdens de vlucht van de Apollo 10 – het vorig voorjaar – hadden de controllers geëxperimenteerd met het idee de tunnel gedeeltelijk onder druk te houden, zodat wanneer de klampen waarmee de voertuigen aan elkaar bevestigd zaten werden ontkoppeld, de LEM als het ware los zou schieten van het moederschip, maar langzamer, meer gecontroleerd dan het geval zou zijn wanneer de doorgang tussen de twee ruimteschepen volledig onder druk zou staan. Deze methode, hadden de controllers bedacht, zou handig zijn wanneer een servicemodule op een gegeven moment niet meer over zijn stuurraketten zou kunnen beschikken. Nu, een jaar later, was precies dàt met een servicemodule gebeurd, en de mensen van vluchtdynamica waren blij dat ze die manoeuvre hadden laten opnemen in het speciale vluchtplan voor noodsituaties. Gisteren was de procedure aan Jack Lousma uitgelegd, en de Capcom had hem trots aan Lovell doorgegeven.

'Als we de LEM afstoten,' had hij gezegd, 'gaan we dat doen als destijds bij de Apollo 10 – je hoeft de schoonheid alleen maar los te laten.'

Lovell had als reactie een aanzienlijk sceptischer 'oké' laten horen.

Nu, halverwege de donderdagmiddag, moest Deiterich nog één nieuwe procedure aan zijn mede-FIDO's, -GUIDO's en -RETRO's uitleggen. Deze behelsde het geleidingssysteem van de Apollo 13. Voor de commandomodule in de atmosfeer kon terugkeren, zou het geleidingssysteem gereactiveerd moeten worden, en daarna – met het met behulp van de telescoop bepalen van de positie van de zon en de maan – opnieuw opgelijnd. Het zou weleens een erg moeilijke klus kunnen worden, en zou waarschijnlijk nòg moeilijker worden gemaakt door de condens die nu in de optische instrumenten van het ruimteschip sijpelde. Desondanks hadden Deiterich en de andere vluchtdynamica-deskundigen er het volste vertrouwen in dat de bemanning dat zonder veel moeite voor elkaar zou krijgen.

En om daar zeker van te zijn, zou het oplijnen, nadat dat was gebeurd, gecontroleerd moeten worden. De gebruikelijke methode hiertoe vereiste dat de piloot van de commandomodule naar de horizon van de aarde keek terwijl die langs zijn raampje gleed. Als de oplijning van het ruimteschip klopte, zou de boog van de planeet op specifieke tijdstippen specifieke streepjes passeren die in de raamstijl waren geëtst. Zolang de planeet zich bewoog als gepland, kon de computer de re-entry regelen. Was dat niet het geval, dan zou de bemanning weten dat het navigatieplatform iets gedraaid lag en dat de man in de stoel van de commandant de re-entry misschien wel zou moeten overnemen, om het ruimteschip met de hand naar de splash-down te leiden. Het probleem bij de Apollo 13 was alleen, dat er vlak voor de re-entry helemaal geen horizon was om zich op te richten. De haastige route die het ruimteschip naar huis volgde, maakte dat Odyssey de aarde van de nachtkant naderde, wat betekende dat tijdens de kritische momenten vlak voor de re-entry onder hen, op de plaats waar de planeet zich zou moeten bevinden, alleen maar een vage, donkere massa te zien zou zijn.

Maar Chuck Deiterich, de RETRO van het Gouden Team, had een idee. 'Jongens,' zei hij tegen de andere vluchtdynamica-mannen in de personeels-ondersteuningsruimte, 'morgen, zo rond lunchtijd, hebben we een probleem – om preciezer te zijn, we moeten dan onze positie zien te controleren tegen een horizon die er niet is.'

Hij draaide zich om naar het schoolbord en tekende een boog die de rand van de aarde moest voorstellen. 'Goed, de aarde mag dan onzichtbaar zijn, de sterren zullen altijd te zien blijven' – hij tikte met zijn krijtje een paar keer op het bord boven zijn horizon – 'maar gezien de snelheid van het ruimteschip zouden we weleens geen tijd kunnen hebben vast te stellen wèlke sterren we zien.' Hij elimineerde zijn sterren met een zwiep van zijn wisser.

'Wat we daar natuurlijk óók hebben,' zei Deiterich, 'is de maan.' Hij tekende een keurig maantje boven zijn onregelmatige aarde. 'Terwijl het ruimteschip zich in een flauwe bocht richting aarde begeeft en steeds dichter de atmosfeer nadert, wekt de maan de indruk onder te gaan.' Deiterich tekende een andere maan, vlak onder zijn eerste, en toen nog een en nog een en nog een, steeds verder in de richting van de krijthorizon, totdat de laatste er gedeeltelijk achter verdween.

'Op een gegeven moment,' zei hij, 'zal de maan achter de aarde ondergaan en verdwijnen. Ze zal op hetzelfde tijdstip verdwijnen, of het beneden nu dag of nacht is, of we die horizon nu kunnen zien of niet.' De RETRO zette een hoek van zijn wisser op het bord en wiste de lange kromme die de horizon voor moest stellen, maar liet alle manen staan. Hij wees naar de ene maan die voor de helft aan het gezicht werd onttrokken door de horizon die hij zojuist had laten verdwijnen.

'Als we de exacte seconde weten waarop de maan zou moeten verdwijnen, en als onze commandomodulepiloot ons bevestigt dat ze inderdááád is verdwenen, dan, heren, weten we dat onze re-entry-positie precies klopt.'

Deiterich legde het krijtje en de wisser op de plank onder het schoolbord neer, draaide zich om naar zijn publiek en wachtte tot er vragen zouden komen. Maar die kwamen niet. De RETRO van het Gouden Team was niet onbescheiden, maar hij wist een goed idee altijd op waarde te schatten, en dat gold, vermoedde hij, ook voor de andere mannen in het zaaltje.

Het was al langer dan een dag geleden dat de bemanning van de Apollo 13 voor het laatst door de raampjes van hun commandomodule naar buiten had kunnen kijken. Uiteraard was sinds maandag hun uitzicht enigszins bemoeilijkt, want het voortdurende transpireren van de astronauten zorgde ervoor dat er vocht in de lucht kwam, en gecombineerd met de lage temperatuur die in het ruimteschip heerste, veroorzaakte dat een dunne laag condens op de twee driehoekige raampjes die voor een helder zicht op de ruimte zouden moeten zorgen. Maar het overgrote deel van die periode had de commandomodule daar geen last van gehad, voornamelijk omdat de astronauten het merendeel van hun tijd – en dus ook het merendeel van hun in- en uitademen – beneden in Aquarius hadden doorgebracht.

Nu, terwijl de Apollo 13 aan zijn laatste avond in de ruimte begon, was de temperatuur in de commandomodule nog verder gezakt dan op welk ander moment tijdens de trip dan ook, en het water in zelfs de aanzienlijk drogere lucht had zichzelf eindelijk zichtbaar gemaakt. De bemanning constateerde geschrokken dat er aan elk venster, elke wand en elk instrumentenpaneel in de klamme cockpit onder grote druppels water kleefden. Met nul g konden de druppels niet vallen, maar in een toestand waar zwaartekracht heerste zou dat zeker wèl het geval zijn, en als Odyssey op aarde had gestaan dan zou zich aan boord al snel de spookachtige *plink-plink*-ambiance van een druipsteengrond hebben ontwikkeld.

Voor Jim Lovell beduidde dit dat er moeilijkheden op komst waren. Als de vensters, wanden en de voorkant van het instrumentenpaneel al drijfnat waren, dan kon je ervan uitgaan dat het aan de achterkant van het instrumentenpaneel, met zijn bedrading, lampjes en gesoldeerde verbindingen, ook drijfnat was. Technici van North American Rockwell hadden weliswaar de moeite genomen de vele miljoenen elektrische verbindingen die in het ruimteschip zaten waterdicht te maken, maar de beschermende laag was alleen maar bestand tegen het vocht van normale cabinelucht. Niemand had er ooit aan gedacht dat het weleens noodzakelijk zou kunnen zijn de elektronica tegen echte water*druppels* te beschermen. Als het ruimteschip morgen weer werd geactiveerd en er opnieuw elektrische stroom naar de instrumenten zou vloeien, was de kans niet ondenkbaar dat één enkel draadje met een poreuze sealing zó'n sluiting zou veroorzaken dat het hele systeem onbruikbaar werd.

Terwijl in de iets warmere LEM het etensuurtje aanbrak en voorbijging, probeerde Lovell een zakje koude soep naar binnen te werken, om het even later voor gezien te houden en zich af te zetten in de richting van de commandomodule om de status van zijn ruimteschip te inspecteren.

'Wat ga je doen?' vroeg Haise, die naar Lovells mening er vandaag een stuk koortsiger uitzag – en klonk – dan gisteren het geval was geweest.

'De condensatie boven opnemen,' zei Lovell.

'Ik ga met je mee,' bood Haise aan.

'Waarom blijf jij niet hier. Je ziet er belabberd uit, Freddo, en het is ijskoud boven.'

'Ik voel me prima,' reageerde Haise.

Lovell sprong de tunnel in, gevolgd door Haise, en de twee mannen zweefden rechtstreeks naar het linkerraam van de commandant, het venster waardoor Lovell tweeënzeventig uur geleden voor het eerst het lozen had gezien. Nu was er door het drijfnatte paneel helemaal niets te zien, en terwijl Lovell er een vinger langs haalde, maakten zich een paar druppels los van het glas en begonnen vrijelijk door de lucht te zweven.

'Wat een troep is dit,' zei hij hoofdschuddend.

'Een troep,' herhaalde Haise.

'Nou, waarschijnlijk weten we pas iets als we de hele boel onder spanning zetten.'

'En we activeren de boel niet eerder voor ze ons de checklist hebben doorgegeven.'

Direct nadat Lovell en Haise klaar waren met het overbrengen van hun spullen van Aquarius naar Odyssey, had Lovell er bij Houston op aangedrongen op de proppen te komen met de lijst waar John Aaron en Arnie Aldrich al zo lang mee bezig waren. Het voorlezen, wisten ze, kon soms wel uren duren, en de lijst moest voluit door Swigert worden opgeschreven en vervolgens weer helemaal worden teruggelezen om er zeker van te zijn dat hij het goed had gedaan. En dan gingen ze ervan uit dat er niet alsnog technische onvolkomenheden in de lijst werden ontdekt. Als er zich onverhoopt tòch een probleem mocht aandienen en Aldrich en Aaron zouden naar kamer 210 terug moeten keren, wie wist dan hoeveel langer alles nog zou kunnen duren? De eerste keer dat de commandant aan de Capcom van dienst – Joe Kerwin was dat toen – had gevraagd hoe het stond met de lijst, had deze een ontwijkend antwoord gegeven.

'Die bestaat,' zei Kerwin.

'"Die bestaat"?' had Lovell onhoorbaar tegen Haise gezegd, om vervolgens via de radio aan de grond te melden: 'Oké, da's goed.'

De laatste keer dat Lovell had geïnformeerd – de nieuwe Capcom, Vance Brand deze keer, eraan herinnerend dat het vandaag donderdag was, en morgen vrijdag, en dat de splash-down op vrijdagmiddag zou plaatsvinden – had Brand geprobeerd Lovells ergernis weg te nemen door met een beminnelijk lachje mede te delen: 'We zijn er bijna mee klaar. Zaterdag heb je hem, op z'n laatst zondag.' De commandant was niet bepaald geamuseerd.

Nu, om halfzeven op donderdagavond, achttien uur vóór de splashdown, had Lovell er genoeg van. Terugzwemmend door de tunnel en met Haise achter zich aan, riep hij naar Swigert: 'Hé, Jack, wil jij wat doen?'

'Zie ik eruit alsof ik het druk heb?' reageerde Swigert.

'Laten we die knapen op de grond dan eens oproepen en ervoor zorgen dat ze die procedures omhoog sturen. Ik ben al dat wachten zat.' Lovell drukte op zijn microfoonschakelaar.

'Houston, Aquarius.'

'Zeg het maar, Jim,' antwoordde Brand.

'Ik herinner je er nog maar eens een keertje aan dat ik zit te wachten op die *power-up*-procedures waarmee jullie nog steeds bezig zijn, dan kan ik ze eindelijk eens met mijn bemanning doornemen, zodat we er zeker van zijn dat er geen vergissingen worden gemaakt.'

'Jim, we staan echt op het punt ze aan je door te geven,' antwoordde Brand.

'Oké...' Lovell klonk duidelijk geïrriteerd.

'We hebben hem bijna voor ons liggen.'

'Oké...'

'We zouden hem moeten hebben zo... binnen het uur.'

'Daar wachten we dan maar op,' zei Lovell en meldde zich af met een luide klik van zijn microfoonschakelaar.

Hoewel hij Brands belofte nauwelijks serieus nam – en Brand dat zelf waarschijnlijk ook niet deed – bleek de Capcom zonder het zelf te weten tòch de waarheid te hebben gesproken. Bijna direct nadat Lovell zich door middel van zijn microfoonschakelaar had afgemeld, gingen de deuren achter in Mission Control open en verschenen Aaron, Aldrich en Gene Kranz. Met uitzondering van het uur vóór en het uur na de PC+2-burn van dinsdagavond, had niemand deze drie mannen sinds de explosie van maandag meer in Mission Control gezien, en toen ze de zaal binnenkwamen, konden de mannen achter de consoles toch niet laten zich even om te draaien en een snelle eerbiedige blik op het drietal te werpen.

Aaron, zagen ze, had een dikke stapel papier bij zich. Uit de manier waarop hij die beschermend tegen zich aandrukte en Aldrich en Kranz links en rechts van hem lopend een soort wig vormden, kon duidelijk worden opgemaakt dat het de *power-up*-checklist was die de EECOM daar bij zich had. De drie mannen daalden de twee rijen consoles af, stopten bij de Capcom-console en verzamelden zich even rond Brand. Aaron overhandigde Brand zo te zien één exemplaar van de checklist, draaide zich toen weer naar Kranz om en gaf hem er ook een, en wendde zich ten slotte naar Aldrich, die een derde exemplaar kreeg uitgereikt. De vierde en laatste hield hij voor zichzelf. Brand draaide zich met een blij gezicht naar zijn console om, en de controllers hoorden hem op de lucht/grond-verbinding het ruimteschip oproepen.

'Houston, Aquarius.'

'Zeg het maar, Houston,' antwoordde Lovell.
'Oké, we zíjn klaar om je het eerste deel van de checklist voor te lezen.'
'Goed, Vance. Ik geef je Jack, dus wacht heel even.'

In het ruimteschip gebaarde Lovell naar Swigert dat hij zijn koptelefoon moest opzetten, verzamelde twee, drie niet meer te gebruiken exemplaren van het vluchtplan en overhandigde deze samen met een pen aan zijn commandomodulepiloot. 'Het is jóuw beurt, Jack, en je zult deze nodig hebben.' Swigert nam de pen en het papier aan, verschoof zijn koptelefoon en de bijbehorende microfoon nog iets en maakte zich gereed zich te melden.

Terwijl Brand op de stem van Swigert wachtte haastten zich plotseling nog wat mensen naar de console van de Capcom. Gerry Griffin en Glynn Lunney, flight-directors van het Gouden en het Zwarte Team kwamen achter hun console vandaan, terwijl Sy Liebergot zijn EECOM-plaats verliet.

'Oké, Vance,' zei Swigert nu via de lucht/grond-verbinding. 'Ik ben klaar om te noteren.'

'Oké, Jack,' zei Brand, 'maar we moeten je opnieuw vragen nog even een minuutje te wachten. We willen dat de flight-directors en de EECOM ook een exemplaar van de checklist voor zich hebben liggen, en dat heeft nog even tijd nodig.'

'Roger, Houston,' zei Swigert, wiens stem nu een even geïrriteerde ondertoon had als die van Lovell.

Aaron pakte de hoorn op van de telefoon die op de console van de Capcom stond en belde om extra kopieën, en twee volle minuten was het stil op de lijn, terwijl de mannen bij de Capcom-console heen en weer liepen, de bemanning in het ruimteschip afwachtten en de mensen in Mission Control af en toe een blik naar de achterkant van de zaal wierpen om te kijken of de kopieën nog niet arriveerden. Kranz, die duidelijk ongeduldig was, gebaarde naar Brand dat hij moest blijven praten.

'Zeg, Jack,' zei de Capcom tegen Swigert. 'Hoe gaat het eigenlijk met het water in de commandomodule? Hebben jullie nog zakken over?'

'Negatief. Ik ben naar boven gegaan en heb geprobeerd de drinkwatertank weer onder druk te zetten, maar er kwam niets uit.'

'Ah,' zei Brand. 'We begrepen dat er niets meer in de tank zat, maar we vroegen ons af of er nog zakken over waren.'

'Nee.'

'Oké.'

Terwijl Brand zijn hersenen pijnigde op zoek naar een andere openingszin, vloog aan de achterkant van Mission Control de deur open. De mannen bij de Capcom-console, in de verwachting een technicus met een stapel geniete vluchtplannen binnen te zien hollen, lieten echter een zacht gekreun horen toen in plaats daarvan een stuk of zes flight-controllers, allemaal van het Witte/Tiger Team, rechtstreeks naar de console van de verbindingsman liepen. Net als Kranz, Aaron en Aldrich wilden al deze mannen aanwezig zijn als hun meesterwerk richting ruimteschip werd voorgelezen, en ze wensten ongetwijfeld hun eigen stapeltje kopieën.

'Jack, we moeten je waarschijnlijk nog eens vijf minuten laten wachten. Er zijn nog wat mensen gearriveerd die mee willen luisteren. Er zijn erg veel mensen betrokken geweest bij het opstellen van deze procedure, en enkelen van hen hebben bepaalde onderdelen uitgetest, dus we willen ze graag allemaal bij de hand hebben als we jullie de rest geven.'

Brand wachtte op antwoord, maar het enige dat hij kreeg was een stilte van vijf kille seconden. Plotseling mengde zich een nieuwe stem op de lucht/grond-verbinding. Die behoorde toe aan Deke Slayton, en Brand was er blij mee. Als astronaut – hoewel eentje die nog nooit de ruimte in was geweest – herkende Brand de bijna muitende ondertoon die vanuit het ruimteschip te horen was, en hij wist dat hij maar weinig gezag bij de bemanning had. Als chef-astronaut – hoewel een chef-astronaut die ook nog nooit de ruimte in was geweest – had Slayton aanzienlijk meer autoriteit.

'Hoe is de temperatuur daar, Jack?' vroeg Slayton bijna nonchalant. 'Moeten jullie daar hout hakken om warm te blijven?'

Swigerts toon veranderde onmiddellijk. 'Deke, het is momenteel, denk ik, een graad of tien in de LEM,' antwoordde hij met hernieuwe opgewektheid, 'en in de commandomodule iets lager.'

'Een mooie herfstdag, hè?'

'Absoluut. En voor de goede orde, de commandomodule is opgeruimd volgens jouw checklist, met uitzondering van de Hasselblads, die we zullen gebruiken om foto's van de servicemodule te maken als we hem afstoten.'

'Roger. Dat heb ik begrepen, Jack.'

'De LEM is ook redelijk aan kant, met uitzondering van een paar dingen die we nog hier naar toe moeten halen.'

'Roger. Dat heb ik ook begerepen.'

Slaytons aanwezigheid op de lijn bracht net voldoende verandering in Swigerts humeur teweeg als de chef-astronaut had gehoopt. Maar deze astronaut die momenteel met zijn eerste reis bezig was, was slechts de plaatsvervangend commandant aan boord van de Apollo 13. De man die het commando voerde was Lovell, een veteraan met drie andere ruimtereizen op zijn conto, en hij was heel wat minder gemakkelijk te sussen door de stem van Deke Slayton.

'Luister eens, Vance,' zei de commandant kortaf, aan Slayton voorbijgaand en rechtstreeks het woord richtend, zoals het protocol vereiste, tot de man die verantwoordelijk was voor de verbinding met zijn ruimteschip, 'je moet je wel realiseren dat we hier een werk/rust-cyclus proberen op te bouwen. We kunnen niet blíjven wachten tot jullie die procedures eindelijk eens gaan voorlezen. We moeten die hier zien te krijgen, dan moeten we de boel nog doornemen, terwijl onze mensen ook nog eens hun slaap moeten krijgen. Ik zou het prettig vinden als je dat allemaal goed tot je door laat dringen en probeer die checklist zo snel mogelijk hiernaar toe te krijgen.'

Viereneenhalve minuut lang werd er nagenoeg geen woord tussen het ruimteschip en de grond gewisseld. Toen vloog de deur aan de achterzijde van Mission Control opnieuw open en arriveerde er een medewerker met een dikke stapel checklists. Vanaf halfacht Houston-tijd tot net na kwart over negen werd de eindeloos lange lijst aan het ruimteschip voorgelezen en zorgvuldig door Swigert genoteerd. Eindelijk, vijftien uur voor de geplande splash-down, en net twaalf uur voor de power-up zou moeten beginnen, werd het laatste commando doorgegeven en kon Swigert zijn boek dichtslaan en zijn pen opbergen.

'Oké, Jack,' zei de Capcom. 'Het mag je misschien verbazen, maar zo te zien hebben we hier alle onvolkomenheden weg kunnen werken.'

'Goed,' zei Swigert. 'Als we nog vragen hebben dan nemen we wel contact met jullie op.'

'Oké. We hebben van alles simulaties uitgevoerd, dus we denken dat er zich geen verrassingen meer kunnen voordoen.'

'Dat hoop ik dan maar,' zei Swigert, 'want morgen is het eindexamentijd.'

Het gelach begon aan één kant van de maanmodule-controleruimte in de Grumman-fabriek in Bethpage, en verspreidde zich geleidelijk naar de andere kant. Tom Kelly, die achter zijn console had gezeten sinds hij en Howard Wright in de vroege uurtjes van dinsdagochtend vanuit Boston waren komen vliegen, was in de drie dagen dat hij hier nu was maar met weinig vrolijkheid geconfronteerd geweest, en hij had geen flauw idee waardoor deze hilariteit veroorzaakt werd. Hij merkte dat een paar consoles verderop een velletje geel papier van hand tot hand ging, dat elke controller het zorgvuldig doornam om vervolgens in lachen uit te barsten.

Kelly wachtte tot het velletje zijn console bereikte. Hij liet zijn blik er snel over glijden, wist onmiddellijk wat het was en las met een mengeling van verrassing en plezier verder.

Het dunne gele velletje dat Kelly nu in zijn handen hield was een kopie van een rekening zoals Grumman die gewoonlijk aan een ander bedrijf stuurde wanneer er onderdelen of diensten waren geleverd. In dit geval was het een rekening aan North American Rockwell, de maker van de commandomodule Odyssey.

Op de bovenste regel van de rekening, onder het kopje 'Beschrijving van de geleverde diensten', had iemand getypt: 'Verrichte sleepdiensten: $4,-- voor de eerste mijl, elke volgende mijl $1,--. Totaalbedrag: $400.001,--'. Op de tweede regel stond: 'Onderweg opladen accu. Gebruik gemaakt van accuklemmen van klant. Totaal: $4,05'. Op de derde regel stond de omschrijving: 'Zuurstof: $10,-- per pound. Totaal: $500,--'. En op de vierde regel stond: 'Overnachtingen voor twee personen, geen televisie, airconditioning, met radio. Gemodificeerd Amerikaans, met uitzicht. Reeds betaald. (Additionele gast in kamer à $8,-/nacht.)'

De regels daaronder betroffen incidentele bedragen voor drinkwater, bagagekosten en fooien, en het geheel – onder aftrek van twintig procent overheidskorting – kwam uit op $312.421,24.

Kelly keek naar de controller die hem het velletje had gegeven, liet zijn blik vervolgens weer naar het velletje glijden en moest onwillekeurig glimlachen. De mannen van Grumman zouden het prachtig vinden deze rekening echt te versturen, en de mannen van Rockwell zouden zich dood ergeren als ze haar ontvingen. Alleen dáárom al vermoedde Kelly dat iemand dit epistel daadwerkelijk in een envelop zou stoppen om het naar Downey, Californië, te versturen.

Hij ging ervan uit dat er niets verkeerds aan was om eens van de gelegenheid gebruik te maken om een lange neus te maken naar de jongens van Rockwell – vooropgesteld dat het ruim na de splash-down gebeurde. Het velletje dat momenteel bij Grumman zo'n gelach veroorzaakte was natuurlijk best grappig, maar het zou een stuk minder grappig worden als er tussen nu en de landing alsnog iets verkeerd ging met hetzij Rockwells Odyssey, hetzij Grummans Aquarius. Kelly stond op het punt het velletje door te geven, maar vóór hij dat deed, wierp hij er nog een laatste blik op. Deze keer zag hij een regel tekst staan, bijna helemaal onder aan het velletje, die hij nog niet eerder had opgemerkt.

'Maanmodule dient vóór twaalf uur vrijdagmiddag ontruimd te zijn,' stond er. 'Onderkomen na die tijd niet meer gegarandeerd'.

Kelly was een van de velen die eigenlijk verbaasd waren dat het bizarre 'onderkomen' van de bemanning het zolang nog had uitgehouden.

Jack Swigert zag geen kans het beeld uit zijn hoofd te bannen, en hij werd er bijna gek van. In het nachtmerrie-achtige scenario dat hij maar voor ogen bleef houden bevond hij zich in Odyssey, schakelaars overhalend en de explosieve bouten op scherp zettend als voorbereiding op het afstoten van de servicemodule – precies zoals hij over een paar uur daadwerkelijk zou doen – terwijl beneden in de LEM Lovell en Haise voor hun raampjes balanceerden in de hoop de cilindrische achterkant van Odyssey te zien wanneer die losschoot en aan hen voorbijdreef – precies zoals zíj over een paar uur zouden doen. Swigert zag zichzelf in de middelste zetel zitten, aftellend tot het moment van afstoten, zijn hand in slow-motion, gracieus als in een droom, bewegend naar de schakelaar waarop 'SM JETT' stond aangegeven. Maar in de laatste seconde echter, precies op het moment dat zijn vingers de schakelaar beroerden, vertroebelde zijn beeld of werd hij ergens door afgeleid, en gleed zijn hand een centimeter of wat naar links, in de richting van een andere schakelaar, eentje met 'LEM JETT' erop.

Swigert kon in zijn sombere overpeinzingen duidelijk de doffe *klunk* horen toen de twaalf klemmen die Aquarius op z'n plaats hielden zich openden, direct gevolgd door een lichte trilling toen de maanlander losschoot, en vóelde de tornado van wind toen de 0,38 kilo atmosferische druk in de commandomodule door de tunnel de ruimte in stroomde. Een blik werpend door het nieuw geopende gat, kon Swigert door het dak van de LEM kijken, waar Lovell en Haise, op drift in het ruimteschip dat hun reddingsboot had moeten zijn, geschrokken en verward naar hem omkeken. Het laatste dat Swigert nog kon zien vóór de laatste lucht uit Odyssey de ruimte in stroomde en de laatste lucht aan boord van Aquarius hetzelfde deed, was de snel kleiner wordende maanmodule die op een balletachtige wijze wegdraaide, waarbij de verkreukelde foliehuid nog even het zonlicht opving, om dat vervolgens te weerkaatsen in de richting van de stervende piloot van de commandomodule.

Deze vreselijke fantasie had zich donderdagavond voor het eerst in Swigerts hoofd afgespeeld, misschien wel veroorzaakt door de speelse opmerking van zijn Capcom eerder die dag, toen ze de procedures voor het sluiten en afstoten van de LEM hadden doorgenomen: 'Vergeet niet eerst de commandant naar de commandomodule te halen.' De man aan de console in Houston had erom moeten lachen.

'Roger,' antwoordde de man in het ruimteschip, zonder ook maar een spoortje van een gniffel.

Nu, in de vroege uren van vrijdagochtend, hield Swigert het niet meer uit. Hij klom van de beplating van de stijgmotor, zette zich af richting commandomodule en zocht net zolang tot hij een stukje papier en een strookje zilverkleurige isolatietape had gevonden. Hij haalde zijn pen uit zijn mouwzak, leunde tegen de zijkant en schreef met grote blokletters 'NEE' op het stukje papier en bevestigde dat op de schakelaar van de LEM JETT. Hij tilde het velletje nog even op om er zeker van te zijn dat het inderdaad de LEM JETT-schakelaar was, en níet de SM JETT-schakelaar. Toen controleerde hij het nòg een keertje. Vervolgens riep hij Haise, die door de tunnel zweefde en op Swigerts verzoek nog eens naar het stukje papier keek. Ietwat verbaasd bevestigde Haise dat het velletje papier op de juiste schakelaar geplakt zat.

Nu, terug in de maanmodule, keerde de gemoedsrust weer een beetje bij Swigert terug. Maar door al die opdringerige beelden had hij geen moment rust gehad. Maar op dat punt was hij niet de enige. Want ondanks alle slaapperioden die Houston voor de bemanning had gepland, had niemand echt kunnen slapen. Elke keer dat er een astronaut na drie of vier uur slapen naar de microfoon terugkeerde, vroeg de Capcom hem terloops hoeveel echte slaap hij had kunnen pakken. En bijna elke keer was het antwoord hetzelfde: een uur, misschien iets meer; vaak een heel stuk korter.

Op de tweede rij van Mission Control noteerde de arts de antwoorden die de mannen gaven, en de totalen begonnen hem te verontrusten. Sinds maandagavond had de bemanning gemiddeld niet meer dan drie uur per dag geslapen. Het was nu halfdrie op vrijdagochtend, tien uur voor de splash-down, en Swigert had aan dat gemiddelde niets toe kunnen voegen, en uit het rusteloze gewoel van Lovell en Haise kon worden opgemaakt dat dat ook voor hen gold.

'Fred,' meldde Jack Lousma zich bij de enige astronaut die geacht werd wakker te zijn. 'Slaap je?'

'Zeg het maar,' gromde Haise, die zijn ogen opendeed en zijn koptelefoon iets verschoof.

'Ik heb een paar minuten werk voor jullie, een paar veranderingen in de schakelconfiguraties zoals die op de checklist staan.'

'Oké,' zei Haise, 'ik zal Jack roepen.'

Swigert, die dit hoorde, meldde zich op de lijn. 'Oké, Houston, Aquarius,' zei hij vermoeid.

'Hoe lang heb je gerust, Jack?' vroeg Lousma.
'O, ik dacht een uurtje of twee, drie,' loog Swigert. 'Het was vreselijk koud en erg lekker heb ik niet geslapen.'
'Roger. Zoals de zaken er hier nu uitzien, heb je nog een aantal uren de tijd om het nog eens te proberen vóór je het druk zult krijgen met die laatste koerscorrectie.'
'Nou,' zei Swigert, 'misschien dat we nog een poging wagen, maar het is er echt vreselijk koud.'
Swigert gaf Lovell een zacht duwtje, maar het was helemaal niet nodig om hem wakker te maken.
'Werk aan de winkel.'
'Fijn,' reageerde Lovell.
De drie astronauten vermanden zich en begaven zich traag naar hun posten. Op de grond keken de controllers elkaar zorgelijk aan. Bij de console van Flight Crew Operations brak Deke Slayton op de lijn in.
'Hé, Jim. Nu je toch op bent en het lekker rustig is, geef ik je een paar zaken ter overweging. Eén ding in het bijzonder. Ik weet dat geen van jullie fatsoenlijk heeft geslapen, en misschien dat je hebt overwogen die medicijnendoos te pakken en er een paar Dexedrine-tabletten uit te halen.'
'Nou... daar heb ik nog niet over nagedacht,' zei Lovell. 'Misschien... misschien moeten we dat overwegen.'
'Oké.' Slayton zweeg even. 'Ik wou dat we een manier wisten om een kop hete koffie jullie kant uit te krijgen. Ik neem aan dat zoiets nu best zou smaken, hè?'
'Nou en of. Je hebt geen idee hoe koud dit ding wordt, vooral als hij met een thermische roll bezig is die heel erg traag verloopt. Momenteel staat de zon recht op de uitlaat van de raketmotor van de servicemodule, en ligt de LEM helemaal in de schaduw.'
'Probeer het nog een tijdje uit te houden,' zei Slayton weinig overtuigend. 'Het duurt nu niet lang meer.'
'Niet lang meer', wist Slayton heel goed, was een betrekkelijke term. Aangezien de laatste koerscorrectie pas over vier uur zou plaatsvinden, zou de maanlander de eerstkomende drie uur zeker niet geactiveerd worden, laat staan dat het er warmer zou worden. Drie uur was niet zo gek lang voor de dertig man in de nachtdienst in de volledig van airconditioning voorziene ruimte van Mission Control, maar voor de mannen in de koelbox die Apollo 13 heette was het een eeuwigheid.
Slayton had, net als alle anderen in de zaal, het stroomverbruik van Aquarius sinds afgelopen maandag zorgvuldig gevolgd, en door datgene wat hij zag was hij steeds meer vertrouwen gaan krijgen. Aangezien het ruimteschip niet meer dan twaalf ampères aan zijn accu's onttrok, was er een overschot – een klein overschot weliswaar – aan elektriciteit ontstaan. Slayton brak in op de controllersintercom, riep de console van de flightdirector op en vroeg aan Milt Windler of het misschien mogelijk was om dat beetje extra vermogen te gebruiken om de LEM wat eerder te activeren.

Windler riep Jack Knight op, die achter de TELMU-console zat, en die op zijn beurt contact zocht met zijn ondersteuningsteam. Knights assistenten lieten hem even wachten, voerden snel wat globale ampèreberekeningen uit en kwamen toen met de verlossende woorden: de bemanning kon hun ruimteschip activeren.

'Jack, wat ons betreft kunnen ze aan de power-up beginnen,' meldde het ondersteuningsteam aan de TELMU.

'Flight, als ze willen kunnen ze aan de power-up beginnen,' meldde de TELMU aan Windler.

Windler gaf dat aan Lousma door: 'Capcom, zeg maar dat ze het licht aan kunnen doen.'

'Aquarius, Houston,' meldde Lousma zich.

'Zeg het maar, Houston,' antwoordde Lovell.

'Oké, skipper. We hebben een manier bedacht om jullie weer een beetje warm te krijgen. We hebben besloten nú met de power-up van de LEM te beginnen. Maar alléén de LEM, niet de commandomodule. Dus sla je LEM prep-checklist op en ga naar de dertig-minuten activering. Heb je dat?'

'Eh, ja, dat heb ik,' zei Lovell. 'En weten jullie zeker dat we daar voldoende elektrisch vermogen voor hebben?'

Slayton kwam nu tussenbeide. 'Jim, je hebt vanaf nu voor alles honderd procent marge.'

'Dat klinkt bemoedigend.'

De commandant wendde zich tot zijn medebemanningsleden, gebaarde naar het instrumentenpaneel en geholpen door Haise begon hij een indrukwekkend aantal schakelaars om te zetten, en voltooide de gewoonlijk een half uur durende power-up in net eenentwintig minuten. Zodra de systemen van Aquarius geactiveerd werden, kon de bemanning voelen hoe de temperatuur in de ijskoude cockpit begon te stijgen. En de temperatuur was nog maar nauwelijks aan het stijgen, of Lovell nam een maatregel om er zeker van te zijn dat die nog verder zou klimmen. Hij greep zijn besturingshendel, die het nu weer deed, en liet zijn ruimteschepen een halve koprol beschrijven, zodat het zonlicht, dat tot nu toe nutteloos de romp van de servicemodule had beschenen, dwars over de LEM viel. Bijna onmiddellijk drong er een witgele baan licht het ruimtevaartuig binnen. Lovell draaide er zijn gezicht naar toe, deed zijn ogen dicht en glimlachte.

'Houston, de zon voelt heerlijk,' zei hij. 'Ze schijnt recht naar binnen en het wordt nú al een stuk warmer. Heel hartelijk dank.'

'Als de eenden vliegen is het altijd een stuk warmer in de schuilhut,' merkte de Capcom op.

'Zo is het maar net.' Lovell opende zijn ogen. 'En als ik naar buiten kijk, Jack, dan komt de aarde als een sneltrein aanstuiven. Ik denk niet dat er veel LEM's zijn die de aarde vanuit dit perspectief hebben gezien. Hoewel ik nog steeds op zoek naar Fra Mauro ben.'

'Nou, als dat het geval is,' zei Lousma, 'dan ga je wel de verkeerde kant op, jongen.'

Terwijl op vrijdag de zon opkwam en de straat voor het huis van de Lovells zich opnieuw vulde met verslaggevers en camera's, begon de huiskamer zich opnieuw te vullen met vrienden, astronauten en familieleden. Onder de eersten die arriveerden bevond zich, dank zij een chauffeur van het Friendswood-bejaardenhuis, Blanch Lovell, de moeder van de commandant van de Apollo 13. Ze had haar beste kleren aangetrokken, was opgewekt en keek uit naar de terugkeer van haar zoon – na zijn trip naar de maan – met hetzelfde optimisme dat ze al die anderen keren dat hij een ruimtereis had gemaakt had gevoeld.

Marilyn had haar schoonmoeder nog steeds niet verteld dat er nu wel degelijk een reden was om toch iets anders tegen zijn terugkeer aan te kijken, en de rest van de ochtend zou ze al het mogelijke doen om die blije fictie overeind te houden. Om dit zo gemakkelijk mogelijk te maken, besloot Marilyn dat het beter was om Blanch de berging niet op de televisie in de woonkamer te laten volgen, waar het merendeel van het bezoek zou zitten, maar in de studeerkamer, waar ze ook beschermd zou zijn tegen terloopse opmerkingen die een van de tientallen andere gasten zouden kunnen maken. En wat even verontrustende opmerkingen van televisiepresentatoren betrof, ging Marilyn ervan uit dat er simpelweg iemand bij haar schoonmoeder diende te blijven om haar aandacht af te leiden of de zaken een beetje luchtig uit te leggen wanneer het commentaar van de televisiepresentator te onheilspellend werd. Vóór Blanch arriveerde was die taak nog aan niemand opgedragen, maar toen ze eindelijk door de voordeur werd geholpen, stapten Neil Armstrong en Buzz Aldrin naar voren. Toen de twee astronauten samen met Blanch Lovell voor de televisie in de studeerkamer plaatsnamen, leek er geen gemakkelijke taak voor hen in het verschiet te liggen.

'De Apollo 13 bevindt zich thans op 68.500 kilometer van de aarde en heeft een snelheid van 13.000 kilometer per uur,' zei correspondent Bill Ryan tijdens de openingsminuten van de *Today*-show, 'terwijl de koers zodanig is veranderd dat hij over zes uur in de Grote Oceaan zal landen. Het vliegdekschip *Iwo Jima* bevindt zich daar al in de juiste positie, en het weer, dat de laatste tijd vrij wisselvallig is geweest, kan redelijk worden genoemd.

Het ruimteschip moet nog enkele kritische manoeuvres uitvoeren. Om 8 uur 23 *eastern time* dienen de astronauten hun servicemodule af te stoten, en om 11 uur 53 moet de maanlander worden losgekoppeld – de maanlander die sinds het moment dat er aan boord van de servicemodule geen stroom kon worden opgewekt als reddingsboot heeft gefungeerd. Zoals een astronaut, Alan Bean van de Apollo 12, opmerkte, zal, zodra de maanmodule is afgestoten – ongeveer een uur vóór de splash-down – de re-entry op ongeveer dezelfde wijze plaatsvinden als bij andere missies, en zal dan van een noodsituatie in feite geen sprake meer zijn.'

Zittend voor de televisie krompen Armstrong en Aldrin bij het horen van de woorden 'reddingsboot' en 'noodsituatie' enigszins in elkaar, en wierpen een zorgelijke blik naar de vrouw die tussen hen in zat. Maar als

Blanch Lovell iets had opgevangen dat niet in de haak was, dan liet ze dat niet blijken. Ze draaide zich enigszins om naar de knappe jongelieden die haar flankeerden – beiden astronaut, net als haar zoon, maar ongetwijfeld gewóne astronauten, anders hadden zíj vandaag wel in dat ruimteschip gezeten, en had haar zoon de vlucht op de televisie kunnen volgen – en keek ze glimlachend aan. Armstrong en Aldrin glimlachten terug.

In de woonkamer keek Marilyn Lovell naar dezelfde uitzending, maar reageerde daar heel anders op. Alan Bean, die afgelopen november op de maan had gewandeld, mocht dan wel zèggen dat de komende re-entry dezelfde zou zijn als alle voorgaande, maar Marilyn was ervan overtuigd dat Bean wel beter wist. Geen enkele andere commandomodule had zulke klappen opgelopen als deze, en geen enkele andere bemanning had met zo weinig slaap zoveel moeten improviseren.

Plotseling hoorde Marilyn tumult op het grasveld voor het huis, iets dat op applaus leek. Ze snelde naar het raam en was nog net op tijd om te zien hoe een aantal buren door de dikke haag verslaggevers over het gras kwam aangelopen, met bij zich zo te zien dozen champagne. Marilyn keek naar de dozen en probeerde zich te herinneren hoe vol haar koelkast was. Als ze wat van de casseroles verschoof die ze eerder van dezelfde behulpzame buren had gekregen, en de gasten zouden er nog wat van eten, moest ze in staat zijn om op z'n minst een paar flessen erin kwijt te kunnen. Ze hoopte met heel haar wezen dat de flessen niet al te lang koel hoefden te blijven liggen.

Niemand in Mission Control raakte erg opgewonden toen Jim Lovell zijn stuurraketjes tot ontbranding bracht voor de korte – en naar hij hoopte laatste – noodzakelijke aanpassing om zijn ruimteschip terug naar het midden van de re-entry-corridor te plaatsen. Een korte *burn* van de stuurraketten die de afgelopen vijf dagen vlekkeloos hadden gefunctioneerd was voor de controllers geen voorpaginanieuws, ondanks het feit dat die *burn*, als de bemanning de re-entry wilde overleven, absoluut essentieel was. Praktisch alles wat de mannen achter de consoles vanochtend moesten doen was absoluut essentieel. Kort voor zeven uur 's ochtends Houston-tijd, terwijl de *Today*-show aan zijn tweede uur begon en Lovell zijn stuurraketten succesvol tot ontbranding bracht, was het in Mission Control een drukte van belang. Drie uur eerder had het Bruine Team van Milt Windler – volgens het plan dat Gene Kranz eerder die week had ontwikkeld – de consoles verlaten, en waren voor het eerst sinds de PC+2-burn van dinsdagavond Kranz' mannen weer aangetreden, die zich niet langer meer Tiger Team noemden, maar nu weer gewoon het Witte Team heetten. Het Bruine Team stond zijn stoel onmiddellijk af, hoewel niet één lid van Windlers groep de zaal verliet, maar in de directe omgeving van hun werkplek bleef, of aan de zijkant van de zaal van een kop koffie nipte, terwijl tevens de meeste leden van zowel het Gouden als het Zwarte Team acte de présence gaven. Ze wilden het recentelijk opnieuw samengestelde Witte Team niet voor de voeten lopen, maar geen van allen voelde er veel voor ergens anders dan in deze zaal te zijn. De controllers van het Witte

Team plugden hun koptelefoons in, gingen recht voor hun schermen zitten en togen aan het werk met hun eerste en wellicht lastigste manoeuvre van die dag: het afstoten van de servicemodule.

'Aquarius, Houston,' riep Joe Kerwin hen op van achter zijn Capcomconsole.

'Zeg het maar, Joe,' antwoordde Fred Haise.

'Ik heb posities en hoeken voor de separatie van de servicemodule; als je die zou willen noteren. Je hebt er geen schrijfblok voor nodig of zo, gewoon een oud blanco velletje is voldoende.'

In het ruimteschip bevonden Lovell, Haise en Swigert zich op hun vertrouwde posities, allemaal klaarwakker en zich allemaal redelijk alert voelend. Lovell had besloten toch maar geen Dexedrine-tabletten te gebruiken zoals Slayton gisteravond zijn bemanning had gesuggereerd, in de wetenschap dat de oppepper die het middel teweegbracht slechts van korte duur zou zijn, en dat de erop volgende afknapper er alleen maar voor zou zorgen dat ze zich nog rotter zouden voelen dan nu het geval was. Voorlopig, had de commandant besloten, zouden de astronauten enkel op hun adrenaline moeten zien te functioneren. Haise, die nog steeds rode wangen had van de koorts, had de adrenalinestroom harder nodig dan zijn medebemanningsleden, en op dit moment leek hij die toevoer ook daadwerkelijk te krijgen.

'Zeg het maar, Houston,' zei hij, terwijl hij een stuk papier uit een vluchtplan scheurde en zijn pen te voorschijn haalde.

'Oké, de procedure is als volgt: Om te beginnen dient de LEM in de volgende positie te worden gebracht: roll, 000 graden; stampen, 91,3 graden; gieren, 000 graden.' Haise krabbelde het snel op en antwoordde niet onmiddellijk. 'Wil je dat ik het nog een keer herhaal, Fred?'

'Negatief, Joe.'

'De volgende stap is dat jij of Jim met de vier raketten van de LEM een *burn* geeft van vijftien centimeter per seconde, laat Jack dan de separatie uitvoeren en voer dan een *burn* in tegenovergestelde richting uit, ook weer met diezelfde vijftien centimeter per seconde. Heb je dat?'

'Heb ik. Wanneer wil je dat we dit doen?'

'Over ongeveer dertien minuten vanaf nu. Maar de tijd is niet echt kritisch.'

Lovell kwam tussenbeide. 'Kunnen we het op elk gewenst moment doen?'

'Bevestigend. Je kunt hem afstoten als je er klaar voor bent.'

Nu er toestemming van de grond was om door te gaan, schoot Swigert omhoog de tunnel door naar Odyssey en nam zijn positie in voor de ontkoppelschakelaars op het midden van zijn instrumentenpaneel. Lovell en Haise gingen naar hun vensters. In de buurt van hun vaste posities hadden de drie mannen reeds camera's in de lucht zweven, in de hoop opnamen te kunnen maken van het waarschijnlijk door een explosie beschadigde deel van de servicemodule. Swigert had als voorzorgsmaatregel de vijf raampjes van Odyssey reeds van condens ontdaan, om zo een onbelemmerd uitzicht naar buiten te hebben.

'Houston, Aquarius,' riep Lovell. 'Jack zit nu in de commandomodule.'

'Prima, prima,' zei Kerwin. 'Begin er maar aan zodra je er klaar voor bent.'

'Jack!' schreeuwde de commandant omhoog door de tunnel. 'Ben je klaar?'

'Als jullie klaar zijn, ben ik het ook,' werd er teruggeroepen.

'Goed, ik ga straks aftellen vanaf vijf, en bij nul activeer ik de stuurraketten. Als je beweging voelt, laat je hem los.'

Swigert schreeuwde 'Roger' en reikte met zijn linkerhand naar zijn grote Hasselblad, en plaatste vervolgens de wijsvinger van zijn rechterhand achter de schakelaar van de SM JETT. Zijn papiertje met 'Nee' fladderde links ervan. Lovell, in de LEM, nam de camera in zijn linkerhand, zodat hij de knoppen van de stuurraketten met zijn rechter kon bedienen. Ook Haise pakte zijn fototoestel.

'Vijf,' riep Lovell omhoog naar de tunnel, 'vier, drie, twee, een, nul.'

De commandant schoof zijn hendel iets naar voren en activeerde de stuurraketten, waardoor de twee aan elkaar gekoppelde ruimteschepen in beweging kwamen. In de commandomodule reageerde Swigert onmiddellijk en haalde de servicemoduleschakelaar over.

'Afstoten!' riep hij.

De drie bemanningsleden hoorden een zwakke explosieve *plop* en voelden tegelijkertijd een korte ruk. Lovell haalde de hendel naar zich toe, waardoor een stel stuurraketten werd geactiveerd dat het ruimtevaartuig een duw in tegenovergestelde richting gaf.

'Manoeuvre voltooid,' riep hij.

Lovell, Swigert en Haise bogen zich bij hun afzonderlijke vensters bezorgd naar voren, brachten hun camera's omhoog en lieten hun blik langs hun stukken hemel glijden. Swigert had het ronde luikvenster in het midden van het ruimteschip uitgekozen, maar nu hij er zijn neus tegenaan drukte zag hij... niets. Hij sprong naar links en tuurde door Lovells raampje, maar zag toen dat ook daar niets te zien was. Hij haastte zich vervolgens naar de andere kant van het ruimteschip en klapte tegen Haises patrijspoort, keek voor zover het raampje dat toestond naar buiten en ontdekte dat ook hier niets te zien was.

'Niets, verdomme!' schreeuwde hij door de tunnel. 'Helemaal niets!'

Lovell, die zich bij zijn driehoekig venster bevond, draaide zijn hoofd van de ene naar de andere kant, zag ook niets en keek toen naar Haise, die even zenuwachtig op zoek was, en ook helemaal niets kon zien. Binnensmonds vloekend draaide Lovell zich naar zijn glas om en zag het toen plotseling: in de linkerbovenhoek van de ruit gleed langzaam een gigantische zilveren massa te voorschijn, even geluidloos en soepel en indrukwekkend voorbijschuivend als een slagschip.

Hij opende zijn mond om iets te zeggen, maar er kwam geen geluid uit. De servicemodule gleed pal voor zijn venster langs en vulde dat volledig; terwijl hij zich bijna onmerkbaar iets verwijderde, begon hij even onmerkbaar te draaien, waardoor een van de gebogen, vol klinknagels zittende zijpanelen zichtbaar werd. De module verwijderde zich nog wat verder, draaide nog wat door. En toen, na een volgende seconde, zag Lovell iets waardoor zijn ogen groot werden van verbazing. Precies op het moment dat de gigantische zilverkleurige cilinder door een wel heel erg felle zonnestraal werd getroffen, draaide hij nog een paar graden en werd de plek zichtbaar waar paneel vier zat – of had móeten zitten.

In plaats daarvan was er een wond zichtbaar, een rauwe, gapende wond, die van het ene eind van de servicemodule naar het andere liep. Paneel vier, dat ongeveer een zesde deel uitmaakte van de totale buitenbeplating van het ruimteschip, was ontworpen om als deur te functioneren, een deur die kon worden opengeklapt om technici de gelegenheid te geven het binnenste aan een nader onderzoek te onderwerpen en het geheel tijdens de lancering goed af te sluiten. Nu, leek het wel, was die hele deur verdwenen, losgerukt en weggeslagen van het ruimteschip. Langs de randen van de jaap klapperden nog wat onregelmatige repen Mylar – het gebruikte isolatiemateriaal –, waren traag heen en weer zwaaiende bossen losgerukte bekabeling en kapotte stukken rubber pakking te zien. In de wond bevonden zich de vitale onderdelen van het ruimteschip – de brandstofcellen, de waterstoftanks en het ingewikkelde buizenstelsel dat het een en ander met elkaar verbond. En op het tweede rek binnen het compartiment, waar zuurstoftank twee had moeten zitten, zag Lovell, zeer tot zijn verbijstering, een groot, gapend gat met schroeivlekken langs de randen, en verder absoluut niets.

De commandant greep Haise bij een arm, schudde eraan en wees naar buiten. Haise volgde Lovells vinger, zag wat zijn superieur zag en ook zijn ogen werden groot als schoteltjes. Van achter Lovell en Haise kwam Swigert haastig door de tunnel aangezwommen, zijn Hasselblad in de aanslag.

'En er ontbreekt een hele zijkant aan het ruimteschip!' meldde Lovell aan Houston.

'Waar precies?' zei Kerwin.

'Vlak bij de – hou de boel daar in de gaten, oké? Vlak bij de *high-gain*-antenne. Het hele paneel is weggeslagen, bijna vanaf de onderkant tot aan de motor.'

'Ik heb het gehoord,' zei Kerwin.

'Zo te zien is de straalpijp van de motor ook beschadigd,' zei Haise, terwijl hij Lovells arm beetpakte en naar de grote pijp wees die vanuit de achterzijde van de module naar buiten stak. Lovell zag een lange, bruine brandvlek op de conisch gevormde uitlaat.

'Ik denk dat de uitlaat ook een tik heeft gekregen, hè?' vroeg Kerwin.

'Zo te zien wel. Het ziet er niet te prettig uit allemaal.'

'Oké, Jim,' zei Kerwin. 'We zouden het op prijs stellen als je er wat foto's van maakt, maar we willen wel graag dat je zoveel mogelijk brandstof bespaart. Maak dus geen overbodige manoeuvres.'

Na die melding schudde Lovell zijn hoofd een paar keer en realiseerde zich dat het maken van foto's uiteindelijk een onderdeel van deze trip was, en dat zijn bemanning er tot nu toe niet ééntje had gemaakt – en de door de explosie beschadigde massa verwijderde zich steeds verder van hen. Lovell bewoog zich naar links, greep Swigert bij een arm beet en trok hem mee naar het venster. De piloot van de commandomodule begon onmiddellijk door zijn telelens opname na opname te maken. In het kleine stukje venster dat nog over was maakte Lovell zijn eigen camera klaar en begon toen ook snel foto's te schieten. Aan de rechterkant van het ruimteschip was Haise ook foto's aan het maken. De bemanning volgde de module tot die zich honderden meters van het ruimteschip had verwijderd en niet meer was dan een ronddraaiende ster. Ruim twintig minuten nadat Swigert de SM JETT-schakelaar had overgehaald, maakten de drie bemanningsleden zich van hun vensters los.

'Man,' mompelde Haise tegen niemand in het bijzonder, 'dat was ongelooflijk.'

'Nou, James,' liet Kerwin zich vanaf de aarde horen, 'als jij een ruimteschip niet beter kunt verzorgen dan zó, dan is de kans groot dat we je er nooit meer eentje meegeven.'

'Hier Apollo Control, Houston, om 138 uur 15 minuten in de missie. De Apollo 13 bevindt zich momenteel op 63.600 kilometer van de aarde en heeft een snelheid van 13.356 kilometer per uur. In de bezoekersgalerij van Mission Control is het al een stuk drukker geworden. Momenteel zijn hier al aanwezig dr. Thomas Paine, hoofd van de NASA; de heer George Low, plaatsvervangend hoofd van NASA; Congreslid George Miller uit Californië, voorzitter van de commissie voor ruimtevaart van het Huis van Afgevaardigden; Congreslid Olin Teague uit Texas; en Congreslid Jerry Pettis uit Californië. David Scott en Rusty Schweickart van de Apollo 9 bevinden zich onder de astronauten in de bezoekersgalerij, alsmede Lew Evans, directeur van Grumman. Overbodig te zeggen dat alle vooraanstaande gasten in het vluchtcentrum bijzonder geïnteresseerd waren in de boodschap van de Apollo 13 betreffende de toestand waarin de servicemodule verkeert. De bemanning heeft deze module afgestoten en beide ruimtevaartuigen zijn nu ieder huns weegs gegaan. Hier Apollo Control, Houston.'

Toen de tijd was aangebroken om Odyssey te activeren, had zich rond de EECOM-console een grote groep mensen verzameld. John Aaron was er natuurlijk al sinds vier uur vanochtend, toen het Tiger Team kamer 210 uit was gekomen en weer achter hun consoles was gekropen. Maar terwijl de ochtend voortkroop en tien uur naderde – het moment waarop het ruimteschip minder dan drie uur van de splash-down verwijderd zou zijn – werd de groep mannen bij de EECOM-console op de tweede rij nòg groter. Sy Liebergot kwam als eerste aangelopen, trok een stoel naar zich toe en ging links van Aaron zitten. Clint Burton, de EECOM van het Zwarte Team, was de volgende. Hij had geen stoel nodig en ging achter Aaron staan. Charlie Dumis van het Bruine Team arriveerde en ging achter Liebergot staan. Bij de meeste andere consoles werd de controller van het Witte Team die dienst had door minstens één lid van een ander team gezelschap gehouden, maar alleen bij de EECOM-console waren de controllers van alle teams aanwezig.

'Flight, EECOM,' meldde Aaron zich op de communicatielijn, terwijl hij een blik over zijn schouder wierp naar de trojka van controllers om zich heen.
'Zeg het maar, EECOM,' antwoordde Kranz.
'Klaar voor de power-up als de bemanning dat ook is.'
'Roger, EECOM,' zei Kranz. 'Capcom, Flight.'
'Zeg het maar, Flight,' antwoordde Kerwin.
'EECOM zegt dat de commandomodule op elk gewenst moment geactiveerd kan worden.'
'Roger, Flight,' zei Kerwin. 'Aquarius, Houston.'
'Zeg het maar, Houston,' zei Lovell.
'Jullie kunnen beginnen met het activeren van Odyssey.'
   In de cockpit van Aquarius keek Lovell Swigert aan en gebaarde hem naar de tunnel. In tegenstelling met het voorlezen van de checklist voor de power-up van veertien uur geleden, was het uitvoeren van die lijst een stuk eenvoudiger, en betekende voor de piloot van de commandomodule minder dan een half uur werk.
   Terwijl de eerste schakelaar werd overgehaald, waardoor een energiestroom door de koude bedrading werd gestuurd, zette Lovell zich schrap voor het misselijkmakend gesis en geplop dat erop zou wijzen dat de condens die het instrumentenpaneel had doorweekt inderdaad een onbeschermde schakeling of dito contact had gevonden waardoor kortsluiting zou ontstaan en het hele ruimteschip zonder stroom zou komen te zitten. Het was het geluid dat hij voor het eerst boven de Japanse Zee had gehoord en waarvan hij met heel zijn hart hoopte dat hij het nooit nòg eens een keertje zou hoeven horen. Maar terwijl de stroomtoevoer in de cockpit geleidelijk aan toenam, terwijl Swigert de eerste knop omdraaide, gevolgd door de tweede, en de derde, enzovoort, was het enige dat de bemanningsleden hoorden het vertrouwenwekkend gezoem en gemurmel dat erop wees dat het ruimteschip opnieuw tot leven kwam.
   Als er bij dit alles sprake was van enig drama, dan vond dat niet plaats in het ruimteschip, maar bij de console van John Aaron. Volgens de manier waarop Aaron de boel had becijferd, kon het ruimteschip, wilde het de volle twee uur van de re-entry in leven blijven, niet meer verbruiken dan 43 ampère. Maar omdat hij in kamer 210 zijn been stijf had gehouden betreffende het moment waarop de telemetrie moest worden ingeschakeld, kon hij onmogelijk zeggen of hij bìnnen die limiet bleef totdat de commandomodule volledig geactiveerd was en de betreffende data eindelijk richting aarde werden gestuurd. Als zou blijken dat Odyssey méér stroom zou verbruiken dan die drieënveertig ampère, zelfs voor een kortere periode, dan bestond de kans dat de accu's zouden zijn uitgeput vóór het ruimteschip in het water zou terechtkomen.
   Toen Lovell Swigert Odyssey in had gestuurd, hadden Aaron, Liebergot, Dumis en Burton zich vol verwachting over hun EECOM-console gebogen. Bijna twintig minuten lang vond er nauwelijks communicatie vanuit het ruimteschip plaats. Eindelijk gaf Lovell aan de grond door dat de laatste schakelaars waren omgezet, inclusief de schakelaars waarmee de tele-

metrie werd geactiveerd. Uiterst langzaam kwam het scherm van de EECOM-console tot leven. Toen het ampèreverbruik zichtbaar werd, deinsden de vier EECOM's achteruit alsof ze zich ergens aan hadden gebrand. Het getal dat verscheen was 45.

'Shit!' barstte Aaron uit. 'Wat doen die twee ampères daar verdomme?'

'Ik heb geen flauw idee,' zei Liebergot.

'Ik mag barsten als ik het weet,' echode Burton.

'Nou, hoe dan ook, ze hóren daar niet. Op die manier zijn we de helft van onze marge al kwijt.' Aaron nam onmiddellijk contact met zijn ondersteuningsteam op. 'Electronics, EECOM.'

'Zeg het maar, EECOM,' antwoordde een stem.

'We trekken twee ampère die we helemaal niet hóren te trekken.'

'Ik zie ze, EECOM.'

'Loop de checklist door en kijk wat we aan hebben laten staan.'

'Roger.'

Aaron meldde zich af en leunde iets naar rechts, naar de guidance- en navigatieconsole. 'Staat er bij jóu iets aan dat niet aan hoort te staan?'

'Voor zover ik kan zien niet, John.'

'Nou, kijk nog eens goed. We zitten met twee ampère die niet te verklaren zijn.'

Terwijl Aaron met zijn GNC sprak, verspreidden Liebergot, Dumis en Burton zich over de eerste drie rijen om te zien of een van de andere controllers misschien nog een instrument aan had staan dat stroom verbruikte. Maar vóór een van hen iets kon vragen, meldde Aarons ondersteuningsteam zich weer op de verbindingslijn.

'EECOM,' zei de controller.

'Zeg het maar.'

'We hebben het gevonden. Het zijn de B-MAG's, de reserve-gyro's. Zeg tegen de GNC dat de bemanning ze moet uitschakelen.'

Aaron boog zich onmiddellijk naar de GNC links van hem. 'Kijk eens naar je B-MAG's. Staan die nog aan?'

De guidance- en navigatieman keek naar zijn scherm en liet mistroostig zijn schouders zakken. 'Gèdver,' kreunde hij.

'Flight, EECOM,' meldde Aaron zich snel. 'Zeg tegen de Capcom dat hij tegen de bemanning moet zeggen dat ze hun reserve-gyro's uit moeten schakelen.'

Joe Kerwin gaf Aarons boodschap aan Odyssey door, Swigert draaide de betreffende knop om en de ampère-aflezing op het scherm van de EECOM daalde tot 43. Maar zoals Aaron reeds had opgemerkt, waren een paar van Odyssey's kostbare ampères voor altijd verloren gegaan.

Toen de power-up uiteindelijk, zij het niet helemaal volmaakt, was voltooid, werd de maanmodule Aquarius een ruimteschip dat niet langer meer nodig was. Om 140 uur en 52 minuten in de missie – minder dan twee uur voor de splash-down – bevond de Apollo 13 zich 30.000 kilometer boven het aardse wolkendek en kwam hij met een snelheid van bijna 19.000 kilometer per uur dichterbij. De aarde was nu niet langer een discrete en verre schijf die aan alle kanten door sterren en ruimte was omringd, maar een uitgestrekte blauwe massa die groots voor de bemanning opdoemde en de driehoekige vensters van de LEM volledig vulde.

Starend door zijn venster naar dit panorama buiten, merkte Lovell op: 'Freddo, het wordt tijd dat we dit ruimteschip verlaten.'

Haise, die achter hem stond, zei niets.

'Freddo?'

Lovell draaide zich om teneinde zijn bemanningslid aan te kijken, en schrok van wat hij zag. Haise, die zich tegen de wand had aangedrukt, zag er nog grauwer uit dan Lovell hem tijdens de rest van de trip had gezien. Hij had zijn ogen gesloten en zijn armen voor zijn borst geslagen om maar een beetje warm te worden, en stond werkelijk te trillen van de kou.

'Fred!' zei Lovell, die meer bezorgdheid in zijn stem liet doorklinken dan de bedoeling was. 'Je ziet er beroerd uit.'

'Laat maar,' zei Haise, terwijl hij een weinig overtuigend afwerend gebaar maakte. 'Laat maar. Niets aan de hand met mij.'

'Ja,' zei Lovell, terwijl hij naar hem toe gleed. 'Je ziet er patent uit. Denk je dat je het nog twee uur kunt uithouden?'

'Ik kan het zo lang uithouden als het moet.'

'Twee uur, langer hoeft niet. En daarna komen we zacht in de Grote Oceaan terecht, openen we het luik en is het zesentwintig graden buiten.'

'Zesentwintig graden,' herhaalde Haise een beetje dromerig, en begon opnieuw hevig te rillen.

'Man,' mompelde Lovell, 'je bent als een dweil.' De commandant gleed achter Haise en sloeg zijn armen om hem heen om wat van zijn lichaamswarmte met hem te delen. In eerste instantie leek het gebaar geen resultaat te sorteren, maar geleidelijk aan werd het rillen een stuk minder.

'Fred, waarom ga je niet naar boven om Jack te helpen,' zei Lovell. 'Ik maak de boel hier wel in orde.'

Haise knikte en maakte aanstalten om zich af te zetten richting tunnel, maar stopte daar toen mee en nam nog eens nadrukkelijk de cockpit van Aquarius in zich op. Instinctief duwde hij zich in de richting van zijn vaste positie. Aan de wand zat een groot, fijnmazig net dat moest voorkomen dat er kleine voorwerpen achter het instrumentenpaneel zouden zweven. Haise pakte het net beet en gaf er een harde ruk aan; met een scheurend geluid kwam het los.

'Souvenir,' zei hij schouderophalend, terwijl hij het net tot een bal verfrommelde, die in zijn zak stak om vervolgens door de tunnel te verdwijnen.

Alleen in de maanlander keek ook Lovell langzaam om zich heen. In de rommelige cockpit waren overal de restanten van het vier dagen lang dicht op elkaar leven te zien, en Aquarius zag er nu niet zozeer uit als het onversaagde ruimteschip dat het afgelopen maandag nog was geweest, maar had nu veel meer weg van een soort galactische vuilnisboot. Lovell waadde door de stukken papier en ander afval en zweefde terug naar zijn venster. Voor hij zelf dit ruimteschip zou verlaten, moest hij eerst nog één ding doen: de twee ruimtevaartuigen in de door Jerry Bostick opgegeven positie draaien, zodat de LEM in het diepe water voor de kust van Nieuw-Zeeland terecht zou komen.

Lovell nam voor de laatste keer de stuurhendel in handen en duwde die zijwaarts. Het ruimteschip draaide iets opzij, waardoor de in de cabine zwevende velletjes papier onrustig door elkaar begonnen te fladderen. Zonder de inerte massa van de servicemodule, die altijd zo'n asymmetrische invloed op het zwaartepunt van het geheel had gehad, was Aquarius aanzienlijk beter manoeuvreerbaar, en leek het veel meer op het wendbare schip waarop de simulators in Houston en Florida Lovell hadden voorbereid vóór hij aan deze missie begon. Met een paar geoefende aanpassingen bracht hij de maanlander in de juiste positie, en riep vervolgens de aarde op.

'Oké, Houston, Aquarius. Ik heb de LEM in de separatiepositie gebracht en ben nu van plan over te stappen.'

'Ik zou geen beter idee weten, Jim,' antwoordde Kerwin.

Lovell bracht nog wat laatste aanpassingen aan de configuratie van de LEM aan en besloot toen, net als Haise, dat een souvenir misschien wel op zijn plaats was. Hij reikte naar de bovenkant van zijn venster, pakte het optisch vizier beet en draaide eraan. Het was gemakkelijk los te schroeven en even later liet Lovell het in zijn zak glijden. Hij keek naar het onderste uitrustingsruim achter in de cockpit, zag de helm die hij op het maanoppervlak zou hebben gedragen, pakte hem op en klemde hem onder zijn arm. Ten slotte ging hij naar een andere kast om de plaquette te pakken die hij en Haise aan de voorpoot van de LEM zouden hebben geklemd, direct nadat ze uit de maanlander zouden zijn gestapt om aan hun onderzoekingstocht te beginnen. Niemand van de medewerkers in de NASA-bankwerkerij, waar de plaquette was vervaardigd, had verwacht hem ooit nog eens te zien. Maar nu, bedacht Lovell, konden ze er op zijn kantoor of in zijn studeerkamer altijd nog eens naar komen kijken.

Zijn buit stevig vasthoudend, sprong Lovell omhoog door de tunnel om in het uitrustingsruim van Odyssey terecht te komen, waar hij zijn souvenirs snel in een kast opborg, om vervolgens in de richting van de banken te zweven. Instinctief gleed hij naar de linkerpositie, maar terwijl hij scheefhangend uit de bergruimte kwam zetten, ontdekte hij dat, terwijl Haise zich op zijn vertrouwde rechterplaats had ingegord, Swigert Lovells linkerpositie had opgeëist. Het was tijdens de daal- en re-entry-fase van een maanvlucht gewoonte dat de commandant zijn plaats afstond aan de piloot van de commandomodule. Tijdens een vlucht waarin de commandant en de LEM-piloot zoveel kritische momenten hadden meegemaakt, werd de man op de middelste bank nog wel eens over het hoofd gezien. De re-entry echter, als de LEM die zijn medebemanningsleden van het maanoppervlak had opgehaald niet meer was dan een overboord gegooide herinnering, was een operatie die voornamelijk door de commandomodulepiloot werd uitgevoerd, en als waardering voor zijn competentie als vlieger en de ondankbare taak waarvan hij zich tot nu toe had gekweten, werd hèm gewoonlijk de gelegenheid geboden het ruimteschip naar het landingspunt te brengen. En nu, terwijl de re-entry steeds dichterbij kwam, en de commandant naar zijn vertrouwde plaatsje zweefde, moest hij plotseling van koers veranderen en terugkeren naar een minder vertrouwde bank.

'Ik meld me aan boord, skipper,' zei Lovell tegen Swigert.
'Aye-aye,' antwoordde Swigert, ietwat onbehaaglijk.
Lovell deed zijn koptelefoon op en knikte, waarna Swigert zich via de lucht/grond-lijn meldde.
'Oké, Houston, we zijn gereed om het luik te sluiten.'
'Oké, Jack. Heeft Jim alle belichte films uit Aquarius meegenomen?'
Lovell keek Swigert aan en knikte.
'Ja,' zei Swigert. 'Dat is hierbij bevestigd. En we hebben er zelfs aan gedacht Jim zelf ook mee te nemen.'
'Goede zaak, Jack,' zei Kerwin. 'Wat we nu graag zouden zien is dat je het luik afsluit en de druk in de tunnel vermindert tot daar een druk heerst van circa tweehonderd gram per vierkante centimeter. Als het luik die druk een minuut of wat kan weerstaan, dan is het oké en kunnen jullie Aquarius op elk willekeurig moment ontkoppelen.'
'Oké,' zei Swigert. 'Dat heb ik begrepen.'
Lovell, die naar Swigert gebaarde dat hij moest blijven waar hij was, wurmde zich van zijn bank en gleed naar het onderste uitrustingsruim. De tunnel in zwemmend trok hij het luik van de LEM dicht en vergrendelde dat door het wiel een keertje rond te draaien. Toen liet hij zich weer in Odyssey zakken, haalde het luik op van de plaats waar hij dat, op die maandagavond die alweer zo lang geleden leek, had bevestigd, en liet het weer op zijn plaats zakken.
Als dit luik op dezelfde manier tegenwerkte als vier dagen geleden, kon de LEM niet worden afgestoten en kon de re-entry niet op de geplande manier plaatsvinden. Zelfs als het luik gesloten kon worden, zou het nog een paar minuten duren voor de druksensoren aan boord zouden bevestigen dat het luik goed sloot en dat het ruimteschip nergens lekte. Zonder zo'n bevestiging zou een veilige re-entry natuurlijk onmogelijk zijn. Lovell bekeek het luik wantrouwend en activeerde toen het afsluitmechanisme. De klemmen sloten zich met een plezierig klinkend geklik. Lovell reikte naar de schakelaar die ervoor moest zorgen dat de lucht uit de tunnel in de ruimte zou worden geloosd tot in de doorgang een druk zou heersen van 0,19 kilo per cm^2, wachtte tot het zover was, draaide de schakelaar weer om en zwom terug naar zijn plaats.
'Afgegrendeld?' vroeg Swigert.
'Ik hoop het,' zei Lovell.
Na deze halfslachtige bevestiging haalde de commandomodulepiloot op zijn instrumentenpaneel verscheidene schakelaars over en bracht het zuurstofsysteem tot leven, waardoor verse O_2 in de cockpit werd geblazen. Enkele spannende seconden lang staarde hij naar de doorstroomindicator.
'O, nee,' kreunde Swigert.
'Wat is er?' vroegen Lovell en Haise bijna eenstemmig.
'De doorstroom is te hoog. Het lijkt erop dat we ergens een lek hebben.'
Op de grond boog John Aaron zich wat dichter naar zijn EECOM-scherm en zag de zuurstofdoorstroom op hetzelfde moment als Swigert.
'O, nee,' kreunde hij.

'Wat is er?' vroegen Liebergot, Burton en Dumis bijna eenstemmig.
'De doorstroom is te hoog. Het lijkt erop dat we ergens een lek hebben.'
Op de lucht/grond-verbinding klonk de stem van Swigert: 'Oké, Houston, we hebben een te hoge O_2-doorstroom.'
'Roger, Jack,' antwoordde Kerwin. 'We gaan er even naar kijken.'
Terwijl Swigert zijn blik op de instrumenten gericht hield, nam Aaron contact op met zijn ondersteuningsteam. Hij en zijn technici overlegden mompelend wat de oorzaak van het lek zou kunnen zijn, terwijl de drie andere EECOM's op de tweede rij bezorgd de koppen bij elkaar hadden gestoken.

Binnen enkele minuten geloofde Aaron dat hij het probleem had opgelost. In de LEM had altijd een iets lagere druk geheerst dan in de commandomodule. De afgelopen vier dagen was het, omdat de luiken open hadden gestaan en Odyssey helemaal gedeactiveerd was geweest, met name Aquarius geweest die de druk in beide ruimteschepen had bepaald. Toen de commandomodule weer werd gereactiveerd en de deur werd gesloten, detecteerden de druksensoren het verschil en begonnen onmiddellijk de interne atmosfeer van zoveel zuurstof te voorzien als zij nodig achtten. Over enkele momenten, vermoedde Aaron, zou de noodzakelijk lucht in de cockpit zijn gepompt, en zou de hoge doorstroming vanzelf stoppen.

'Nog een minuutje geduld,' zei hij tegen de mensen om hem heen. 'Ik denk dat het vanzelf goed komt.'

Veertig seconden later begonnen de hoeveelheden in het ruimteschip en op het scherm van de EECOM zich te stabiliseren.

'Oké,' zei Swigert hoorbaar opgelucht, 'hij begint al te zakken, Joe.'

'Roger,' reageerde Kerwin. 'In dat geval, als jullie echt klaar zijn voor het ontkoppelen van de LEM, kunnen jullie daartoe op je gemak overgaan.'

Lovell en Swigert keken naar de missie-timer op hun instrumentenpaneel. Ze waren 141 uur en 26 minuten onderweg.

'Zullen we het over vier minuten doen?' vroeg Swigert.

'Dat lijkt me een mooi rond getal,' antwoordde Lovell.

'Oké, Houston,' kondigde Swigert aan. 'We stoten hem om 141 plus 30 af.'

Door de vijf vensters van de cockpit konden de astronauten alleen maar de reflecterende zilverkleurige dakbeplating zien, slechts een halve meter van het glas van hun patrijspoorten verwijderd. Drieënhalve minuut gingen voorbij.

'Dertig seconden tot het afstoten van de LEM,' zei Swigert.

'Tien seconden.'

'Vijf.'

Swigert reikte naar het instrumentenpaneel, rukte zijn 'NEE'-briefje los, en maakte er een prop van.

'Vier, drie, twee, een, nul.'

De piloot van de commandomodule haalde de schakelaar over, en de drie bemanningsleden hoorden een doffe, bijna komische plof. In hun vensters begon het zilverkleurige dak van de maanlander zich te verwijderen. Terwijl dat gebeurde werd de toegangstunnel zichtbaar, en toen de *high-gain*-antenne, daarna een heel stel andere antennes die als onkruid uit het dak staken. Uiterst traag begon de nu ontkoppelde Aquarius aan een sierlijke voorwaartse koprol.

Lovell keek geboeid toe hoe de zijkant van het ruimteschip – met zijn vensters en zijn stuurraketten – zichtbaar werd. Hij kon duidelijk het voorste luik zien waar hij en Haise gebruik van hadden moeten maken nadat ze de LEM in het stof van Fra Mauro hadden neergezet. Hij kon de richel waarnemen waarop hij zou hebben gestaan bij het openen van zijn uitrustingsluik, vóór hij naar het maanoppervlak geklommen zou zijn. Hij kon de reflectieve, bijna uitdagende, uit negen sporten bestaande ladder zien, waarlangs hij die laatste afdaling zou hebben gemaakt. De LEM rolde nog iets verder en bevond zich nu ondersteboven, waarbij de vier naar buiten gedraaide poten naar de sterren wezen, terwijl de verfrommelde gouden folie waarmee de daaltrap was ingepakt het licht terug naar Odyssey kaatste.

'Houston, afstoten LEM voltooid,' kondigde Swigert aan.

'Oké, dat hebben we gehoord,' zei Kerwin zacht. 'Vaarwel, Aquarius, en hartelijk dank.'

Met het verdwijnen van de maanlander was de Apollo 13 eindelijk teruggebracht tot zijn niet meer te reduceren kern. Ontdaan van de 36 etages hoge Saturnus 5 draagraket die het van het lanceerplatform de ruimte in had getild, van de bijna 18 meter hoge derde trap die het in de richting van de maan had gestuwd, van de bijna acht meter lange servicemodule die het van lucht en stroom had moeten voorzien, en uiteindelijk van de bijna zeven meter hoge LEM, die Lovell en Haise een plaatsje in de geschiedenis had moeten geven, was het ruimteschip nu niet meer dan een 3,3 meter hoge, vleugelloze container, op weg naar zijn onverbiddelijk vrije val door de snel dichterbij komende atmosfeer en een even onverbiddelijke klap op de steeds groter wordende oceaan. Maar voor dat kon gebeuren, diende de bemanning zich echter nog van één andere taak te kwijten.

'Hoe staan we wat betreft die maansondergang-controle?' vroeg Haise aan Lovell vanuit de rechterkant van het ruimteschip.

'Ben je er klaar voor?' vroeg Lovell vanuit het midden aan Swigert.

'Zodra het nacht is,' antwoordde Swigert.

De nacht waarover Swigert het had was nog een paar minuten van hen verwijderd, maar hoewel de planeet onder hen fel verlicht was, konden Lovell, Swigert en Haise daar niets van zien. Net als de naderingsvlucht van de Apollo 8 richting maan, zestien maanden eerder, vond de naderingsvlucht van de Apollo 13 naar de aarde achterstevoren plaats. Wilde het ruimteschip de terugkeer naar de aarde overleven, dan moest het met het hitteschild naar voren gekeerd de atmosfeer binnengaan, het schild dat alle wrijving van de gloeiend hete tuimeling door de lucht zou moeten absorberen. Terwijl het laatste uur van de missie voorbijtikte, vlogen de astronauten zonder iets te zien en ruggelings in de richting van hun thuisplaneet, een naderingsvlucht waarvan hun instrumenten – niet hun ogen – zeiden dat ze de oceaan beneden hen steeds dichter naderden.

Verscheidene minuten lang bleef het ruimteschip zijn weg op deze manier vervolgen, totdat de baan zich geleidelijk aan rond de aardbol begon te krommen, Odyssey de schemering van West-Afrika en West-Europa passeerde om vervolgens de duisternis van het Midden-Oosten binnen te trekken. Toen het ruimteschip laag genoeg was gekomen en voldoende achteruit had gevlogen, begon de onverlichte landmassa zich voor hem uit te spreiden. Eindelijk konden de astronauten door hun raampjes de gebogen schaduw zien waarvan ze wisten dat die zowel hun bestemming als hun thuis was. Er vlak boven hangend, zo klein als een aspirine, was de helderwitte pokdalige maan.

'Houston,' meldde Swigert zich, 'gaan nu door met maansondergangcontrole.'

De piloot van de commandomodule wierp een blik naar zijn positieindicator om er zeker van te zijn dat Odyssey goed lag, en liet zijn blik vervolgens naar buiten dwalen, waar hij de maan langzaam in de richting van de donkere horizon zag zakken. Terwijl het ruimteschip verder en verder wegzakte en de horizon steeds hoger kwam te liggen, begon de maan steeds verder weg te zakken.

'Hij gaat onder, Joe,' meldde Swigert aan Kerwin. 'We zitten nu op ongeveer 45 graden en hij zakt steeds verder weg.'

'Roger dat.'

'Nu neer tot circa 38 graden.'

'Oké, Jack. Klinkt uitstekend.'

Vanuit de middelste en rechtse zetels hielden Lovell en Haise de timer op het instrumentenpaneel in de gaten, terwijl Swigert naar buiten bleef kijken. De maan zakte van 38 graden naar 35, vervolgens naar in de twintig en toen door naar 19, 18. De seconden tot de voorspelde tijd van de maansondergang die door Jerry Bostick was berekend smolten weg, totdat er nog net vijftien seconden te gaan waren.

'Heb je al iets, Jack?' vroeg Lovell.

'Nog niets.'

'En nu?'

'Negatief.'

'Nu? We hebben nog maar drie seconden te gaan.'

'Nog niet,' antwoordde Swigert. Toen, precies op het moment dat de FIDO in Houston had voorspeld, zakte de maan nog een fractie van een graad verder weg en verscheen er in de onderrand van de verre planeet een klein zwart deukje. Swigert draaide zich met een brede grijns op zijn gezicht naar Lovell om.

'Maansondergang,' zei hij, en zocht radiocontact met de aarde. 'Houston, positie gecontroleerd en oké.'

'Goed gedaan,' zei Joe Kerwin.

Vanuit zijn middelste zetel keerde Jim Lovell zich glimlachend naar de mannen die zich links en rechts van hem bevonden. 'Heren,' zei hij, 'we staan op het punt de atmosfeer weer binnen te gaan. Ik stel voor dat u zich voor dit ritje gereedmaakt.'

Onwillekeurig liet de commandant zijn vingers over zijn schouder- en heupriemen glijden, en trok ze iets strakker. Onwillekeurig volgden Swigert en Haise zijn voorbeeld.

'Joe, hoe ver zouden we volgens jullie nog van de aarde moeten zitten?' vroeg Swigert aan zijn Capcom.

'Jullie hebben een snelheid van 46.300 kilometer per uur, en op onze volgkaart is het ruimteschip al zo dicht bij de aarde, dat we nauwelijks meer kunnen zien dat jullie nog in de ruimte zitten.'

'Wij allemaal zouden jullie hartelijk willen danken voor het prachtige werk dat jullie hebben verricht,' zei Swigert.

'Daar sluit ik me bij aan, Joe,' stemde Lovell in.

'Neem van ons aan,' zei Kerwin, 'dat we het hier allemaal erg prettig hebben gevonden mee te hebben kunnen helpen.'

In het ruimteschip deed de bemanning er het zwijgen toe, en op de grond viel over het vluchtleidingscentrum een soortgelijke stilte. Over vier minuten zou de voorzijde van de commandomodule zich in de bovenste lagen van de atmosfeer bijten, en terwijl het steeds meer aan snelheid winnende ruimteschip met de dichtheid van de lucht werd geconfronteerd, zou er een steeds grotere wrijving optreden, waardoor er op het hitteschild temperaturen van 2700 graden en hoger zouden ontstaan. Als de energie die tijdens deze helse daalvlucht werd gegenereerd in elektriciteit werd omgezet, zou dat 86.000 kilowatt-uren opleveren, voldoende om heel Los Angeles anderhalve minuut lang in het licht te zetten. Als die werd omgevormd tot kinetische energie, kon het elke man, elke vrouw en elk kind in de Verenigde Staten vijfentwintig centimeter van de grond tillen. Maar aan boord van het ruimteschip had deze warmte slechts één effect: terwijl de temperatuur steeg, vormde zich een dichte ionisatiewolk rond het ruimteschip, waardoor de communicatie werd beperkt tot een mengelmoes van geruis die ongeveer vier minuten zou duren. Als aan het eind van die periode het radiocontact werd hersteld, wisten de controllers op de grond dat het hitteschild nog intact was en dat het ruimteschip de re-entry had overleefd; werd het contact niet hersteld, dan wisten ze dat de bemanning door vlammen was verteerd. Gene Kranz stond bij de console van de flight-director, stak een sigaret op en meldde zich op de controllerslijn.

'Laten we vóór de re-entry nog even de ronde maken,' kondigde hij aan.
'EECOM, alles oké?'
'Alles oké, Flight,' antwoordde Aaron.
'RETRO?'
'Alles oké.'
'Guidance?'
'Alles oké.'
'GNC?'
'Alles oké, Flight.'
'Capcom?'
'Alles oké.'
'INCO?'
'Alles oké.'

'FAO?'

'We zijn er klaar voor, Flight.'

'Capcom, je kunt de bemanning zeggen dat alles gereed is voor re-entry.'

'Roger, Flight,' zei Kerwin. 'Odyssey, Houston. We hebben zojuist nog even de ronde gemaakt, en iedereen zegt dat alles er prima uitziet. Over circa één minuut zal het contact verbroken worden. Welkom thuis.'

'Dank je,' zei Swigert.

In de zestig seconden die volgden, bleef Jack Swigert door het linkerraampje van het ruimteschip naar buiten kijken, keek Fred Haise onafgebroken door het rechter en tuurde Jim Lovell door het middelste raampje. Buiten begon er een uiterst zwakke glimp roze zichtbaar te worden, en terwijl dat gebeurde meende Lovell een even zwak spoortje zwaartekracht te bespeuren. Het roze buiten maakte plaats voor oranje, en het zweempje zwaartekracht werd een complete g. Langzaam veranderde het oranje in rood – een rood gevuld met uiterst kleine, vurige deeltjes die afkomstig waren van het hitteschild – en de g-krachten stegen tot twee, drie, vijf, om heel even zelfs een verstikkende zes te bereiken. In Lovells koptelefoon was alleen maar geruis te horen.

In Mission Control was in de oren van de mannen achter hun consoles hetzelfde elektronisch geruis te horen. Toen dat gebeurde werden alle gesprekken op de flight-controllers-verbinding, de lijn naar de ondersteuningsteams en in de zaal zelf gestaakt. De digitale missieklok voor in de zaal gaf 142 uur, 38 minuten aan. Zodra hij 142 uur, 42 minuten aan zou geven, zou Joe Kerwin het ruimteschip oproepen. Terwijl de eerste twee minuten voorbijgleden, bewoog er in de zaal of op de bezoekersgalerij nagenoeg niemand. Toen de derde minuut verstreek, begonnen verschillende controllers ongemakkelijk op hun stoelen heen en weer te schuiven. Toen de vierde minuut voorbijtikte, begon een aantal mensen in het vluchtleidingscentrum zich nadrukkelijk om te draaien teneinde een bezorgde blik in de richting van Kranz te werpen.

'Goed, Capcom,' zei de flight-director, terwijl hij de sigaret uitdrukte die hij vier minuten geleden had opgestoken. 'Geef maar aan de bemanning door dat we stand-by zijn.'

'Odyssey, Houston standing by,' meldde Kerwin zich.

Vanuit het ruimteschip kwam alleen maar geruis. Vijftien seconden verstreken.

'Probeer het nog eens,' beval Kranz.

'Odyssey, Houston standing by, over.' Nog eens vijftien seconden verstreken.

'Odyssey, Houston standing by, over.' Nog eens dertig seconden gingen voorbij.

De mannen aan de consoles staarden gebiologeerd naar hun schermen. De gasten op de VIP-galerij keken elkaar eens aan. Drie seconden tikten nog eens langzaam voorbij, met enkel geruis op de lijn, maar toen was in de koptelefoons van de controllers duidelijk te horen dat de frequentie van het geruis vanuit het ruimteschip een verandering had ondergaan.

Niet meer dan een flikkering eigenlijk, maar duidelijk waarneembaar. Direct daarna was onmiskenbaar het geluid van een stem te horen.

'Oké, Joe,' riep Jack Swigert.

Joe Kerwin sloot zijn ogen en haalde diep adem, Gene Kranz ramde enthousiast een vuist in de lucht en de mensen op de VIP-galerij omhelsden elkaar en begonnen te klappen.

'Oké,' antwoordde Kerwin zonder verdere plichtplegingen, 'we ontvangen je, Jack.'

In het thans niet langer van de buitenwereld afgesneden ruimteschip genoten de astronauten van een probleemloze vlucht. Terwijl de ionenstorm die het schip had omringd ging liggen, zorgden de steeds dikker wordende lagen van de atmosfeer ervoor dat de duik van ruim 45.000 kilometer per uur werd afgeremd tot een verhoudingsgewijs rustige vrije val van vijfhonderd kilometer per uur. Buiten had het angstaanjagende rood plaats gemaakt voor een lichter soort oranje, gevolgd door een pastelachtig roze en uiteindelijk voor een bekend blauw. Tijdens de lange minuten van de black-out was het ruimteschip de nachtkant van de aarde gepasseerd om uiteindelijk weer in het daglicht terecht te komen. Lovell keek naar zijn g-meter: die gaf 1,0 aan. Hij keek naar zijn hoogtemeter: 35.000 voet – 10.670 meter.

'Stand-by voor de remparachutes,' zei Lovell tegen zijn medebemanningsleden, 'en laten we hopen dat onze pyrotechniek het niet laat afweten.' De hoogtemeter tikte van 28.000 voet naar 26.000. Op het moment dat 24.000 op de meter verscheen hoorden de astronauten een plop. Toen ze door hun raampjes omhoog keken zagen ze twee felgekleurde banen stof. Toen bolden de banen stof op en ontvouwden zich.

'Daar zijn onze remchutes,' schreeuwde Swigert naar de grond.

'Roger dat,' zei Kerwin.

Lovells instrumentenpaneel was niet langer in staat om het slakkegangetje van zijn ruimteschip of de onbeduidende hoogte ervan aan te geven, maar de commandant wist uit het vluchtplan dat ze zich momenteel nauwelijks 20.000 voet boven het water moesten bevinden en naar beneden vielen met een snelheid van nauwelijks 325 kilometer per uur. Nog geen twee minuten later ontkoppelden de twee remparachutes zichzelf en verschenen er drie andere, trekparachutes deze keer, die direct daarna de drie hoofdparachutes naar buiten trokken. De gigantische tenten klapperden heel even om zich het moment daarop, met een ruk die de astronauten op hun banken heen en weer deed schudden, met een harde klap te ontvouwen. Lovell keek instinctief naar het instrumentenpaneel, maar de snelheidsmeter gaf niets aan. Hij wist echter dat ze nu een vaartje hadden van nog geen veertig kilometer per uur.

Op het dek van het USS *Iwo Jima* tuurde Mel Richmond met half dichtgeknepen ogen naar de blauwwitte lucht, en zag alléén maar blauw en wit. De man links van hem zocht ook zwijgend de lucht af, en mompelde toen zacht een verwensing die erop moest duiden dat hij ook niets zag; de man rechts van hem deed hetzelfde. De matrozen die langs de rand van het dek en op de iets lager gelegen catwalk stonden keken alle kanten uit.

Plotseling schreeuwde iemand die schuin achter Richmond stond: 'Daar hèb je 'm!'
   Richmond draaide zich om. Een nietige zwarte cocon hing onder drie gigantische stoffen wolken en daalde een paar honderd meter verderop in de richting van het water. Hij juichte, en de mannen naast hem deden hetzelfde, evenals de marinemensen die zich langs de reling en op de dekken hadden opgesteld. Een eindje verderop keken de cameralieden van de grote televisiemaatschappijen in de richting die de toeschouwers aanwezen en draaiden hun camera's dezelfde kant uit. In Mission Control kwam het grote scherm helemaal voor in de grote zaal tot leven en werd het beeld van het langzaam dalende ruimteschip zichtbaar. De in die zaal aanwezige mannen begonnen ook te juichen.
   'Odyssey, Houston. Jullie zijn momenteel op het grote scherm te zien,' schreeuwde Joe Kerwin, terwijl hij zijn vrije oor met zijn hand bedekte. 'Het ziet er grandioos uit.' Kerwin luisterde of hij antwoord kreeg, maar kon door het lawaai om hem heen absoluut niets horen. Hij herhaalde de essentie van zijn boodschap nog maar eens: 'Jullie zijn op televisie, jongens!'
   In het ruimteschip dat de mensen in Mission Control en aan boord van de *Iwo Jima* zo enthousiast begroetten, gaf Jack Swigert via de radio een 'roger' door, maar zijn aandacht was niet gericht op de stem in zijn koptelefoon, maar op de man rechts van hem. Op de middelste bank keek Jim Lovell, de enige man in deze vallende capsule die deze ervaring al eerder had meegemaakt, voor de laatste keer op de hoogtemeter en greep toen onwillekeurig de rand van zijn bank beet. Swigert en Haise volgden onwillekeurig zijn voorbeeld.
   'Hou je vast,' zei de commandant. 'Als dit ook maar een beetje op de Apollo 8 lijkt, dan kan het er best eens ruw aan toegaan.'
   Dertig seconden later voelden de astronauten een plotselinge maar opvallend pijnloze vaartvermindering, toen hun schip – dat zich blijkbaar totaal anders gedroeg dan de Apollo 8 – probleemloos in het water terechtkwam. Onmiddellijk keken de drie bemanningsleden omhoog naar hun patrijspoort. Bij alle vijf was aan de buitenkant duidelijk water te zien.
   'Jongens,' zei Lovell, 'we zijn thuis.'

Marilyn Lovell moest hard lachen terwijl Jeffrey hard moest huilen, om zich vervolgens in allerlei bochten te kronkelen. Door haar tranen en een hele massa mensen heen keek ze naar de televisie in haar zitkamer en zag ze hoe Odyssey in het water terechtkwam en de drie parachutes die de capsule naar de aarde hadden gebracht languit op het wateroppervlak neerstreken. Tijdens de hele daalvlucht had ze haar zoon op schoot gehouden, en terwijl het ruimteschip viel had Marilyn hem, zonder dat ze dat zelf in de gaten had, steeds dichter tegen zich aangedrukt. Op het moment van de splash-down nam Jeffrey het niet langer en had hij een duidelijk protest laten horen.
   'Sorry,' zei Marilyn, lachend en huilend tegelijk, terwijl ze hem een kus boven op zijn hoofd gaf. 'Het spijt me.' Ze knuffelde hem nog eens en zette

hem toen op de grond neer. Terwijl ze dat deed dook Betty Benware uit het niets op en omhelsde haar stevig. Toen was Adeline Hammack er plotseling, en toen Susan Borman. Ergens langs een muur van de kamer opende Pete Conrad de eerste fles champagne, wiens voorbeeld werd gevolgd door Buzz Aldrin en Neil Armstrong, en door God mocht weten wie nog meer. Marilyn stond op, vond haar kinderen en omhelsde ze, ondertussen proberend het schuim en de openspringende flessen te ontwijken. Iemand drukte haar een glas in de hand. Ze nam een lange, bruisende slok, en nog meer tranen – deze keer veroorzaakt door de belletjes – verschenen in haar ogen. Marilyn hoorde in de verte hoe de telefoon in de slaapkamer overging. Hij ging een tweede keer over en Betty verdween om op te nemen. Enkele ogenblikken later verscheen ze weer.

'Marilyn, het is het Witte Huis weer.'

Marilyn gaf haar glas aan iemand die naast haar stond, holde naar de slaapkamer en pakte de naast het toestel liggende hoorn op.

'Mevrouw Lovell?' zei de stem van een vrouw. 'Een ogenblikje, ik heb de president voor u.'

Enkele seconden verstreken, en toen hoorde Marilyn opnieuw die diepe, bekende stem.

'Marilyn, de president hier. Ik wilde weten of je zin hebt me naar Hawaii te vergezellen om je echtgenoot daar op te halen.'

Marilyn Lovell zweeg even, en glimlachte verstrooid in de verte, met in gedachten het beeld voor zich van het ruimteschip dat ze net in het water van het zuidelijk deel van de Grote Oceaan had zien dobberen. De lijn vanuit Washington kraakte een beetje.

'Meneer de president,' zei ze ten slotte, 'dat zou ik heerlijk vinden.'

Epiloog

Kerstmis 1993

Als Jim Lovell zich een seconde later had omgedraaid, zou zijn kleindochter het hitteschild van Odyssey hebben gekraakt. Gezegd moet worden dat het niet het héle hitteschild van Odyssey was dat de tien maanden oude Allie Lovell beschadigd zou kunnen hebben toen ze zichzelf omhoogtrok aan het lage kastje in de studeerkamer van haar grootvader, maar slechts een stukje ter grootte van een kurk, gegoten in plexiglas en thans fungerend als presse-papier.

Lovell was nogal gehecht aan deze bescheiden trofee, en in de maanden na de splash-down van de Apollo 13, toen de NASA een stuk of twaalf van deze memento's had laten maken, had hij gehoopt er eentje voor zichzelf in te kunnen pikken. De kleine souvenirs waren eigenlijk niet voor bemanningsleden bedoeld, maar voor de staatshoofden die de drie astronauten zouden ontmoeten tijdens hun haastig georganiseerde reis naar vijf landen die op hun terugkeer uit de ruimte was gevolgd. Maar toen hun buitenlandse reis achter de rug was en een van de aandenkens over was, had de man die het bevel had gehad over het ruimteschip waar dit geblakerde deeltje van afkomstig was, het resterende souvenir opgepakt en mee naar huis genomen.

'Wauw!' zei Lovell nu, terwijl Allie een onderzoekende hand over het lage kastje liet glijden en het drieëntwintig jaar oude voorwerp op de grond dreigde te belanden. 'Dat wil je helemaal niet aanraken.'

Lovell was in twee passen aan de overkant van de kamer, pakte zijn kleindochter op, legde haar als een zak meel over zijn schouder en gaf haar een kus op het voorhoofd. 'Misschien kunnen we maar beter proberen jouw papa te vinden,' zei hij.

De dag was nog maar net begonnen en Lovell had het idee dat het weleens erg druk zou kunnen worden, rijkelijk voorzien van dit soort bijna-calamiteiten. Niet alleen zijn jongste zoon, Jeffrey, zou bij het kerstdiner aanwezig zijn – compleet met kroost – maar ook zijn andere kinderen. Alles bij elkaar zouden de Lovells van de tweede generatie zeven Lovells van de derde generatie meebrengen – variërend in leeftijd van tien maanden tot zestien jaar – en in de gelambrizeerde kamer zouden weleens heel wat meer memento's gevaar kunnen lopen.

Daar waren de rijen plaquettes, de muur vol proclamaties, de ingelijste felicitatiebrieven van presidenten en vice-presidenten, gouverneurs en senatoren, die na de succesvolle vluchten van de Gemini 7, de Gemini 12 en de Apollo 8 waren binnengestroomd. Daar waren de stoffen vlaggetjes en de uniformemblemen die Lovell tijdens die missies had gedragen, stuk voor stuk in hun eigen lijstje nu. Daar stond de Emmy die – in alle ernst – aan Lovell, Frank Borman en Bill Anders was uitgereikt vanwege hun vanuit een baan rond de maan verzorgde televisieuitzending, nu vijfentwintig Kerstmissen geleden. Nog andere trofeeën en medailles flankeerden de Emmy – de Collier Trophy, de Harmon Trophy, de Hubbard Medal, de deLavaulx Medal – allemaal bedoeld als eerbetoon voor de eerste drie ruimtereizen die Lovell had gemaakt. Vooral gekoesterd werden de aandenkens aan de ruimtevaartuigen waarmee die missies werden gevlogen: het handboek met systemen, vluchtplannen, pennen, eetgerei, tandenborstels zelfs, die ooit allemaal moeiteloos in de nul-g, 0,35 kilo per cm^3-omgeving hadden rondgezweefd, en die nu allemaal beweginglloos op een plank lagen, naar beneden getrokken door één g en van boven – op zeeniveau – geplet door één kilo per vierkante centimeter.

Wat aan deze rustige kamer nagenoeg ontbrak, in dit oord vol herinneringen, waren de memento's aan Lovells vierde en laatste vlucht, zijn enige vlucht die geen succes was geworden. Er bestaan geen Harmon Trophy's voor missies die er niet in slaagden de beoogde doelen te bereiken; geen Collier Awards voor ruimteschepen die explodeerden voor ze op de plaats van bestemming arriveerden. Naast het stukje hitteschild was het enige dat aan de vlucht van de Apollo 13 herinnerde een ingelijste felicitatiebrief van Charles Lindbergh en, in de vensterbank, een eindje verderop, twee van de laatste voorwerpen die hij uit de al lang tot as vergane maanmodule Aquarius had meegenomen: het optisch vizier en de herdenkingsplaquette die voor de voorste landingspoot bedoeld was geweest.

Hij liet de herinneringen voor wat ze waren en bracht Allie naar de keuken van zijn comfortabele huis in Horseshoe Bay, Texas, waar Marilyn met Jeffrey en zijn vrouw Annie stond te praten.

'Ik geloof dat deze van jou is,' zei Lovell tegen Jeffrey terwijl hij hem zijn kleindochter overhandigde.

'Zat ze aan uw spullen?' vroeg Jeffrey.

'Ze was het net van plan.'

'Nou, zet je dan maar schrap,' zei Marilyn, 'want er zijn er nog zes onderweg.'

Lovell moest glimlachen om die waarschuwing, maar had die niet echt nodig. In de zestien jaar dat hij en Marilyn met hun vier kinderen in het kleine huis in Timber Cove hadden gewoond, waren ze gewend geraakt aan tumultueuze vrije dagen. Maar de jaren in Timber Cove lagen nu al een hele tijd achter hen en waren nu, zoals zoveel uit de Apollo-dagen, herinneringen die steeds verder weg kwamen te liggen.

Halverwege de jaren zeventig begonnen de gezinnen die zich in de buitenwijken rond het Manned Spacecraft Center hadden gevestigd te verhuizen, de thuisbasis te verlaten en zich over het land te verspreiden. De emigratie was langzaam op gang gekomen – Neil Armstrong kondigde aan dat hij terug naar Ohio zou gaan om daar les te gaan geven aan een college en zich als bedrijfsadviseur te vestigen, Michael Collins vertrok naar Washington om voor het ministerie van Buitenlandse Zaken te gaan werken, Frank Borman nam een functie aan bij Eastern Airlines – maar was niet tegen te houden. Toen de Apollo 11 in 1969 op de maan landde, voorzagen overoptimistische NASA-planners voor de beginjaren van het volgende decennium nog minstens negen LEM-vluchten naar evenzovele plaatsen op het maanoppervlak. Wanneer de jaren tachtig zouden aanbreken, zo luidden de meest rooskleurige scenario's, zouden de eerste spades voor de eerste permanente maanbasis de bodem in gaan, een basis die zou worden gebouwd op een van de plaatsen die eerder door een Apollo-bemanning was verkend.

Maar zo was het natuurlijk niet gegaan. Tegen de tijd dat de Apollo 13 de lucht in ging, was de Apollo 20 al geschrapt, ten offer gevallen aan een overheid die nogal wat bezuinigingen wenste door te voeren en een publiek dat zich begon af te vragen waarom het land toch steeds maar weer naar een maan terugkeerde terwijl ze allang hadden bewezen daar een keertje neer te kunnen strijken. Na de Apollo 13, toen drie astronauten bijna omkwamen in deze oefening in kosmische overtolligheid, werden de Apollo 19 en 18 ook maar snel geschrapt. Washington stond echter wel toe dat de Apollo's 14 tot en met 17, die praktisch al gekocht en betaald waren, volgens plan door konden gaan, en tijdens de tweeëneenhalf jaar die volgden werden die laatste vier missies – en de twaalf gelukkige astronauten die ervoor werden uitgekozen – richting maan gezonden.

In december 1972, toen de laatste maanbemanning in de Grote Oceaan landde, waren er nog maar weinig leden van het testvliegersgilde dat rond het Apollo-programma was opgegroeid bij de NASA betrokken. Fred Haise, die door omstandigheden, pech en een waardeloze servicemodule de kans was misgelopen om voet op de maan te zetten, kreeg de voorlopige toezegging dat hij het commando zou voeren over de Apollo 19. Toen die missie werd geschrapt, was de voormalige LEM-piloot betrokken bij een paar vroege experimentele zweefvluchten met het prototype van de space-shuttle, om daarna, aan het eind van de jaren zeventig voor Grumman te gaan werken. Ken Mattingly, die door omstandigheden, geluk en de afwezigheid van rodehond-antistoffen een plaatsje aan boord van de rampzalige Apollo 13 aan zijn neus voorbij zag gaan, maakte uiteindelijk een vlucht aan boord van de succesvolle Apollo 16, terwijl hij zijn vlieger-ervaring tevens ter beschikking stelde van het komende space-shuttle-programma. Deke Slayton, die in 1959 een ruimtevlucht was toegezegd en die die belofte gebroken zag in 1961, toen bij hem hartfibrillatie werd geconstateerd, bleef zich koppig in de periferie van het astronautenkorps ophouden, tot 1975, toen hij eindelijk werd uitverkoren om aan boord van een opgeknapte Apollo mee te vliegen voor een politiek gezien onbetaalbaar, maar wetenschappelijk gezien zinloos rendez-vous met een Russisch Sojoez-ruimteschip tijdens een baan rond de aarde.

'Ik wil je wèl waarschuwen,' had Chris Kraft gezegd tijdens een tele-

foontje naar zijn NASA-superieur, George Low, nadat hij zijn voorlopige bemanning voor die missie had vastgesteld, 'dat ik op het punt sta Deke voor deze vlucht voor te dragen. Als je daar problemen mee hebt, dan kun je me die maar beter nú vertellen, want ik ga het namelijk wèl doen.'
'Waarom Deke, Chris?' vroeg Low behoedzaam, want hij had deze discussie al eerder met Kraft gevoerd. 'Heb je niemand anders die deze missie kan vliegen?'
'Waarom?' herhaalde Kraft. 'Omdat we die knaap lang genoeg hebben besodemieterd, George. Dáárom. En dat lijkt me een uitstekende reden.'
Later die zomer klom Slayton – samen met Tom Stafford en Vance Brand – in de cockpit van NASA's laatste Apollo-ruimteschip en kreeg hij eindelijk de gelegenheid om boven op een raket de ruimte in te schieten waar hij al meer dan vijftien jaar op had gewacht.
Met uitzondering van deze piloten en nog een paar anderen, hadden de meeste mannen die direct bij het begin van het maanprogramma bij de NASA waren gekomen, de Agency alweer verlaten toen deze instantie haar belangstelling op andere zaken begon te richten. Jim Lovell had in 1973 het astronautenkorps verlaten, om eerst bij een scheepvaartbedrijf te gaan werken en later bij een telecommunicatiebedrijf in dienst te treden. Harrison Schmitt, de LEM-piloot tijdens de Apollo 17, keerde naar New Mexico terug en stelde zich met succes kandidaat voor de Senaat. Zelfs Jack Swigert, die zich tijdens een onmogelijke ruimtevlucht zo onderscheiden had en die ongetwijfeld elke mogelijke carrière bij de Agency had kunnen uitbouwen, besloot zijn hemelse geluk niet op de proef te stellen en keerde terug naar Colorado, waar ook hij in de politiek ging.
Net als Schmitt stelde Swigert zich kandidaat voor de Senaat, maar in tegenstelling met Schmitt, verloor hij de verkiezingen. In 1982 stelde de gepensioneerde astronaut zich opnieuw kandidaat, deze keer voor een zetel in het Huis van Afgevaardigden, en deze keer won hij. Maar een maand voor zijn verkiezing in november werd bij Swigert echter een bijzonder agressieve vorm van beenmergkanker gediagnostiseerd. Drie dagen voor zijn geplande installatie in januari overleed hij. Arme Jack, dacht Lovell vaak, de zaken leken er aanvankelijk altijd zo goed voor hem uit te zien – om vervolgens volledig in het honderd te lopen.
Maar in het voorjaar van 1970, toen Swigert, Lovell en Haise veilig van de maan waren teruggekeerd, leek het geluk de drie mannen nog steeds toe te lachen. Het was 12:07 uur Houston-tijd toen de commandomudole Odyssey in de Grote Oceaan plonsde, en de nationale zucht van verlichting die volgde op het nieuws van de splash-down was de luidste en langste sinds John Glenns terugkeer van het eerste bemande rondje om de aarde, acht jaar eerder. 'Astronauten komen zachtjes op juiste plaats neer, ongedeerd tijdens vier dagen durende beproeving,' verkondigde de *New York Times*. 'Applaus, sigaren en champagne bij landing capsule.'
Enkele ogenblikken nadat het ruimteschip in het water terechtkwam, werden Lovell, Swigert en Haise in een rubberbootje geholpen – de LEM-piloot eerst, toen de piloot van de commandomodule en ten slotte de commandant – en werden ze door een in de lucht hangende helikopter om-

hooggehesen. Na de landing op het vliegdek van de *Iwo Jima* stapten ze uit de heli, begroetten het gejuich van de marinemensen met vage glimlachjes en wat zwak gewuif, om vervolgens snel benedendeks te worden gebracht. De mannen ondergingen een medisch onderzoek dat, afgezien van de vaststelling dat ze misschien iets minder dan uitermate gezond waren, verder geen verrassingen opleverde. Naast Haises infectie en koorts leden ze alle drie aan een milde vorm van uitdroging, vertoonden ze alle drie karakteristieke vermoeidheidssymptomen – licht in het hoofd en moeite zich te oriënteren – en hadden ze alle drie behoorlijk wat gewicht verloren. Lovell, die voor de missie 77 kilo had gewogen, was in zes dagen bijna zeseneenhalve kilo kwijtgeraakt.

Na het medisch onderzoek werden Lovell en Swigert in een speciaal bezoekersgedeelte geïnstalleerd en vertrok Haise naar de ziekenboeg. Die avond voegden de twee ambulante astronauten zich bij de officieren van de *Iwo Jima* voor het diner dat uit garnalensalade, prime rib, kreeft en alcoholvrije champagne bestond, maar dat volgens het haastig gestencilde menu ook nog desserts als 'Maanvruchten Melba' en 'Apollo-cakejes' zou omvatten. Maar alles bij elkaar smaakte de maaltijd, hoewel die in de burgermaatschappij misschien ongedenkwaardig genoemd zou kunnen worden, voor de twee mannen die het grootste deel van de week alleen maar koude rantsoenen uit plastic zakken hadden genuttigd, meer dan uitstekend.

De volgende dag werden de drie astronauten, thans gekleed in keurig gewassen blauwe vliegeroveralls met het Apollo 13-embleem links op de borst genaaid, per helikopter naar Amerikaans Samoa gebracht, waar ze aan boord gingen van een C-141 transporttoestel voor de korte vlucht naar Hawaii. Daar zou op hen, zo hadden ze te horen gekregen, de Air Force One staan te wachten, het vliegtuig van de president.

Zoals beloofd was president Nixon eerder die dag naar Houston gevlogen, had daar Marilyn Lovell, Mary Haise en dr. en mevrouw Leonard Swigert – Jacks ouders – opgehaald, om ze vervolgens naar Honolulu mee te nemen teneinde de teruggekeerde ruimtebemanning te begroeten. Volgens het protocol bij dit soort ceremoniële begroetingen zou het gezelschap van de president eerst landen, zodat het staatshoofd het geëerde driemanschap persoonlijk welkom kon heten. Maar toen de C-141 Hawaii naderde was de Air Force One nog nergens te bekennen, en de mannen die van plan waren geweest om een deel van de afgelopen week rondjes rond de maan te draaien, moesten nu een gedeelte van de zondag rondjes draaien rond Honolulu, wachtend tot de president eindelijk in zicht zou komen. Pas toen Nixons toestel aan de grond stond en de leden van zijn gezelschap hun plaats op het platform hadden ingenomen, mocht de C-141 landen. En toen dat gebeurd was, schoof Nixon het protocol onverwacht terzijde.

'Waarom gaan jullie er niet eerst naar toe,' zei hij tegen de familieleden. 'Dit hoort een begroeting binnen de familiekring te zijn.' Marilyn Lovell, Mary Haise en de Swigerts renden het platform op naar de ietwat verbijsterde bemanning.

Ondanks Nixons tegemoetkoming betreffende de gevoelens van de familieleden, was er die dag en de volgende maar weinig ruimte voor enige beslotenheid. Tijdens de achtenveertig uur dat de bemanningsleden van de Apollo 13 in het gebied van de Grote Oceaan vertoefden werden ze geschaduwd door de media, die de beelden van de welkom-thuisriten over de hele wereld uitzonden. De verhalen en de beelden waren steevast positief, om niet te zeggen dociel. Pas toen de astronauten weer in Houston terugkeerden begon de berichtgeving in de pers wat kritischer te worden. Om halfzeven maandagsavonds, een week na de explosie, organiseerde de NASA een persconferentie waarbij de drie astronauten voor het eerst na de lancering met de media zouden worden geconfronteerd. Direct na de introductie van iemand van Public Affairs stelde een verslaggever de vraag waarvan Lovell – en NASA – had gehoopt dat niemand die zou stellen.

'Captain Lovell,' riep de verslaggever vanuit de menigte, 'waar dacht u aan tijdens de missie toen u de opmerking maakte ^Ik denk dat dit voorlopig weleens de laatste maanreis zou kunnen zijn'?'

Lovell treuzelde enkele ogenblikken. Tijdens de vlucht naar Hawaii had hij geprobeerd een antwoord op die onontkoombare vraag te bedenken – maar het was een vraag die nogal wat extra denkwerk vereiste. Het enige directe antwoord was dat hij méénde wat hij had gezegd. Met hoge snelheid op weg naar de schaduwkant van de maan in een ruimteschip met maar weinig zuurstof, met maar weinig vermogen en met maar weinig kans om behouden op aarde terug te keren, was niet bepaald vertrouwenwekkend voor de volgende mannen die zo'n soort reis zouden moeten maken, en toen Lovell zich afvroeg of iemand anders dit nog eens moest proberen, waren zijn twijfels diep en oprecht. Maar hoewel dit het soort antwoord was dat je aan je vrienden zou kunnen toevertrouwen, of aan je vrouw, of aan de bemanning, was het níet het soort antwoord dat je aan een zaal vol verslaggevers gaf. Dat soort antwoord vereiste heel wat meer denkwerk, en weifelend begon Lovell aan zijn reactie.

'Dat is een goede vraag,' smeerde de astronaut om te beginnen stroop rond de mond van de verslaggever. 'Allereerst moeten jullie je allemaal goed onze positie op dat tijdstip indenken. We stonden op het punt achter de maan te verdwijnen, we wisten niet wat er met ons ruimteschip was gebeurd, en verder keken we naar buiten en probeerden we zoveel mogelijk foto's te maken voor we aan de achterkant verdwenen en weer naar huis werden geslingerd. Op dat moment heb ik misschíen heel even gedacht dat we maar moesten proberen zoveel mogelijk opnamen te maken omdat dit voorlopig weleens de laatste bemande ruimtevlucht kon zijn geweest. Maar als ik er nu op terugkijk, en terugblikkend op de manier waarop de NASA ons heeft geholpen thuis te komen, dan ben ik die mening niet langer meer toegedaan. Ik denk dat het een situatie was waarin we onze problemen analyseerden, en ik ben momenteel van mening dat we dit incident achter ons kunnen laten om er weer met volle kracht tegenaan te gaan. Ik zou het geen enkel probleem vinden om onder de huidige omstandigheden nog een vlucht te maken.'

Lovell zweeg even en keek de zaal door. Het was geen perfect antwoord; het was geen antwoord dat hij zou geven als hij wat meer tijd had gehad om erover na te denken. Maar het was, realiseerde hij zich, in essentie de waarheid. Hij hoopte alleen maar dat iemand anders heel snel met de volgende vraag zou komen, dan kon hij het hierbij laten.

Een andere verslaggever kreeg nu gelegenheid tot het stellen van een vraag. 'Jim, nu we het daar toch over hebben, over het weer willen vliegen, je hebt ons verteld dat dit je laatste vlucht zou zijn, maar dat je wèl een keertje over de maan wilde wandelen voor je de ruimtevaart opgeeft. Hoe voel je je nu? Zou je weer terug willen en het nog eens proberen met de Apollo 14, 15 of 16, of is Marilyn...'

De verslaggever liet zijn stem wegsterven, waardoor het woord 'Marilyn' in de lucht bleef hangen, en toen hij dat deed, ging er heel even een waarderend geroezemoes door de zaal. Lovell lachte mee met de groep en wachtte tot het weer stil was geworden voor hij met zijn antwoord kwam.

'Nou,' zei hij, 'ik ben natuurlijk erg teleurgesteld, net als Fred en Jack dat zijn, dat we onze missie niet hebben kunnen voltooien. We hadden erg graag een maanlanding willen maken. Fra Mauro heeft een hoop te bieden, dachten we zo. Maar dit was mijn vierde ruimtevlucht en er zijn veel mensen binnen de organisatie die nog helemaal niet hebben gevlogen, en die het verdienen om te vliegen, en die voldoende getalenteerd zijn om te vliegen. En zíj verdienen het om met een missie mee te gaan. Als de NASA vindt dat dit team terug naar Fra Mauro moet, dan ben ik uiteraard bereid te gaan. Maar zo niet, dan denk ik dat andere mensen het nu maar moeten doen.'

In tegenstelling met het antwoord op de vorige vraag, had Lovell hier nog nauwelijks over nagedacht. Maar zelfs terwijl hij de woorden uitsprak, wist hij dat hij ze meende. Vier vluchten wáren voldoende; ruim twintig andere piloten zaten erop te wachten; en zoals de verslaggever reeds had laten doorschemeren, er wàs de vraag wat Marilyn ervan zou vinden. Na Pax River en Oceana, de Gemini 7 en Gemini 12, de Apollo 8 en Apollo 13, had de vrouw van de man met meer uren in de ruimte op zijn naam dan welke andere Amerikaan dan ook, het recht om van hem te verwachten dat hij niet nòg meer uren aan dat totaal zou toevoegen. Jim Lovell, hoewel hij van nature en door zijn training en zijn vele ervaring testvlieger bij uitstek was, was geneigd aan die verwachting gehoor te geven.

Mocht het onderzoek naar de maan voor de commandant van de Apollo 13 persoonlijk dan ten einde zijn gekomen, dat gold niet voor de NASA. In de fabrieken van Grumman en North American Rockwell en in de assemblagegebouwen op het terrein van het Space Center, zinderde het tussen de Saturnus 5 draagraketten en de vloot van Apollo-ruimteschepen die op het punt stonden gelanceerd te worden nog steeds van de bedrijvigheid. Maar vóór de vluchtplanners van de Agency ook maar konden beginnen met het trainen van een nieuwe bemanning, diende eerst de oorzaak te worden vastgesteld van het ongeluk waarbij de laatste bemanning bijna om het leven was gekomen.

Tot nu toe waren er maar weinig aanwijzingen. Nadat de foto's waren bestudeerd die de bemanning van de Apollo 13 mee terug naar de aarde hadden genomen, kwam de NASA tot de conclusie dat hun ruimteschip niet door een meteoriet of een of ander onverklaarbaar projectiel was beschadigd. De beschadigingen aan de romp van Odyssey waren 'schoon', aan niets was te zien dat het ruimteschip vanaf de buitenkant was geraakt en uit niets viel op te maken dat de zuurstoftank tijdens een inslag was vernield. Nee, er moest zich een of andere explosie in de tank zèlf hebben voorgedaan, waardoor een energiestoot in het ruimteschip zèlf moest hebben plaatsgevonden, waardoor op zijn beurt een deel van de beplating werd weggeslagen. Op 17 april, slechts enkele uren nadat de commandomodule met veel gesis in de Grote Oceaan was terechtgekomen, stelde de directeur van de NASA Thomas Paine een commissie samen die vast moest stellen hoe het een en ander in zijn werk was gegaan.

De onderzoekscommissie die Paine samenstelde werd voorgezeten door Edgar Cortright, directeur van het Langley Research Center in Virginia, dat ook tot de NASA behoorde. Samen met Cortright hadden nog veertien anderen zitting, waaronder de nog steeds op een voetstuk geplaatste Neil Armstrong, een stuk of tien technici en bestuurders van de NASA en, heel opvallend, een onafhankelijke waarnemer van buiten de Agency. Nog steeds geïrriteerd door het eigen ouwe-jongensonderzoek dat na de brand in de Apollo 1 was uitgevoerd, zou het Congres, realiseerde de NASA zich terdege, erop staan dat de resultaten van de commissie door een waarnemer te laten volgen; en nog steeds gelouterd door het oproer dat in Washington was ontstaan na dit onderzoek achter gesloten deuren, wist de NASA niet hoe snel ze daarmee in moest stemmen.

De Cortright-commissie ging snel aan het werk, en hoewel geen van de mannen die er zitting in had een flauw idee had wat ze zouden vinden toen ze naar de oorzaak van de explosie aan boord van de Apollo 13 op zoek gingen, wisten ze redelijk zeker wat ze níet zouden vinden: een nog rokend pistool. Zoals piloten en testvliegers al sedert de dagen van de uit linnen en hout opgebouwde machines hadden ontdekt, werden cataclysmische ongevallen, van welke aard dan ook, bijna nooit veroorzaakt door één enkel catastrofaal falen van een bepaald onderdeel; maar veeleer waren ze onvermijdelijk het gevolg van een hele serie afzonderlijke, veel kleinere incidenten, die op zich weinig schade konden aanrichten, maar die bij elkaar meer dan genoeg ellende konden veroorzaken om de meest ervaren vlieger uit de lucht te meppen. De Apollo 13, vermoedden de commissieleden, moest vrijwel zeker het slachtoffer van zo'n reeks ministoringen zijn geweest.

De eerste stap die de Cortright-commissie deed bij het volgen van het hardware-spoor was de lange ontstaansgeschiedenis van zuurstoftank twee nalopen. Elk belangrijk onderdeel van een Apollo-ruimteschip, van gyro's tot radio's, van computers tot cryogene tanks, werd vanaf het moment dat de eerste blauwdrukken werden gemaakt totdat het op de dag van lancering via het lanceerplatform de lucht in werd geslingerd, op de voet gevolgd door kwaliteitscontrole-inspecteurs; elke onregelmatigheid bij de fabricage of bij het testen werd genoteerd en gearchiveerd. Gesteld mocht worden dat hoe dikker de map was van een bepaald onderdeel, hoe meer kopzorg dat onderdeel had veroorzaakt. En zuurstoftank twee bleek inderdaad een heel dossier te hebben.

De problemen met de tank begonnen in 1965, rond de tijd dat Jim Lovell en Frank Borman druk met hun training bezig waren voor de Gemini 7-vlucht, en North American Aviation bezig was met de bouw van de Apollo commando-/servicemodule die uiteindelijk de tweepersoons ruimtecapsule moest vervangen. Net als elk bedrijf dat zo'n enorme klus op zich nam, probeerde North American niet al het ontwerp- en constructiewerk zelf te doen, maar besteedde bepaalde onderdelen uit aan onderaannemers. En een van de meest delicate klussen was het bouwen van de cryogene tanks voor het ruimteschip, een taak die werd uitbesteed bij Beech Aircraft in Boulder, Colorado.

Beech en North American wisten dat de tanks voor het nieuwe ruimteschip méér moesten zijn dan alleen maar geïsoleerde flessen. Om zulke onberekenbare stoffen als vloeibare zuurstof en waterstof te kunnen hanteren, dienden de bolvormige containers te worden voorzien van allerlei veiligheidsmaatregelen, waaronder ventilatoren, thermometers, druksensoren en verwarmingselementen, die allemaal direct in aanraking moesten kunnen komen met de superkoude brij die in de tanks moest worden opgeslagen, en die allemaal van elektrische energie moesten worden voorzien.

Het elektrisch systeem van het Apollo ruimteschip was ontworpen om op 28 volt te functioneren – de hoeveelheid stroom die werd gegenereerd door de drie brandstofcellen van de servicemodule. Van alle systemen in de cryogene tanks die door dit verhoudingsgewijs bescheiden stroomsysteem moesten worden bediend, dienden vooral de verwarmingselementen voortdurend aandachtig in de gaten te worden gehouden. Gewoonlijk werden de cryogene waterstof en zuurstof op een constante temperatuur van minus 200 graden gehouden. Dit was koud genoeg om de ijzige gassen in een brij-achtige, niet vluchtige toestand te houden, maar warm genoeg om een gedeelte van de brij in staat te stellen te verdampen en door de leidingen te vloeien die zowel naar de brandstofcellen als naar het atmosferisch systeem van de cockpit liepen. Af en toe viel de druk in een tank iets weg, waardoor het gas niet door de leidingen liep, met als gevolg dat zowel de brandstofcellen als de bemanning gevaar liepen. Om dit te voorkomen werden af en toe de verwarmingselementen ingeschakeld, die iets van de vloeistof deden verdampen en de binnendruk naar een hogere, veiliger niveau tilden.

Uiteraard was het onderdompelen van een verwarmingselement in een druktank met zuurstof op het eerste gezicht een riskante aangelegenheid, en om het gevaar van brand of explosies te miniseren, waren de verwarmingselementen uitgerust met een thermostatische schakelaar die onmiddellijk de stroomtoevoer zou onderbreken als de temperatuur in de tanks te hoog opliep. In zijn algemeenheid mag gezegd worden dat die temperatuurlimiet niet erg hoog was: 26 graden; aan een hogere temperatuur wensten de technici hun superkoude tanks niet te onderwerpen. Maar vergeleken met de geïsoleerde containers waarin de overheersende temperatuur 226 graden lager lag, mocht toch van een aanzienlijke opwarming worden gesproken. Als de verwarmingselementen ingeschakeld werden en normaal functioneerden, bleven de thermostatische schakelaars gesloten – of ingeschakeld – waarbij het elektrisch circuit van het verwarmingssysteem contact bleef maken en dus kon blijven functioneren. Zodra de temperatuur in de tank boven de 26 graden steeg, maakten twee minieme contactjes op de thermostaat zich van elkaar los, waardoor er geen contact meer werd gemaakt en het systeem werd uitgeschakeld.

Toen North American Beech het eerste tankcontract toekende, zei de fabrikant tegen het toeleveringsbedrijf dat de thermostaatschakelaars – net als de andere schakelaars en systemen aan boord van het ruimteschip – compatibel moesten zijn met het spanningsnet van 28 volt aan boord van het ruimteschip, en Beech ging daarmee akkoord. Dit voltage was echter niet het enige dat aan boord zou worden gebruikt. Tijdens de weken en maanden voorafgaand aan de lancering was het ruimteschip het overgrote deel van de tijd gekoppeld aan de in de lanceerplatforms ingebouwde generatoren op Cape Canaveral, zodat er allerlei testen konden worden uitgevoerd. De generatoren op de Cape waren echte dynamo's, vergeleken met de nietige brandstofcellen aan boord van de servicemodule, en wekten wel 65 volt op.

Op een gegeven moment begon North American zich zorgen te maken dat zo'n relatieve bliksemschicht het delicate verwarmingssysteem van de cryogene tanks naar de knoppen zou kunnen helpen vóór het ruimteschip goed en wel was gelanceerd, en besloot de specificaties te veranderen, waarna onmiddellijk Beech werd verwittigd; die kreeg te horen dat ze de oorspronkelijke verwarmingsplannen moesten vergeten en die dienden te vervangen door een systeem dat bestand was tegen de hogere, aan het lanceerplatform onttrokken spanning. Beech noteerde die verandering en paste plichtsgetrouw het hele verwarmingssysteem aan – althans, bíjna het hele verwarmingssysteem. Op onverklaarbare wijze negeerden de technici de verandering in de specificatie waar het de thermostaatschakelaars betrof, waardoor daar, in de nieuwe 65-volts verwarmingselementen, de oude 28-volts schakeling gehandhaafd bleef. Beech-technici, North American-technici en NASA-technici, allemaal controleerden ze de door Beech verrichte arbeid, maar niemand ontdekte deze tegenstrijdigheid.

Hoewel 28-volts schakelaars in een 65-volts tank niet noodzakelijkerwijs voldoende zijn om schade aan een tank aan te richten – niet meer dan bijvoorbeeld slechte bedrading in een huis voldoende is om de eerste keer dat er een lichtknopje om wordt gedraaid onmiddellijk brand te laten uitbreken – was het toch een fout van belang. Wat nodig was om het tot een catastrofe te laten uitgroeien waren andere, even onbenullige vergissingen. De Cortright-commissie vond ze vrij snel.

De tanks die uiteindelijk aan boord van de Apollo 13 werden gebruikt, werden op 11 maart 1968 naar de North American-fabriek in Downey,

Californië, getransporteerd – compleet met hun 28-volts schakelaars. Daar werden ze bevestigd aan een metalen frame, of rek, en in servicemodule 106 geïnstalleerd. Module 106 zou de lucht in gaan in 1969, met de vlucht van de Apollo 10, wanneer Tom Stafford, John Young en Gene Cernan vanuit een baan rond de maan de eerste proeven met de maanmodule zouden uitvoeren. Maar tijdens de daaropvolgende maanden werd aan het ontwerp van de zuurstoftanks nog een aantal technische verbeteringen uitgevoerd, en de technici besloten de bestaande tanks uit de servicemodule van de Apollo 10 te halen en die te vervangen door nieuwere. De tanks die in het ruimteschip hadden gezeten zouden aan het nieuwe ontwerp worden aangepast en in een andere servicemodule worden ingebouwd, die dan voor een latere vlucht zou kunnen worden gebruikt.

Het demonteren van de cryogene tanks aan boord van een Apollo was een delicate operatie. Aangezien het nagenoeg onmogelijk was zo'n tank los te maken uit de wirwar van pijpen en bekabeling waaraan die vastzat, diende het hele rek – compleet met alle bijbehorende hardware – te worden weggehaald. Om dit te kunnen doen, dienden de technici een kraan aan de rand van het rek te bevestigen, de vier bouten los te draaien die het op zijn plaats hielden om vervolgens het geheel naar buiten te trekken. Op 21 oktober 1968, de dag dat Wally Schirra, Donn Eisele en Walt Cunningham na hun elfde dag aan boord van de Apollo 7 op aarde terugkeerden, schroefden Rockwell-technici het tankrek van module 106 los en begonnen dat behoedzaam uit het ruimteschip te tillen.

Zonder dat de man die de kraan bediende het wist, bleek een van de vier bouten nog op zijn plaats te zitten. Toen de liermotor werd geactiveerd, kwam het rek maar vijf centimeter omhoog voor de resterende bout bleef haken, de kraan tipte iets naar voren en het rek viel weer op zijn plaats. De schok die het vallende rek teweeg had gebracht was minimaal, maar de procedures hoe in dit geval te werk gegaan diende te worden waren duidelijk. Elk incident op de werkvloer, hoe onbetekenend ook, vereiste dat alle betrokken onderdelen van het ruimteschip aan een nauwkeurige inspectie werden onderworpen om er zeker van te zijn dat ze geen schade hadden opgelopen. De tanks die op het gevallen rek zaten gemonteerd werden onderzocht en onbeschadigd bevonden. Kort daarna werden ze weggehaald, aangepast en weer geïnstalleerd in servicemodule 109, die onderdeel zou gaan uitmaken van het ruimteschip dat later bekend zou worden onder de naam Apollo 13. Begin 1970 werd de Saturnus 5 draagraket met de Apollo 13 erbovenop gemonteerd naar het lanceerplatform gereden en klaargemaakt voor een lancering in april. Het was hier, ontdekte de Cortright-commissie, dat het laatste stukje van de rampzalige puzzel op zijn plaats viel.

Een van de belangrijkste mijlpalen in de weken voorafgaande aan een Apollo-lancering was de oefening die bekendstond als de aftel-demonstratietest. Het was tijdens deze uren durende oefening dat de mannen in het ruimteschip en de mannen op de grond voor het eerst alle stappen zouden doornemen die uiteindelijk moesten leiden tot de feitelijke ontbranding van de draagraket op de dag van de lancering. Om deze generale repetitie zo compleet mogelijk te maken, zouden de cryogene tanks volledig onder druk worden gezet, zouden de astronauten hun complete pak aanhebben en zou de cabine worden gevuld met circulerende lucht met dezelfde druk als tijdens de lancering zou worden toegepast.

Tijdens de aftel-demonstratietest, met Jim Lovell, Ken Mattingly en Fred Haise in hun zetels gesnoerd, deden zich geen opvallende problemen voor. Maar aan het eind van de lange repetitiedag meldde het grondpersoneel echter één kleine afwijking. Het cryogene systeem, dat van zijn superkoude vloeistof moest worden ontdaan vóór alle systemen aan boord van het ruimteschip werden gedeactiveerd, gedroeg zich nogal wispelturig. De aftapprocedure voor de cryogene tanks was niet uitzonderlijk gecompliceerd; de technici dienden simpelweg door één leiding gasvormige zuurstof in de tank te pompen, waardoor de vloeistof door de andere leiding werd geperst. Beide waterstoftanks, alsmede zuurstoftank een, lieten zich gemakkelijk leegblazen. Maar zuurstoftank twee leek ergens verstopt te zitten; slechts acht procent van de 145 kilo superkoude brij kwam eruit, en toen hield het op.

Na tekeningen van de tank en zijn produktiegeschiedenis te hebben bestudeerd, waren de technici op de Cape en van Beech Aircraft van mening dat ze het probleem hadden gevonden. Toen het rek anderhalf jaar geleden een stukje was gevallen, vermoedden ze nu, had de tank meer schade opgelopen dan de mensen in de fabriek zich aanvankelijk hadden gerealiseerd, en was een van de afvoerbuizen in de hals onder het vat uit het lood gedrukt. Dit zou tot gevolg kunnen hebben dat de gasvormige zuurstof die rechtstreeks door de leiding in de tank werd gepompt, nu weglekte in de leiding die de afvoer van de tank vormde, waardoor de vloeibare zuurstof die geacht werd weggepompt te worden, nauwelijks van zijn plaats kwam.

Bij een ruimteschip waarin technici een tolerantie voor fouten hanteerden van nagenoeg nul, zou zo'n gigantisch defect onder normale omstandigheden een hele serie alarmbellen hebben doen rinkelen. Maar in dit geval gebeurde er niets. De methode om de tank te legen werd alleen maar gebruikt tijdens proeven op het lanceerplatform. Tijdens de vlucht zelf, zou de vloeibare zuurstof die zich in de tank bevond niet via de loospijp naar buiten worden geleid, maar via een heel ander buizenstelsel, dat òf naar de brandstofcellen liep, òf naar het atmosferisch systeem dat de cockpit voorzag van lucht die kon worden ingeademd. Als de technici een manier konden verzinnen om de tank vandaag leeg te laten lopen, konden ze hem op de dag dat de lancering zou plaatsvinden weer gewoon vullen, en zouden ze zich nooit meer zorgen over de vul- en loosleidingen hoeven te maken. De techniek die ze daarvoor bedachten was even elegant als simpel.

Bij zijn huidige superkoude temperatuur en onder de verhoudingsgewijs lage druk, zou de vloeistof in de tank zeker nooit in beweging komen. Maar wat zou er gebeuren, vroeg een van de deskundigen zich af, als de verwarmingselementen zouden worden gebruikt? Waarom die elementen niet ingeschakeld, die brij eens lekker opwarmen, om vervolgens de hele lading O_2 de loospijp uit te blazen?

'Is dat de beste oplossing die we kunnen verzinnen?' vroeg Jim Lovell aan de technici die op het lanceerplatform werkzaam waren tijdens een bijeenkomst in het Operations-gebouw op de Cape, waar hem de procedure werd uitgelegd.
'De beste die we kunnen verzinnen,' kreeg hij te horen.
'De tank doet verder alles wat er van hem verwacht wordt?'
'Alles.'
'Verder geen andere ongerechtigheden, voor zover jullie kunnen zien?'
'Geen enkele.'
'En die afvoerpijp heeft tijdens de vlucht zelf geen enkele functie?'
'Geen.'
Lovell dacht een ogenblik na. 'Hoe lang duurt het om die tank helemaal weg te halen en hem te vervangen door een nieuwe?'
'Maar vijfenveertig uur, maar dan moeten we hem wèl weer helemaal testen en uitproberen. Als we het lanceervenster missen, zal de hele vlucht minstens een maand moeten worden uitgesteld.'
'Nou,' zei Lovell, na opnieuw een lange pauze, 'als jullie er geen problemen mee hebben, dan heb ik die ook niet.'
Maanden later, tijdens de hoorzittingen van de Cortright-commissie op de Cape, bleef Lovell achter zijn beslissing van toen staan. 'Ik was het met de oplossing eens,' zei hij. 'Als het zou werken, konden we op tijd worden gelanceerd. Als het níet werkte, zouden we naar alle waarschijnlijkheid de tank moeten vervangen, en zou de lanceerdatum in gevaar komen. Niemand van de testmensen op het lanceerplatform wìst dat de verkeerde thermostaat in die tank zat, of kon vermoeden wat er zou gebeuren als die verwarmingselementen te lang aan bleven staan.'
Maar de verkeerde thermostaatschakelaar – de 28-volts schakelaar – zàt in de tank, en, zo bleek uiteindelijk, de verwarmingselementen bléven veel te lang ingeschakeld. Op de avond van 27 maart, vijftien dagen vóór de geplande lancering van de Apollo 13, werden de verwarmingselementen in de tweede zuurstoftank aan boord van ruimteschip 109 geactiveerd. Gezien de grote hoeveelheid O2 die in de tank vastzat, hadden de technici berekend dat het wel eens acht uur zou kunnen duren voor de laatste spoortjes gas afgevoerd zouden zijn. Acht uur was ruim voldoende tijd om de temperatuur in de tank tot boven de 26 graden te laten klimmen, maar de technici wisten dat ze op de thermostaat konden vertrouwen. Maar toen déze thermostaat de kritische temperatuur bereikte, en probeerde zich te openen, zorgde de spanning van 65 volt ervoor dat er onmiddellijk sluiting ontstond.
De technici op het lanceerplatform van de Cape konden onmogelijk weten dat dit uiterst kleine onderdeel dat geacht werd de zuurstoftank te beschermen helemaal vastzat. Eén enkele technicus kreeg opdracht toezicht te houden bij het leeg laten lopen van de tank, maar het enige dat zijn instrumenten hem over de cryogene verwarmingselementen vertelden, was dat de contacten op de thermostaat sluiting maakten, zoals ze hóórden te doen, als bewijs dat de tank niet te veel werd opgewarmd. De enige mogelijke aanwijzing dat het systeem niet helemaal juist functioneerde

werd geleverd door een metertje op het instrumentenpaneel van het lanceerplatform dat voortdurend de temperatuur in de zuurstoftanks registreerde. Als de aflezing boven de 26 graden kwam, zou de betreffende technicus weten dat de thermostaat niet meer functioneerde, en diende hij de verwarmingselementen met de hand uit te schakelen.

Helaas was het metertje op het instrumentenpaneel niet in stáát om meer dan 26 graden aan te geven. Gezien de geringe kans dat de temperatuur binnen de tank ooit zo hoog uit zou komen, en omdat 26 graden het begin van de gevarenzone vormde, hadden de mannen die het instrumentenpaneel hadden ontworpen geen enkele reden gezien om de eindstand van het wijzertje hoger te maken, en maakten van 26 graden dus maar gelijk het maximum. Wat de technicus die die avond dienst had niet wist – niet kòn weten – was dat met zo'n gesloten thermostaat de temperatuur in die betreffende tank inderdaad flink aan het stijgen was, wel tot 530 °C – hij leek wel een oven.

Men liet de verwarmingselementen het grootste deel van de avond aanstaan, terwijl de naald van de temperatuurmeter voortdurend een warme maar veilige 26 graden aangaf. Aan het eind van de acht uur durende periode was het laatste beetje van de lastige vloeibare zuurstof weggekookt, zoals de technici hadden gehoopt dat zou gebeuren – maar dat gold ook voor de teflon-isolatie die de bedrading in de tank beschermde. Door de thans lege tank liep nu een heel web van onbeschermde, vonkgevoelige koperdraden, die binnenkort weer zouden worden ondergedompeld in juist díe vloeistof die meer dan elke andere vuur zou kunnen verspreiden: zuivere zuurstof.

Zeventien dagen later en op bijna 370.000 kilometer in de ruimte, activeerde Jack Swigert, reagerend op een dagelijks terugkerend routineverzoek vanaf de grond, de cryogene ventilator om de inhoud van de zuurstoftanks een beetje te roeren. De eerste twee keer dat Swigert aan deze opdracht had voldaan, had de ventilator normaal gefunctioneerd. Maar deze keer echter vloog er een vonk van de onbeschermde koperdraad en die deed de resterende teflon ontbranden. De plotselinge opeenhoping van warmte en druk in deze omgeving van zuivere zuurstof zorgde ervoor dat de hals van de tank werd weggeblazen, het zwakste punt van de container. De 136 kilo zuurstof die in de tank zat werd onmiddellijk in gas omgezet, dat direct compartiment vier van de servicemodule vulde en vervolgens het buitenpaneel van het ruimteschip uit zijn sponningen blies – de harde klap waarvan de bemanning zo was geschrokken. Het losgeslagen stuk huidbeplating raakte nog net heel even de high-gain-antenne van het ruimtevaartuig, wat de mysterieuze kanaalwisseling tot gevolg had die door de communicatieman in Mission Control werd gemeld, precies op hetzelfde moment dat de bemanning hun knal en de ruk aan de grond doorgaven.

Hoewel tank een door de explosie geen directe beschadigingen opliep, maakte hij deels toch van dezelfde leidingen gebruik; omdat de explosie deze delicate leidingen wegsloeg, ging de onbeschadigde tank lekken en liep de inhoud weg in de ruimte. Om de zaak nog erger te maken, deed de explosie het ruimteschip zó hevig door elkaar schudden, dat verscheidene kleppen die voor de brandstoftoevoer naar de stuurraketten moesten zorgen dichtklapten, zodat ze de rest van de reis niet meer te gebruiken waren. Terwijl het ruimteschip een zwieper maakte, zowel veroorzaakt door het leeglopen van tank een als de explosie zelf, begon de automatische piloot stuurraketten te activeren die ervoor moesten zorgen dat de Apollo 13 weer in de juiste stand kwam te liggen. Maar omdat maar enkele van die raketjes functioneerden, zag het ruimteschip geen kans in de oorspronkelijke stand terug te komen. Toen Lovell het nog maar gedeeltelijk werkende besturingssysteem handmatig overnam, had hij even weinig geluk. Binnen twee uur was het met het ruimteschip gebeurd.

Dit waren uiteindelijk de theorieën waarmee de leden van de Cortright-commissie op de proppen kwamen, maar die konden pas worden bevestigd nadat eerst de technische merites van een en ander waren getoetst. In een vacuümruimte in het Space Center in Houston activeerden technici een verwarmingselement in net zo'n tank als aan boord van de Apollo 13 was gebruikt, en merkten toen dat de thermostaat inderdaad sluiting maakte; vervolgens lieten ze hem net zo lang aanstaan als bij de Apollo 13 het geval was geweest, en merkten toen dat het teflon inderdaad wegbrandde; ten slotte husselden ze de cryogene inhoud net zo door elkaar als bij de Apollo het geval was geweest, en ontdekten dat er inderdaad een vonk van een draad vloog, waardoor de testtank bij de hals openbarstte en het zijpaneel van de voor de test gebruikte servicemodule inderdaad werd weggeblazen.

Het enige andere mysterie dat nu nog moest worden opgelost, was de oorzaak van de steeds vlakker wordende baan tijdens de thuisreis, en dat mocht worden uitgezocht door de TELMU's. Aquarius, concludeerden deze flight-controllers, had zichzelf voortdurend uit de juiste koers geduwd, níet door een of ander onopgemerkt lek in een tank of een pijp, maar door flarden stoom die uit het koelsysteem waren komen zetten. De slierten stoom die de op water gebaseerde sublimator uitstootte terwijl hij het teveel aan warmte aan het heelal afdroeg, hadden de baan van een LEM nog nooit eerder beïnvloed, maar dat kwam alleen maar omdat de maanlander gewoonlijk pas geactiveerd werd als hij zich reeds in een baan rond de maan bevond, klaar om zich van het moederschip los te maken en naar het maanoppervlak af te dalen. Tijdens zijn korte trip was de stoompluim niet krachtig genoeg om de maanlander in welke richting dan ook te dwingen. Maar tijdens een trage, 445.000 kilometer lange zweefvlucht richting aarde, was de bijna niet te meten stuwkracht voldoende om de baan van het ruimteschip te wijzigen, om het op een gegeven moment helemaal uit zijn re-entry-corridor te duwen.

Laat in het voorjaar maakte de Cortright-commissie haar bevindingen openbaar, deemoedig bekennend dat geen van deze technische problemen zich sowieso voor had mogen doen, maar tevens benadrukkend dat de problemen *louter* technisch van aard waren geweest – dat het de NASA in elk geval gelukt was het schrikbeeld te vermijden van drie dode astronauten die eeuwig rond de aarde zouden cirkelen in een even dood ruimtevaartuig.

Toen het rapport werd gepubliceerd stortte het overgrote deel van de ruimtevaartgemeenschap in Houston zich erbovenop, maar Jim Lovell, Jack Swigert en Fred Haise waren daar niet bij. Tegen die tijd waren de mannen wiens levens het meest direct beïnvloed waren door de kortgesloten thermostaat en de thermometer die niet hoger dan 26 graden kon aangeven, door de uit elkaar gespatte tank en de stomende sublimator, allang het land uit, druk bezig met een bezoek aan vijf landen dat de Agency voor hen had georganiseerd – het laatste klusje met betrekking tot hun missie.

Acht maanden nadat de bemanning van de Apollo 13 van hun goodwillreis terugkeerde, vertrok de Apollo 14 – uitgerust met verbeterde thermostaatschakelaars, beter beschermde bedrading en een derde zuurstoftank die in de servicemodule op een afzonderlijk rek zat gemonteerd – op weg naar Fra Mauro. Jim Lovell bracht tijdens die vlucht veel tijd in Mission Control door, uitdrukkingsloos toekijkend hoe Al Shepard en Ed Mitchell voetafdrukken achterlieten in de stoflaag van de lage heuvels waarin hijzelf en Fred Haise nooit een stap zouden zetten. Kort daarna verliet Lovell, die nu voorgoed van de lijst van potentiële maanreizigers was gehaald, het Apollo-programma en ging over naar het shuttle-programma, dat net werd opgestart. Daar werkte hij, in samenwerking met diverse leveranciers, aan het voorlopige ontwerp voor het reusachtige instrumentenpaneel van dit nieuwe ruimtevaartuig.

Op een middag, tijdens een bezoek van Lovell aan de fabriek van McDonnell Aircraft in St. Louis, waar hij druk bezig was met het bestuderen van blauwdrukken en schakelaaropstellingen, en een model op ware grote van het nieuwe dashboard uitprobeerde, keek hij op en liet hij langzaam zijn blik in het rond gaan. Plotseling drong het tot hem door dat het in déze ruimte was, in déze fabriek, dat hij vijftien jaar geleden ook al eens aan het werk was geweest, als een jonge marineofficier, met net Pax River achter zich, druk bezig assistentie te verlenen bij het ontwerpen van het instrumentenpaneel voor de nieuwe F4H Phantom. Na bijna een generatie vliegen, waaronder twee onstuimige vluchten rond de aarde en nog eens twee in de buurt van de maan, realiseerde hij zich plotseling dat hij de cirkel had voltooid. Die avond klom Jim Lovell in zijn T-38 en keerde naar huis terug – deze keer voorgoed – naar zijn gezin in Timber Cove.

De rest van de clan arriveerde aan de vooravond van Kerstmis even voor twaalf uur 's middags bij het huis in Horseshoe Bay van Jim en Marilyn Lovell. Zoals bij al die aankomsten sinds het vijfde, zesde en zevende kleinkind waren geboren, ging het er ook deze keer rumoerig aan toe. Eerst kwamen de zestienjarige Lauren, de veertienjarige Scott en de negenjarige Caroline door de voordeur naar binnen. Op de voet gevolgd door de aanzienlijk drukkere Thomas, twaalf, Jimmy van acht en John, die vier was. Zíj werden weer gevolgd door de reeds uitgeputte ouders. Allie, de baby, die nog maar net was bijgekomen van haar ademloze ondekkingstocht langs de breekbare spullen in het huis, fleurde weer helemaal op in de aanwezigheid van zoveel gezichten en kroop naar voren om zich in de mensenmenigte te mengen. Begroetingen werden uitgewisseld, jassen werden opgehangen, waarna – Lovell had het eigenlijk wel kunnen voorspellen – een van zijn kleinkinderen, John, zich naar zijn studeerkamer haastte. Lovell kon zich niet herinneren dat er zich ooit een gelegenheid had voorgedaan waarbij John níet onmiddellijk naar de gelambrizeerde kamer met alle speelgoedachtige trofeeën was gesneld, en dat Lovell zich bij die gelegenheden altijd afvroeg of zijn kleinzoon die prullen zag als iets dat méér was dan zomaar wat speeltjes.

Vandaag liet Lovell John een paar minuten alleen spelen, en liep toen op z'n gemak achter hem aan de kamer binnen. Zoals al zo vaak eerder had John zich achter de maanglobe genesteld die in een hoek van de studeerkamer stond. De globe mocht met een doorsnede van ruim een meter groot worden genoemd, en was met de hand beschilderd, waardoor zelfs de kleinste details van het vlekkerige maanoppervlak duidelijk konden worden onderscheiden. Verspreid over de bol zaten ook nog eens vijftien papieren pijltjes bevestigd, vastgeplakt op de plaatsen waar in de loop van de jaren bemande en onbemande ruimteschepen waren geland. Het waren de landingsplaatsen van de Amerikaanse Ranger ruimtesondes, van de Russische Loena's, van de Amerikaanse Surveyors en de Russische Loenachods. En uiteraard van de Amerikaanse Apollo's.

Maar op Lovells globe was op dit moment geen van die pijltjes – ook geen andere details trouwens – zichtbaar. John draaide de grote bal, zoals zijn gewoonte was geworden, hard in het rond en nam het geheel aandachtig in zich op, om hem met zijn rechterhand opnieuw een zwieper te geven als de maanglobe dreigde vaart te minderen. Lovell keek van dichtbij toe, keek naar de kraters en de mares, de heuvels en de geulen, die in één monochroom waas aan hem voorbij draaiden, en ging toen achter zijn kleinzoon staan. Hij stak zijn hand uit, bracht de globe met zijn vlakke hand tot stilstand en leidde de jongen met zijn andere hand naar de vensterbank, waar het optisch vizier van Aquarius stond opgesteld.

'John,' zei de voormalige commandant, 'ik zal je iets laten zien dat je misschien ook wel interessant vindt.'

Achter Lovell kwam de maanglobe piepend tot stilstand, met een van de papieren pijltjes voor altijd op Fra Mauro gericht.

Bijlage A

Tijdschema Apollo 13-vlucht

GET (grondverstreken tijd)	Houston-tijd en datum	Bijzonderheden
00:00:00	Zaterdag 11 april 13:13 uur	Lancering
2:35:46	Zaterdag 11 april 15:48 uur	Oversteek naar maanbaan
30:40:50	Zondag 12 april 19:53 uur	Koerscorrectie om vrije-terugkeerbaan te verlaten
55:11:00	Maandag 13 april 20:24 uur	Begin van de laatste televisieuitzending
55:54:53	Maandag 13 april 21:07 uur	Zuurstoftank twee explodeert
57:37:00	Maandag 13 april 22:50 uur	Bemanning verlaat Odyssey
61:29:43	Dinsdag 14 april 2:43 uur	Raketmotor van Aquarius geactiveerd voor terugkeer naar vrije-terugkeerbaan
77:02:39	Dinsdag 14 april 18:15 uur	Ruimteschip verdwijnt aan de achterkant van de maan
79:27:39	Dinsdag 14 april 20:40 uur	Raketmotor Aquarius geactiveerd voor PC+2-*burn* die de snelheid moet verhogen
86:24:00	Woensdag 15 april 3:38 uur	Bemanning begint met het maken van de lithiumhydroxyde-adapters

GET (grond- verstreken tijd)	Houston-tijd en datum	Bijzonderheden
97:10:05	Woensdag 15 april 14:23 uur	Accu twee aan boord van Aquarius explodeert
105:18:28	Woensdag 15 april 22:31 uur	Raketmotor van Aquarius tot ontbranding gebracht teneinde koers te corrigeren
108:46:00	Donderdag 16 april 1:59 uur	Helium-breekschijf aan boord van Aquarius begeeft het
137:39:52	Vrijdag 17 april 6:52 uur	Stuurraketten van Aquarius geactiveerd
138:01:48	Vrijdag 17 april 7:14 uur	Servicemodule afgestoten
141:30:00	Vrijdag 17 april 10:43 uur	Aquarius afgestoten
142:40:46	Vrijdag 17 april 11:53 uur	Begin re-entry
142:54:41	Vrijdag 17 april 12:07 uur	Splash-down

Bijlage B

Bij de vlucht van de Apollo 13 betrokken personen

John Aaron	Electrical and environmental command-officer (EECOM), Bruine Team
Arnie Aldrich	Chef-systemen, directoraat Flight Operations
Don Arabian	Leider, Mission Evaluation Room
Stephen Bales	Guidance-officer (GUIDO), Bruine Team
Jules Bergman	Wetenschapscorrespondent, ABC News
George Bliss	Lid EECOM-ondersteuningsploeg, Witte Team
Bill Boone	Flight dynamics officer (FIDO), Zwarte Team
Jerry Bostick	FIDO, Bruine Team
Vance Brand	Capsule-communicator (Capcom) en astronaut, Gouden Team
Dick Brown	Lid EECOM-ondersteuningsploeg, Witte Team
Clint Burton	EECOM, Zwarte Team
Gary Coen	Guidance, navigation and control-officer (GNC), Bruine Team
Edgar Cortright	Directeur van het NASA-onderzoekscentrum te Langley
Chuck Deiterich	Retrofire-officer (RETRO), Gouden Team
Brian Duff	Hoofd van de afdeling Public Affairs van het Manned Spacecraft Center te Houston

Charlie Duke	Reserve-LEM-piloot voor de Apollo 13; eerste LEM-piloot voor de Apollo 16
Charlie Dumis	EECOM, Witte Team
Max Faget	Hoofd van de afdeling techniek en ontwikkeling, Manned Spacecraft Center
Bill Fenner	GUIDO, Witte Team
Bob Gilruth	Directeur van het Manned Spacecraft Center
Alan Glines	Instrumentation and communications-officer (INCO), Witte Team
Jay Greene	FIDO, Bruine Team
Gerald Griffin	Flight-director (vluchtleider), Gouden Team
Fred Haise	Piloot maanlander Apollo 13
Jerry Hammack	Chef-bergingsteam Apollo 13
Willard Hawkins	In ruimtevaart gespecialiseerde arts, Witte Team
Bob Heselmeyer	Telemetry, electrical, EVA (extravehicular activity) mobility unit-officer (TELMU) voor de maanmodule, Witte Team
Tom Kelly	Projectleider maanmodule bij Grumman Aerospace
Joe Kerwin	Capcom en astronaut, Bruine Team
Jack Knight	TELMU, Bruine Team
Chris Kraft	Adjunct-directeur van het Manned Spacecraft Center
Gene Kranz	Eerste flight-director, Witte Team
Sy Liebergot	EECOM, Witte Team
Hal Loden	Flight-control-officer maanmodule (CONTROL), Zwarte Team

Jack Lousma	Capcom en astronaut, Witte Team
Jim Lovell	Commandant Apollo 13
George Low	Directeur Spacecraft and Flight Missions
Glynn Lunney	Flight-director, Zwarte Team
Ken Mattingly	Oorspronkelijke piloot commandomodule voor de Apollo 13; reservepiloot commandomodule voor de Apollo 16
Jim McDivitt	Commandant van de Gemini 4 en Apollo 9; hoofd van het bureau voor het Apollo-programma
Bob McMurrey	Protocol-officer van de NASA
Merlin Merritt	TELMU, Zwarte Team
Thomas Paine	Hoofd van de NASA
Bill Peters	TELMU, Gouden Team
Dave Reed	FIDO, Gouden Team
Gary Renick	GUIDO, Zwarte Team
Mel Richmond	Bergingsdeskundige
Ken Russell	GUIDO, Gouden Team
Phil Schaffer	FIDO, Gouden Team
Larry Sheaks	Lid EECOM-ondersteuningsploeg, Witte Team
Sig Sjoberg	Directeur Flight Operations
Deke Slayton	Hoofd Flight Crew Operations; astronaut
Ed Smylie	Chef Crew Systems Division; uitvinder van de lithiumhydroxyde-adapter
Bobby Spencer	RETRO, Witte Team
Bill Stoval	FIDO, Witte Team

Bill Strable	GNC, Witte Team
Larry Strimple	CONTROL, Witte Team
Jack Swigert	Piloot commandomodule Apollo 13
Ray Teague	GUIDO, Witte Team
Dick Thorson	CONTROL, Gouden Team
Glenn Watkins	Voortstuwingsdeskundige, TELMU-ondersteuningsploeg
John Wegener	CONTROL, Bruine Team
Tom Weichel	RETRO, Zwarte Team
Terry White	Public Affairs-officer van de NASA
Buck Willoughby	GNC, Gouden Team
Milt Windler	Flight-director, Bruine Team
John Young	reserve-commandant Apollo 13; eerste commandant Apollo 16

Bijlage C
De bemande Apollo-missies

Apollo 7
Bemanning: Wally Schirra, commandant
Donn Eisele, piloot commandomodule
Walt Cunningham, piloot maanmodule
Lancering: 11 oktober 1968
Splash-down: 21 oktober 1968
Missie: Eerste test van de Apollo-commando-/servicemodule in een baan rond de aarde.
Geen maanmodule.

Apollo 8
Bemanning: Frank Borman, commandant
Jim Lovell, piloot commandomodule
Bill Anders, piloot maanmodule
Lancering: 21 december 1968
Splash-down: 27 december 1968
Missie: Eerste bemande vlucht rond de maan. Alleen commando-/servicemodule.

Apollo 9
Bemanning: James A. McDivitt, commandant
Dave Scott, piloot commandomodule
Rusty Schweickart, piloot maanmodule
Lancering: 3 maart 1969
Splash-down: 13 maart 1969
Missie: Eerste test van zowel commando-/servicemodule als maanmodule tijdens een baan rond de aarde.

Apollo 10
Bemanning: Tom Stafford, commandant
John Young, piloot commandomodule
Gene Cernan, piloot maanmodule
Lancering: 18 mei 1969
Splash-down: 26 mei 1969
Missie: Eerste test van zowel commando-/servicemodule als maanmodule tijdens een baan rond de maan. Stafford en Cernan vlogen met de LEM tot op 15.000 meter van het maanoppervlak.

Apollo 11
Bemanning: Neil Armstrong, commandant
Michael Collins, piloot commandomodule
Buzz Aldrin, piloot maanmodule
Lancering: 16 juli 1969
Splash-down: 24 juli 1969
Missie: Eerste maanlanding. Armstrong en Aldrin landden in de Mare Tranquillitatis en brachten 2 uur en 31 minuten wandelend op de maan door. Collins bleef in de commandomodule rond de maan cirkelen.

Apollo 12
Bemanning: Pete Conrad, commandant
Dick Gordon, piloot commandomodule
Alan Bean, piloot maanmodule
Lancering: 14 november 1969
Splash-down: 24 november 1969
Missie: Tweede maanlanding. Conrad en Bean landden in de Oceanus Procellarum, verzamelden stenen en namen onderdelen mee van de onbemande Surveyor 3, die op 19 april 1967 in de buurt een landing had uitgevoerd.

Apollo 13
Bemanning: Jim Lovell, commandant
Jack Swigert, piloot commandomodule
Fred Haise, piloot maanmodule
Lancering: 11 april 1970
Splash-down: 17 april 1970
Missie: Derde poging tot een maanlanding. Om 55 uur, 54 minuten en 53 seconden in de missie explodeert er een cryogene tank, waardoor voor de bemanningsleden bestemde zuurstof en elektrische energie aan boord van de commando-/servicemodule verloren gaan. De bemanning verlaat het ruimteschip en overleeft dank zij een verblijf in de LEM, tot enkele uren vóór de splash-down, wanneer de bemanning weer aan boordt van de commandomodule gaat; de LEM wordt afgestoten en de capsule dringt de atmosfeer weer binnen.

Apollo 14
Bemanning: Alan Shepard, commandant
Stuart Roosa, piloot commandomodule
Ed Mitchell, piloot maanmodule
Lancering: 31 januari 1971
Splash-down: 9 februari 1971
Missie: Derde maanlanding. Shepard en Mitchell landen in het hoogland van Fra Mauro, de oorspronkelijke bestemming van de Apollo 13.

Apollo 15
Bemanning: Dave Scott, commandant
Al Worden, piloot commandomodule
Jim Irwin, piloot maanmodule
Lancering: 26 juli 1971
Splash-down: 7 augustus 1971
Missie: Vierde maanlanding. Scott en Irwin landen bij de Hadley-ril in de Apennijnen. Eerste proefnemingen met het maanwagentje met vierwielaandrijving.

Apollo 16
Bemanning: John Young, commandant
Ken Mattingly, piloot commandomodule
Charlie Duke, piloot maanmodule
Lancering: 16 april 1972
Splash-down: 27 april 1972
Missie: Vijfde maanlanding. Young en Duke landen in het hoogland van Cayley-Descartes, rijden 27 kilometer met het maanwagentje en verzamelen 96,6 kilo maanmonsters.

Apollo 17
Bemanning: Gene Cernan, commandant
Ron Evans, piloot commandomodule
Harrison Schmitt, piloot maanmodule
Lancering: 7 december 1972
Splash-down: 19 december 1972
Missie: Zesde en laatste maanlanding. Cernan en Schmitt landen in het Taurus-gebergte in de buurt van de Littrow-krater, verzamelen 110 kilo maanmonsters, en stijgen na vijfenzeventig uur en drie maanwandelingen van het maanoppervlak op.

Opmerkingen van de auteurs

Het is één van de ironieën van de historische journalistiek, dat het verslag doen van een verhaal dat ooit voor koppen in de krant zorgde, vaak langer duurt dan de gebeurtenis zelf. De bemanning van de Apollo 13 had ongeveer twee jaar nodig om voor hun missie naar de maan te trainen, om die missie vervolgens in zes dagen te volbrengen. Het doen van onderzoek en het schrijven van *Apollo 13* duurde niet veel langer – van begin tot voltooiing ongeveer tweeëneenhalf jaar – maar in elk geval duurde het langer.

Zoals bij zoveel non-fictie boeken in dit genre, participeerde slechts één van de schrijvers aan de geschiedenis die hier te boek wordt gesteld; in tegenstelling met veel boeken van dit genre is *Apollo 13* in de derde persoon geschreven. Als de belangrijkste gebeurtenissen rond de Apollo 13 enkel en alleen in het ruimteschip hadden plaatsgevonden, dan zou een verslag in de eerste persoon, in de zonder meer goed geïnformeerde stem van de commandant van de missie, verhaaltechnisch het meest voor de hand hebben gelegen. Maar zoals de mannen en vrouwen die bij de vlucht betrokken waren eensgezind beamen, was het relaas van de Apollo 13 er eentje met vele plaatsen van handeling. Om deze reden hebben we geprobeerd de lezer naar zo veel mogelijk van deze plaatsen mee te voeren – televisiestudio's, vergaderzaaltjes, woningen, hotels, fabrieken, marineschepen, kantoren, squadronruimtes, laboratoria, en natuurlijk Mission Control en de ruimteschepen zelf. Om dit brede beeld mogelijk te maken was de derdepersoon de enige oplossing.

Gelukkig was het reconstrueren van de Apollo 13-missie, zelfs drieëntwintig jaar nadat deze werd beëindigd, verhoudingsgewijs eenvoudig. Duizenden pagina's documenten en honderden uren bandopnamen die betrekking hebben op zowel de missie zelf alsmede op het onderzoek dat daarna heeft plaatsgevonden, worden in de bibliotheken van de NASA bewaard, en al dit materiaal is ons welwillend ter beschikking gesteld. Bijzonder behulpzaam waren hierbij de bandopnamen en de transcripties van de gesprekken die in Mission Control tijdens de vlucht voortdurend via de intercom van de flight-directors, via de lucht/grond-verbinding en via de intercomverbindingen met de diverse ondersteuningsteams werden gevoerd. Het horen of nalezen van deze gesprekken was vaak bijzonder boeiend. Maar vaak ook vervallen ze – noodzakelijkerwijs – in technisch jargon. Daarom hebben we, hoewel de gesprekken die tijdens de vlucht hebben plaatsgevonden en die in dit boek zijn opgenomen allemaal rechtstreeks van deze banden en transcripties afkomstig zijn, in nogal wat gevallen moeten redigeren, samenvoegen en parafraseren, niet alleen om de tekst begrijpelijk te houden, maar ook om de vaart erin te houden. Maar nergens is de betekenis of essentie in deze gesprekken geweld aangedaan. Andere dialogen in dit boek, die niet op band of op papier bewaard zijn gebleven, zijn gereconstrueerd aan de hand van interviews met minimaal één van de – en gewoonlijk meerdere – betrokkenen. De informatie betreffende Jack Swigerts gedachten en gemoedstoestand is afkomstig uit zijn schriftelijke herinneringen, uit het geheugen van zijn medebemanningsleden, en van een bandopname van een gesprek dat vlak voor zijn dood werd opgenomen en dat ons welwillend ter beschikking werd gesteld door de filmer en scenarioschrijver Al Reinert.

Het mag vanzelfsprekend heten – hoewel het nalatig van ons zou zijn om het níet te noemen – dat zoals de Apollo 13-astronauten eindeloos veel dank verschuldigd zijn aan een klein leger van mensen voor het feit dat zíj hen veilig naar huis hebben weten te brengen, wij ook dank verschuldigd zijn aan een iets kleiner groepje mensen voor het feit dat zij hebben meegeholpen *Apollo 13* mogelijk te maken. Veel van deze mensen zijn dezelfde lui die zich zo heroïsch hebben gedragen in die aangrijpende aprildagen van 1970. Anderen zijn mensen die zich Apollo 13 alleen maar herinneren als een historische gebeurtenis, maar die de wijsheid bezaten die te herkennen als een gebeurtenis die waard was om herinnerd te worden.

Onder de mensen uit de eerste groep die we bijzonder dankbaar zijn, vinden we de namen van Gene Kranz, Chris Kraft, Sy Liebergot, Gerald Griffin, Glynn Lunney, Milt Windler, John Aaron, Fred Haise, Chuck Deiterich en Jerry Bostick. Onmisbare assistentie verleenden ook Don Arabian, Sam Beddingfield, Collins Bird, Clint Burton, Gary Coen, Brian Duff, Bill Fenner, Don Frenk, Chuck Friedlander, Bob Heselmeyer, John Hoover, Walt Kapryan, Tom Kelly, Howard Knight, Russ Larsen, Hal Loden, Owen Morris, George Paige, Bill Peters, Ernie Reyer, Mel Richmond, Ken Russell, Andy Saulietis, Ed Smylie, Dick Snyder, Wayne Stallard, John Strakosch, Jim Thompson, Dick Thorson, Doug Ward, Guenter Wendt en Terry Williams.

Voor speciaal inzicht zorgde een klein elitegroepje van mensen die beter dan wie ook begrepen wat de bemanning van de Apollo 13 tijdens hun vlucht doorstond, en die bereid waren hun gedachten daarover te verwoorden. Die exclusieve groep omvat Buzz Aldrin, Bill Anders, Neil Armstrong, Frank Borman, Scott Carpenter, Pete Conrad, Gordon Cooper, Charlie Duke, Jack Lousma, Jim McDivitt, Wally Schirra en Deke Slayton.

Voor het helpen openen van deuren en archieven van de NASA zouden wij ook willen bedanken Brian Welch, van het bureau voorlichting van het Johnson Space Center; Hugh Harris en Ed Harrison, van het bureau voorlichting van het Kennedy Space Center; Peter Nubile, van het audioarchief van de NASA; en vooral Lee Saegesser van het historisch archief van de NASA in Washington, D.C.

Naast de mensen uit de ruimtevaartgemeenschap die ons hulp boden, hebben ook talloze mensen uit de uitgeverswereld en de journalistiek hun tijd en energie beschikbaar gesteld. Zonder de aanzienlijke talenten en het grenzeloze enthousiasme van Joy Harris, van het Lantz-Harris Literary Agency, en Mel Berger van het William Morris Agency, zou er geen *Apollo 13* zijn geweest. En zonder het geoefende oog en de redactionele begeleiding van John Sterling van uitgeverij Houghton Mifflin Company, zou een *Apollo 13* zoals ons dat oorspronkelijk voor ogen stond, nooit zijn verbeterd en uitgegroeid tot het *Apollo 13* dat uiteindelijk is uitgegeven.

Hoewel we onze dank nagenoeg geheel gemeenschappelijk hebben willen uitdrukken, zou elk van ons bepaalde mensen ook nog eens graag individueel willen bedanken. Jim Lovell zou de Gemini 7, Gemini 12, Apollo 8 en vooral Apollo 13 nooit hebben kunnen volbrengen zonder de liefde en de steun van Marilyn, Barbara, Jay, Susan en Jeffrey, en had hij nooit pogingen kunnen ondernemen het verhaal van die vluchten te vertellen zonder de liefde en de ondersteuning van diezelfde mensen. Een speciaal woord van dank aan Marilyn, voor het feit dat ze elke pagina manuscript heeft gelezen, aan Darice Lovell, voor haar geduld en deskundigheid bij het uittikken van de diverse herziene manuscripten, en aan Mary Weeks, voor haar buitengewone assistentie.

Jeffrey Kluger wenst eveneens zijn gevoelens van liefde en dankbaarheid uit te drukken, en wel aan Splash, Steve en Garry Kluger, aan Bruce Kluger en aan Alene Hokenstad, voor hun onverflauwde steun en voor het feit dat ze bereid waren te luisteren – met iets dat erg veel op belangstelling leek – naar eindeloze beschrijvingen van cardanusringen en de werking van daalraketten. Gevoelens van dankbaarheid ter grootte van de maan gaan ook naar de mensen van het tijdschrift *Discover* en Disney Publishing, met name Marc Zabludoff en Rob Kunzig voor het lezen van het manuscript en voor – bij zorgvuldig geselecteerde gelegenheden – het geven van adviezen; naar Dave Harmon en Denise Eccleston voor het ter beschikking stellen van een heerlijk oord om te werken en te spelen; en vooral naar Lori (T.C.) Oliwenstein, zonder wiens vroege – en kort en bondig gegeven – aanmoedigingen *Apollo 13* waarschijnlijk nooit zou zijn geschreven. Bewondering en waardering gaan ook naar Taj Jackson, evenals naar Nancy Finton, Josie Glausiusz en Theres Luthi van het wetenschappelijk milieurapportage-programma van de Universiteit van New York, voor het uitschrijven van uren ongetwijfeld nauwelijks te begrijpen interviews. Ten slotte ook dank aan Evelyn Windhager, voor haar genereuze lezersoog; aan Marnie Cooper, voor haar zeer grote enthousiasme; en aan David Paul Jalowsky, voor zijn reeds lang geleden gegeven uitstekende adviezen en raadgevingen.